苏州市吴中区标准地名志

Suzhoushi Wuzhongqu Biaozhun Dimingzhi

苏州市吴中区标准地名志编纂委员会　编

方志出版社
Publishing House of Local Records

图书在版编目（CIP）数据

苏州市吴中区标准地名志/苏州市吴中区标准地名志编纂委员会. ——北京：方志出版社，2021.11
ISBN 978-7-5144-4923-5

Ⅰ.①苏… Ⅱ. ①苏… Ⅲ. ①区（城市）—地名—苏州 Ⅳ.K925.34

中国版本图书馆CIP数据核字（2021）第253697号

苏州市吴中区标准地名志

编　　者：苏州市吴中区标准地名志编纂委员会
责任编辑：王　品
出 版 者：方志出版社
地址　北京市朝阳区潘家园东里9号（国家方志馆4层）
邮编　100021
网址　http://www.zgfzcb.cn
发　　行：方志出版社图书经销中心
电话（010）67110500
经　　销：各地新华书店
印　　刷：上海盛隆印务有限公司
开　　本：889X1194　1/16
印　　张：23.25
字　　数：1184千字
版　　次：2022年8月第1版　2022年8月第1次印刷
印　　数：001 - 600册
ISBN 978-7-5144-4923-5　定价：498.00元

旺山（越溪街道）

邓尉山（光福镇）

三山岛（东山镇）

渔洋山（香山街道）

缥缈峰（金庭镇）

穹窿山（木渎镇）

胥江河（胥口镇）

木光河（光福镇）

太湖（金庭镇、东山镇、临湖镇、光福镇、胥口镇、香山街道）

京杭大运河（城南街道、长桥街道）

石湖（长桥街道）

尹山湖（郭巷街道）

寿桃湖（木渎镇）

澹台湖（城南街道）

长圻码头（东山镇）

斜港大桥（郭巷街道）

环太湖大道(光福镇)

苏州太湖国际会议中心（香山街道）

东吴南路（城南街道）

宝带桥（城南街道）

绕城高速吴淞江大桥（角直镇）

腾飞路（临湖镇）

太湖大桥（金庭镇）

保圣寺（甪直镇）

暴式昭纪念馆（金庭镇）

叶圣陶纪念馆（甪直镇）

东崦草堂（光福镇）

上真观（木渎镇）

胥王庙（胥口镇）

雨花禅院（东山镇）

越来溪公园（越溪街道）

天鹅湖公园（太湖街道）

东岳庙（临湖镇）

光福寺塔（光福镇）

独墅湖公园（郭巷街道）

陆巷古村（东山镇）

舟山村（胥口镇）

江南文化园（甪直镇）

旺山景区（越溪街道）

园博园（临湖镇）

吴中区在江苏省位置示意图

长桥街道标准地名图

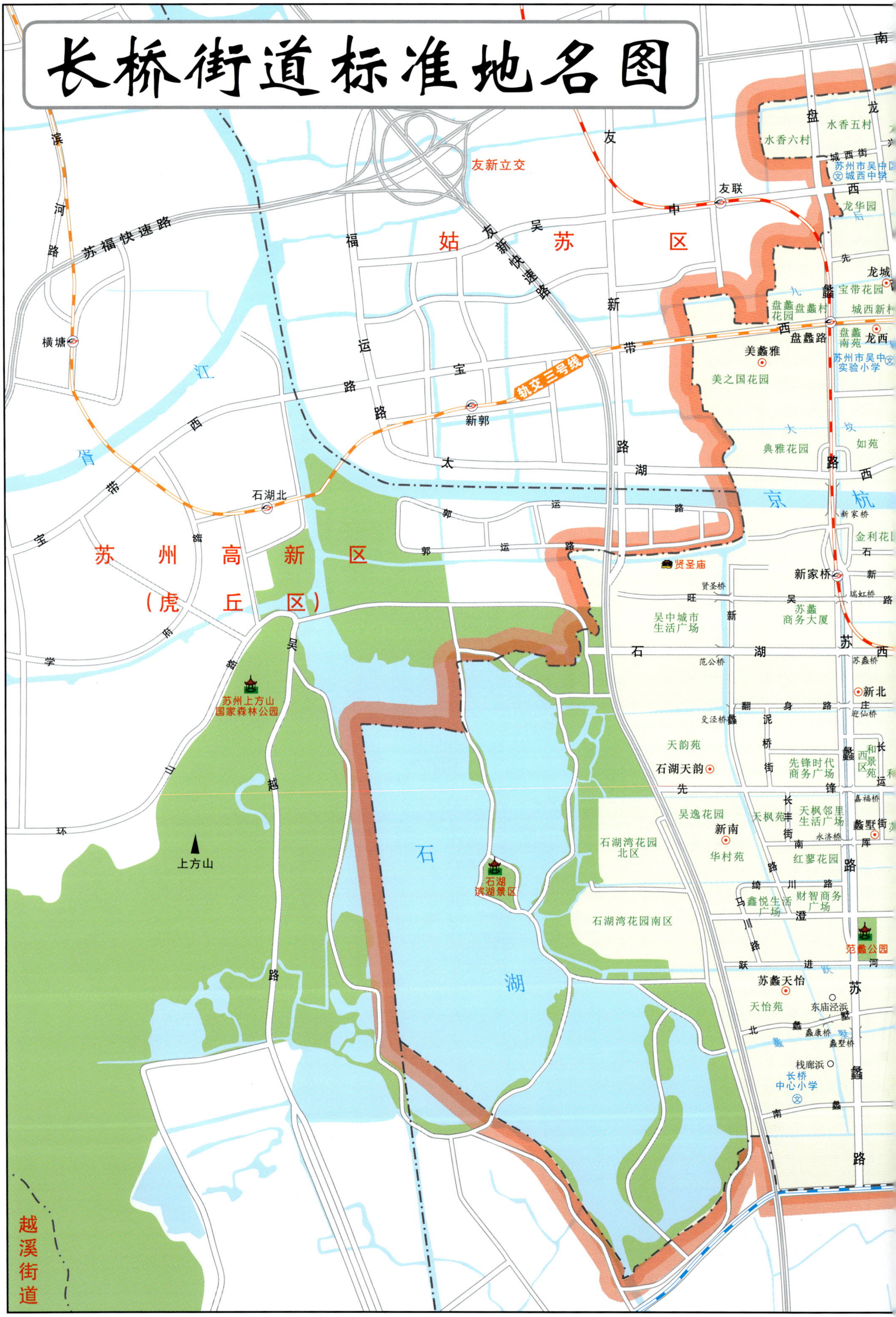

审图号：图苏E审(2021)064号

苏州市吴中区民政局 监制　苏州吴文化地名研究所　江苏图博地理信息科技有限公司 编制　2021年12月

审图号：图苏E审(2021)064号

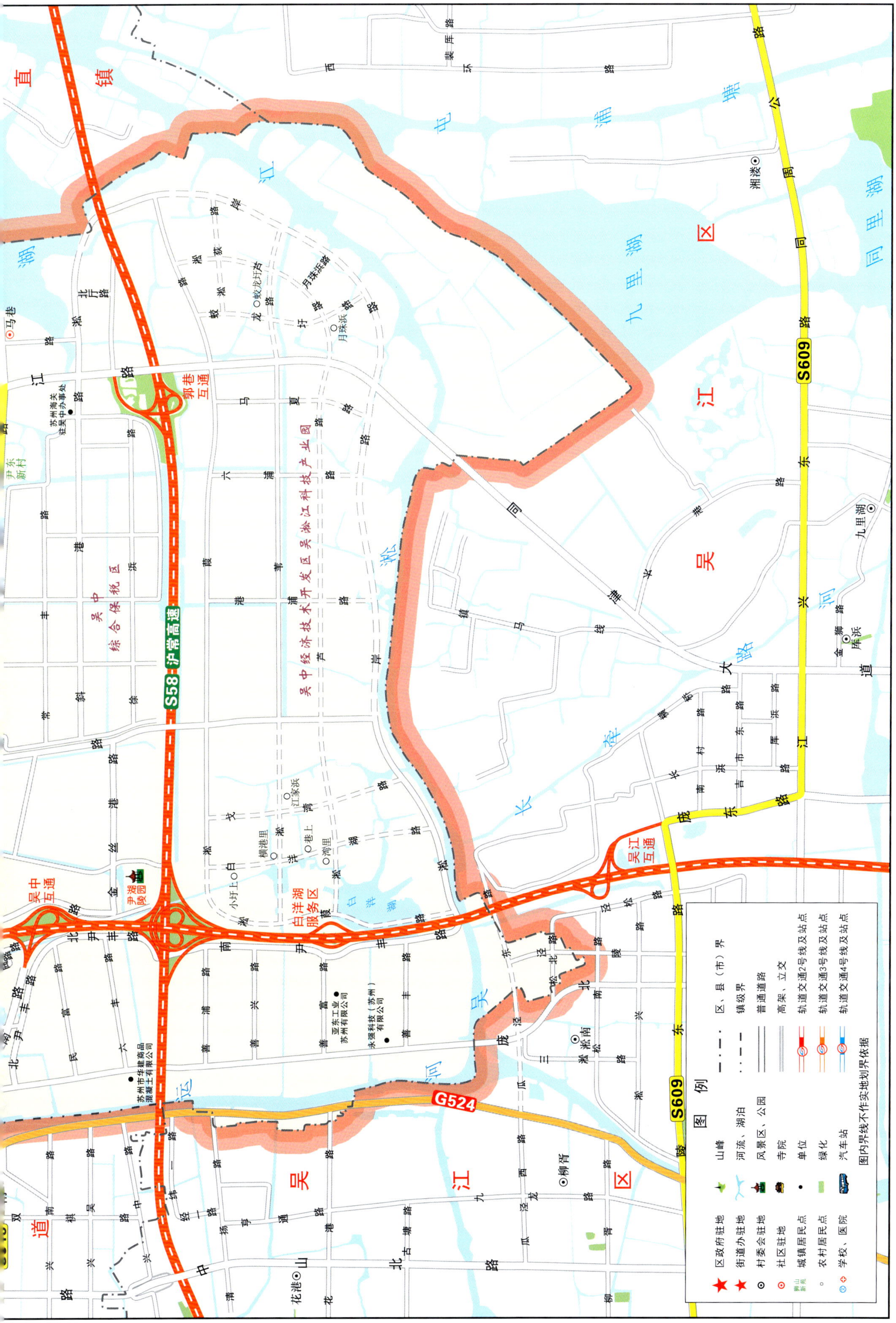
图例
区政府驻地
街道办驻地
村委会驻地
社区驻地
城镇居民点
农村居民点
学校、医院
山峰
河流、湖泊
风景区、公园
寺院
单位
绿化
汽车站
区、县（市）界
镇级界
普通道路
高架、立交
轨道交通2号线及站点
轨道交通3号线及站点
轨道交通4号线及站点
图内界线不作实地划界依据
S58 沪常高速
S609
G524
吴中经济技术开发区吴淞江科技产业园
吴中综合保税区
九里湖
同里湖
吴江区
郭巷互通
吴中互通
吴江互通
白洋湖服务区
尹湖陵园

审图号：图苏E审（2021）064号

苏州市吴中区民政局 监制　苏州吴文化地名研究所　江苏图博地理信息科技有限公司 编制　2021年12月

越溪街道标准地名图

审图号：图苏E审(2021)064号

苏州市吴中区民政局 监制 苏州吴文化地名研究所 江苏图博地理信息科技有限公司 编制 2021年12月

城南街道标准地名图

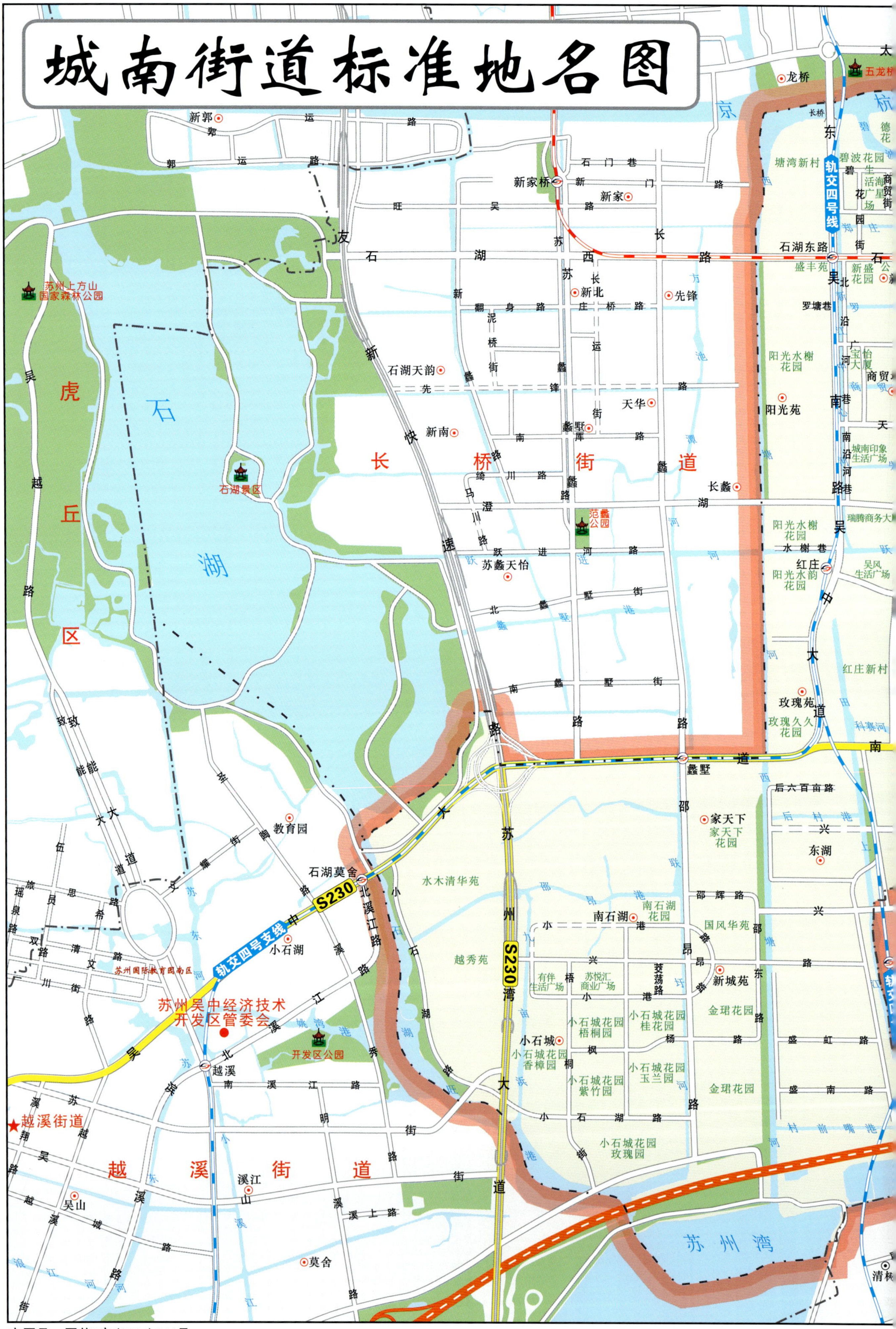

审图号：图苏E审(2021)064号

苏州市吴中区民政局 监制　苏州吴文化地名研究所　江苏图博地理信息科技有限公司 编制　2021年12月

香山街道标准地名图

审图号：图苏E审(2021)064号

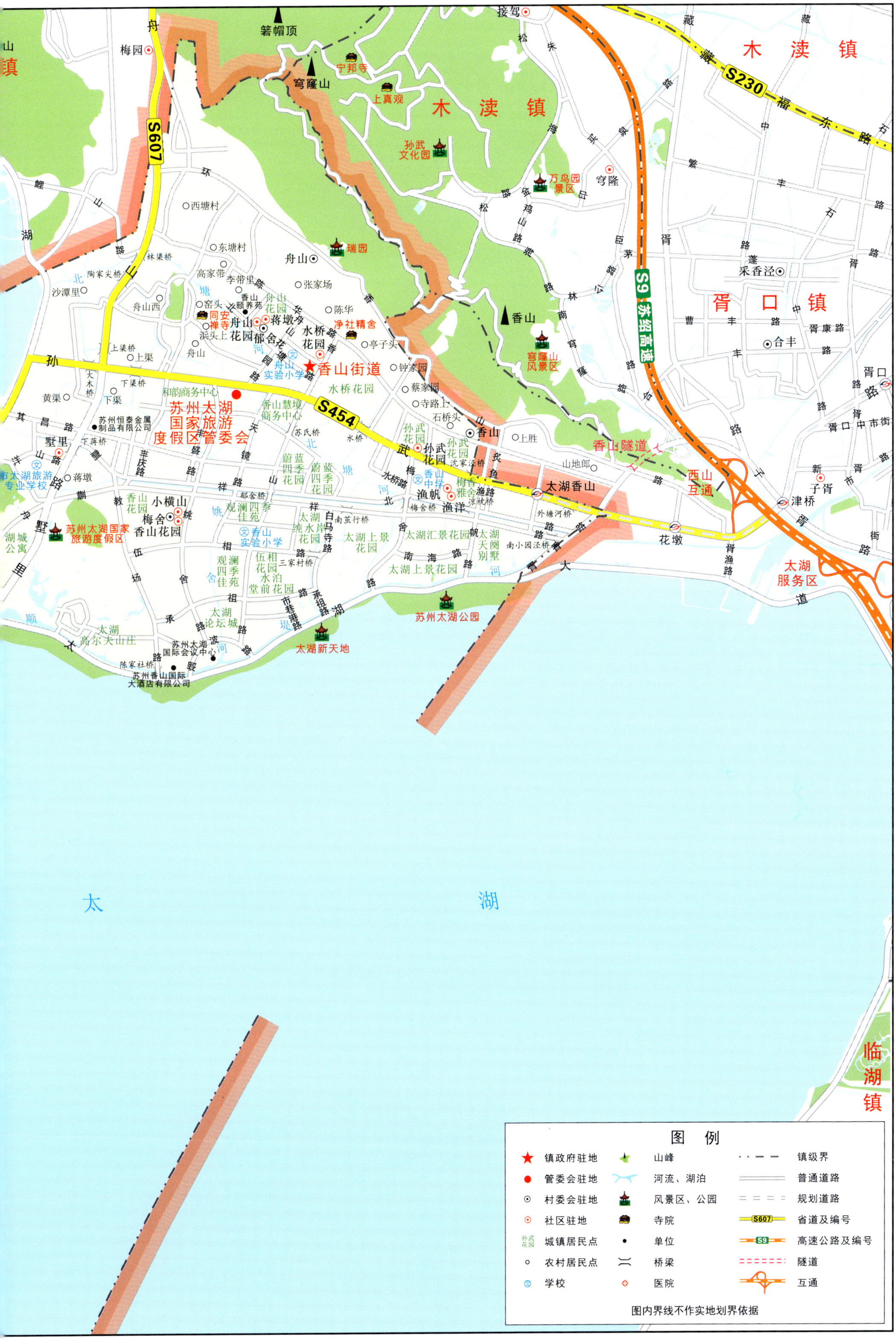

苏州市吴中区民政局 监制　苏州吴文化地名研究所　江苏图博地理信息科技有限公司 编制　2021年12月

太湖街道标准地名图

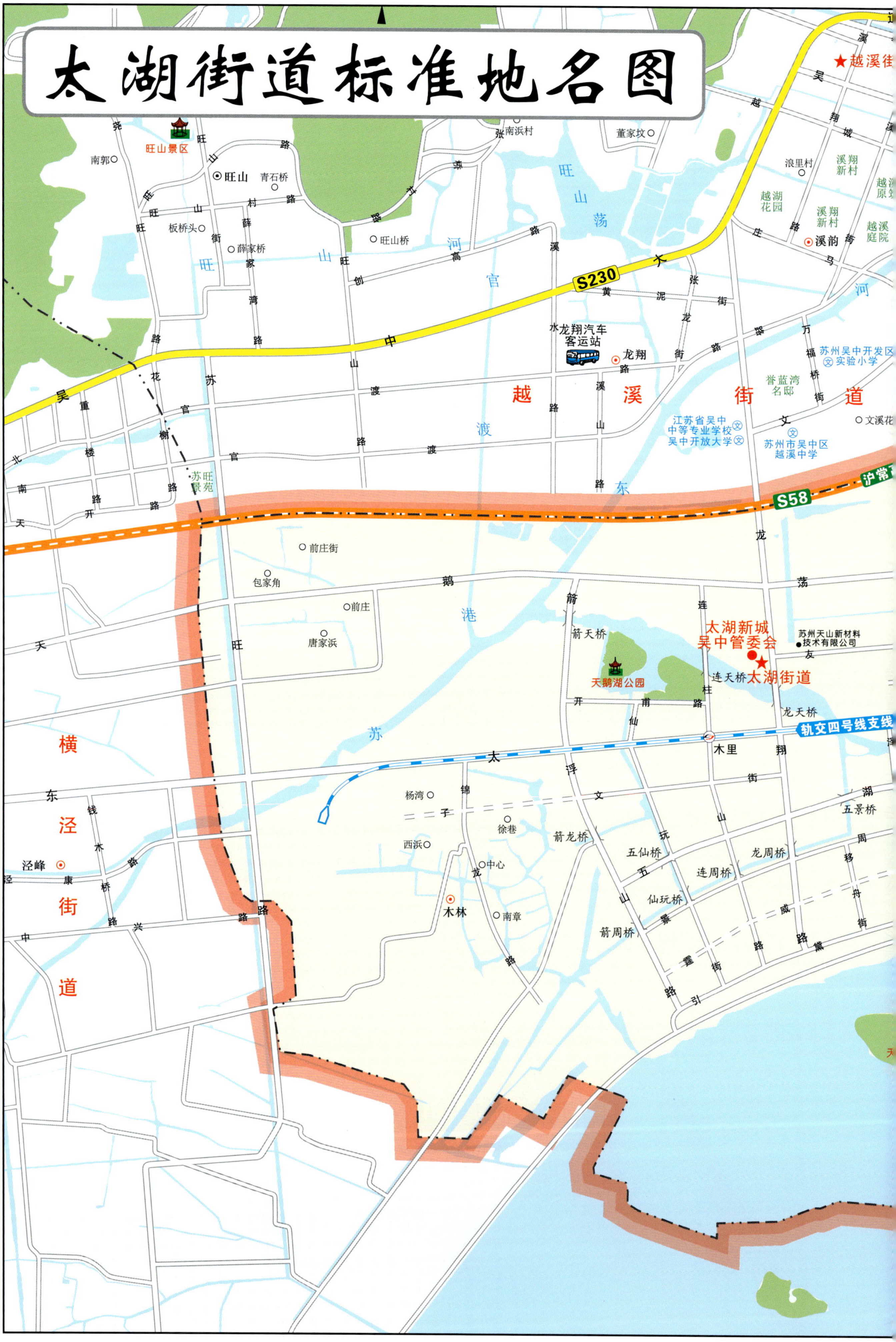

审图号：图苏E审（2021）064号

苏州市吴中区民政局 监制 苏州吴文化地名研究所 江苏图博地理信息科技有限公司 编制 2021年12月

审图号：图苏E审(2021)064号

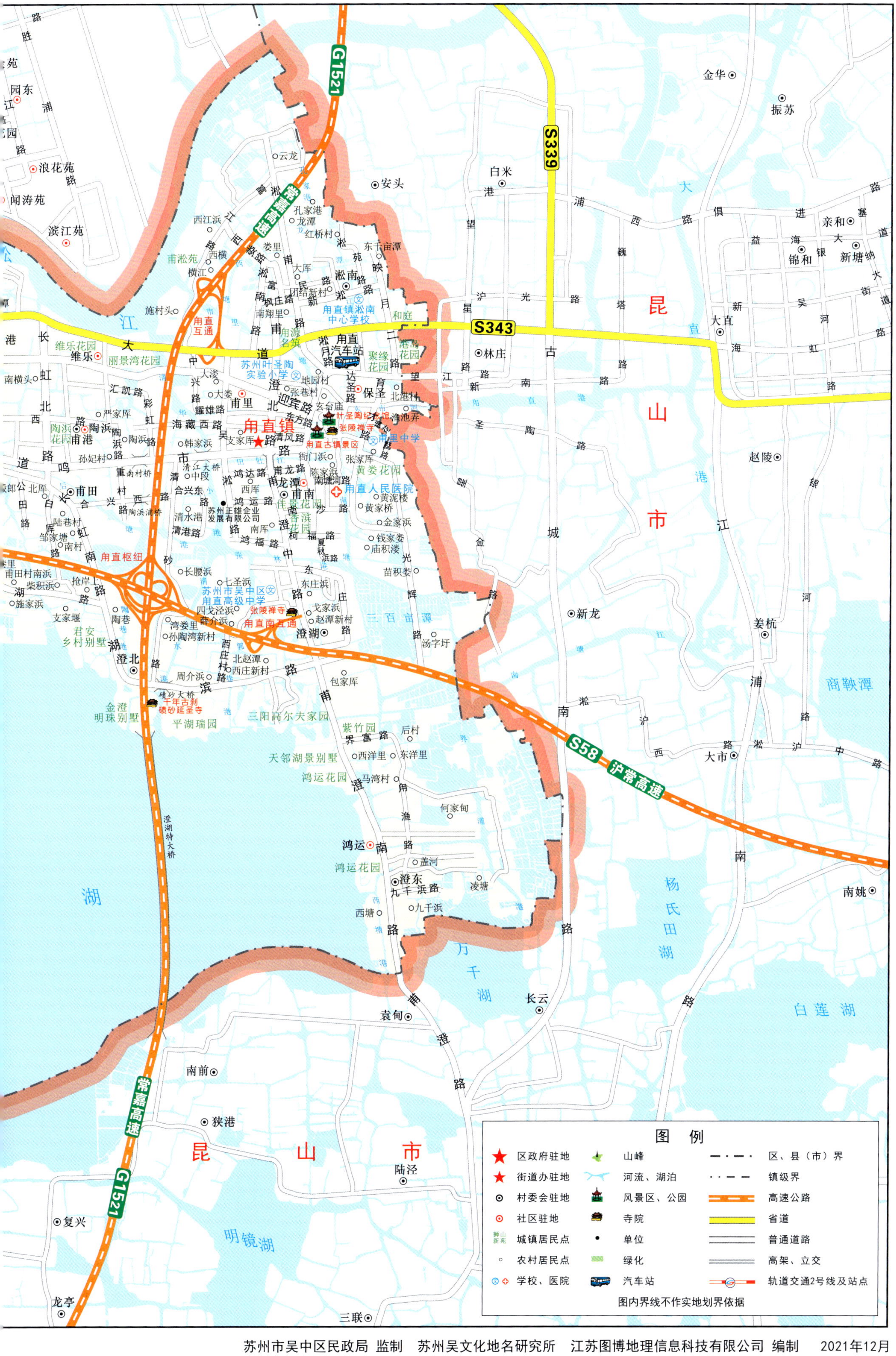

苏州市吴中区民政局 监制　苏州吴文化地名研究所　江苏图博地理信息科技有限公司 编制　2021年12月

光福镇标准地名图

审图号：图苏E审(2021)064号

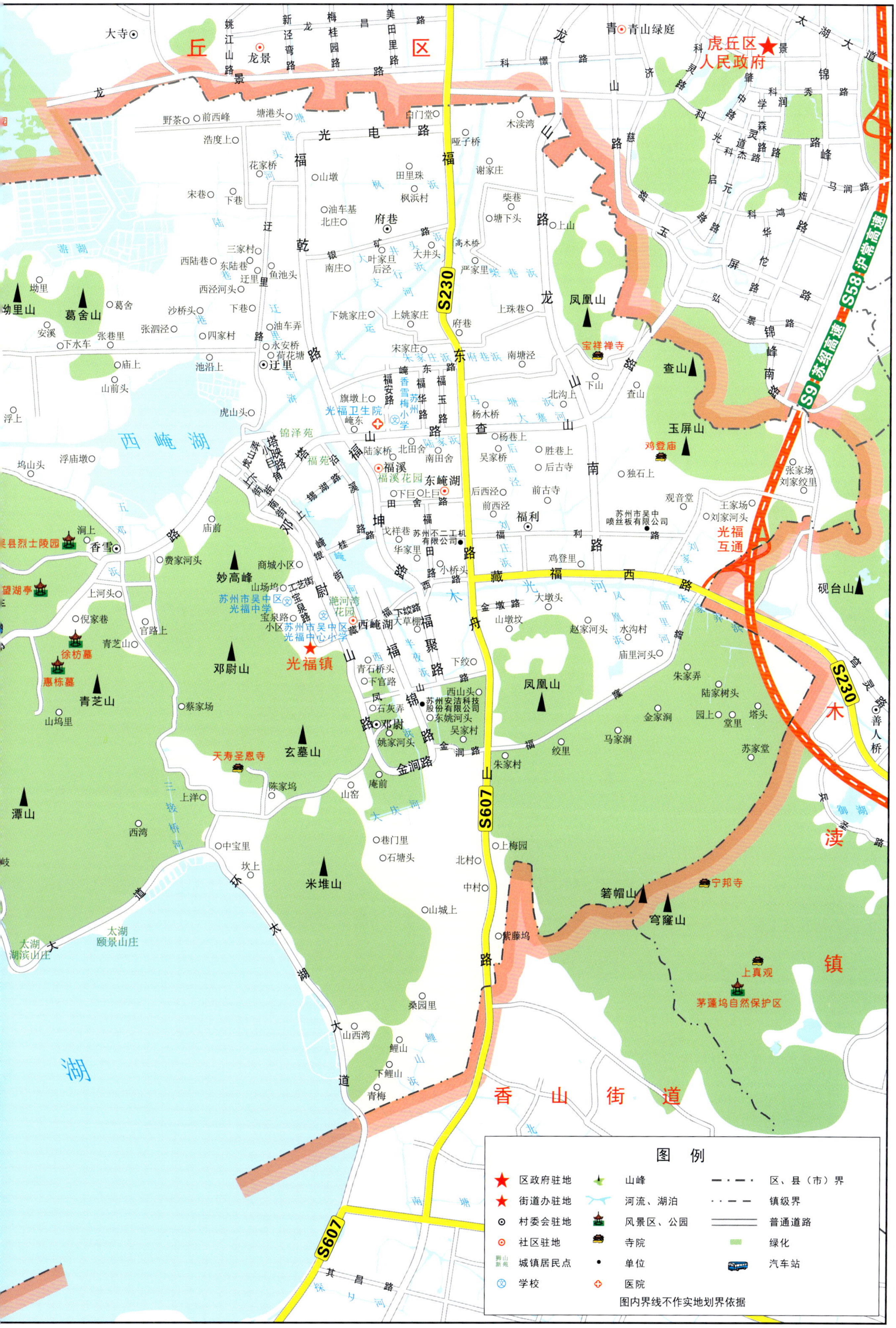

苏州市吴中区民政局 监制 苏州吴文化地名研究所 江苏图博地理信息科技有限公司 编制 2021年12月

审图号：图苏E审(2021)064号

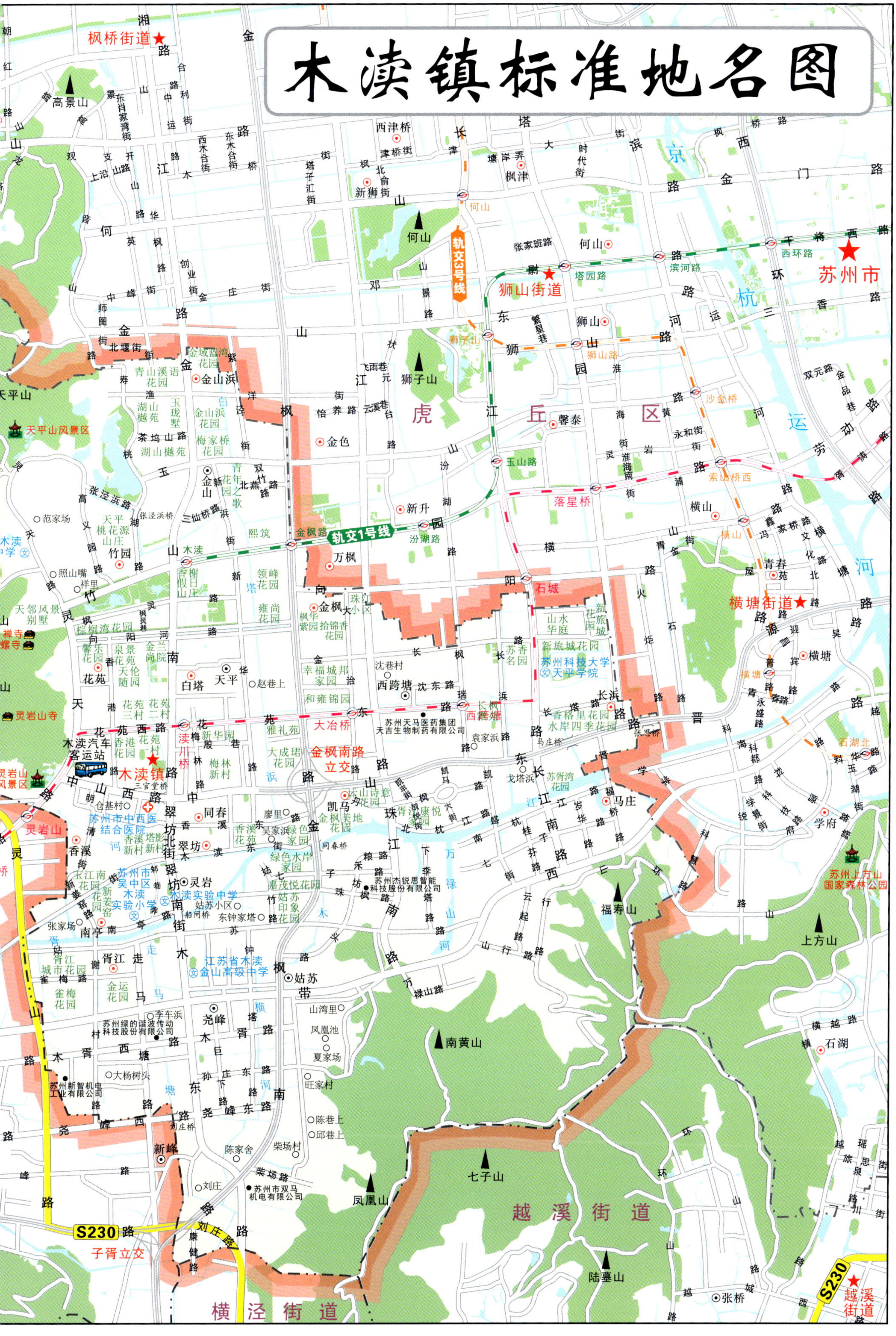

苏州市吴中区民政局 监制　苏州吴文化地名研究所　江苏图博地理信息科技有限公司 编制　2021年12月

审图号：图苏E审(2021)064号

苏州市吴中区民政局 监制　苏州吴文化地名研究所　江苏图博地理信息科技有限公司 编制　2021年12月

临湖镇标准地名图

审图号：图苏E审(2021)064号

苏州市吴中区民政局 监制 苏州吴文化地名研究所 江苏图博地理信息科技有限公司 编制 2021年12月

东山镇标准地名图

审图号：图苏E审(2021)064号

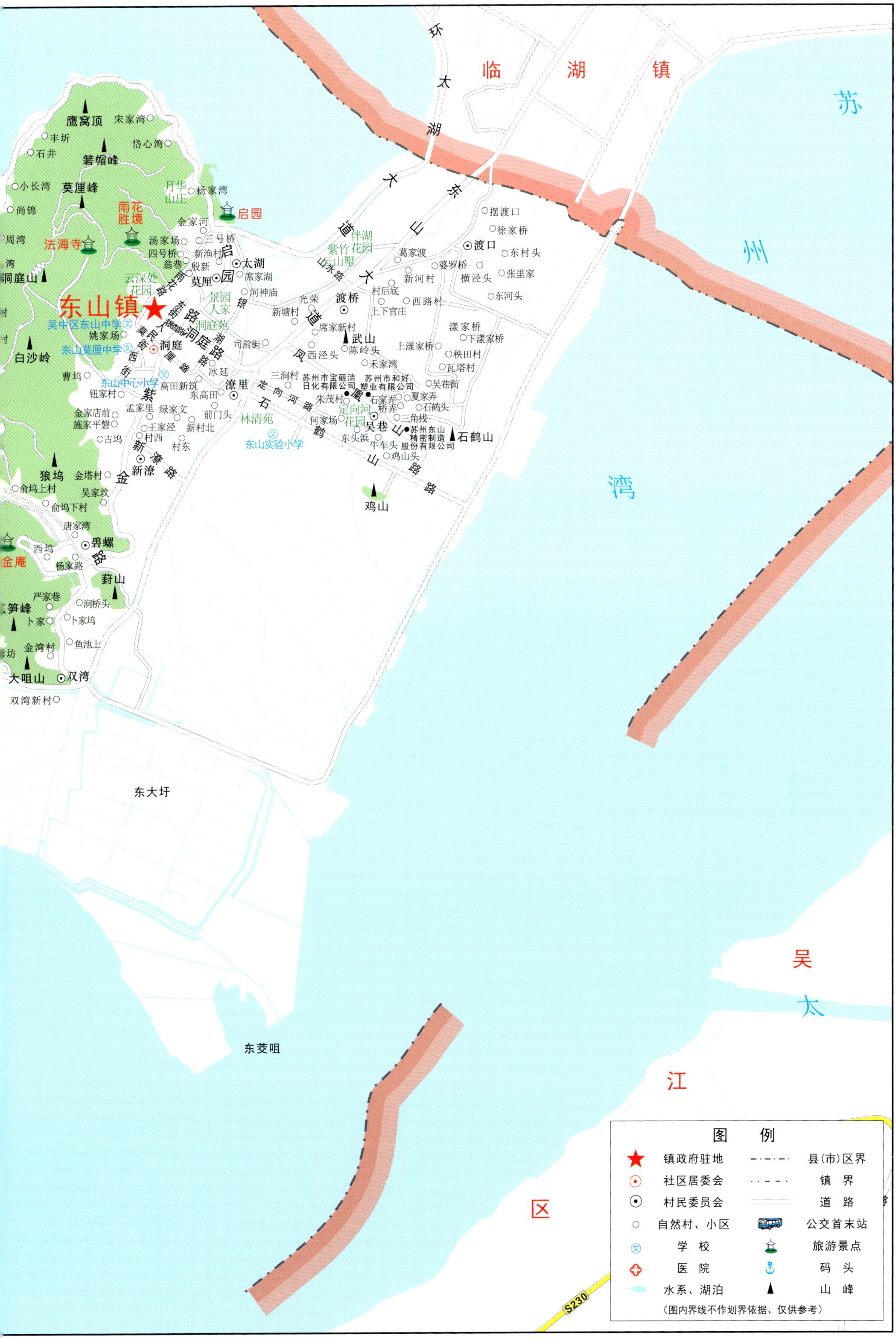

苏州市吴中区民政局 监制 苏州吴文化地名研究所 江苏图博地理信息科技有限公司 编制 2021年12月

金庭镇标准地名图

审图号：图苏E审(2021)064号

苏州市吴中区民政局 监制　苏州吴文化地名研究所　江苏图博地理信息科技有限公司 编制　2021年12月

序

地名是各类地理实体的名称。从地名蕴含的由来、演变等信息中，可以窥见尘封的历史、地理、社会发展的轨迹。地名也是一个地方名称，更是承载着这一区域的历史文化，同时要肩负服务现实的需求。因此，一个区域就会有多个名称，或者一个地名在不同历史时期其区域会有盈缩。深入了解苏州市吴中区的地名文化并将之发扬光大，对于加强乡土教育和弘扬民族优秀传统文化，从而促进物质文明建设和精神文明建设都是大有裨益。

苏州市吴中区历史悠久，文化底蕴深厚。约一万年前的旧石器时代，吴地已有先民生息繁衍，五千年前的新石器时代，创造了“良渚文化”。三千多年前泰伯在吴地建“勾吴”古国，始有历史记录，是吴文化的发祥地，在历史、地理、名胜、古迹、生态、物产等方面均享有盛誉。因此，以自然实体、地理位置、地方特色、历史名人、民间故事以及社会发展成果等命名的地名，蕴含着丰富的历史文化内涵。

作为第二次全国地名普查数据转化的成果，《苏州市吴中区标准地名志》以标准地名为主线，着重介绍吴中区地名的地理位置、名称由来、沿革、历史、文化内涵及社会应用，同时记述地名的音、形、义等基本要素的产生及其分布规律，对该地自然、交通、文化等情况详细地加以叙述。叙述以文为主，辅以地图和照片，图文并茂。

本志是一部内容丰富、适用广泛的地名工具书。既突出现实性，又不失地名文化的传承性。内容翔实，具有一定思想性、科学性与知识性。

山水吴中，诗画吴中，人文吴中。吴中，古韵悠然，生机勃然，大气浩然。如今，吴中区新发展的蓝图已经绘就，新征程的大门已经开启。勇立潮头奋勇争先，快马加鞭只争朝夕。《苏州市吴中区标准地名志》记录地名历史，传扬地名文化，它的出版发行，对于吴中区弘扬优秀传统文明和新时代精神，增强地域认同，凝聚地域力量，在全面融入长三角一体化和沪苏同城化，聚力打造“现代产业、绿色生态、江南文化”三大高地，擘画“天堂苏州·最美吴中”宏伟目标过程中，必将发挥独特作用。

《苏州市吴中区标准地名志》编纂委员会

凡例

一、本志以马克思列宁主义、毛泽东思想、邓小平理论、“三个代表”重要思想、科学发展观、习近平新时代中国特色社会主义思想为指导，坚持辩证唯物主义和历史唯物主义的立场、观点和方法，客观记述吴中区标准地名及其变化发展的历史和现状，为城市建设和乡村振兴提供历史智慧和现实借鉴。

二、本志资料截至2018年12月31日，上限尽量追溯。

三、本志记述地域范围为2018年底苏州市吴中区行政区域。地名位置以县（区）人民政府所在地为方位基点，距离均为直线距离。

四、本志共分8章，分别是：行政区域 居民点，自然地理实体，交通运输设施，水利设施，纪念地 旅游景点，建筑物，单位，国家 省 市有关地名法规文件。

五、本志综合运用志、图、表等各种体裁，以志体为主。

六、本志收录的地名以标准地名为正名，收录各类标准地名4178条，其中列表342条。历史地名附于现今地名后。

七、本志地名书写使用国家规定的规范汉字。

八、本志历史纪年，清及清代以前使用朝代纪年，括注公元纪年，1912年始采用公元纪年。

九、本志引用数字一般使用阿拉伯数字。

目录

第一章 行政区域 居民点

第二章　自然地理实体

第三章　交通运输设施

第四章　水利设施

第五章　纪念地 旅游景点

第六章　建筑物

第七章　单位

第八章　国家 省 市有关地名法规文件

第一章　行政区域 居民点

第一节　吴中区

吴中区属苏州市辖区，县级行政区。位于江苏省东南部，苏州古城南部及西南部。东与昆山市接壤，南与吴江区毗邻，西衔太湖，与无锡市、浙江省湖州市隔湖相望，北与姑苏区、苏州工业园区、虎丘区接界。2018年底，区域面积（含太湖水域）2231平方千米，户籍人口68.29万人。区人民政府驻地长桥街道太湖东路288号。辖长桥、郭巷、横泾、越溪、城南、太湖、香山7个街道，木渎、甪直、胥口、东山、临湖、光福、金庭7个镇。有甪直、木渎、东山3个中国历史文化名镇，金庭1个江苏省历史文化名镇，明月湾、陆巷、杨湾、三山、东村5个中国历史文化名村，舟山、堂里、翁巷等12个中国传统村落。

吴中区因春秋时苏州为吴国政治经济文化中心且自秦置吴县起即为县治所在，自古有“吴中”之别称，故以此为区名。又取吴文化发祥地、吴地中心区域之意。商末属“句（gōu）吴”国。春秋、战国时先后属吴、越、楚。秦置吴县。唐万岁通天元年，分置长洲县。清雍正二年，析长洲县地置元和县，三县同城而治。宣统三年，裁苏州府及吴、长洲、元和三县，设苏州。1912年苏州改称吴县。1928年划吴县城区建苏州市，市、县分治。1930年撤苏州市，并入吴县。中华人民共和国成立后，复划吴县城区建苏州市，实行市县同城分治。1950年划沿太湖部分地区设太湖区。1953年太湖区改设为震泽县。1959年

撤震泽县，并入吴县，隶属苏州专员公署。1983年撤苏州地区行政公署，苏州实行市管县体制。1989年吴县县政府驻地由苏州市东大街迁至吴县长桥镇。1995年6月，撤吴县设吴县市，市政府驻地设在长桥镇。2000年12月31日，经国务院批复，撤吴县市，设立苏州市吴中区、相城区。2001年3月1日，按新建制运行，区政府驻地设在长桥镇。2002年3月，第九届苏州市委第十八次常委会议决定将苏州太湖国家旅游度假区升格为正处级建制，由吴中区管理。2012年12月，苏州吴中经济开发区升格为国家级经济技术开发区，定名为吴中经济技术开发区。2015年11月，江苏省吴中高新技术开发区获省政府批准筹建，2016年3月挂牌。

吴中区历史悠久，是吴文化的发源地。约一万年前的旧石器时代，吴地已有先民生息繁衍。五千年前的新石器时代，创造了良渚文化。现有保圣寺罗汉塑像、宝带桥、紫金庵罗汉塑像、寂鉴寺石殿、轩辕宫正殿、东山民居、春在楼7处全国重点文物保护单位，韩世忠墓、楞严经石刻、蒯祥墓等23处江苏省文物保护单位，市县级文物保护单位100处。吴中区风光秀美，资源丰富，坐拥五分之三太湖水域（其中太湖水域面积1486平方千米），被誉为“太湖最美的地方”。

从地名专名来看，辖区内地名具有以下特征：一是以自然地理实体命名。如东山镇以境内的东洞庭山而得名；越溪街道以越来溪而得名；香山街道因位于香山南麓，故名。二是以地理位置命名。如临湖镇因地处苏州古城西南，且临近太湖，故名；郭巷街道因处苏州古城城郭东南，故名。三是以历史古迹或人文地理实体命名。如长桥街道因境内宝带桥（俗称长桥）而得名。

在地名通名方面，因吴中区的地貌属太湖水网平原区，地势低平，水网稠密，湖荡众多，低山丘陵成岛状，辖区内居民点地名往往带有明显的地方特色：一是多河、泾、港、塘、浜、桥等。如澹台湖大桥以其纵跨澹台湖的地理特点而命名，下沙塘新村（城镇居民点）以下沙塘河而得名。二是多山、岭、坞、湾、沟、田、埂、里等。如湖山樾苑（城镇居民点）、天平桃花源山庄（城镇居民点）以临近天平山的地理位置特点及寓意而得名。

东山镇陆巷古村

第二节　长桥街道

一、概 况

长桥街道 Chángqiáo Jiēdào

乡级行政区。吴中区人民政府驻地。位于吴中区中部。东濒京杭大运河与郭巷街道隔河相望，南与城南街道相邻，西南、西濒石湖，与越溪街道、虎丘区横塘街道隔湖相望，北与姑苏区吴门桥街道相邻。辖区面积15.3平方千米。户籍人口7.6万人。街道办事处驻长兴街118号。

清中期始建蠡墅镇。1912年1月，长桥境域为吴县、吴江县分治。同年11月，长桥境域分别隶属吴县蠡墅乡、尹山乡和吴江县湖东西乡。1926年建蠡墅公益事务所。1927年改为蠡墅办事处。1929年8月，长桥境域分属吴县第十六区（蠡墅）、第十四区（尹山）和吴江县第一区（城厢）。1934年长桥境域分别隶属吴县第二区（木渎）、第八区（尹郭）和吴江县第一区（城厢）。1937年蠡墅沦陷。1939年3月，伪吴县知事公署设蠡墅乡公所。1941年7月，长桥境域分别隶属伪吴县第七区（木渎）、第十一区（车坊）和伪吴江县第一区（城厢）。1945年8月15日，恢复1937年建制。1946年长桥境域南部地分别隶属吴江县城区湖东乡、湖西乡；同年10月，吴江县城区的湖西乡改称越西乡，长桥境域南部地分别隶属吴江县城区湖东乡、越西乡。1947年2月，长桥境域分别隶属吴县吴西区、淞北区和吴江县城区。1948年初，蠡墅镇改称石湖镇。同年2月，长桥境域南部地隶属吴江县城区越溪乡。1949年5月1日，长桥境域设蠡墅镇和石湖乡、尹山乡，另有西南属越溪乡。1950年1月，长桥境域南部地隶属吴江县城厢区湖东乡、湖西乡；同年3月，隶属吴县枫桥区。4月15日，宝带乡并入长桥乡。8月8日，长桥境域东南部地隶属吴县枫桥区尹西乡。1953年5月1日，蠡墅镇并入蠡墅乡；1954年4月，划归苏州市郊区。1956年1月，长桥乡、尹西乡合并为长桥乡。1957年3月，长桥乡并入郭巷乡，隶属吴县。1957年9月，蠡墅乡、龙桥乡合并为蠡墅乡，隶属苏州市郊区。1958年10月，成立蠡墅人民公社。1959年8月，蠡墅人民公社复隶属吴县。1965年12月，改称长桥人民公社。1983年7月，长桥人民公社改称长桥乡。1986年12月，北部区域设团结桥街道办事处。1989年8月，更名为吴县新区办事处，隶属长桥镇人民政府。1990年6月，于境域东北部地建吴县经济技术开发区。1992年3月，撤销吴县新区办事处，建吴县城区管理局。1993年12月，吴县城区管理局更名为吴县长桥镇城区管理局，仍隶属长桥镇人民政府。1997年6月，城区建苏苑、月浜、龙西街道办事处，隶属长桥镇人民政府。1998年12月，撤销吴县长桥镇城区管理局，苏苑、月浜、龙西街道办事处升格为一级局。

长桥街道办事处

2004年2月2日，经江苏省政府批准撤销长桥镇建制，以原长桥镇的新苑、西塘、苑联、苏苑、苑北、苏苑北区、苑南、月浜一村、月浜二村、月亮湾、东吴村、西塘北巷、西塘南巷、苏苑东区、苏苑苑东、苏苑苑南、东苑、龙港一村、龙港二村、胜利桥、文卫村、花卉小区、宝带一村、文曲、龙桥街、新塘、龙西、长桥、长渔、城南、龙桥、蠡墅、月浜村、碧波、龙南、新江、宝南、宝尹、桂苑39个社区居委会和邵昂、彭泾、蠡墅、新南、新北、南厍、庄桥、先锋、翻身、新家、红庄、东路、尹西、双桥14个村委会区域合并设立长桥街道办事处，属吴中区。6月，划出长桥街道北、东、南部区域，分设龙西、苏苑、城南3个街道。2009年新增苏蠡天怡、石湖天韵2个社区居委会。2011年街道办事处驻长兴街118号，管理9个社区居委会。2012年底，隶属、面积、驻地、管理社区居委会均不变。2018年5月，撤销新苑社区，并入龙西社区；撤销龙华苑、城西苑社区，组建龙城社区；撤销龙苑社区，并入吴中苑社区；撤销水香苑、新景苑社区，组建水香社区；撤销西塘、东吴花园社区，组建东吴社区；撤销苑南社区，并入南区社区；撤销月浜、苑东社区，组建迎春社区；撤销澹台湖社区，并入龙桥社区；撤销嘉宝花园、宝带社区，组建嘉宝社区。2018年末，辖蠡墅、龙桥、龙西、新北、先锋、新家、新南、苏蠡天怡、石湖天韵、长蠡、天华、南区、苑北、迎春、东吴、嘉宝、水香、吴中苑、美蠡雅、龙城20个社区居委会，隶属不变。

二、社区居委会及居民点

【蠡墅社区】 Lǐshù Shèqū

蠡墅社区居委会

社区居委会。位于长桥街道南部，距街道办事处驻地2.2千米。管辖范围为东起长蠡路，西至友新高架，南起吴中大道，北至澄湖路、先锋路。面积2.24平方千米。户籍人口1090户，3606人。居委会驻苏蠡路36号。下辖吴蠡雅苑1个居民住宅小区，东庙泾浜、西浜、栈廊浜3个自然村落。以区内蠡墅镇而得名。1958年为蠡墅公社红旗大队。1978年改为长桥公社蠡墅大队。1983年改为长桥蠡墅村委会。2003年11月，由蠡墅村、南厍村、蠡墅社区合并成立蠡墅社区。

吴蠡雅苑 Wúlǐ Yǎyuàn

城镇居民点。位于长桥街道南部。东至美成坊及吴中大道北侧绿化带，南至吴中大道北侧绿化带，西至苏蠡路东侧商用楼，北至彭泾港南侧绿化带以及东至长蠡路西侧规划用地，南至彭泾港北侧绿化带，西至长桥蠡墅农贸市场，北至南蠡墅街。属蠡墅社区。以其地处吴中区长桥街道原蠡墅镇区域的地理位置特点，取“地处吴中区原蠡墅镇区域的典雅居所”的寓意拟名。占地面积8.7万平方米，建筑面积25.2万平方米。户籍人口4200人。共27幢住宅楼（其中多层20幢、高层7幢）、1幢高层商住楼和2幢综合楼，1308户。2016年命名。

东庙泾浜 Dōngmiàojīngbāng

农村居民点。位于长桥街道南部。东为长蠡路，南为蠡墅新街，西为无名河浜，北为跃进河。属蠡墅社区。因在庙泾浜东，故名。面积4万平方米。户籍人口103人。部分居民已拆迁。

西浜 Xībāng

农村居民点。位于长桥街道南部。属蠡墅社区。因位于河浜西侧，故名。面积3万平方米。户籍人口113人。

栈廊浜 Zhànlángbāng

农村居民点。位于长桥街道南部。东为苏蠡路，南为南蠡墅街，西为长桥中心小学，北为蠡墅西街。属蠡墅社区。因古时村落有货栈廊道，村民沿河浜而居，故名。面积0.3万平方米。户籍人口112人。村中有永兴桥（古石桥）、三德堂故居，颇具文化韵味。

【龙桥社区】 Lóngqiáo Shèqū

龙桥社区居委会

社区居委会。位于长桥街道北部，距街道办事处驻地0.8千米。管辖范围为东起苏苑中学，西至西塘河，南起京杭大运河，北至宝带西路。面积0.92平方千米。户籍人口2193户，5853人。居委会驻太湖西路83号。下辖龙港二村、长桥新村2个居民住宅小区。明、清时期隶属吴县灵岩乡一都。1929年隶属吴县第十六区五龙桥镇、朱泾桥乡和夏月桥乡。1934年隶属吴县第二区龙桥乡。1941年隶属吴县第七区龙桥乡。1947年隶属吴县吴西区石湖乡。1949年初隶属吴县木渎区石湖乡。1950年3月隶属吴县枫桥区龙桥乡。1954年为苏州市郊区龙桥乡新泾第一、第二、第三初级社。1956年为新泾高级社。1957年复归吴县。1958年与新联高级社合并，建龙桥大队。1983年更名龙桥村民委员会。1990年6月划归吴县经济技术开发区管理。1992年撤销村民委员会建龙桥社区居民委员会。1993年12月复归吴县长桥镇。2003年11月月浜村、长桥村和龙桥新村并入该社区。2018年5月澹台湖社区并入该社区。

龙港二村　Lónggǎng 2 Cūn

城镇居民点。位于长桥街道北部。东至龙港三村，南至龙桥社区民房，西至西塘河，北至宝带西路。属龙桥社区。因位于西塘河（俗称龙港）侧，故名。面积0.4万平方米。户籍人口1200人。1994年命名。

长桥新村　Chángqiáo Xīncūn

城镇居民点。位于长桥街道北部。东至广慈医院，南至宝带东路，西至夏莲新村，北至吴中东路。属龙桥社区。以当地历史名桥“宝带桥”俗称“长桥”而得名。面积9.03万平方米。户籍人口1900人。2004年命名。

【龙西社区】　Lóngxī Shèqū

龙西社区居委会

社区居委会。位于长桥街道北部，距街道办事处驻地0.4千米。管辖范围为东起西塘河，西至盘蠡路，南起京杭大运河，北至宝带西路。面积0.71平方千米。户籍人口4308户，8340人。居委会驻宝带西路137号。下辖新苑村、盘蠡南苑、佳运花园、苏达公寓、颐和湾花园、如苑6个居民住宅小区，葛庄河南、葛庄河北、李家角、后坟村、梅巷里、前坟村6个自然村落。1929年隶属吴县第十六（蠡墅）区葛庄乡。1934年隶属吴县第二（木渎）区杨凤乡。1941年隶属伪吴县乡。1950年隶属吴县枫桥区龙桥乡。1954年为苏州市郊区龙桥乡新庄第一、第二、第三初级社，同年合并为龙桥乡新庄高级社。1958年改为新庄大队。1965年拆分为新家、新塘、新兴大队3个大队后再合并仍称新庄大队。1980年改为龙西大队。1983年改为龙西村。2003年11月龙西村与城南村合并为龙西社区。2018年5月撤销新苑社区，并入龙西社区。

新苑村　Xīnyuàn Cūn

城镇居民点。位于长桥街道北部。东至西塘河，南至长兴街，西至水香街，北至宝带西路。属龙西社区。面积3万平方米。户籍人口970人。1993年命名。

盘蠡南苑　Pánlǐ Nányuàn

城镇居民点。位于长桥街道北部。东至葛庄村，南至葛庄河，西至盘蠡路，北至宝带西路。属龙西社区。因位于盘蠡路南侧，故名。面积2万平方米。户籍人口710人。1999年命名。

佳运花园　Jiāyùn Huāyuán

城镇居民点。位于长桥街道北部。东至西塘河，南至京杭大运河，西至三家村，北至太湖西路。属龙西社区。因位于京杭大运河旁，取上佳美好的含义拟名。面积3万平方米。户籍人口860人。共7幢住宅楼、4幢沿街商住楼、5幢别墅。2000年命名。

苏达公寓　Sūdá Gōngyù

城镇居民点。位于长桥街道北部。东至西塘河，南至太湖西路，西至水香街，北至河道。属龙西社区。以达到苏州的一个新高度之意拟名。面积3万平方米。户籍人口710人。2001年命名。

颐和湾花园　Yíhéwān Huāyuán

城镇居民点。位于长桥街道北部。东至佳运花园，南至京杭大运河，西至龙西路，北至太湖西路。属龙西社区。以其地处京杭大运河北岸的地理位置特点及“颐养天和之河畔居所”的寓意命名。占地面积4.4万平方米，建筑面积14万平方米。户籍人口2200人。共11幢高层住宅楼和1幢综合楼，724户。2014年命名。

如苑 Rú Yuàn

城镇居民点。位于长桥街道北部。东至龙西路，南至太湖西路，西至中心河，北至大坟桥河。属龙西社区。取“犹如园林之所在”的寓意拟名。占地面积4万平方米，建筑面积10万平方米。户籍人口1550人。共11幢住宅楼（其中多层3幢、中高层1幢、高层7幢）和2幢多层综合楼，525户。2017年命名。

葛庄河南 Gězhuānghénán

农村居民点。位于长桥街道北部。东为梅巷里，南为长桥街道办事处，西为龙西路，北为葛庄港。属龙西社区。面积0.23万平方米。户籍人口120人。

葛庄河北 Gězhuānghéběi

农村居民点。位于长桥街道北部。东为水香街，南为葛庄港，西为龙西路，北为宝带西路。属龙西社区。面积0.3万平方米。户籍人口114人。

李家角 Lǐjiājiǎo

农村居民点。位于长桥街道北部。东为水香街，南为宝带西路，西为龙西路，北为后坟村。属龙西社区。因早时有李姓大户居于此，住房建在河流一角，故名。面积1万平方米。户籍人口195人。

后坟村 Hòufén Cūn

农村居民点。位于长桥街道北部。东为水香街，南为宝带西路，西为龙西路，北为后坟村。属龙西社区。因旧时村旁有一大坟，故名。面积2万平方米。户籍人口190人。

梅巷里 Méixiànglǐ

农村居民点。位于长桥街道北部。东为水香街，南为长兴街，西为葛庄河南，北为葛庄港。属龙西社区。面积0.2万平方米。户籍人口110人。

前坟村 Qiánfén Cūn

农村居民点。位于长桥街道北部。东为水香街，南为宝带西路，西为龙西路，北为后坟村。属龙西社区。因村后有一大坟，故名。

【新北社区】 Xīnběi Shèqū

社区居委会。位于长桥街道西部，距街道办事处驻地1.5千米。管辖范围为东起吴中城市生活广场，西至友新路，南起石湖西路，北至京杭大运河。面积0.048平方千米。户籍人口930户，1163人。居委会驻苏蠡路68号。取域内新北自然村名为居委会名。1950年3月，隶属吴县枫桥区安全乡。1954年为苏州市郊区安全乡新北第一、第二初级社。1956年为蠡墅乡新红第二高级社。1958年与新红第一高级社合并，建石湖大队。1963年与新南大队分治，称新北大队。1983年更名新北村。2003年11月，改设新北社区。

新北社区居委会

【先锋社区】 Xiānfēng Shèqū

先锋社区居委会

社区居委会。位于长桥街道南部，距街道办事处驻地1.6千米。管辖范围东起石湖嘉苑西围墙，西至苏蠡路，南起先锋路，北至石湖西路。面积0.6平方千米。户籍人口918户，3520人。居委会驻长蠡路888号。下辖和景苑、石湖景苑2个居民住宅小区。以“敢于争先，冲锋在前”的豪情壮志之意拟名。1958年为先锋大队。1964年拆分为先锋、庄桥、翻身3个大队。1983年改为先锋村。2003年庄桥村、先锋村、翻身村合建先锋社区。

和景苑 Héjǐng Yuàn

城镇居民点。位于长桥街道南部。东至长蠡二村，南至先锋路，西至苏蠡路，北至蠡盛大厦。属先锋社区。以“和美的景况”的寓意命名。占地面积4.47万平方米，建筑面积16.2万平方米。户籍人口3000人。共10幢高层住宅楼和3幢商用楼，1023户（套），绿化率39%。2011年命名。

石湖景苑 Shíhú Jǐngyuàn

城镇居民点。位于长桥街道南部。东至石湖嘉苑，南至石湖嘉苑，西至大寨河，北至石湖西路以及东至大寨河，南至十二号河，西至长蠡路，北至石湖西路。属先锋社区。以其紧邻石湖嘉苑、北靠石湖西路等地理位置特点，取“紧邻石湖嘉苑、北靠石湖西路之祥瑞所在”的寓意拟名。占地面积7万平方米，建筑面积23.77万平方米。户籍人口250人。共14幢高层住宅楼和2幢多层综合楼，1550户。2017年命名。

【新家社区】 Xīnjiā Shèqū

新家社区居委会

社区居委会。位于长桥街道南部，距街道办事处驻地1千米。管辖范围为东起西塘河，西至苏蠡路，南起11号河，北至京杭大运河。面积2平方千米。户籍人口68户，2105人。居委会驻旺吴路6号。下辖金利花园1个居民住宅小区，石门头、五家浜2个自然村落。以域内新家村而得名。1950年3月，隶属吴县枫桥区龙桥乡。1954年为苏州市郊区龙桥乡前宅初级社。1956年与新塘第一、第二、第三初级社和新庄第一、第二、第三初级社合并为龙桥乡新庄高级社。1958年新庄、新兴高级社合并建新庄大队。1965年拆分为新塘、新庄、新兴3个大队。后新兴大队改称新家大队。1983年改为新家村。2003年11月，新家村、新塘村合并为新家社区。

金利花园 Jīnlì Huāyuán

城镇居民点。位于长桥街道南部。东至石门头自然村，南至旺吴路，西至苏蠡路，北至京杭大运河。属新家社区。以获得金子般利益的好住所之意拟名。面积0.8万平方米。户籍人口125人。2004年命名。

石门头 Shíméntóu

农村居民点。位于长桥街道南部。东为五家浜，南为石湖西路，西为金利花园，北为京杭大运河。属新家社区。因村中有一大石门而得名。面积2.2万平方米。户籍人口200人。

五家浜 Wǔjiābāng

农村居民点。位于长桥街道南部。东为姚家墩，南为新门路，西为石门头，北为京杭大运河。属新家社区。因村落由5个姓氏人家同居一浜，故名。面积1万平方米。户籍人口183人。

【新南社区】 Xīnnán Shèqū

新南社区居委会

社区居委会。位于长桥街道西南部，距街道办事处驻地2.3千米。管辖范围为东起苏蠡路，西至友新路，南起澄湖路，北至先锋路。面积0.44平方千米。户籍人口8730户，2123人。居委会驻新蠡路163号。下辖红蓼花园、吴逸花园、华村苑3个居民住宅小区。以新南村而得名。1950年3月隶属吴县枫桥区安全乡。1954年为苏州市郊区安全乡新南第一、第二初级社。1956年为蠡墅乡新红第一高级社。1958年与蠡墅乡新红第二高级社合并，建石湖大队。1963年分为新南、新北2个大队。1983年改为新南村。2003年11月改成新南社区。

红蓼花园 Hóngliǎo Huāyuán

城镇居民点。位于长桥街道西南部。东至苏蠡路，南至绮川路，西至新蠡路，北至南厍路。属新南社区。因旁侧旧时曾有红蓼村，故名。占地面积3.83万平方米，建筑面积3.33万平方米。户籍人口658人。共8幢联体别墅，75户（套）。2005年命名。

吴逸花园 Wúyì Huāyuán

城镇居民点。位于长桥街道西南部。东至新蠡路，南至澄湖路，西至友新路，北至先锋路。属新南社区。因位于吴中区，取闲逸之意命名。占地面积12万平方米，建筑面积18.44万平方米。户籍人口575人。共56幢多层住宅楼，2170户（套），绿化率30.5%。2006年命名。

华村苑 Huácūn Yuàn

城镇居民点。位于长桥街道西南部。东至新蠡路，南至绮川路，西至友新路及吴逸花园，北至先锋路。属新南社区。因住户大多为华村老村民，故名。占地面积9万平方米，建筑面积27万平方米。户籍人口5630人。共17幢高层住宅楼，1874户，绿化率37%。2013年命名。

【苏蠡天怡社区】 Sūlǐtiānyí Shèqū

苏蠡天怡社区居委会

社区居委会。位于长桥街道南部，距街道办事处驻地2.8千米。管辖范围为东起长蠡路，西至友新路，南起北蠡墅街，北至澄湖路。面积0.56平方千米。户籍人口1100人。居委会驻友新路42号。下辖天怡苑、石湖湾花园2个居民住宅小区。2009年成立社区居委会。

天怡苑 Tiānyí Yuàn

城镇居民点。位于长桥街道南部。东至中港，南至北蠡墅街，西至友新路，北至跃进河。属苏蠡天怡社区。以“与天同悦”（“怡”作“愉悦”解）的寓意命名。占地面积8.69万平方米，建筑面积19万平方米。户籍人口800人。共19幢住宅楼（其中多层7幢、高层12幢），1450户（套），绿化率39.4%。2007年命名。

石湖湾花园 Shíhúwān Huāyuán

城镇居民点。位于长桥街道南部。石湖湾花园南区：东至友新路西侧绿化带及规划用地，南至跃进河北侧绿化带及规划用地，西至石湖东岸绿地景观及无名河道，北至十四号河南侧规划道路及友新路西侧绿化带；石湖湾花园北区：东至友新路西侧绿化带，南至十四号河，西至石湖东岸绿地景观，北至十三号河南侧无名道路。属苏蠡天怡社区。以其地处石湖东岸的地理特征，取“石湖之滨的美丽居所”的寓意命名。占地面积27.82万平方米，建筑面积44.54万平方米。户籍人口100人。共131幢住宅楼、1幢综合楼和4幢商用楼，1568户。2015年命名。

【石湖天韵社区】 Shíhútiānyùn Shèqū

石湖天韵社区居委会

社区居委会。位于长桥街道西南部，距街道办事处驻地2.2千米。管辖范围为东起苏蠡路，西至友新路，南起先锋路，北至石湖西路。面积0.52平方千米。户籍人口1510人。居委会驻友新路108号。下辖天韵苑1个居民住宅小区。2009年2月成立。

天韵苑 Tiānyùn Yuàn

城镇居民点。位于长桥街道西南部。东至中港河西侧南北向规划道路，南至先锋路，西至友新路，北至先锋社区翻身自然村。属石湖天韵社区。以“天之韵”的寓意命名。占地面积5.79万平方米，建筑面积12万平方米。户籍人口1536人。共13幢住宅楼（其中小高层5幢、高层8幢），893户（套），绿化率38.5%。2007年命名。

【长蠡社区】 Chánglǐ Shèqū

社区居委会。位于长桥街道南部，距街道办事

长蠡社区居委会

处驻地2.3千米。管辖范围为东起西塘河，西至长蠡路，南起吴中大道，北至石湖西路。面积0.67平方千米。户籍人口3310人。居委会驻澄湖路92号。下辖清水湾花园、石湖嘉苑、越湖滨河名邸3个居民住宅小区。因辖区内有长蠡路，故名。

清水湾花园 Qīngshuǐwān Huāyuán

城镇居民点。位于长桥街道南部。东至西塘河，南至跃进河，西至长蠡路，北至澄湖路。属长蠡社区。因位于双河之边，故名。占地面积8.5万平方米，建筑面积13万平方米。户籍人口1183人。共30幢住宅楼（其中多层13幢、小高层17幢，共1149套房），绿化率40.3%。2005年命名。

石湖嘉苑 Shíhú Jiāyuàn

城镇居民点。位于长桥街道南部。东至西塘河，南至澄湖路，西至长蠡路，北至石湖西路。属长蠡社区。因位于石湖西路南侧，故名。占地面积26万平方米，建筑面积19万平方米。户籍人口401人。共221幢多层住宅楼，849户（套），绿化率45.4%。2005年命名。

越湖滨河名邸 Yuèhú Bīnhé Míngdǐ

城镇居民点。位于长桥街道南部。东至西塘河，南至吴中大道，西至大庆河，北至跃进河。属长蠡社区。以其南依越湖路及三面环水的地理位置命名。占地面积13万平方米，建筑面积22.98万平方米。户籍人口2629人。共67幢住宅楼（其中多层16幢、小高层20幢、独体别墅31幢），1500户（套），绿化率37%。2007年命名。

【天华社区】 Tiānhuá Shèqū

社区居委会。位于长桥街道南部，距街道办事处驻地1.9千米。管辖范围为东起石湖嘉苑，西至苏蠡路，南起澄湖路，北至先锋路。面积0.2平方千米。户籍人口690户，2930人。居委会驻长蠡路560号。下辖苏蠡花园、长蠡新村、天华苑3个居民住宅小区。因社区内有住宅小区天华苑，故名。2011年设立。

天华社区居委会

苏蠡花园 Sūlǐ Huāyuán

城镇居民点。位于长桥街道南部。东至长蠡路，南至南库路，西至长丰路，北至先锋路。属天华社区。因位于苏蠡路东侧，故名。占地面积1.4万平方米，建筑面积5万平方米。户籍人口285人。共联体别墅34幢，90户（套），绿化率29%。2005年命名。

长蠡新村 Chánglǐ Xīncūn

城镇居民点。位于长桥街道南部。东至长蠡路，南至南蠡墅街，西至苏蠡路东侧南北向规划道路，北至澄湖路南侧东西向规划道路。属天华社区。以其东依长蠡路命名。占地面积4.5万平方米，建筑面积6.5万平方米。户籍人口260人。共20幢多层住宅楼，940户（套），绿化率38.6%。2007年命名。

天华苑 Tiānhuá Yuàn

城镇居民点。位于长桥街道南部。东至石湖嘉苑，南至澄湖路，西至苏蠡路，北至石湖东路。属天华社区。以“聚天地精华，建美好家园”的寓意命名。占地面积9万平方米，建筑面积20.4万平方米。户籍人口1750人。共25幢多层住宅楼，1627户（套），绿化率40%。2008年命名。

【南区社区】 Nánqū Shèqū

社区居委会。位于长桥街道东北部，距街道办事处驻地1.6千米。管辖范围为东起月浜街、迎春路及姑苏区交界处，西至东吴北路，南起宝带东路，北

南区社区居委会

至苏苑街。面积0.76平方千米。户籍人口6836人。居委会驻苏苑新村48幢北。下辖月浜一村、东苑村、城中苑、宝雅苑4个居民住宅小区。2018年5月，苑南社区并入。

月浜一村 Yuèbāng 1 Cūn

城镇居民点。位于长桥街道东北部。东至月浜街，南至宝带东路，西至东苑路，北至吴中东路南侧河道。因位于月浜河边，故名。面积5万平方米。户籍人口2100人。1993年命名。其中月浜一村东区属于迎春社区，户籍人口903人，其余部分属南区社区。

东苑村 Dōngyuàn Cūn

城镇居民点。位于长桥街道东北部。东至东苑路，南至北干河，西至东吴北路，北至吴中东路。属南区社区。因位于东苑路西侧，故名。面积3万平方米。户籍人口950人。1995年命名。

城中苑 Chéngzhōng Yuàn

城镇居民点。位于长桥街道东北部。东至月浜街，南至北干河，西至东苑路，北至吴中东路。属南区社区。因位于吴中新城区中心地带，故名。面积3万平方米。户籍人口810人。1999年命名。

宝雅苑 Bǎoyǎ Yuàn

城镇居民点。位于长桥街道东北部。东至月浜街西侧住宅楼及商住楼，南至宝带东路及月浜街西侧商住楼，西至月浜河，北至月浜一村。属南区社区。以“仿如珍宝般美好之所在”的寓意拟名。占地面积2.63万平方米，建筑面积5.23万平方米。户籍人口780人。共9幢中高层住宅楼，226户，绿化率37.34%。2016年命名。

【苑北社区】 Yuànběi Shèqū

苑北社区居委会

社区居委会。位于长桥街道东北部，距街道办事处驻地1.6千米。管辖范围为东起湄长新村，西至东吴北路，南起苏苑街，北至湄长河。面积0.5平方千米。户籍人口4370户，6160人。居委会驻苏苑新村80幢。下辖苏苑村、东吴村2个居民住宅小区。因位于苏苑新村北部，故名。1991年2月建北区社区。2004年8月东吴新村并入北区社区。2008年1月，北区社区改名为苑北社区，属苏苑街道。2013年9月苏苑街道并入长桥街道，社区随属长桥街道。

苏苑村 Sūyuàn Cūn

城镇居民点。位于长桥街道东北部。东至迎春路，南至吴中东路，西至东苑路，北至苏苑街。属苑北社区。以所处苏苑街而得名。面积85万平方米。户籍人口4107人。1986年命名。

东吴村 Dōngwú Cūn

城镇居民点。位于长桥街道东北部。东至苏苑巷，南至苏苑街，西至东吴北路，北至团结桥巷。属苑北社区。以历史地名东吴为小区名。面积4万平方米。户籍人口2053人。1986年命名。

【迎春社区】 Yíngchūn Shèqū

社区居委会。位于长桥街道东部，距街道办事处驻地1.9千米。管辖范围为东起冬青路，西至月浜街，南起宝带东路，北至吴中东路以北与姑苏区交界。面积0.56平方千米。户籍人口3296户，4966人。居委会驻吴中东路91号。下辖月浜二村、文卫村、苏苑二村、夏莲花园4个居民住宅小区。2018年5月，撤销月浜、苑东社区，合并组建迎春社区。

迎春社区居委会

东吴社区居委会

月浜二村　Yuèbāng 2 Cūn

城镇居民点。位于长桥街道东部。东至迎春路，南至嘉宝花园二期，西至月浜一村，北至北干河。属迎春社区。因位于月浜一村东侧，故名。面积4万平方米。户籍人口1793人。1993年命名。

文卫村　Wénwèi Cūn

城镇居民点。位于长桥街道东部。东至夏莲花园，南至夏莲巷，西至迎春路，北至吴中东路。属迎春社区。因由吴县文化局、卫生局共建，取两局首字组合命名。面积4万平方米。户籍人口1042人。1997年命名。

苏苑二村　Sūyuàn 2 Cūn

城镇居民点。位于长桥街道东部。东至夏莲路，南至吴中东路，西至迎春路，北至苏苑街。属迎春社区。因位于苏苑新村东侧，故名。面积3万平方米。户籍人口1104人。1998年命名。

夏莲花园　Xiàlián Huāyuán

城镇居民点。位于长桥街道东部。东至夏莲路，南至嘉宝花园，西至文卫新村，北至吴中东路。属迎春社区。因位于夏莲路西侧，故名。面积3万平方米。户籍人口1340人。2004年命名。

【东吴社区】　Dōngwú Shèqū

社区居委会。位于长桥街道北部，距街道办事处驻地2.9千米。管辖范围为东起东吴北路，西至西塘河，南起宝带西路，北至湄长河。面积0.44平方千米。户籍人口4510户，5011人。居委会驻东吴北路157号。下辖西塘村、龙港村、东吴花园3个居民住宅小区。因社区内有住宅小区东吴花园，故名。

西塘村　Xītáng Cūn

城镇居民点。位于长桥街道北部。东至东吴北路，南至吴中西路，西至西塘河，北至兴达路（西塘北巷）。属东吴社区。以所在西塘河为名。面积23万平方米。户籍人口3634人。1986年命名。

龙港村　Lónggǎng Cūn

城镇居民点。位于长桥街道北部。东至盘蠡路，南至苏州市吴中人民医院，西至西塘河，北至东吴花园。属东吴社区。因位于西塘河（俗称龙港）东侧，故名。面积2万平方米。户籍人口1627人。1993年命名。

东吴花园　Dōngwú Huāyuán

城镇居民点。位于长桥街道北部。东至东吴北路，南至龙港村，西至龙港一村，北至北干河。属东吴社区。因位于东吴北路西侧，故名。面积3万平方米。户籍人口533人。1997年命名。

【嘉宝社区】　Jiābǎo Shèqū

嘉宝社区居委会

社区居委会。位于长桥街道东部，距街道办事处驻地2.5千米。管辖范围为东起冬青路，西至苏苑中学，南起京杭大运河，北至宝带东路。面积0.97平方千米。户籍人口3751户，5461人。居委会驻丹桂路25号。下辖宝带一村、月亮湾村、嘉宝花园、宝带别苑4个居民住宅小区。因社区内有住宅小区嘉宝花园，故名。2003年3月，成立嘉宝花园社区，隶属苏苑街道。2013年9月苏苑街道并入长桥街道，社区随属长桥街道。2018年5月宝带社区并入。

宝带一村 Bǎodài 1 Cūn

城镇居民点。位于长桥街道东部。东至宝带东路229号小区，南至宝带别苑，西至月亮湾小区，北至嘉宝花园。属嘉宝社区。因位于宝带东路南侧，故名。面积2万平方米。户籍人口779人。1994年命名。

月亮湾村 Yuèliàngwān Cūn

城镇居民点。位于长桥街道东部。东至迎春路，南至月浜街东侧河道，西至文曲路，北至宝带东路。属嘉宝社区。因位于月浜街东侧，且取亮（靓）丽多彩之意。占地面积3.6万平方米。户籍人口1269人。1995年命名。

嘉宝花园 Jiābǎo Huāyuán

城镇居民点。位于长桥街道东部。东至夏莲路，南至太湖东路，西至茗香桥，北至夏莲巷。属嘉宝社区。取美好宝贵的寓意命名。面积24万平方米。户籍人口3452人。1998年命名。

宝带别苑 Bǎodài Biéyuàn

城镇居民点。位于长桥街道东部。东至冬青路，南至宝带东路，西至夏莲路，北至长桥新村。属嘉宝社区。因位于宝带东路北侧，住宅又多为别墅，故名。占地面积4万平方米。户籍人口224人。共73幢别墅及2幢配套用房。2001年命名。

【水香社区】 Shuǐxiāng Shèqū

社区居委会。位于长桥街道北部，距街道办事处驻地1千米。管辖范围为东起西塘河，西至龙西路，南起吴中西路，北至泗长河。面积0.41平方千米。户籍人口4319户，5137人。居委会驻吴中西路168号。下辖水香一村、水香二村、新景苑3个居民住宅小区。因社区内有住宅小区水香一村、水香二村，故名。2002年由水香一村居委会改名为水香苑社区居委会，隶属龙西街道。2013年9月龙西街道并入长桥

水香社区居委会

街道，社区随属长桥街道。2018年5月撤销水香苑、新景苑社区，合并组建水香社区。

水香一村 Shuǐxiāng 1 Cūn

城镇居民点。位于长桥街道北部。东至西塘河，南至吴中西路，西至水香二村，北至龙西新村。属水香社区。以相邻水香街而得名。面积6万平方米。户籍人口1480人。1993年命名。

水香二村 Shuǐxiāng 2 Cūn

城镇居民点。位于长桥街道北部。东至水香一村，南至吴中路，西至龙西路，北至缥缈苑。属水香社区。以相邻水香一村而得名。面积12万平方米。户籍人口1890人。1993年命名。

新景苑 Xīnjǐng Yuàn

城镇居民点。位于长桥街道北部。东至西塘河，南至龙西新村，西至龙西路，北至仙人港。属水香社区。以崭新美丽的景色寓意拟名。占地面积3万平方米。户籍人口1000人。共18幢住宅楼。1999年命名。

【吴中苑社区】 Wúzhōngyuàn Shèqū

吴中苑社区居委会

社区居委会。位于长桥街道北部，距街道办事处府驻地0.6千米。管辖范围为东起西塘河，西至龙

西路，南起宝带西路，北至吴中西路。面积0.36平方千米。户籍人口5839人。居委会驻水香街198号。下辖吴中二村、吴中村、先奇园、聚宝苑4个居民住宅小区。以域内吴中二村、吴中村、吴中西路而得名。2004年5月吴中村、吴中二村、先奇园社区（部分）并入本社区。2018年5月撤销龙苑社区，合并组建吴中苑社区。

吴中二村 Wúzhōng 2 Cūn

城镇居民点。位于长桥街道北部。东至西塘河，南至吴中西路，西至水香街，北至未命名河道（与姑苏区交界）。属吴中苑社区。因位于吴中西路南侧，故名。面积7.3万平方米。户籍人口645人。1997年命名。

吴中村 Wúzhōng Cūn

城镇居民点。位于长桥街道北部。东至西塘河，南至宝带西路，西至盘蠡路，北至吴中西路。属吴中苑社区。面积3.13万平方米。户籍人口492人。1993年命名。

先奇园 Xiānqí Yuán

城镇居民点。位于长桥街道北部。东至水香街，南至先奇街，西至龙苑新村，北至吴中西路。属吴中苑社区。以邻近先奇街命名。面积1.96万平方米。户籍人口246人。1995年命名。

聚宝苑 Jùbǎo Yuàn

城镇居民点。位于长桥街道北部。东至水香街，南至宝带西路，西至龙西路，北至龙西路170号。属吴中苑社区。以“聚集宝物的居所”含义拟名。建筑面积2.21万平方米。户籍人口210人。1995年命名。

【美蠡雅社区】 Měilǐyǎ Shèqū

美蠡雅社区居委会

社区居委会。位于长桥街道西部，距街道办事处驻地0.6千米。管辖范围为东起盘蠡路，西至长吴路、宝运路，南起京杭大运河，北至盘蠡巷。面积0.78平方千米。户籍人口5050人。居委会驻宝带西路689号。下辖盘蠡村、美之国花园、盘蠡花园、典雅花园4个居民住宅小区。取美之国之美，盘蠡花园之蠡，典雅花园之雅字组合命名。2005年5月成立美之雅社区，属于龙西街道。2013年9月龙西街道并入长桥街道，社区随属长桥街道。2015年由美之雅、盘蠡苑2个社区合建美蠡雅社区。

盘蠡村 Pánlǐ Cūn

城镇居民点。位于长桥街道西部。东至盘蠡路，南至宝带西路，西至盘蠡花园一、二期，北至名君别苑。属美蠡雅社区。因位于盘蠡路西侧，故名。面积13万平方米。户籍人口210人。共75幢楼房，1418户（套）。1994年命名。

美之国花园 Měizhīguó Huāyuán

城镇居民点。位于长桥街道西部。东至盘蠡路，南至典雅花园一期，西至宝运路，北至宝带西路。属美蠡雅社区。以美丽、花园、国图式的居所之意拟名。面积26万平方米。户籍人口2550人。1999年命名。

盘蠡花园 Pánlǐ Huāyuán

城镇居民点。位于长桥街道西部。东至盘蠡新村，南至天辰花园，西至立达中学，北至名君别苑。属美蠡雅社区。以相邻的盘蠡新村为参照延伸扩展而名。面积15万平方米。户籍人口1520人。2001年命名。

典雅花园 Diǎnyǎ Huāyuán

城镇居民点。位于长桥街道西部。东至盘蠡路，南至太湖西路，西至无名小河，北至美之国花园。属美蠡雅社区。以典型文雅的人居住花园的含义拟名。面积6万平方米。户籍人口1210人。2003年命名。

【龙城社区】 Lóngchéng Shèqū

社区居委会。位于长桥街道北部，距街道办事处驻地0.5千米。管辖范围为东起龙西路，西至盘蠡路及与姑苏区交界处，南起宝带西路，北至湄长河。面积0.71平方千米。户籍人口4327户，5618人。下辖水香五村、水香六村、龙西新村、城西新村、龙华园、

龙城社区居委会

宝带花园6个居民住宅小区。以龙桥与城西街中取一字组合命名。居委会驻龙西路257号。2003年水香五村社区和水香六村社区合并为城西苑社区，属龙西街道。2013年9月龙西街道并入长桥街道，社区随属长桥街道。2018年5月撤销龙华苑、城西苑社区，组建龙城社区。

水香五村 Shuǐxiāng 5 Cūn

城镇居民点。位于长桥街道北部。东至龙西路，南至城西街，西至盘蠡路，北至邱家桥。属龙城社区。以相邻小区水香村而得名。面积7.9万平方米。户籍人口1453人。1993年命名。

水香六村 Shuǐxiāng 6 Cūn

城镇居民点。位于长桥街道北部。东至盘蠡路，南至友联新村，西至友联新村，北至友联一村。属龙城社区。以相邻小区水香村而得名。面积6.08万平方米。户籍人口1064人。1993年命名。

龙西新村 Lóngxī Xīncūn

城镇居民点。位于长桥街道北部。东至龙西路，南至吴中西路，西至盘蠡路，北至水香五村。因位于龙桥西侧，故名。面积1.66万平方米。户籍人口2375人。1996年命名。2018年，1至10幢属龙城社区，户籍人口589人，其余部分属水香社区，户籍人口1786人。

城西新村 Chéngxī Xīncūn

城镇居民点。位于长桥街道北部。东至龙西路，南至宝带西路，西至宝带花园，北至和源大厦。属龙城社区。以位于吴中新城区西部而得名。面积2.52万平方米。户籍人口166人。1998年命名。

龙华园 Lónghuá Yuán

城镇居民点。位于长桥街道北部。东至龙西路，南至吴风雅苑，西至盘蠡苑小区，北至吴中西路。属龙城社区。取华丽富裕之意。面积2.59万平方米。户籍人口147人。2001年命名。

宝带花园 Bǎodài Huāyuán

城镇居民点。位于长桥街道北部。东至龙西路，南至宝带西路，西至盘蠡路，北至吴中西路。属龙城社区。以位于宝带西路北侧而得名。面积2.43万平方米。户籍人口100人。2002年命名。

三、历史地名

【村委会】

【新塘村】 Xīntáng Cūn

村委会。位于长桥镇东南2.5千米处。1949年隶属吴县木渎区石湖乡。1950年3月隶属吴县枫桥区龙桥乡。1954年为苏州市郊区龙桥乡新塘第一、第二、第三初级社。1956年与前宅初级社，新庄第一、第二、第三初级社合并为龙桥乡新庄高级社。1958年新庄高级社与新兴高级社合并，建新庄大队。1965年与新家、新庄、新兴大队分治，称新塘大队。1983年名新塘行政村，下辖姚家墩、下塘2个自然村落。村民委员会驻龙桥西埯。2000年末，有9个村民小组，户籍人口224户，885人。有耕地12万平方米。2004年2月，改设居民委员会，属长桥街道。2018年5月居委会调整撤并。

【长渔村】 Chángyú Cūn

村委会。位于长桥镇东2.5千米处。因散在长桥镇区的渔民集中上岸定居，故名。1970年建渔业大队。1980年改称长渔大队。1983年名为长渔村村民委员会。1990年6月划归吴县经济技术开发区管理。1993年12月复归吴县长桥镇。2000年末，有4个村民小组，户籍人口63户，254人。2004年2月，改设居民委员会，属长桥街道。2018年5月居委会调整撤销。

【社区居委会】

【月浜社区】 Yuèbāng Shèqū

社区居委会。位于长桥街道东部，距街道办

事处驻地1.5千米。管辖范围为东起迎春路，西至月浜街，南起宝带东路（嘉宝二期除外），北至吴中东路。面积0.46平方千米。户籍人口1265户，4300人。居委会驻月浜一村1幢。以辖区内月浜街得名。2003年成立月浜社区，隶属苏苑街道。2013年9月苏苑街道并入长桥街道，随属长桥街道，下设9个居民小组。2018年5月撤销。

【龙华苑社区】 Lónghuáyuàn Shèqū

社区居委会。位于长桥街道北部，距街道办事处驻地1.2千米。管辖范围为东起龙西路，西至盘蠡路，南起葑庄河，北至吴中西路。以辖区北部的龙华园小区而得名。面积0.39平方千米。户籍人口1740户，5500人。居委会驻龙西路265号。下辖水香七村、盘蠡南苑、吴风雅苑、城西新村、宝带花园、盘蠡园、龙华园等居民住宅小区。2000年6月组建。2018年5月调整撤销。

【苑南社区】 Yuànnán Shèqū

社区居委会。位于长桥街道东部，距街道办事处驻地1.5千米。管辖范围为东起月浜街，西至东吴北路，南起宝带东路，北至吴中东路。因地处苏苑新村南面，故名。面积0.5平方千米。户籍人口2112户，6350人。居委会驻东苑路61号。下辖东苑村、城中苑等14个居民住宅小区。1999年3月组建。2018年5月撤销。

【东吴花园社区】 Dōngwúhuāyuán Shèqū

社区居委会。位于长桥街道中部。地处吴中城区中心地带。管辖范围为东起东吴北路，西至西塘河，南起宝带西路，北至吴中西路。因社区内有住宅小区东吴花园，故名。面积0.3平方千米。户籍人口1597户，4600人。居委会驻龙港巷96号。下辖住宅楼74幢，有龙港一村、龙岗村、东吴花园等11个居民住宅小区。1995年7月建立龙港一村居委会。2003年改称为东吴花园社区，隶属苏苑街道。2013年9月苏苑街道并入长桥街道，社区随属长桥街道。2018年5月调整撤销。

【城西苑社区】 Chéngxīyuàn Shèqū

社区居委会。位于长桥街道西北部，距街道办事处驻地1千米。管辖范围为东起龙西路，西至友联新村，南起吴中西路，北至盘蠡桥。以辖区内城西街而得名。面积0.32平方千米。户籍人口2256户，6000人。居委会驻水香五村10幢北。下辖水香五村、水香六村等居民住宅小区。共80幢住宅楼，2003年3月建立。2018年5月撤销。

【苑东社区】 Yuàndōng Shèqū

社区居委会。位于长桥街道东部，距街道办事处驻地1.7千米。管辖范围为东起夏莲路，西至迎春路，南起国防园，北至姑苏区湄长新村。因地处苏苑村东面，故名。面积0.3平方千米。户籍人口1138户，3700人。居委会驻吴中东路65号夏莲花园内。下辖夏莲花园、文卫新村、苏苑二村、吴中东路82号、吴中东路84号5个居民住宅小区。2000年组建。2018年5月撤销。

【澹台湖社区】 Tántáihú Shèqū

社区居委会。位于长桥街道东北部，距街道办事处驻地2千米。管辖范围为东起茗香桥，西至西塘河，南起太湖东路，北至宝带东路。因该社区靠近澹台湖，故名。面积0.96平方千米。户籍人口1635户，5800人。居委会驻月浜街1号。2001年设立，隶属苏苑街道。2013年9月苏苑街道并入长桥街道，社区随属长桥街道。2018年5月调整撤销。

【宝带社区】 Bǎodài Shèqū

社区居委会。位于长桥街道东北部，距街道办事处驻地2.3千米。管辖范围为东起冬青路，西至迎春路，南起太湖东路，北至宝带东路。以附近宝带桥为名。面积0.65平方千米。户籍人口1112户，3800人。居委会驻丹桂路宝带别苑25号。2003年3月设立。2018年5月调整撤销。

【新景苑社区】 Xīnjǐngyuàn Shèqū

社区居委会。位于长桥街道西北部，距街道办事处驻地1.4千米。管辖范围为东起西塘河，西至龙西路，南起吴中西路，北至邱家桥。因社区内有住宅区新景苑，故名。面积0.3平方千米。户籍人口2276户，6000人。下辖龙西新村、莫厘苑、莲花苑、箭阙苑、西塘北巷8号、新景苑6个居民住宅小区。居委会驻龙西新村27幢。2003年3月设立。2018年5月调整撤销。

【西塘社区】 Xītáng Shèqū

社区居委会。位于长桥街道东北部，距街道办事处驻地1.4千米。管辖范围为东起东吴北路，西至西塘河，南起吴中西路，北至洄长河。因紧靠西塘河得名。面积0.24平方千米。户籍人口3045户，9350人。下辖南门二村、西塘北巷12号等18个居民住宅小区。居委会驻东吴北路157号。2003年成立西塘社区，隶属苏苑街道。2013年9月苏苑街道并入长桥街道，社区随属长桥街道。2015年原南巷社区（部分）并入本社区。2018年5月调整撤销。

【水香苑社区】 Shuǐxiāngyuàn Shèqū

社区居委会。位于长桥街道北部，距街道办事处驻地0.8千米。管辖范围为东起西塘河，西至龙西路，南起吴中西路，北至龙西新村。因社区内有住宅区水香一村、水香二村，故名。面积0.34平方千米。下辖水香一村、水香二村、缥缈苑3个居民住宅小区。户籍人口2401户，6108人。居委会驻吴中西路168号（水香二村内）。2002年由水香一村居委会改名为水香苑社区，下设40个居民小组，隶属龙西街道。2013年9月龙西街道并入长桥街道，社区随属长桥街道。2018年5月调整撤销。

【新苑社区】 Xīnyuàn Shèqū

社区居委会。位于长桥街道中部偏北，距街道办事处驻地1千米。管辖范围为东起西塘河，西至盘蠡路，南起京杭大运河，北至葛庄河。因社区内有住宅小区新苑村，故名。面积0.45平方千米。居委会驻长兴街79号。下辖新苑村、苏达公寓、佳运花园、吴中名邸、龙西路35号、颐和湾6个居民住宅小区。户籍人口2805户，8415人。2003年3月设立。2018年5月调整撤销。

【龙苑社区】 lóngyuàn Shèqū

社区居委会。位于长桥街道北部，距街道办事处驻地1千米。管辖范围为东起水香街，西至龙西路，南起葛庄河，北至吴中西路。面积0.36平方千米。户籍人口1756户，5600人。居委会驻龙苑新村31幢底层18号。2003年3月设立。2018年5月调整撤销。

【农村居民点】

河田里 Hétiánlǐ

农村居民点。位于长桥街道南部。东为农场河，南为吴中大道，西为长蠡路，北为澄湖路。面积2万平方米。户籍人口36户，93人。2010年动迁消亡。

及泾桥 Jíjīngqiáo

农村居民点。位于长桥街道南部。东为长蠡路，南为跃进河路，西为苏蠡路，北为澄湖西路。面积0.16万平方米。户籍人口80人。2010年动迁消亡。

洋海廊 Yánghǎiláng

农村居民点。位于长桥街道南部。东为苏蠡路，南为北蠡墅街，西为无名小河，北为跃进河。属蠡墅社区。面积3万平方米。户籍人口200人。因拆迁地名消亡。

马家村 Mǎjiā Cūn

农村居民点。位于长桥街道南部。东为苏蠡路，南为跃进河，西为友新路，北为澄湖西路。属蠡墅社区。面积0.3万平方米。户籍人口125人。因拆迁地名消亡。

舟坞村 Zhōuwù Cūn

农村居民点。位于长桥街道南部。东为长蠡路，南为蠡墅南街，西为许家浜，北为蠡墅港。属蠡墅社区。面积0.3万平方米。户籍人口136人。因拆迁地名消亡。

西庙泾浜 Xīmiàojīngbāng

农村居民点。位于长桥街道南部。东为无名河浜，南为蠡墅新街，西为苏蠡路，北为跃进河。属蠡墅社区。面积0.3万平方米。户籍人口130人。因拆迁地名消亡。

安全村 Ānquán Cūn

农村居民点。位于长桥街道南部。东为苏蠡路，南为澄湖路，西为新蠡路，北为翻身路。属先锋社区。面积0.18万平方米。户籍人口90人。2006年拆迁村落消失。

朱田庄 Zhūtiánzhuāng

农村居民点。位于长桥街道南部。东为大龙港，南为先锋路，西为苏蠡路，北为石湖路。属先锋社区。面积0.19万平方米。户籍人口100人。又名芷潭村，原该地块有一潭叫“芷潭”，村以潭为命名，后因方言讹成今名。2006年动迁消亡。

陈家村 Chénjiā Cūn

农村居民点。位于长桥街道南部。东为泥桥街，南为殳泾村，西为中港，北为中心河。属先锋社区。面积2万平方米。户籍人口110人。因拆迁地名消亡。

姚家墩 Yáojiādūn

农村居民点。位于长桥街道南部。东为西塘河，南为新门路，西为五家浜，北为京杭大运河。属新家社区。面积0.3万平方米。户籍人口103人。因拆迁地名消亡。

龙北西巷 Lóngběixīxiàng

农村居民点。位于长桥街道北部。东为龙港东巷，南为太湖西路，西为西塘河，北为龙港三村。属龙桥社区。面积18万平方米。户籍人口90人。因拆迁地名消亡。

龙北东巷 Lóngběidōngxiàng

农村居民点。位于长桥街道北部。东为龙桥新村，南为太湖西路，西为龙北西巷，北为龙港三村。属龙桥社区。面积0.3万平方米。户籍人口131人。因拆迁地名消亡。

月子浜 Yuèzǐbāng

农村居民点。位于长桥街道北部。东为月浜街，西为月苑街。属嘉宝社区。面积0.2万平方米。户籍人口121人。因拆迁地名消亡。

【城镇居民点】

龙港三村 Lónggǎng 3 Cūn

城镇居民点。位于长桥街道北部。东至东吴北路，南至宝带西路，西至龙港二村，北至吴中人民医院。属龙桥社区。以相邻龙港二村命名。面积1.3万平方米。户籍人口400人。1998年命名。2012年动迁消亡。

第三节　郭巷街道

一、概 况

郭巷街道 Guōxiàng Jiēdào

乡级行政区。位于吴中区南部，距吴中区人民政府驻地5.3千米。东隔镬底潭、吴淞江与甪直镇为邻，南傍吴淞江与吴江区松陵街道相望，西依京杭大运河与城南街道为界，北、东北与苏州工业园区娄葑、斜塘街道相接。因辖区内有古集镇“郭巷”，街道办事处以该集镇为名。辖区面积54平方千米。户籍人口6.17万人，其中少数民族40余人。街道办事处驻郭新东路1号。

秦始皇二十六年（前221），置吴县，郭巷为吴县属地。唐万岁通天元年，析吴县东部地置长洲县，郭巷境域属长洲县。北宋元丰年间，境内设尹山、东吴下乡都保。明洪武十四年（1381）至明正德年间（1506—1521）境内置东吴下乡（下颜安里）、尹山乡（堵城里）。清雍正二年（1724），析长洲县东南地置元和县，郭巷境域为元和县属地。1911年10月，属苏州管辖。1912年1月，苏州改称吴县，郭巷境域为吴县属地。同年11月，郭巷境域设郭巷、尹山两乡。1929年8月，尹山、郭巷两乡合并成尹郭区（即第十四区），区署驻郭巷镇。1934年6月，第十四区和第十五区之一部分合并成吴县第八区，区公所驻郭巷镇。1937年11月，郭巷沦陷。1939年3月，伪吴县知事公署于境内建尹山、郭巷乡公所。1941年7月，郭巷境域属伪吴县第十一区。1945年9月，郭巷境域仍属吴县第八区。1947年6月，境内置郭巷镇、大桥乡、尹山乡，隶属吴县淞北区。1948年7月，郭巷镇属吴县苏州区管辖，尹山乡属吴淞区管辖。1949年5月1日，吴县人民政府成立，郭巷镇、尹山乡属吴县淞北区。1950年3月，淞北区改称车坊区，境内有郭巷、戈湾、荡湖、围湖、新浦（部分）等乡。1956年3月，新浦乡的横港、六浦两村及围湖乡的徐浜村并入戈湾乡；荡湖乡除四新、中山两村外的其余部分并入郭巷乡；荡湖乡的四新村、中山村并入围湖乡。时境内有郭巷、戈湾、围湖（部分）等乡建置，属车坊区管辖。1957年9月撤区并乡后，原郭巷、戈湾、长桥3乡及围湖乡的一部分合并为郭巷乡，隶属吴县。1958年10月，郭巷乡改建郭巷人民公社。郭巷乡所属的江南村划归吴江县湖滨公社。1966年10月，郭巷人民公社所属长桥、新华、新建、金星、红庄、卫星、钢铁等7个大队划归蠡墅公社。1983年7月，恢复郭巷乡建置，郭巷集镇为乡人民政府驻地。1994年6月，郭巷乡改建为郭巷镇驻地不变。1995年6月，吴县撤县设市。1995年9月28日，塘北村大龙口港幸福大桥北部土地划归苏州工业园区。2001年2月，吴县市撤市设区，郭巷属吴中区。2004年2月2日，江苏省政府批复撤销郭巷镇建制，以原郭巷镇行政区域和原车坊镇的马巷、官浦、通桥3个村委会区域合并设立郭巷街道办事处，管理郭巷居委会、塘北居委会和黄潦、长丰、湾里、浮桥、塘东、戈湾、五浦、六浦、徐浜、双浜、姜庄、尹山、六丰、善浦、塘南、姜家、独墅湖、马巷、官浦、通桥20个村委会。2006年至2007年8月，街道管理的22个村（居）委会归并整合。2009年末，街道管理双浜、姜庄、尹山、国泰、黄潦泾、戈湾、徐浜、独墅湖、马巷、姜家、官浦11个社区居委会，属吴中区。2011年至2012年，管理徐浜、戈湾、马巷、双浜、姜庄、尹山、国泰、黄潦泾、独墅湖、姜家、官浦、国香园、湖岸、湖滨14个社区居委会。2016年增设了墅浦、斜港、湖景花园3个城市社区，2018年增设了翠湖、常青藤2个城市社区。2018年末，辖徐浜、戈湾、马巷、双浜、姜庄、尹山、国泰、黄潦泾、独墅湖、姜家、官浦、湖滨、湖岸、国香园、

郭巷街道办事处

湖景花园、斜港、墅浦、翠湖、常青藤19个社区居委会，隶属不变。

二、社区居委会及居民点

【徐浜社区】 Xúbāng Shèqū

徐浜社区居委会

社区居委会。位于郭巷街道东部，距街道办事处驻地4.2千米。管辖范围为东起清禾路，西至通达路，南起绕城高速，北至尹东路、环尹山湖路。面积3.48平方千米。户籍人口560户，2146人。居委会驻尹和新村。下辖尹和新村、泾湾花园2个居民住宅小区。以辖区内徐浜自然村而得名。1950年4月属吴县车坊区围湖乡徐浜村、长港村、三浜村。1957年10月改为戈湾乡金星第八十八高级社。1958年7月改为东风第二十四、第二十六高级社。1958年10月属吴县郭巷人民公社第8、9营。1959年4月改为郭巷公社跃进大队。1980年12月更名为郭巷乡徐浜大队。2006年9月长丰村并入徐浜村，组建郭巷街道徐浜社区。

尹和新村 Yǐnhé Xīncūn

城镇居民点。位于郭巷街道东部。东至吴淞江路西侧规划用地，南至普惠路规划延伸段（未命名），西至潦泾路，北至尹苑路。属徐浜社区。取“临近尹山湖的和谐家园”的寓意拟名。占地面积1.3万平方米，建筑面积23.3万平方米。户籍人口1638户，4900人。共22幢高层住宅楼和2幢多层综合楼。2018年命名。

泾湾花园 Jīngwān Huāyuán

城镇居民点。位于郭巷街道东部。东至潦泾河西侧高压走廊，南至尹南路北侧绿化带，西至泾湾路及其东侧规划用地，北至尹苑路及其南侧规划用地。属徐浜社区。以其西傍泾湾路的地理位置特点拟名。占地面积2.8万平方米，建筑面积7.37万平方米。户籍人口544户，1900人。共7幢高层住宅楼和1幢多层综合楼。2018年命名。

【戈湾社区】 Gēwān Shèqū

戈湾社区居委会

社区居委会。位于郭巷街道南部，距街道办事处驻地5千米。管辖范围为东起镬底潭，西至苏嘉杭高速，南起吴淞江，北至待开发地。面积6.04平方千米。户籍人口964户，3669人。居委会驻尹东新村八期（暂名）内。下辖横港里、江家浜、湾里、巷上、小圩上5个自然村落。以辖区内戈湾自然村而得名。1950年4月为吴县车坊区戈湾乡所辖。1956年秋改建戈湾乡金星第十六、十七、八十七高级社。1958年7月改为郭巷乡东风第二十、二十二、二十三社。1958年10月属郭巷人民公社第7、8营。1982年4月改为郭巷公社戈湾大队。1983年8月改为郭巷乡戈湾村。1995年6月改为郭巷镇戈湾村。2005年善浦村、五浦村并入。2006年设立戈湾社区。

横港里 Hénggǎnglǐ

农村居民点。位于郭巷街道南部。东为江家浜，南为巷上村，西为白洋湖，北为小圩上。以白洋湖水横流东港而得名。面积2.8万平方米。户籍人口280人。为戈湾社区第12居民小组。部分农户拆迁，尚存14户未拆。

江家浜 Jiāngjiābāng

农村居民点。位于郭巷街道南部。东为东港里河，南为农田，西为巷上，北为徐村港。因吴越春秋时期是吴国守将江巢的驻地，故名。面积2.83万平方米。户籍人口160人。为戈湾社区第13、14、23居民小组。

湾里 Wānlǐ

农村居民点。位于郭巷街道南部。东为南浜，西为白洋湖，北为巷上村。坐落于白洋湖的一个湾荡而得名。面积3万平方米。户籍人口456人。为戈湾社区第3、4、5、6、19居民小组。

巷上 Xiàngshàng

农村居民点。位于郭巷街道南部。东、南为农田，西为白洋湖，北为横港里。因村内有白洋湖东流的一条水巷，村以港名。面积3万平方米。户籍人口425人。为戈湾社区第7、8、9、10、11、20、21、22居民小组。

小圩上 Xiǎoyǖláng（方言读音）

农村居民点。位于郭巷街道南部。东、南为农田，西北隔善浦港与港上村为邻，北为善浦港村。因村域是一个面积不大的圩地，故名。面积1.3万平方米。人口106人。为戈湾社区第27居民小组。

【马巷社区】 Mǎxiàng Shèqū

马巷社区居委会

社区居委会。位于郭巷街道东南部，距街道办事处驻地5.2千米。管辖范围为东起官浦社区，西至戈湾社区、徐浜社区，南起吴江区同里镇九里湖，北至黄潦泾社区、吴中出口加工区。面积6平方千米。户籍人口890户，3248人。居委会驻尹东八期安置小区内。以辖区内马巷自然村而得名。1958年改为车坊人民公社第7营。1959年8月改为车坊人民公社十六大队。1966年2月拆分为车坊人民公社红旗大队和红丰大队。1982年改称马巷大队和蛟龙大队。1983年改设村。2000年7月蛟龙村并入马巷村。2003年2月由车坊镇划入郭巷镇。2006年9月，马巷村和六浦村合并组建马巷社区。

【双浜社区】 Shuāngbāng Shèqū

双浜社区居委会

社区居委会。位于郭巷街道中部，距街道办事处驻地2.2千米。管辖范围为东起国泰社区，西至姜庄社区，南起尹山社区，北至斜港河。面积1.67平方千米。户籍人口697户，3932人。居委会驻郭新东路1号。下辖东浜村、凤舞泾、后底塘、蒋家角、林家潭、马村、西栅口、西浜村8个自然村落。以辖区内东、西浜自然村而得名。1950年4月为车坊区郭巷乡东、西浜。1956年秋为郭巷乡金星第二十七高级社。1958年7月改为郭巷乡东风第二高级社。1958年10月为郭巷人民公社第1营。1959年4月改为郭巷公社郭巷大队。1980年12月更名为郭巷公社双浜大队。1983年8月改为双浜村。2005年3月郭巷市镇社区并入该村，改设双浜社区。

东浜村 Dōngbāng Cūn

农村居民点。位于郭巷街道中部。东为郭巷实验小学、尹山河，南为郭新东路，苏家弄，西为西浜村、北为郭巷集镇。因位于浜之东，故名。面积3万平方米。户籍人口62人。2005年3月为双浜社区9、10、14、15居民小组。

凤舞泾 Fèngwǔjīng

农村居民点。位于郭巷街道中部。东为尹山湖，南为凤舞泾港，西为尹丰路，北为西浜自然村。属双浜社区。史称冯墓泾，20世纪70年代辟为移居居民点时改称凤舞泾。面积0.4万平方米。户籍人口35人。

后底塘 Hòudǐtáng

农村居民点。位于郭巷街道中部。因位于郭巷老街之北，以方位称名。面积1.9万平方米。户籍人口158人。2005年3月为双浜社区第7居民小组。

蒋家角 Jiǎngjiājiǎo

农村居民点。位于郭巷街道中部。东为林家潭，南为马村，西为双浜路，北为林家潭路。属双浜社区。因村落在一个湾角，且蒋姓村民较多，故名。面积0.7万平方米。户籍人口32人。

林家潭 Línjiātán

农村居民点。位于郭巷街道中部。东为国泰新村，南为马村，西为农田，北为斜港河。以姓氏为村名。面积1.5万平方米。户籍人口120人。2005年3月为双浜社区第1居民小组。

马村 Mǎ Cūn

农村居民点。位于郭巷街道中部。东为国泰新村，南为郭巷实验小学，西为后底塘，北为马村浜。村落依马村浜港东、港西罗列。面积3万平方米。户籍人口775人。2005年3月为双浜社区第2、3、4、5、6居民小组。

西栅口 Xīzhàkǒu

农村居民点。位于郭巷街道中部。东为郭巷老街，南为西栅口河，西为东港河，北为农田。因位于西头河上木栅，故名。面积1.6万平方米。户籍人口178人。2005年3月为双浜社区第8居民小组。

西浜村 Xībāng Cūn

农村居民点。位于郭巷街道中部。东为郭巷老街、东浜村，西为郭新河，北为西栅口河。因傍西浜河两岸散落，故名。面积3万平方米，户籍人口713人。2005年3月为双浜社区11、12、13居民小组。

【姜庄社区】 Jiāngzhuāng Shèqū

姜庄社区居委会

社区居委会。位于郭巷街道西部，距街道办事处驻地2.8千米。管辖范围为东起郭新河，西至京杭大运河，南起凤舞泾港，北至苏申外港线河。面积2.1平方千米。户籍人口1209户，3586人。居委会驻一品街。下辖宝带花园、彩虹新村、景苑新村3个居民住宅小区，和尚渠、姜庄、九盛里、西九盛、歇鸟村、西村6个自然村落。以辖区内姜庄自然村而得名。清宣统年间（1909—1911）属元和县尹山乡。1950年4月属车坊区郭巷乡。1958年10月为郭巷人民公社第2营。1959年4月改称郭巷公社红旗大队。1983年8月改为郭巷乡姜庄村。2005年3月改为姜庄社区。

宝带花园 Bǎodài Huāyuán

城镇居民点。位于郭巷街道西部。东至郭巷中心幼儿园，南至被头浜，西至彩虹新村，北至彩虹路。属姜庄社区。以临近历史名桥宝带桥而得名。面积0.6万平方米。户籍人口200人。2000年命名。

彩虹新村 Cǎihóng Xīncūn

城镇居民点。位于郭巷街道西部。东至一品街、宝带花园，南至被头浜，西至尹中路，北至郭新西路。属姜庄社区。以东西两头（弧形）北靠郭新西路，形如彩虹拟名。面积1.8万平方米。户籍人口400人。2000年命名。

景苑新村 Jǐngyuàn Xīncūn

城镇居民点。位于郭巷街道西部。东至郭新河，南至被头浜，西至宝带花园，北至郭新西路。属姜庄社区。以景色美如花园的寓意拟名。面积0.8万平方米。户籍人口260人。2000年命名。

和尚渠 Héshàngqú

农村居民点。位于郭巷街道西部。又名和尚圩、和尚村、东村。东为东港河，南为九盛港，西为西村，北为苏申外港线河。村北原有祖师庙，村落据庙内和尚得名。面积3.6万平方米。户籍人口917人。2005年3月属姜庄社区。

姜庄 Jiāngzhuāng

农村居民点。位于郭巷街道西部。东为郭新河，南为郭新西路，西为姜庄路，北为新建住宅区。据史载因村域东北头土地庙神姓姜而称为姜庄。面积3.3万平方米。户籍人口510人。2005年3月为姜庄社区第1、2、3、4居民小组。

九盛里 Jiǔshènglǐ

农村居民点。位于郭巷街道西部。又名九盛。东为歇鸟村，南为官溇里，西为西九盛，北为西村。因沿九盛港南、北两岸居住，故名。面积3万平方米。户籍人口459人。2005年3月为姜庄社区第6、7、8居民小组。

西九盛 Xījiǔshèng

农村居民点。位于郭巷街道西部。东为官溇里、九盛里，南为蔡家浜，西为京杭大运河，北为苏申外港线河。因沿九盛港东、西两岸居住，故名。面积2.7万平方米。户籍人口340人。2005年3月为姜庄社区第15、16居民小组。

歇鸟村 Xiēniǎo Cūn

农村居民点。位于郭巷街道西部。东为姜庄路，南为姜庄村，西为官溇里，北为九盛里。因村落早先多树木、竹林，早晚有许多鸟在此歇息，故名。面积0.7万平方米。户籍人口53人。2005年3月为姜庄社区第5居民小组。

西村 Xī Cūn

农村居民点。位于郭巷街道西部。又名西和尚渠、小西村。东为和尚渠，南为九盛里，西为京杭大运河，北为苏申外港线河。因村落较小，在和尚渠西侧，故名。面积1.6万平方米。户籍人口102人。2005年3月为姜庄社区第9居民小组。

【尹山社区】 Yǐnshān Shèqū

尹山社区居委会

社区居委会。位于郭巷街道西南部，距街道办事处驻地3千米。管辖范围为东起尹山湖，西至京杭大运河，南起河东工业园，北至姜庄社区。面积2.8平方千米。户籍人口530户，2019人。因辖区内原有高16.6米的尹山土山，故名。居委会驻吉熙苑小区内。下辖吉熙苑1个居民住宅小区，南足浜、寺前街2个自然村落。1950年4月属吴县车坊区戈湾乡尹湖、尹桥村。1956年秋，为金星第十八高级社。1958年10月为郭巷人民公社第6营。1959年4月改称尹山大队。1983年8月改设村。2004年12月改为尹山社区。

吉熙苑 Jíxī Yuàn

城镇居民点。位于郭巷街道西南部。东至尹丰路，南至尹山港，西至吴中区特殊学校，北至尹新路。属尹山社区。面积1.2万平方米。户籍人口2550人。以“吉祥、兴盛之所”的寓意拟名。2014年命名。

南足浜 Nánzúbāng

农村居民点。位于郭巷街道西南部。东为乌坟港村，南为南港河，西为京杭大运河，北为尹山港。因在尹山港南侧，犹如伸出的一只脚（足），故名。面积2万平方米。户籍人口185人。2006年8月为尹山社区第11居民小组。

寺前街 Sìqiánjiē

农村居民点。位于郭巷街道西南部。东为东港河，南为南浜村，西为京杭大运河，北为尹山港。因在古崇福寺南面，且形成了街市，故名。面积2万平方米。户籍人口277人。2006年8月为尹山社区第15、16居民小组。

【国泰社区】 Guótài Shèqū

国泰社区居委会

社区居委会。位于郭巷街道中部偏东，距街道办事处驻地1.5千米。管辖范围为东起东方大道，西至双浜社区马村自然村，南起郭新东路，北至斜港河。面积2.75平方千米。户籍人口2281户，8820人。居委会驻国泰一村内。下辖国泰一村、国泰二村、国泰三村3个居民住宅小区，横溇里1个自然村落。取国泰民安之意命名。2006年9月设立。

国泰一村 Guótài 1 Cūn

城镇居民点。位于郭巷街道中部偏东。初名国泰新村。东至东安路及国泰二村居民区，南至尹山湖北岸绿化带，西至郭巷街道马村、林家潭自然村，北至斜港河。属国泰社区。以国泰民安盛世环境寓意拟名。占地面积1.8万平方米，建筑面积18.02万平方米。户籍人口1550户，3200人。共188幢住宅楼（其中多层20幢、独立别墅168幢）。2006年命名。

国泰二村 Guótài 2 Cūn

城镇居民点。位于郭巷街道中部偏东。初名国泰新村。东至东方大道及独墅湖西岸绿化带，南至尹山湖北岸绿化带，西至东安路及塘丰路（暂用名），北至斜港河。属国泰社区。以临近国泰一村而得名。占地面积1.6万平方米，建筑面积12万平方米。户籍人口1090户，3200人。共126幢住宅楼（其中多层6幢、独立别墅120幢）。2006年命名。

国泰三村 Guótài 3 Cūn

城镇居民点。位于郭巷街道中部偏东。初名国泰新村。东至东安路，南至尹鸿路，西至绿化地，北至尹山河。属国泰社区。以其与国泰一村、国泰二村居民区相邻命名。面积1.7万平方米。户籍人口2300人。2007年命名。

横溇里 Hénglóulǐ

农村居民点。位于郭巷街道中部偏东。东为大浮桥，南为尹山湖，西为马村，北为斜港河。面积2.2万平方米。户籍人口352人。因村内河流横向，故名。2006年9月划归国泰社区。

【黄潦泾社区】 Huángliáojīng Shèqū

黄潦泾社区居委会

社区居委会。位于郭巷街道东南部，距街道办事处驻地4千米。管辖范围为东起镬底潭，西至徐浜社区、国泰社区，南起吴中出口加工区，北至尹东路。面积6平方千米。户籍人口4286人。居委会驻尹东新村B区（暂名）内。下辖尹东新村1个居民住宅小区。因辖区内黄潦泾自然村得名。1949年前后名黄潦村、潦泾村。1956年秋改建为车坊区围湖乡金星第十四高级社。1958年7月改为郭巷乡东风第二十七、二十八高级社。1958年10月属郭巷人民公社第9营。1959年4月改称郭巷公社战斗大队。1962年分为战斗、南桥两个大队。1980年12月分别更名为黄潦、战斗大队。1983年8月改设村属郭巷乡。2004年5月改为吴中区郭巷街道黄潦村、潦泾村。2006年9月通桥村、潦泾村并入该社区。

尹东新村 Yǐndōng Xīncūn

城镇居民点。位于郭巷街道东南部。分为2个小区：（1）东至潦泾河西侧高压走廊，南至尹苑路，西至泾湾路，北至尹四河（暂用名）。（2）东至潦泾河西侧高压走廊，南至尹帆路，西至泾湾路，北至尹东路。属黄潦泾社区。以其北靠尹东路的地理位置特点命名。占地面积2.2万平方米。户籍人口5200人。共58幢住宅楼（其中多层51幢、高层7幢）和2幢综合楼，1868户。2015年命名。

【独墅湖社区】 Dúshùhú Shèqū

独墅湖社区居委会

社区居委会。位于郭巷街道北部，距街道办事处驻地3千米。管辖范围为东起独墅湖，西至娄葑街道群力社区，南起斜港河，北至苏州独墅湖大道。面积6.6平方千米。户籍人口1386户，6298人。居委会驻通达路西侧塘南新村内。下辖郭巷塘南新村1个居民住宅小区。因辖区傍依独墅湖，故名。中华人民共和国成立后分别设盛溇村、塘南村、前厍村、后厍村、曹村、汤堡村。1956年秋分别改建为郭巷乡金星第三十、八十九、九十三、三十一高级社。1958年7月改为郭巷乡东风第五、七、四、三高级社。1958年10月均属郭巷人民公社第3营。1959年4月改称吴县郭巷公社塘南、塘北、红卫、东风大队。1983年8月改设郭巷乡塘南、塘北、曹村、汤堡村。2003年9月由汤堡、曹村合并为独墅湖村。2006年9月塘北村、塘南村并入独墅湖村，组建郭巷街道独墅湖社区。

郭巷塘南新村 Guōxiàng Tángnán Xīncūn

城镇居民点。位于郭巷街道北部。东至通达路，南至斜港河，西至九曲港，北至鑫苑湖岸名家。属独墅湖社区。以其地处独墅湖社区原塘南村区域命名。占地面积2.9万平方米，建筑面积29.14万平方米。户籍人口690户，2600人。共200幢多层住宅楼。2010年命名。

【姜家社区】 Jiāngjiā Shèqū

姜家社区居委会

社区居委会。位于郭巷街道西北部，距街道办事处驻地3.3千米。管辖范围为东起常台高速公路，西至京杭大运河，南起斜港河，北至苏州市东兴路。面积3.6平方千米。户籍人口780户，2689人。居委会驻姜家新村内。下辖姜家新村1个居民住宅小区，姜家村、南村、小湾里3个自然村落。以辖区内姜家自然村而得名。1950年4月属吴县车坊区郭巷乡。1956年秋改为郭巷乡金星第二十八高级社。1958年4月改为郭巷乡东风第八高级社。1958年10月改为郭巷人民公社第2营。1959年4月改为郭巷公社南港大队。1980年12月更名为姜家大队。1983年8月改为姜家村。2007年6月改为姜家社区。

姜家新村 Jiāngjiā Xīncūn

城镇居民点。位于郭巷街道西北部。东至临嘉路，南至好得家装饰城，西至姜家村自然村，北至南村自然村。属姜家社区。以其地处郭巷街道姜家社区而得名。占地面积2.35万平方米，建筑面积24.56万平方米。户籍人口512户，1800人。共30幢多层住宅楼，12幢小高层。2010年命名。

姜家村 Jiāngjiā Cūn

农村居民点。位于郭巷街道西北部。东为苏州工业园区娄葑街道群力社区，南为长浜村，西为京杭大运河，北为南村。面积2.8万平方米。户籍人口767人。为姜家社区第6、7、8、9居民小组。

南村 Nán Cūn

农村居民点。位于郭巷街道西北部。东为苏州工业园区娄葑街道群力社区，南为姜家村，西为京杭大运河，北为小湾里村。因村落在苏州古城葑门南面，故名。面积4.2万平方米。户籍人口890人。为姜家社区第10、11、12、13、15、16居民小组。

小湾里 Xiǎowānlǐ

农村居民点。位于郭巷街道西北部。东、北为苏州工业园区娄葑街道星红社区，南为南村，西为京杭大运河。面积0.65万平方米。户籍人口65人。2007年6月为姜家社区第14居民小组。

【官浦社区】 Guānpǔ Shèqū

官浦社区居委会

社区居委会。位于郭巷街道东南部，距街道办事处驻地4千米。管辖范围为东起吴淞江，西至黄潦泾社区，南起马巷社区，北至镬底潭。面积3平方千米。户籍人口2036人。以辖区内官浦自然村而得名。下辖尹苑1个居民住宅小区。居委会驻尹苑安置小区内。中华人民共和国成立后属车坊区新浦乡。1956年为车坊区围湖乡。1958年改为车坊人民公社第7营。1959年8月改为车坊人民公社十七大队。1969年2月改为车坊人民公社红光大队。1983年改设官浦村。2004年5月由车坊镇划入郭巷镇。2007年6月改设郭巷街道官浦社区。

尹苑 Yǐn Yuàn

城镇居民点。位于郭巷街道东南部。东至吴淞江路，南至尹苑路，西至潦泾路，北至尹帆路。属官浦社区。以其南依尹苑路的地理位置特点拟名。占地面积1.2万平方米，建筑面积24万平方米。户籍人口1714户，5000人。共24幢高层住宅楼和1幢多层综合楼。2017年命名。

【湖滨社区】 Húbīn Shèqū

湖滨社区居委会

社区居委会。位于郭巷街道西北部，距街道办事处驻地3.5千米。管辖范围为东起独墅湖，西至通达路，南起东方大道，北至独墅湖大道。面积0.4平方千米。户籍人口1391人。下辖星墅湾花园、湖滨花园、星屿仁恒花园3个居民住宅小区。因濒独墅湖，故名。居委会驻湖滨花园内。2011年2月设立。

星墅湾花园 Xīngshùwān Huāyuán

城镇居民点。位于郭巷街道西北部。东至通达路，南至塘北小区，西至星港街，北至独墅湖大道。属湖滨社区。以其紧邻星港街、墅浦路及西、南皆临河道的地理位置特点命名。占地面积0.6万平方米，建筑面积14.99万平方米。户籍人口888户，2960人。共23幢住宅楼（其中多层17幢、高层6幢）。2012年命名。

湖滨花园 Húbīn Huāyuán

城镇居民点。位于郭巷街道西北部。东至独墅湖，南至星屿仁恒花园居民区北侧河道，西至通达路，北至星屿仁恒花园居民区南侧河道。属湖滨社区。以濒独墅湖而得名。占地面积2.3万平方米，建筑面积28万平方米。户籍人口5300人。共57幢住宅楼（其中多层25幢、小高层6幢、高层9幢、联排别墅17幢），2115户（套），绿化率47%。1997年命名。

星屿仁恒花园 Xīngyǔ Rénhéng Huāyuán

城镇居民点。位于郭巷街道西北部。东至独墅湖，南至香滨水岸小区，西至通达路，北至河道（通独墅湖）。属湖滨社区。以"仁信治业，持之以恒"的寓意命名。占地面积0.78万平方米，建筑面积9.97万平方米。户籍人口706户，2300人。共15幢小高层住宅楼。2006年命名。

【湖岸社区】 Hú'àn Shèqū

湖岸社区居委会

社区居委会。位于郭巷街道东北部，距街道办事处驻地3.5千米。管辖范围为东起通达路、独墅湖，西至小外港河，南起塘南新村，北至塘北村。面积0.2平方千米。户籍人口1570人。居委会驻鑫苑湖岸名家小区内。因位于独墅湖西岸，故名。下辖星岛仁恒花园1个居民住宅小区。2011年2月设立。

星岛仁恒花园 Xīngdǎo Rénhéng Huāyuán

城镇居民点。位于郭巷街道东北部。东至独墅湖，南至墅浦塘，西至通达路，北至湖滨花园。属湖岸社区。因居独墅湖中小岛及由新加坡企业独资开发（"星"为"新"之谐音）和"仁信治业，持之以恒"的寓意命名。占地面积2.93万平方米，建筑面积26.36万平方米。户籍人口2800人。共129幢住宅楼（其中高层8幢、独体别墅17幢，联体别墅104幢）和1幢综合楼。2005年命名。

【国香园社区】 Guóxiāngyuán Shèqū

社区居委会。位于郭巷街道中部偏西，距街道办事处驻地3.2千米。管辖范围为东起尹中路，西至东环南路，南起尹山路，北至郭新西路。面积0.4平方千米。户籍人口1562户，4623人。居委会驻国香雅苑内。下辖国香雅苑、美澜花园2个居民住宅小区。因社区内有住宅小区国香雅苑，故名。2012年8月设立。

国香园社区居委会

国香雅苑 Guóxiāng Yǎyuàn

城镇居民点。位于郭巷街道中部偏西。东至尹中路，南至被头浜，西至东环南路，北至郭新西路。属国香园社区。以“国色天香”“环境幽雅”等寓意命名。占地面积1.8万平方米。户籍人口3800人。共高层7幢，多层57幢，1677套住房。2006年命名。

美澜花园 Měilán Huāyuán

城镇居民点。位于郭巷街道中部偏西。东至尹中路，南至尹山路，西至东环南路，北至国香雅苑。属国香园社区。以其北靠河道的地理位置特点及“秀美河澜”的寓意命名。占地面积9.3万平方米，建筑面积30.35万平方米。户籍人口2303户，7120人。共23幢住宅楼（其中高层13幢、联体别墅10幢）和2幢商用楼，绿化率30%。2013年命名。

【湖景花园社区】 Hújǐnghuāyuán Shèqū

湖景花园社区居委会

社区居委会。位于郭巷街道中部，距街道办事处驻地0.5千米。管辖范围为东起东安路，西至郭津路，南起尹山湖，北至尹鸿路。面积0.3平方千米。户籍人口871户，2578人。下辖尹山湖景花园1个居民住宅小区。居委会驻湖景花园1号楼内。因位于尹山湖畔，故名。2015年7月设立。

尹山湖景花园 Yǐnshānhújǐng Huāyuán

城镇居民点。位于郭巷街道中部。以其临近尹山湖的地理位置特点命名。分5个组团：（1）东至丽湖路，南至环尹山湖路北侧规划道路，西至郭苹路，北至郭新东路；（2）东至郭苹路，南至环尹山湖路北侧规划道路，西至东安路，北至郭新东路；（3）东至东安路，南至环尹山湖路，西至郭苑路，北至郭新东路；（4）东至郭苑路，南至环尹山湖路，西至郭津路，北至郭新东路；（5）东至郭苑路，南至郭新东路，西至郭津路，北至尹鸿路。属湖景花园社区。占地面积3.43万平方米，建筑面积95.32万平方米。户籍人口5668户，18600人。共54幢高层住宅楼，18幢商用楼和1幢综合楼。2001年命名，2017年调整。

【斜港社区】 Xiégǎng Shèqū

斜港社区居委会

社区居委会。位于郭巷街道东北部，距街道办事处驻地2.5千米。管辖范围为东起湖墅路，西至通达路，南起斜港路，北至东方大道。面积1.45平方千米。户籍人口1476人。居委会驻金典花园10幢内。下辖金典花园1个居民住宅小区。因位于斜港河边，故名。2015年7月设立。

金典花园 Jīndiǎn Huāyuán

城镇居民点。位于郭巷街道东北部。东至湖墅路，南至斜港路，西至待开发地块，北至东方大道。属斜港社区。以“尊贵”“典雅”等寓意命名。占地面积1.5万平方米，建筑面积43.08万平方米。户籍人口2935户，6600人。共27幢高层住宅楼。2011年命名。

【墅浦社区】 Shùpǔ Shèqū

社区居委会。位于郭巷街道东北部，距街道办事处驻地3.4千米。管辖范围为东、南、北临独墅湖，西至墅浦塘。面积0.65平方千米。户籍人口1200户，

墅浦社区居委会

3700人。居委会驻独墅西岸花园111幢203室。下辖独墅岛花园、独墅西岸花园2个居民住宅小区。以傍墅浦塘而得名。2015年7月设立。

独墅岛花园 Dúshùdǎo Huāyuán

城镇居民点。位于郭巷街道东北部。东至独墅湖，南至独墅西岸花园，西至墅浦塘，北至独墅湖。属墅浦社区。以其地处独墅湖西南部无名小岛的地理位置特点命名。占地面积3.4万平方米，建筑面积34.74万平方米。户籍人口1425户，3200人。共167幢住宅楼（其中联体别墅162幢、高层5幢）。2009年命名。

独墅西岸花园 Dúshù Xī′àn Huāyuán

城镇居民点。位于郭巷街道东北部。东至独墅湖，南至苏申外港独墅湖口，西至墅浦塘，北至独墅岛花园。属墅浦社区。以其地处独墅湖西岸的地理位置特点命名。占地面积3万平方米。户籍人口2850人。2011年命名。

【翠湖社区】 Cuìhú Shèqū

翠湖社区居委会

社区居委会。位于郭巷街道中部偏东，距街道办事处驻地0.8千米。管辖范围为东起郭渔路，西至郭苯路，南起尹山湖路，北至尹鸿路。面积0.22平方千米。户籍人口3236人。居委会驻叠翠峰花园。下辖叠翠峰花园、上湖雅苑2个居民住宅小区。取社区内叠翠峰花园、上湖雅苑两个住宅小区各一字组合命名。2015年7月设立。

叠翠峰花园 Diécuìfēng Huāyuán

城镇居民点。位于郭巷街道中部偏东。东至郭渔路，南至郭新东路，西至尹山湖路，北至清禾路。属翠湖社区。以其以高层建筑为主的形态特征及“仿如置身重峦叠嶂之中”的寓意命名。占地面积6.4万平方米，建筑面积21万平方米。户籍人口1287户，1914人。共8幢高层住宅楼和1幢商用楼，2013年命名。

上湖雅苑 Shànghú Yǎyuàn

城镇居民点。位于郭巷街道中部偏东。东至清禾路，南至河道（暂用名“尹二河”）北侧规划用地，西至尹山湖路及郭渔路，北至郭新东路。属翠湖社区。以其紧邻尹山湖的地理位置特点及“上品湖韵，典雅居所”的寓意拟名。占地面积7万平方米。户籍人口1322人。2014年命名。

【常青藤社区】 Chángqīngténg Shèqū

常青藤社区居委会

社区居委会。位于郭巷街道中部偏南，距街道办事处驻地1.6千米。管辖范围为东起尹山湖，西至通达路，南起凤舞泾路，北至尹山河。面积0.23平方千米。户籍人口2860人。居委会驻常青藤花园。下辖常青藤花园、碧堤花园、碧堤雅苑、双湾花园、湖居世家、翡丽湾花园、国领花园、尹山湖韵佳苑、双湾锦园、愉景湾名苑、独墅湾雅苑、独墅湖西金悦花园12个居民住宅小区。因社区内有住宅小区常青藤花园，故名。2015年7月设立。

常青藤花园 Chángqīngténg Huāyuán

城镇居民点。位于郭巷街道中部偏南。东至环尹山湖路，南至凤舞泾路，西至通达南路，北至碧堤花园。属常青藤社区。以“犹如常青藤般充满活力”的寓意命名。占地面积1.2万平方米，建筑面积26.94万平方米。户籍人口1454户，5200人。共65幢住宅楼（其中多层6幢、高层10幢、联体别墅49幢）。2013年命名。

碧堤花园 Bìdī Huāyuán

城镇居民点。位于郭巷街道中部偏南。东至环尹山湖路，南至环尹山湖路西侧规划用地，西至通达南路东侧规划用地，北至尹山河。属常青藤社区。以其东南濒临尹山湖、北靠尹山河等地理特征，取“河堤绕绿水”的寓意命名。占地面积1.1万平方米，建筑面积24.3万平方米。户籍人口1207户，3340人。共51幢住宅楼（其中多层47幢、高层4幢）和2幢综合楼。2013年命名。

碧堤雅苑 Bìdī Yǎyuàn

城镇居民点。位于郭巷街道中部偏南。东至郭津路，南至环尹山湖路，西至尹山河，北至郭新东路。属常青藤社区。以其紧邻“碧堤花园”住宅区的地理位置特点命名。占地面积1.2万平方米，建筑面积28.75万平方米。户籍人口1622户，4910人。共46幢住宅楼（其中多层35幢、小高层2幢、高层9幢）和2幢综合楼。2013年命名。

双湾花园 Shuāngwān Huāyuán

城镇居民点。位于郭巷街道中部偏南。东至东方大道，南至尹东路，西至尹山湖路，北至尹墅路。属常青藤社区。以其东、南皆临河道的地理特征命名。占地面积19.78万平方米，建筑面积56.58万平方米。户籍人口3826户，9850人。共45幢住宅楼（其中小高层34幢、高层11幢）和17幢商用楼。2013年命名。

湖居世家 Hújū Shìjiā

城镇居民点。位于郭巷街道中部偏南。东至狭泾港，南至尹南路，西至尹山湖路，北至尹苑路。属常青藤社区。以其紧邻尹山湖的地理位置特点，取“临湖而居”“世代相承之家”等寓意命名。占地面积1.14万平方米，建筑面积22.99万平方米。户籍人口1558户，5200人。共56幢住宅楼（其中多层5幢、中高层2幢、高层11幢、联体别墅38幢）和1幢综合楼。2014年命名。

翡丽湾花园 Fěilìwān Huāyuán

城镇居民点。位于郭巷街道中部偏南。分为南、北两个区：（1）南区：东至翡丽湾巷，南至环尹山湖路，西至丽湖路，北至环湖路北侧规划道路；（2）北区：东至尹山湖路，南至环尹山湖路北侧规划道路，西至丽湖路，北至郭新东路南侧规划用地。属常青藤社区。以其紧邻尹山湖的地理位置特点及“水色如翠的美丽湖湾”的寓意命名。占地面积0.9万平方米，建筑面积34.21万平方米。户籍人口1864户，5360人。共18幢住宅楼（其中联体别墅16幢、高层2幢），7幢高层商住楼和5幢商用楼。2014年命名。

国领花园 Guólǐng Huāyuán

城镇居民点。位于郭巷街道中部偏南。东至墅浦塘西侧绿化带，南至独墅湖生态公园北侧规划用地，西至东方大道东侧绿化带，北至东方大道东侧绿化景观带。属常青藤社区。以“彰显国家标准，引领住宅产品风范”的寓意命名。占地面积1.1万平方米，建筑面积21.36万平方米。户籍人口742户，人口2100人。共71幢住宅楼（其中联体别墅67幢、高层4幢）和2幢多层商住楼、4幢商用楼。2014年命名。

尹山湖韵佳苑 Yǐnshānhúyùn Jiāyuàn

城镇居民点。位于郭巷街道中部偏南。东至尹山湖路及其西侧规划用地，南至郭新东路，西至怡品湖景花园东侧新建道路，北至尹鸿路。属常青藤社区。以其临近尹山湖的地理位置特点拟名。占地面积0.6万平方米。户籍人口2960人。2015年命名。

双湾锦园 Shuāngwān Jǐnyuán

城镇居民点。位于郭巷街道中部偏南。分为2个组团：（1）东至花泾港西侧绿化带，南至尹帆路，西至花泾港路，北至尹东路；（2）东至花泾港路，南至尹帆路，西至尹山湖路，北至尹东路。属常青藤社区。以其紧邻双湾花园的地理位置特点及“锦绣庭园”的寓意命名。占地面积1.3万平方米，建筑面积33.94万平方米。户籍人口2523户，7620人。共19幢高层住宅楼、5幢高层商住楼和8幢多层商用楼。2015年命名。

愉景湾名苑 Yújǐngwān Míngyuàn

城镇居民点。位于郭巷街道中部偏南。东至高垫塘，南至东方大道，西至潦泾河，北至西岸规划道路。属常青藤社区。取“美景愉心悦目致，居湖畔美誉之所”的寓意拟名。占地面积0.7万平方米。户籍人口3200人。2016年命名。

独墅湾雅苑 Dúshùwān Yǎyuàn

城镇居民点。位于郭巷街道中部偏南。东至潦泾河，南至东方大道北侧高压走廊，西至东方大道及中国石化加油站，北至尹墅路及中国石化加油站和墅浦塘南岸规划道路。属常青藤社区。因位于独墅湖湾，故名。占地面积2.25万平方米，建筑面积49.34万平方米。户籍人口6800人。共124幢住宅楼（其中联体别墅42幢、多层74幢、高层8幢），3幢高层商住楼和4幢综合楼。2016年命名。

独墅湖西金悦花园 Dúshùhúxī Jīnyuè Huāyuán

城镇居民点。位于郭巷街道中部偏南。东至墅港路规划向北延伸段，南至小斜港，西至墅港路规划向北延伸段，北至双银国际金融城北侧新建道路。属常青藤社区。以其地处独墅湖西侧的地理位置特点及“卓越品质，令人悦服的美丽居所”的寓意拟名。占地面积1万平方米，建筑面积27.69万平方米。户籍人口1351户，4300人。共41幢住宅楼（其中联体别墅26幢、多层11幢，高层4幢）和4幢高层商住楼。2016年命名。

三、历史地名

【村委会】

【黄潦村】 Huángliáo Cūn

村委会。位于郭巷镇东南部，距镇人民政府驻地5千米。管辖范围为东起车坊镇通桥村，西至长丰村，南起赭墩湖，北至潦泾村。面积1.7平方千米，耕地面积1.1平方千米。户籍人口339户，1255人。下辖潢潦泾、章上、溇上、陈家浜、孙家浜、油车具、西赭墩、赭墩8个自然村落。1947年6月属吴县淞北区尹山乡所辖。1950年4月归属吴县车坊区围湖乡后再并入新浦乡。1953年办起农业生产互助组14个。1956年3月又属吴县车坊区围湖乡所辖。1956年秋成立吴县车坊区围湖乡金星第十四高级社。1958年7月更名为吴县郭巷乡东风第二十七高级社。1958年10月属吴县郭巷人民公社第9营。1959年4月改称吴县郭巷公社战斗大队。1962年自战斗大队分出后成立南桥大队。1969年3月成立吴县郭巷公社南桥大队革命委员会。1980年12月，更名黄潦大队。1983年8月选举产生吴县郭巷乡黄潦村村民委员会。1994年6月后称吴县郭巷镇黄潦村村民委员会。1995年6月至2001年2月又称吴县市郭巷镇黄潦村村民委员会。2006年9月建社区。

【潦泾村】 Liáojīng Cūn

村委会。位于郭巷镇东南部，距镇人民政府驻地4.4千米。管辖范围为东起车坊通桥村，西至长丰村、湾里村，南起黄潦村，北至高垫荡。村域面积1.53平方千米，耕地面积1.09平方千米。户籍人口305户，1104人。下辖含北潢潦泾（亦名北王老泾）、寺庄、茶壶浜、溇梢浜、溇岸上、庄家浜、袁家溇7个自然村落。1950年4月归属吴县车坊区围湖乡北桥村管辖。1953年当地办起农业生产互助组3个。1956年秋成立吴县车坊区围湖乡十三、十四高级社。1958年7月改为吴县郭巷乡东风第二十八高级社。1958年10月归属吴县郭巷人民公社第9营。1959年4月改称吴县郭巷公社战斗大队。1969年3月成立吴县郭巷公社战斗大队革命委员会。1980年12月更名为潦泾大队。1982年4月设潦泾大队管理委员会。1983年8月选举产生村民委员会。1994年6月30日属郭巷镇。1995年6月8日至2001年2月28日属吴县市郭巷镇。2004年8月并入黄潦泾社区。

【长丰村】 Chángfēng Cūn

村委会。位于郭巷镇东南部，距镇人民政府驻地4千米。管辖范围为东起黄潦村，西至尹山湖，南起徐浜村，北至湾里村。面积1.71平方千米。户籍人口304户，1134人。下辖马家桥、十二图、南深港、西港里、钱家桥、陈王墓、吴家浜、庵基上8个自然村落。1950年4月归属吴县车坊区围湖乡长港村、三浜村管辖。1953年当地办起农业生产互助组10个。1956年秋，成立围湖乡金星第十五社。1957年10月并入郭巷乡。1958年7月更名为吴县郭巷乡东风第二十六高级社。1958年10月属吴县郭巷人民公社第9营。1959年4月改称郭巷公社英雄大队。1962年从英雄大队分出后建立长港大队。1966年更名长丰大队。1969年3月成立吴县郭巷公社长丰大队革命委员会。1982年4月，改名为吴县郭巷公社长丰大队管理委员会。1983

年8月，选举产生吴县郭巷乡长丰村村民委员会。1994年6月，隶属吴县郭巷镇。1995年6月至2001年2月属吴县市郭巷镇。2006年9月并入徐浜社区。

【湾里村】 Wānlǐ Cūn

村委会。位于郭巷镇东部，距镇人民政府驻地3.6千米。管辖范围为东起潦泾村，西至尹山湖，南起长丰村，北至浮桥村、独墅湖。下辖西泾湾、花泾、濠里3个自然村落。以西泾湾村为行政村名。面积1.45平方千米。户籍人口274户，991人。1950年4月属吴县车坊区荡湖乡四新村。1953年办起农业生产互助组10个。1956年3月划入吴县车坊区围湖乡。1957年10月随撤区并乡入郭巷乡，同年成立金星第三十三高级社。1958年10月属吴县郭巷人民公社第9营。1959年4月改称郭巷公社英雄大队。1969年3月3日成立吴县郭巷公社英雄大队革命委员会。1980年12月更名为湾里大队。1982年4月设管理委员会。1983年8月选举产生吴县郭巷乡湾里村村民委员会。1994年6月隶属吴县郭巷镇。1995年6月至2001年2月属吴县市郭巷镇。2006年拆迁并入国泰社区。

【浮桥村】 Fúqiáo Cūn

村委会。位于郭巷镇东部，距镇人民政府驻地2.8千米。管辖范围为东起独墅湖，西至双浜村、尹山湖，南起湾里村，北至斜港河。村域面积1.87平方千米，耕地面积1.09平方千米。户籍人口349户，1214人。下辖大浮桥、小浮桥、横溇里3个自然村落。1950年4月归属吴县车坊区荡湖乡中三村管辖。1953年当地办起农业生产互助组8个。1955年成立中山初级社。1956年秋成立吴县车坊区郭巷乡金星第三十二高级社。1958年7月24日改为吴县郭巷乡东风第一高级社。1958年10月属吴县郭巷人民公社第1营。1959年4月改称郭巷公社中山大队。1969年3月3日成立吴县郭巷公社中山大队革命委员会。1980年12月更名为浮桥大队。1982年4月设大队管理委员会。1983年8月选举产生吴县郭巷乡浮桥村村民委员会。1994年6月改称吴县郭巷镇浮桥村村民委员会。1995年6月8日至2001年2月28日属吴县市郭巷镇。2006年拆迁并入国泰社区。

【郭渔村】 Guōyú Cūn

村委会。位于郭巷镇东南部，距镇人民政府驻地3千米。村域面积1.17平方千米。户籍人口103户，368人。1958年10月郭巷公社组建渔业大队。是时郭巷公社渔业大队有渔民101户，430多人，共7个生产队，其中1个养殖队，1个渔种队，5个捕捞队。大队部设在郭巷大队西栅口。1960年因压缩统销粮人口，除留36户渔民在渔业大队外，其余分别插队到尹山、塘南、南港、塘北、横港、六浦、战斗、长桥、新华大队（插队长桥、新华的渔民，后划归长桥镇长渔村务农）。1965年渔民进行社会主义改造（简称“渔改”），郭巷公社渔业大队渔户开始陆上定居中山大队小浮桥（是时建造房屋26间）。至1968年，当地渔民定居村开始在小浮桥形成，时有渔民280人，65户，住房65间。1969年3月成立郭巷公社渔业大队革命委员会。是时，渔业大队成立了农业队、养殖队、副业队、捕捞队。1982年4月渔业大队革命委员会改称管理委员会。1983年8月选举产生吴县郭巷公社郭渔村村民委员会（下设3个村民小组）。1994年6月至2001年2月为吴县市郭巷镇所辖。2004年至2009年陆续拆迁，村落消失,并入国泰社区。

【塘东村】 Tángdōng Cūn

村委会。位于郭巷镇西南部，距镇人民政府驻地5.5千米。管辖范围为东起戈湾村，西至京杭大运河，南起吴淞江，北至善浦村。村域面积2.88平方千米，耕地面积2.05平方千米。户籍人口450户，1628人。下辖塘东里、东祝家田、西祝家田、方家浜、陆家浜、西湾、下巴浜（斛扒浜）、杜家桥、南横港9个自然村落。1950年4月归属吴县车坊区戈湾乡管辖。1953年当地办起农业生产互助组9个。1956年秋成立吴县车坊区戈湾乡金星第十六高级社。1958年7月改为吴县郭巷乡东风第二十高级社。1958年10月归属吴县郭巷人民公社第7营，其中祝家田为1连，陆家浜为2连，塘东里为3连，杜家桥为4连。1959年4月改称郭巷公社塘东大队（含13个生产小队）。1969年3月成立吴县郭巷公社塘东大队革命委员会。1982年4月改称吴县郭巷公社塘东大队管理委员会。1983年8月选举产生吴县郭巷乡塘东村村民委员会（含13个村民小组）。1994年6月后改称吴县郭巷镇塘东村村民委员会。1995年6月8日至2001年2月又改称吴县市郭巷镇塘东村村民委员会。2006年拆迁并入国泰社区。

【戈湾村】 Gēwān Cūn

村委会。位于郭巷镇南部，距镇人民政府驻地5.5千米。原名戈家湾。管辖范围为东起五浦村，西至塘东村，南起吴淞江，北至金丝港。村域面积4.16平方千米，耕地面积2.6平方千米（近0.04平方千米土地在吴淞江南岸）。户籍人口509户，1936人。下辖南浜、湾里、巷上、江家浜、横港里、徐村港、薛家浜、小羊田8个自然村落。1950年4月为吴县车坊区戈湾乡所辖。1953年全村成立7个互助组。1955年成立初级社4个，分别为巷上初级社、薛浜初级社、湾里初级社、戈家湾初级社。1956年秋成立高级社。1958年7月更名为吴县郭巷乡东风22社。1958年10月归属吴县郭巷人民公社第7营。1959年4月改设吴县郭巷公社戈湾大队。1969年3月成立郭巷公社戈湾大队革命委员会。1982年4月，设大队管理委员会。1983年8月选举产生吴县郭巷乡戈湾村村民委员会。1994年6月属吴县郭巷镇管辖。1995年6月至2001年2月属吴县市郭巷镇管辖。2006年与善浦村、五浦村合并组建戈湾社区。

【五浦村】 Wǔpǔ Cūn

村委会。位于郭巷镇东南部，距镇人民政府驻地5千米。管辖范围为东起六浦村，西至戈湾村，南起吴淞江，北至徐浜村。村域面积1.79平方千米，耕地面积1.37平方千米。户籍人口241户，953人。下辖大徐上、徐村港、庙上、五浦上、上港、西横港、东横港7个自然村落。1950年4月属吴县车坊区戈湾乡。1953年成立互助组6个。1955年创办初级社。1956年3月属吴县车坊区戈湾乡。1957年10月随戈湾乡一起并入郭巷乡，同年成立金星第八十七高级社。1958年7月更名为郭巷乡东风第二十三高级社。1958年10月隶属吴县郭巷人民公社第8营。1959年4月改称吴县郭巷人民公社横港大队。1969年3月成立大队革命委员会。1980年12月更名五浦大队。1982年4月设大队管理委员会。1983年8月，选举产生郭巷乡五浦村村民委员会。1994年6月，该村属吴县郭巷镇管辖。1995年6月至2001年2月属吴县市郭巷镇管辖。2006年并入戈湾社区。

【六浦村】 Liùpǔ Cūn

村委会。位于郭巷镇东南部，距镇人民政府驻地6.5千米。管辖范围为东起夏浜村，西至五浦村，南起吴淞江，北至赭墩湖。村域面积1.89平方千米，耕地面积1.36平方千米。户籍人口327户，1161人。下辖六浦、渡桥头、河浦溇、南浜、王家浜、高田上6个自然村落。1950年4月归属吴县车坊区新浦乡管辖。1953年当地办起农业生产互助组3个。1956年3月属吴县车坊区戈湾乡所辖。1956年秋成立吴县车坊区郭巷乡金星第十二高级社。1958年7月更名为吴县郭巷乡东风第二十五高级社。1958年10月属吴县郭巷人民公社第8营。1959年4月改称吴县郭巷公社六浦大队。1969年3月成立大队革命委员会。1983年8月选举产生吴县郭巷乡六浦村村民委员会。1994年6月属吴县郭巷镇。1995年6月至2001年2月属吴县市郭巷镇。2006年9月并入马巷社区。

【徐浜村】 Xúbāng Cūn

村委会。位于郭巷镇东南部，距镇人民政府驻地4.8千米。管辖范围为东起六浦村、赭墩湖，西至戈湾村，南起横港村，北至长丰村。面积2.1平方千米。户籍人口268户，1017人。下辖上南港、太平桥、碓方头、沈家湾、徐家浜、郭家浜6个自然村落。1950年4月属吴县车坊区围湖乡。1953年成立互助组7个。1955年创办初级社徐浜一社、徐浜二社。1956年3月该村划归戈湾乡。1957年10月随戈湾乡一起并入郭巷乡，同年成立金星第八十八高级社。1958年7月更名为郭巷乡东风第二十四高级社。1958年10月归属吴县郭巷人民公社第8营。1959年4月改称吴县郭巷人民公社跃进大队。1969年3月3日成立大队革命委员会。1980年12月更名徐浜大队。1982年4月设大队管理委员会。1983年8月，选举产生郭巷乡徐浜村村民委员会。1994年6月属吴县郭巷镇管辖。1995年6月至2001年2月属吴县市郭巷镇管辖。2006年9月与长丰村合并组建徐浜社区。

【姜庄村】 Jiāngzhuāng Cūn

村委会。位于郭巷镇西部，距镇人民政府驻地0.8千米。管辖范围为东起双浜村，西至京杭大运河，南起尹山村，北至斜港河。村域面积2.82平方千米，耕地面积1.08平方千米。户籍人口806户，2793人。下辖姜庄、鸟字圩、邵塔里、蔡家浜、西九盛、官溇里、歇鸟村、九盛里、西村、和尚巨（和尚圩）10个自然村落。因村旁土地庙神姓姜，故名。又因村部设在姜庄而名之。1950年4月归属吴县车坊区郭巷乡管辖。1953年当地办起农业生产互助组5个。1956年秋成立吴县车坊区郭巷乡金星第二十六高级社。1958年7月更名为吴县郭巷乡东风第九高级社。1958年10月属吴县郭巷人民公社第2营。1959年4月改称吴县郭巷公社红旗大队。1969年3月成立大队革命委员会。1982年4月改设大队管理委员会。1983年8月选举产生吴县郭巷乡姜庄村村民委员会。1994年6月后称吴县郭巷镇姜庄村村民委员会。1995年6月至2000年2月属吴县市郭巷镇。2005年3月改建姜庄社区。

【尹山村】 Yǐnshān Cūn

村委会。位于郭巷镇中部偏西，距镇人民政府驻地2千米。管辖范围为东起尹山湖农场，西至京杭大运河，南起六丰村，北至姜庄村。村域面积2.6平方千米，耕地面积1.84平方千米。户籍人口526户，1910人。下辖尹山街、南浜、乌盆港、北浜、北长山、南长山、东街上、庄后底、寺前街、南足浜10个自然村落。以村西部的尹山土山（又称大寺山）而得名。1950年4月属吴县车坊区戈湾乡。1953年成立互助组10个。1955年办初级社，分别为尹湖社、尹桥社、寺前社、长山社、北浜社和东街社。1956年秋，尹湖、尹桥两个初级社合并组成高级社金星第十八社，寺前社扩大为金星第八十四社。1958年7月金星第八十四社更名为吴县郭巷乡东风第十七高级社，金星第十八社更名为吴县郭巷乡东风第十八高级社。1958年10月为郭巷人民公社第6营。1959年4月改称尹山大队。1969年3月5日成立大队革命委员会。1982年4月改设大队管理委员会。1983年8月选举产生郭巷乡尹山村村民委员会。1994年6月30日至2001年2月28日属吴县市郭巷镇所辖。2005年9月改建尹山社区居委会。

【六丰村】 Liùfēng Cūn

村委会。位于郭巷镇西南部，距镇人民政府驻地3.6千米。管辖范围为东起尹山湖，西至京杭大运河，南起善浦村，北至尹山村。村域面积1.92平方千米。户籍人口334户，1254人。下辖桃花上、浜上、九曲里、禄公桥4个自然村落。1950年4月属吴县车坊区戈湾乡。1953年成立互助组8个。1955年下半年建九曲里、禄公桥、桃花上、浜上4个初级社。1956年秋与尹山合建金星第十八高级社。1957年10月属吴县郭巷乡。1958年7月建东风第十九高级社。1958年10月为郭巷人民公社第6营，浜上归4连，桃花上为7连，禄公桥为6连，九曲里为5连。1962年从尹山分出，建六丰大队。1969年3月6日建立六丰大队革命委员会。1982年4月改称郭巷公社六丰大队管理委员会。1983年8月选举产生郭巷乡六丰村村民委员会。1994年6月属郭巷镇管辖。1995年6月至2001年2月受辖吴县市郭巷镇。2006年拆迁并入国泰社区。

【善浦村】 Shànpǔ Cūn

村委会。位于郭巷镇西南部，距镇人民政府驻地4.3千米。管辖范围为东起戈湾村境域，西至京杭大运河，南起塘东村，北至禄公桥港。村域面积1.39平方千米，耕地面积0.92平方千米。户籍人口230户，817人。下辖东姚家浜、西姚家浜、禄公桥、善浦港、小圩上、北溇里、中溇里、南溇里、港上9个自然村落。以善浦港而得名。1950年4月属吴县车坊区戈湾乡。1953年当地办起农业生产互助组3个。1955年成立禄丰桥、溇里、善浦港3个初级社。1956年秋，由善浦、塘东、祝家三村合并成立吴县车坊区戈湾乡金星第十六高级社。1957年10月并入吴县郭巷乡。1958年7月建东风第二十高级社。1958年10月属吴县郭巷人民公社第7营。1959年撤营连制，当地归属塘东大队。1962年从塘东划出，称善浦大队。1969年3月3日成立大队革命委员会。1982年4月改设大队管理委员会。1983年8月选举产生吴县郭巷乡善浦村村民委员会。1994年6月属吴县郭巷镇管辖。1995年6月至2001年2月属吴县市郭巷镇管辖。2006年9月并入戈湾社区。

【双浜村】 Shuāngbāng Cūn

村委会。位于郭巷镇中部，距镇人民政府驻地0.5千米。管辖范围为东起浮桥村、尹山湖，西至姜庄村，南起尹山村，北至斜港河。村域面积1.79平方千米，耕地面积1.14平方千米。户籍人口620户，1923人。下辖东浜、西浜、马村、蒋家角、林家潭、后底塘、西栅口、凤舞泾（冯墓泾）8个自然村落。东、西浜据浜起名，行政村以村部驻地村落东、西两浜名之。1950年4月属吴县车坊区郭巷乡管辖。1953年当地办起农业生产互助组8个。1956年秋改建为吴县车坊区郭巷乡金星第二十七高级社。1958年7月改为吴县郭巷乡东风第二高级社。1958年10月属吴县郭巷人民公社1营。1959年4月改称吴县郭巷公社郭巷大队。1969年2月28日成立大队革命委员会。1980年12月1日郭巷大队更名为双浜大队。1982年4月设大队管理委员会。1983年8月选举产生吴县郭巷乡双浜村村民委员会。1994年6月30日后称吴县郭巷镇双浜村村民委员会。1995年6月8日至2001年2月28日属吴县市郭巷镇。2005年3月改建双浜社区。

【汤堡村】 Tāngbǎo Cūn

村委会。位于郭巷镇东北部，距镇人民政府驻地3.5千米。俗称汤堡里。管辖范围为东起曹村，西至塘南村，南起斜港河，北至塘南村域。村域面积0.89平方千米，耕地面积0.61平方千米。户籍人口242户，828人。1950年4月归属吴县车坊区荡湖乡。1953年办起9个互助组。1955年办初级社，称汤堡一社、二社、三社、四社。1956年3月属吴县车坊区郭巷乡。1956年秋成立吴县车坊区郭巷乡金星第三十一高级社。1958年7月改为吴县郭巷乡东风第三高级社。1958年10月属吴县郭巷人民公社3营第2连、3连。1959年4月改称吴县郭巷公社东风大队。1969年3月成立大队革命委员会。1982年4月改设大队管理委员会。1983年8月选举产生吴县郭巷乡汤堡村村民委员会。1994年6月受辖于吴县郭巷镇人民政府。1995年6月至2001年2月属吴县市郭巷镇所辖。2006年9月并入独墅湖社区。

【曹村】 Cáo Cūn

村委会。位于郭巷镇东北部，距镇人民政府驻地4千米。管辖范围为东起独墅湖，西至塘南村，南起墅浦塘，北至独墅湖。以姓氏定名。村域面积0.69平方千米，耕地面积0.43平方千米。户籍人口204户，664人。1950年4月属吴县车坊区荡湖乡。1953年当地办起农业生产互助组5个。1956年3月属吴县车坊区郭巷乡。1955年创办独龙初级社。1956年秋成立金星第九十三高级社。1958年7月更名吴县郭巷乡东风第四高级社。1958年10月属吴县郭巷人民公社第3营第1连。1959年4月属吴县郭巷公社东风大队。1961年从东风大队划出后设独龙大队。1966年至1969年3月改称红卫大队。1969年3月5日成立大队革命委员会。1980年12月红卫大队更名为曹村大队。1982年4月设大队管理委员会。1983年8月选举产生吴县郭巷乡曹村村民委员会。1994年6月属吴县郭巷镇管辖。1995年6月至2001年2月属吴县市郭巷镇管辖。2006年9月并入独墅湖社区居委会。

【塘南村】 Tángnán Cūn

村委会。位于郭巷镇北部，距镇人民政府驻地3千米。因位于新塘河南，故名。管辖范围为东起独墅湖，西至九曲港，南起汤堡村、斜港河，北至塘北村域。村域面积1.89平方千米，耕地面积1.37平方千米。户籍人口528户，1942人。下辖巷门里、曹家浜、南浜、盛头、东溇里、西溇里、官沟上7个自然村落。1950年4月归属吴县车坊区荡湖乡（据黄天荡而名）盛溇村、塘南村管辖。1953年当地办起农业生产互助组11个。1956年秋改建为吴县车坊区郭巷乡金星第三十高级社。1958年7月改为吴县郭巷乡东风第五高级社。1958年10月属吴县郭巷人民公社3营。1959年4月改称吴县郭巷公社塘南大队。1969年3月1日成立大队革命委员会。1982年4月改设大队管理委员会。1983年8月选举产生吴县郭巷乡塘南村村民委员会。1994年6月后称吴县郭巷镇塘南村村民委员会。1995年6月至2001年2月属吴县市郭巷镇。2006年9月与塘北、曹村、汤堡村合并组建独墅湖社区。

【姜家村】 Jiāngjiā Cūn

村委会。位于郭巷镇西北部，距镇人民政府驻地3.5千米。管辖范围为东起娄葑街道群力村，西至京杭大运河，南起斜港河，北至娄葑街道星红村。村域面积0.26平方千米，耕地面积1.36平方千米。户籍人口675户，2424人。下辖长浜、姜家、南村、小湾里4个自然村落。1950年4月归属吴县车坊区郭巷乡管辖。1953年当地办起农业生产互助组13个。1956年秋改建为吴县车坊区郭巷乡金星第二十八高级社。1958年7月改为吴县郭巷乡东风第八高级社。1958年10月属吴县郭巷人民公社2营。1959年4月改称吴县郭巷公社南港大队。1969年3月成立大队革命委员会。1980年12月更名为姜家大队。1982年4月设大队管理委员会。1983年8月选举产生吴县郭巷乡姜家村村民委员会。1994年6月后称吴县郭巷镇姜家村村民委员会。1995年6月至2001年2月属吴县市郭巷镇。2007年6月改建姜家社区。

【塘北村】 Tángběi Cūn

村委会。位于郭巷镇北部，距镇人民政府驻地4.2千米。管辖范围为东起独墅湖，西至黄天荡，南起塘南村，北至苏州工业园区。村域面积5.16平方千米。户籍人口255户，905人。下辖横墓塘（一说姚墓塘）、前陆家厍、后陆家厍、十里泾、橹家港（十里泾）5个自然村落。因位于新塘河北，故名。1950年4月归属吴县车坊区荡湖乡管辖。1953年当地办起农业生产互助组10个。1956年3月属吴县车坊区郭巷乡金星第八十九高级社。1958年7月改为吴县郭巷乡东风第七高级社。1958年10月归入吴县郭巷人民公社第3营。1959年4月改称吴县郭巷公社塘北大队，1962

年初分成11个生产小队。1969年3月成立大队革命委员会（之前曾一度名红星大队）。1982年4月改设大队管理委员会。1983年8月选举产生吴县郭巷乡塘北村村民委员会。1994年6月后称吴县郭巷镇塘北村村民委员会。1995年6月属吴县市郭巷镇。2006年9月并入独墅湖社区。

【农村居民点】

潢潦泾 Huángliáojīng

农村居民点。位于郭巷镇东南部。亦作王老泾、王潦泾。东为赭墩、浮漕、田上，南为西赭敢、油车具，西为章上、陈家浜、孙家浜等村落，北为寺庄、茶壶浜。面积4.5万平方米。户籍人口160户，701人。2004年开始陆续拆迁。2016年末消亡。

章上 Zhāngshàng

农村居民点。位于郭巷镇东南部。亦作庄上、章长。东为潢潦泾，南为陈家浜，西为陈王基，北为溇上。面积1.6万平方米，户籍人口22户85人。清宣统年间至1950年4月村名未变。2008年至2010年动迁消亡。

溇上 Lóushàng

农村居民点。位于郭巷镇东南部。东为庄家浜，南为章上，西为花泾港，北为溇岸港。因处溇岸港，故名。面积0.8万平方米。户籍人口13户，55人。清宣统年间至1950年4月村名未变。2007年至2010年动迁消亡。

陈家浜 Chénjiābāng

农村居民点。位于郭巷镇东南部。东为潢潦泾，南为孙家浜，西为陈王墓，北为章上。以陈姓村民而得名。面积2.1万平方米。户籍人口39户，161人。清宣统年间至1950年4月村名未变。2004年至2009年动迁消亡。

孙家浜 Sūnjiābāng

农村居民点。位于郭巷镇东南部。东为潢潦泾，南为油车具，西为庵基上，北为陈家浜。以孙姓村民而得名。面积1.5万平方米。户籍人口15户，78人。清宣统年间至1950年4月村名未变。2006年至2009年动迁消亡。

油车具 Yóuchējù

农村居民点。位于郭巷镇东南部。亦写作油车渠。东为潢潦泾，南为赭墩湖，西为钱家桥、十二图，北为孙家浜。据传村上曾有人家开办榨油作坊，村子由此得名。面积3.5万平方米。户籍人口91户，334人。清宣统年间至1950年4月村名未变。2004年至2017年动迁消亡。

西赭墩 Xīzhědūn

农村居民点。位于郭巷镇东南部。东为东赭墩，南为韩家浜隔港，西为潢潦泾南段，北为田上。因东有赭墩村、西有赭墩湖，故名。面积2.1万平方米。户籍人口37户，150人。清宣统年间至1950年4月村名未变。2006年至2016年末动迁消亡。

赭墩 Zhědūn

农村居民点。位于郭巷镇东南部。亦称东赭墩。东为镬底潭，南为韩家浜，西为西赭墩，北为浮漕村。面积4.5万平方米。户籍人口111户，443人。清宣统年间至1950年4月村名未变。2005年至2016年动迁消亡。

寺庄 Sìzhuāng

农村居民点。位于郭巷镇东南部。又名慈庄。东为田上，南为潢潦泾、道士浜，西为茶壶浜，北为墅浦塘。因村旁有一座古寺庙，故名。面积3.8万平方米。户籍人口94户，387人。清宣统年间至1950年4月村名未变。2003年至2016年末动迁消亡。

茶壶浜 Cháhúbāng

农村居民点。位于郭巷镇东南部。亦作茶坞浜。东为寺庄，南为溇梢浜，西为西外河，北为墅浦塘。以形似茶壶的村港得名。面积2.5万平方米。户籍人口63户，258人。清宣统年间至1950年4月村名未变。2003年至2009年陆续拆迁，村落消失。

溇梢浜 Lóushāobāng

农村居民点。位于郭巷镇东南部。东为潢潦泾港，南为溇岸上，西为西外河，北为茶壶浜。面积2.5万平方米。户籍人口45户，187人。清宣统年间至1950年4月村名一直为“溇梢浜”。2004年至2009年动迁消亡。

溇岸上 Lóu´ànshàng

农村居民点。位于郭巷镇东南部。东为潢潦泾港，南为庄家浜，西为西外河，北为溇梢浜。因坐落在溇岸的岸基上，故名。面积2.1万平方米。户籍人口57户，182人。清宣统年间至1950年4月村名未变。2006年至2010年动迁消亡。

庄家浜 Zhuāngjiābāng

农村居民点。位于郭巷镇东南部。亦称庄家里。东为潢潦泾港，南为袁家溇，西为溇上，北为溇岸上。历史上，庄姓人家是远近闻名大户，村名、浜名均由庄姓村民而得。面积1.2万平方米。户籍人口21户，69人。清宣统年间至1950年4月村名未变。2006年9月至2010年动迁消亡。

袁家溇 Yuánjiālóu

农村居民点。位于郭巷镇东南部。亦称袁家浜。东为潢潦泾港，南为湾塘里，西为章上，北为庄家浜。以村中袁姓村民而得名。面积0.9万平方米。户籍人口19户，65人。清宣统年间至1950年4月村名未变。2004年至2016年末动迁消亡。

陈王墓 Chénwángmù

农村居民点。位于郭巷镇东南部。东为外河港，南为庵基上，西为尹山湖，北为西泾湾。以村旁陈姓大户坟墓而得名。面积4.5万平方米。户籍人口427人。清宣统年间至1950年4月村名未变。2006年5月至2018年末动迁消亡。

吴家浜 Wújiābāng

农村居民点。位于郭巷镇东南部。东为孙家浜，南为钱家桥，西为尹山湖，北为庵基上。以吴姓村民而得名。面积0.8万平方米。户籍人口52人。清宣统年间至中华人民共和国成立后村名未变。2008年5月至2010年6月动迁消亡。

钱家桥 Qiánjiāqiáo

农村居民点。位于郭巷镇东南部。东为十二图，南为马家桥，西为尹山湖，北为吴家浜。以钱姓村民而得名。面积1.5万平方米。户籍人口20户，100人。2010年5月动迁消亡。

十二图 Shí´èrtú

农村居民点。位于郭巷镇东南部。东为赭墩湖，南为太平桥，西为马家桥，北为钱家桥。因旧时位居尹山乡北三十一都十二图，故名。面积2.5万平方米。户籍人口72户，241人。清宣统年间至1950年4月村名未变。2010年动迁消亡。

马家桥 Mǎjiāqiáo

农村居民点。位于郭巷镇东南部。东为十二图，南为徐家浜，西为西港里，北为钱家桥。以马姓村民而得名。面积2.2万平方米。户籍人口38户，125人。清宣统年间至1950年4月村名未变。2008年至2017年末动迁消亡。

西港里 Xīgǎnglǐ

农村居民点。位于郭巷镇东南部。东为马家桥，南为徐家浜，西为南深港，北为尹山湖。面积1.3万平方米。户籍人口21户，92人。2010年5月动迁消亡。

南深港 Nánshēngǎng

农村居民点。位于郭巷镇东南部。亦写作南申港。东为西港里，南为徐家浜，西、北为尹山湖。因位于尹山湖南侧，故名。面积1.4万平方米。户籍人口23户，86人。2005年8月至2010年5月动迁消亡。

濠里 Háolǐ

农村居民点。位于郭巷镇东部。东为花泾，南为西泾湾，西为尹山湖，北为独墅湖。面积3.5万平方米。户籍人口110户，336人。因拆迁地名消亡。

花泾 Huājīng

农村居民点。位于郭巷镇东部。东为茶壶浜，南为西泾湾，西为濠里村，北为独墅湖。因河港北通独墅湖，古时河边长满芦苇，秋天芦花飘逸，故名。面积3.4万平方米。户籍人口85户，341人。清宣统年间至1950年村名未变。2004年12月至2010年动迁消亡。

西泾湾 Xījīngwān

农村居民点。位于郭巷镇东部。东为花泾村，南为陈王墓，西为尹山湖，北为濠里村。因村内河港西通尹山湖，故名。面积3.5万平方米。户籍人口107户，385人。2005年至2009年动迁消亡。

大浮桥 Dàfúqiáo

农村居民点。位于郭巷镇东部。东为独墅湖，南为小浮桥，西为横溇里，北为斜港河。面积4.6万平方米。户籍人口424人。清宣统年间至1950年4月村名未变。2003年10月开始至2010年5月动迁消亡。

横溇里 Hénglóulǐ

农村居民点。位于郭巷镇东部。东为大浮桥，南为尹山湖，西为马村，北为斜港河。面积3.5万平方米。户籍人口115户，352人。2003年10月动迁消亡。

小浮桥 Xiǎofúqiáo

农村居民点。位于郭巷镇东部。亦写作小年桥。东为郭渔村，南、西为尹山湖，北为前村港。面积3.6万平方米。户籍人口81户，369人。清宣统年间至中华人民共和国成立初村名未变。2009年3月至2010年10月动迁消亡。

西祝家田 Xīzhùjiātián

农村居民点。位于郭巷镇西南部。又名竹家田，后又写成祝家田。东为东祝家田，南为吴淞江，西为京杭大运河，北为南横港村。因当地村民习惯于宅前屋后种植竹子，日久形成许多小竹林，故名。村落分东祝家田、西祝家田两个自然村。面积2.2万平方米。户籍人口77户，263人。2003年6月至11月动迁消亡。

东祝家田 Dōngzhùjiātián

农村居民点。位于郭巷镇西南部。东为白洋湖，南为吴淞江，西为西祝家田，北为杜家桥村。因村上有许多小竹（谐音“祝”）林，故名。面积1.6万平方米。户籍人口30户，102人。2003年6月至11月村民分批拆迁，村落消失。

方家浜 Fāngjiābāng

农村居民点。位于郭巷镇西南部。东为白洋湖，南为东祝家田，西为陆家浜，北为大片农田。以方姓村民而得名。面积1.9万平方米。户籍人口50户，180人。2003年6月至11月动迁消亡。

陆家浜 Lùjiābāng

农村居民点。位于郭巷镇西南部。东、西相邻方家浜和南横港，南、北相望东祝家田和塘东里。村落依南北向陆家浜两岸排列。户籍人口33户，125人。2003年6月至11月动迁消亡。

南横港 Nánhénggǎng

农村居民点。位于郭巷镇西南部。东为陆家浜，南为西祝家田，西为西湾村，北为大片农田。因位于南横港两岸，故名。2003年6月至11月动迁消亡。

西湾 Xīwān

农村居民点。位于郭巷镇西南部。东为陆家浜，南为南横港，西为京杭大运河，北为塘东里自然村。村民于南北向西湾港东岸聚居。面积1.5万平方米。户籍人口36户，130人。2003年6月至11月动迁消亡。

塘东里 Tángdōnglǐ

农村居民点。位于郭巷镇西南部。东为大片农田，南为西湾村，西为京杭大运河，北为下巴浜村。因在京杭大运河东岸，故名。面积3.3万平方米。户籍人口90户，350人。为村委会（大队部）驻地。2003年6月至11月动迁消亡。

下巴浜 Xiàbābāng

农村居民点。位于郭巷镇西南部。又写作斛扒浜、镬扒浜。东为东港河，南为塘东里村，西为京杭大运河，北为杜家桥村。下巴浜向南叉开成两条断头浜，形似人体下巴，由此而得名。面积1.1万平方米。户籍人口85户，320人。2003年6月至11月动迁消亡。

杜家桥 Dùjiāqiáo

农村居民点。位于郭巷镇西南部。东为东港河，南为下巴浜村，西为西桥港，北为大片农田。面积1万平方米。户籍人口25户，80人。2003年6月至11月动迁消亡。

六浦上 Liùpǔshàng

农村居民点。位于郭巷镇东南部。东为高田上、王家浜、河泊溇，南为东横港，西为五浦上，北为赭墩湖。六浦港南通吴淞江，北端流入赭墩湖。宋《吴郡图经续记》云：“江流自湖至海，凡二百六十里，岸各有浦，凡百数。”六浦港为吴淞江沿岸一浦，顺从西邻五浦港而得名。面积4.6万平方米。户籍人口123户，491人。2009年至2018年8月动迁消亡。

王家浜 Wángjiābāng

农村居民点。位于郭巷镇东南部。东为高田上，南为河泊溇，西为六浦上，北为渡桥头。以王姓村民而得名。面积1万平方米。户籍人口18户，82人。清宣统年间至1950年4月村名未变。2009年至2017年末动迁消亡。

南浜 Nánbāng

农村居民点。位于郭巷镇东南部。亦称水西南浜、水西村。东为马巷村，南为吴淞江，西为河泊溇，北为渡桥头。因处区域最南端，故名。面积2.1万平方米。户籍人口63户，239人。清宣统年间至中华人民共和国成立村名未变。2010年起至2018年末动迁消亡。

渡桥头 Dùqiáotóu

农村居民点。位于郭巷镇东南部。亦称大桥头、袁村。东北为夏浜里、东南为马巷村，西南为南浜村，西为高田上、王家浜，北为西官浦。面积2.2万平方米。户籍人口54户，192人。清宣统年间至1950年4月村名未变。2009年至2018年末动迁消亡。

高田上 Gāotiánshàng

农村居民点。位于郭巷镇东南部。又名三烟囱。东为渡桥头，南为桥头港，西为王家浜，北为赭墩湖。因村落港西一百多亩田，地势比别处高，被称作"高田自圩"，故村名被叫作"高田上"。面积1.5万平方米。户籍人口40户，146人。2010年至2017年末动迁消亡。

徐家浜 Xújiābāng

农村居民点。位于郭巷镇东南部。东为太平桥，西为尹山湖，北为南深港、马家桥。以徐姓村民而得名。面积4.5万平方米。户籍人口138户，467人。清宣统年间至1950年4月村名未变。2004年至2016年5月动迁消亡。

上南港村 Shàngnángǎng Cūn

农村居民点。位于郭巷镇东南部。东为郭家浜，南为庙上，西为小羊田村，北为徐家浜村。面积0.7万平方米。户籍人口21户，59人。清宣统年间至中华人民共和国成立初至1959年4月村名未变。2010年5月动迁消亡。

郭家浜 Guōjiābāng

农村居民点。位于郭巷镇东南部。东为太平桥，南为庙上村，西为上南港，北为徐家浜村。以郭姓村民而得名。面积2.3万平方米。户籍人口54户，213人。清宣统年间至1950年4月村名未变。2003年至2017年末动迁消亡。

太平桥 Tàipíngqiáo

农村居民点。位于郭巷镇东南部。又称西太平桥。东为沈家湾，南为碓方头、五浦上，西为郭家浜，北为十二图村。以过上太平安稳日子的意愿命名。面积1.5万平方米。户籍人口39户，126人。清宣统年间、民国期间及中华人民共和国成立初村名未变。2003年至2010年5月动迁消亡。

碓方头 Duìfāngtóu

农村居民点。位于郭巷镇东南部。东为六浦上，南为五浦上，西为太平桥，北为沈家湾。"碓"舂米的器具。因此处为旧时农民用于舂米的一片场地，故名。面积0.7万平方米。户籍人口15户，63人。清宣统年间至1959年4月村名未变。2005年动迁消亡。

沈家湾 Shěnjiāwān

农村居民点。位于郭巷镇东南部。东为赭墩湖，南为碓方头，西为太平桥，北为十二图。因村落位于赭墩湖西岸港湾，故名。面积1.1万平方米。户籍人口24户，106人。清宣统年间至中华人民共和国成立初村名未变。2003年至2005年动迁消亡。

桃花上 Táohuāláng（方言读音）

农村居民点。位于郭巷镇西南部。又名桃花郎、桃花坪。东为禄公桥、浜上村，南为西姚家浜村，西为京杭大运河，北为尹山南浜村。因旧时村上多栽桃树，故名。面积4万平方米。户籍人口104户，395人。清宣统年间至中华人民共和国成立初村名未变。2003年6月至11月动迁消亡。

九曲里 Jiǔqūlǐ

农村居民点。位于郭巷镇西南部。又称九曲湾。东为尹山湖，南为禄公侨，西为浜上，北为尹山行政村境域。以河道多弯而得名。面积3.5万平方米。户籍人口92户，360人。清宣统年间至1950年4月村名未变。2003年6月至11月动迁消亡。

浜上 Bāngshàng

农村居民点。位于郭巷镇西南部。又名浜郎。东为九曲里，南为禄公桥，西为桃花上，北为尹山行政村境域。面积2.5万平方米。户籍人口65户，250人。清宣统年间至1950年4月村名未变。2003年6月至10月动迁消亡。

禄公桥 Lùgōngqiáo

农村居民点。位于郭巷镇西南部。东为九曲里，南为禄公桥港，西为桃花上，北为浜上村。因村内有禄公桥（梁式石桥又名禄豊桥、俗称禄公桥），村以桥名。面积2.6万平方米。户籍人口74户，280人。2003年6月至10月动迁消亡。

第四节　横泾街道

一、概 况

横泾街道办事处

横泾街道 Héngjīng Jiēdào

乡级行政区。位于吴中区西南部，距吴中区人民政府驻地18千米。东与吴江区松陵街道毗邻、南与吴江区横扇街道隔东太湖相望，西与临湖镇接壤，北与胥口、木渎2镇相邻。街道办事处沿用旧镇名。辖区面积52.23平方千米。户籍人口3.34万人。街道办事处驻乐园北路8号。

商末，秦伯、仲雍建立勾吴，横金属吴地。周时，横金先后属吴、越、楚地。秦始皇设立吴县，横金属吴县。唐初，吴县辖横山、丽娃等30乡，横金属吴县城郊横山乡。北宋元丰年间，横金属吴县横山乡都。明洪武年间，始成“横山之南九庄十八舍”，横金编为里、甲，后建横金镇，列吴县六镇之一。清雍正年间，境内大部分属吴县横山乡第三都、第四都，南部属吴县大吴乡第八都，另旺山村属吴县灵岩乡第二都，后巷桥一带属吴县太平乡第七都。1912年11月，改称横泾市，仍属吴县。1931年属吴县第五区。1934年属吴县第五区（横泾区）。1947年2月，横泾镇及前庄、溆庄、侯巷、上林、尧吴5乡并为横泾镇，属吴县东山区所辖。1949年4月27日，吴县解放，横泾镇为吴县东山区所辖。1950年4月，东山区分为东山、横泾两区。1951年6月，横泾镇及新桥、穆里、新南、新民4乡归属吴县横泾区管辖。1953年5月，横泾乡划归震泽县横泾区管辖。1958年2月，横泾乡与尧峰乡合并。1958年9月，成立横泾人民公社。1959年4月，撤震泽县建制，合并吴县。横泾人民公社归属吴县。1961年10月，由原尧峰乡并入浦庄乡的上庄、旺界两个自然村划归横泾人民公社。1983年恢复横泾乡建制。1993年4月5日撤乡建镇。1995年6月，撤吴县建吴县市，横泾镇归吴县市管辖。

2004年2月2日，江苏省政府（苏政复〔2004〕16号）《省政府关于调整苏州市吴中区部分行政区划的批复》：“同意撤销横泾镇建制，以原横泾镇的上塘、下塘、西环3个居委会和新路、新齐、新安、新光、镇南、新众、上泽、尧南、新思、三星、上庄、后巷、马家、新湖14个村委会区域设立横泾街道办事处。”街道办事处驻横泾镇区乐园北路8号。办事处管理3个居委会、14个村委会，属吴中区。2009年管理尧南、上巷、泾峰、泾苑4个社区居委会和上林、新齐、新路、新湖、长远5个村委会，隶属、驻地不变。2012年至2018年，横泾街道隶属、面积、驻地、管理村（居）委会不变。

二、村委会及居民点

【上林村】 Shànglín Cūn

上林村村委会

村委会。位于横泾街道南部，距街道办事处驻地1.5千米。管辖范围为东起东太湖，西至新齐村，南起东太湖，北至长远村。面积6.7平方千米。户籍人口4856人。下辖东北村、东林渡、古舍里、高坑头、陆路郎、南场、南章、桥弄里、西浜、西林渡、沿河村11个自然村落。因原上泽、新光、新安1949年以前所属上林村，故名。清雍正年间属吴县横山乡第四都、吴县大吴乡第八都。1953年5月属震泽县。1959年4月随震泽县并入吴县。1962年新安大队分为上泽、新安2个大队，时属上泽大队的7个生产队拆分为8个生产队。1983年7月恢复乡、村建制，改为上林村。2003年12月上泽村、新光村、新安村合并成立上林村。

东北村 Dōngběi Cūn

农村居民点。位于横泾街道南部。东为高坑头自然村，南为金家角自然村，西为南场自然村，北为金家浜自然村。面积3万平方米。户籍人口465人。因位于上泽村东北部，故名。为上林村第16、17、18村民小组。

东林渡 Dōnglíndù

农村居民点。位于横泾街道南部。东、南为东太湖，西为西林渡自然村，北为高坑头自然村。面积7万平方米。户籍人口789人。因位于林渡江之东，故名。为上林村第19、20、25、27、29村民小组。

古舍里 Gǔshèlǐ

农村居民点。位于横泾街道南部。东为西林渡自然村，南为东太湖，西为田渡里自然村，北为南章自然村。面积2万平方米。户籍人口309人。在旧址上建起的房舍，形成村落后，故名。为上林村第24村民小组。

高坑头 Gāokēngtóu

农村居民点。位于横泾街道南部。东为东太湖，南为东林渡，西为东北村，北为西斜路。户籍人口1112人。为上林村第15村民小组。

陆路郎 Lùlùláng

农村居民点。位于横泾街道南部。东为西浜自然村，南为南章自然村，西为林家浜自然村，北为道路。面积5万平方米。户籍人口497人。以陆姓氏为村名。为上林村第22、26村民小组。

南场 Nánchǎng

农村居民点。位于横泾街道南部。东为东北村自然村，南为沿河村自然村，西为农田，北为后里泾自然村。面积2万平方米。户籍人口269人。因位于村南首，故名。为上林村第10村民小组。

南章 Nánzhāng

农村居民点。位于横泾街道南部。东为西林渡，南为古舍里，西为溆庄，北为林渡江。面积1.7万

上林村南章

平方米。人口77人。2003年11月为上林村第23村民小组。

桥弄里 Nánchǎng

农村居民点。位于横泾街道南部。东为高坑头自然村，南为东林渡自然村，西为沿河村自然村，北为金家角自然村。面积3.5万平方米。户籍人口505人。因位于桥头，故名。为上林村第12、13、14村民小组。

西浜 Xībāng

农村居民点。位于横泾街道南部。又名高东渡。东为沿河村，南为西林渡村，西为陆路郎村，北为南场村。面积1.9万平方米。户籍人口141人。因位于河浜之西，故名。2003年11月改为上林村第9村民小组。

西林渡 Xīlíndù

上林村西林渡

农村居民点。位于横泾街道南部。东为东林渡自然村，南为古舍里自然村，西为溆庄自然村，北为陆路郎自然村。面积3万平方米。户籍人口339人。因位于林渡江之西，故名。为上林村第21、28村民小组。

沿河村 Yánhé Cūn

农村居民点。位于横泾街道南部。东为桥弄里

自然村，南为西林渡自然村，西为西浜自然村，北为南场自然村。面积3万平方米。户籍人口2347人。因民居沿大江河两岸建造，故名。为上林村第11、12村民小组。

【新齐村】 Xīnqí Cūn

新齐村村委会

村委会。位于横泾街道南部，距街道办事处驻地2.8千米。管辖范围为东起上林村，西至张墩港，南起太湖，北至南庄港。面积5.9平方千米。户籍人口3100人。村委会驻溆庄。下辖后张墩、林家浜、罗家浜、南庄、南浜、前张墩、上毛岐、田度里、旺盛桥、溆庄、下毛岐等11个自然村落。以村民齐心协力建设新农村之意拟名。清雍正年间属吴县大吴乡第八都。1934年属吴县第五区（横泾）溆庄乡。1950年属太湖区行政办事处横泾区新南乡。1954年上半年建新兴初级社。1956年初级社并入曙光高级社。1958年9月为横泾人民公社新署大队，后改为新齐大队。1983年7月建立新齐村。

后张墩 Hòuzhāngdūn

农村居民点。位于横泾街道南部。东为泾新河，南为泾南路，西为新路村、陈家浜，北为南庄村。面积4.6万平方米。户籍人口367人。以河浜分界，南为前张墩，北为后张墩。为新齐村第12、13、17村民小组。

林家浜 Línjiābāng

农村居民点。位于横泾街道南部。东为陆路郎，南为溆庄，西为泾新河，北为罗家浜。因村内林姓村民居多，故名。为新齐村第11村民小组。

罗家浜 Luójiābāng

农村居民点。位于横泾街道南部。东为上林村，南为林家浜，西为南庄，北为浦家桥。面积1.2万平方米。户籍人口135人。以罗氏家族居住而得名。1983年7月为新齐村第14村民小组。

南庄 Nánzhuāng

农村居民点。位于横泾街道南部。东为罗家浜，南为后张墩，西为张家浜，北为新桥头。因位于村落南首，故名。1983年7月为新齐村第16村民小组。

南浜 Nánbāng

农村居民点。位于横泾街道南部。东为双墩港，南为田度里，西为泾新河，北为溆庄。因位于区域东南部，故名。1983年7月为新齐村第7村民小组。

前张墩 Qiánzhāngdūn

新齐村前张敦

农村居民点。位于横泾街道南部。东为泾新河，南为泾南路，西为新路村、陈家浜，北为南庄。面积1.9万平方米。户籍人口124人。1983年7月为新齐村。为新齐村第2村民小组。

上毛岐 Shàngmáoqí

农村居民点。位于横泾街道南部。东为泾新河，南为安浜，西为新路村，北为溆庄。属新齐村。因地处茅岐港上游，故名。面积3.5万平方米。户籍人口260人。为新齐村第3村民小组。

田度里 Tiándùlǐ

农村居民点。位于横泾街道南部。又称田垛里。东为双墩港，南为旺盛桥，西为泾新河，北为南浜。面积1.8万平方米。户籍人口130人。1983年7月为新齐村第6村民小组。

旺盛桥 Wàngshèngqiáo

农村居民点。位于横泾街道南部。原名王长村。东为双墩港，南为横港，西为茅岐港，北为田度里。属新齐村。因村里陈姓人家居多，本地（吴音）王通旺、陈通盛，又寓兴旺繁盛之义，故名。面积2.3万平方米。户籍人口246人。

溆庄 Xùzhuāng

农村居民点。位于横泾街道南部。东为双墩港，南为南浜，西为张墩港，北为林家浜。面积5万平方米。户籍人口450人。1983年7月为新齐村第8、9、10村民小组。

下毛岐 Xiàmáoqí

农村居民点。位于横泾街道南部。东为双墩港，南为东太湖，西为新路村、北江坟头，北为旺盛桥。面积3万平方米。户籍人口278人。1983年7月为新齐村第1、15村民小组。

【新路村】 Xīnlù Cūn

新路村村委会

村委会。位于横泾街道南部，距街道办事处驻地3.2千米。管辖范围为东起新齐村，西至临湖镇湖桥村，南起东山大道，北至长远村。面积1.8平方千米。户籍人口2320人。村委会驻塘郎自然村。下辖陈家浜、东古、高宅、海巷郎、倪家浜、石路浜、塘郎、西古8个自然村落。取锡剧《走上新路》剧中两字为村名。清雍正年间属吴县大吴乡第八都。1934年属吴县第五区（横泾）溆庄乡。1954年上半年建新路、塘上、新前、新丰初级社。1956年分别改建高级社。1958年9月改称横泾人民公社新路大队。1983年7月建新路村。

陈家浜 Chénjiābāng

农村居民点。位于横泾街道南部。东为溆庄，南为泾南路、海巷郎，西为东山大道和张家浜，北为张墩、南庄。民宅以"工"字形分居陈家浜两岸。面积1.3万平方米。户籍人口185人。因陈姓人家世居于此，故名。1983年7月改为新路村第9村民小组。

东古 Dōnggǔ

农村居民点。位于横泾街道南部。东为南浜自然村，南为倪家浜自然村，西为西古自然村，北为陈家浜自然村。面积2.6万平方米。户籍人口311人。因村落初始为顾（顾、古同音）姓人家聚居地，又与西古对应，故名。为新路村第7、16村民小组。

高宅 Gāozhái

农村居民点。位于横泾街道南部。东为东古自然村，南为塘上自然村，西为西古自然村，北为海巷郎自然村。面积1.2万平方米。户籍人口60户，242人。因南宋岳飞率军与杨公交战太湖，手下大将高怀德、高怀良曾于此地驻军歇息，故名。为新路村第8、17村民小组。

海巷郎 Hǎixiàngláng

农村居民点。位于横泾街道南部。东为东古自然村，南为高宅自然村，西为西古自然村，北为陈家浜自然村。面积1.1万平方米。户籍人口20户，93人。因村内有海巷港，方言"郎"与"上"谐音，故名。为新路村第10村民小组。

倪家浜 Níjiābāng

农村居民点。位于横泾街道南部。东为新齐村，南为塘郎自然村，西为高宅自然村，北为东古镇自然村。面积1.1万平方米。户籍人口96人。早先有两家迁居于此，故为二泉。后谐音（吴音）"二"为"倪"，俗称倪家浜。为新路村第6村民小组。

石路浜 Shílùbāng

农村居民点。位于横泾街道南部。东为宅基头旺（夏）家坟自然村、新齐毛岐，南为东太湖，西为洋盛村相邻，北为塘郎。面积8万平方米。户籍人口810人。明末清初，村民自东北部的宅基头村迁移至此，形成村落。2007年为新路村第2、3、4、13、14、15村民小组。

塘郎 Tánglánɡ

新路村塘郎

农村居民点。位于横泾街道南部。又名过路桥、洋梢头、李子玗，小桥头，小吉浜、北粮河，南梁河。东为宅基头、新齐、毛岐村，南为石路浜，西为南三港（又称小木桥港），北为北粮河港。面积1.4万平方米。户籍人口130人。因村畔有河塘，故名。1983年7月为新路村第5村民小组。

西古 Xīgǔ

农村居民点。位于横泾街道南部。东为东古自然村，南为洋盛浜自然村，西为高宅自然村，北为陈家浜自然村。面积5.5万平方米。户籍人口82户，366人。因位于东古自然村之西，故名。为新路村11村民小组。

【新湖村】 Xīnhú Cūn

新湖村村委会

村委会。位于横泾街道南部，距街道办事处驻地5千米。管辖范围为东、南、西濒太湖，北至环太湖大堤。面积7.45平方千米。户籍人口1912人。村委会驻泾湖家园内。下辖泾湖家园1个居民住宅小区。因自然村新湖村，故名。中华人民共和国成立初属太湖行政办事处第六水上区。1953年属湖东区三联乡。1956年建立湖东区新联社。1958年10月属太湖公社第4营。1959年5月从第4营中分出部分渔船组成第6营，改称第六大队。1960年又改为红光大队。1961年10月红光大队拆分为新联、红光、红旗3个大队。1969年1月新联大队由太湖公社划归横泾公社。1983年7月改为新联村。1984年5月建新湖村。

泾湖家园 Jīnghú Jiāyuán

城镇居民点。位于横泾街道南部。东至长远新村住宅区西侧规划道路，南至规划用地，西至长远村浦家桥自然村民宅东侧规划道路，北至长远村旺台渠自然村民宅南侧规划道路。属新湖村。以其地处横泾街道且主要安置新湖村村民之意拟名。占地面积7.4万平方米，建筑面积5.13万平方米。共31幢联体别墅，186户，绿化率38.9%。2014年命名。

【长远村】 Chángyuǎn Cūn

长远村村委会

村委会。位于横泾街道东南部，距街道办事处驻地1.5千米。管辖范围为东起越溪街道木林社区，西至东山大道，南起上林村、新齐村，北至泾苑居委会及苏东运河之南。面积8.89平方千米。户籍人口1243户，5358人。村委会驻镇南路2009号。下辖庵前弄、长源街、船厂浜、东斜路、费庄、后里泾、蒋家弄、金家浜、庙后底、南弄里、浦家桥、石家浜、陶家村、谭家浜、旺台渠、伍家浜、新桥头、西斜路、小桥头19个自然村落，长远新村1个居民住宅小区。因镇南村西邻临湖镇，新众村东邻越溪街道，合并后拱围横泾街道南北，凸显其范围广路程远，寓长远之意，拟名。1954年新民、新众两村计7个初级社并入曙光高级社。1958年分别改为横泾人民公社新民大队、新众大队。1979年新民大队更名为镇南大队。1996年为镇南村。2007年10月镇南村与新众村合并为长远村。

庵前弄 Ānqiánlòng

农村居民点。位于横泾街道东南部。东为庙后底自然村，南为金家浜自然村，西为长源街自然村，北为小桥头自然村。面积2.3万平方米。户籍人口14户，62人。原属镇南村第10村民小组。2007年10月为长远村第10村民小组。

长源街 Chángyuánjiē

农村居民点。位于横泾街道东南部。东为庵前弄自然村，南为金家浜自然村，西为长园小区，北为陶家村自然村。面积1.1万平方米。户籍人口126人。为长远村第13村民小组。

船厂浜 Chuánchǎngbāng

长远村船厂浜

农村居民点。位于横泾街道东南部。东为西浜自然村，南为谭家浜自然村，西为费庄自然村，北为牌楼浜自然村。面积3.5万平方米。户籍人口318人。因明清时期村民多以修造船只为业，又位于小河浜，故名。原属镇南村第4村民小组。2007年10月为长远村第18村民小组。

东斜路 Dōngxiélù

农村居民点。位于横泾街道东南部。东为东太湖自然村，南为西斜路自然村，西为西斜路自然村，北为南章自然村。面积5.5万平方米。户籍人口999人。以因村内道路斜向，自然村落分为东斜路、西斜路。以地理位置命名。原属新众村第9、10、11、12、16、17村民小组。2007年10月为长远村第23、24、25、26、30、31村民小组。

费庄 Fèizhuāng

农村居民点。位于横泾街道东南部。东为牌楼浜自然村，南为庙后底自然村，北为泾峰社区。面积2.6万平方米。户籍人口427人。因费姓家族聚居，故名。原属新众村第1、2村民小组。2007年10月为长远村第15、16村民小组。

后里泾 Hòulǐjīng

农村居民点。位于横泾街道东南部。东为金家浜自然村，南为上林村，西为旺台渠自然村，北为长远小区。面积2.8万平方米。户籍人口433人。因位于村中小河之后，故名。原属镇南村第6、7村民小组。2007年10月为长远村第6、7村民小组。

蒋家弄 Jiǎngjiālòng

农村居民点。位于横泾街道东南部。东为尧太湖，南为后里泾，西为南弄，北为横泾塘。户籍人口22户，66人。因属地曾有一富商开酱坊，一条里弄边上附近经常堆满酱缸什物，故称“酱缸弄”，后讹称蒋家弄。2007年为长远村第4、5村民小组。

金家浜 Jīnjiābāng

农村居民点。位于横泾街道东南部。又名金介浜。东为斜路港，南为上泽东北村，西为后里泾，北为长源街。面积2.5万平方米。户籍人口221人。旧时长源街金家花园内有条河浜，名金家浜，村以浜名。2007年10月为长远村第8村民小组。

庙后底 Miàohòudǐ

农村居民点。位于横泾街道东南部。东为石家浜自然村，南为小桥头自然村，西为陶家村自然村，北为费庄自然村。面积2.5万平方米。户籍人口230人。村的西南方有苏斋庙，村在庙的后边，故名。原属新众村第8、13村民小组。2007年10月为长远村第22、27村民小组。

南弄里 Nánlònglǐ

农村居民点。位于横泾街道东南部。又称“南墙门”。东为旱河浜，南为后里泾，西为旺台渠，北为横泾塘。面积1.3万平方米。户籍人口123人。因位于横泾街朝南处，故名。2007年10月为长远村第3村民小组。

浦家桥 Pǔjiāqiáo

农村居民点。位于横泾街道东南部。又名浦介桥。东为旺台渠，南为溆庄、罗家浜，西为新桥头，北为横泾塘。面积1.2万平方米。户籍人口111人。早先有浦姓人家资助修桥，故名浦家桥，村以桥名。2007年10月为长远村第1村民小组。

石家浜 Shíjiābāng

农村居民点。位于横泾街道东南部。东为马庄港，南为无名道路，西为庙后底，北为伍家浜。面积2.2万平方米。户籍人口229人。因首户人家姓石，又靠河浜建房居住，故名。2007年为长远村第21村民小组。

陶家村 Táojiā Cūn

农村居民点。位于横泾街道东南部。东为庵前弄，南、西为无名道路，北为小桥头自然村。因居住的第一户人家姓陶，村以姓氏名。面积2.3万平方米。户籍人口140人。2007年10月为长远村第9村民小组。

谭家浜 Tánjiābāng

农村居民点。位于横泾街道东南部。东为费庄，南为南章路，西为伍家浜，北为船厂浜。面积1.2万平方米。户籍人口112人。因居村第一户人家姓谭，又依傍河浜，故名。2007年10月为长远村第5村民小组。

旺台渠 Wàngtáiqú

农村居民点。位于横泾街道东南部。又名旺台坝、望台居、旺台聚。东为旺南弄，南为溆庄罗家浜，西为浦家桥，北为生产河。面积1.8万平方米。户籍人口152人。旧时，因村民多人患血吸虫病，后经杀灭钉螺，除去病霾，村居兴旺，故名。2007年10月为长远村第2村民小组。

伍家浜 Wǔjiābāng

农村居民点。位于横泾街道东南部。东为东港塘河，南为石家浜，西为横泾街，北为谭家浜。面积1.8万平方米。户籍人口306人。早年吴江人迁居于此，其中有一位姓伍的老师，村又临河浜，故名。2007年10月为长远村第20、29村民小组。

新桥头 Xīnqiáotóu

农村居民点。位于横泾街道东南部。东为浦庄，南为南庄村，西为浦庄乡，北为横泾塘。面积1.8万平方米。户籍人口58人。以新建的桥梁为村名。2007年10月为长远村第1村民小组。

西斜路 Xīxiélù

农村居民点。位于横泾街道东南部。东为东太湖自然村，南、西为西斜路自然村，北为东斜路自然村。面积7.2万平方米。户籍人口471人。因居斜路港以西，与新众村的东斜路相邻，故名。2007年10月为长远村第11、12村名小组。

小桥头 Xiǎoqiáotóu

农村居民点。位于横泾街道东南部。东为西斜路，南为庵前弄，西为陶家村，北为庙后底。面积1.4万平方米。户籍人口120人。旧时，有富户在村头河上建小桥，故名。2007年10月为长远村第10村民小组。

长远新村 Chángyuǎn Xīncūn

城镇居民点。位于横泾街道东南部。东至尧太河，南至沙家河，西至新光路，北至南香花弄南。属长远村。户籍人口2255人。以其所在长远村为小区名。2004年命名。新路村、新齐村、上林村、长远村拆迁居民迁入。

三、社区居委会及居民点

【尧南社区】 Yáonán Shèqū

尧南社区居委会

社区居委会。位于横泾街道北部，距街道办事处驻地4千米。管辖范围为东起苏旺河，西至马舍村，南起苏州绕城高速，北至尧峰山。面积5.86平方千米。户籍人口5026人。居委会驻尧南花苑小区内。下辖尧南花苑1个居民住宅小区，东仓坞、东南徐、顾家场、胡家村、旱泾上、横岸上、划船浜、胡家场、陆家桥、马家泾、马家场、青石桥、前上思泾、上思泾、石阙头、山叙里、塘角头、旺家坞、旺巷上、西南徐、西仓坞、周家堂22个自然村落。因社区地处尧峰山以南，故名。清雍正年间属横山乡第三都、太平乡第七都和灵岩乡第二都。1956年组织红旗高级社。1958年改为红旗大队。1980年红旗大队改为尧南大队。2007年10月由尧南村和马家村合并成立尧南社区。

尧南花苑 Yáonán Huāyuàn

城镇居民点。位于横泾街道北部。东至苏州天然居假日庄园，南至吴中大道，西至木东路，北至尧峰山。属尧南社区。以位于尧峰山以南位置，及花园式居住地的意思拟名。面积27.25万平方米。户籍人口1453人。2004年命名。

东仓坞 Dōngcāngwù

农村居民点。位于横泾街道北部。古名东昌梧。东为西石头，南为泥土桥港，西为马家浜，北为尧峰山。面积3.1万平方米。户籍人口102人。因位于山坞东侧，故名。2007年改为尧南社区第6居民小组。

东南徐 Dōngnánxú

农村居民点。位于横泾街道北部。东为前庄村，南为新思村，西为西南徐，北为胡家自然村。面积1.3

万平方米。户籍人口103人。2007年改为尧南社区第2居民小组。

顾家场 Gùjiāchǎng

农村居民点。位于横泾街道北部。东为尧峰山，南为划船浜，西为兴福塘东岸，北为马家场。面积2万平方米。户籍人口238人。村以顾姓村民而得名。为尧南社区第5居民小组。

胡家村 Hújiā Cūn

农村居民点。位于横泾街道北部。别名胡家扇（舍）。东为前庄村，南为东南徐、西南徐，西为西石头，北为后巷村。面积1.6万平方米。户籍人口107人。清初胡氏家族自南京落脚于此，村落人家均为胡姓，村以姓氏名。2007年改为尧南社区第1居民小组。

旱泾上 Hànjīngshàng

农村居民点。位于横泾街道北部。又名安泾、韩泾。东为塘角头、上思泾，南为后巷村交界，西为胥口新鹿村和浦庄马舍村，北为胥口阜峰山。面积2万平方米。户籍人口135人。因位于尧峰山麓，地形较高，常遇干旱，故名。2007年改为尧南社区第26、27居民小组。

横岸上 Héng´ànshàng

农村居民点。位于横泾街道北部。东为塘角头，南为旱泾上，西为无名道路，北为盛家桥路。面积2.9万平方米。户籍人口124人。为尧南社区第20居民小组。

划船浜 Huáchuánbāng

农村居民点。位于横泾街道北部。东为木东路，南为盛家桥路，西为兴福塘，北为顾家场。面积2.3万平方米。户籍人口203人。2007年为尧南社区第17居民小组。

胡家场 Hújiāchǎng

农村居民点。位于横泾街道北部。东为尧峰山方家山麓，南为方家场，西为木东路，北为木渎尧峰村。面积3万平方米。户籍人口126人。以胡姓家族聚居为主，以胡姓氏族为村名。2007年为尧南社区第21居民小组。

陆家桥 Lùjiāqiáo

农村居民点。位于横泾街道北部。东为兴福塘西岸，南为塘角头、庄桥头，西为皋峰山麓，北为胥口镇皋峰村。面积1.3万平方米。户籍人口183人。以村民陆姓为村名。为尧南社区第14居民小组。

马家泾 Mājiājīng

农村居民点。位于横泾街道北部。东为东仓坞，南为泥土桥港，西为西仓坞，北为旺家坞。面积3.1万平方米。户籍人口56人。相传清末时为地方驻军养马之地，故以马为村名。2007年为尧南社区第8居民小组。

马家场 Mǎjiāchǎng

农村居民点。位于横泾街道北部。东为木东公路，南为顾家场，西为兴福塘东岸，北为方家场。属尧南社区。面积1.3万平方米。户籍人口112人。以马姓村民而得名。为尧南社区第15居民小组。

青石桥 Qīngshíqiáo

农村居民点。位于横泾街道北部。东为木东公路，南为旺巷上交界，西为兴福塘东岸，北为石阙头。面积1万平方米。户籍人口54人。以村内青石桥名为村名。为尧南社区第18居民小组。

前上思泾 Qiánshàngsījīng

农村居民点。位于横泾街道北部。东为东山大道，南为后巷村，西为旱泾上，北为塘角头。面积2万平方米。户籍人口149人。以位于上思泾村之南（前面）而得名。为尧南社区第19居民小组。

上思泾 Shàngsījīng

农村居民点。位于横泾街道北部。东为福塘西岸，南为后巷村，西为旱泾上，北为塘角头。面积3.3万平方米。户籍人口289人。以饮水思源意拟名。2007年10月为尧南社区第24、25居民小组。

石阙头 Shíquètóu

农村居民点。位于横泾街道北部。俗称石阙，即石牌坊。东为旺巷山嘴，南为泥土桥，西为兴福塘，北为划船浜。面积1.6万平方米。户籍人口115人。因村内有石牌坊，故名。2007年10月为尧南社区第16居民小组。

山叙里 Shānxùlǐ

农村居民点。位于横泾街道北部。又名三聚、叙山村。东为旺山村，南为前庄港，西为西石头，北为尧峰山。面积3万平方米。户籍人口256人。2007年10月为尧南社区第4、12居民小组。

塘角头 Tángjiǎotóu

农村居民点。位于横泾街道北部。东为兴福塘西岸，南为上思泾，西为庄桥头，北为杨木桥。面积2.3万平方米。户籍人口262人。因村落坐落在兴福塘转弯拐角处，故名。2007年为尧南社区第23居民小组。

旺家坞 Wàngjiāwù

农村居民点。位于横泾街道北部。又名王家梧。东为东仓坞，南为马家浜，西为西仓坞，北为尧峰山。面积2万平方米。户籍人口120人。因迁居人家不断增多，又因王与旺同音，寓意兴旺发达，故名。2007年10月为尧南社区第7居民小组。

旺巷上 Wàngxiàngshàng

农村居民点。位于横泾街道北部。东为木东公路，南为后巷村，西为兴福塘东岸，北为石阙头。面积2.5万平方米。户籍人口249人。以兴旺的村巷意愿拟名。为尧南社区第28居民小组。

西南徐 Xīnánxú

农村居民点。位于横泾街道北部。东为东南徐，南为新思，西为后巷社区，北为胡家、西石头自然村。面积4万平方米。户籍人口390人。2007年10月为尧南社区第3、10、13居民小组。

西仓坞 Xīcāngwù

农村居民点。位于横泾街道北部。又名西仓梧。东为旺家坞，南为泥土桥港，西为旺巷上交界，北为尧峰山。面积1.5万平方米。户籍人口124人。因位于东苍坞西首，故名。2007年10月为尧南社区第9居民小组。

周家堂 Zhōujiātáng

农村居民点。位于横泾街道北部。东为木东公路，南为顾家场，西为兴福塘东岸，北为方家场。面积1万平方米。人口76人。以周姓村民而得名。为尧南社区第1居民小组。

【上巷社区】 Shàngxiàng Shèqū

社区居委会。位于横泾街道北部，距街道办事处驻地3.8千米。管辖范围为东起尧南社区，西至马舍村、石庄村，南起泾峰社区，北至尧南社区。面积4.2平方千米。户籍人口3040人。居委会驻木东公路旁。下辖北高庄、东上庄、大家浜、郭郎堂、后巷桥、前亩墩、刘家浜、庙场上、南浜上、南桥头、五四弄、吴家西、西上庄、小横泾、野家村15个自然村落。清雍正年间分属吴县横山乡第三都、第四都，太平乡第七都。1950年后巷桥等自然村属新桥乡。1956年新桥乡并入尧峰乡。1958年并入横泾乡。1983年改设后巷村。2007年10月上庄村与后巷村合并设立上巷社区。

上巷社区居委会

北高庄 Běigāozhuāng

农村居民点。位于横泾街道北部。东为尧南自然村，南为新思自然村，西为前亩墩自然村，北为尧南自然村。面积1.3万平方米。户籍人口111人。为上巷社区第2居民小组。

东上庄 Dōngshàngzhuāng

农村居民点。位于横泾街道北部。东为泾峰社区西村自然村，南为泾峰社区后泥塔自然村，西为上庄自然村，北为前亩墩自然村。面积3.2万平方米。户籍人口380人。东上庄与西上庄同为上庄村，因地处东部，故名。为上巷社区第15、16、18居民小组。

大家浜 Dàjiābāng

农村居民点。位于横泾街道北部。又名陶家浜。东为西高庄自然村，南为庙场上自然村，西为后巷桥自然村，北为越湖路自然村。面积1.8万平方米。户籍人口118人。为上巷社区第10居民小组。

郭郎堂 Guōlángtáng

农村居民点。位于横泾街道北部。东为庙场上然村，南为南桥头自然村，西为东山大道，北为邹家场自然村。面积1.65万平方米。户籍人口142人。村落为一条南北向弄堂，居民郭姓为多，故名。为上巷社区第1居民小组。

后巷桥 Hòuxiàngqiáo

农村居民点。位于横泾街道北部。东为大家浜自然村，南为邹家场自然村，西为小横泾自然村，北为越湖路自然村。以桥名为村名。聚落形态为密集式呈狭长形。为上巷社区第13居民小组。

前亩墩 Qiánmǔdūn

农村居民点。位于横泾街道北部。东为新思自然村，南为上庄自然村，西为浦庄，北为刘家浜自然村。面积1.6万平方米。户籍人口123人。村庄南靠旋马桥港，因田地中坟墩多、土墩多，故名。为上巷社区第6居民小组。

刘家浜 Liújiābāng

农村居民点。位于横泾街道北部。东为前亩墩自然村，南为上庄，西为庙场上，北为大家浜自然村。面积1.6万平方米。户籍人口106人。因村位于河浜，又村内有一刘姓大户，故名。2007年10月为上巷社区第10居民小组。

庙场上 Miàochǎngshàng

农村居民点。位于横泾街道北部。东为南高庄自然村，南为上庄自然村，西为郭朗堂自然村，北为大家浜自然村。面积1.2万平方米。户籍人口90人。因村庄西浜有座吴磷庙，故名。为上巷社区第5居民小组。

南浜上 Nánbāngshàng

农村居民点。位于横泾街道北部。东为南桥头自然村，南为浦庄自然村，西为浦庄自然村，北为吴家西自然村。南浜河东西流向，村在浜底，故名。为上巷社区第3居民小组。

南桥头 Nánqiáotóu

农村居民点。位于横泾街道北部。东为走马塘河，南为上庄自然村，西为浦庄自然村，北为郭浪荡自然村。面积1.6万平方米。户籍人口142人。因村位于南浜河南首桥头，故名。为上巷社区第1居民小组。

五四弄 Wǔsìlòng

农村居民点。位于横泾街道北部。东为大家浜自然村，南为郭浪荡自然村，西为郭家场自然村，北为后巷桥自然村。面积1.3万平方米。户籍人口101人。因弄中居民吴姓居多，故名。为上巷社区第12居民小组。

吴家西 Wújiāxī

农村居民点。位于横泾街道北部。又名陶家浜。东为小横泾自然村，南为南浜上自然村，西为浦庄马舍自然村，北为吴中大道。面积2.3万平方米。户籍人口230人。因村中居民吴姓居多，故名。为上巷社区第3、9居民小组。

西上庄 Xīshàngzhuāng

农村居民点。位于横泾街道北部。东为东上庄自然村，南为泾峰社区，西为马舍自然村，北为前亩墩自然村。面积3.8万平方米。户籍人口535人。因村民庄姓居多，又地处西部，故名。为上巷社区14、15、17、18居民小组。

小横泾 Xiǎohéngjīng

农村居民点。位于横泾街道北部。东为后巷桥自然村，南为南浜上自然村，西为吴家西自然村，北为吴中大道。面积1.4万平方米。户籍人口130人。明末清初，一度街市贸易兴旺，又东南邻横泾街，故名。为上巷社区第3居民小组。

野家村 Yějiā Cūn

农村居民点。位于横泾街道北部。东为西上庄自然村，南为施家湾自然村，西为马舍自然村，北为南桥头自然村。面积1.3万平方米。户籍人口120人。因早先此村荒野人稀，故名。为上巷社区第19居民小组。

【泾峰社区】 Jīngfēng Shèqū

泾峰社区居委会

社区居委会。位于横泾街道北部，距街道办事处驻地3千米。管辖范围为东起苏旺河，西至东山大道，南起横泾塘，北至天鹅荡路。面积4.02平方千米。户籍人口4777人。居委会驻新思家园内。下辖新思家园1个居民住宅小区，兜里、东村、方家桥、后陆巷、后泥搭、南村、前陆巷、前泥搭、斜家村、西村、石龙浜、赵家渠12个自然村落。取横泾的“泾”，尧峰山的“后泥搭峰”而名。1956年成立曙光高级社。1958年9月改为横泾人民公社新思大队。1983年属吴县横泾乡新思村。2007年10月由原三星村和新思村合并成立泾峰社区。

新思家园 Xīnsī Jiāyuán

城镇居民点。位于横泾街道北部。东至新思路，南至中兴路，西至尧太河路，北至南村自然村。属泾峰社区。以新的建设发展的思路拟名。2004年命名。

兜里 Dōulǐ

农村居民点。位于横泾街道北部。东为泾苑社区，南为赵家渠自然村，西为方家桥自然村，北为方家桥自然村。面积1.3万平方米。户籍人口80人。为泾峰社区第11居民小组。

东村 Dōng Cūn

农村居民点。位于横泾街道北部。东为苏州佳值电子工业有限公司，南为东太湖路，西为南村，北为卓钜电子有限公司。面积2万平方米。户籍人口116人。因地处三思桥村，故名。为泾峰社区第24、25居民小组。

方家桥 Fāngjiāqiáo

农村居民点。位于横泾街道北部。东为泥塔港，南为木东路，西为农田，北为无名河道。因村内有方家桥，村以桥名。面积3万平方米。户籍人口500人。为泾峰社区第8、13居民小组。

后陆巷 Hòulùxiàng

农村居民点。位于横泾街道北部。俗称小四队。东为尧太河，南为前陆巷，西为东市路，北为中兴路。面积1.3万平方米。户籍人口80人。因其所处的位置在前陆巷的后面，故名。为泾峰社区第4居民小组。

后泥搭 Hòunídā

农村居民点。位于横泾街道北部。东为后陆巷自然村，南为方家桥自然村，西为前泥搭自然村，北为上巷社区东上庄自然村。面积1.8万平方米。户籍人口243人。为泾峰社区第5居民小组。

南村 Nán Cūn

农村居民点。位于横泾街道北部。东为东村自然村，南为东太湖路，西为西村自然村，北为谢家桥自然村。面积3万平方米。户籍人口484人。因位于新思村南，故名。为泾峰社区第23、19居民小组。

前陆巷 Qiánlùxiàng

农村居民点。位于横泾街道北部。东为长远村自然村，南为泾苑社区自然村，西为前泥搭自然村，北为后陆巷自然村。面积2.5万平方米。户籍人口533人。为泾峰社区第2、3居民小组。

前泥搭 Qiánnídā

农村居民点。位于横泾街道北部。东为后陆巷自然村，南为兜里自然村，西为后泥搭自然村，北为后泥搭里自然村。面积2.8万平方米。户籍人口243人。因村内多为泥土搭建的房舍，故名。为泾峰社区第6、12居民小组。

斜家村 Xiéjiā Cūn

农村居民点。位于横泾街道北部。东为长远村，南为长城镇汰河，西为西村自然村，北为天鹅荡路南侧企业。面积2万平方米。户籍人口165人。以村内谢家桥为村名。为泾峰社区第17居民小组。

西村 Xī Cūn

农村居民点。位于横泾街道北部。东为长远社区，南为南村自然村，西为上巷社区东上庄自然村，北为尧南社区。面积5.6万平方米。户籍人口679人。因位于三思桥西面，故名。为泾峰社区第14、20、22、25、26居民小组。

石龙浜 Shílóngbāng

农村居民点。位于横泾街道北部。东为后泥搭自然村，南为方家桥自然村，西为临湖镇沙泾村自然村，北为后泥搭自然村。面积1.2万平方米。户籍人口89人。以浜名为村名。为泾峰社区第7居民小组。

赵家渠 Zhàojiāqú

农村居民点。位于横泾街道北部。东为西市稍，南为兜里自然村，西为三星村，北为木东路。面积3万平方米。户籍人口442人。因沿河渠而居的赵姓村民较多，故名。为泾峰社区第9、10居民小组。

【泾苑社区】 Jīngyuàn Shèqū

社区居委会。位于横泾街道中部，距街道办事处驻地0.5千米。管辖范围为东起长远村，西至泾苑

泾苑社区居委会

路，南起长远村，北至横泾塘。面积0.88平方千米。户籍人口3096人。居委会驻前金家弄29号。下辖泾苑村1个居民住宅小区。因域内泾苑小区得名。2004年设立。

泾苑村 Jīngyuàn Cūn

城镇居民点。位于横泾街道中部。东至木东路，南至泾苑南路，西至泾苑西路，北至泾苑北路。属泾苑社区。户籍人口1350人。共7幢多层楼房，115户（套），自建房266户。1995年命名。

四、历史地名

【乡级行政区】

横泾镇 Héngjīng Zhèn

乡级行政区。为清代晚期至2004年2月2日的行政区域地名。横泾镇，位于苏州市吴中区西南部，2004年初四至界址：东接越溪，南临东太湖，西与浦庄相邻，北连木渎。晚清时期，设横泾镇（集镇），属吴县大吴乡南胥里八都一图，民国《吴县志》卷二十一有载。1912年11月，吴县设横泾市，横泾镇归其管辖。1929年8月，横浸市改为横泾区，定为吴县第五区。横金镇改称横泾镇，属横泾区，且为区署所在地。原横泾镇（集镇）同时存在，亦属横泾区（吴县第五区）。1934年6月，原横泾区与蠡墅区（吴县第十六区）之一小部分合并为横泾区（定为吴县第五区），横泾镇归其管辖，仍为区署所在地。1939年3月，属伪吴县横泾乡。1940年3月，属横泾区。1941年7月，属伪吴县旧第五区（横泾）。1945年9月2日，横泾镇复属横泾区（吴县第五区）。1947年3月1日，原横泾、东山2区合并为东山区，区署驻横泾镇。横泾镇归其管辖，镇署驻在横泾镇义金庵（又名城隍庙）。1948年2月，侯巷、淑庄，前装，上林、尧吴5乡并入横泾镇，属东山区，定为甲等乡镇。1950年4月上旬，吴县东山区分建为东山、横泾2区，横泾镇属横泾区。同月15日，横於镇调整为1镇4乡，即横泾镇、新南乡、新桥乡、新民乡、穆里乡。横泾镇辖新安、新民、三星、新众、赵家、合理、新模、新范、新东9个行政村。镇政府驻横泾镇上塘。同月，吴县横泾区划入新建的太湖区行政办事处，横泾镇归其管辖。1951年6月，太湖区撤销，横泾镇随横泾区划归吴县。1953年5月1日，横泾镇改为乡，属吴县横泾区。1993年4月5日，横泾撤乡建镇，属吴县。镇域面积66.67平方千米（其中所辖太湖水面5.08平方千米）。镇政府驻乐园北路。1995年6月8日，撤销吴县建制，建吴县市，横泾镇归其管辖。2000年12月31日，撤销县级吴县市，设立苏州市吴中区，横泾镇归其管辖。辖横泾居委会和尧南、镇南、南章、三星、马家、后巷、前庄、旺山、新安、木里、上庄、新思、新众、上泽、新光、新齐、新路、新湖18个村委会。2002年3月，木里、南章、前庄、旺山4个村划归长桥镇，由越溪办事处管辖。2003年，横泾镇辖上塘、下塘、西环3个居委会，新路、新齐、镇南、新众、尧南、新思、三星、上庄、后巷、马家、新湖、上林12个村委会。2004年2月2日，江苏省政府（苏政复〔2004〕16号）《省政府关于调整苏州市吴中区部分行政区划的批复》:“同意撤销横泾镇建制，以原横泾镇的上塘、下塘、西环3个居委会和新路、新齐、新安、新光、镇南、新众、上泽、尧南、新思、三星、上庄、后巷、马家、新湖14个村委会区域设立横泾街道办事处，办事处管理3个居委会、14个村委会。”

横泾乡 Héngjīng Xiāng

乡级行政区。为1939年3月至1993年4月5日的行政区域地名。因辖区内有河道“横泾塘”，乡以塘名，又取旧市名“横泾”为乡名。横泾乡，位于苏州市吴中区西南部，辖境在今横泾街道范围内。1939年3月，伪吴县横泾区改为横泾乡，区域面积54平方千米，乡公所设在横泾镇，下辖横泾镇及浦庄、徐墅、前庄、湖桥、溆庄、下堡、侯巷、寺泾、上林、石塘、尧吴12个小乡。1953年5月，横泾镇改为乡，属吴县横泾区。同月26日，横泾乡随横泾区从吴县划入震泽县。1956年3月，横泾、新南2乡以及穆里乡的徐巷、西新、南章、物湾、中心、新三、新四、西浜8个村合并为横泾乡。1957年3月，震泽县横泾区撤销，横泾乡属震泽县。1958年2月，震泽县尧峰乡（除马舍、沙泾、上旺、陆家4个村并入浦庄乡外）并入横泾乡。9月，成立横泾人民公社，驻地移至横泾镇上塘西首席世涵楼房，属震泽县（1959年4月10日随震泽县并入吴县）。1983年7月，恢复横泾乡建制，属吴县。乡政府驻吴家弄，辖横泾居委会和尧南、镇南、南章、三星、马家、后巷、前庄、旺山、新安、木里、上庄、新思、新众、上泽、新光、新齐、新路、新湖18个村委会。1987年末，全乡面积66.67平方千米（其中所辖太湖水面5.08平方千米），辖18个村委会，1个居委会。1993年4月5日，横泾撤乡建镇，属吴县。

横金镇 Héngjīn Zhèn

乡级行政区。为明代时期至1929年8月的行政区域地名。因辖内有古村落“横金”，镇以村名。明《吴县志》（崇祯十五年冬刻本）卷之二载：“横金，去县西南三十里。相传，横金于地有管鲍分金墩，故曰横金。其说似诞。”位于苏州市西南部，辖境在吴中区横泾街道范围内。横金，唐初属吴县横山乡。宋、元朝隶属不变。元大德年间（1297—1307），移民聚居，繁衍生息，村落渐增。明洪武三年（1370），设横金巡检司署，管辖二都，三都及沿太湖地区。明洪武五年（1372），兵卒屯垦水东之地，随之大量移民入境，始成“横山之南，九庄十八舍”，横金编为里、甲，之后渐成集镇。《姑苏志》（正德元年刻本）卷十八“镇”载：“横金，去县三十里，有巡检司”，时为吴县“一市六镇”之一。《吴邑志》（明嘉靖八年刻本）卷四载“横金镇”，属吴县横山乡青墩里第四都。清代，横金镇隶属不变，跨横山乡四都三图、五图。康熙《吴县志》（康熙三十年刻本）卷十三云，横金为吴县“一市六镇”之一。乾隆《苏州府志》（乾隆十三年五月刻本）卷十九、道光《苏州府志》（道光四年刻本）卷二十八云，横金为吴县“二市六镇”之一。同治《苏州府志》（同治十三年刻本）云：“横金镇，县西南三十里，有汛。”民国《吴县志》亦载此说。1912年11月，吴县设横泾市，横金镇归其管辖，为自治市驻地。1929年8月，横金镇改称横泾镇，属横泾区（吴县第五区），为区署所在地。

横泾市 Héngjīng Shì

乡级行政区。为1912年11月至1929年8月的行政区域地名。因辖区内有河道“横泾塘”和古集镇“横泾镇”，市以塘、镇名。横泾市，位于苏州市西南部，辖境四至界址：东接越溪，南临东太湖，西与浦庄相邻，北连木渎。1912年11月，吴县设横泾市，境域面积50平方千米，驻横金镇，辖原灵岩乡（晏宫里）第二都，横山乡（青墩里）第三、四都，太平乡（全吴里）第七都，大吴乡（南胥里）第八都，吴苑乡（胜化里）第九、十都之一部分、遵礼乡（守义里）第二十七都等7都72图。1929年8月，横泾市改为横泾区，定为吴县第五区，区公所驻横金镇。

【村委会】

【新光村】 Xīnguāng Cūn

村委会。位于横泾镇南部，距镇人民政府驻地2千米。管辖范围为东起新安村及太湖围垦地，西至新齐村，南起新齐村，北至上泽村。耕地面积1.12平方千米。户籍人口415户，1555人。清雍正年间属吴县大吴乡第八都，1934年属吴县第五区（横泾）上林乡。1954年上半年，建永丰初级社，另建新凯初级社。1956年两社与其他农户转为新光高级社。1958年9月改称横泾公社新光大队。1983年7月建新光村村民委员会，村委会驻西林渡自然村落。2000年末，下辖南章、古舍里、陆路村、舍上、西林渡、韩家场（即东林渡）、西南村、翁家斗、蒋家台、北齐堂等自然村落，11个村民小组。2004年2月该村撤并。

【新安村】 Xīn'ān Cūn

村委会。位于横泾镇东南部，距镇人民政府驻地2千米。管辖范围为东起太湖围垦地，西至上泽村，南起新光村，北至镇南村。耕地面积0.63平方千米。户籍人口222户，872人。以新的安居之地含义命名。清雍正年间属大吴乡第八都。1934年属吴县第五区（横泾）上林乡。1954年上半年新安村作为震泽县建立初级社的第一批试点村之一，其时建曙光初级社。1956年与横泾镇所有初级社转为曙光高级社。1958年9月新民村（即上泽）并入新安村，改称横泾公社新安大队。1962年新安大队分为上泽大队及新安大队。1983年7月政社分设时建新安村村民委员会，村委会驻东高坑。2000年末，下辖前高坑（又称南角）、后高坑（又称底角）等自然村落，8个村民小组。2003年11月该村撤并。

【镇南村】 Zhènnán Cūn

村委会。位于横泾镇中部，距镇人民政府驻地4千米。管辖范围为东起太湖围垦地，西至三星村，南起上泽、新安村，北至新众村。耕地面积1.78平方千米。户籍人口586户，2103人。以其位于横泾镇南部而得名。清雍正年间属大吴乡第八都，1934年属吴县第五区（横泾）横泾镇。1954年上半年，时新范村建新旺初级社，新民村建民主初级社，东斜路建齐心初级社。1956年，上述3个初级社并入曙光高级社。1958年9月改称横泾公社新民大队。1983年7月政社分设时改为镇南行政村（因地理位置于横泾镇南部而称之），设镇南村村民委员会，村委会驻横泾镇西桥南堍。2000年末，下辖蒋家弄（又称老鸦窠）、浦家桥、新桥头、旺台渠、后里泾、南弄、庵前弄、小桥头、金家浜、陶家村、西斜路、长源街等自然村落，14个村民小组。2007年10月该村撤并。

【新众村】 Xīnzhòng Cūn

村委会。位于横泾镇中部，距镇人民政府驻地1千米。管辖范围为东起南章村，西至镇南村，南起太湖滩涂，北至新思行政村。耕地面积2.41平方千米。户籍人口622户，2370人。以新的人民大众团结一起建设新农村之意命名。清雍正年间属横山乡第二都。1934年属吴县第五区（横泾）上林乡。1954年上半年时新模村建勤奋初级社，还建西庄初级社，新东村建新路初级社。1954年下半年建新路初级社。上述4个初级社于1956年并入曙光高级社。1958年9月改称横泾公社新众大队。1983年7月政社分设时建新众村村民委员会，驻地在吴家浜。2000年末，下辖马庄、费庄、牌楼浜、船厂浜、谭家浜、吴家浜、石家浜、庙后底、东斜路等自然村落，17个村民小组。2007年10月该村撤并。

【南章村】 Nánzhāng Cūn

村委会。位于横泾镇东部，距镇人民政府驻地2千米。管辖范围为东起东太湖，西至与新众村，南起林渡港，北至木里村。有耕地面积1.42平方千米。户籍人口652户，2482人。以域内南章自然村为行政村名。清雍正年间属吴县横山乡第四都。1934年属吴县第五区（横泾）前庄乡。1954年上半年建星光、万光初级社。1956年两个初级社并为星光高级社。1958年9月与光明、庆丰高级社合并，改称横泾公社跃进大队。1959年划出原合并的光明、庆丰高级社（时有7个生产队）境域，仍称跃进大队。1983年7月改为南章村，村民委员会驻观墓桥自然村南。2000年末，下辖南章、中心村、西浜等自然村落，15个村民小组。2004年2月该村撤并。

【木里村】 Mùlǐ Cūn

村委会。位于横泾镇东部，距镇人民政府驻地2.5千米。管辖范围为东起太湖围垦地，西至新思、前庄村，南起南章村，北至越溪镇官渡村。耕地面积0.89平方千米。户籍人口374户，1479人。以域内木里自然村为行政村名。清雍正年间属吴县横山乡第四都。1934年属吴县第五区（横泾）前庄乡。1954年上半年建光明初级社，另有庆丰初级社。1956年两个初级社并为光明高级社。1958年9月改称横泾公社木里大队。1983年7月政社分设时建木里村村民委员会，村委会驻庙上自然村。2000年末，下辖杨湾、吴巷桥、对方桥、徐巷等自然村落，9个村民小组。2004年2月该村撤并。

【上泽村】 Shàngzé Cūn

村委会。位于横泾镇南部，距镇人民政府驻地1.5千米。管辖范围为东起新安村，西至新齐村，南起新光村，北至镇南村。耕地面积0.52平方千米。户籍人口371户，1399人。以上泽自然村名为行政村名。清雍正年间，属吴县横山乡第四都。1934年属吴县第五区（横泾）上林乡。1954年上半年建新联第一初级社、新联第二初级社、新联第三初级社。1956年上述三初级社并为曙光高级社分社。1958年9月并入新安村，改称横泾公社新安大队。1962年新安大队分为上泽、新安2个大队。1983年7月政社分设时建上泽村村民委员会，村委会驻金家角自然村。2000年末，下辖金家角、沿河村、桥弄里、东北村、西浜、南场、广东场、野家浜、池潭浜、钮家弄、席家角、河西场等自然村落，10个村民小组。2003年11月该村撤并。

【前庄村】 Qiánzhuāng Cūn

村委会。位于横泾镇东北部，距镇人民政府驻地3千米。管辖范围为东起越溪街道官渡村，西至苏旺河与尧南村，南起木里村，北至旺山村。耕地面积1.15平方千米。户籍人口476户，1710人。以域内自然村“前庄”为行政村名。清雍正年间属吴县横山乡第三都。1934年属吴县第五区（横泾）尧吴乡。前庄为乡政府驻地。1953年5月改称尧峰乡。1954年上半年唐家浜建初级社。1956年并入前进高级社。1958年9月改称横泾公社前进大队。1983年7月政社分设时，改为前庄行政村（因有前庄自然村而称之），设前庄村村民委员会，村委会驻前庄自然村。2000年末，下辖嵛头村、港东边、唐家浜、下场角、包家角、芮家浜、长埭里、前庄街、西庄桥、后朱、西北村、茭白荡等自然村落，13个村民小组。2002年3月，该村划归越溪街道管理。2004年该村撤并。

【旺山村】 Wàngshān Cūn

村委会。位于横泾镇北部，距镇人民政府驻地3千米。管辖范围为东起越溪镇张桥、官渡村，西至七子山、尧峰山，南起前庄村，北至七子山、尧峰山。耕地面积0.85平方千米（不包括山地）。户籍人口546户，2003人。以域内旺山自然村为行政村名。清雍正年间属灵岩乡第二都。1934年属吴县第五区（横泾）尧吴乡。1954年上半年建旺山初级社。1956年改为旺山高级社。1958年9月改称横泾公社旺山大队。1983年7月政社分设时建旺山村村民委员会，村委会驻薛家湾自然村。2000年末，下辖青石桥、西坞里、板桥头、旺山桥、钱家坞、薛家湾、街路上等自然村落，13个村民小组。2002年3月划归越溪街道管理。

【尧南村】 Yáonán Cūn

村委会。位于横泾镇北部，距镇人民政府驻地2.5千米。管辖范围为东起苏旺河与前庄村，西至马家、后巷村，南起新思村，北至尧峰山麓。吴中大道东西走向穿村而过。耕地面积0.97平方千米。户籍人口520户，1958人。因地处尧峰山南麓，故名。清雍正年间属吴县横山乡第三都。1934年属吴县第五区（横泾）尧吴乡。1954年上半年建红旗及整理初级社。1956年2个初级社合并为红旗高级社。1958年9月改称横泾公社红旗大队。1983年7月改为尧南行政村，村民委员会驻西石头自然村。2000年末，下辖胡家村、南叙村、山叙里、西石头、东仓坞、西仓坞、中仓坞（旺家坞）、马家泾等自然村落，15个村民小组。2009年撤村改建尧南社区。2007年10月该村撤并。

【新思村】 Xīnsī Cūn

村委会。位于横泾镇中部，距镇人民政府驻地1.5千米。管辖范围为东起前庄、木里村，西至后巷村，南起三星、新众村，北至尧南村。耕地面积0.74平方千米。户籍人口447户，2100人。以新的建设发展思路拟名。清雍正年间属吴县横山乡第三都。1934年属吴县第五区（横泾）前庄乡。1954年上半年建晓光初级社（社长朱德兴、邹毛毛）。1956年并入曙光高级社。1958年9月改称横泾公社新思大队。1983年7月政社分设时建新思村村民委员会，驻地在西村。2000年末，下辖南村、东村、斜家村、潘家场、钱木桥、西村等自然村落，12个村民小组。2007年10月该村撤并。

【三星村】 Sānxīng Cūn

村委会。位于横泾镇西部，距镇人民政府驻地0.4千米。管辖范围为东起新众村，西至浦庄沙泾村，南起镇南村，北至新思、上庄村。耕地面积1.28平方千米。户籍人口634户，2677人。以追求星级目标而得名，行政村沿用三星大队名。清雍正年间属吴县横山乡第四都。1934年属吴县第五区（横泾）横泾镇。1954年上半年建万众、一心、繁荣、富强4个初级社。1956年4个初级社合并建曙光高级社。1958年9月改称横泾人民公社三星大队。1983年7月改建三星村村民委员会，村委会驻横泾镇木东公路旁。2000年末，下辖草屋棚、前陆巷、后陆巷、石龙浜、方家桥、前泥搭、后泥搭、兜里、赵家渠等自然村落，13个村民小组。2007年10月该村撤并。

【上庄村】 Shàngzhuāng Cūn

村委会。位于横泾镇西部，距镇人民政府驻地1.5千米。管辖范围为东起后巷村，西至浦庄镇中界、沙泾村，南起三星村，北至未名河道。耕地面积0.56平方千米。户籍人口193户，704人。以庄姓人家聚居村落而得名。清雍正年间为吴县横山乡第四都。1934年属吴县第五区（横泾）侯巷乡。1954年上半年建五星初级社。1956年改建五星高级社。1958年9月改称横泾人民公社上庄大队。1983年7月改建上庄村民委员会，村委会驻上庄西村。下辖高头村、上村、下村、旺界村、上庄等自然村落，6个村民小组。2004年2月该村撤并。

【后巷村】 Hòuxiàng Cūn

村委会。位于横泾镇西北部，距镇人民政府驻地2千米。管辖范围为东起尧南、新思村，西至浦庄镇马沙、中界，南起上庄村，北至马家村。耕地面积1.54平方千米。户籍人口598户，2015人。因域内有后巷桥，村以桥名。清雍正年间属吴县太平乡第七都。1934年属吴县第五区（横泾）侯巷乡。1954年上半年上旺村、后巷村分别建五星、中心及第一初级社。1955年下半年3个初级社合并为中心高级社。1958年9月改称横泾人民公社中心大队。1983年7月改为后巷行政村，设后巷村村民委员会，村委会驻后巷桥自然村。下辖后巷桥、吴家西、庙场上、前亩墩、大家浜、东高庄、西高庄、刘家浜、郭家场、郭浪荡、南桥头、邹家场、吴西弄、南浜上等自然村落，13个村民小组。2004年2月该村撤并。

【马家村】 Mǎjiā Cūn

村委会。位于横泾镇西北部，距镇人民政府驻地4千米。管辖范围为东起尧南、旺山村，西至胥口镇皋峰村和浦庄镇马舍村，南起后巷村，北至木渎镇尧峰村。耕地面积1.57平方千米。户籍人口570户，2124人。以域内马家场自然村为行政村名。清雍正年间属横山乡第三都。1934年属吴县第五区（横泾）侯巷乡。1954年上半年陆家桥（15户）与养马桥（7户）合建红星、新南村建火炬、新北村建金星初级社。1956年3个初级社（除养马桥7户划归胥口乡皋峰外）并建金星高级 社。1958年9月改称横泾人民公社金星大队。1983年7月改设马家村村民委员会，村委会驻马家场自然村。2000年末，下辖泥土桥、青石桥、旱泾郎、旺巷村、上书泾、石曲头、划船浜、杨木桥、庄桥头、林木坞、塘角头、顾家场、上沿山、马家场、方家场、草屋棚、胡家场、陆家桥等自然村落，13个村民小组。2004年2月该村撤并。

【农村居民点】

上沿山 Shàngyánshān

农村居民点。位于横泾镇西北部。东、南为尧峰山，西为马家场，北为苏州市殡仪馆。属马家村。面积1万平方米。户籍人口28户，80人。因沿山坡而居，故名。2011年动迁消亡。

方家场 Fāngjiāchǎng

农村居民点。位于横泾镇西北部。东为尧峰山，南为马家场，西为胥口村皋峰村，北为木渎镇尧峰村。面积1万平方米。户籍人口30户，115人。2011年动迁消亡。

草屋棚 Cǎowūpéng

农村居民点。位于横泾镇西北部。东为尧峰山，南为马家场，西为木东公路，北为木渎镇尧峰村。面积1万平方米。户籍人口28户，107人。因外来农民迁徙至此，初时均建草棚安居，故名。2011年动迁消亡。

西石头 Xīshítóu

农村居民点。位于横泾镇北部。东为胡家、山叙里，南为后巷村，西为东仓坞，北为尧峰山。属尧南村。面积2万平方米。户籍人口80户，323人。因位于尧峰山麓大石头之西，故名。2009年动迁消亡。

金家角 Jīnjiājiǎo

农村居民点。位于横泾街道南部。东为高坑头自然村，南为桥弄里自然村，西为右舍里自然村，北为东北村自然村。面积5万平方米。户籍人口103户，410人。2008年动迁消亡。

牌楼浜 Páilóubāng

农村居民点。位于横泾街道东南部。东为西浜自然村，南为船厂浜自然村，西为费庄自然村，北为泾峰社区。面积1.3万平方米。户籍人口135人。原有石牌楼，又有小河浜，故名。因拆迁地名消亡。

南高庄 Nángāozhuāng

农村居民点。位于横泾街道北部。东为东高庄自然村，南为南高庄自然村，西为大家浜自然村，北为绕城高速西南线。面积2万平方米。户籍人口165人。因拆迁地名消亡。

第五节　越溪街道

一、概 况

越溪街道 Yuèxī Jiēdào

乡级行政区。位于吴中区西南部，距吴中区人民政府驻地7千米。东接长桥街道、城南街道，南连太湖街道，西与横泾街道交界，西北与木渎镇为邻，北与虎丘区横塘街道接壤。沿用旧镇名“越溪”为街道办事处名。辖区面积约22.9平方千米。户籍人口3.91万人。街道办事处驻吴山街2号。

秦始皇二十六年(前221)设立吴县，越溪地域属吴县。后梁开平三年(909)吴江建县，越溪一带，包括吴山嘴，属吴江范隅乡。明弘治元年(1488)越溪属范隅上乡。1912年1月，境域置湖东西乡，为吴江县第一区辖。1929年8月调整区划，湖东西乡并入城区为第一区。域内设越溪镇、邵莫乡(莫舍大村、莫舍小村和长桥的邵昂村)、东珠乡、西珠乡。1934年8月，县区划并，域内设越溪镇、湖西乡，属第一区辖。1946年初，域内置湖西乡、越溪乡，为城区所辖。10月，湖西、越溪两乡合并为越西乡。1948年2月，越西乡与湖东乡扩并为越溪乡，属城区辖。1949年4月，越溪解放，为吴江县城厢区管辖。1950年1月，越溪乡改称湖西乡。同年9月12日，湖西乡划归吴县枫桥区管辖，复为越溪乡。1954年6月，吴县枫桥区越溪乡划归震泽县横泾区管辖。1956年4月，尧峰乡的张桥、夏桥、官渡等村并入越溪乡。1958年8月，成立越溪人民公社。1959年3月，震泽县撤销。4月，越溪人民公社归吴县管辖。1983年越溪人民公社作为经济实体予以保留，称公社经济联合委员会。同时建立越溪乡人民政府。1994年撤乡建镇设越溪镇建制。2001年8月，撤销越溪、长桥2镇建制，以原2镇行政区域合并设立新的长桥镇。设越溪办事处其管辖范围、职能不变。2002年3月，越溪办事处区域除田上、徐舍、明溪3个村仍留长桥镇外，由吴中经济开发区(即原吴县经济技术开发区)代管，原属横泾镇的前庄、南章、木里、旺山4个村划归吴中经济开发区，由越溪办事处管辖。2003年11月18日，划归长桥镇的田上、溪上、明溪回归越溪办事处。

越溪街道办事处

2004年2月，撤销长桥镇建制，建立吴中区人民政府越溪街道办事处。越溪街道办事处管理1个居委会、16个村委会。街道面积42平方千米，办事处驻吴山街西2号。同年，街道将原龙翔村、前庄村、官渡村委会合并，新建龙翔社区；前珠村、后珠村杨庄村合并，新建珠村社区居委会；张宅村、莫舍村合并，新建莫舍社区居委会；越溪居委会与吴山村合并，建立吴山社区居委会；木里、南章村合并，新建木林社区居委会，张桥村、旺山村不变，调整后张桥、旺山2个村委会、龙翔、莫舍、溪上、木林、珠村、吴山6个社区居委会。2008年新建教育园社区居委会，街道管理2个村委会、7个社区居委会。2009—2011年隶属、管辖村(居)委会不变。

2012年5月18日，新建溪韵社区居委会。2016年新建融湾、颐湾2个社区。2017年6月23日，新建小石湖社区。2018年9月，析出融湾、颐湾2个社区，珠村、木林2个社区及龙翔社区部分区域，建太湖街道。2018年末，辖旺山、张桥2个村委会和龙翔、莫舍、溪上、木林、珠村、吴山、教育园、溪江、溪韵、小石湖10个社区居委会。隶属、办事处驻地不变。

二、村委会及居民点

【旺山村】 Wàngshān Cūn

村委会。位于越溪街道西部，距街道办事处驻

旺山村村委会

地3.2千米。管辖范围为东起张桥村，西至横泾街道尧南社区，南起吴中大道，北至七子山。面积7.1平方千米。户籍人口4890人。村委会驻青石桥自然村。下辖板桥头、钱家坞、街路郎、南郭、青石桥、旺山桥、西坞里、薛家桥8个自然村落。以域内旺山桥自然村为村名。1934年属吴县第五区（横泾）尧吴乡。1954年上半年建旺山初级社。1956年改为旺山高级社。1958年9月改称横泾公社旺山大队。1983年7月建旺山村村民委员会。2004年从横泾镇划入越溪街道。

板桥头 Bǎnqiáotóu

农村居民点。位于越溪街道西部。东为旺街，南为旺山村路，西为无名河浜，北为旺山路。属旺山村。面积1.5万平方米。户籍人口180人。因村中有条小河，河上有一座桥叫板桥，故名。

钱家坞 Qiánjiāwù

农村居民点。位于越溪街道西部。东为九龙潭路，南为旺村路，西、北为果园。属旺山村。面积2万平方米。户籍人口150人。因村内多钱姓人家，又位于山坞口，故名。

街路郎 Jiēlùláng

农村居民点。位于越溪街道西部。又名界路上。东为耕岛，南为无名河浜，西为尧旺路，北为薛坞巷。属旺山村。面积1.3万平方米。户籍人口160人。古时，宝华寺南有一小街宝华街，村落因位于宝华街两边，故名。

南郭 Nánguō

农村居民点。位于越溪街道西部。东为尧旺路，南为苗圃，西为尧峰山叆叇岭，北为西坞里自然村。属旺山村。面积1.2万平方米。户籍人口130人。也称南郭里，因位于西湾最南端，且村内人家多数姓郭，故名。

青石桥 Qīngshíqiáo

农村居民点。位于越溪街道西部。东为东山脚，南为旺山村路，西为旺街，北为旺山路。属旺山村。面积1.5万平方米。户籍人口400人。因村中原有青石板桥，村以桥名。

旺山桥 Wàngshānqiáo

农村居民点。位于越溪街道西部。东为无名河浜，南为旺山河，西为旺山路，北为旺山咀坡。属旺山村。面积1.4万平方米。户籍人口220人。因该村北靠旺山头，南邻旺山河，村西有旺山桥，故名。

西坞里 Xīwùlǐ

农村居民点。位于越溪街道西部。东为尧旺路，南为南郭，西为火墩头山，北为叆叇岭茶园。属旺山村。面积1.4万平方米。户籍人口168人。因山坞位旺山村西，故名。

薛家桥 Xuējiāqiáo

农村居民点。位于越溪街道西部。东为街道拆迁安置小区，南为吴中科技园，西为旺街，北为旺山村路。属旺山村。面积1.3万平方米。户籍人口140人。因村内有薛家桥得名，薛家桥自然村所在的地块称为东旮，因而村也称为东旮，薛家桥也称为东桥，也称东桥头。

【张桥村】 Zhāngqiáo Cūn

张桥村村委会

村委会。位于越溪街道西部，距街道办事处驻地1.4千米。管辖范围为东起吴山社区，西至旺山村，南起吴中大道，北至七子山。面积6.2平方千米。户籍人口4532人。村委会驻南浜自然村。下辖董家坟、东山脚、黄泥墩、陆墓山、南浜村、上金湾、夏桥头、西壁山、巷郎、小泥弄、张家桥11个自然村落。以域内“张家桥”自然村为村名。1949年前后分别属吴县尧吴乡、尧峰乡。1956年4月在震泽县划归吴县越溪乡。1956年建立光华高级社。1958年为越溪人民公社五大队。1980年11月改称张桥大队。1983年更名为张桥村。

董家坟 Dǒngjiāfén

农村居民点。位于越溪街道西部。东为蓝缨学校，南为旺山荡，西为西木桥与南浜村，北为夏桥浜。面积1.5万平方米。户籍人口299人。因旧时该地四面环水，是旺山荡中的孤岛，十分荒凉。后有一个董姓大户做坟于该岛上，故名。为张桥村第3、14村民小组。

东山脚 Dōngshānjiǎo

农村居民点。位于越溪街道西部。东为吴山坡，南为夏桥浜，西为夏桥头，北为黄泥墩。面积1.3万平方米。户籍人口148人。因村邻吴山东脚下，又在夏桥村东面，故名。为张桥村第17村民小组。

黄泥墩 Huángnídūn

农村居民点。位于越溪街道西部。东为东山脚，南为夏桥村，西为巷郎，北为小泥弄。面积1.2万平方米。户籍人口100人。因该地段临近吴山西坡，有个大土墩，土墩内全是山黄泥，远近百姓都称该地段为黄泥墩。为张桥村第11村民小组。

陆墓山 Lùmùshān

农村居民点。位于越溪街道西部。东为陆墓山坡，南为无名道路，西、北为七子山坡。面积1.8万平方米。户籍人口237人。原名龙头山，后因东吴丞相陆逊之孙陆云归葬在此后改称陆墓山。为张桥村第1村民小组。

南浜村 Nánbāng Cūn

农村居民点。位于越溪街道西部。东为西木桥与董家坟，南为旺山荡，西为陆墓山坡，北为越城路。面积1.6万平方米。户籍人口344人。因该村位于张桥村南，又在陆墓山南麓，有纵横两条小河浜，故名。为张桥村第2、19村民小组。

上金湾 Shàngjīnwān

农村居民点。位于越溪街道西部。东为城隍山坡，南为小泥弄，西为张家山嘴，北为七子山。面积1.3万平方米。户籍人口161人。据传春秋时期，吴国为防越国侵袭，在山坞湾里驻扎军队以备战，故名藏军湾。后因该地是张桥村地形高、山坞深邃、资源丰富等原因，改称上金湾。为张桥村第10村民小组。

夏桥头 Xiàqiáotóu

农村居民点。位于越溪街道西部。东为东山脚自然村，南为越城路，西为张桥浜，北为黄泥墩自然村。面积2.8万平方米。户籍人口662人。据传旧时村上有夏、郁两姓人家，名夏郁桥。后历经数代耕作经营，郁姓人家越发兴旺，而夏姓因迁移等原因日渐衰落，至1949年只剩一户，并无后代小辈，故俗称该村为“夏桥头”。为张桥村第12、13、16、17村民小组。

西壁山 Xībìshān

农村居民点。位于越溪街道西部。东为巷郎，南为金塘山，西为七子山支脉北云墩，北为七子山支脉小山头。面积1.5万平方米。户籍人口190人。因该村位于山坞中，其山有壁立大石如屏风般屹立在西、北两面，且在张桥村西首，故名。为张桥村第7村民小组。

巷郎 Xiàngláng

农村居民点。位于越溪街道西部。东为黄泥墩，南为无名道路，西为西壁山，北为西山塘。面积1.3万平方米。户籍人口155人。据传古时该村为水陆交通码头，四面八方的百姓去苏州赶集或上山烧香必经此地，并在此落脚，加上明清时期在张桥村地界做大坟的不计其数，因而此时此地有石雕工坊，缫丝作坊，南北货店、客栈，成为市“巷”，故名。为张桥村第9村民小组。

小泥弄 Xiǎonílòng

农村居民点。位于越溪街道西部。东为城隍山，南为黄泥墩，西为苗圃林地，北为上金湾。面积1.5万平方米。户籍人口215人。旧时，有一倪姓大户居此，渐成村落（弄堂）称小倪弄，慢慢口传为小泥弄。为张桥村第11村民小组。

张家桥 Zhāngjiāqiáo

农村居民点。位于越溪街道西部。东为张桥浜，南为越城路，西为环山路，北为巷上自然村。面积2万平方米。户籍人口746人。以张家桥（桥梁名）而得名。为张桥村第4、5、6、15、18村民小组。

三、社区居委会及居民点

【龙翔社区】　Lóngxiáng Shèqū

龙翔社区居委会

社区居委会。位于越溪街道西南部，距街道办事处驻地1.9千米。管理范围为东起溪韵社区，西至苏旺路，南起木林社区，北至吴中大道。面积6平方千米。户籍人口963户，4350人。居委会驻北官渡路8号。下辖包家角、黄泥村、郎里、前庄、前庄街、唐家浜6个自然村落。因域内有五条河港交汇于一转水墩，呈五龙戏珠状，传说乃“龙翔”之地，故名。1958年为越溪人民公社一大队。1983年更名为张墓村。1993年4月改设龙翔村。2004年龙翔村、官渡村、前庄村合并设立龙翔社区。

包家角　Bāojiājiǎo

农村居民点。位于越溪街道西南部。东为官渡港，南为天鹅荡路北面河道，西为前庄街，北为苏州绕城高速公路。属龙翔社区。面积1.8万平方米。户籍人口240人。因位于村的东面，进出须经过前庄街，被包围在村的角落，故名。

黄泥村　Huǎngní Cūn

农村居民点。位于越溪街道西南部。东为肖家港，南为北官渡路，西为溪水路，北为吴中大道。属龙翔社区。面积2万平方米。户籍人口160人。因该村落外围农田都是黄色泥土水田，故名。

郎里　Lánglǐ

农村居民点。位于越溪街道西南部。东为越溪街，南为溪翔二区，西为吴中大道，北为溪翔三区。属龙翔社区。面积1万平方米。2004年开始拆迁，尚有户籍人口60人。相传陆巷为陆龟蒙流（流浪）寓处。后为方便称郎里村。

前庄　Qiánzhuāng

农村居民点。位于越溪街道西南部。东为包家角，南为天鹅荡路，西为苏旺河，北为绕城高速。属龙翔社区。面积1.55万平方米。户籍人口200人。据传该村以前多经商者，有钱人家很多，招客喝茶、购物，聚财后存钱多返利。原名钱庄村，后谐音为“前庄”。

前庄街　Qiánzhuāngjiē

农村居民点。位于越溪街道西南部。东为包家角，南为无名河道，西为苏旺河，北为绕城高速公路。属龙翔社区。面积1万平方米。户籍人口70人。清后期形成小集镇，民国初期街两边有茶馆、酒店、鱼行、米行、钱庄等40余家，故名。

唐家浜　Tángjiābāng

农村居民点。位于越溪街道西南部。东为农田，南为木林路，西为富民工业区，北为天鹅荡路。属龙翔社区。面积0.6万平方米。2005年起拆迁，尚有户籍人口30人。原名塘前村，以村里河浜唐家浜为村名。

【莫舍社区】　Mòshè Shèqū

莫舍社区居委会

社区居委会。位于越溪街道东部，距街道办事处驻地1.6千米。管辖范围为东起明溪路，西至塔韵路，南起文溪路，北至苏街。面积5平方千米。户籍人口4580人。居委会驻溪东新村一区内。下辖溪东新村1个居民住宅小区。1956年为光华高级社。1958年为越溪人民公社九大队。1980年更名为莫舍大队。1983年改设莫舍村。2004年张宅村与莫舍村合并，成立莫舍社区。

溪东新村 Xīdōng Xīncūn

城镇居民点。位于越溪街道东部。东至明溪路，南至文溪路，西至小溪江，北至苏街。分四个组团区，一区、二区、三区归莫舍社区管理。占地面积38.69万平方米，建筑面积27.71万平方米。共203幢住宅楼（其中联排别墅128幢、多层75幢），1731户（套），绿化率40%。户籍人口4580人。四区归珠村社区管理。户籍人口220户，750人。因位于越溪街道东部，故名。2006年命名。

【溪上社区】 Xīshàng Shèqū

溪上社区居委会

社区居委会。位于越溪街道东南部，距街道办事处驻地1.7千米。管辖范围为东起苏州湾大道，西至越来溪，南起珠村社区，北至溪江社区。面积6平方千米。户籍人口980户，3300人。居委会驻文溪路25号。下辖田上村、杨庄新村、中心村3个自然村落。因辖区内有位于越来溪边的越溪古镇，百姓俗称“溪上”，故名。明清时期属吴江县范隅乡，1949年前沿属之。1954年在互助组的基础上建立初级社。1956年建立越溪乡新华高级社。1958年为越溪人民公社第二、七、八生产队。1980年11月以驻地村名改称田上大队、徐舍大队、明溪大队。1983年改为越溪乡田上、徐舍、明溪村民委员会。2001年8月田上、徐舍、明溪3个村从越溪镇划出，并入长桥镇。2003年10月从长桥镇划归越溪街道办事处。2004年2月徐舍村、田上村、明溪村撤销村民委员会，合并组建溪上社区居民委员会。2005年4月杨庄新村居民点并入溪上社区。

田上村 Tiánshàng Cūn

农村居民点。位于越溪街道东南部。东为庄马路，南为文溪路，西为吴中经济开发区实验小学，北为苏东河。属溪上社区。面积1.3万平方米。户籍人口40人。因村落位于围湖形成的大片农田中，故名。2010年开始拆迁，尚存8户。

杨庄新村 Yángzhuāng Xīncūn

农村居民点。位于越溪街道东南部。东为窑郎自然村，南为窑郎港，西为越来溪，北为越城东路。属溪上社区。面积1.2万平方米。1990年8月起，陆上定居迁建而成渔民，初名杨庄新渔村，1997年更名。2008年起整村拆迁，至今尚有20户。

中心村 Zhōngxīn Cūn

农村居民点。位于越溪街道东南部。东为塔韵路，南为吴山街，西为越来溪，北为苏街。南部俗称“南瓜场”，北部俗称“东北角”。属溪上社区。面积1万平方米。户籍人口25人。因位于越溪中心地段，曾为越溪古镇核心地段“横街”所在地，故名。

【木林社区】 Mùlín Shèqū

木林社区居委会

社区居委会。位于越溪街道西南部，距街道办事处驻地4.7千米。管辖范围为东起珠村社区，西至苏旺路，南起横泾街道长远社区，北至龙翔社区。面积7平方千米。户籍人口1180户，4638人。居委会驻南章自然村。下辖南章、徐巷、西浜、杨湾、中心5个自然村落。以域内木林郎自然村为社区名。2004年2月南章村与木里村合并设木林社区。

南章 Nánzhāng

农村居民点。位于越溪街道西南部。东为七一大圩，南为前港闸，西为西穆桥，北为谭石桥。属木林社区。面积4.5万平方米。户籍人口700人。历史上称南章，据传清末村南有一个张家园，有座南章桥，故名。因吴地“张”与“章”同音，遂化传成南章。

徐巷 Xúxiàng

农村居民点。位于越溪街道西南部。东为无名河浜，南为中心村，西为锦龙路，北为东太湖路。属木林社区。面积8万平方米。户籍人口868人。因村内多徐姓人家，旧称徐家巷，1951年4月更名。

西浜 Xībāng

农村居民点。位于越溪街道西南部。东为官家浜，南为庵前浜，西为马庄港，北为杨湾村。属木林社区。面积3.5万平方米。户籍人口500人。因在官家浜西，故名。

杨湾 Yángwān

农村居民点。位于越溪街道西南部。东为锦龙路，南为子文街，西为轨交4号线终点木里站，北为东太湖路。属木林社区。面积2.3万平方米。户籍人口400人。历史上称杨湾里，因位于湖湾处，故名。

中心 Zhōngxīn

农村居民点。位于越溪街道西南部。东为东太湖边旺家墩，南为谭石桥，西为官家浜，北为徐巷。属木林社区。面积3.8万平方米。户籍人口650人。因由村民新建并在中心地段，故名。

【珠村社区】 Zhūcūn Shèqū

珠村社区居委会

社区居委会。位于越溪街道东南部，距街道办事处驻地2.5千米。管辖范围为东起苏州湾大道，西至溪上社区，南起前珠路，北至文溪路。面积3平方千米。户籍人口1106户，3575人。居委会驻前珠路8号。下辖东南角、东浜角、河西角、杨庄小区、珠村5个自然村落。因由前珠、后珠两村合并成立，故名。1956年为金星高级社。1958年为越溪人民公社三大队。1980年11月改称新珠大队。1982年9月新珠大队一分为二，称前珠大队和后珠大队。1983年11月，改设村民委员会。2004年2月前珠村、后珠村和杨庄村合并，设立珠村社区。

东南角 Dōngnánjiǎo

农村居民点。位于越溪街道东南部。东为鱼池，南为农田，西为河西角，北为珠村。属珠村社区。面积1.3万平方米。户籍人口200人。

东浜角 Dōngbāngjiǎo

农村居民点。位于越溪街道东南部。东为农田，南为珠村港，西为后珠村，北为农田。属珠村社区。面积1.2万平方米。户籍人口100人。因位于珠村东边的一条河浜处（角），故名。

河西角 Héxījiǎo

农村居民点。位于越溪街道东南部。东为东南角，西、南为农田，北为前珠村。属珠村社区。面积1.5万平方米。户籍人口150人。因位于珠村西边一个角，故名。

杨庄小区 Yángzhuāng Xiǎoqū

农村居民点。位于越溪街道东南部。东为珠村社区境域，南为前珠路景观绿化带，西为休闲空地，北为珠村菜场。属珠村社区。面积2.3万平方米。户籍人口205人。因2003年杨庄村拆迁后，由原杨庄村村民，按街道统一设计标准自行建造的居住小区，故名。

珠村 Zhū Cūn

农村居民点。位于越溪街道东南部。东、南为东南角自然村，西为前珠村，北为珠村港。属珠村社区。面积3万平方米。户籍人口300人。珠村（朱村，前朱、后朱，今作珠），明代形成村落，明朝就有朱村（前朱、后朱）的记载。

【吴山社区】 Wúshān Shèqū

社区居委会。位于越溪街道东南部，距街道办事处驻地650米。管辖范围为东起越来溪，西至吴中大道，南起龙翔社区，北至越城东路。面积0.8平方千米。户籍人口1050户，3075人。居委会驻越城东路溪翔新村一区。下辖溪翔新村1个居民住宅小区。因辖区内原有吴山头自然村，故名。1978年从张桥村划出2个生产队及徐舍村划出2个生产队组建农科大队。1980年11月更名为吴山大队。1983年改为吴山

吴山社区居委会

村。2004年2月吴山村撤销，与市镇居委会合并设立吴山社区。

溪翔新村 Xīxiáng Xīncūn

城镇居民点。位于越溪街道东南部。是由原张宅、前庄、龙翔、官渡等行政村撤并而成的拆迁安置小区。东至越来溪，南至郎江，西至溪翔路，北至越城路。属吴山社区。占地面积19.8万平方米。共285幢住宅楼（其中独立别墅217幢、联排别墅64幢、多层楼4幢），613户（套），绿化率30%。分为“溪翔新村一区”“溪翔新村二区”和“溪翔新村三区”。2002年命名。

【教育园社区】 Jiàoyùyuán Shèqū

教育园社区居委会

社区居委会。位于越溪街道东北部，距街道办事处驻地2.2千米。管辖范围为东起石湖，西至吴越路（未命名），南起吴中大道，北至虎丘区横塘街道。面积4.2平方千米。户籍人口50000人（含教育园南校区师生）。居委会驻圣陶路石湖之韵花园小区内。下辖石湖之韵花园1个居民住宅小区。2009年2月，设立城市型社区，以社区内苏州国际教育园简称为名，并经吴中区人民政府批准命名。

石湖之韵花园 Shíhúzhīyùn Huāyuán

城镇居民点。位于越溪街道东北部。东至雪君路，南至吴中地产，西至圣陶路，北至雪君路。属教育园社区。占地面积22.62万平方米，建筑面积21.55万平方米。共143幢住宅楼（其中多层38幢、别墅105幢），1274户（套），绿化率52.5%。因紧邻石湖，故名。2005年命名。

【溪江社区】 Xījiāng Shèqū

溪江社区居委会

社区居委会。位于越溪街道东北部，距街道办事处驻地1千米。管辖范围为东起苏州湾大道，西至越来溪，南起绕城高速，北至吴中大道。面积1.2平方千米。户籍人口13000人。居委会驻吴山街东3号。下辖简之韵花园、海馨花园、锦悦苑、南溪苑、翠湖湾公寓、可可蜜园、誉蓝湾名邸、熙溪花园8个居民住宅小区。以域内越来溪（又名溪江）为社区名。2009年10月设立。

简之韵花园 Jiǎnzhīyùn Huāyuán

城镇居民点。位于越溪街道东北部。东至海馨花园，南至苏街，西至溪秀路，北至苏街。属溪江社区。占地面积3.69万平方米，建筑面积4.3万平方米。共29幢住宅楼（其中多层2幢、联体别墅27幢），166户（套），绿化率38%。以“简洁之韵律”的寓意命名。2006年命名。

海馨花园 Hǎixīn Huāyuán

城镇居民点。位于越溪街道东北部。东至苏州湾大道，南至苏街，西至简之韵花园，北至苏街及河道。属溪江社区。占地面积6.7万平方米，建筑面积6万平方米。共52幢住宅楼（其中多层2幢、联体别墅50幢），241户（套），绿化率34%。以系苏州海关职工住宅及“温馨”的寓意命名。2006年命名。

锦悦苑 Jǐnyuè Yuàn

城镇居民点。位于越溪街道东北部。东至明溪路，南至苏街，西至塔韵路，北至南溪江路。属溪江社区。占地面积4.16万平方米，建筑面积5.44万平方米。共9幢住宅楼（其中多层5幢、小高层4幢），364户（套），绿化率48%。以“锦绣”“悦目”等寓意命名。2007年命名。

南溪苑 Nánxī Yuàn

城镇居民点。位于越溪街道东北部。东至溪秀路，南至苏街，西至明溪路，北至南溪江路。属溪江社区。占地面积5.13万平方米，建筑面积5.5万平方米。共38幢住宅楼（其中多层4幢、小高层2幢、联体别墅32幢），338户（套），绿化率42%。以其北依南溪江路命名。2007年命名。

翠湖湾公寓 Cuìhúwān Gōngyù

城镇居民点。位于越溪街道东北部。东至小石湖规划用地，南至苏街，西至溪秀路，北至小石湖南岸绿地。属溪江社区。占地面积1.78万平方米，建筑面积5.93万平方米。共4幢高层住宅楼，310户（套），绿化率37%。以其紧邻小石湖（俗称）的地理位置特点及“水色如翠”的寓意拟名。2012年命名。

可可蜜园 Kěkě Mìyuán

城镇居民点。位于越溪街道东北部。东至越来溪公园（俗称），南至文溪路，西至龙翔路，北至越来溪。属溪江社区。占地面积3.52万平方米，建筑面积9.22万平方米。共11幢高层住宅楼和3幢商务楼，660户（套），绿化率35.01%。以“犹如可可般醇香的甜蜜家园”的寓意命名。2014年命名。

誉蓝湾名邸 Yùlánwān Míngdǐ

城镇居民点。位于越溪街道东北部。东至可可蜜园，南至文溪路，西至龙翔路，北至越来溪。属溪江社区。占地面积10.87万平方米。共70幢住宅楼（其中联体别墅59幢、高层11幢）、1幢综合楼和1幢商用房，1612户（套），绿化率37%。以其北濒越来溪的地理位置特点及“赞美蔚蓝河湾”的寓意命名。2014年命名。

熙溪花园 Xīxī Huāyuán

城镇居民点。位于越溪街道东北部。东至溪秀路，南至吴山街，西至明溪路，北至苏街。属溪江社区。占地面积6.12万平方米，建筑面积14.86万平方米。共25幢住宅楼（其中多层13幢、中高层10幢、高层2幢）和1幢综合楼，787户（套），绿化率37.08%。以其地处越溪街道的地理位置特点，取“地处兴盛越溪的美丽居所”的寓意命名。2015年命名。

【溪韵社区】 Xīyùn Shèqū

溪韵社区居委会

社区居委会。位于越溪街道中部，距街道办事处驻地900米。管辖范围为东起莫舍社区，西至吴中大道，南起龙翔社区，北至吴中大道。面积1.5平方千米。户籍人口16000人。居委会驻庄马路东首。下辖越湖花园、越溪庭院、香悦花园、越溪原筑4个居民住宅小区。取意越溪山水风韵雅致的景色拟名。2011年8月设立。

越湖花园 Yuèhú Huāyuán

城镇居民点。位于越溪街道中部。东至溪翔路，南至庄马路，西至吴中大道，北至郎里自然村。属溪韵社区。占地面积7.82万平方米。共49幢住宅楼（其中多层26幢、联体别墅23幢），688户（套），绿化率37%。以西依越湖路命名。2006年命名。

越溪庭院 Yuèxī Tíngyuàn

城镇居民点。位于越溪街道中部。东至滨溪路，南至郎江，西至越溪街，北至庄马路。属溪韵社区。占地面积6.55万平方米。共79幢别墅（其中独体别墅5幢、联体别墅74幢），171户（套），绿化率38.7%。以其西依越溪街及纯别墅的建筑特点命名。2007年命名。

香悦花园 Xiāngyuè Huāyuán

城镇居民点。位于越溪街道中部。东至滨溪路，南至吴山街，西至越溪街，北至苏街。属溪韵社区。占地面积8.26万平方米。共25幢住宅楼（其中多层9幢、小高层12幢、高层4幢）和1幢商用楼，1514户（套），绿化率30.8%。以“芳香四溢”“怡神悦目”等寓意命名。2013年命名。

越溪原筑 Yuèxī Yuánzhù

城镇居民点。位于越溪街道中部。东至溪翔新村一区，南至郎江，西至越溪街，北至越城西路。属溪韵社区。占地面积3.53万平方米。共12幢住宅楼（其中多层8幢、高层4幢），472户（套），绿化率25%。以其西傍越溪街的地理位置特点及“还原建筑本然之美”的寓意命名。2013年命名。

【小石湖社区】 Xiǎoshíhú Shèqū

小石湖社区居委会

社区居委会。位于越溪街道东北部，距街道办事处驻地1.5千米。管辖范围为东起友新高架公路，西至越来溪，南起南溪江路，北至苏州教育园南区。面积4.2平方千米。户籍人口6090人。居委会驻石湖华城花园公用房内。下辖越秀苑、水木清华苑、石湖华城花园、石湖天玺花园4个居民住宅小区。以域内小石湖为社区名。2017年6月23日设立。

越秀苑 Yuèxiù Yuàn

城镇居民点。位于越溪街道东北部。东至苏州湾大道，南至苏街，西至小石湖路，北至水木清华苑。属小石湖社区。占地面积28.51万平方米，建筑面积26.47万平方米。共293幢别墅（其中独体别墅161幢、联体别墅94幢、叠加别墅38幢），921户（套），绿化率37%。以其位于越溪街道区域内及“秀美”的寓意命名。2007年命名。

水木清华苑 Shuǐmùqīnghuá Yuàn

城镇居民点。位于越溪街道东北部。东至苏州湾大道，南至越秀苑，西至小石湖路，北至吴中大道。属小石湖社区。占地面积28.51万平方米，建筑面积38.95万平方米。共89幢住宅楼（其中小高层14幢、独体别墅12幢、联体别墅63幢），2364户（套），绿化率37%。以“水清木华”的寓意命名。2007年命名。

石湖华城花园 Shíhú Huáchéng Huāyuán

城镇居民点。位于越溪街道东北部。东至小石湖，南至北溪江路，西至姚湾港，北至吴中大道。属小石湖社区。占地面积21.95万平方米，建筑面积31.94万平方米。共102幢住宅楼（其中多层52幢、小高层及高层25幢、联体别墅25幢）和2幢商业用房，2798户（套），绿化率40%。因位于越溪城市副中心区域，且邻近石湖，故名。2008年命名。

石湖天玺花园 Shíhú Tiānxǐ Huāyuán

城镇居民点。位于越溪街道东北部。东至溪秀路，南至小石湖公园，西至开发区广场，北至北溪江路。属小石湖社区。占地面积3.45万平方米，建筑面积18.79万平方米。共6幢住宅楼（其中小高层2幢、高层4幢）和1幢综合楼，728户（套），绿化率30%。以其紧邻“石湖华城花园”住宅区且临近石湖的地理位置特点及“仿如天工制玺一般的建筑工艺”的寓意命名。2012年命名。

四、历史地名

【村委会】

【龙翔村】 Lóngxiáng Cūn

村委会。位于越溪街道中部，距街道办事处驻地1.2千米。管辖范围为东起溪江，西至官渡江，南起白洋湾，北至农科河。面积1.45平方千米。户籍人口442户，1500人。下辖张墓村1个自然村落。1954年—1956年建星火初级社和星火高级社。1958年为越溪人民公社一大队。1993年4月改名龙翔村。2004年撤销龙翔村、官渡村、前庄村，并建龙翔社区。

【田上村】 Tiánláng（方言读音） Cūn

村委会。位于越溪街道中部，距街道办事处驻地1.5千米。管辖范围为东起小溪江，西至溪江，南起匹字圩，北至窑郎江。面积1.12平方千米。户籍人口293户，1060人。1956年建新华高级社。1958年为越溪人民公社二大队。1980年11月以驻地村改名田上大队。1983年改设田上村。2000年末，有10个村民小组。2004年与明溪村、徐舍村合并成溪上社区。

【前珠村】 Qiánzhū Cūn

村委会。位于越溪街道镇东部，距街道办事处驻地2千米。管辖范围为东起莫家塘，西至小溪江，南起杨庄嘴，北至珠村港。面积0.5平方千米。户籍人口215户，732人。1956年建成金星高级社。1958年为越溪人民公社三大队。1980年11月改为新珠大队。1982年9月将新珠大队一分为二，以港为中心，南边为前珠，北边为后珠。1983年11月改为前珠村。2004年再与后珠村、杨庄村合并。

【后珠村】 Hòuzhū Cūn

村委会。位于越溪街道东部，距街道办事处驻地1.5千米。管辖范围为东起东河浜（东太湖），西至小溪江，南起珠村港，北至窑郎江。面积0.66平方千米。户籍人口255户，900人。1956年建成金星高级社。1958年为越溪人民公社三大队。1980年11月改为新珠大队。1982年9月将新珠大队一分为二，以港为中心，南边为前珠，北边为后珠。1983年11月改为后珠村。2004年与后珠村、杨庄村合并。

【张宅村】 Zhāngzhái Cūn

村委会。位于越溪街道北部，距街道办事处驻地700米。管辖范围为东起溪江，西至吴山，南起杨树浜，北至罗家浜。面积0.4平方千米。户籍人口225户，776人。1956年张宅村与莫舍村同为堡垒社。1958年为越溪人民公社四大队。1980年改为张宅大队。1983年改为张宅村。2003年拆迁后一部分在莫舍社区，一部分居住在溪翔一区。2003年全部拆迁，与莫舍村合并组建莫舍社区。

【官渡村】 Guāndù Cūn

村委会。位于越溪街道西南部，距街道办事处驻地2.8千米。管辖范围为东起龙翔村，西至前庄村，南起木里村，北至张桥村。以域内官渡自然村为村名。1949年前属吴县，之后属吴县尧峰乡。1954年6月从震泽县划归越溪。1957年建星火高级社分社。1958年为越溪乡六大队。1980年11月改名官渡村。1983年设官渡村村民委员会。2004年该村撤销。

【徐舍村】 Xúshè Cūn

村委会。位于越溪街道中部，距街道办事处驻地1.2千米。管辖范围为东起明溪村，西至吴山村、张宅村，南起田上村，北至莫舍村。下辖徐巷郎、窑郎2个自然村落。1958年为越溪人民公社第七生产队。1980年改名徐舍大队。1983年为徐舍村。2004年该村撤并。

【明溪村】 Míngxī Cūn

村委会。位于越溪街道东部，距街道办事处驻地2.3千米。管辖范围为东起东太湖，西至徐舍村，南起珠村，北至莫舍村。下辖明溪郎、河北2个自然村落。20世纪50年代与越溪人民公社三大队合并。1959年从三大队析出，建八大队。1983年改明溪村。2004年该村撤销。

【莫舍村】 Mòshè Cūn

村委会。位于越溪街道东北部，距街道办事处驻地2.2千米。管辖范围为东起莫舍港，西至越来溪，南起窑湾江，北至石湖。下辖莫舍大村、莫舍小村2个自然村落。1961年8月为越溪人民公社第九生产队。1980年11月改称莫舍大队。1983年设莫舍村。2004年2月撤销张宅村与莫舍村，合并成立莫舍社区。

【吴山村】 Wúshān Cūn

村委会。位于越溪街道中部偏北，距街道办事处驻地500米。户籍人口178户，900人。因驻地吴山自然村，故名。1978年为越溪人民公社农科大队。1980年11月更名吴山大队。1983年改设吴山村。2004年撤销吴山村，设立吴山社区。

【杨庄村】 Yángzhuāng Cūn

村委会。位于越溪街道东部，距街道办事处驻地3千米。管辖范围为东起苏州河，西至杨庄嘴，南起吴江路，北至前珠村。面积0.86平方千米。户籍人口493户，1470人。2004年与前珠、后珠村合并，设立珠村社区。

【前庄村】 Qiánzhuāng Cūn

村委会。位于越溪街道西部，距街道办事处驻地3.8千米。管辖范围为东起官渡村，西至苏旺河，南起木里村，北至旺山村。村民以庄、朱两姓为主。分前后两村。俗称“前庄后朱”，习成村名，承为行政村名。1949年为尧峰乡乡政府驻地。1958年为横泾公社前进大队。1983年7月改为前庄村。2002年划入越溪。2004年龙翔村、前庄村、官渡村三村合并设立龙翔社区。

【木里村】 Mùlǐ Cūn

村委会。位于越溪街道西南部，距街道办事处驻地4.2千米。历史上称木林郎。管辖范围为东起太湖，西至马庄港，南起南章村，北至原前庄村。1985年9月从原跃进大队划出建立木里大队8个生产队。1983年5月改称木里村。2003年11月撤销南章村、木里村，合并设立木林社区。

【南章村】 Nánzhāng Cūn

村委会。位于越溪街道西南部，距街道办事处驻地4.7千米。管辖范围为东起太湖，西至长远社区，南起长远社区，北至龙翔社区。1958年9月建立越溪人民公社跃进大队。1984年5月改为南章村。2003年11月南章、木里村合并，更名为木林社区。2004年2月，南章村、木里村合并设立木林社区。

【张宅村】 Zhāngzhái Cūn

村委会。位于越溪街道北部，距街道办事处驻地900米。管辖范围为东起越来溪，西至吴山岭，南起杨树浜，北至罗家浜。下辖罗家浜、潭塔村2个自然村落。以域内张宅自然村为村名。1956年张宅村与莫舍村同为堡垒高级社。1958年为越溪人民公社第四生产队。1980年改名张宅大队。1983年为张宅村。2003年拆迁，一部分村民在莫舍社区，一部分村民在溪翔一区。张宅村撤销，与莫舍村合并设立莫舍社区。

【社区居委会】

【越溪镇社区】 Yuèxīzhèn Shèqū

社区居委会。1994年成立。面积60平方米（2间）。下设5个居民小组，管理居民500～600人。2003年11月撤销越溪镇居委会，并入吴山社区。

【农村居民点】

西木桥 Xīmùqiáo

农村居民点。位于越溪街道西部。东为旺山荡，南为农田，西为旺山桥自然村，北为陆墓山。户籍人口3户，10人。以村西木桥为村名。2005年动迁消亡。

前河头 Qiánhétóu

农村居民点。位于越溪街道东南部。东为溪江，南为越城路，西为越来溪，北为农科河。面积1.5万平方米。户籍人口45户，200人。属吴山社区。以位于河流南头而得名。2017年动迁消亡。

外浜 Wàibāng

农村居民点。位于越溪街道东南部。东为里浜，南为农田，西为越来溪，北为田上村。面积2.6万平方米。户籍人口130户，580人。因位于田上村西端，越来溪东边，以河浜位置为名。2014年动迁消亡。

毛家桥 Máojiāqiáo

农村居民点。位于越溪街道东南部。东、南为农田，西为外浜，北为农田。面积1万平方米。户籍人口35户，120人。因村内毛姓人家居多，故名。2010年动迁消亡。

张墓村 Zhāngmù Cūn

农村居民点。位于越溪街道中部。东为越溪街，南为滨溪路，西为龙翔路，北为庄马路。属龙翔村。因“莼鲈之思”而辞官隐居的东曹掾张翰墓在此，故名。后当地百姓惯用庄马村。因拆迁地名消亡。

徐巷郎 Xúxiànglánɡ

农村居民点。位于越溪街道中部。东为小溪江，南为窑郎江，西为农田，北为农田。面积1.5万平方米。户籍人口36户，145人。村人徐明在政府为官，村人尊重他，以其姓氏为名。2009年动迁消亡。

窑郎 Yáolánɡ

农村居民点。位于越溪街道中部。东为塔韵路，南为窑郎江，西为杨庄新村，北为越城路。占地面积1万平方米。户籍人口36户，120人。因村边是窑郎港，村以港名。2014年动迁消亡。

明溪郎 Míngxīláng

农村居民点。位于越溪街道东部。东为苏州湾大道，南为文溪路，西为明溪路，北为吴山街。属明溪村。面积1.5万平方米。户籍人口120户，380人。因拆迁地名消亡。

河北 Héběi

农村居民点。位于越溪街道东部。东为小石湖，南为明溪第1村民小组，西为农田，北为农田。属明溪村。面积2.3万平方米。户籍人口55户，225人。2013年动迁消亡。

莫舍小村 Mòshè Xiǎocūn

农村居民点。位于越溪街道东北部。东为石湖，南、西为农田，北为石湖。属莫舍村。面积2.6万平方米。户籍人口70户，306人。2006年动迁消亡。

莫舍大村 Mòshè Dàcūn

农村居民点。位于越溪街道东北部。东为石湖，南为吴中大道，西为农田，北为尖头浜。属莫舍村。面积3.5万平方米。户籍人口180户，560人。2007年动迁消亡。

罗家浜 Luójiābāng

农村居民点。位于越溪街道北部。东为越来溪，南为农田，西为吴越路，北为罗家浜。属张宅村。面积1.5万平方米。户籍人口40户，150人。2003年动迁消亡。

潭塔村 Tántǎ Cūn

农村居民点。位于越溪街道北部。东为越来溪，南为杨树浜，西为张宅浜，北为农田。属张宅村。面积1万平方米。户籍人口9户，35人。村边有潭塔庙，村以庙名。1963年动迁消亡。

第六节　城南街道

一、概 况

城南街道 Chéngnán Jiēdào

乡级行政区。位于吴中区南部，距吴中区人民政府驻地2.7千米。东枕京杭大运河与郭巷街道相望，南与吴江区松陵街道相邻，西与长桥、越溪两街道接壤，北濒京杭大运河。因位于吴中区城中偏南，故名。辖区面积17.8平方千米。户籍人口4.9万人。街道办事处驻红庄社区东吴南路81号。

境域分设前属长桥街道。1912年1月，隶属吴县尹山乡、蠡墅乡、吴江县湖东西乡。1929年8月，属吴县第十四（尹山）区、吴县第十六（蠡墅）区、吴江县第一（城厢）区。1934年属吴县第八（尹郭）区、第二（木渎）区和吴江县第一（城厢）区。1937年苏州沦陷。1947年1月，属伪吴县第十一车坊区和第七木渎区、伪吴江县第一城厢区。1945年8月15日恢复至1937年建制。1946年属吴县第十一区、第七区和吴江县城区。1947年2月属吴县吴西区，淞北区和吴江县城区。1949年5月1日，属吴县木渎区、淞北区和吴江县城厢区。1950年3月，原宝南、宝尹村区域属吴县车坊区宝带乡，原双桥村、尹西村区域属吴县车坊区尹山乡，原龙南村的塘湾里自然村从吴江县城厢区越溪乡划归吴县枫桥区龙桥乡。4月15日起改隶吴县枫桥区长桥乡、尹西乡；原彭泾村区域隶属吴县枫桥区蠡墅乡；原龙南村的下塔里自然村属吴县枫桥区龙桥乡。同年8月，原邵昂村区域由吴江县城厢区划归吴县枫桥区蠡墅乡，原新江、红庄、东湖村区域由吴江县城厢区划归吴县枫桥区尹西乡。1953年5月1日，蠡墅镇并入蠡墅乡。1954年4月，蠡墅乡、龙桥乡划归苏州市郊区。长桥乡、尹西乡，复隶吴县车坊区。1956年1月，长桥乡、尹西乡合并为长桥乡。1957年3月，长桥乡并入郭巷乡，隶属吴县。1957年9月，蠡墅乡、龙桥乡合并为蠡墅乡，隶属苏州市郊区。1958年12月，成立蠡墅人民公社。1959年8月，蠡墅人民公社复隶吴县。1965年12月，郭巷人民公社部分大队划归蠡墅人民公社。同时，蠡墅人民公社改称长桥人民公社。1983年7月，长桥人民公社改称长桥乡。

城南街道办事处

1992年8月17日，原宝南、龙南、新江、宝尹、双桥、尹西村区域划归吴县经济技术开发区管理。1996年1月，原红庄、东湖村区域划归吴县市经济技术开发区（此时吴县已撤县设市）管理。2003年2月，原邵昂村、彭泾村和东湖农场区域划归吴中经济技术开发区（时吴县市已撤市设区）。各村陆续动迁，改建为部分社区。2004年苏府复〔2004〕54号文件同意以宝带桥、红庄、东湖、南石湖、龙南、新江、碧波、白云街、南港、吴中商城、盛丰苑、商贸城、桂苑等13个社区（村）居委会的区域，设立城南街道。2018年末，辖龙南、新江、宝带桥、东湖、红庄、南石湖、碧波、南港、阳光苑、商贸城、桂苑、新城苑、玫瑰苑、小石城14个社区居委会。

二、社区居委会及居民点

【龙南社区】 Lóngnán Shèqū

龙南社区居委会

社区居委会。位于城南街道西北部，距街道办事处驻地1.7千米。管辖范围为东起迎春南路，西至西塘河，南起石湖东路及石湖西路，北至京杭大运河。面积0.8平方千米。户籍人口403户，1380人。居委会驻白云街99号。下辖迎春花园、塘湾新村2个居民住宅小区。2006年设立。

迎春花园 Yíngchūn Huāyuán

城镇居民点。位于城南街道西北部。东至迎春南路，南至石湖东路，西至下塔里自然村，北至碧波小学。因位于迎春南路西侧，故名。面积20万平方米。户籍人口196户，873人。其中126户属龙南社区，70户属新江社区。2002年命名。

塘湾新村 Tángwān Xīncūn

城镇居民点。位于城南街道西北部。东至东吴南路，南至工业小区，西至大龙港，北至龙南社区塘湾里自然村。属龙南社区。以所在塘湾里村为小区名。面积1.7万平方米。户籍人口613人。共139幢住宅楼。2011年命名。

【新江社区】 Xīnjiāng Shèqū

新江社区居委会

社区居委会。位于城南街道中部，距街道办事处驻地1.1千米。管辖范围为东起迎春南路，西至东吴南路，南起澄湖路，北至白云街。面积1.5平方千米。户籍人口302户，1467人。居委会驻石湖东路罗盛里228号。2006年设立。

【宝带桥社区】 Bǎodàiqiáo Shèqū

宝带桥社区居委会

社区居委会。位于城南街道东北部，距街道办事处驻地2千米。管辖范围为东起京杭大运河，西至古塘河，南起东吴南路，北至京杭大运河。面积3.2平方千米。户籍人口850户，3894人。居委会驻石湖东路58号。下辖钱家新村、宝尹花园、宝南花园3个居民住宅小区。2003年设立。

钱家新村 Qiánjiā Xīncūn

城镇居民点。位于城南街道东北部。东至马桶港，南至钱家村河，西至迎春南路，北至宝韵生活广场。属宝带桥社区。以所在自然村名为小区名。占地面积6.8万平方米，建筑面积2.2万平方米。户籍人口1017人。共200幢农民住宅楼，200户（套），绿化率30%。2005年命名。

宝尹花园 Bǎoyǐn Huāyuán

城镇居民点。位于城南街道东北部。东至迎春南路，南至迎春家园，西至面杖港（古塘河），北至泰盛绿岛、碧波中学。属宝带桥社区。以原宝尹自然村为小区名。占地面积8.9万平方米，建筑面积3.15万平方米。户籍人口1416人。共280幢独体别墅，280户（套），绿化率10%。2007年命名。

宝南花园 Bǎonán Huāyuán

城镇居民点。位于城南街道东北部。东至下田港，南至石湖东路，西至下田港，北至石湖东路。属宝带桥社区。以其地处原宝南村区域的地理位置，取“藉宝南故地，营美丽居所”的寓意拟名。占地面积5.87万平方米，建筑面积23.39万平方米。户籍人口1416人。共12幢高层住宅楼和1幢多层综合楼，绿化率37.2%。2018年命名。

【东湖社区】 Dōnghú Shèqū

社区居委会。位于城南街道南部，距街道办事处驻地1.5千米。管辖范围为东起田上江路，西至西塘河，南起绕城高速，北至吴中大道。面积2平方千

东湖桥社区居委会

米。户籍人口385户，1678人。居委会驻东湖新村内。2003年原东湖村撤村建居，改为东湖社区。

【红庄社区】 Hóngzhuāng Shèqū

红庄社区居委会

社区居委会。位于城南街道中部偏南，距街道办事处驻地1千米。管辖范围为东起524国道，西至吴中大道，南起绕城高速公路，北至东吴南路。面积4平方千米。户籍人口913户，3905人。居委会驻南湖路88号。下辖红庄新村1个居民住宅小区。2003年9月经吴中区人民政府批准撤销原红庄村、双桥村、尹西村三村合并设立红庄社区。

红庄新村 Hóngzhuāng Xīncūn

城镇居民点。位于城南街道中部偏南。东至面杖港（古塘河），南至南湖路，西至吴中大道，北至东吴南路。属红庄社区。以所在红庄村为小区名。面积160万平方米。户籍人口2695人。2002年命名。

【南石湖社区】 Nánshíhú Shèqū

社区居委会。位于城南街道西南部，距街道办事处驻地2.6千米。管辖范围为东起郜昂路，西至友新快速路，南起兴昂路，北至吴中大道。面积2平方千米。户籍人口786户，3577人。居委会驻郜昂路999号。下辖南石湖花园1个居民住宅小区。2003年经吴

南石湖社区居委会

中区人民政府批准，由原郜昂村、彭泾村、东湖农场合并设立。

南石湖花园 Nánshíhú Huāyuán

城镇居民点。位于城南街道西南部。东至郜昂路，南至兴昂路，西至郜昂自然村民宅，北至郜昂港。属南石湖社区。以其位于南石湖社区域命名。占地面积3.23万平方米，建筑面积4.34万平方米。户籍人口112人。共15幢多层住宅楼，320户（套），绿化率38%。2008年命名。

【碧波社区】 Bìbō Shèqū

碧波社区居委会

社区居委会。位于城南街道北部，距街道办事处驻地2.6千米。管辖范围为东起枫津路，西至东吴南路，南起石湖东路，北至京杭大运河。面积2.3平方千米。户籍人口2060户，5733人。下辖碧波花园、德敏花园2个居民住宅小区。居委会驻枫津路北碧波菜场东南。

碧波花园 Bìbō Huāyuán

城镇居民点。位于城南街道北部。东至枫津路，南至碧波街，西至新江中心河，北至京杭大运河。属碧波社区。以所在碧波街位置及花园式小区含义命名。面积5万平方米。户籍人口1692人。共多层住宅楼20幢。1993年命名。

德敏花园 Démǐn Huāyuán

城镇居民点。位于城南街道北部。东至碧波二村，南至白云街，西至茅柴港（俗称），北至京杭大运河。属碧波社区。以高尚的品德、敏捷的思维融合一起，又居于花园式的住宅区的意义命名。面积4.17万平方米。户籍人口1075人。有31幢多层楼房。1999年命名。

【南港社区】 Nángǎng Shèqū

南港社区居委会

社区居委会。位于城南街道中部偏北，距街道办事处驻地1.6千米。管辖范围为东起夏田港（俗称），西至枫津路，南起天灵路，北至澹台湖。面积1.2平方千米。户籍人口2469户，2981人。居委会驻迎春南路与白云街交叉口东北侧（澹台湖公园旁）。下辖兰园公寓、建安别院、香格里拉花园、华韵花园、泰盛绿岛、碧水湾花园6个居民住宅小区。2009年设立。

兰园公寓 Lányuán Gōngyù

城镇居民点。位于城南街道中部偏北。东至锦都大厦，南至石湖东路，西至面杖港（古塘河），北至南港河。属南港社区。以兰花般美景的居住生活小区之意命名。占地面积2万平方米。户籍人口106人。1997年命名。

建安别院 Jiàn´ān Biéyuàn

城镇居民点。位于城南街道中部偏北。东至下田村，南至西下田路，西至迎春南路，北至碧水湾花园。属南港社区。以建设平安、别具一格、非同一般的住宅区的寓意拟名。占地面积1.6万平方米。户籍人口43人。共独体别墅28幢，联体别墅8幢，四层住宅楼1幢。2001年命名。

香格里拉花园 Xiānggélǐlā Huāyuán

城镇居民点。位于城南街道中部偏北。东至面杖港（古塘河），南至石湖东路，西至枫津路，北至郑庄河。属南港社区。占地面积3万平方米。户籍人口68人。共94幢别墅。2001年命名。

华韵花园 Huáyùn Huāyuán

城镇居民点。位于城南街道中部偏北。东至迎春南路，南至白云街，西至面杖港（古塘河），北至京杭大运河。属南港社区。以华丽的充满诗韵的花园式住宅区的含义命名。占地面积6.56万平方米。户籍人口433人。2003年命名。

泰盛绿岛 Tàishènglǜdǎo

城镇居民点。位于城南街道中部偏北。分2个组团区：（1）东至碧波中学，南至宝尹花园，西至古塘河（面杖港），北至石湖东路。（2）东至面杖港（古塘河），南至东吴绿郡花园，西至枫津路，北至石湖东路。属南港社区。以和泰兴盛的含义命名。面积2.8万平方米。户籍人口140人。2002年命名。

碧水湾花园 Bìshuǐwān Huāyuán

城镇居民点。位于城南街道中部偏北。东至夏田港，南至建安别院，西至迎春南路，北至京杭大运河。属南港社区。占地面积8.83万平方米，建筑面积8.12万平方米。户籍人口564人。共92幢住宅楼，545户（套），绿化率42.4%。2005年命名。

【阳光苑社区】 Yángguāngyuàn Shèqū

阳光苑社区居委会

社区居委会。位于城南街道西北部，距街道办事处驻地1.6千米。管辖范围为东起枫津路，西至大龙港（西塘河），南起跃进河，北至石湖东路及石湖西路。面积4平方千米。户籍人口1389户，3887人。下辖盛丰苑、新盛花园、公交苑、阳光水榭花园4个居民住宅小区。居委会驻阳光水榭花园小区内。2009年6月设立。

盛丰苑 Shèngfēng Yuàn

城镇居民点。位于城南街道西北部。东至东吴南路，南至苏粤工业小区，西至阳光水榭花园，北至石湖西路。属阳光苑社区。以空前的盛况和丰裕的生活环境拟名。占地面积3.12万平方米。户籍人口463人。1999年命名。

新盛花园 Xīnshèng Huāyuán

城镇居民点。位于城南街道西北部。东至公交苑，南至新江社区服务中心，西至新江中心河，北至石湖东路。属阳光苑社区。以崭新、旺盛的花园式住宅区之意拟名。占地面积21万平方米，建筑面积17.2万平方米。户籍人口584人。共86幢楼房，绿化率57.76%。1999年命名。

公交苑 Gōngjiāo Yuàn

城镇居民点。位于城南街道西北部。东至石湖星城，南至罗盛里村，西至新盛花园，北至石湖东路。属阳光苑社区。因是公交公司工作人员的住所，故名。占地面积6万平方米。户籍人口356人。2001年命名。

阳光水榭花园 Yángguāngshuǐxiè Huāyuán

城镇居民点。位于城南街道西北部。东至东吴南路，南至水榭巷，西至大龙港（西塘河），北至石湖西路。属阳光苑社区。以阳光与绿水交相辉映的美好环境之意命名。占地面积5.6万平方米。户籍人口1739人。2004年命名。

【商贸城社区】 Shāngmàochéng Shèqū

商贸城社区居委会

社区居委会。位于城南街道中部，距街道办事处驻地1.5千米。管辖范围为东起面杖港（古塘河），西至东吴南路，南起天灵路，北至广建路。面积1.2平方千米。户籍人口1520户，4546人。下辖东吴绿郡花园1个居民住宅小区。居委会驻商贸城4区7幢。2009年设立。

东吴绿郡花园 Dōngwú Lǜjùn Huāyuán

城镇居民点。位于城南街道中部。东至面杖港（古塘河），南至商贸河，西至枫津路，北至泰盛绿岛住宅区南侧罗盛港。属商贸城社区。以其地处苏州（古称东吴）的地理位置特点及“生意盎然之地”的寓意命名。占地面积5.77万平方米，建筑面积15.99万平方米。户籍人口430人。共16幢高层住宅楼，952户（套），绿化率35%。2011年命名。

【桂苑社区】 Guìyuàn Shèqū

桂苑社区居委会

社区居委会。位于城南街道北部，距街道办事处驻地1.5千米。管辖范围为东起迎春南路，西至东吴南路，南起东吴南路，北至天灵路。面积1.2平方千米。户籍人口3656户，7932人。居委会驻天灵路47号。下辖桂苑村、桂苑二村、香溢花园3个居民住宅小区。2009年6月设立。

桂苑村 Guìyuàn Cūn

城镇居民点。位于城南街道北部。东至桂苑二村，南至朱家港，西至南沿河巷，北至天灵路。属桂苑社区。占地面积4500平方米。户籍人口384户，1100人。共8幢楼房，1994年命名。

桂苑二村 Guìyuàn 2 Cūn

城镇居民点。位于城南街道北部。东至枫津路，南至朱家港，西至桂苑村，北至天灵路。属桂苑社区。1997年命名。

香溢花园 Xiāngyì Huāyuán

城镇居民点。位于城南街道北部。东至枫津北路，南至东吴南路，西至东吴南路，北至跃进河。以“芳香四溢”的寓意命名。属桂苑社区。占地面积7.48万平方米，建筑面积24.69万平方米。户籍人口3604人。共18幢住宅楼（其中多层8幢、高层10幢），1845户，绿化率30.1%。2012年命名。

【新城苑社区】 Xīnchéngyuàn Shèqū

新城苑社区居委会

社区居委会。位于城南街道西南部，距街道办事处驻地3.3千米。管辖范围为东起西塘河，西至邵昂路，南起绕城高速，北至吴中大道。面积0.8平方千米。户籍人口3120户，8757人。居委会驻邵昂路66号。下辖金珺花园、家天下花园、国风华苑、3个居民住宅小区。2011年设立。

金珺花园 Jīnjùn Huāyuán

城镇居民点。位于城南街道西南部。东至大龙港（西塘河），南至绕城高速公路北侧新建道路（未命名），西至邵昂路，北至兴昂路。属新城苑社区。以“尊贵的美玉”的寓意命名。占地面积31.04万平方米，建筑面积47.39万平方米。户籍人口4833人。共88幢住宅楼（其中多层47幢、高层35幢）和商业用房4幢，4970户（套），绿化率30%。2008年命名。

家天下花园 Jiātiānxià Huāyuán

城镇居民点。位于城南街道西南部。东至大龙港（西塘河），南至邵辉路，西至邵昂路，北至吴中大道。属新城苑社区。以“家齐而天下平”的寓意命名。占地面积21.02万平方米，建筑面积41.21万平方米。户籍人口2597人。共68幢住宅楼（其中多层55幢、高层13幢），3194户（套），绿化率40%。2010年命名。

国风华苑 Guófēng Huáyuàn

城镇居民点。位于城南街道西南部。东至邵东路，南至兴昂路，西至邵昂路，北至邵辉路。属新城苑社区。以其地处吴地的地理特征，取“古国之风”的寓意命名。占地面积90.43万平方米，建筑面积21.47万平方米。户籍人口1033人。共26幢住宅楼（其中多层13幢、小高层13幢）和1幢商用楼，1123户，绿化率37.1%。2013年命名。

【玫瑰苑社区】 Méiguīyuàn Shèqū

玫瑰苑社区居委会

社区居委会。位于城南街道西部，距街道办事处驻地1.5千米。管辖范围为东起东吴南路及吴中大道，西至大龙港（西塘河），南起吴中大道，北至澄湖路。面积1.5平方千米。户籍人口594户，1780人。居委会驻玫瑰久久小区内。下辖阳光水韵花园、玫瑰久久花园2个居民住宅小区。2011年设立。

阳光水韵花园 Yángguāng Shuǐyùn Huāyuán

城镇居民点。位于城南街道西部。东至东吴南路，南至苏州吴中供水有限公司，西至西塘河，北至跃进河。属玫瑰苑社区。以处两面环河的位置及“企盼阳光”等寓意命名。占地面积7.61万平方米，建筑面积9.82万平方米。户籍人口829人。共32幢住宅楼（其中多层27幢，小高层5幢），1084户（套），绿化率39.5%。2006年命名。

玫瑰久久花园 Méiguī Jiǔjiǔ Huāyuán

城镇居民点。位于城南街道西部。东、南至吴中大道，西至大龙港（西塘河）东侧绿化带，北至苏州吴中供水有限公司。属玫瑰苑社区。以“浪漫玫瑰”“天长地久”的寓意命名。占地面积5.20万平方米，建筑面积8.33万平方米。户籍人口695人。共24幢住宅楼（其中多层14幢，小高层10幢）和3幢商用房，787户（套），绿化率37%。2008年命名。

【小石城社区】 Xiǎoshíchéng Shèqū

社区居委会。位于城南街道西南部，距街道办事处驻地3千米。管辖范围为东起邵昂路，西至友新快速路，南起文溪路，北至兴昂路。面积0.97平方千米。户籍人口1744户，4774人。下辖小石城花园1个居民住宅小区。居委会驻小石城花园香樟园。

小石城社区居委会

小石城花园 Xiǎoshíchéng Huāyuán

城镇居民点。位于城南街道西南部。东至联圩河（农场河），南至文溪路规划向东延伸段，西至九亩浜（俗称），北至南小港路。以小石湖路、枫杨路、槐香街和梧桐街为界，将住宅区划分为六园：（1）玫瑰园：东至联圩河（农场河），南至文溪路规划向东延伸段，西至九亩浜（俗称），北至小石湖路；（2）玉兰园：东至联圩河（农场河），南至小石湖路，西至槐香街，北至枫杨路；（3）桂花园：东至联圩河（农场河），南至枫杨路，西至槐香街，北至南小港路；（4）紫竹园：东至槐香街，南至小石湖路，西至梧桐街，北至枫杨路；（5）梧桐园：东至槐香街，南至枫杨路，西至梧桐街，北至南小港路；（6）香樟园：东至梧桐街，南至小石湖路，西至九亩浜（俗称），北至南小港路。属小石城社区。以其临近小石湖的地理位置特点及“仿如筑城”的建筑理念命名。占地面积66.37万平方米，建筑面积111.33万平方米。户籍人口4774人。共171幢住宅楼（其中小高层5幢，高层60幢，联体别墅106幢），共7777户（套），绿化率37%。2010年命名。

三、历史地名

【村委会】

【宝南村】 Bǎonán Cūn

村委会。位于城南街道东北部。2000年末，耕地面积0.33平方千米。户籍人口510户，1857人，均为汉族。因地处宝带桥南，故名。村委会驻下田自然村。1950年3月隶属吴县车坊区宝带乡，同年4月改隶吴县枫桥区长桥乡。1954年成立长桥乡华田第一、第二、第三、第四初级社以及钱家村、金家村、朱塔浜初级社。1956年成立长桥乡金星第二十四高级社。1958年建新华大队（隶属吴县郭巷人民公社，1965年12月划归蠡墅人民公社）。1980年改称宝南大队。1983年更名宝南行政村。1992年8月划归吴县经济技术开发区管理。2004年6月划入城南街道。

【彭泾村】 Péngjīng Cūn

村委会。位于城南街道西南部。2000年末，耕地面积0.86平方千米。户籍人口212户，761人，均为汉族。村委会驻西彭泾自然村。1950年3月木渎隶属吴县枫桥区蠡墅乡。1954年成立蠡墅乡红星初级社。1956年成立红星高级社。1958年与蠡墅第二高级社合并，建兴隆大队。1959年6月从兴隆大队分出，建红星大队。1980年改称彭泾大队。1983年名彭泾村，下辖东彭泾、西彭泾2个自然村落。2003年9月撤销并建立彭泾社区，同年11月建立南石湖社区。

【尹西村】 Yǐnxī Cūn

村委会。位于城南街道东南部。2000年末，耕地面积0.7平方千米。户籍人口254户，876人，均为汉族。因地处尹山桥西堍，故名。村委会驻钢铁桥自然村。1950年隶属吴县车坊区尹西乡，同年4月改隶吴县枫桥区尹西乡。1954年成立尹西乡庞北第一、第二、第三初级社。1956年与庞中第一、第二、第三、第四初级社合并成立长桥乡金星第二十二高级社。1958年建钢铁大队（隶属吴县郭巷人民公社，1965年12月划归蠡墅人民公社）。1981年与双桥大队分治，称尹西大队。1983年名尹西行政村。1996年划归吴县市经济技术开发区管理。下辖王宜浜（民国《吴县志》记为王言浜）、袁达浜（民国《吴县志》记为元坛浜北部）、蒋家浜、钢铁桥4个自然村落。2004年6月划入城南街道。

【东湖村】 Dōnghú Cūn

村委会。位于城南街道南部。2000年末，耕地面积1平方千米。户籍人口324户，1243人，均为汉族。因地处东太湖边，故名。村委会驻前六百亩自然村。1950年隶属吴江县城区湖东乡，同年8月8日划归吴县枫桥区尹西乡。1954年建立吴县车坊区尹西乡新农第一、第二、第三初级社。1956年建立长桥乡金星第十九高级社。1958年建卫星大队（隶属吴县郭巷人民公社，1965年12月划归蠡墅人民公社）。1980年改称东湖大队。1983年改称东湖村。1996年1月，划归吴县市经济技术开发区管理。

【双桥村】 Shuāngqiáo Cūn

村委会。位于城南街道东南部。2000年末，耕地面积0.73平方千米。户籍人口224户，871人，均为汉族。因村东侧河道三流交汇处建有两座钢筋水泥联桥，故名。村委会驻马达浜自然村。1949年初仍隶属吴县淞北区尹山乡。1950年隶属吴县车坊区尹西乡，同年4月改属吴县枫桥区尹西乡。1954年成立尹西乡庞中第一、第二、第三、第四初级社。1956年与庞北第一、第二、第三初级社合并成立长桥乡金星第二十二高级社。1958年建钢铁大队（隶属吴县郭巷人民公社，1965年12月划归蠡墅人民公社）。1981年与尹西大队分治，称双桥大队。1983年名双桥村。1996年划归吴县市经济技术开发区管理。下辖马达浜（民国《吴县志》记为马踏浜）、罗布棋（又作罗布具，民国《吴县志》记为芦坝）、西沙浜（民国《吴县志》记为西厍浜）3个自然村落。

【宝尹村】 Bǎoyǐn Cūn

村委会。位于城南街道东部。2000年末，耕地面积0.73平方千米。户籍人口403户，1228人，其中汉族1227人、壮族1人。因地处宝带桥与尹山桥之间，故名。村委会驻枫津路南端。1949年初仍隶属吴县淞北区尹山乡。1950年隶属吴县车坊区宝带乡，同年4月改隶吴县枫桥区长桥乡。1954年成立尹西乡金星第一、第二、第三初级社，1956年成立长桥乡金星第二十五高级社。1958年建金星大队（隶属吴县郭巷人民公社，1965年12月划归蠡墅人民公社）。1980年改称宝尹大队。1983年名宝尹村。1992年划归吴县经济技术开发区管理。2004年6月划入城南街道。

【新江村】 Xīnjiāng Cūn

村委会。位于城南街道西北部。2000年末，占地面积0.6平方千米。户籍人口320户，1159人，均为汉族。村委会驻罗盛里自然村。1949年初仍隶属吴江县城区越溪乡。1950年隶属吴江县城区湖东乡，同年8月划归吴县枫桥区尹西乡。1954年成立吴县车坊区尹西乡新建第一、第二、第三、第四初级社。1956年成立长桥乡金星第二十一高级社。1958年建新建大队（隶属吴县郭巷人民公社，1965年12月划归蠡墅人民公社）。1980年改称新江大队。1983年名新江村。1992年划归吴县经济技术开发区管理。下辖郑庄、张角里、罗盛里、朱家上4个自然村落。2004年6月划入城南街道。

【邵昂村】 Shào'áng Cūn

村委会。位于城南街道西南部。2000年末，户籍人口575户，1943人，均为汉族。耕地面积1.41平方千米。村委会驻邵昂自然村。1949年初隶属吴江县城厢区越溪乡。1950年1月隶属吴江县城厢区湖西乡。1950年8月划归吴县枫桥区蠡墅乡。1954年成立苏州市郊区蠡墅乡兴隆第一、第二、第三、红旗、邵昂第二初级社。1956年成立蠡墅第二高级社。1958年与红星高级社合并，建兴隆大队。1966年改称东风大队。1980年改称邵昂大队。1983年名邵昂村，下辖邵昂1个自然村落。2003年3月撤销。

【红庄村】 Hóngzhuāng Cūn

村委会。位于城南街道西部。2000年末，耕地面积0.41平方千米。户籍人口315户，1137人，其中汉族1136人，壮族1人。沿用“红庄大队”名为行政村名。村委会驻盛庄里自然村。1949年初仍隶属吴江县城区越溪乡。1950年隶属吴江县城厢区湖东乡，同年8月划归吴县枫桥区尹西乡。1954年成立吴县车坊区尹西乡中心、西田初级社。1956年成立长桥乡金星第二十高级社。1958年建红庄大队隶属吴县郭巷人民公社，1965年划归蠡墅人民公社。1983年名红庄行政村。1996年划归吴县市经济技术开发区管理。下辖盛庄里、田上2个自然村落。2004年6月划入城南街道。

【龙南村】 Lóngnán Cūn

村委会。位于城南街道西北部。2000年末，耕地面积0.13平方千米。户籍人口204户，778人，均为汉族。因地处五龙桥镇河南岸，故名。村委会驻塘湾里自然村。1949年初下塔里自然村隶属吴县木渎区石湖乡，塘湾里自然村隶属吴江县城区越溪乡。1950年塘湾里自然村隶属吴江县城厢区湖东乡，3月下塔里自然村隶属吴县枫桥区龙桥乡，8月8日，塘湾里自然村划归吴县枫桥区龙桥乡。1954年成立苏州市郊区龙桥乡新联第三、第五初级社。1956年与新联第一、第二、第四初级社合并为新联高级社。1958年与新泾高级社合并，建龙桥大队。1959年6月从龙桥大队分出，建新联大队。1978年与新桥大队分治，仍称新联大队。1980年改称龙南大队。1983年名龙南行政村。1992年划归吴县经济技术开发区管理。2004年6月划入城南街道。

【农村居民点】

东彭泾 Dōngpéngjīng

农村居民点。位于城南街道西南部。东为蠡昂路，南为邵昂村，西为彭泾港，北为吴中大道。属彭泾村。因位于东彭泾港东岸，村以港名。2016年动迁消亡。

西彭泾 Xīpéngjīng

农村居民点。位于城南街道西南部。属彭泾村。因位于西彭泾港西岸，村以港名。2007年5月至2009年7月动迁消亡。

王宜浜 Wángyíbāng

农村居民点。位于城南街道东南部。民国《吴县志》作王言浜，后改称黄泥浜，村浜同名。东为袁达浜自然村，南为西沙浜自然村，西为面杖港，北为钢铁桥自然村。属尹西村。户籍人口44户，185人。2003年12月动迁消亡。

袁达浜 Yuándábāng

农村居民点。位于城南街道。民国《吴县志》作“元坛浜”，村浜同名。东为大坟港，南为双桥村马达浜，西为西沙浜，北为黄泥浜（王宜浜）。属尹西村。户籍人口59户，224人。2003年10月动迁消亡。

蒋家浜 Jiǎngjiābāng

农村居民点。位于城南街道东南部。东为钢铁桥自然村，西为面杖港（古塘河）。属尹西村。户籍人口48户，196人。2003年6月动迁消亡。

钢铁桥 Gāngtiěqiáo

农村居民点。位于城南街道东南部。村中原有古石桥，名为江天（谐音“钢铁”）桥，村以桥名。东为524国道，南为黄泥浜，西为面杖港（古塘河），北为宝带桥社区泥河田自然村。属尹西村。户籍人口120户，511人。2003年4月动迁消亡。

马达浜 Mǎdábāng

农村居民点。位于城南街道东南部。东为524国道，南为罗布棋，西为西沙浜，北为尹西村袁达浜。属双桥村。户籍人口69户，303人。村浜同名。2003年12月动迁消亡。

罗布棋 Luóbùqí

农村居民点。位于城南街道东南部。民国《吴县志》称“芦坝基”。又作罗布具。东为524国道，南为吴江区松陵街道青树湾村，西为庞庄村，北为马达浜自然村。属双桥村。户籍人口36户，164人。2003年10月动迁消亡。

西沙浜 Xīshābāng

农村居民点。位于城南街道东南部。民国《吴县志》作西库浜。东为马达浜，南为吴江区松陵街道青树湾村的四古具自然村，西为面杖港（古塘河），北为黄泥浜。属双桥村。因拆迁地名消亡。

邵昂 Shào'áng

农村居民点。位于城南街道西南部。东为邵昂路，南为兴昂路，西为友新快速路，北为东彭泾村。属邵昂村。因拆迁地名消亡。

盛庄里 Shèngzhuānglǐ

农村居民点。位于城南街道西部。亦称盛庄。东为面杖港（古塘河），南为吴江区（县、市）松陵镇原杨湾村蒲基郎（蒲渠上）自然村，西为田上自然村，北为新江社区朱家上自然村。属红庄村。面积2.5万平方米。户籍人口360人。村河（港）同名。1929年为吴江县第一（城厢）区盛庄乡政府驻地。1951年为吴县枫桥区尹西乡政府驻地。因拆迁地名消亡。

田上 Tiánshàng

农村居民点。位于城南街道西部。东为盛庄里，南与东湖社区后村（亦称后六百亩）为邻，西为鲇鱼口，北为新江社区。属红庄村。村落南北向条状，村民居港西岸。2000年全村有43户，190人。2004年12月动迁消亡。

第七节 香山街道

一、概 况

香山街道 Xiāngshān Jiēdào

乡级行政区。位于苏州市吴中区西部，距吴中区人民政府驻地30千米。东与胥口镇接壤，南与东山镇隔太湖相望，西南由太湖大桥与金庭镇相连，西濒太湖，西北与光福镇毗邻，东北与木渎镇交界。因位于香山南麓，故名。辖区面积26平方千米。户籍人口2.36万人。街道办事处驻北塘路2号。

2004年2月2日，江苏省政府（苏政复〔2004〕16号）《省政府关于调整苏州市吴中区部分行政区划的批复》："同意以原胥口镇的蒋墩、墅里、长沙、叶山4个居委会和梅舍、姚舍、香山、小横山4个村委会区域设立香山街道办事处。办事处管理4个居委会、4个村委会。"街道面积25.37平方千米。2007年长沙、叶山2个居委会合并为长沙社区居委会。同年，江苏省政府（苏府复〔2007〕64号）批复：将光福镇的舟山村委会划归香山街道办事处管理。行政区划调整后，香山街道办事处面积17.3平方千米。人口1.7万人。管理蒋墩、墅里、长沙3个社区居委会，梅舍、姚舍、香山、小横山、舟山5个村委会。2008年3月19日，江苏省政府（苏政复〔2008〕15号）批复，同意将胥口镇的香山村划归香山街道管理。2011年至2012年，管理蒋墩、墅里、长沙、小横山4个社区居委会和梅舍、郁舍、香山、舟山4个村委会，隶属不变。2012年10月、2013年12月、2015年分别先后成立香山花园、舟山花园、渔帆社区居委会。2018年1月16日及10月15日，经苏州市吴中区人民政府吴政复〔2018〕2号、吴政复〔2018〕18号文批准，又先后设立水桥花园社区与渔洋社区居民委员会。2018年末，辖梅舍、郁舍、舟山、香山4个村委会和蒋墩、长沙、小横山、墅里、香山花园、舟山花园、渔帆、水桥花园、渔洋9个社区居委会。隶属、面积、办事处驻地均不变。

香山街道办事处

二、村委会及居民点

【梅舍村】 Méishè Cūn

梅舍村村委会

村委会。位于香山街道东南部，距街道办事处驻地3千米。管辖范围为东起香山村，西至小横山社区，南起太湖，北至小横山社区。面积1.6平方千米。户籍人口1760人。村委会驻香山花园东大门。"梅舍"为梅姓聚居村落，取梅舍自然村村名为行政村名。1951年名香山乡第五村，渔帆村为第三村。1959年两村合并为胥口乡红旗大队。1983年改为梅舍村。1994年6月划入太湖国家度假区。2004年设立。

【郁舍村】 Yùshè Cūn

郁舍村村委会

村委会。位于香山街道中部，距街道办事处驻地2千米。管辖范围为东起香山村，西至蒋墩社区，南起小横山社区，北至舟山花园。面积1.5平方千米。户籍人口1712人。村委会驻舟山花园南大门。取郁舍自然村为村名。1951年为香山乡第七村。1956年为香山乡第四社。1959年为胥口乡郁舍大队。1983年改为郁舍村。1994年6月划入太湖度假区。2001年10月姚舍、郁舍两村合并建立郁舍村委会。

【舟山村】 Zhōushān Cūn

舟山村村委会

村委会。位于香山街道西北部，距街道办事处驻地2千米。为度假区管委会和香山街道办事处所在地。管辖范围为东起香山村，西至太湖，南起蒋墩社区，北至穹窿山、光福镇。面积8平方千米。户籍人口5790人。村委会驻张家场自然村。下辖浜头上、陈华、东塘村、高家带、黄渠、李带里、上渠、沙潭里、亭子头、下渠、西塘村、窑头、张家场、舟山、舟山西15个自然村落。1951年名舟山村。1956年名永星十四社。1958年名光福人民公社舟山大队。1983年成立舟山村。2003年11月撤销黄渠、塘村、陈华、舟山原4个村，合并建立舟山村。2006年4月舟山村划入香山街道管辖。

浜头上 Bāngtóushàng

农村居民点。位于香山街道西北部。东为舟山花园路，南为舟山，西为舟山，北为窑头村。户籍人口36人。因村旁有浜头浜，故名。为舟山村第12、13村民小组。

陈华 Chénhuá

农村居民点。位于香山街道西北部。东为亭子头，南为陈华路，西为张家场，北为环香山路。面积3.5万平方米。户籍人口325人。因相传吴王诸樊在此建城，其村位于城下，吴语“城下”“陈华”谐音，故名。为舟山村第32、38村民小组。

东塘村 Dōngtáng Cūn

农村居民点。位于香山街道西北部。东为张家场、高家带，南为北塘河，西为西塘村，北为环香山路。面积12万平方米。户籍人口234人。因位于南宫塘边，故名。为舟山村第22、23村民小组。

高家带 Gāojiādài

农村居民点。位于香山街道西北部。东为李带里，南为北塘河，西为西塘村，北为东塘村。面积2万平方米。户籍人口141人。以高姓村民聚居而得名。为舟山村第21村民小组。

黄渠 Huángqú

农村居民点。位于香山街道西北部。旧称黄泥渠。东为舟山路，南为新兴路，西为太湖（环太湖大道），北为沙潭里。面积8万平方米。户籍人口702人。因村落自古地势低洼，黄泥渠坝多，群众以地理形态俗称“黄渠里”。为舟山村第1、2、3、4村民小组。

李带里 Lǐdàilǐ

农村居民点。位于香山街道西北部。东为舟山花园，南为北塘路，西为高家带，北为陈华路。面积3万平方米。户籍人口333人。因李姓聚居村落，旧时村内广植梨树，称梨带里，故名。为舟山村第36、37村民小组。

上渠 Shàngqú

农村居民点。位于香山街道西北部。东为舟山，南为孙武路，西为舟山路，北为舟山西。面积1.1万平方米。户籍人口92人。因自古地势低，渠坝多，群众以其地理特征俗称“上渠”。为舟山村第17村民小组。

沙潭里 Shātánlǐ

农村居民点。位于香山街道西北部。东为舟山路，南为黄渠，西为太湖（环太湖大道），北为北塘河。面积6.5万平方米。户籍人口597人。因靠近太湖边泥沙低潭多，群众以地理特征俗称“沙潭”。为舟山村第5、6、7、8村民小组。

亭子头 Tíngzǐtóu

农村居民点。位于香山街道西北部。东为钟家园，南为陈华路，西为陈华，北为环香山路。面积1.2万平方米。户籍人口121人。以古时村口有亭子而得名。为舟山村第31村民小组。

下渠 Xiàqú

农村居民点。位于香山街道西北部。东为下中村，南为南塘河，西为舟山路，北为孙武路。面积3.6万平方米。户籍人口207人。因自古村落所处地势低，渠坝多，以舟山村为基准，村落地处上渠南侧，为下，故称下渠。为舟山村第18村民小组（动迁后尚存8户村民）。

西塘村 Xītáng Cūn

农村居民点。位于香山街道西北部。东为东塘村，南为北塘河，西为舟山路，北为环香山路。面积13.7万平方米。户籍人口950人。为舟山村第24、25、26、27、28、29村民小组。

窑头 Yáotóu

农村居民点。位于香山街道西北部。东为舟山花园路，南为舟山，西为舟山，北为北塘河。面积1.8万平方米。户籍人口107人。因明清时村旁有砖窑，故名。为舟山村第13村民小组。

张家场 Zhāngjiāchǎng

农村居民点。位于香山街道西北部。东为陈华，南为陈华路，西为东塘村，北为环香山路。面积3.5万平方米。户籍人口249人。以旧时村前有张姓人家场地而得名。为舟山村第34、35村民小组。

舟山 Zhōushān

农村居民点。位于香山街道西北部。东为舟山花园路，南为孙武路，西为舟山路，北为舟山。面积8万平方米。户籍人口837人（包括西横头、吴家渠）。因地处舟山山麓，故名。为舟山村第9、10、11、12、14村民小组。

舟山西 Zhōushānxī

农村居民点。位于香山街道西北部。东为舟山头，南为舟山村，西为舟山路，北为北塘河。面积2.7万平方米。户籍人口247人。因位于舟山以西，故名。为舟山村第15、16村民小组。

【香山村】 Xiāngshān Cūn

村委会。位于香山街道东部，距街道办事处驻地3千米。管辖范围为东起胥口镇，西至舟山村，南起太湖，北至香山。面积3.5平方千米。户籍人口3775人。村委会驻蒯祥路外塘。下辖蔡家园、石桥头、上胜、寺路上、山地郎、钟家园6个自然村落。又

香山村村委会

名外塘桥和水桥头。1957年12月香山乡撤销并入胥口乡。1958年为胥口人民公社外塘、水桥大队。1983年改建外塘、水桥村委会。2003年11月水桥村、外塘村、花墩村和胥渔村合并建立香山村。2007年7月香山村划入香山街道管辖（除部分外塘、花墩和胥渔村外）。2008年3月19日江苏省政府（苏政）复〔2008〕15号批复，同意将胥口镇的香山村划归香山街道管理。2012年4月将胥口镇箭泾村部分划归香山街道管理。大部分已拆迁，至2014年剩6个自然村，村民安置在花园小区。

蔡家园 Càijiāyuán

农村居民点。位于香山街道东部。东为寺路上，南为孙武路，西为钟家园，北为环香山路。面积2万平方米。户籍人口148人。以蔡姓村民聚居而得名。为香山村第27村民小组。

石桥头 Shíqiáotóu

农村居民点。位于香山街道东部。东为上胜，南为孙武花园，西为寺路上，北为环香山路。面积1.6万平方米。户籍人口142人。以春秋时期吴王南宫旧址石桥而得名。为香山村第23村民小组。

上胜 Shàngshèng

农村居民点。位于香山街道东部。又名上胜村。东为山地郎自然村，南为孙武路，西为石桥头自然村，北为环香山路。面积2.3万平方米。户籍人口245人。因地处春秋时期吴王南宫胜地，故名。为香山村第18、19村民小组。

寺路上 Sìlùshàng

农村居民点。位于香山街道东部。东为石桥头自然村，南为孙武路，西为蔡家园自然村，北为环香山路。面积1.1万平方米。户籍人口97人。因村落建在通往白马寺的路边，故名。为香山村第26村民小组。

山地郎 Shāndìláng

农村居民点。位于香山街道东部。又名山地上。东为香山隧道，南为孙武路，西为山胜自然村，北为环香山路。面积2.3万平方米。户籍人口290人。因村落位于山麓坡地，故名。为香山村第6、7村民小组。

钟家园 Zhōngjiāyuán

农村居民点。位于香山街道东部。东为蔡家园，南为水桥花园，西为亭子头，北为环香山路。面积2.6万平方米。户籍人口254人。以钟姓村民聚居而得名。为香山村第28、29村民小组。

三、社区居委会及居民点

【蒋墩社区】 Jiǎngdūn Shèqū

蒋墩社区居委会

社区居委会。位于香山街道中部偏西，距街道办事处驻地2.5千米。管辖范围为东起郁舍村，西至墅里社区，南起小横山社区，北至舟山村。面积2.8平方千米。户籍人口1860人。居委会驻舟山花园南大门。下辖蒋墩1个自然村落。因位于蒋墩山附近，故名。历史上称蒋墩，1951年属卫湖乡。1956年属香山乡。1959年为胥口乡蒋墩大队。1983年改名蒋墩村。1994年6月划入度假区。1998年4月设立蒋墩社区。

蒋墩 Jiǎngdūn

农村居民点。位于香山街道中部偏西。东为香山花园，南为蒋墩山，西为舟山路，北为新兴路。面积3万平方米。户籍人口215人。因村落在蒋墩山麓，故名。1998年4月为蒋墩社区第1—10居民小组，部分农户动迁，尚存48户。

【长沙社区】 Chángshā Shèqū

长沙社区居委会

社区居委会。位于香山街道西南部，距街道办事处驻地7千米。管辖范围为长沙、叶山、小庭山和老鼠山四岛，长沙岛与叶山岛由太湖大桥连接香山和金庭。面积2.56平方千米。户籍人口1283人。居委会驻长沙南旺。下辖太湖之星、太湖香榭丽花园2个居民住宅小区，南旺、施家湾、徐家湾、西湾4个自然村落。因地处长沙岛，故名。历史上称长沙，1951年属卫湖乡。1956年属香山乡。1959年名胥口乡长沙大队。1983年改名长沙村。1994年6月划入度假区。1996年3月原西山镇叶山村划入度假区。1998年4月叶山村撤村建社区。2005年3月长沙村、叶山社区合并设立长沙社区。

太湖之星 Tàihúzhīxīng

城镇居民点。位于香山街道西南部。东至长沙路，南至湾里山，西至太湖，北至俞旺山。属长沙社区。占地面积1.2万平方米。共352幢别墅，户籍人口400人。以其位于太湖之滨的地理位置及星级住宅而得名。2000年命名。

太湖香榭丽花园 Tàihúxiāngxièlì Huāyuán

城镇居民点。位于香山街道西南部。东、北至太湖，南至叶山新村，西至叶山路。属长沙社区。占地面积1.5万平方米。共48幢别墅，户籍人口120人。以其位于太湖岛屿的地理特征及鲜花盛开香气四溢而得名。2000年命名。

南旺 Nánwàng

农村居民点。位于香山街道西南部。东为南旺山，南为太湖，西为长沙路，北为施家湾自然村。面积3万平方米。户籍人口260人。因村落在南旺山麓，故名。为长沙社区第5、6居民小组。

施家湾 Shījiāwān

农村居民点。位于香山街道西南部。东为太湖，南为南旺，西为长沙路，北为北旺。面积3.5万平方米。户籍人口280人。以施姓村名聚居在太湖边而得名，为长沙社区第3、4居民小组。

徐家湾 Xújiāwān

农村居民点。位于香山街道西南部。东为太湖，南为太湖大桥三号桥，西为叶山路，北为太湖大桥二号桥。面积1万平方米。户籍人口74人。因徐姓人家聚居在太湖湾的村落，故名。为长沙社区第1居民小组。

西湾 Xīwān

农村居民点。位于香山街道西南部。又名徐湾。东为叶山路，南为太湖大桥三号桥，西为太湖，北为平头山。面积1.1万平方米。户籍人口74人。以处叶山岛西部太湖湾而得名。为长沙社区第2居民小组。

【小横山社区】 Xiǎohéngshān Shèqū

小衡山社区居委会

社区居委会。位于香山街道中部偏南，距街道办事处驻地3千米。管辖范围为东起梅舍村，西至蒋墩和墅里社区，南起太湖，北至郁舍村。面积2.6平方千米。户籍人口3384人。居委会驻香山花园东大门。因位于小横山附近，故名。历史上称小横山，1951年属卫湖乡，1956年属香山乡，1959年名胥口乡太湖大队。1983年改名小横山村。1994年6月划入度假区。2007年4月撤销小横山、香山村，合并建立小横山社区。

【墅里社区】 Shùlǐ Shèqū

社区居委会。位于香山街道西部，距街道办事处驻地3.5千米。管辖范围为东起蒋墩社区，南、西至太湖，北至舟山村。面积4.88平方千米。户籍人口2766人。居委会驻舟山路西段。下辖柳汀山庄1个居民住宅小区。以区内的墅里村而得名。1951年属卫

墅里社区居委会

湖乡。1956年属香山乡，1959年名胥口乡墅里大队。1983年改名墅里村，1994年6月划入度假区。1998年4月改设中心社区。2001年10月撤销中心社区和姚舍村，合并成立墅里社区。

柳汀山庄 Liǔtīng Shānzhuāng

城镇居民点。位于香山街道西部。东至环太湖大道南侧规划用地，南至太湖水域及湿地，西至太湖大桥1号桥北堍东侧绿化带，北至环太湖大道南侧绿化带。属墅里社区。占地面积35.61万平方米，建筑面积18.45万平方米。共150幢住宅楼（其中多层4幢，联体别墅62幢，独体别墅84幢）和1幢商用楼，1幢综合房，376户，绿化率60%。以其南濒太湖，地处渔洋山麓等地理位置特点及“柳意泊烟渚”的寓意拟名。2014年命名。

【香山花园社区】 Xiāngshānhuāyuán Shèqū

香山花园社区居委会

社区居委会。位于香山街道中部偏南，距街道办事处驻地3千米。管辖范围为东起姚舍路，西至教场路，南起伍相路，北至蒯祥路。面积0.35平方千米。户籍人口1900人。居委会驻香山花园东大门。下辖香山花园1个居民住宅小区。因社区内有住宅小区香山花园，故名。2012年10月设立香山花园社区。

香山花园 Xiāngshān Huāyuán

城镇居民点。位于香山街道中部偏南。东至姚

舍路，南至伍相路，西至教场路，北至蒯祥路。属香山花园社区。面积3.5万平方米。户籍人口8000人。以附近山名为小区名。2004年命名。

【舟山花园社区】 Zhōushānhuāyuán Shèqū

舟山花园社区居委会

社区居委会。位于香山街道北部，距街道办事处驻地0.5千米。管辖范围为东起香山路，西至李带里，南起北塘路，北至陈华路。面积0.23平方千米。户籍人口460人。居委会驻舟山花园南大门。下辖舟山花园1个居民住宅小区。以辖区舟山村为居委会名。2013年12月设立。

舟山花园 Zhōushān Huāyuán

城镇居民点。位于香山街道北部。东至香山路，南至福音巷及其北侧规划用地和北塘路，西至舟山村李带里自然村，北至陈华路。属舟山花园社区。占地面积23.3万平方米，建筑面积35万平方米。共65幢住宅楼（其中多层51幢、小高层14幢）和2幢综合楼，2339户，户籍人口6000人。以其地处香山街道舟山村的地理位置特点命名。2013年命名。

【渔帆社区】 Yúfān Shèqū

渔帆社区居民委员会

社区居委会。位于香山街道东南部，距街道办事处驻地3千米。管辖范围为东起太湖游客中心，西至长沙岛太湖大桥二号桥，南起环太湖路，北至陈华路。面积0.86平方千米。户籍人口5365人。居委会驻太湖论坛城公建配套用房内。下辖太湖天阕别墅、太湖纯水岸花园、太湖上景花园、伍相花园、太湖汇景花园、梅香雅舍、水泊堂前花园、蔚蓝四季花园8个居民住宅小区。因辖区紧邻太湖，多有渔船、帆船停靠，故名。2015年成立渔帆社区。

太湖天阕别墅 Tàihú Tiānquè Biéshù

城镇居民点。位于香山街道东南部。东至胥香路，南至太湖旅游专线公路，西至渔帆路，北至蒯祥路。属渔帆社区。面积3.33万平方米。户籍人口6人。2004年命名。

太湖纯水岸花园 Tàihú Chúnshuǐ'àn Huāyuán

城镇居民点。位于香山街道东南部。东至白马寺路，南至伍相路，西至香山路，北至蒯祥路。属渔帆社区。占地面积10.33万平方米，建筑面积19.28万平方米。共46幢住宅楼（其中多层15幢、小高层19幢、联体别墅12幢），1621户（套），绿化率38%。以其南部邻近太湖的地理位置特点及具有天然河道的景观特点而得名。2008年命名。

太湖上景花园 Tàihú Shàngjǐng Huāyuǎn

城镇居民点。位于香山街道东南部。东至渔帆路及梅舍路，南至环太湖大道北侧规划用地，西至白马寺路东侧规划用地及梅舍路，北至蒯祥路及其南侧新建道路。属渔帆社区。以梅舍路和蒯祥公园为界，将“太湖上景花园”居民区划分为3个组团区：一区：东至渔帆路，南至环太湖大道北侧规划用地，西至蒯祥公园，北至蒯祥路南侧新建道路；二区：东至蒯祥公园，南至环太湖大道北侧规划用地，西至梅舍路，北至蒯祥路南侧新建道路；三区：东至梅舍路，南至环太湖大道北侧规划用地，西至白马寺路东侧规划用地，北至蒯祥路。占地面积32.38万平方米，建筑面积50.8万平方米。共230幢住宅楼（其中高层10幢、联体别墅80幢、独体别墅140幢）和1幢商用楼，2696户（套），绿化率40%。以其南濒太湖的地理位置特点及“上佳的景致”的寓意拟名。2009年命名。

伍相花园 Wǔxiàng Huāyuán

城镇居民点。位于香山街道东南部。东至梅舍里，南至承祖路，西至太湖论坛城，北至伍相路。属渔帆社区。占地面积10.99万平方米，建筑面积20.14万平方米。共47幢住宅楼（其中多层4幢、小高层19

幢、联体别墅24幢），1813户，绿化率37%。以其北靠伍相路的地理位置特点命名。2012年命名。

太湖汇景花园 Tàihúhuìjǐng Huāyuán

城镇居民点。位于香山街道东南部。东至渔帆路，南至南海路，西至渔帆港，北至蒯祥路以及东至渔帆港，南至南海路，西至梅舍路，北至蒯祥路。属渔帆社区。以渔帆港为界，将“太湖汇景花园”住宅区划分为两个组团区：一区：东至渔帆路，南至南海路，西至渔帆港，北至蒯祥路；二区：东至渔帆港，南至南海路，西至梅舍路，北至蒯祥路。占地面积24.36万平方米，建筑面积51.8万平方米。共30幢高层住宅楼和3幢综合楼，4319户，绿化率37%。以住宅区临近太湖的地理特征及“融汇景致的美丽居所”的寓意拟名。2015年命名。

梅香雅舍 Méixiāng Yǎshè

城镇居民点。位于香山街道东南部。东至沈家泾，南至蒯祥路及其北侧规划用地，西至梅舍路东侧规划道路及蒯祥路北侧规划用地，北至孙武路。属渔帆社区。占地面积5.72万平方米，建筑面积12.7万平方米。共13幢高层住宅楼和1幢综合楼，748户，绿化率38%。以其南邻梅舍村区域的地理位置及栽植梅树的景观特征，取“品悠远梅香，栖雅致居所”的寓意拟名。2016年命名。

水泊堂前花园 Shuǐpōtángqián Huāyuán

城镇居民点。位于香山街道东南部。东至梅舍西河，南至市巷港，西至香山路及其东侧规划用地，北至伍相花园及其南侧规划用地。属渔帆社区。占地面积8.15万平方米，建筑面积14.28万平方米。共34幢住宅楼（其中联体别墅21幢、中高层13幢）和1幢综合楼，982户，绿化率37.06%。以其东临梅舍西河，南依市巷港的地理特征，取“临水而筑的美丽居所”的寓意拟名。2017年命名。

蔚蓝四季花园 Wèilán Sìjì Huāyuán

城镇居民点。位于香山街道东南部。分三个组团区：一区：东至白马寺路规划向北延伸段，南至蒯祥路北侧绿化带，西至香山路东侧新建道路，北至北塘河南侧新建道路；二区：东至香山路东侧新建道路，南至蒯祥路北侧绿化带，西至香山路东侧绿化带，北至蒯祥路北侧新建道路；三区：东至香山路东侧新建道路，南至香山路东侧规划用地，西至香山路东侧绿化带，北至北塘河南侧新建道路。属渔帆社区。占地面积17.33万平方米，建筑面积48.39万平方米。共31幢住宅楼（其中中高层15幢、高层16幢），15幢商住楼（其中中高层6幢、高层9幢）和4幢多层综合楼，1幢综合房，1幢多层商用楼，3430户，绿化率35.1%。以“仰蔚蓝天色，拥清新四季，栖美丽居所”的寓意拟名。2018年命名。

【水桥花园社区】 Shuǐqiáohuāyuán Shèqū

水桥花园社区居委会

社区居委会。位于香山街道北部，距街道办事处驻地0.6千米。管辖范围为东起普济河，西至香山路，南起孙武路，北至陈华路向东延伸段。面积2.7平方千米。户籍人口3000人。居委会驻水桥花园东大门公建用房内。下辖水桥花园1个居民住宅小区。因社区内有住宅小区水桥花园，故名。2018年1月设立。

水桥花园 Shuǐqiáo Huāyuán

城镇居民点。位于香山街道北部。东至普济河，南至孙武路北侧绿化带，西至香山路，北至陈华路延伸段。属水桥花园社区。占地面积27.04万平方米，建筑面积71.05万平方米。共45幢高层住宅楼和2幢综合楼，4059户，绿化率49.4%。以住宅区紧邻水桥且地处香山村原水桥自然村区域的地理位置特点而得名。2015年命名。

【渔洋社区】 Yúyáng Shèqū

渔洋社区居委会

社区居委会。位于香山街道南部，距街道办事处驻地2.5千米。管辖范围为东起香山路，西至教场路与承祖路与二妃路交汇及天镜路与天镜路向南延伸段，南起烟波路，北至蒯祥路。面积0.355平方千米。户籍人口1330户，4222人。居委会驻梅香雅舍公建配套用房内。下辖碧瀛谷别墅、太湖城仕公寓、太湖高尔夫山庄、观澜四季佳苑、孙武花园5个居民住宅小区。2018年10月设立。

碧瀛谷别墅 Bìyínggǔ Biéshù

城镇居民点。位于香山街道南部。东至环太湖大道与舟山路交叉口，南至环太湖大道，西至渔洋山景区，北至渔洋山。属渔洋社区。占地面积2万平方米。户籍人口150人，共52幢别墅。2002年命名。

太湖城仕公寓 Tàihú Chéngshì Gōngyù

城镇居民点。位于香山街道南部。东至墅里路，南至环太湖大道北侧新建道路，西至舟山路，北至香山街道办事处及其北侧规划道路。属渔洋社区。占地面积3.71万平方米，建筑面积12.10万平方米。共7幢高层住宅楼，1330户（套），绿化率44.1%。以其临近太湖的地理位置特点及“事业成功人士在太湖边休养生息之所”的寓意拟名。2009年命名。

太湖高尔夫山庄 Tàihú Gāo'ěrfū Shānzhuāng

城镇居民点。位于香山街道南部。东至教场路及苏州太湖山水国际高尔夫球场办公区，南至环太湖大道，西至苏州太湖山水国际高尔夫球场，北至苏州太湖山水国际高尔夫球场。属渔洋社区。占地面积28.36万平方米，建筑面积6.73万平方米。共116幢独体别墅，绿化率65%。因南临太湖，其余三面环苏州太湖山水国际高尔夫球场及依“上蒋山”而建，故名。2005年命名。

观澜四季佳苑 Guānlán Sìjì Jiāyuàn

城镇居民点。位于香山街道南部。以伍相路为界，划分为“观澜四季佳苑南区、北区”两个组团区。南区：东至东浜河，南至承祖路，西至姚舍路东侧绿化带，北至伍相路；北区：东至香山实验小学，南至伍相路，西至天镜路，北至香山实验小学。属渔洋社区。占地面积17万平方米，建筑面积39.28万平方米。共73幢住宅楼，2幢中高层商住楼，2幢高层商住楼，3幢多层商用楼和1幢多层综合楼，2248户，绿化率35%。以其紧邻河道的地理特征，取“赏潋滟水韵，品四季人生，栖美丽居所”的寓意拟名。2018年命名。

孙武花园 Sūnwǔ Huāyuán

城镇居民点。位于香山街道南部。东至梅香雅舍，南至孙武路，西至启丰路，北至陈华路。占地面积11.86万平方米，建筑面积28.98万平方米。共21幢高层住宅楼和1幢多层综合楼，1768户，绿化率46.34%。以其紧邻孙武路的地理位置特点而得名。2018年命名。暂未成立社区，实行自我管理。

四、历史地名

【村委会】

【叶山村】 Yèshān Cūn

村委会。位于香山街道西南部，距街道办事处驻地9千米。管辖范围为西至太湖，南起西山岛，北至长沙岛。面积0.2平方千米。户籍人口230人。以叶姓人家聚居而得名。1959年为金庭人民公社叶山大队。1983年改为叶山村，下辖4个村民小组。1998年撤村建立叶山社区。2005年3月撤销长沙村和叶山社区建制，合并建立长沙社区。2007年划入香山街道。

【水桥村】 Shuǐqiáo Cūn

村委会。位于香山街道中部偏东，距街道办事处驻地2千米。管辖范围为东起外塘，西至陈华，南起梅舍，北至香山山脉。面积1.7平方千米。户籍人口1707人。因位于水桥自然村，故名。俗名水桥，1959年为胥口人民公社水桥大队。1983年改建水桥村，村委会驻水桥头自然村。2008年撤销水桥村建制，与外塘村合并建立香山村。2007年划入香山街道。

【外塘村】 Wàitáng Cūn

村委会。位于香山街道东部，距街道办事处驻地3千米。管辖范围为东起胥口镇，西至梅舍，南起太湖，北至香山山脉。面积1.8平方千米。户籍人口1922人。因村落在南宫塘外塘河，故名。1959年为胥口人民公社外塘大队。1983年改为外塘村。2008年撤销外塘村建制，与水桥村合并建立香山村。2007年划入香山街道。

【陈华村】 Chénhuá Cūn

村委会。位于香山街道北部，距街道办事处驻地1千米。管辖范围为东起水桥，西至塘村，南起舟山，北至穹窿山。面积2平方千米。户籍人口1148人。相传古时村内有一陈姓大户，住宅豪华，群众俗称“陈华”。村委会驻张家场。1959年为光福人民公社陈华大队。1983年改为陈华村。2003年11月撤销陈华村，合并建立舟山村。2006年4月划入香山街道。

【姚舍村】 Yáoshè Cūn

村委会。位于香山街道中部偏东，距街道办事处驻地2.5千米。管辖范围为东起梅舍，西至蒋墩，南起小横山，北至郁舍。面积0.8平方千米。户籍人口1712人。因姚姓人家聚居村落，故名。1959年为姚舍大队。1983年改名姚舍村。原村委会驻范家兜。2001年10月撤销姚舍村建制，一分为二分别并入郁舍村和墅里社区。

【塘村】 Táng Cūn

村委会。位于香山街道西北部，距街道办事处驻地2千米。管辖范围为东起陈华村，西至黄渠自然村，南起舟山，北至穹窿山。面积2平方千米。户籍人口1333人。因村落在塘河边，故名。村委会驻西塘村。1959年为光福人民公社塘村大队。1983年改为塘村村。2003年11月撤销塘村建制，合并建立舟山村。2006年4月划入香山街道。

【黄渠村】 Huángqú Cūn

村委会。位于香山街道西部，距街道办事处驻地2.5千米。管辖范围为东起舟山，西至太湖，南起蒋墩，北至光福机场。面积2平方千米。户籍人口1312人。因自古地势低洼黄泥渠坝多，群众俗称黄渠。村委会驻黄渠里自然村。1959年为光福人民公社黄渠大队。1983年改名黄渠村。2003年11月撤销黄渠村建制，合并建立舟山村。2006年4月划入香山街道。

【农村居民点】

外塘桥 Wàitángqiáo

农村居民点。位于香山街道东部。东为太湖游客中心，南为涧上，西为炙渔桥，北为孙武路。为香山村第8、9、10村民小组。面积2.7万平方米。户籍人口70户，260人。因村落位于枕河南宫塘外塘河外塘桥旁，故名。2014年动迁消亡。

下陈村 Xiàchén Cūn

农村居民点。位于香山街道东部。东为西蔡，南为马家村，西为陆家弄，北为陈华。为香山村第31村民小组。户籍人口34户，121人。因村落位于陈华村的南部，故名。2014年动迁消亡。

水桥头 Shuǐqiáotóu

农村居民点。位于香山街道东部。东为河家浜，南为赵家岸，西为三节桥自然村，北为蔡带里自然村。为香山村第36村民小组。户籍人口83户，272人。因村落位于南宫塘历史古桥水桥头，故名。2014年动迁消亡。

西蔡村 Xīcài Cūn

农村居民点。位于香山街道东部。东为河家浜，南为后塘桥，西为下陈，北为钟家园。为香山村第30村民小组。面积1万平方米。户籍人口25户，88人。以蔡姓人家聚居而得名。2010年动迁消亡。

三节桥 Sānjiéqiáo

农村居民点。位于香山街道东部。东为水桥头，南为蒯祥路，西为后塘桥，北为孙武路。为香山村第35村民小组。面积2万平方米。户籍人口38户，137人。以所处清咸丰年间“清律节妇”建的三节桥附近而得名。2014年动迁消亡。

蔡带里河西 Càidàilǐhéxī

农村居民点。位于香山街道东部。东为蔡带里东，南为水桥头，西为马家村，北为孙武路。为香山村第24村民小组。面积2.3万平方米。户籍人口51户，225人。以蔡姓人家聚居得名。2014年动迁消亡。

庄上 Zhuānglāng（方言读音）

农村居民点。位于香山街道东部。东为三节桥自然村，南、西为郁舍自然村，北为后塘桥。为香山村第34村民小组。户籍人口35户，120人。2014年动迁消亡。

中和桥 Zhōnghéqiáo

农村居民点。位于香山街道东部。东为外塘桥，南为蒯祥路，西为河家浜，北为孙武路。为香山村第21村民小组。户籍人口25户，96人。因村中有石桥

"中和桥"，故名。2014年动迁消亡。

庄里村 Zhuānglǐ Cūn

农村居民点。位于香山街道东部。东为小旱泾河，南为外塘桥自然村，西为中和桥自然村，北为孙武路。为香山村第16、17村民小组。面积2.2万平方米。户籍人口56户，200人。以形成聚落的村庄而得名。2014年动迁消亡。

沈家泾 Shěnjiājīng

农村居民点。位于香山街道东部。东为中和桥，南为孙武路，西为河家浜，北为上胜。为香山村第20村民小组。面积1.1万平方米。户籍人口28户，105人。因沈姓人家聚居村落，又在河边，故名。2012年动迁消亡。

后塘桥 Hòutángqiáo

农村居民点。位于香山街道东部。东为三节桥自然村，南为庄上，西为马家村，北为西蔡自然村。为香山村第33村民小组。户籍人口59户，209人。以处春秋时期吴王南宫塘古桥后的位置而得名。2012年动迁消亡。

马家村 Mǎjiā Cūn

农村居民点。位于香山街道东部。东为后塘桥自然村，南为郁舍自然村，西为西沚自然村，北为下陈自然村。为香山村第32村民小组。面积2万平方米。户籍人口46户，165人。以马姓人家聚居而得名。2014年动迁消亡。

涧上 Jiànlāng（方言读音）

农村居民点。位于香山街道东部。东为胥香路，南为杨坡，西为渔帆，北为外塘桥。为香山村第11村民小组。面积1万平方米。户籍人口19户，80人。因村落位于山涧边，故名。2013年动迁消亡。

河家浜 Héjiābāng

农村居民点。位于香山街道东部。东为中和桥自然村，南为渔帆自然村，西为水桥自然村，北为孙武路。为香山村第22村民小组。面积1.36万平方米。户籍人口42户，140人。因村落位于河边，故名。2012年动迁消亡。

杨坡上 Yángpōlāng（方言读音）

农村居民点。位于香山街道东部。东为胥香路，南为太湖，西为渔帆自然村，北为涧上自然村。为香山村第12、13、14、15村民小组。面积3.5万平方米。户籍人口80户，350人。因村落近太湖，湖边有一片杨树山坡，故名。2013年动迁消亡。

蔡带里河东 Càidàilǐhédōng

农村居民点。位于香山街道东部。东为河家浜自然村，南为水桥头自然村，西为蔡带里西，北为孙武路。为香山村第24、25村民小组。面积2.46万平方米。户籍人口51户，225人。以蔡姓人家聚居而得名。2011年动迁消亡。

赵家岸 Zhàojiā′àn

农村居民点。位于香山街道东部。东为梅舍路，南为香山运河，西为三节桥自然村，北为北塘河。属香山村。面积0.61万平方米。户籍人口8户，28人。2011年动迁消亡。

西沚村 Xīzhǐ Cūn

农村居民点。位于香山街道西北部。东为马家村，南为郁舍，西为下溇，北为孙武路。为舟山村第20村民小组。面积2.8万平方米。户籍人口67户，253人。因村落四周都是河，故名。2014年动迁消亡。

陆家弄 Lùjiālòng

农村居民点。位于香山街道西北部。东为钟家园自然村，南为陈华路，西为陈华自然村，北为环香山路。为舟山村第34村民小组。面积1.8万平方米。户籍人口40户，137人。以陆姓人家聚居而得名。2014年动迁消亡。

下中村 Xiàzhōng Cūn

农村居民点。位于香山街道西北部。旧称下溇、下钟。东为西沚自然村，南为南塘河，西为下渠自然村，北为孙武路。为舟山村第19村民小组。面积3.4万平方米。户籍人口97户，293人。因村落位于舟山下的河边，故名。2014年动迁消亡。

姚舍 Yáoshè

农村居民点。位于香山街道中部。东为金家堂，南为小横山，西为蒋墩村，北为郁舍村。为姚舍村第1、2、3、4、5、6、7、8、9、10村民小组。面积15万平方米。户籍人口298户，1263人。以姚姓人家聚居村落而得名。俗称姚社，1956年改名姚舍。2014年动迁消亡。

金家堂 Jīnjiātáng

农村居民点。位于香山街道中部。东为香山路，南为伍相路，西为姚舍，北为郁舍。为郁舍村第4村民小组。户籍人口30户，100人。以金姓人家聚居及金家祠堂而得名。2013年动迁消亡。

苏家桥南 Sūjiāqiáonán

农村居民点。位于香山街道中部。东为后塘桥自然村，南为姚舍自然村，西为蒋墩自然村，北为西沚自然村。面积12万平方米。户籍人口262户，975人。2013年动迁消亡。

梅舍里西 Méishèlǐxī

农村居民点。位于香山街道东南部。东为渔帆自然村，南为前头村，西为伍相路，北为水桥头自然村。为梅舍村第6、7、10、11、12村民小组。面积7.8万平方米。户籍人口151户，671人。因相传汉梅福为吴门卒尉，其后居此故名。俗称梅社，1956年改名梅舍。2013年动迁消亡。

渔帆 Yúfān

农村居民点。位于香山街道东南部。东为杨坡自然村，南为太湖，西为梅舍里自然村，北为河家浜自然村。为梅舍村第1、2、3、4、5、13村民小组。面积8.3万平方米。户籍人口179户，737人。因村落近太湖湖湾，常有许多渔船停泊，渔船帆影点点，故名。2009年动迁消亡。

前头村 Qiántóu Cūn

农村居民点。位于香山街道东南部。东为渔帆，南为太湖，西为市巷，北为梅舍里。为梅舍村第8村民小组。面积16.2万平方米。户籍人口33户，136人。因位于梅舍里村之南（前头），故名。2014年动迁消亡。

三家村 Sānjiā Cūn

农村居民点。位于香山街道东南部。东为梅舍里自然村，南为东杨自然村，西为象岸上自然村，北为伍相路。为梅舍村第9村民小组。面积1.62万平方米。户籍人口43户，168人。因村落中先有顾、徐、王三姓三户人家聚居，故名。2013年动迁消亡。

象岸上 Xiàng´ànlāng（方言读音）

农村居民点。位于香山街道中部偏南。东、北为梅舍，南、西为市巷。为小横山社区第10居民小组。面积1.3万平方米。户籍人口35户，124人。因所在村落地势较高，形状如岸，故名。2012年动迁消亡。

西庄 Xīzhuāng

农村居民点。位于香山街道中部偏南。东为东村，南为太湖，西为陈家社，北为小横山。为小横山社区第16、17、18、19、20居民小组。户籍人口175户，694人。因拆迁地名消亡。

北张 Běizhāng

农村居民点。位于香山街道中部偏南。东、南为小横山，西为教场里，北为姚舍自然村。为小横山社区第3居民小组。面积1.32万平方米。户籍人口34户，144人。因位于小横山北部，又是张姓人家聚居村落，故名。2013年动迁消亡。

南山头 Nánshāntóu

农村居民点。位于香山街道中部偏南。东为市巷，南为西庄，西为唐武村，北为小横山。为小横山社区第4居民小组。面积1.42万平方米。户籍人口34户，140人。因位于小横山南面，故名。2013年动迁消亡。

陈家社 Chénjiāshè

农村居民点。位于香山街道中部偏南。东为西庄自然村，南为太湖，西为顾家河自然村，北为唐武村。为小横山社区第8、9居民小组。面积2.64万平方米。户籍人口68户，287人。以陈姓人家聚居村落而得名。2013年动迁消亡。

市巷 Shìxiàng

农村居民点。位于香山街道中部偏南。东为梅舍自然村，南为太湖，西为西庄自然村，北为郁舍自然村。为小横山社区第11、12、13、14居民小组。面积6.8万平方米。户籍人口135户，563人。因位于太湖商业码头，早先有较多的东、西山杨梅行、鱼行等，一度市场繁荣，故名。2014年动迁消亡。

东杨 Dōngyáng

农村居民点。位于香山街道中部偏南。东为前头村自然村，南为太湖，西为市巷自然村，北为象岸上自然村。为小横山社区第13居民小组。户籍人口10户，40人。以所居村头（太湖边）有大杨树而得名。2011年动迁消亡。

唐武村 Tángwǔ Cūn

农村居民点。位于香山街道中部偏南。又名唐涧头。东为陈家社自然村，南为太湖，西为唐墓自然村，北为蒋墩山。为小横山社区第5、6、7居民小组。面积5.5万平方米。户籍人口133户，555人。以形成村落年代（唐武则天年间）而得名。2014年动迁消亡。

山西 Shānxī

农村居民点。位于香山街道中部偏南。东为小横山，南为陈家社自然村，西为唐武村，北为教场里自然村。为小横山社区第3居民小组。面积1.5万平方米。户籍人口34户，143人。因位于小横山西部，故名。2013年动迁消亡。

东村 Dōng Cūn

农村居民点。位于香山街道中部偏南。东为市巷自然村，南为太湖，西为西庄自然村，北为承祖路。为小横山社区第15居民小组。户籍人口49户，199人。因位于西庄村东首，故名。2013年动迁消亡。

小横山 Xiǎohéngshān

农村居民点。位于香山街道中部偏南。东为市巷自然村，南为南山头自然村，西为山西自然村，北为北张自然村。属小横山社区第1、2居民小组，户籍人口110户，464人。2014年动迁消亡。

南头村 Nántóu Cūn

农村居民点。位于香山街道中部偏南。东为东村自然村，南为太湖，西为陈家社自然村，北为小横山社区。面积6.9万平方米。户籍人口175户，694人。2014年动迁消亡。

水潭头 Shuǐtántóu

农村居民点。位于香山街道中部偏南。东为市巷自然村，南为南山头自然村，西为山西自然村，北为北张自然村。面积4.5万平方米。户籍人口110户，464人。2014年动迁消亡。

新东村 Xīndōng Cūn

农村居民点。位于香山街道中部偏南。东为市巷自然村，南为太湖，西为香山路，北为承祖路。面积1万平方米。户籍人口20户，50人。属小横山社区。因是位于西庄村东部的村庄，故名。2014年动迁消亡。

香山村 Xiāngshān Cūn

农村居民点。位于香山街道中部偏南。东为梅舍自然村，南为太湖，西为小横山社区，北为郁舍自然村。面积15万平方米。户籍人口1860人。属小横山社区。因村落位于香山之麓，故名。2013年动迁消亡。

菱塘头 Língtángtóu

农村居民点。位于香山街道西部。东为冯港里，南为太湖，西为顾家河，北为渔洋山。为墅里社区第6居民小组。面积1.5万平方米。户籍人口38户，151人。因村边池塘种有菱角，俗称菱塘，故名。2012年动迁消亡。

马坎头 Mǎkǎntóu

农村居民点。位于香山街道西部。东为庙前浜，南为太湖，西为白沙底，北为渔洋山。为墅里社区第10居民小组。面积1.2万平方米。户籍人口27户，121人。因村落位于春秋时期吴国训练水师在歇马山坡附近，故名。2014年动迁消亡。

渔洋里 Yúyánglǐ

农村居民点。位于香山街道西部。东、南、西为渔洋山，北为太湖。为墅里社区第13、14居民小组。面积1万平方米。户籍人口43户，127人。因村落位于渔洋山坞中，故名。2012年动迁消亡。

周家河 Zhōujiāhé

农村居民点。位于香山街道西部。东为马坎头，南为太湖，西为白沙底，北为渔洋山。为墅里社区第11居民小组。面积1.28万平方米。户籍人口29户，129人。因河边住着周姓人家，俗称周家河，故名。2013年动迁消亡。

白沙底 Báishādǐ

农村居民点。位于香山街道西部。东为周家河，南为太湖大桥，西、北为渔洋山。为墅里社区第12居民小组。面积1.36万平方米。户籍人口30户，132人。因位于渔洋山白泥洞和石英砂矿附近，故名。2013年动迁消亡。

唐墓 Tángmù

农村居民点。位于香山街道西部。东为蒋墩自然村，南为顾家河自然村，西为冯港里自然村，北为渔洋山。为墅里社区第1、2、3、4居民小组。面积5.8万平方米。户籍人口144户，591人。因村落位于唐家墓地附近，故名。2014年动迁消亡。

冯港里 Fénggǎnglǐ

农村居民点。位于香山街道西部。东为唐墓，南为顾家河，西为菱塘头，北为渔洋山。为墅里社区第

5居民小组。面积3万平方米。户籍人口60户，245人。因冯姓人家聚居河港边，故名。2013年动迁消亡。

夏家带 Xiàjiādài

农村居民点。位于香山街道西部。东为菱塘头自然村，南为顾家河自然村，西为庙前浜自然村，北为渔洋山。为墅里社区第7居民小组。面积1.2万平方米。户籍人口24户，100人。以夏姓人家聚居而得名。2013年动迁消亡。

顾家巷 Gùjiāxiàng

农村居民点。位于香山街道西部。东为菱塘头自然村，南为太湖，西为庙前浜自然村，北为夏家带自然村。为墅里社区第8居民小组。面积0.82万平方米。户籍人口19户，73人。以顾姓人家聚居而得名。2012年动迁消亡。

庙前浜 Miàoqiánbāng

农村居民点。位于香山街道西部。东为夏家带自然村，南为太湖，西为马坎头自然村，北为渔洋山。为墅里社区第9居民小组。面积2万平方米。户籍人口42户，144人。以所位于胡家庙前河浜位置而得名。2013年动迁消亡。

教场里 Jiàochǎnglǐ

农村居民点。位于香山街道中部偏西。东为小横山，南为唐武村，西为蒋墩山，北为蒋墩。为蒋墩社区第1居民小组。面积1.1万平方米。户籍人口18户，88人。以位于春秋时期吴国将领孙武训练军士的场地而得名。2013年动迁消亡。

后头弄 Hòutóulòng

农村居民点。位于香山街道中部偏西。东为蒯家场，南为香山运河，西为西河沿自然村，北为三角场自然村。面积0.61万平方米。户籍人口11户，50人。2011年动迁消亡。

山后头 Shānhòutóu

农村居民点。位于香山街道中部偏西。东为蒋墩自然村，南为渔洋山，西为太湖，北为黄渠里自然村。为蒋墩社区第12、13、14居民小组。面积3.5万平方米。户籍人口77户，307人。因村落位于渔洋山北部（山后），故名。2014年动迁消亡。

徐家弄 Xújiālòng

农村居民点。位于香山街道中部偏西。东为蒯家场，南为香山运河，西为西河沿自然村，北为三角场自然村。为蒋墩社区第5居民小组。面积0.61万平方米。户籍人口12户，50人。因弄中居住的都是徐氏家族，故名。2013年动迁消亡。

马湾 Mǎwān

农村居民点。位于香山街道西南部。东为长沙路，南为太湖之星，西、北为太湖。为长沙社区第2居民小组。户籍人口18户，68人。以位于俞旺山坞马湾位置而得名。2014年动迁消亡。

湾里 Wānlǐ

农村居民点。位于香山街道西南部。东为太湖之星楼盘，南为宝岛花园楼盘，西、北为太湖。为长沙社区第1居民小组。面积2万平方米。户籍人口41户，177人。以所处山坞湾位置而得名。2013年动迁消亡。

俞旺 Yúwàng

农村居民点。位于香山街道西南部。东为长沙路，南为太湖之星，西为太湖，北为俞旺山。为长沙社区第2居民小组。面积0.68万平方米。户籍人口18户，68人。因村落位于俞旺山麓，故名。2013年动迁消亡。

北旺 Běiwàng

农村居民点。位于香山街道西南部。东为太湖，南为农家乐特色街，西为长沙路，北为太湖。为长沙社区第3居民小组。面积1.63万平方米。户籍人口38户，166人。因村落位于北旺山麓，故名。2013年动迁消亡。

田郎 Tiánláng

农村居民点。位于香山街道西南部。又名田上。东为长沙路，南为太湖之星，西为太湖，北为俞旺山。为长沙社区第2居民小组。面积0.72平方米。户籍人口18户，68人。因村落位于湖岛山间的一片农田里，故名。2013年动迁消亡。

东湾 Dōngwān

农村居民点。位于香山街道西南部。东为太湖，南为太湖，西为叶山路，北为太湖。为长沙社区叶山第2居民小组。面积7500平方米。户籍人口23户，74人。因村落位于叶山东湖湾，故名。2013年动迁消亡。

第八节　太湖街道

一、概 况

太湖街道 Tàihú Jiēdào

乡级行政区。位于吴中区南部，距吴中区人民政府政府驻地6千米。辖区面积25.9平方千米。常住人口1.84万人。东南至吴中区边界，与吴江区隔太湖相望，西至苏旺路，与横泾街道相接，北至沪常高速公路，与越溪街道接壤。街道办事处暂设龙翔路777号。

2018年9月，以越溪街道木林、融湾、颐湾3个社区居委会区域和龙翔、珠村2个社区位于沪常高速公路以南的部分区域，设立太湖街道。2018年末，辖融湾、颐湾2个社区居委会。

太湖街道办事处

二、社区居委会及居民点

【融湾社区】 Róngwān Shèqū

融湾社区居委会

社区居委会。位于太湖街道中部偏东，距街道办事处驻地3.1千米。管辖范围为东起环湖西路（规划暂用名），西至苏州湾大道，南起松陵大桥北堍，北至君益街。面积0.048平方千米。户籍人口762人。居委会驻珺未来花苑一期14幢西侧一楼。下辖苏州湾湖畔花园、珺未来花苑2个居民住宅小区。以融合于太湖湖湾的地理位置特点命名。2017年8月设立。

苏州湾湖畔花园 Sūzhōuwānhúpàn Huāyuán

城镇居民点。位于太湖街道中部偏东。东至芙蕖街，南至芙蕖街，西至吴郡路，北至东太湖路。属融湾社区。以其地处苏州湾之畔的地理特征，取“地处苏州湾之畔的美丽居所”的寓意拟名。面积3.34万平方米。共6幢高层住宅楼和1幢多层综合楼，584户，绿化率37%。2016年命名。

珺未来花苑 Jùnwèilái Huāyuàn

城镇居民点。位于太湖街道中部偏东。东至吴郡路，南至东太湖路，西至苏州湾大道，北至君益路。属融湾社区。取“拥有如美玉般璀璨未来之秀丽居所”的寓意拟名。占地面积7.4万平方米。户籍人口1500人。共16幢住宅楼和1幢综合楼，2555户，绿化率37.5%。2015年命名。

【颐湾社区】 Yíwān Shèqū

颐湾社区居委会

社区居委会。位于太湖街道东南部。距街道办事处驻地3.1千米。管辖范围为东起环湖西路（规划暂用名），西至苏州湾大道，南起原博街，北至苏州绕城高速。面积0.15平方千米。户籍人口208人。居委会驻珺未来花苑一期14幢西侧一楼。下辖太湖香颐花园、吴郡半岛花园2个居民住宅小区。以位于太湖之滨，芬芳颐神之处，引万物萌发，善修身养性之意而得名。2017年8月设立。

太湖香颐花园 Tàihúxiāngyí Huāyuán

城镇居民点。位于太湖街道东南部。东至芙蕖街，南至原博街，西至吴郡路，北至君益路。属颐湾社区。以其紧邻太湖水域的地理特征及“芬芳颐神之美丽居所”的寓意拟名。面积3.85万平方米。户籍人口150人。共7幢高层住宅楼和1幢综合楼，764户，绿化率37%。2015年命名。

吴郡半岛花园 Wújùnbàndǎo Huāyuán

城镇居民点。位于太湖街道东南部。东至芙蕖街，南至君益路，西至吴郡路，北至东抢港。属颐湾社区。以西傍吴郡路，区域形似半岛的地理特征而得名。占地面积6.21万平方米，建筑面积21.47万平方米。户籍人口75人。共15幢高层住宅楼和1幢综合楼，1351户，绿化率37%。2015年命名。

第九节 甪直镇

一、概 况

甪直镇 Lùzhí Zhèn

乡级行政区。位于吴中区东部，距吴中区人民政府驻地22千米。东与昆山市张浦镇接壤，东南隔万千湖与昆山市锦溪镇相望，南抱澄湖与吴江区同里镇隔湖而居，西南接郭巷街道，西、西北隔吴淞江与苏州工业园区斜塘、胜浦街道为邻，北隔吴淞江与昆山玉山镇一衣带水。辖区面积76平方千米（不含澄湖水域面积）。户籍人口6.95万人。镇人民政府驻鸣市路21号。

《昆山县志》（明嘉靖十七年刻本）卷四有载："甪直镇，在县西南三十里，与长洲县甫里接境，庐舍相错，或名甫里市。"属全吴乡，为昆山县"六市七镇"之一。据清乾隆《苏州府志》（清乾隆十三年五月刻本）卷第十九载："甪直，去县东五十里，东西口有汛。东属昆山县，旧名甫里，唐陆龟蒙尝居此……按，甫里塘自界浦以西，纵广约里许，故曰甫里。六直浦自界浦以东，有大直、小直、直上泾，而一浦界其其间，南北可通六处，故曰六直浦，属昆山县。俗讹甫里为六直，又讹六为甪，非也。"

明隆庆、万历年间，昆山县甪直镇、长洲县甫里镇合二为一，称作甫里镇，镇域跨长洲、昆山2县。清康熙年间，甫里镇改称甪直镇，镇域跨长洲、昆山2县，分属长洲县依仁乡仁义里、吴宫乡宝座里和昆山县全吴乡。《昆山县志》（清康熙抄本）载："甪直镇，在县西南三十六里，镇本为长洲县，而东栅则昆之馀区阳区地也。"清雍正二年（1724），析长洲县置元和县，甪直镇划入元和县，为该县"二市七镇"之一，镇域跨元和、昆山2县。清雍正三年（1725），析昆山县置新阳县。甪直镇界连元和、昆山、新阳3县。清乾隆中期，在《元和县志》（清乾隆二十六年刻本）卷二和《吴郡甫里志》（清乾隆三十年刻本）里作"六直镇"。之后在清道光《苏州府志》（清道光四年刊本）卷二十八、《昆山县志》（清道光抄本）里又作"甪直镇"。清同治《苏州府志》（清同治十三年刻本）云："甪直镇，县东五十里，有元昆新分防县丞，称东西口有汛……前志列镇。"《甫里志》（清光绪稿本）云："甫里，一名六直，又名甪直。旧志以元界为甫里，昆界为六直，今不复分矣。"民国《吴县志》载："'甪直镇'在元和县界依仁乡仁义里东十九都四十四图；南栅在吴宫乡宝座里下二十都，跨三十八图、三十九图；西栅在下二十都，跨三十六图、四十六图。"

甪直镇人民政府

1912年1月18日，吴、长洲、元和3县合并为吴县，甪直镇属吴县。11月，吴县设甪直乡，甪直镇归其管辖，且为乡署所在地。1929年8月，甪直乡改为甪直区，定为吴县第十区，甪直镇分为东市、南市、西市、中市、西汇5个小镇。时甪直镇为非行政建制集镇，在1930年绘制的《吴县行政区划图》上标为区署所在地。1934年6月，东市、南市、西市、中市、西汇5个小镇合并为镇北、中南2镇。自此至1945年9月，甪直集镇先后为甪直区（吴县第十区）、伪吴县甪直乡、伪吴县第十区（甪直）驻地。1945年9月2日，甪直集镇复为甪直区（吴县第十区）所在地。1947年3月1日，吴县设淞南区，将原甪直区（吴县第十区）的镇北、中南2镇合并成立甫里镇。甪直集镇成为区、镇两级所在地。1948年5月，淞北和淞南2区并为吴淞区，区署仍设在甪直集镇。1949年5月1日，吴县重新设淞南区，甫里镇改为乡，属淞南区，乡政府驻甪直集镇。1950年3月，淞南区改名为甪直区，甫里乡改名为甪直镇（建制镇），属甪直区，镇政府驻甪直集镇。1954年11月，甪直镇升为县直属镇。1956年3月，唯亭、甪直2区并成唯亭区，甪直镇的北郊、西郊划归唯亭区淞南乡，南郊、东郊划归唯亭区张林乡，甪直镇属吴县。

1957年3月，原淞南、张林2乡并为淞南乡，角直镇隶属不变。1960年2月，角直镇与淞南公社（1958年改乡为社）合并，称角直公社。9月，角直公社又改名为淞南公社，角直镇仍为县属镇。1969年初，角直县属镇并入淞南公社。1985年9月，角直撤乡建镇，属吴县。1987年底，角直镇面积46.56平方千米（不含所属澄湖水面）。辖北港、云龙、西横、大厍、淩里、张巷、清江、陶浜、五谷、西潭、蒋浦、凌港、板桥、东关、秀篁、公田、郭巷、陶巷、陆巷、碛砂、西庄、张林、庆丰、田东、西塘、凌塘、光辉、黄楼、南桥、南场、地园、角渔32个行政村和正阳、中和、角清、南汇、建新5个居委会。1995年6月8日，角直镇属吴县市。

2000年12月31日，角直镇属吴中区。2003年末，角直镇辖角清、正阳、中和、建新、南汇5个居委会和淞南、淞港，淞浦，澄北、澄湖、澄东、甫里、甫南、甫港、甫田10个村委会。2004年2月2日，江苏省政府（苏政复〔2004〕16号）《省政府关于调整苏州市吴中区部分行政区划的批复》：“同意撤销角直镇、车坊镇建制，以原角直镇行政区域和原车坊镇的车坊居委会及江湾、朝前、鄂田、旺浜、华云、前港、三姑、马塔、湖滨、澄湖、长巨、瑶盛、李家、金园、大仓、横港、车渔17个村委会区域合并设立新的角直镇，镇政府驻角直。行政区划调整后，角直镇辖6个居委会、49个村委会。”7月，角清、正阳、中和、建新、南汇5个居委会合并成立保圣社区居委会，甫里村改为甫里社区居委会。10月11日，江苏省政府批准同意将吴中区角直镇车坊居委会和朝前、横巷、李家、大仓、金园、鄂田、旺浜、华云、车渔9个村划归苏州市娄葑镇管辖。2006年将吴中经济开发区车坊办事处并入角直镇，设角直镇车坊办事处。2009年末，角直镇辖淞南、淞港、淞浦、澄北、澄湖、澄东、甫南、甫港、甫田、前港、湖滨、三马、长巨、瑶盛、江湾、澄墩16个村委会和甫里、保圣2个社区居委会。2018年末，隶属、辖区不变。

二、村委会及居民点

【淞南村】 Sōngnán Cūn

村委会。位于角直镇北部，距镇人民政府驻地

淞南村村委会

2千米。管辖范围为东起昆山市张浦镇南港社区，西至吴淞江，南起苏沪机场路（角直大道），北至吴淞江。面积6.2平方千米。户籍人口1250户，4726人。村委会驻大厍自然村。下辖东千亩潭、大厍、枫庄、孔家港、西江浜、云龙6个自然村落，富丽新村1个居民住宅小区。以地处吴淞江南岸而得名。2003年11月撤北港村、云龙村、西横村、娄里村、大厍村，合建淞南村村民委员会。2005年评为江苏省文明村、江苏省卫生村。2007年评为江苏省生态村。2010年评为江苏省新农村建设示范村。

东千亩潭 Dōngqiānmǔtán

农村居民点。位于角直镇北部。东为昆山市南港镇，南为肖家桥自然村，西为大厍自然村，北为红桥自然村。因位于千亩潭（湖荡）东边，故名。1983年属北港村。2003年11月并入淞南村。

大厍 Dàshè

农村居民点。位于角直镇北部。东为澄湖花园，南为角直大道，西为淞南路，北为富民路。因相传吴王夫差在甫里北建造行宫，当时很多工匠住此，形成较大村落，故名。1983年属大厍村。2003年11月并入淞南村。

枫庄 Fēngzhuāng

农村居民点。位于角直镇北部。东为枫庄路，南为翔里自然村，西为西横自然村，北为苏州绕城高速公路东线。因传说春秋时吴王夫差在此建行宫“梧桐园”，内有大片枫林，故名。1983年属大厍村。2003年11月并入淞南村。

孔家港 Kǒngjiāgǎng

农村居民点。位于角直镇北部。东为团结河，南为淞南生态农庄，西为淞浦路，北为苏州绕城高速东线。因孔姓人家居于港边，故名。1983年属云龙村。2003年11月并入淞南村。

西江浜 Xījiāngbāng

农村居民点。位于角直镇北部。东为苏州绕城东线，南为西横自然村，西为吴淞江，北为吴淞江。1983年属西横村。2003年11月并入淞南村。

云龙 Yúnlóng

农村居民点。位于角直镇北部。东为昆山市张浦镇安头村，南为孔家港自然村，西为吴淞江，北为吴淞江。相传春秋时，吴王夫差在甫里镇北建行宫，此处是木匠们雕梁画栋之所，因柱子多刻云龙图案，故名。2003年11月并入淞南村。

富丽新村 Fùlì Xīncūn

城镇居民点。位于角直镇北部。东至淞南村北港自然村农田，南至澄湖花园（居民区北侧河道），西至角直镇淞南农民公园，北至淞南老年公寓。属淞南村。占地面积3.475万平方米，建筑面积3.4万平方米。共131幢独立别墅，绿化率20%。取富裕美丽的寓意拟名。2006年命名。

【淞港村】 Sōnggǎng Cūn

淞港村村委会

村委会。位于角直镇西部，距镇人民政府驻地5千米。管辖范围为东起甫港村，西至石泾江，南起淞浦村，北至吴淞江。面积5平方千米。户籍人口859户，3101人。村委会驻凌港村中心路北首。下辖凌港、双板桥、谈村里、西潭4个自然村落。因辖区毗邻吴淞江，取“吴淞江”“凌港村”各一字组合命名。2003年11月撤板桥村、凌港村、西潭村合建淞港村。2005年被评为苏州市文明村。

凌港 Línggǎng

农村居民点。位于角直镇西部。东为角胜路，南为角直大道，西为横泾浜自然村，北为东港浪。因凌姓村民居于河港两岸，故名。1983年属凌港村。2003年11月并入淞港村。

双板桥 Shuāngbǎnqiáo

农村居民点。位于角直镇西部。东为凌港自然村，南为外浜自然村，西为吴淞江，北为角直大道。因村中有两座木板桥，故称双板桥。1983年属板桥村。2003年11月并入淞港村。

谈村里 Táncūnlǐ

农村居民点。位于角直镇西部。东为东港浪自然村，南为角直大道，西为吴淞江，北为吴淞江。因村内有两处用于祭祀的高坛，故名坛村，后讹为谈村。1983年属板桥村。2003年11月并入淞港村。

西潭 Xītán

农村居民点。位于角直镇西部。东为吴淞江，南为角直大道，西为角胜路，北为吴淞江。因在千亩潭（已填埋建成汽车交易市场）西，故名。1983年属西潭村。2003年11月并入淞港村。

【淞浦村】 Táncūnlǐ

淞浦村村委会

村委会。位于角直镇西部。距镇人民政府驻地3.5千米。管辖范围为东起甫港村，西至吴淞江，南起三马村，北至角直大道与淞港村。户籍人口815户，2737人。下辖陈家潭、蒋浦、秀篁殿、外浜4个自然村落。因位于吴淞江边，取“吴淞江”与“蒋浦村”各一字组合命名。2003年11月撤蒋浦村、东关村、秀篁村建淞浦村。至2010年先后获得江苏省管理民主示范村、江苏省卫生村、江苏省生态村、苏州市先锋村荣誉称号。

陈家潭 Chénjiātán

农村居民点。位于角直镇西部。东为佳马路，南为南塘村，西为凌港路，北为角直大道。因村边有水潭，早期有陈姓人家聚潭边而居，故名。原属蒋浦村。2003年12月并入淞浦村。

蒋浦 Jiǎngpǔ

农村居民点。位于角直镇西部。东为五谷村，南为秀篁殿，西为凌港，北为西潭村。因河浦穿村而过连接吴淞江，村中蒋姓人家聚居，故名。1983年属蒋浦村。2003年12月蒋浦村、东关村、秀篁村合并为淞浦村。

秀篁殿 Xiùhuángdiàn

农村居民点。位于角直镇西部。东为公田村，南为公田村，西为马塔村，北为阖闾塘。因相传春秋时吴王阖闾在“宫殿浪”建行宫，在西北侧遍植竹子花草，称秀篁殿。故名。1983年属秀篁村。2003年11月并入淞浦村。

外浜 Wàibāng

农村居民点。位于角直镇西部。东为席墟浦，南为东方大道，西为吴淞江，北为里浜。2003年12月并入淞浦村。

【澄北村】 Chéngběi Cūn

澄北村村委会

村委会。位于角直镇西南部，距镇人民政府驻地4千米。管辖范围为东起澄湖村，西至甫田村，南起澄湖，北至阖闾塘。面积2.7平方千米。户籍人口729户，2545人。村委会驻陶巷自然村。下辖长腰浜、柴积浜、枪岸上、支家堰4个自然村落。因位于澄湖北岸，故名。2003年11月撤磺砂村、陶巷村，合建澄北村。2009年被评为江苏省卫生村。

长腰浜 Chángyāobāng

农村居民点。位于角直镇西南部。原名“长安浜”。东为清小江，南为苏州绕城高速南线，西为清砂路，北为阖闾塘。因村上多李姓人家，传说唐代李室宗亲因避祸而居于此，以回望长安、收复李家王朝之意，后讹为长腰，故名。2003年11月并入澄北村。

柴积浜 Cháijībāng

农村居民点。位于角直镇西南部。东为陶巷，南为湖滨路，西为席墟浦，北为绕城高速。相传春秋时，吴王阖闾在此附近建造行宫，此处为存放粮草的地方，稻柴堆积如山，故名柴积浜。原属陶巷村。2003年11月并入澄北村。

枪岸上 Qiāngànshàng

农村居民点。位于角直镇西南部。据说，日军侵占角直时，澄湖游击队与其周旋，曾将枪支藏匿于村边河岸的草丛中，后来村民便将村子叫作枪岸上。1983年属陶巷村。2003年11月入澄北村。

支家堰 Zhījiāyàn

农村居民点。位于角直镇西南部。东为湖滨路，南为君安乡村别墅，西为施家浜，北为柴积浜。因村近澄湖，为防水患，筑有堰堤，以支姓村民居多，故名。1983年属陶巷村。2003年11月并入澄北村。

【澄湖村】 Chénghú Cūn

澄湖村村委会

村委会。位于角直镇南部，距镇人民政府驻地5千米。管辖范围为东起光辉村，西至澄北村，南起澄东村，北至甫南村。面积4.5平方千米。户籍人口1136户，4106人。村委会驻张林自然村。下辖北赵潭、包家厍、东庄浜、戈家浜、七圣浜、四戈泾浜、三家村、薛介浜、西庄新村、赵潭新村、周介浜11个自然村落。因辖区毗邻澄湖，故名。2003年11月撤张林村、西庄村，合建澄湖村。2005年评为苏州市社会治安安全村。2007年评为江苏省卫生村、苏州市建设社会主义新农村示范村和民主法治示范村。2008年评为江苏省生态村。

北赵潭 Běizhàotán

农村居民点。位于角直镇南部。东为金澄湖小学，南为湖滨路，西为西庄新村，北为苏沪高速公路。因位于赵潭北面，故名。对应其南则为南赵潭（前赵潭）。原属张林村。2003年11月并入澄湖村。

包家厍 Bāojiāshè

农村居民点。位于角直镇南部。东为东江，南为迎新一路，西为甫澄中路，北为沪常高速。因早期有包姓人家聚居于此，渐成村落，故名。原属张林村。2003年11月并入澄湖村。

东庄浜 Dōngzhuāngbān

农村居民点。位于角直镇南部。东为东江，南为赵潭新村，西为甫澄中路，北为甫南村。因位于张陵山东面河浜，人们沿河浜而居，故名。1983年为张林村第12、13、14、15、16、17、18村民小组。2003年并入澄湖村。

戈家浜 Gējiābāng

农村居民点。位于角直镇南部。东为甫澄中路，南为沪常高速公路，西为西江，北为苏州绕城高速公路出口。因村中有条河浜，住在河浜两岸的杨姓人家和戴姓人家，经常因事摩擦，后经旁人劝说，终于化干戈为玉帛。村民为了纪念这段往事，告诫后人要和睦相处，遂称戈家浜。1983年属张林村。2003年11月并入澄湖村。

七圣浜 Qīshèngbāng

农村居民点。位于角直镇南部。南为四戈泾浜，北为阛阓塘。因村旁原有一座道馆，故名。原属西庄村。2003年11月并入澄湖村。

四戈泾浜 Sìgējīngbāng

农村居民点。位于角直镇南部。又名师姑泾浜。东为角直中学高中部，南为薛家浜，西为西庄港，北为张林港（阛阓塘）。以在河浜内曾发现4件古代兵器（戈）而得名。1983年属西庄村。2003年11月并入澄湖村。

三家村 Sānjiā Cūn

农村居民点。位于角直镇南部。东为迎新住宅，南为苏州绕城高速公路，西为甫澄中路，北为赵潭新村。因初时只有三户人家居于此，故称三家村。1983年属张林村第5村民小组。2003年并入澄湖村。

薛介浜 Xuējièbāng

农村居民点。位于角直镇南部。东为北赵潭，南为官溇里，西为西江，北为四戈泾浜。相传明代村南有官坟，墓主人不想张扬，守坟人居住地叫薛家浜，薛谐音雪，有雪藏"隐姓埋名"之意。原属西庄村。2003年11月并入澄湖村。

西庄新村 Xīzhuāng Xīncūn

农村居民点。位于角直镇南部。东为北赵潭，南为周介浜，西为碛砂村，北为薛介浜。原属西庄村。2003年11月并入澄湖村。

赵潭新村 Zhàotán Xīncūn

农村居民点。位于角直镇南部。东为东江，南为三家村，西为甫澄中路，北为东庄浜。1994年拆前赵潭（南赵潭）移建赵潭新村。原属张林村，2003年11月并入澄湖村。

周介浜 Zhōujièbāng

农村居民点。位于角直镇南部。东为西庄新村，南为澄湖，西为碛砂村，北为西庄新村。原属西庄村。2003年11月并入澄湖村。

【澄东村】 Chéngdōng Cūn

澄东村村委会

村委会。位于角直镇南部，距镇人民政府驻地4千米。管辖范围为东起昆山市大市镇，西至澄湖，南起昆山市锦溪镇袁甸村，北至澄湖村。面积5平方千米。户籍人口1150户，3550人。村委会驻庆丰自然村。下辖东洋里、盖河、后村、何家甸、九千浜、凌塘村、田肚浜、西塘、西洋里9个自然村落。因位于澄湖东侧，故名。2003年11月撤庆丰村、田东村、西塘村、凌塘村，合建澄东村。

东洋里 Dōngyánglǐ

农村居民点。位于角直镇南部。东为田东路，南为界富路，西为西洋里，北为后村。因村傍水塘，水塘东称东洋里，水塘西则称西洋里。1983年属田东村。2003年11月并入澄东村。

盖河 Gàihé

农村居民点。位于角直镇南部。东、南为九千浜，西为甫澄南路，北为田东村。1983年属西塘村。古称盖濠，2003年11月并入澄东村。

后村 Hòu Cūn

农村居民点。位于角直镇南部。东为二砖厂，南为鱼塘，西为东洋里，北为马家浜河。因村落较小，方位靠后，故称后村。属澄东村田东4组。2003年11月并入澄东村。

何家甸 Héjiādiàn

农村居民点。位于角直镇南部。东为角渔村，南为后港桥，西为田肚浜，北为田东村。1983年属田东村。2003年11月并入澄东村。

九千浜 Jiǔqiānbāng

农村居民点。位于角直镇南部。东为万千湖，南为万千湖，西为甫澄南路，北为盖河。因相传南宋时，韩世忠曾在浜内屯兵九千，与金兀术交战于万千湖。村民为了纪念此事，故名。1983年属西塘村。2003年11月并入澄东村。

凌塘村 Língtáng Cūn

农村居民点。位于角直镇南部。原名凌巷塘。东、南为昆山锦溪镇，西为九千浜，北为田东村。2003年11月并入澄东村。

田肚浜 Tiándùbāng

农村居民点。位于角直镇南部。东为何家甸，南为盖河村，西为庆丰村，北为荣加堰。1950年田肚浜村为农联初级社。1959年隶属淞南人民公社十四大队。1983年属田东村。2003年11月并入澄东村。

西塘 Xītáng

农村居民点。位于角直镇南部。东为九千浜，南为锦溪镇，西为金澄湖，北为盖河村。因村落位湖边，又在邻村的西面，故名。1980年7月为角直人民公社西塘生产队。1983年8月选举产生吴县角直乡西塘村村民委员会。2003年11月并入澄东村。

西洋里 Xīyánglǐ

农村居民点。位于角直镇南部。东为田东、东洋里自然村，南为鸿运花园，西为天邻湖景别墅，北为紫竹园小区。因村中有一白洋（水塘），故名，其东为东洋里，其西为西洋里。1983年为庆丰村第6、7、8、9、10、11村民小组。2003年11月并入澄东村。

【甫南村】 Fǔnán Cūn

甫南村村委会

村委会。位于角直镇南部，距镇人民政府驻地1千米。管辖范围为东起昆山市张浦镇南港社区，西至甫港村，南起澄湖村，北至甫里社区。面积3.5平方千米。户籍人口1034户，3891人。村委会驻南场自然村（甫澄中路东侧）。下辖陈家浜、厂滩头、黄家桥、黄泥楼、龙潭、苗积娄、炮台头、金家浜、南厍、钱家娄、汤字圩、石家湾、沈家场、西厍、衙门浜15个自然村落。2003年11月撤光辉村、黄楼村、南桥村、南场村，合建甫南村。先后被评为江苏省卫生村、苏州市先锋村、苏州市示范村。

陈家浜 Chénjiābāng

农村居民点。位于角直镇南部。东为育才路，南为南塘河路，西为晓南路，北为衙门浜。2003年11月并入甫南村。

厂滩头 Chǎngtāntóu

农村居民点。位于角直镇南部。东为育才路，南为南塘河路，西为南塘河，北为吉溪浜。以前村内有一个修船厂的滩头而得名。原属南桥村。2003年11月并入甫南村。

黄家桥 Huángjiāqiáo

农村居民点。位于角直镇南部。东为界浦江，南为金家浜，西为育才路，北为黄泥楼。1983年属黄楼村。2003年11月并入甫南村。

黄泥楼 Huángnílóu

农村居民点。位于角直镇南部。东为界浦江，南为王家桥自然村，西为育才路，北为张家厍。1983年属黄楼村。2003年11月并入甫南村。

龙潭 Lóngtán

农村居民点。位于角直镇南部。东为晓南路，南为鸿达路，西为甫澄路，北为田肚江。1983年属南场村。2003年11月并入甫南村。

苗积娄 Miáojīlóu

农村居民点。位于角直镇南部。东为界浦港，南为汤字圩，西为钱家娄，北为白塘滩。以居于河浜苗积娄旁而得名。1983年属光辉村。2003年11月并入甫南村。

炮台头 Pàotáitóu

农村居民点。位于角直镇南部。东为石家湾，南为田肚港，西为马公河，北为角直古镇。原属南桥村。2003年11月并入甫南村。

金家浜 Jīnjiābāng

农村居民点。位于角直镇南部。东为界浦江，南为钱家娄，西为南塘港，北为黄泥楼。以居于河浜金家浜旁而得名。2003年11月并入甫南村。

南厍 Nánshè

农村居民点。位于角直镇南部。东为晓南路，南为南厍港，西为吴淞路，北为南沙路。原属南场村。2003年11月并入甫南村。

钱家娄 Qiánjiālóu

农村居民点。位于角直镇南部。东为白塘，南为角直塘，西为南塘港，北为金家浜路。以居于河浜钱家溇旁而得名。1983年属光辉村。2003年11月并为入甫南村。

汤字圩 Tāngzìwéi

农村居民点。位于角直镇南部。东为界浦江，南为沪常高速公路，西为南塘港，北为苗积溇。1983年属光辉村。2003年11月并入甫南村。

石家湾 Shíjiāwān

农村居民点。位于角直镇南部。东为南市上塘街，南为衙门浜，西为炮台头，北为正源路。原属南桥村。2003年11月并入甫南村。

沈家场 Shěnjiāchǎng

农村居民点。位于角直镇南部。东为晓南路，南为南沙路，西为西厍村，北为龙潭村。因村中多沈姓人家，故名。1983年属南场村。2003年11月并入甫南村。

西厍 Xīshè

农村居民点。位于角直镇南部。东为沈家场，南为南厍村，西为甫澄路，北为龙潭村。1983年属南场村。2003年11月并入甫南村。

衙门浜 Yáménbāng

农村居民点。位于角直镇南部。东为南市上塘街，南为陈家浜，西为炮台头，北为石家湾。原属南桥村。2003年11月并入甫南村。叶圣陶《多收了三五斗》中的“万盛米行”原型“万顺恒米行”、沈柏寒家族的沈家祠堂，皆在衙门浜福民桥北堍。

【甫港村】 Fǔgǎng Cūn

甫港村村委会

村委会。位于角直镇西部，距镇人民政府驻地2千米。管辖范围为东起甫里社区，西至淞浦村，南起澄北村、甫田村，北至吴淞江。面积4.7平方千米。户籍人口1264户，4179人。村委会驻鸣市路139号。下辖高家浜、韩家浜、南浜、清水港、陶浜、五谷、邹家塘7个自然村落。取角直古称之“甫里”和“清港村”各一字组合命名。2003年10月清港村、陶浜村、五谷村合并为甫港村。

高家浜 Gāojiābāng

农村居民点。位于角直镇西部。东为陶浜，南为孙妃村，西为长虹北路，北为邹家塘自然村。因早先高姓人家聚居于河浜旁，故名。1983年属陶浜村。2003年并入甫港村。

韩家浜 Hánjiābāng

农村居民点。位于角直镇西部。东为清小江，南为东方大道，西为彩虹路，北为陶浜浦。因早期有韩姓人家居在河浜两侧，形成村落后遂名韩家浜。1983年属清港村。2003年10月并入甫港村。

南浜 Nánbāng

农村居民点。位于角直镇西部。东为陶浜浦自然村，南为东方大道，西为陶浜花园，北为东谷新村。属甫港村。因位于陶浜村最南端，故名。

清水港 Qīngshuǐgǎng

农村居民点。位于角直镇西部。东为清小江，南为阖闾塘，西为清砂路，北为东方大道。村东有清江，河水清澈。以前，村庄东北角建有装卸货物的港口码头，故名。1983年属清港村。2003年11月并入甫港村。

陶浜 Táobāng

农村居民点。位于角直镇西部。东为绕城东线，南为东方大道，西为高家浜，北为汇凯路。早时，因该地遍种桃树，故名。后村落逐渐扩大，村民为生计改种水稻，村名也以音讹为陶（稻）浜。1983年为陶浜村。2003年11月并入甫港村。

五谷 Wǔgǔ

农村居民点。位于角直镇西部。东为长虹北路，南为东方大道陆巷湾菜场，西为蒋浦村，北为西潭自然村。因早先村人信佛，又有人从事巫业，故名巫角。中华人民共和国成立后，破除迷信，改称五谷。2003年11月并入甫港村。

邹家塘 Zōujiātáng

农村居民点。位于角直镇西部。东为严家库，南为孙妃村，西为堰里，北为东巫角。因此处有水塘，早期有邹姓人家居于此，故名。1983年属淘浜村第10、11村民小组。2003年11月并入甫港村。

【甫田村】 Fǔtián Cūn

甫田村村委会

村委会。位于角直镇西南部，距镇人民政府驻地3千米。管辖范围为东起澄北村，西至淞浦村，南起澄湖，北至甫港村。面积4.04平方千米。户籍人口760户，2961人。村委会驻原陆巷村村委会。下辖北厍、戴家甸、宫殿郎、龚家浜、郭巷里、陆巷村、马王浜、南浜、南村、施家浜、席墟、杨家湾、邹家塘13个自然村落。2009年村委会迁址甫田广场。取“甫里”与“公田村”各一字组合命名。2003年11月撤公田村、郭巷村、陆巷村，合建甫田村。

北厍 Běishè

农村居民点。位于角直镇西南部。东为陆巷村，南为陆巷村，西为白虎庙港，北为长虹南路。属陆巷最北面的一个村庄，厍方言村庄的意思，故名北厍。1983年属陆巷村。2003年11月并入甫田村。

戴家甸 Dàijiādiàn

农村居民点。位于角直镇西南部。东为宫殿郎自然村，南为杨家湾自然村，西为水旧港，北为淞浦村。因戴姓人家聚居于此，又村中低洼田块多，村庄建房时填土加高，故名。1983年属公田村。2003年11月并入甫田村。

宫殿郎 Gōngdiànláng

农村居民点。位于角直镇西南部。东为陆巷村，南为戴家甸，西为淞浦村，北为东方大道。相传清康熙年间，康熙下江南在该区域建设行宫一座，故名。1983年属公田村。2003年11月并入甫田村。

龚家浜 Gōngjiābāng

农村居民点。位于角直镇西南部。东为湖滨路，南、西为澄湖，北为郭巷新村。因村中有河浜，早期有龚姓人家居住在河浜两岸，故名。1983年属郭巷村。2003年11月并入甫田村。

郭巷里 Guōxiànglǐ

农村居民点。位于角直镇西南部。东为南浜自然村，南为湖滨路，西为郭巷新村，北为苏州绕城高速公路。因村中有水巷，郭姓人家居此，故名。1983年属郭巷村。2003年11月并入甫田村。

陆巷村 Lùxiàng Cūn

农村居民点。位于角直镇西南部。东为长虹南路，南为南村，西为河道，北为北厍。因陆姓人家聚居于此，故名。1983年属陆巷村。2003年11月并入甫田村。

马王浜 Mǎwángbāng

农村居民点。位于角直镇西南部。东为支家堰自然村，南、西为澄湖，北为席墟自然村。因村中有河浜，马姓和王姓的人家聚居于此，故名。1983年属郭巷村。2003年11月并入甪田村。

南浜 Nánbāng

农村居民点。位于甪直镇西南部。东为澄北村，南为施家浜自然村，西为郭巷里自然村，北为苏州绕城高速公路。因位于郭巷里南侧一河浜附近，故名。1983年属郭巷村。2003年11月并入甪田村。

南村 Nán Cūn

农村居民点。位于甪直镇西南部。东为长虹南路，南为苏州绕城高速公路，西为河道，北为陆巷自然村。因位于陆巷村最南端，故名。1983年属陆巷村。2003年11月并入甪田村。

施家浜 Shījiābāng

农村居民点。位于甪直镇西南部。东为支家堰自然村，南为席墟自然村，西为郭巷自然村，北为湖滨路。因早期施姓人家居于河浜两岸，故名。1983年属郭巷村。2003年11月并入甪田村。

席墟 Xíxū

农村居民点。位于甪直镇西南部。东为施家浜，南为澄湖，西为席墟浦，北为湖滨路。因相传在宋代初期村民就以种植席草、编织、交易草席为业，后席草业渐衰，故名。1983年属郭巷村。2003年11月并入甪田村。

杨家湾 Yángjiāwān

农村居民点。位于甪直镇西南部。东为戴家甸自然村，南为苏州绕城高速公路，西为西港河，北为秀篁村。因杨姓人家建舍居于河道两侧，河道弯曲，故名。1983年属公田村。2003年11月并入甪田村。

邹家塘 Zōujiātáng

农村居民点。位于甪直镇西南部。东为长虹南路，南为苏州绕城高速公路，西为南村，北为陆巷自然村。因邹姓人家聚居于此，又临近甪直塘，故名。1983年属陆巷村。2003年11月并入甪田村。

【前港村】 Qiángǎng Cūn

村委会。位于甪直镇西部，距镇人民政府驻地5千米。管辖范围为东起三马村，西至吴淞江，南起湖浜村，北至吴淞江。面积3.2平方千米。户籍人口2567人。村委会驻龚家湾自然村。下辖陈家港、店前、葫芦浜、江滩头、陆庄泾、旗干浜、谈家湾、万古浜、姚家浜、张家潭10个自然村落。取“店前”和“陈家港”两个自然村名中各一字组合命名。1958年为车坊人民公社东升大队。1983年改为前港村。2006年9月并入甪直镇。

前港村村委会

陈家港 Chénjiāgǎng

农村居民点。位于甪直镇西部。东为三马村，南为旗干浜、店前自然村，西为万古浜自然村，北为华云村。以陈姓村民聚居而得名。为前港村第9、10、11、12、13、14、19村民小组。

店前 Diànqián

农村居民点。位于甪直镇西部。东为张家潭自然村，南为湖浜村，西为前港中心村，北为陈家港自然村。为前港村第16村民小组。

葫芦浜 Húlúbāng

农村居民点。位于甪直镇西部。东为陈家港自然村，南为万古浜自然村，西为江滩头自然村，北为陆庄泾自然村。以村落形态如葫芦而得名。面积0.8万平方米。为前港村第7村民小组。

江滩头 Jiāngtāntóu

农村居民点。位于甪直镇西部。东为葫芦浜自然村，南为杨家桥自然村，西为吴淞江，北为陆庄泾自然村。因村落位于吴淞江滩涂，故名。为前港村第5村民小组。

陆庄泾 Lùzhuāngjīng

农村居民点。位于甪直镇西部。东为谈家湾自然村，南为葫芦浜自然村，西为吴淞江，北为东方大道。为前港村第6、7村民小组。

旗干浜 Qígānbāng

农村居民点。位于甪直镇西部。东为龚家湾自然村，南为张家潭自然村，西为店前自然村，北为陈家港自然村。因村落河浜中曾树立有一根高高的旗杆，故名。为前港村第15村民小组。

谈家湾 Tánjiāwān

农村居民点。位于角直镇西部。东为陈家港自然村，南为陈家港自然村，西为陆庄泾自然村，北为东方大道。为前港村第8村民小组。

万古浜 Wàngǔbāng

农村居民点。位于角直镇西部。东为陈家港自然村，南为车坊办事处，西为杨家浜自然村，北为葫芦浜自然村。为前港村第4村民小组。

姚家浜 Yáojiābāng

农村居民点。位于角直镇西部。东为湖浜村，南为长巨村，西为吴淞江，北为杨家桥自然村。为前港村第1、2村民小组。

张家潭 Zhāngjiātán

农村居民点。位于角直镇西部。东为龚家湾自然村，南为湖浜村，西为店前自然村，北为旗干浜自然村。因张姓村民聚居于此而得名。为前港村第17村民小组。

【湖浜村】 Húbāng Cūn

湖浜村村委会

村委会。位于角直镇西部，距镇人民政府驻地5千米。管辖范围为东起澄湖，西至吴淞江，南起澄东村，北至前港村。面积3.9平方千米。户籍人口645户，2845人。下辖长浜里、马家浜、节子浜、田肚浜、横港头、西南湾6个自然村落。因位于澄湖西侧，村内又多河浜，故名。1962年为车坊人民公社十一大队。1969年更名为东华大队。1983年又改名为湖浜村。2006年9月并入角直镇。

长浜里 Chángbānglǐ

农村居民点。位于角直镇西部。东为油车浜，南为东朱家，西为沪常高速，北为前港村。面积5.1万平方米。以一条长浜贯穿村落而得名。为湖浜村第1、2、3、20村民小组。

马家浜 Mǎjiābāng

农村居民点。位于角直镇西部。东为田肚浜自然村，南为长巨村，西为西南湾自然村，北为长浜里自然村。面积4万平方米。以马姓村民聚居而得名。为湖浜村第7、8村民小组。

节子浜 Jiézǐbāng

农村居民点。位于角直镇西部。东为澄湖，南为澄墩村。以节约开支之意谐音命名。面积2万平方米。为湖浜村第11村民小组。

田肚浜 Tiándùbāng

农村居民点。位于角直镇西部。东为澄湖，南为节子浜自然村，北为横港头自然村。面积7.3万平方米。为湖浜村第9、10、12、13村民小组。

横港头 Hénggǎngtóu

农村居民点。位于角直镇西部。东为三马村，南为田肚浜，西为湖浜村村委会，北为前港村。面积7.79万平方米。为湖浜村第14、15、16、17、18、19、22、23村民小组。

西南湾 Xīnánwān

农村居民点。位于角直镇西部。南为后和尚港，西为苏同黎公路。面积8.8万平方米。因处湖浜村西南方河湾，故名。为湖浜村第4、5、6、21村民小组。

【三马村】 Sānmǎ Cūn

三马村村委会

村委会。位于角直镇西部，距镇人民政府驻地5.5千米。管辖范围为东起甫田村、淞浦村，西至前港村、湖浜村，南起金澄湖路，北至吴淞江。面积5平方千米。户籍人口902户，3731人。村委会驻马塔史家浜自然村。下辖北马塔、南马塔、三姑里、沙浜、史家浜、旺村、新村、杨树上、张巷、中马塔10个自然村落。取“三姑”“马塔”两村首字组合命名。2003年10月撤三姑、马塔村，合建三马村。

北马塔 Běimătă

农村居民点。位于角直镇西部。东为史家浜，南为中马塔，西为湖浜村，北为苏州绕城高速公路。因位于南马塔北边，故名。为三马村第14、15村民小组。

南马塔 Nánmătă

农村居民点。位于角直镇西部。东为金澄湖路，南为湖浜村，西为湖浜村，北为中马塔。为三马村第17村民小组。

三姑里 Sāngūlǐ

农村居民点。位于角直镇西部。东为旺村，南为苏州绕城高速公路，西为前港村，北为东方大道。据传，一年村落遭水灾，村里一位人称三姑的女人站出来组织救灾，拯救了村民，故名。为三马村第1、2、3、4、5、6、7、8、9、10、11、12、13、14、15、16村民小组。

沙浜 Shābāng

农村居民点。位于角直镇西部。东为角直镇，南为苏州绕城高速公路，西为杨树上自然村，北为东方大道。以浜内多泥沙而得名。为三马村第1、2、3、4、5、6、19村民小组。

史家浜 Shǐjiābāng

农村居民点。位于角直镇西部。东为李树浦河道，南为金澄湖路，西为北马塔，北为苏州绕城高速公路。以村里史姓人家居多而得名。为三马村第11、12、20村民小组。

旺村 Wàng Cūn

农村居民点。位于角直镇西部。东为张巷自然村，南为苏州绕城高速路，西为三姑村，北为东方大道。取人们希冀村落兴旺发达的寓意拟名。为三马村第13村民小组。

新村 Xīn Cūn

农村居民点。位于角直镇西部。东为李树浦河道，南为金澄湖路，西为三马村村委，北为史家浜。为三马村第13村民小组。

杨树上 Yángshùshàng

农村居民点。位于角直镇西部。东为沙浜，南为绕城高速，西为张巷，北为东方大道。以村河边有一棵大杨树而得名。为三马村第7、8、9村民小组。

张巷 Zhāngxiàng

农村居民点。位于角直镇西部。东为杨树上，南为苏州绕城高速公路，西为旺村，北为东方大道。以村里张姓人家居多而得名。为三马村第10、18村民小组。

中马塔 Zhōngmătă

农村居民点。位于角直镇西部。东为金澄湖路，南为南马塔，西为湖浜村，北为北马塔。因位于南马塔和北马塔中间，故名。为三马村第16村民小组。

【长巨村】 Chángjù Cūn

长巨村村委会

村委会。位于角直镇西部，距镇人民政府驻地7千米。管辖范围为东起澄墩村，西至吴淞江，南起吴江区旺塔村，北至湖浜村、前港村。面积6平方千米。户籍人口1094户，3920人。下辖长巨、长巨新村、戴厍浜、打三港、和尚港、马娄里、倪家浜、沈家角、沈家荡、下扒浜、西厍浜、朱家巨、张家浜13个自然村落。以长巨自然村而得名。1959年为车坊人民公社长巨大队。1983年更名为车坊乡长巨村。1999年9月三合村、光丰村并入长巨村。2006年9月并入角直镇。

长巨 Chángjù

农村居民点。位于角直镇西部。东为澄墩村，南为打三港自然村，西为吴淞江，北为西厍浜自然村。户籍人口84户，426人。因村内一条长长水渠而得名，后谐音为“长巨”。原为长巨村第4、5村民小组。1999年为长巨村第4、5、14村民小组。

长巨新村 Chángjù Xīncūn

农村居民点。位于角直镇西部。东为苏同黎公路，南为西库浜自然村，西为吴淞江，北为和尚港自然村。户籍人口360人。因位于长巨村，由原各个自然村村民搬迁后形成村落，故名。由拆迁安置的原长巨村和三合村农户建成。1999年为长巨村第16村民小组。

戴库浜 Dàishèbāng

农村居民点。位于角直镇西部。东为沈家荡自然村，南为倪家浜自然村，西为吴淞江，北为长巨自然村。面积27万平方米。户籍人口109户，447人。以戴姓村民聚居而得名。1983年为三合村第6、7、8、10、17、18、19村民小组。1999年为长巨村第6、7、8、10、17、18、19村民小组。

打三港 Dǎsāngǎng

农村居民点。位于角直镇西部。东为原光丰村，南为吴江同里镇北域，西为苏同黎公路，北为长巨自然村。村庄周围有3条河流，因旧时常有匪患，村民自发组织起来进行斗争，故名。1983年为长巨村第1、2、3、13、17、18村民小组。

和尚港 Héshànggǎn

农村居民点。位于角直镇西部。东为苏同黎公路，南为长巨新村，西为吴淞江，北为湖浜村。因河边有一寺庙，河为和尚港，故名。1983年为长巨村第9、10、11、12、20、21、22村民小组。

马娄里 Mǎlóulǐ

农村居民点。位于角直镇西部。东为澄墩村，南为大姚塘，西为下扒浜，北为西朱家巨、沈家角。户籍人口160人。1999年为长巨村第2、7村民小组。

倪家浜 Níjiābāng

农村居民点。位于角直镇西部。东为张家浜自然村，南为大姚塘，西为吴淞江，北为戴库浜自然村。面积1.43万平方米。户籍人口48户，187人。以倪姓村民聚居而得名。原为三合村第9、12、20村民小组。1999年为长巨村第9、12、20村民小组。

沈家角 Shěnjiājiǎo

农村居民点。位于角直镇西部。东为朱家巨自然村，南为马楼里自然村，西为范家谷自然村，北为打三港自然村。户籍人口60人。以沈姓村民聚居而得名。1983年为光丰村第6村民小组。1999年为长巨村第6村民小组。

沈家荡 Shěnjiādàng

农村居民点。位于角直镇西部。东为苏同黎公路，南为张家浜，西为倪家浜，北为戴库浜自然村。户籍人口73户，306人。以沈姓村民聚居而得名。1983年为三合村第1、2、3、14、15村民小组。1999年为长巨村第1、2、3、14、15村民小组。

下扒浜 Xiàbābāng

农村居民点。位于角直镇西部。又名夏濮浜。东为马娄里，南为大姚塘，北为范家谷。1983年为光丰村第3、5、10、11、12村民小组。1994年为长巨村第3、5、10、11、12村民小组。

西库浜 Xīshèbāng

农村居民点。位于角直镇西部。东为澄墩村，南为长巨自然村，西为吴淞江，北为和尚港。因村落位于河西面，故名。1983年为长巨村第6、7、8、15、16、19村民小组。

朱家巨 Zhūjiājù

农村居民点。位于角直镇西部。东为东朱家巨，南为马娄里，西为沈家角，北为打三港自然村。原为光丰村第1村民小组。1999年为长巨村第1村民小组。

张家浜 Zhāngjiābāng

农村居民点。位于角直镇西部。东为苏同黎公路，南为大姚塘，西为倪家浜自然村，北为沈家荡自然村。面积26万平方米。户籍人口96户，364人。以张姓人家聚居而得名。1983年为三合村第4、5、11、13、16村民小组。1999年为长巨村第4、5、11、13、16村民小组。

【瑶盛村】 Yáoshèng Cūn

村委会。位于角直镇西南部。管辖范围为东起澄湖，西至吴江区同里镇北联村，南起吴江区同里镇合心村，北至澄墩村。面积6平方千米。户籍人口2952人。村委会驻东蒋坞自然村西。下辖北赞头、东蒋坞、漤里、南赞头、上星其、沙湾、塔上、西蒋坞、瑶盛、杨家浜、竹家浜11个自然村落。瑶盛即春秋战国时的“摇城”。1958年为淞南人民公社瑶盛大队、赞头大队、沙塔大队及新农大队。1983年改为瑶盛

瑶盛村村委会

村、赞头村、沙塔村及仁德村。2000年7月4个村合并设立瑶盛村。

北赞头 Běizàntóu

农村居民点。位于角直镇西南部。东为上星其，南为南赞头，西为吴江，北为塔上。面积10万平方米。因位于赞头村北面，故名。原为赞头村第6、7、8、9、10、11村民小组。2000年为瑶盛村第6、7、8、9、10、11村民小组。

东蒋坞 Dōngjiǎngwù

农村居民点。位于角直镇西南部。东为瑶盛，南为塔上，西为北赞头，北为澄墩村。面积3万平方米。为瑶盛村第7村民小组。

溇里 Lóulǐ

农村居民点。位于角直镇西南部。东为上星其自然村，南为黄泥斗自然村，西为南赞头自然村，北为北赞头自然村。面积2万平方米。因村民居于河溇处，故名。为瑶盛村第1村民小组。

南赞头 Nánzàntóu

农村居民点。位于角直镇西南部。东为牛家浜，南为娄里，西为吴江区同里镇，北为北赞头自然村。面积7万平方米。因位于赞头村南首而得名。为瑶盛村第2、3、4、5村民小组。

上星其 Shàngxīngqí

农村居民点。位于角直镇西南部。东为澄湖地区养殖场，南为黄泥兜自然村，西为北赞头自然村，北为西蒋坞自然村。面积5万平方米。为瑶盛村第7村民小组。

沙湾 Shāwān

农村居民点。位于角直镇西南部。东为仁德新村，南为瑶盛自然村，西为西蒋坞自然村，北为澄湖地区养殖场。面积5万平方米。以村落河湾处多河沙而得名。1983年为沙塔村第4村民小组。2000年为瑶盛村第3、4村民小组。

塔上 Tǎshàng

农村居民点。位于角直镇西南部。东为西蒋坞，南为北赞头，西为吴江区同里镇，北为沙湾自然村。面积4万平方米。1983年为沙塔村第1、2村民小组。2004年为瑶盛村第1、2村民小组。

西蒋坞 Xījiǎngwù

农村居民点。位于角直镇西南部。东为东蒋坞自然村，南为北头自然村，西为塔上自然村，北为仁德自然村。面积3万平方米。1983年为沙塔村第5、6村民小组。2000年为瑶盛村第5、6村民小组。

瑶盛 Yáoshèng

农村居民点。位于角直镇西南部。又名摇城。东为东浜，南为黄泥兜，西为上星其，北为杨家浜。面积6万平方米。传说历史上摇城为都市，后遭遇自然灾害变为废墟。之后村民再建房舍，形成村落，称瑶盛。为瑶盛村第4、5、6村民小组。

杨家浜 Yángjiābāng

农村居民点。位于角直镇西南部。东为王家浜，南为瑶盛，西为上星其，北为北仁德。面积3万平方米。以村内杨姓村民居多而得名。1983年为仁德村第1村民小组。2000年为瑶盛村第1村民小组。

竹家浜 Zhújiābāng

农村居民点。位于角直镇西南部。东为澄湖，南为王家浜，西为东蒋坞，北为北仁德。面积6万平方米。为仁德村第3、4村民小组。2000年为瑶盛村第3、4村民小组。

【江湾村】 Jiāngwān Cūn

江湾村牌楼

村委会。位于角直镇西部，距镇人民政府驻地10.9千米。管辖范围为东起吴淞江，西至镬底潭，南起苏申外港航道，北至工业园区车坊老街。面积5.3平方千米。户籍人口3032人。以“东湾”与“江田”两村中各一字组合命名。2000年7月9日东湾村与江田村合并设立江湾村，隶属车坊镇。2006年9月车坊镇部分村并入角直镇，江湾村随属之。2008年获评江苏省生态村和苏州市文明村。2009年获评江苏省生态村。

【澄墩村】 Chéngdūn Cūn

澄墩村村委会

村委会。位于角直镇西部，距镇人民政府驻地7千米。管辖范围为东起澄湖，西至长巨村，南起瑶盛村，北至湖浜村。面积5平方千米。户籍人口742户，3102人。村委会驻石墩港庵居上。下辖陈华浜、东街上、旺墩上、甘蔗浜、光明新村、斛潭上、六店桥、潘家浜、沈家浜、石墩港、伍家浜、祥里浜、油车浜、朱家巨、朱夏浜15个自然村落。2001年8月撤大姚村、澄墩村，合建澄湖村。2006年9月车坊并入角直后改称澄墩村。

陈华浜 Chénhuábāṇ

农村居民点。位于角直镇西部。东为沈家浜自然村，南为斛潭上自然村，西为朱家巨自然村，北为六店桥自然村。以陈姓村民聚居而得名。为澄墩村第6、7、8、9、10、18、19村民小组。

东街上 Dōngjiēshàng

农村居民点。位于角直镇西部。东为澄湖，南为瑶盛村，西为祥里浜自然村，北为甘蔗浜自然村。古时为摇城街市，故名。为澄墩村第1、2村民小组

旺墩上 Wàngdūnshàng

农村居民点。位于角直镇西部。东为澄湖，南为石墩港自然村，西为长巨村，北为湖浜村。因村边有一黄色土墩，村民期盼兴旺发达，故名。为澄墩村第1、2、3村民小组。

甘蔗浜 Gānzhèbāng

农村居民点。位于角直镇西部。东为澄湖，南为潘家浜自然村，西为朱夏浜自然村，北为澄墩村村委会。以旧时此地一度主要种植甘蔗而得名。为澄墩村第9村民小组。

光明新村 Guāngmíng Xīncūn

农村居民点。位于角直镇西部。东为油车浜自然村，南为六店桥自然村，西为长巨村，北为石墩港自然村。以坐落在光明桥东侧而得名。为澄墩村新建住宅区。

斛潭上 Hútánshàng

农村居民点。位于角直镇西部。东为瑶盛沙湾自然村，南为吴江区屯村，西为长巨村，北为陈华浜自然村。以村内一池塘（水潭）形似量米的斛子而得名。为澄墩村第11、12、13村民小组。

六店桥 Liùdiànqiáo

农村居民点。位于角直镇西部。东为朱夏浜自然村，南为陈华浜自然村，西为朱家巨自然村，北为石墩港自然村。因村中六家店铺出资共建桥梁“六店桥”，故名。为澄墩村第10村民小组。

潘家浜 Pānjiābāng

农村居民点。位于角直镇西部。东为祥里浜自然村，南为朱夏浜自然村，西为沈家浜自然村，北为澄墩村卫生服务站。以潘姓村民聚居而得名。为澄墩村第4、15、17村民小组。

沈家浜 Shěnjiābāng

农村居民点。位于角直镇西部。东为潘家浜自然村，南为瑶盛村，西为陈华浜自然村，北为朱夏浜自然村。以沈姓村民聚居而得名。为澄墩村第5村民小组。

石墩港 Shídūngǎng

农村居民点。位于角直镇西部。东为澄湖，南为六点桥自然村，西为长巨村，北为旺墩上自然村。因澄湖出口处有个石墩，20世纪墩上立航标，故名。为澄墩村第4、5、6、12村民小组。

伍家浜 Wǔjiābāng

农村居民点。位于角直镇西部。东为石墩港自然村，南为六店桥自然村，西为油车浜自然村，北为石墩港自然村。以伍姓村民聚居而得名。为澄墩村第7村民小组。

祥里浜 Xiánglǐbāng

农村居民点。位于角直镇西部。东为东街上自然村，南为瑶盛村，西为潘家浜自然村，北为甘蔗浜自然村。为澄墩村第3村民小组。

油车浜 Yóuchēbāng

农村居民点。位于角直镇西部。东为石墩港自然村，南为六点桥自然村，西为长巨村，北为石墩港自然村。以清末村内有打油作坊而得名。为澄墩村第8村民小组。

朱家巨 Zhūjiājù

农村居民点。位于角直镇西部。东为陈华浜自然村，南为斛潭上自然村，西为长巨村西朱家巨自然村，北为长巨村长巨自然村。以村里多朱姓人家而得名。为澄墩村第14、16村民小组。

朱夏浜 Zhūxiàbāng

农村居民点。位于角直镇西部。东为澄湖，南为沈家浜自然村，西为六店桥自然村，北为石墩港自然村。因早先村内朱姓人家安居于此得名。为澄墩村第11、13村民小组。

三、社区居委会及居民点

【甫里社区】 Fǔlǐ Shèqū

甫里社区居委会

社区居委会。位于角直镇西北部，距镇人民政府驻地1千米。管辖范围为东起正阳桥，西至清小江与甫港村，南起田肚江，北至淞南村。面积4.8平方千米。户籍人口4016人。居委会驻迎宾西路43号。下辖甫淞苑1个居民住宅小区，地园村、金巷浜、施村头、支家厍4个自然村落。以角直镇的古称“甫里”为社区名称。2003年11月由张巷村、地园村、角渔村合并为甫里村。2004年4月改称甫里社区。

甫淞苑 Fǔsōng Yuàn

城镇居民点。位于角直镇西北部。东至西江浜，南至西江浜西侧规划用地，西至角直镇吴淞江东岸规划用地，北至西江浜西侧规划用地。属甫里社区。占地面积4.89万平方米，建筑面积3.9万平方米。共40幢多层住宅楼，349户，绿化率37%。以其主要安置角直镇甫里社区渔民及其紧邻吴淞江的地理位置特点而得名。2013年命名。

地园村 Dìyuán Cūn

农村居民点。位于角直镇西北部。东为晓市路，南为甫里塘，西为团结河，北为淞浦路。因位于古镇西北转弯处，又是蔬菜园子，故名。2004年4月属甫里社区。

金巷浜 Jīnxiàngbāng

农村居民点。位于角直镇西北部。东为达胜路，南为西市河，西为西美花苑，北为晓市路。以金姓人家聚居于河浜两岸，村有巷道得名。2004年4月属甫里社区。

施村头 Shīcūntóu

农村居民点。位于角直镇西北部。东为苏州绕城高速东线，南为角直大道，西为吴淞江，北为西横自然村。因施姓人家聚居于此，村落形如狮子头，刚好对着吴淞江弯处，故称施（狮）村头。2004年4月属甫里社区。

支家厍 Zhījiāshè

农村居民点。位于角直镇西北部。东为甫澄北路，南为鸣市路，西为吴淞路，北为机场路。因早期有支姓人家聚居于此，故名。2004年4月属甫里社区。

【保圣社区】 Bǎoshèng Shèqū

社区居委会。位于角直镇东部，距镇人民政府驻地1千米。管辖范围为东起昆山市张浦镇南港街道，西至甫里社区，南起甫南村，北至淞南村。面积1.9平方千米。户籍人口13022人。居委会驻达圣路41号。下辖安桥新村、聚缘花园、雪莲花园、鸿运花园、紫竹园、君安乡村别墅、黄娄花园、陶浜花园、金澄明珠别墅、天邻湖景别墅、水乡佳景花园、三阳高尔夫家园、港岛花园、平湖瑞园、香槟花园、维乐

保圣社区居委会

花园、丽景湾花园、角源名筑、和庭19个居民住宅小区。以境内保圣寺得名。2000年末角直古镇区设1个市镇街道办事处，2004年4月下设南汇、建新、中和、正阳、角清5个社区合并设立保圣社区。

安桥新村 Ānqiáo Xīncūn

城镇居民点。位于角直镇东部。东至晓市路交通银行，南至清风路，西至角直派出所，北至海藏路步行街。属保圣社区。占地面积1.2万平方米。以镇上古桥安桥为小区名。2000年命名。

聚缘花园 Jùyuán Huāyuán

城镇居民点。位于角直镇东部。东至映月二路，南至晓市路，西至映月一路，北至映月花园。属保圣社区。占地面积1.87万平方米。共31幢别墅。取“有缘的朋友来相聚”寓意拟名。2001年命名。

雪莲花园 Xuělián Huāyuán

城镇居民点。位于角直镇东部。东至淞浦路，南至甫里塘，西至路劲花园，北至角直大道。属保圣社区。以江南水乡名花为名，寓意美丽优雅适合人居。2001年命名。

鸿运花园 Hóngyùn Huāyuán

城镇居民点。位于角直镇东部。东至甫澄中路，南至鸿运家园，西至澄湖，北至金澄湖花园别墅区。属保圣社区。占地面积10.3万平方米。共126幢别墅。取“鸿运高照，大吉大利”寓意拟名。2001年命名。

紫竹园 Zǐzhú Yuán

城镇居民点。位于角直镇东部。东至甫澄中路，南至天邻湖景别墅，西至后庄港，北至湖滨路。属保圣社区。20世纪90年代初该别墅区内，多栽种紫竹，初名紫竹园名人居。进入21世纪后又陆续扩建紫竹园名人居二期、三期、四期，后简称紫竹园。2001年命名。

君安乡村别墅 Jūn′ānXiāngcūn Biéshù

城镇居民点。位于角直镇东部。东至长虹南路，南至澄湖，西至湖滨路，北至支家堰。属保圣社区。占地面积10万平方米。共100幢别墅。2001年命名。

黄娄花园 Huánglóu Huāyuán

城镇居民点。位于角直镇东部。按建设先后时间分为黄娄一期、二期、三期、三期半、五期、六期。主要为拆迁安置小区。东至界浦江，南至黄泥娄村，西至育才路，北至吉家浜路。属保圣社区。一期占地面积5万平方米，建筑面积7.58万平方米。共25幢多层住宅楼，456户（套），绿化率33.4%。2005年命名。

陶浜花园 Táobāng Huāyuán

城镇居民点。位于角直镇东部。东至淞港村，南至东方大道，西至丰谷路，北至陶浜自然村。属保圣社区。一期占地面积3.32万平方米，建筑面积5.66万平方米。共15幢多层住宅楼，296户（套），绿化率32.1%。因位于陶浜村附近，故名陶浜花园。2005年命名。

金澄明珠别墅 Jīnchéngmíngzhū Biéshù

城镇居民点。位于角直镇东部。东至湖滨路及无名河道，南至澄湖，西至角直镇澄湖、君安乡村别墅，北至澄北村支家堰自然村民宅。属保圣社区。占地面积35.56万平方米，建筑面积10.83万平方米。共374幢别墅（其中独体别墅370幢、联体别墅4幢），378户（套），绿化率58%。2006年命名。

天邻湖景别墅 Tiānlín Hújǐng Biéshù

城镇居民点。位于角直镇东部。东至甫澄南路，南至金澄湖花园，西至鸿运花园，北至三阳高尔夫球场南侧无名河道。属保圣社区。占地面积17.34万平方米，建筑面积5.22万平方米。共180幢独体别墅，180户（套），绿化率为45%。以西邻澄湖及“与蓝天绿水为邻”的寓意拟名。2006年命名。

水乡佳景花园 Shuǐxiāngjiājǐng Huāyuán

城镇居民点。位于角直镇东部。东至晓南路，南至合兴东路，西至角直镇龙潭河，北至龙潭河。属保圣社区。占地面积5.13万平方米，建筑面积6.53万平方米。共17幢住宅楼（其中多层11幢、联体别墅6幢）和3幢商用楼，394户（套），绿化率41%。以其位于水乡古镇——甪直镇的地理位置特点及“美丽的景致”的寓意拟名。2007年命名。

三阳高尔夫家园 Sānyáng Gāo'ěrfū Jiāyuán

城镇居民点。位于甪直镇东部。东至甫澄中路、甫澄南路，南至三阳高尔夫球场，西至澄湖，北至湖滨路。属保圣社区。占地面积13万平方米，建筑面积5.65万平方米。共88幢别墅（其中独体别墅74幢、联体别墅14幢），102户（套），绿化率50%。因位于三阳高尔夫球场（俗称）区域内，故名。2007年命名。

港岛花园 Gǎngdǎo Huāyuán

城镇居民点。位于甪直镇东部。东至昆山市张浦镇嘉鹿花园，南至映月二路，西至映月二路，北至昆山市张浦镇白米村唐家其自然村。属保圣社区。占地面积6.98万平方米，建筑面积10.42万平方米。共43幢住宅楼（其中多层22幢、联体别墅21幢），574户（套），绿化率52%。以其主体位于甪直镇淞南村北港自然村及其四面环水的地理位置特点而得名。2009年命名。

平湖瑞园 Pínghú Ruìyuán

城镇居民点。位于甪直镇东部。东至三阳高尔夫球场西侧无名河道，南至澄湖，西至甪直镇碛砂河，北至湖滨路。属保圣社区。占地面积44.77万平方米，建筑面积15.9万平方米。共382幢独体别墅，382户（套），绿化率50%。以其南濒澄湖的地理位置特点以及“平静湖水”“祥和生活”的寓意拟名。2009年命名。

香槟花园 Xiāngbīn Huāyuán

城镇居民点。位于甪直镇东部。东至晓南路，南至柯福路，西至甪直镇甫澄中路及其东侧无名河道，北至南沙路及其南侧无名河道。属保圣社区。占地面积5.81万平方米。建筑面积13.9万平方米。共14幢高层住宅楼，930户，绿化率37.16%。取“仿如香槟酒般醇美”的寓意拟名。2013年命名。

维乐花园 Wéilè Huāyuán

城镇居民点。位于甪直镇东部。东至维乐邻里生活广场，南至迎宾路，西至长虹北路，北至甪直大道。属保圣社区。占地面积14.69万平方米，建筑面积46.61万平方米。共26幢住宅楼（其中多层13幢、高层13幢）和2幢高层商住楼，3657户，绿化率37%。取“维系快乐之美丽居所”的寓意拟名。2015命名。

丽景湾花园 Lìjǐngwān Huāyuán

城镇居民点。位于甪直镇东部。东至清小港，南至迎宾路，西至陶浜路，北至甪直大道。属保圣社区。占地面积10.2万平方米，建筑面积34.26万平方米。共23幢住宅楼（其中多层10幢、中高层9幢、高层4幢），1幢高层商住楼和1幢综合楼，2360户，绿化率37.04%。以其临水而筑的地理特征，取“依秀丽景致，营河畔居所”的寓意拟名。2016年命名。

甪源名筑 Lùyuán Míngzhù

城镇居民点。位于甪直镇东部。东至团结河，南至二号河，西至甫澄北路，北至翔里浜。属保圣社区。占地面积6万平方米，建筑面积15万平方米。共18幢住宅楼（其中多层13幢、中高层1幢、高层4幢）和1幢高层商住楼，910户，绿化率40%。以其紧邻甫里塘的地理位置特点，取“溯甪直之源，营美誉建筑”的寓意拟名。2017年命名。

和庭 Hé Tíng

城镇居民点。位于甪直镇东部。东至界浦港，南至界浦港，西至映月二路，北至二号河北侧新建道路（未命名）及规划道路。属保圣社区。占地面积2.86万平方米，建筑面积5.73万平方米。共8幢住宅楼（其中中高层6幢、高层2幢）和1幢多层综合楼，340户，绿化率37.08%。取“和谐之庭园”的寓意拟名。2018年命名。

四、历史地名

【村委会】

【大姚村】 Dàyáo Cūn

村委会。位于甪直镇西部，距镇人民政府驻地8千米。管辖范围为东起澄湖，西至光丰村，南起沙塔村，北至澄墩村。以域内大姚自然村为行政村名。户籍人口380户，1340人。下辖东街上、祥里浜、潘家浜、沈家浜、陈华浜、斛潭上、朱家巨7个自然村落。2001年并入澄墩村。

【张林村】 Zhānglín Cūn

村委会。位于甪直镇西南部，距镇人民政府驻地3千米。管辖范围为东起光辉村，西至西庄村，南起庆丰村，北至南场村。下辖南赵潭1个自然村落。辖区内有东、西两小山，名张陵山，据考古发现，张陵山有新石器时代墓葬群及晋代车骑将军、苍梧郡和吴郡太守张镇的墓，故名张陵山，后谐音张林，行政村据此得名。1950年为角直区张林乡。2001年为角直镇张林村村民委员会。2003年撤张林村、西庄村，合建澄湖村。

【碛砂村】 Qìshā Cūn

村委会。位于角直镇西南部，距镇人民政府驻地3千米。管辖范围为东起西庄村，西至陶巷村，南起澄湖，北至清江村。户籍人口399户，1328人。以域内碛砂自然村而得名。下辖碛砂村、唐介浜、弯娄里、陶家场、长腰浜、孙墓村6个自然村落。1969年为淞南人民公社碛砂大队。1983年更名为角直乡碛砂村。2003年11月陶巷、碛砂村合并设立澄北村。

【陶巷村】 Táoxiàng Cūn

村委会。位于角直镇西南部，距镇人民政府驻地4千米。管辖范围为东起碛砂村，西至郭巷村、陆巷村，南起澄湖，北至角直塘。户籍人口339户，1138人。以域内陶巷自然村而得名。下辖陶巷、枪岸郎、柴积浜、支家堰4个自然村落，10个村民小组。1958年为淞南人民公社陶巷大队。1983年改为角直乡陶巷村。2003年11月陶巷村、碛砂村合并设立澄北村。

【赞头村】 Zàntóu Cūn

村委会。位于角直镇西南部，距镇人民政府驻地7千米。管辖范围为东起澄湖，西至吴江区同里镇北联村，南起同里镇北联村，北至沙塔村。户籍人口280户，840人。传说很早以前赞头村名南北村，因战乱杀戮遍地头颅，故名斩头村。后人觉得斩头不雅，改称赞头村。下辖娄里、南赞头、北赞头、牛家浜4个自然村落。2000年7月瑶盛村、沙塔村、仁德村、赞头村合并设立瑶盛村。

【仁德村】 Réndé Cūn

村委会。位于角直镇西南部，距镇人民政府驻地6千米。管辖范围为东起澄湖，西至沙塔，南起瑶盛，北至澄墩村。户籍人口280户，840人。以域内仁德自然村为行政村名。下辖杨家浜、王家浜、竹家浜、南仁德、北仁德5个自然村落。1983年为仁德村第1、2、3、4、5、6村民小组。2000年7月瑶盛村、沙塔村、仁德村、赞头村合并设立瑶盛村。

【沙塔村】 Shātǎ Cūn

村委会。位于角直镇西南部，距镇人民政府驻地5千米。管辖范围为东起仁德村，西至吴江区同里镇北联村，南起赞头村，北至澄墩村。户籍人口166户，729人。原名厍湾，与塔上并村后遂称沙塔。下辖沙湾、塔上、西蒋坞、东蒋坞4个自然村落。2007年7月瑶盛村、沙塔村、仁德村、赞头村合并设立瑶盛村。

【马塔村】 Mǎtǎ Cūn

村委会。位于角直镇西部，距镇人民政府驻地5千米。管辖范围为东起秀篁村，西至湖浜村和前港村，南起澄湖，北至秀篁村。户籍人口472户，1889人。以域内马塔自然村为行政村名。下辖张巷、沙浜、杨树上、北马塔、中马塔、南马塔、史家浜、旺村8个自然村落。2003年11月三姑村、马塔村合并为三马村。

【三合村】 Sānhé Cūn

村委会。位于角直镇西部，距镇人民政府驻地5千米。管辖范围为东起秀篁村，西至前港村，南起湖浜村，北至吴淞江。因由3个自然村组成，故名。下辖三姑里1个自然村落。1969年为车坊人民公社光华大队，辖20个生产队。户籍人口1023人。1987年更名为车坊镇三合村。2003年11月三合村、光丰村与长巨村合并设立巨村。2006年9月随车坊镇东部和南部部分村划入角直镇，属角直镇车坊办事处。

【三姑村】 Sāngū Cūn

村委会。位于角直镇西部，距镇人民政府驻地4千米。管辖范围为东起秀篁村，西至前港村，南起湖浜村，北至吴淞江。户籍人口347户，1483人。以域内三姑自然村为行政村名。下辖三姑1个自然村落。1969年为车坊人民公社三姑大队。1987年为车坊镇三姑村。2003年三姑村、马塔村合并设立三马村。

【江田村】 Jiāngtián Cūn

村委会。位于角直镇西部，距镇人民政府驻地10.9千米。管辖范围为东起吴淞江，西至镬底潭，南起西湾村，北至车坊镇老街。户籍人口634户，1945人。因村内小河流纵横交错，农田低洼，故名。下辖江田、胡家荡2个自然村落，25个村民小组。2000年并入江湾村。

【光丰村】 Guāngfēng Cūn

村委会。位于角直镇西部，距镇人民政府驻地7

千米。管辖范围为东起澄墩村，西至长巨村，南起大姚荡，北至长巨村。户籍人口226户，729人。因农业生产发展，粮食连年丰收，故名。下辖范家角、下扒浜、沈家角、马婆里、西朱家巨5个自然村落，12个村民小组。1969年为车坊人民公社光丰大队。1998年并入长巨村。2003年11月长巨、三合、光丰合并设立长巨村。

【五谷村】 Wǔgǔ Cūn

村委会。位于角直镇西北部，距镇人民政府驻地3千米。管辖范围为东起甫里村，西至淞浦村，南起澄北村及甫田村，北至吴淞江。户籍人口180户，550人。以域内五谷自然村为行政村名。下辖南横头、北横头2个自然村落。2003年10月并入甫港村。

【蒋浦村】 Jiǎngpǔ Cūn

村委会。位于角直镇西部，距镇人民政府驻地4千米。管辖范围为东起五谷村，西至凌港村，南起塘摊港与秀篁村，北至西潭村。户籍人口267户，1100余人。以域内最大自然村为行政村名。下辖龚塘村、蒋浦村、南塘村、北塘村（陈家潭）4个自然村落。村委会驻蒋浦村。2003年11月蒋浦村、东关村、秀篁村合并设立淞浦村。

【西庄村】 Xīzhuāng Cūn

村委会。位于角直镇南部，距镇人民政府驻地3千米。管辖范围为东起张林村，西至澄北村，南起澄湖，北至张林港。户籍人口395户，1308人。因位于张陵山之西，故名。下辖周家浜、西庄新村、薛家浜、四戈泾浜、七圣浜5个自然村落。西庄村原有后港、庄港浪两个自然村落，于1995年拆迁至西庄新村，原址开发为“瑞园”别墅区。1961年为角直人民公社西庄大队。2001年改为角直镇西庄村村民委员会。2003年11月撤张林村、西庄村合并设立澄湖村村民委员会。

【西塘村】 Xītáng Cūn

村委会。位于角直镇南部，距镇人民政府驻地4千米。管辖范围为东起凌塘村，西至金澄湖，南起洋泾港，北至田肚浜村。户籍人口283户，924人。以域内自然村而得名。下辖西塘、九千浜、盖河3个自然村落。1983年3月选举产生吴县角直乡西塘村村民委员会，下设10个村民小组。2003年11月西塘村与田东、凌塘、庆丰村合并设立澄东村。

【张巷村】 Zhāngxiàng Cūn

村委会。位于角直镇西部，距镇人民政府驻地1千米。管辖范围为东起角直古镇区，西至张巷村，南起田肚江，北至西横村、大厍村、地园村。户籍人口396户，828人。以域内张巷自然村为行政村名。下辖张巷、施村头、大娄、支家厍4个自然村落。2003年11月张巷村、地园村、渔业村合并为甫里村。2004年9月撤甫里村设立甫里社区。

【地园村】 Dìyuán Cūn

村委会。位于角直镇西北部，距镇人民政府驻地1千米。管辖范围为东起昆山市南港镇南港村、鱼池弄，西至甫里塘张巷村，南起市镇牛场弄，北至机场路大厍村。户籍人口170户，404人。因围绕古镇周边，故名。下辖地园村、金巷浜、玄坛庙、思安浜、大桥湾5个自然村落。2003年11月张巷村、地园村、渔业村合并设立甫里村，地园村撤销。2004年9月撤甫里村，改设甫里社区。

【黄楼村】 Huánglóu Cūn

村委会。位于角直镇西部，距镇人民政府驻地2千米。管辖范围为东起昆山南港星金村，西至南桥村厂滩头自然村，南起光辉村金家浜自然村，北至角直古镇区。户籍人口718人。以辖内黄楼村为行政村名。村委会驻黄楼村。下辖3个自然村落，11个村民小组。2003年11月黄楼村、南桥村、南场村、光辉村合并设立甫南村。

【庆丰村】 Qìngfēng Cūn

村委会。位于角直镇南部，距镇人民政府驻地3千米。管辖范围为东起田东村，西至金澄湖，南起田肚浜，北至张林村。户籍人口236户，857人。沿用原大队名。1983年8月选举成立角直乡庆丰村村民委员会。2003年11月庆丰村与田东村、凌塘村、西塘村合并设立澄东村。

【西潭村】 Xītán Cūn

村委会。位于角直镇西北部，距镇人民政府驻地4千米。管辖范围为东起吴淞江，西至凌港村，南起五谷村、蒋浦村，北至吴淞江。户籍人口253户，864人。以西潭自然村为行政村名。下辖西潭1个自然村落。2003年11月西潭村并入淞港村，西潭村撤销。

【陶浜村】 Táobāng Cūn

村委会。位于角直镇西部，距镇人民政府驻地2

千米。管辖范围为东起清港村，西至五谷村，南起角直塘，北至吴淞江。户籍人口563户，1992人。以域内陶浜自然村为行政村名。下辖严家厍、东巫角、邹家塘、高家浜、陶浜、孙妃村、堰里7个自然村落。2003年10月陶浜村与清港、五谷村合并设立甪港村。

【秀篁村】　Xiùhuáng Cūn

村委会。位于角直镇西北部，距镇人民政府驻地3千米。管辖范围为东起公田村，西至车坊镇马塔村，南起角直塘，北至角直大道。户籍人口296户，945人。以秀篁自然村为村委会名。村委会驻秀篁村。下辖秀篁殿、旺家浜2个自然村落。2003年11月秀篁村并入淞浦村。

【西横村】　Xīhéng Cūn

村委会。位于角直镇北部，距镇人民政府驻地2千米。管辖范围为东起大厍村、淩里村，西至吴淞江，南起张巷村，北至吴淞江。户籍人口138户，600人。取西港浜、横港村两个自然村首字组合命名。村委会驻横港村东首。下辖西港浜、横港村2个自然村落。2003年11月并入淞南村。

【南桥村】　Nánqiáo Cūn

村委会。位于角直镇西南部，距镇人民政府驻地1千米。管辖范围为东起黄楼村，西至南场村，南起张林村，北至角直镇镇区。户籍人口180户，930人。以辖内南桥村为行政村名。村委会驻角直镇甫澄中路11号。下辖厂滩头、陈家浜、衙门浜、石家湾、炮台头5个自然村落。2003年11月南场村、南桥村、黄楼村、光辉村并入甫南村。

【清港村】　Qīnggǎng Cūn

村委会。位于角直镇西部，距镇人民政府驻地1千米。管辖范围为东起张巷村，西至陶浜村，南起角直塘，北至吴淞江。户籍人口320户，1186人。以域内自然村为名。下辖清水港、中段村、韩家浜3个自然村落。2003年10月陶浜村、清港村、五谷村合并设立甫港村。

【板桥村】　Bǎnqiáo Cūn

村委会。位于角直镇西部，距镇人民政府驻地6千米。管辖范围为东起凌港村，西至石泾港，南起角直塘，北至吴淞江。户籍人口318户，1116人。以辖内双板桥自然村为名。下辖双板桥、谈村里、东港浪、横泾浜4个自然村落。2003年11月西潭村、凌港村、板桥村合并设立淞港村。

【南场村】　Nánchǎng Cūn

村委会。位于角直镇西南部，距镇人民政府驻地1千米。管辖范围为东起南桥村，西至清港村，南起张林村，北至田肚江。甫澄中路穿村而过。户籍人口590人。因村委会设在南场村，故以南场村为行政村名。下辖沈家场（厍里）、西厍、南厍、龙潭4个自然村落。2003年11月南场村、南桥村、黄楼村、光辉村并入甫南村。

【郭巷村】　Guōxiàng Cūn

村委会。位于角直镇西南部，距镇人民政府驻地4千米。管辖范围为东起陶巷村，西至公田村，南起澄湖，北至陆巷村。户籍人口281户，1091人。以辖内最大的郭巷里自然村为行政村名。下辖马王浜、席墟、龚家浜、郭巷里、施家浜、南浜6个自然村落。2003年11月郭巷村、陆巷村、公田村合并设立甫田村。

【云龙村】　Yúnlóng Cūn

村委会。位于角直镇北部，距镇人民政府驻地3千米。管辖范围为东起昆山市张浦镇安头村、周家村、淩里村，西至西横村，南起北港村，北至吴淞江。户籍人口255户，904人。以辖内最大的自然村云龙村为行政村名。下辖云龙村、周家港、孔家港3个自然村落。2003年11月并入淞浦村。

【东关村】　Dōngguān Cūn

村委会。位于角直镇西北部，距镇人民政府驻地3千米。管辖范围为东起秀篁村，西至车坊镇三姑村，南起秀篁村，北至吴狭泾。户籍人口243户，839人。以东关自然村为行政村名。村内有1个自然村，分外浜及里浜。2003年11月蒋浦村、东关村、秀篁村合并设立淞浦村。

【陆巷村】　Lùxiàng Cūn

村委会。位于角直镇西南部，距镇人民政府驻地4千米。管辖范围为东起陶巷港、磧砂村，西至白虎庙、郭巷、公田村，南起陶巷村，北至角直塘、陶浜村。户籍人口263户，1055人。以辖内最大的自然村陆巷村为行政村名。下辖陆巷、北厍、邹家塘、南村4个自然村落。1961年为淞南人民公社陆巷大队。1983

年更名为角直乡陆巷村村民委员会。2003年11月撤郭巷、陆巷、公田村，合并设立甫田村。

【公田村】 Gōngtián Cūn

村委会。位于角直镇西南部，距镇人民政府驻地4千米。管辖范围为东起陆巷村，西至秀篁村，南起郭巷村，北至塘滩港。户籍人口216户，815人。以域内自然村名为行政村名。下辖宫殿郎、戴家甸、杨家湾3个自然村落。1961年为淞南人民公社公田大队。1966年宫殿村改为公田村。1983年改为角直乡陆巷村，村委会驻戴家甸自然村。2003年11月郭巷村、陆巷村、公田村合并设立甫田村。

【甪渔村】 Lùyú Cūn

村委会。位于角直镇东南部，距镇人民政府驻地5千米。管辖范围为东起昆山市大市镇，西至田东村，南起凌塘村，北至昆山市南港镇。户籍人口413户，1178人。以角直渔民组织起来之意。1952年成立角直渔民协会。1959年成立渔业大队。1968年建起渔业新村。1980年7月为角直人民公社渔业大队。1983年为角直乡渔业村。1985年属角直镇渔业村。1995年为角直镇渔业村。2001年2月称甪渔村。2003年11月张巷村、地园村、渔业村合并设立甫里社区。

【田东村】 Tiándōng Cūn

村委会。位于角直镇东南部，距镇人民政府驻地5千米。管辖范围为东起金山港，西至庆丰村，南起西塘村，北至后场港。1983年8月选举产生角直乡田东村村民委员会。取域内较大自然村田肚浜和东洋里各一字组合命名。下辖东洋里、后村、田肚浜、何家甸4个自然村落。2003年11月田东村与庆丰村、西塘村、凌塘村合并设立澄东村。

【大厍村】 Dàshè Cūn

村委会。位于角直镇北部，距镇人民政府驻地2千米。管辖范围为东起北港村，西至西横村，南起机场路，北至娄里村。户籍人口171户，717人。以域内自然村为名。下辖大厍村、南翔里、团结新村、枫庄新村4个自然村落。2003年11月大厍、云龙、西横、溇里、北港村合并设立淞南村。

【溇里村】 Lóulǐ Cūn

村委会。位于角直镇北部，距镇人民政府驻地2千米。管辖范围为东起北港村，西至西横村，南起大厍村，北至云龙村娄里村、龙潭村。户籍人口198户，756人。以域内自然村为名。下辖溇里、云龙2个自然村落。1950年属吴县角直区青龙乡。1951至1955年成立龙星、新龙2个初级社。1956年属淞南乡。1959年为淞南人民公社第二大队。1961年改为溇里大队。1980年属角直人民公社。1983年8月改为角直乡溇里村。1995年7月属角直镇溇里村。2001年沿属。2003年11月大厍、云龙、西横、溇里、北港合并设立淞南村。

【凌塘村】 Língtáng Cūn

村委会。位于角直镇东南部，距镇人民政府驻地4千米。原名凌巷塘。管辖范围为东、南起昆山锦溪镇，西至西塘村，北至田东村。户籍人口168户，586人。以域内自然村为名。下辖1个自然村落，6个村民小组。2003年11月凌塘村与西塘、田东村、庆丰村合并设立澄东村。

【北港村】 Běigǎng Cūn

村委会。位于角直镇北部，距镇人民政府驻地1千米。管辖范围为东起昆山市张浦镇南港社区，西至大厍村，南起角直集镇，北至南港安头村。面积4.8平方千米。户籍人口254户，1045人。以域内最大自然村为行政村名。苏沪机场路穿村而过。下辖其南北两侧的北港村、肖家桥、东千亩潭、虹桥村4个自然村落。2003年11月大厍、云龙、西横、溇里、北港村合并设立淞南村。

【凌港村】 Línggǎng Cūn

村委会。位于角直镇西部，距镇人民政府驻地4千米。管辖范围为东起西潭村，西至板桥村，南起蒋浦村，北至吴淞江。面积1平方千米。户籍人口241户，826人。以村内凌塘港为行政村名。2003年11月西潭村、凌港村、板桥村合并为淞港村，凌港村撤销。

【光辉村】 Guānghuī Cūn

村委会。位于角直镇东南部，距镇人民政府驻地3千米。管辖范围为东起昆山南港星金村，西至张林村，南起庆丰村，北至黄楼村。户籍人口1560人。因村委会设在光辉村，故以光辉村为行政村名。下辖钱家娄、金家浜、苗积娄、汤字圩4个自然村落。2003年11月南场村、南桥村、黄楼村、光辉村合并设立甫南村。

【农村居民点】

南赵潭 Nánzhàotán

农村居民点。位于角直镇西南部。又名南村。1912年属吴县角直乡吴宫乡宝座里中二十都二十三图。1994年村落移址三家村与东庄浜之间，称赵潭新村。2008年动迁消亡。

北横头 Běihéngtóu

农村居民点。位于角直镇西北部。东为长虹北路，南为东方大道陆巷湾菜场，西为蒋浦村，北为西潭。2007年动迁消亡。

堰里 Yànlǐ

农村居民点。位于角直镇西部。东为邹家塘，南为陶浜小区，西为五谷村，北为东巫角。属陶浜村。2013年9月动迁消亡。

陶家场 Táojiāchǎng

农村居民点。位于角直镇西南部。东为西庄村，南为湾溇里，西为陶巷村，北为孙墓。属澄北村。以陶姓村民聚居而得名。2002年动迁消亡。

前庄港 Qiánzhuāngǎng

农村居民点。位于角直镇南部。东为前赵潭村，南为澄湖，西为碛砂村，北为后庄港。属澄湖村。面积0.8万平方米。户籍人口40户，189人。2007年动迁消亡。

后庄港 Hòuzhuānggǎng

农村居民点。位于角直镇南部。东为前赵潭村，南为前庄港，西为碛砂村，北为周家浜。两村中有一条河，前村称“前庄港”，后村则名“后庄港”。1995年动迁消亡。

金山 Jīnshān

农村居民点。位于角直镇西部。东为澄墩村村委会，南为六店桥自然村，西为长巨村，北为石墩港自然村。属澄墩村。面积3万平方米。户籍人口28户，105人。2014年动迁消亡。

孙墓 Sūnmù

农村居民点。位于角直镇西南部。东为长腰浜，南为陶家场，西为三窑厂，北为清水江。属澄北村。相传东汉末年，有位姑娘被吴王孙权选为妃子，妃子去世后，吴王用水葬将她安葬在村落旁边的一个水潭下面，这块水面就叫孙墓洋。2002年动迁消亡。

碛砂 Qìshā

农村居民点。位于角直镇西南部。东为大东江，南、西为澄湖，北为唐介浜。属澄北村。早先这里是一片荒土，当地人称其为碛砂洲。后逐渐形成了村落，故名。2002年动迁消亡。

东巫角 Dōngwūjiǎo

农村居民点。位于角直镇西部。东为汇凯路，南为淘浜花园，西为长虹北路，北为维乐花园。属甫港村。面积1万平方米。户籍人口20户，101人。因旧时村内人多信神佛，又多巫婆，故名。2009年动迁消亡。

珠巷 Zhūxiàng

农村居民点。位于角直镇西部。东为旗干浜自然村，南为中心村自然村，西为万古浜自然村，北为陈家港自然村。属前港村。面积1万平方米。户籍人口12户，61人。2009年动迁消亡。

牛马浜 Niúmǎbāng

农村居民点。位于角直镇西部。东为旗干浜自然村，南为中心村，西为万古浜自然村，北为陈家港自然村。属前港村。面积1万平方米。户籍人口22户，101人。因村民喜欢饲养牛马，故名。2009年动迁消亡。

钱家宅 Qiánjiāzhái

农村居民点。位于角直镇西部。东为苏同黎公路，南为姚家浜自然村，西为前港工业区，北为杨家桥自然村。属前港村。面积1万平方米。户籍人口21户，89人。以钱姓村民聚居而得名。2009年动迁消亡。

小田村 Xiǎotián Cūn

农村居民点。位于角直镇西部。东为史家浜，南为湖浜村，西为高速公路，北为三姑自然村。属三马村。面积2.2万平方米。户籍人口45户，226人。2010年动迁消亡。

刘家宅 Liújiāzhái

农村居民点。位于角直镇西部。东为沙浜，南为高速公路，西为张巷，北为吴淞江。属三马村。面积2.6万平方米。户籍人口64户，356人。以刘姓村民聚居而得名。2010年动迁消亡。

北新开泾 Běixīnkāijīng

农村居民点。位于角直镇西部。东为三马村、三姑里自然村，南为前港村委会，西为旗干浜自然村，北为龚家湾自然村。属前港村。面积1.3万平方米。户籍人口25户，117人。2010年动迁消亡。

薛家宅 Xuējiāzhái

农村居民点。位于角直镇西部。东为秀皇自然村，南为高速公路，西为杨树上自然村，北为吴淞江。属三马村。面积3.1万平方米。户籍人口80户，368人。以薛姓村民聚居而得名。2010动迁消亡。

西泾 Xījīng

农村居民点。位于角直镇西部。东为杨树上自然村，南为高速公路，西为旺村自然村，北为吴淞江。属三马村。面积1.2万平方米。户籍人口32户，114人。2010年动迁消亡。

高丈里 Gāozhànglǐ

农村居民点。位于角直镇西部。东为旺村港，南为湖浜村，西为前港村，北为吴淞江。属三马村。面积2万平方米。户籍人口26户，203人。以村落地势高而得名。2011年动迁消亡。

北翔里 Běixiánglǐ

农村居民点。位于角直镇北部。东为淞南路，南为甫里塘，西为横西龙潭江，北为西娄路。属淞南村。面积1.3万平方米。户籍人口45户，120人。2009年动迁消亡。

东横塘 Dōnghéngtáng

农村居民点。位于角直镇西部。东为中心村，南为车坊办事处，西为苏同黎公路，北为万古浜自然村。属前港村。面积0.9万平方米。户籍人口14户，68人。以村落位于横向的塘河东首而得名。2009年动迁消亡。

河庙浜 Hémiàobāng

农村居民点。位于角直镇西部。东为谈家湾自然村，南为江滩头自然村，西为陆庄泾自然村，北为东方大道。属前港村。面积1.5万平方米。户籍人口32户，146人。以河浜边有一庙而得名。2012年动迁消亡。

后和尚港 Hòuhéshànggǎng

农村居民点。位于角直镇西部。东为节子浜，西为和尚港自然村，北为湖浜村。属长巨村。面积1万平方米。户籍人口27户，108人。2013年动迁消亡。

北角 Běijiǎo

农村居民点。位于角直镇西部。东为东关里浜自然村，南为东关里浜自然村，西为东关里浜，北为东升路。属淞浦村。面积2万平方米。户籍人口42户，210人。2013年动迁消亡。

西南角 Xīnánjiǎo

农村居民点。位于角直镇西北部。东为五谷港自然村，南、西为蒋浦自然村，北为五谷自然村。属五谷村。2015年动迁消亡。

西港南 Xīgǎngnán

农村居民点。位于角直镇。东为吴淞江，南、西为北大港，北为吴淞江。面积0.9万平方米。户籍人口20户，73人。以村落在港的西南边而得名。2014年动迁消亡。

堰头 Yàntóu

农村居民点。位于角直镇的北部。东为红桥村，南为大厍村，西为时西横村，北为云龙村。属淞南村。面积0.6万平方米。户籍人口6户，21人。因地势低洼，村边筑堰堤护田，故名。2007年动迁消亡。

申家村 Shēnjiā Cūn

农村居民点。位于角直镇南部。属澄东村。靠近澄湖。面积0.7万平方米。户籍人口15户，48人。以申姓村民聚居而得名。2000年动迁消亡。

三庄村 Sānzhuāng Cūn

农村居民点。位于角直镇南部。属澄东村。面积0.7万平方米。户籍人口15户，48人。2000年动迁消亡。

凌塘 Língtáng

农村居民点。位于角直镇南部。东为凌塘河，南为昆山市锦溪镇北部村落，西为盖河村，北为田东村。属澄东村。1983年属凌塘村。2003年11月庆丰、田东、西塘、凌塘合并为澄东村。1937年11月遭日军火烧，整个村子被毁之一炬。

张家厍 Zhāngjiāshè

农村居民点。位于角直镇南部。东为界浦江，南为黄泥楼，西为育才路，北为甫里中学。以张姓村民聚居而得名，1983年属黄楼村。2003年11月并入甫南村。因拆迁地名消亡。

第十节　光福镇

一、概 况

光福镇 Guāngfú Zhèn

乡级行政区。中国历史文化名镇、全国环境优美镇、国家卫生镇、中国花木之乡、中国工艺雕刻之乡。位于吴中区西北部，距吴中区人民政府驻地约22.7千米。东与木渎镇接壤，南同香山街道毗邻，西濒太湖，北与虎丘区东渚街道相连。镇名出自唐陆龟蒙《送小鸡山樵人序》记载："出吴胥门，背朝日行四十里，得野步市曰光福。"又据清《光福志》（清光绪二十三年刻本）载："光福镇古虎溪地，相传吴王养虎处。萧梁时建光福寺于龟峰，遂以寺名镇，迄今因之。"辖区面积61.56平方千米。户籍人口4.8万人。镇人民政府驻宝泉路1号。

光福，古称虎溪，又名梓里（或作志里）、邓尉、玄墓、徐村，南朝梁代建有光福寺，后因寺名称"光福"。北宋时，属吴县长山乡。元丰年间（1078—1085），长山改乡为都，光福归其管辖。据清《光福志》记载，光福镇建制始于北宋，时已形成"民灶千余，阡陌交通"的集镇。元代隶属不变。迨及明代，光福镇为吴县"一市六镇"之一。《姑苏志》（明正德元年刻本）卷十八、《吴邑志》（明嘉靖八年刻本）卷第四皆云"光福镇，去县西五十里"，属长山乡光福里十九都。清康熙时期，光福镇仍为吴县"一市六镇"之一。清乾隆十一年（1746），木渎巡检司移至光福镇，驻虎山弄，改称光福巡检司。自此至清末，光福镇为吴县"二市六镇"之一，隶属不变。1912年11月，原吴县南宫乡（新安里）、长山乡（光福里）、

光福镇人民政府

穹窿乡（阜安里）、至德乡（昌用里）合并设立光福乡，光福镇归其管辖。乡署驻光福镇一仁堂。1929年8月，由原光福、西华2乡并为光福区，定为吴县第三区，光福镇归其管辖，且成为区公所驻地。1934年6月，原光福区与香山区（定为吴县第十八区）合并为光福区（仍为吴县第三区），区署驻地不变。光福镇隶属不变。1939年3月，属伪吴县光福乡。1940年3月，属光福区。1941年7月，属伪吴县第六区（光福）。1945年9月2日，光福镇复属光福区（吴县第三区）。1947年3月1日属吴西区。1948年2月，光福镇隶属不变，定为甲等乡镇。1949年5月1日，光福镇归吴县木渎区管辖。1950年3月，属新建的光福区。1957年3月，光福镇与永安、纪龙、新生3乡并为光福乡，1958年改称光福人民公社，1983年恢复称光福乡，属吴县，乡政府驻徐家花园。1985年9月2日，光福撤乡建镇，属吴县。1987年末，辖迂里、山墩、浩度、山前、枫浜、安山、府巷、柴巷、北沟、刘家、田舍、福利、下绞、金涧、庵前、新梅、梅园、桑园、塘村、陈华、舟山、黄渠、香雪、坎上、窑上、铜坑、光福27个村委会，东崦、邓尉、塔山3个社区居委会。1993年梅园村改建为社区居委会。1995年6月8日，属吴县市。1999年10月，新建宝泉社区居委会。

2000年12月31日，光福镇属吴中区，镇域面积59.35平方千米，辖5个社区居委会、26个村委会。镇政府驻地不变。2001年8月，撤销太湖镇建制，原所辖区域并入光福镇。光福镇下辖山前、安山、山墩、浩度、枫浜、柴巷、田舍、光福、北沟、刘家、福利、下绞、金涧、陈华、塘村、桑园、新梅、黄渠、舟山、坎上、庵前、香雪、铜坑、湖中、湖丰、湖胜、湖东、长浮、湖荣、冲山、漫山、窑上、迂里、府巷、潭东35个村委会和南街、东崦、塔山、宝泉、梅园、太湖6个社区居委会。10月29日，光福镇原35个村委会合并为18个村委会：山前、安山2个村合并为安山村，山墩、浩度2村合并为花桥村，枫浜、柴巷2村合并为高木桥村，田舍、光福2个村合并为上崦村，北沟、刘家2个村合并为翠屏村，福利、下绞、金涧3个村合并为福利村，陈华、塘村2个村合并为塘村村，桑园、新梅2

个村合并为新园村，黄渠、舟山2个村合并为舟山村，坎上、庵前2个村合并为邓尉村，香雪、铜坑2个村合并为香雪村，湖中、湖丰、湖胜3个村合并为湖中村，湖东、长浮、湖荣3个村合并为湖荣村，冲山、漫山2个村合并为冲山村。2003年11月21日，光福镇撤村并村、撤村建居，安山、迂里、花桥3个村合并为迂里村；高木桥、府巷2个村合并为府巷村；潭东、窑上、香雪3个村合并为香雪村；翠屏、福利2个村合并为福利村；新园、邓尉2个村合并为邓尉村；塘村、舟山2个村合并为舟山村；湖荣、冲山2个村合并为冲山村；上崎村和南街、东崦、塔山、宝泉4个居委会合并为东崦湖社区居委会。至此，光福镇辖迂里、府巷、香雪、福利、邓尉、舟山、冲山、湖中8个村及东崦湖社区居委会、梅园社区居委会、太湖社区居委会。2007年江苏省政府（苏府复〔2007〕64号）批复，同意吴中区将光福镇的舟山村委会划归香山街道管理。行政区划调整后，辖迂里、府巷、福利、邓尉、香雪、冲山、太湖渔港7个村委会，东崦湖、福溪2个社区居委会。2018年末，隶属、管辖村（居）委会不变。

二、村委会及居民点

【迂里村】 Yūlǐ Cūn

迂里村村委会

村委会。位于光福镇北部，距镇人民政府驻地4.45千米。管辖范围为东起府巷村，西至太湖、游湖，南起浒光运河，北至东渚街道。面积11平方千米。户籍人口2193户，8562人。下辖安山、安溪、坳里、北庄、池沿上、东陆巷、浮上、葛舍、虎山头、花家桥、浩度上、南庄、前西峰、山前头、沙桥头、宋巷、三家村、四家村、山墩、塘港头、下水车、西泾河头、下巷、西陆巷、野茶、永安桥、迂里、油车基、油车弄、鱼池头、张巷里、张泗泾32个自然村落。以辖区内迂里自然村而得名。1950年属永安乡。1954年为永安初级社。1956年属光福第一个高级社永星社。1958年建迂里大队。1983年改为迂里村。2001年安山、山前并为安山村，山墩、浩度并为花桥村。2003年11月花桥、安山两村并入迂里村。

安山 Ānshān

农村居民点。位于光福镇北部。东为下水车，南为铜坑村，西为太湖，北为游湖。面积6.8万平方米。户籍人口208户，670人。以村落位于安山坡而得名。2001年为安山村第3、4、5、6、7村民小组。2003年为迂里村第38、39、40、41、42村民小组。

安溪 Ānxī

农村居民点。位于光福镇北部。东为葛舍山，南为下水车，西为安山，北为安溪山。面积1.6万平方米。户籍人口35户，142人。以历史上村里有“安稷寺”（已毁）而得名。《吴县志》载：清雍正至宣统年间称安溪。1983年为山前村第4村民小组。2001年为安山村第13村民小组。2003年为迂里村第30村民小组。

坳里 Àolǐ

农村居民点。位于光福镇北部。东为葛舍山，南为安溪山，西为坳里山，北为游湖。面积1.8万平方米。户籍人口43户，162人。因位于葛舍山、安溪山、西坳里山形成簸箕湾山地，故名。《吴县志》载：清雍正至宣统年间称坳里。1983年为山前村第3村民小组。2001年为安山村第12村民小组。为迂里村第29村民小组。

北庄 Běizhuāng

农村居民点。位于光福镇北部。东为府巷村，南为南庄，西为油车基，北为山墩。面积1.6万平方米。户籍人口32户，145人。因村落位于村外小溪，故名。1983年为山墩村第2村民小组。2001年为花桥村第9村民小组。2003年为迂里村第18村民小组。

池沿上 Chíyánshàng

农村居民点。位于光福镇北部。东为荷花塘，南为西崦湖，西为山前，北为四家村。面积2.3万平方米。户籍人口48户，191人。以旁有西崦湖鱼池而得名。2003年为迂里第3村民小组。

东陆巷 Dōnglùxiàng

农村居民点。位于光福镇北部。东为三家村，南为西泾河头，西为西陆巷，北为下巷村。面积2.5万平方米。户籍人口55户，232人。以弄堂分为东陆巷、西陆巷两村。为迂里村第13村民小组。

浮上 Fúshàng

农村居民点。位于光福镇北部。东为山前，南为铜坑港，西为太湖，北为下水车。面积4.8万平方米。户籍人口108户，463人。因该村位于西崦湖边，常遭水淹，百姓为祈平安，故名。2001年为安山村第1、2、8、9村民小组。2003年为迂里村第36、37、43、44村民小组。

葛舍 Gěshè

农村居民点。位于光福镇北部。东为沙桥头，南为张巷里，西为葛舍山，北为游湖。面积2.5万平方米。户籍人口59户，238人。以葛姓人家居多而得名。2001年为安山村第11村民小组。2003年为迂里村第28村民小组。

虎山头 Hǔshāntóu

农村居民点。位于光福镇北部。东为迂里路，南为虎山桥，西为西崦湖，北为池沿上。面积2.5万平方米。户籍人口69户，220人。为迂里村第1村民小组。

花家桥 Huājiāqiáo

迂里村花家桥

农村居民点。位于光福镇北部。东为山墩，南为鱼池头，西为下巷，北为浩度郎。面积3.3万平方米。户籍人口85户，316人。以村内花家桥而得名。1983年为浩度村第2、10村民小组。2001年为花桥村第4村民小组。2003年为迂里村第24村民小组。

浩度上 Hàodùshàng

农村居民点。位于光福镇北部。东为塘港头，南为花家桥、下巷，西为宋巷，北为东渚街道。面积3万平方米。户籍人口66户，284人。据《光福志》载，旧时此地用水濠防盗，方言谐音而名。1983年为浩度村第4、11村民小组。2003年为花桥村第2村民小组。为迂里村第22村民小组。

南庄 Nánzhuāng

农村居民点。位于光福镇北部。东为叶家旦，南为姚家庄，西为福乾路，北为银矿路。面积2.3万平方米。户籍人口55户，201人。因村落位于村外小溪南，故名。1983年改为山墩第1、8村民小组。2001年为花桥第10村民小组。2003年为迂里第17村民小组。

前西峰 Qiánxīfēng

农村居民点。位于光福镇北部。东为塘港头，南为宋巷，西为野茶，北为东渚大寺郎。面积4.6万平方米。户籍人口108户，439人。旧称新丰里，宋淳熙年间（1174—1189），吴越王钱镠第九世孙钱三耆由湖州昆山徙至此，筑室定居，为当地大族，人们称呼其居住地为“钱新丰”，后音讹为前西锋。1983年为浩度村第6、7村民小组。2001年为花桥村第1村民小组。2003年为迂里村第21村民小组。

山前头 Shānqiántóu

农村居民点。位于光福镇北部。东为西崦湖，南为铜坑河，西为浮上村，北为张巷里。面积6.2万平方米。户籍人口154户，631人。《吴县志》载：清雍正至宣统年间称山前。1983年为山前村第7、8、9村民小组。2000年为安山村第16、17、18村民小组。2003年为迂里村第33、34、35村民小组。

沙桥头 Shāqiáotóu

农村居民点。位于光福镇北部。东为迂里，南为四家村，西为张泗泾，北为西陆巷。面积1.8万平方米。户籍人口35户，152人。村西陆巷港上有一座石板舍桥，故村亦名舍桥头，后谐音改称沙桥头。为迂里村第3村民小组。

宋巷 Sòngxiàng

农村居民点。位于光福镇北部。东为下巷，南为西陆巷，西为游湖，北为前西峰。面积3.6万平方米。户籍人口96户，335人。以宋姓村民聚居而得名。1983年为浩度村第5、9村民小组。2001年为花桥村第5村民小组。2003年为迂里村第25村民小组。

三家村 Sānjiā Cūn

农村居民点。位于光福镇北部。东为北横头，南为西泾河头，西为东陆巷，北为农田。面积1.5万平方米。户籍人口33户，136人。因村落形成时有顾家三兄弟居此，故名。为迂里村第12村民小组。

四家村 Sìjiā Cūn

农村居民点。位于光福镇北部。东为永安桥，南为池沿上，西为张泗泾，北为沙桥头。面积1.3万平方米。户籍人口32户，114人。太平天国时期，有一陈姓人家避战乱至此，陈姓四兄弟各立门户而得名。为迂里村第4村民小组。

山墩 Shāndūn

迂里村山墩

农村居民点。位于光福镇北部。东为田里珠，南为北庄，西为福乾路，北为光电路。面积7.5万平方米。户籍人口185户，720人。因当地有黄泥墩、丝瓜墩、茅柴墩，俗称三墩，后方言谐音为山墩。1983年为山墩第4、5、6、7村民小组。2001年为花桥村第7、8村民小组。为迂里村第19、20村民小组。

塘港头 Tánggǎngtóu

农村居民点。位于光福镇北部。亦名塘江头。东为光电路，南为花家桥，西为浩度村，北为东渚街道西浜村。面积3.8万平方米。户籍人口97户，362人。因位于塘河港边，故名。1983年为浩度村第3村民小组。2001年为花桥村第3村民小组。2003年为迂里村第23村民小组。

下水车 Xiàshuǐchē

农村居民点。位于光福镇北部。东为张巷里，南为山前头，西为安山，北为葛舍山。面积1.3万平方米。户籍人口27户，105人。因村边常装水车灌溉农田，村处水车下首，故名。《吴县志》载：清雍正至宣统年间称下水车。1983年为山前村第5村民小组。2001年为安山村第14村民小组。2003年为迂里村第31村民小组。

西泾河头 Xījīnghétóu

农村居民点。位于光福镇北部。东为迂里，南为迂里，西为西陆巷，北为东陆巷。面积2.2万平方米。户籍人口45户，179人。以村内西泾河而得名。为迂里村第7村民小组。

下巷 Xiàxiàng

农村居民点。位于光福镇北部。东为花家桥，南为鱼池头，西为宋巷，北为浩度郎。面积2.2万平方米。户籍人口45户，207人。因位于宋巷村边，故名。1983年为浩度村第1村民小组。2001年为花桥村第6村民小组。2003年为迂里村第26村民小组。

西陆巷 Xīlùxiàng

农村居民点。位于光福镇北部。东为东陆巷，南为葛舍村，西为游河，北为北京浜。面积3.5万平方米。户籍人口81户，330人。以村中一条弄堂为界，分为东陆巷、西陆巷两村。2003年为迂里村第14、15村民小组。

野茶 Yěchá

农村居民点。位于光福镇北部。东为前西峰，南为宋巷，西为游湖，北为东渚街道。面积2万平方米。户籍人口52户，187人。以村边有大片野茶树而得名。1983年为浩度村第8村民小组。2001年为花桥村第1村民小组。2003年为迂里村第21村民小组。

永安桥 Yǒng'ānqiáo

农村居民点。位于光福镇北部。东为荷花塘，南为虎山头，西为田家村，北为迂里村。面积1.5万平方米。户籍人口38户，138人。以村内永安桥而得名（由大家浜、荷花荡、田坨里3个小村合并而成）。2003年为迂里村第2村民小组。

迂里 Yūlǐ

农村居民点。位于光福镇北部。东为福乾路，南为迂里村，西为沙桥头，北为鱼池头。面积6.7万平方米。户籍人口189户，627人。《吴县志》载：清代雍正至宣统年间称迂里。为迂里村第6、10村民小组。

油车基 Yóuchējī

农村居民点。位于光福镇北部。东为北庄，南为南庄，西为福乾路，北为山墩村。面积1.1万平方米。户籍人口30户，94人。因村内有榨油机（车），后谐音为油车基。1983年为山墩第3村民小组。2001年为花桥第9村民小组。2003年为迂里第18村民小组。

油车弄 Yóuchēlòng

农村居民点。位于光福镇北部。东为迂里河，南为永安桥，西为鱼池头，北为下巷。面积1.3万平方米。户籍人口30户，104人。以村中有榨油车（坊）而得名。为迂里村第8村民小组。

鱼池头 Yúchítóu

农村居民点。位于光福镇北部。东为枫浜，南为姚家庄，西为迂里，北为东陆巷。面积2.8万平方米。户籍人口68户，264人。以村近鱼池得名。为迂里村第11、16村民小组。

张巷里 Zhāngxiànglǐ

农村居民点。位于光福镇北部。东为张泗泾浜，南为蝼蛄山，西为下水车，北为葛舍村。面积1.2万平方米。户籍人口28户，109人。因相传，北宋时期有一张姓大户，在此建房5048间，形成一条东西向的长巷，相当繁荣，故名。《吴县志》载：清代雍正至宣统年间称张巷里。1983年为山前村第6村民小组。2001年为安山村第15村民小组。2003年为迂里村第32村民小组。

张泗泾 Zhāngsìjīng

农村居民点。位于光福镇北部。东为沙桥头，南为河浜，西为张巷里村，北为野茶村。面积2万平方米。户籍人口47户，182人。以村内张泗泾河而得名。《吴县志》载：清雍正至宣统年间称张西泾。1983年为山前村第1村民小组。2001年为安山村第10村民小组。2003年为迂里村第27村民小组。

【府巷村】 Fǔxiàng Cūn

府巷村村委会

村委会。位于光福镇东北部，距镇人民政府驻地2.7千米。管辖范围为东起凤凰山，西至迂里村，南起福利村、东崦湖社区，北至虎丘区东渚街道。面积8平方千米。户籍人口5465人。下辖白门堂、柴巷、大井头、枫浜村、府巷、木渎湾、南塘泾、旗墩上、上山、上珠巷、上姚家庄、宋家庄、田里珠、塘下头、谢家庄、下姚家庄、严家里、叶家旦后泾、哑子桥19个自然村落。以辖区内府巷自然村而得名。1983年建村委会，驻府巷村。1954年设前进第一、二、三初级社。1956年前桥村、府巷村合并为永星高级社第十一社。1958年为光福人民公社第5营第44、45连。1959年10月改为府巷大队。1983年改为府巷村。2002年并村后更为高木桥村。2003年高木桥村、枫浜村、柴巷村并入府巷村。

白门堂 Báiméntáng

农村居民点。位于光福镇东北部。亦名白门塘。东为哑子桥，南为田里珠，西为迂里，北为虎丘区东渚街道。面积2.2万平方米。户籍人口47户，203人。因早时村内大户有白门堂厅堂，故名。1983年为枫浜村第7、10村民小组。2002年为高木桥村第13村民小组。2003年为府巷村第18村民小组。

柴巷 Cháixiàng

农村居民点。位于光福镇东北部。东为上山，南为上珠巷，西为塘下头，北为谢家庄。面积5.7万平方米。户籍人口136户，548人。以村内柴姓人家居多而得名。1983年为柴巷村第2、3、4、5村民小组。2003年为府巷村第8村民小组。

大井头 Dàjǐngtóu

农村居民点。位于光福镇东北部。东为严家里林树头，南为姚家庄，西为叶家旦后泾，北为枫浜。面积1.9万平方米。户籍人口55户，170人。以村内有口大井而得名。1983年为枫浜村第2村民小组。2002年为高木桥村第8村民小组。2003年为府巷村第13村民小组。

枫浜村 Fēngbāng Cūn

农村居民点。位于光福镇东北部。东为柴巷，南为大井头，西为山墩，北为田里珠。面积3万平方米。户籍人口69户，257人。以村中河流枫浜为名。1983年为枫浜村第5、9村民小组。2002年为高木桥村第10村民小组。2003年为府巷村第15村民小组。

府巷 Fǔxiàng

农村居民点。位于光福镇东北部。东为上珠巷，南为宋家庄，西为姚家庄，北为林树头。面积5.8万平方米。户籍人口159户，587人。相传元末张士诚称王吴中，兵败后亲属蛰居于此，为避祸，族人将灯笼上的“张府”贴住去掉张字留“府”字。族人皆改姓府，并建府家祠堂，故名。1983年为府巷村第12、13、14村民小组。2003年为府巷村第5村民小组。

木渎湾 Mùdúwān

农村居民点。位于光福镇东北部。东为东渚街道，南为谢家庄，西为哑子桥，北为东渚街道。面积1.1万平方米。户籍人口28户，105人。以木渎人移居在此而得名。1983年为柴巷村第9村民小组。2002年为高木桥村第6村民小组。2003年为府巷村第11村民小组。

南塘泾 Nántángjīng

农村居民点。位于光福镇东北部。东为凤凰山，南为北沟村，西为旗墩上，北为府巷。面积3.7万平方米。户籍人口83户，355人。因村庄边有南塘泾河流，故名。1983年为府巷村第7、8村民小组。2003年为府巷村第3村民小组。

旗墩上 Qídūnshàng

农村居民点。位于光福镇东北部。东为府巷，南为田舍里，西为福乾路，北为宋家庄。面积4.5万平方米。户籍人口117户，472人。因祁姓人家居此泥墩上，形成村庄后得名“祁墩上”，后谐音为“旗墩上”。1983年为府巷村第1、2、18、19村民小组。2003年为府巷村第1村民小组。

上山 Shàngshān

农村居民点。位于光福镇东北部。东为凤凰山，南为上珠巷，西为柴巷，北为虎丘区东渚街道。面积2.3万平方米。户籍人口54户，212人。因位于凤凰山坡上山处，故名。1983年为柴巷村第1、10村民小组。2002年为高木桥村第1村民小组。2003年为府巷村第7村民小组。

上珠巷 Shàngzhūxiàng

农村居民点。位于光福镇东北部。东为凤凰山，南为南塘泾，西为府巷，北为柴巷。面积4.6万平方米。户籍人口113户，463人。以巷内有多家制作珍珠工艺的店铺而得名。1983年为府巷村第15、16、17、20村民小组。2003年为府巷村第6村民小组。

上姚家庄 Shàngyáojiāzhuāng

农村居民点。位于光福镇东北部。东为府巷，南为宋家庄，西为迂里村，北为浒光运河。面积1.1万平方米。户籍人口22户，96人。以多姚姓人家而得名。以浒光运河两岸分为上姚家庄和下姚家庄两村。1983年为府巷村第11村民小组。2003年为府巷村第4村民小组。

宋家庄 Sòngjiāzhuāng

农村居民点。位于光福镇东北部。东为府巷，南为旗墩上，西为浒光运河，北为姚家庄。面积5.3万平方米。户籍人口130户，569人。以宋姓人家居多而得名。1983年为府巷村第3、4、5、6村民小组。2003年为府巷村第2村民小组。

田里珠 Tiánlǐzhū

农村居民点。位于光福镇东北部。东为谢家庄，南为枫浜，西为迂里，北为白门堂。面积2万平方米。户籍人口52户，187人。因是一片低洼田中的一块高地，称“田里渚”，后谐音为“田里珠”，故名。1983年为枫浜村第6村民小组。2002年为高木桥村第11村民小组。2003年为府巷村第16村民小组。

塘下头 Tángxiàtóu

农村居民点。位于光福镇东北部。东为柴巷，南为严家里，西为大井头，北为谢家庄。面积1.3万平方米。户籍人口28户，125人。因位于浒光运河塘边，故名。1983年为柴巷村第6村民小组。2002年为高木桥村第4村民小组。2003年为府巷村第9村民小组。

谢家庄 Xièjiāzhuāng

农村居民点。位于光福镇东北部。东为柴巷，南为塘下头，西为枫浜，北为木渎湾。面积3.2万平方米。户籍人口75户，295人。以谢姓人家居多而得名。1983年为柴巷村第7、8村民小组。2002年为高木桥村第5村民小组。2003年为府巷村第10村民小组。

下姚家庄 Xiàyáojiāzhuāng

农村居民点。位于光福镇东北部。东为府巷，南为浒光运河，西为迂里村，北为叶家旦后泾。面积3万平方米。户籍人口104户，398人。因姚姓人家居多而得名。1983年为府巷村第9、10村民小组。为府巷村第4村民小组。

严家里 Yánjiālǐ

农村居民点。位于光福镇东北部。东为上珠巷，南为府巷，西为大井头，北为塘下头。面积2.3万平方米。户籍人口52户，221人。以严姓人家居此得名。1983年为枫浜村第1村民小组。2002年为高木桥村第7村民小组。2003年为府巷村第12村民小组。

叶家旦后泾 Yèjiādànhòujīng

府巷村叶家旦后泾

农村居民点。位于光福镇东北部。东为大井头，南为姚家庄，西为迂里村南庄、北庄，北为枫浜。面积3.3万平方米。户籍人口82户，306人。叶家旦、后泾村于1996年合为一村。1983年为枫浜村第3、4村民小组。2002年为高木桥村第9村民小组。2003年为府巷村第14村民小组。

哑子桥 Yǎziqiáo

农村居民点。位于光福镇东北部。东为谢家庄，南为枫浜，西为田里珠，北为白门堂。面积1.8万平方米。户籍人口44户，165人。以村中哑子桥而得名。1983年为枫浜村第8村民小组。2002年为高木桥村第12村民小组。为府巷村第17村民小组。

【福利村】 Fúlì Cūn

福利村村委会

村委会。位于光福镇东北部，距镇人民政府驻地2.22千米。管辖范围为东起木渎镇善人桥，西至邓尉村、东崦湖社区，南起穹窿山景区，北至府巷村。面积12.15平方千米。户籍人口7383人。下辖北沟上、独石上、大墩头、大草棚、观音堂、戈祥巷、后西泾、华家里、后古寺、鸡登里、金家涧、绞里、刘家河头、刘庄、陆家树头、刘家绞里、马家涧、庙里河头、前西泾、前古寺、水沟村、苏家堂、四家泾、胜巷上、山墩坟、堂里、塔头、吴家桥、王家场、吴家村、小桥头、西山头、下绞、下山、杨巷上、园上、朱家弄、张家场、朱家村、赵家河头、查山41个自然村落。因村南木光河上的石拱桥孚利桥（民国《吴县志》作“扶荔桥”）谐音，故名。1983年建村委会，驻福利村。1958年成立福利大队时取名。1950年为新生乡。1955年建永星初级社。1956年为永星高级社第十一社。1958年为光福人民公社福利大队。1983年为光福乡福利村。2001年10月下绞村与金涧村并入福利村。2003年11月翠屏村又并入福利村。

北沟上 Běigōushàng

农村居民点。位于光福镇东北部。东为下山，南为大寨河，西为杨木桥，北为府巷村南塘泾。面积1.8万平方米。户籍人口176人。1983年为北沟村第5、6村民小组。2001年10月属翠屏村。2003年为福利村第17村民小组。

独石上 Dúshíshàng

农村居民点。位于光福镇东北部。东为观音堂，南为福利路，西为龙山南路，北为泗家泾。面积4万平方米。户籍人口371人。早时仅有一户人家居此，人们称其“独宅上”，因方言写成“独石上”，故名。1983年为刘家村第3、4、5村民小组。2001年10月属翠屏村。2003年为福利村第22村民小组。

大墩头 Dàdūntóu

农村居民点。位于光福镇东北部。东为赵家河头，南为凤凰山，西为山墩坟，北为木光运河。面积1.3万平方米。户籍人口128人。因村东有小山坡称为大墩头，故名。1983年为下绞村第6村民小组。2001年10月为福利村第7村民小组。

大草棚 Dàcǎopéng

农村居民点。位于光福镇东北部。东为苏州玛氏电子有限公司，南为欣龙模具厂，西为半夜浜，北为光福花木协会。面积8000平方米。户籍人口74人。因解放战争时期三户江阴籍人家逃荒至此，搭草棚，故名。1983年为下绞村第8村民小组。2001年10月为福利村第2村民小组。

观音堂 Guānyīntáng

农村居民点。位于光福镇东北部。东为刘家河头，南为福利路，西为独石上，北为玉屏山。面积3.5万平方米。户籍人口344人。以村内观音堂而得名，俗称观音堂头。1983年为刘家村第6、7村民小组。2001年10月属翠屏村。2003年为福利村第23村民小组。

戈祥巷 Gēxiángxiàng

农村居民点。位于光福镇东北部。亦名顾匠巷。东为福田路，南为华家里，西为福坤路，北为爱丽莎小区。面积2万平方米。户籍人口181人。因村民以戈姓为多，故名。2001年10月为福利村第1村民小组。

后西泾 Hòuxījīng

农村居民点。位于光福镇东北部。东为刘庄浜，南为前西泾，西为福东路，北为吴家桥。面积1.2万平方米。户籍人口118人。1983年为福利村第8村民小组，2001年10月为福利村第3村民小组。

华家里 Huàjiālǐ

农村居民点。位于光福镇东北部。东为福田路，南为苏福路，西为福坤路，北为戈祥巷。面积2.7万平方米。户籍人口253人。以华姓人家居多而得名。1983年为福利村第2、3村民小组，2001年10月为福利村第1村民小组。

后古寺 Hòugǔsì

农村居民点。位于光福镇东北部。东为凤凰路，南为前古寺，西为刘庄路，北为胜巷上。面积1.6万平方米。户籍人口151人。以村中古寺庙而得名。以庙为界分为前古寺与后古寺两村。2001年10月为福利村第4村民小组。

鸡登里 Jīdēnglǐ

农村居民点。位于光福镇东北部。东为福达机械，南为苏福路，西为刘庄，北为福利路。面积2.9万平方米。户籍人口286人。因季姓人家居土墩初名“季墩里”，后讹为“鸡登里”。1983年为刘家村第1、2村民小组。2001年10月属翠屏村。2003年为福利村第21村民小组。

金家涧 Jīnjiājiàn

农村居民点。位于光福镇东北部。东为园上，南为老苏福公路，西为福窿路，北为福窿路。面积1.3万平方米。户籍人口122人。1983年为金涧村第8村民小组。2001年10月为福利村第10村民小组。

绞里 Jiǎolǐ

农村居民点。位于光福镇东北部。东为马家涧，南为穹窿山，西为朱家村，北为福窿路。面积2万平方米。户籍人口196人。1983年为下绞村第1村民小组。2001年10月属福利村。为福利村第6村民小组。

刘家河头 Liújiāhétóu

农村居民点。位于光福镇东北部。东为王家场，南为福利路，西为观音堂，北为玉屏山。面积3.2万平方米。户籍人口318人。因一刘姓官宦家居此地，清淤挖河开通航道，人称刘家河，故名。1983年为刘家村第8、9村民小组。2001年10月属翠屏村。2003年为福利村第24村民小组。

刘庄 Liúzhuāng

农村居民点。位于光福镇东北部。东为刘庄路，南为苏福路，西为刘庄浜，北为福利路。面积1.6万平方米。户籍人口152人。以刘姓村民居多而得名。2001年10月为福利村第3村民小组。

陆家树头 Lùjiāshùtóu

农村居民点。位于光福镇东北部。东为苏州绕城高速路，南为园上（亦称苑上），西为朱家弄，北为木光河。面积1.3万平方米。户籍人口127人。以陆姓人家居此而得名。1983年为金涧村第11村民小组。2001年10月为福利村第11村民小组。

刘家绞里 Liújiājiǎolǐ

农村居民点。位于光福镇东北部。东为上官山，南为雅宜山，西为绕城高速路，北为张家场。面积1.5万平方米。户籍人口141人。1983年为刘家村第11村民小组。2001年10月属翠屏村。为福利村第26村民小组。

马家涧 Mǎjiājiàn

农村居民点。位于光福镇东北部。东为金家涧，南为穹窿山，西为绞里，北为福穹路。面积1.4万平方米。户籍人口128人。以早先有马姓人家在穹窿山北麓小涧边定居而得名。1983年为金涧村第7村民小组。2001年10月为福利村第10村民小组。

庙里河头 Miàolǐhétóu

农村居民点。位于光福镇东北部。东为福窿路，南为福窿路，西为水沟村，北为木光河。面积1万平方米。户籍人口90人。以小庙村内小河而得名。1983年为金涧村第9村民小组。2001年10月为福利村第10村民小组。

前西泾 Qiánxījīng

农村居民点。位于光福镇东北部。东为刘庄浜，南为福利路，西为福东路，北为后西泾。面积1.8万平方米。户籍人口165人。1983年为福利村第7村民小组。2001年10月为福利村第3村民小组。

前古寺 Qiángǔsì

农村居民点。位于光福镇东北部。东为凤凰路，南为福利路，西为刘庄路，北为后古寺。面积2.2万平方米。户籍人口209人。以村内古寺庙而得名。以庙为界分前古寺与后古寺两村。1983年为福利村第9村民小组。2001年10月属福利村。为福利村第4村民小组。

水沟村 Shuǐgōu Cūn

农村居民点。位于光福镇东北部。东为庙里河头，南为福窿路，西为赵家河头，北为木光运河。面积4.4万平方米。户籍人口420人。以村边有穹窿山北麓山水冲刷形成的水沟而得名。1983年为金涧村第4、5、6村民小组。2001年10月属福利村。为福利村第9村民小组。

苏家堂 Sūjiātáng

农村居民点。位于光福镇东北部。东为绕城高速路，南为老苏福公路，西为堂里，北为绕城高速路。面积2万平方米。户籍人口200人。因苏姓人家居池塘边，故名苏家塘，后谐音为苏家堂。1983年为金涧村第16村民小组。2001年10月为福利村第13村民小组。

四家泾 Sìjiājīng

农村居民点。位于光福镇东北部。东为玉屏山，南为独石上，西为凤凰路，北为玉屏山。面积1.2万平方米。户籍人口117人。因村旁小溪名四家泾，故名。1983年为北沟村第1村民小组。2001年10月属翠屏村。2003年为福利村第14村民小组。

胜巷上 Shèngxiàngshàng

农村居民点。位于光福镇东北部。东为凤凰路，南为后古寺，西为吴家桥，北为大寨河。面积3.7万平方米。户籍人口362人。以孙姓人家聚居而得名（今无孙姓人家），后谐音为胜巷上。1983年为北沟村第7、8、9村民小组。2001年10月属翠屏村。2003年为福利村第18村民小组。

山墩坟 Shāndūnfén

农村居民点。位于光福镇东北部。东为大墩头，南为南凤凰山，西为舟山路，北为金墩路。面积1万平方米。户籍人口90人。1983年为下绞村第5村民小组。2001年为福利村第7村民小组。

堂里 Tánglǐ

农村居民点。位于光福镇东北部。东为塔头，南为老苏福公路，西为园上，北为陆家树头。面积1.4万平方米。户籍人口143人。以村内观音堂而得名。1983年为金涧村第13、14村民小组。2001年10月为福利村第12村民小组。

塔头 Tǎtóu

农村居民点。位于光福镇东北部。东为绕城高速路，南为老苏福公路，西为堂里，北为绕城高速路。面积7000平方米。户籍人口67人。以村边古塔而得名。1983年为金涧村第15村民小组。2001年10月为福利村第12村民小组。

吴家桥 Wújiāqiáo

农村居民点。位于光福镇东北部。东为胜巷上，南为光福工业北区，西为福东路，北为塔山路。面积3万平方米。户籍人口271人。因吴姓人家居多，村中有吴家桥，故名。1983年为北沟村第11、12、13村民小组。2001年10月属翠屏村。2003年为福利村第20村民小组。

王家场 Wángjiāchǎng

农村居民点。位于光福镇东北部。东为绕城高速路，南为绕城高速光福收费站，西为刘家河头，北为玉屏山。面积1万平方米。户籍人口94人。以村内王姓人家居多而得名。1983年为刘家村第10村民小组。2001年10月属翠屏村。2003年为福利村第25村民小组。

吴家村 Wūjiā Cūn

农村居民点。位于光福镇东北部。东为舟山路，南为金涧路，西为福锦路，北为光福工业南区。面积1.2万平方米。户籍人口116人。因吴姓人家居多，故名。1983年为下绞村第2村民小组。2001年10月福利村第6村民小组。

小桥头 Xiǎoqiáotóu

农村居民点。位于光福镇东北部。东为福利工业小区，南为苏福路，西为福田路，北为苏州不二工机有限公司。面积3万平方米。户籍人口304人。以村中河浜上用两根木头搭成的小桥得名。1983年为福利村第4、5村民小组。2001年10月为福利村第2村民小组。

西山头 Xīshāntóu

农村居民点。位于光福镇东北部。东为舟山路，南为吴家村，西为光福工业南区，北为凤山路。面积2.5万平方米。户籍人口249人。因位于南凤凰山西坡，故名。1983年为下绞村第3、9村民小组。2001年10月为福利村第5村民小组。

下绞 Xiàjiǎo

农村居民点。位于光福镇东北部。东为舟山路，南为凤山路，西为光福工业南区，北为光福工业南区。面积1.5万平方米。户籍人口148人。因位于绞里下坡，故名。1983年为下绞村第4村民小组。2001年10月为福利村第5村民小组。

下山 Xiàshān

农村居民点。位于光福镇东北部。东为玉屏山，南为大寨河，西为北沟上，北为凤凰山。面积2万平方米。户籍人口191人。因地处玉屏山（亦称查山、玉遮山）下坡，相对查山（俗称上山脚头）而得名。1983年为北沟村第4村民小组，2001年10月属翠屏村。2003年为福利村第16村民小组。

杨巷上 Yángxiàngshàng

农村居民点。位于光福镇东北部。东为北沟上，南为大寨河，西为福东路，北为杨木桥。面积1.2万平方米。户籍人口118人。1983年为北沟村第10村民小组。2001年10月属翠屏村。2003年为福利村第19村民小组。

园上 Yuánshàng

农村居民点。位于光福镇东北部。东为堂里，南为老苏福公路，西为金家涧，北为陆家树头。面积2.5万平方米。户籍人口245人。以村庄周围有大片竹园而得名。1983年为金涧村第12村民小组。2001年10月为福利村第12村民小组。

朱家弄 Zhūjiālòng

农村居民点。位于光福镇东北部。东为陆家树头，南为福利路，西为福窿路，北为木光河。面积2万平方米。户籍人口188人。以早时朱姓人家在此聚居而得名。1983年为金涧村第10村民小组。2001年10月为福利村第11村民小组。

张家场 Zhāngjiāchǎng

福利村张家场

农村居民点。位于光福镇东北部。东为上官山，南为绞里，西为绕城高速公路，北为东渚街道。面积1.6万平方米。户籍人口149人。以村里张姓人家居多而得名。1983年为刘家村第12村民小组。2001年10月属翠屏村。为福利村第27村民小组。

朱家村 Zhūjiā Cūn

农村居民点。位于光福镇东北部。东为绞里，南为穹窿山，西为舟山路，北为福穹路。面积1万平方米。户籍人口83人。因朱姓大户居村得名。1983年为下绞村第7村民小组。2001年10月为福利村第6村民小组。

赵家河头 Zhàojiāhétóu

农村居民点。位于光福镇东北部。东为水沟村，南为福隆路，西为大墩头，北为木光河。面积3.5万平方米。户籍人口343人。因赵姓人家居多，小河称赵家河，故名。1983年为金涧村第1、2、3村民小组。2001年10月为福利村第8村民小组。

查山 Zhāshān

农村居民点。位于光福镇东北部。又名遮山。东为玉屏山，南为泗家泾，西为查山路，北为查山路。面积3.3万平方米。户籍人口314人。以村位于玉屏山（旧名查山）坡而得名。1983年为北沟村第2、3村民小组，2001年10月属翠屏村。2003年为福利村第15村民小组。

【邓尉村】 Dèngwèi Cūn

村委会。位于光福镇西南部，距镇人民政府驻地0.82千米。管辖范围为东起福利村，西至香雪村，南起太湖、香山街道，北至东崦湖社区。面积8.7平方千米。户籍人口943户，3406人。下辖庵前、坎上、鲤山、山城上、桑园里、上洋、山窑、石塘头、山场

邓尉村村委会

坞、山西湾、石灰弄、塘里池桥、塘里村、下鲤山、巷门里、下官路、西湾、姚家河头、中宝里、竺山小区20个自然村落。以境内邓尉山得名。2001年10月坎上村与庵前村合并为邓尉村，新梅村与桑园村合并为新园村。2003年11月新园村又并入邓尉村。

庵前 Ānqián

农村居民点。位于光福镇西南部。东为塘里池桥，南为山窑，西为玄墓山，北为姚家河头。面积1.3万平方米。户籍人口33户，125人。以村后香云庵而得名。1983年为庵前村第6村民小组。2001年10月为邓尉村第6村民小组。

坎上 Kǎnshàng

农村居民点。位于光福镇西南部。东为米堆山，南为太湖，西为西湾，北为陈家坞。面积1.6万平方米。户籍人口41户，154人。因处玄墓山下，古时称钱家磡，今称坎上。1983年为坎上村第2村民小组。2001年10月为邓尉村第9村民小组。

鲤山 Lǐshān

农村居民点。位于光福镇西南部。东为光福机场，南为下鲤山，西为山西湾，北为桑园里。面积1.3万平方米。户籍人口36户，132人。以村旁鲤山而得名。1983年为桑园村第3、4村民小组。2001年10月属新园村。2003年为邓尉村第21、22村民小组。

山城上 Shānchéngshàng

农村居民点。位于光福镇西南部。东为光福机场，南为桑园里，西为米堆山，北为石塘头。面积1万平方米。户籍人口26户，98人。因村内有山神庙，故名山神庙上，后谐音为山城上。1983年为新梅村第5村民小组。2001年10月属新园村。2003年为邓尉村第18村民小组。

桑园里 Sāngyuánlǐ

农村居民点。位于光福镇西南部。东为光福机场，南为鲤山村，西为鲤山，北为山城上。面积1.3万平方米。户籍人口30户，122人。因村民以养蚕收茧为生，广栽桑树，故名。1983年为桑园村第1、2村民小组。2001年10月属新园村。2003年为邓尉村第19、20村民小组。

上洋 Shàngyáng

农村居民点。位于光福镇西南部。东为陈家坞，南为太湖，西为西湾，北为玄墓山。面积1万平方米。户籍人口27户，91人。因位于渔洋湾高处，故名。1983年为坎上村第4村民小组。2001年10月为邓尉村第11村民小组。

山窑 Shānyáo

农村居民点。位于光福镇西南部。东为庵前，南为巷门里，西为米堆山，北为邓尉山。面积1万平方米。户籍人口27户，97人。以居山脚下御窑旁而得名。为邓尉村第14村民小组。

石塘头 Shānyáo

农村居民点。位于光福镇西南部。东为光福机场，南为山城上，西为米堆山，北为巷门里。面积1.5万平方米。户籍人口39户，148人。明初，朱元璋建都南京，在此地开产紫金石和磨叽石（即太湖石），从而形成石宕，故名。1983年为新梅村第3、4村民小组。2003年为邓尉村第16、17村民小组。

山场坞 Shānchǎngwù

农村居民点。位于光福镇西南部。东为邓尉山路，南为塘里村，西、北为邓尉山。面积1.7万平方米。户籍人口44户，165人。因位于山坞里，故名。1983年为庵前村第1村民小组。2001年10月为邓尉村第1村民小组。

山西湾 Shānxīwān

农村居民点。位于光福镇西南部。东为鲤山，南为鲤山嘴，西为太湖，北为米堆山。面积1万平方米。户籍人口22户，95人。以位于鲤山西湖湾边而得名。1983年为桑园村第6、7村民小组。2001年10月属新园村。2003年为邓尉村第24、25村民小组。

石灰弄 Shíhuīlòng

农村居民点。位于光福镇西南部。东为上崦河，南为姚家河头，西为邓尉山，北为下官路。面积1.5万平方米。户籍人口38户，145人。因弄堂西面有石灰窑，石灰运出时一路上撒漏石灰，久而久之便称为石灰弄。1983年为庵前村第4村民小组。2001年10月为邓尉村第4村民小组。

塘里池桥 Tánglǐchíqiáo

农村居民点。位于光福镇西南部。东为福利村，南为光福机场，西为庵前，北为姚家河头。面积1万平方米。户籍人口25户，82人。以村内塘里池桥而得名。1983年为庵前村第7村民小组。2001年10月为邓尉村第7村民小组。

塘里村 Tánglǐ Cūn

农村居民点。位于光福镇西南部。东为滟河湾花园，南为下官路，西、北为邓尉山。面积2万平方米。户籍人口57户，203人。因梓里村有3个大祠堂，故称祠堂里或祠堂村，以谐音改为塘里村。1983年为庵前村第2村民小组。2001年10月为邓尉村第2村民小组。

下鲤山 Xiàlǐshān

农村居民点。位于光福镇西南部。东为光福机场，南为太湖，西、北为鲤山。面积1.7万平方米。户籍人口47户，168人。因坐落在鲤山南面，依地势高低分上鲤山村、下鲤山两村。1983年为桑园村第5村民小组。2001年10月属新园村。2003年为邓尉村第23村民小组。

巷门里 Xiàngménlǐ

农村居民点。位于光福镇西南部。东为光福机场，南为塘头，西为米堆山，北为山窑。面积0.9万平方米。户籍人口21户，83人。因民房相对而建，形成巷子，两端设门头，闭可护村，故名。原为新梅村第2村民小组。2003年为邓尉村第15村民小组。

下官路 Xiàguānlù

农村居民点。位于光福镇西南部。东为光福工业南区，南为石灰弄，西为邓尉山，北为塘里村。面积2万平方米。户籍人口45户，201人。因清代村边有御道（村名官路），以高低分为上官路与下官路村两村。1983年为庵前村第3村民小组。2001年10月属邓尉村。为邓尉村第3村民小组。

西湾 Xīwān

农村居民点。位于光福镇西南部。东为中宝里，南为竺山，西为长山，北为香雪村蔡家场。面积1.3万平方米。户籍人口33户，127人。因位于玄墓山西，又在长山、竺山山湾里，故名。1983年为坎上村第5村民小组。2001年10月为邓尉村第12村民小组。

姚家河头 Yáojiāhétóu

农村居民点。位于光福镇西南部。东为东崦河，南为庵前村，西为邓尉山，北为石灰弄。面积1.4万平方米。户籍人口36户，138人。以姚氏家族居住而得名。1983年为庵前村第5村民小组。2001年10月为邓尉村第5村民小组。

中宝里 Zhōngbǎolǐ

农村居民点。位于光福镇西南部。亦名“钟堡里”。东为米堆山，南为太湖，西为西湾，北为玄墓山。面积2.1万平方米。户籍人口52户，202人。因钟姓人家居此小山包上，故名“钟包里”，后谐音为“中宝里”。1983年为坎上村第1村民小组。2001年10月为邓尉村第8村民小组。

竺山小区 Zhúshān Xiǎoqū

农村居民点。位于光福镇西南部。东为东崦河，南为下官路，西为邓尉山路，北为塘里村。面积4万平方米。户籍人口38户，159人。因2006年新建在竺山旁的拆迁安置小区，故名。1983年为坎上村第6村民小组。2001年10月属邓尉村。为邓尉村第13村民小组。

【香雪村】Xiāngxuě Cūn

香雪村村委会

村委会。位于光福镇西部，距镇人民政府驻地1.83千米。管辖范围为东起东崦湖社区，西至太湖渔港村、冲山村，南起邓尉村，北至迂里村。面积为15平方千米。户籍人口2580户，7459人。村委会驻香雪涧上村。下辖蔡家场、长岐、菖蒲潭、东乡头、大亩头、费家河头、坟里、浮庙墩、高家前、顾家场、官路上、涧里、涧上、庙前、倪家巷、南山上、青芝山、山坞里、十三图、上官山、上河头、铜坑（窑坑头）、潭西、潭东、天井上、下官山、坞山头、窑上、中官山、中天井30个自然村落。以境内著名景点香雪海而得名。1949年属纪龙乡。1954年为纪星初级社一社、二社。1956年为永星高级社十五社。1958年为光福人民公社二大队。1960年改为香雪大队。1983年改为光福乡香雪村。2001年10月铜坑村并入香雪村。2003年11月窑上、潭东两村并入香雪村。

蔡家场 Càijiāchǎng

农村居民点。位于光福镇西部。东为玄墓山，南为上洋，西、北为濮山。面积1.5万平方米。户籍人口36户，151人。因村旁为一片草场（地），故称草家场，后谐音改名蔡家场。1983年为香雪村第9村民小组。2001年10月属香为香雪村第9村民小组。

长岐 Chángqí

农村居民点。位于光福镇西部。东为长山，南为太湖，西为东乡头，北为纪龙山。面积3万平方米。户籍人口78户，305人。以村东、北为长山、纪龙山（当地人统称长纪山），谐音而得名。1983年为潭东村第7村民小组。2003年为香雪村第23、28村民小组。

菖蒲潭 Chāngpútán

农村居民点。位于光福镇西部。东为潭山硫铁矿及大亩头，南为福湖路及潭山、中天井，西为江苏省轻工疗养院，北为西碛山。面积1.3万平方米。户籍人口42户，147人。因村庄位于西碛山与潭山之间山谷中，山水流至这里形成湿地（潭），广长菖蒲，故名。1983年为潭东村第2村民小组。2003年为香雪村第18村民小组。

东乡头 Dōngxiāngtóu

农村居民点。位于光福镇西部。东为长岐，南为太湖，西为潭东村，北为潭山。面积1.5万平方米。户籍人口48户，140人。旧时潭东村是一小集镇，故其周边称之为乡，因该村地处潭东村东边，故名。1983年为潭东村第6村民小组。2003年为香雪村第22、27村民小组。

大亩头 Dàmǔtóu

农村居民点。位于光福镇西部。东为原潭山硫铁矿，南为潭山，西为菖蒲潭，北为铜井山。面积0.8万平方米。户籍人口20户，79人。因村旁有很多规模较大的坟墓，俗称大墓头，谐音改为大亩头。1983年为潭东村第8村民小组。2003年为香雪村第24村民小组。

费家河头 Fèijiāhétóu

农村居民点。位于光福镇西部。东为庙前，南为官路上，西为香雪村苗木市场，北为西崦湖。面积1.3万平方米。户籍人口35户，130人。以费姓人家居河之尽头而得名。2001年10月为香雪村第10村民小组。

坟里 Fénlǐ

农村居民点。位于光福镇西部。东为顾家场，南为西碛山，西为窑上，北为太湖。面积2.3万平方米。户籍人口60户，227人。因有很多官宦及大户人家墓葬于此，又遣人守墓得名。1983年为窑上村第8村民小组。为香雪村第38村民小组。

浮庙墩 Fúmiàodūn

农村居民点。位于光福镇西部。东为西崦湖，南为涧上，西为坞山头，北为铜坑港。面积3万平方米。户籍人口78户，323人。1983年为铜坑村第4、5村民小组。2001年10月为香雪村第14、15村民小组。

高家前 Gāojiāqián

农村居民点。位于光福镇西部。东为坟山，南为太湖，西为南山上，北为天井上。面积1.2万平方米。户籍人口27户，115人。以早时村后有高姓人家而得名。1983年为潭东村第9村民小组。2003年为香雪村第25村民小组。

顾家场 Gùjiāchǎng

农村居民点。位于光福镇西部。东为涧里村，南为西碛山，西为坟里，北为太湖。面积1.5万平方米。户籍人口43户，148人。以顾姓人家居此而得名。1983年为窑上村第7村民小组。2001年10月为香雪村第37村民小组。

官路上 Guānlùshàng

农村居民点。位于光福镇西部。东为邓尉山，南为蔡家场，西为青芝山，北为费家河头。面积2万平方米。户籍人口49户，190人。因光福镇通往香雪海的官道（御道）经过此村，故名。为香雪村第2村民小组。

涧里 Jiànlǐ

农村居民点。位于光福镇西部。东为卧龙山，南为西碛山，西为顾家场，北为太湖。面积7万平方米。户籍人口190户，712人。因太湖白鱼汛期时有上水白鱼游入涧沟，村人捕之，人欢鱼跃。唐伯虎游此题名为“鷩鱼涧”，村名鷩鱼涧，亦名涧里。1983年为窑上村第3、4、5、6村民小组，2003年为香雪村第33、34、35、36村民小组。

涧上 Jiànshàng

农村居民点。位于光福镇西部。东为费家河头，南为倪家巷，西为官山岭，北为西崦湖。面积2.5万平方米。户籍人口65户，248人。以村位于山涧旁而得名。1983年为香雪村第4村民小组。2001年10月为香雪村第4村民小组。

庙前 Miàoqián

农村居民点。位于光福镇西部。东为崦脚头，南为邓尉山，西为费家河头，北为西崦湖。面积2万平方米。户籍人口48户，189人。以村后有纪念孙文的庙宇而得名。为香雪村第3村民小组。

倪家巷 Níjiāxiàng

农村居民点。位于光福镇西部。东为青芝山，南为山坞里，西为铜井山，北为涧上。面积6.5万平方米。户籍人口172户，650人。因村内倪姓人家居多，房屋均对面建造形成街巷，故名。为香雪村第5、6、7村民小组。

南山上 Nánshānshàng

农村居民点。位于光福镇西部。东为坟山，南为太湖，西为南山，北为潭西。面积3万平方米。户籍人口74户，287人。因位于蟠螭山（又名南山），故名。1983年为潭东村第4村民小组。2003年为香雪村第20村民小组。

青芝山 Qīngzhīshān

农村居民点。位于光福镇西部。东为官路上，南为蔡家场，西为倪巷村，北为上河头。面积2.2万平方米。户籍人口58户，217人。因位于青芝山坡下，故名。1983年为香雪村第1村民小组。2001年10月为香雪村第1村民小组。

山坞里 Shānwùlǐ

农村居民点。位于光福镇西部。东为青芝山，南为纪龙山，西为潭山，北为倪巷村。面积2万平方米。户籍人口46户，195人。2001年10月为香雪村第8村民小组。

十三图 Shísāntú

农村居民点。位于光福镇西部。东为窑坑头，南为卧龙山，西为涧里，北为太湖。面积1.9万平方米。户籍人口46户，182人。因明清时期属十九都十三图，以编制而得名。1983年为铜坑村第1村民小组。2001年10月为香雪村第11村民小组。

上官山 Shàngguānshān

农村居民点。位于光福镇西部。东为官山岭，南为铜井山，西为下官山，北为卧龙山。面积2万平方米。户籍人口47户，186人。因旧时有许多官人安葬在铜井山北麓。时有朝廷官员雇佣人家在此守墓，逐渐形成村落，故名。人们按地形高低分为上官山、中官山、下官山。1983年为窑上村第1村民小组。2003年为香雪村第31村民小组。

上河头 Shànghétóu

农村居民点。位于光福镇西部。东为盛家祠，南为倪巷村，西为福湖路，北为司徒庙。面积2.1万平方米。户籍人口50户，212人。1983年为香雪村第4村民小组。

铜坑(窑坑头) Tóngkēng(Yáokēngtóu)

农村居民点。位于光福镇西部。东为坞山头，南为卧龙山，西为十三图，北为安山。面积1.6万平方米。户籍人口40户，155人。相传，晋宋年间，此地“凿坑取沙土，煎之皆成铜。”故名。1983年为铜坑村第2村民小组。2001年10月为香雪村第12、13村民小组。为香雪村第12村民小组。

潭西 Tánxī

农村居民点。位于光福镇西部。东为菖蒲潭，南为南山上，西为太湖，北为西碛山。面积3.2万平方米。户籍人口90户，316人。因在梅花潭之西而得名。1983年为潭东村第1村民小组。2003年为香雪村第17村民小组。

潭东 Tándōng

农村居民点。位于光福镇西部。东为东乡头，南为太湖，西为坟山，北为天井上。面积2.3万平方米。户籍人口79户，252人。宋高士查莘在茶山筑梅隐庵，开凿“梅花潭”。后人将潭之东西两村称之为潭东村和潭西村。1983年为潭东村第5村民小组，2003年为香雪村第21、30村民小组。

天井上（下天井） Tiānjǐngshàng (Xiàtiānjǐng)

农村居民点。位于光福镇西部。东为潭山，南为潭东，西为高家前，北为中天井。面积2.3万平方米。户籍人口64户，232人。因黄姓家族聚居，乃宋学士黄策后裔。黄家祠堂有很大的天井，故名。又说，有3个自然村，以地形高低分上天井、中天井和天井上（下天井）。1983年为潭东村第3村民小组。2003年为香雪村第19、29村民小组。

下官山 Xiàguānshān

农村居民点。位于光福镇西部。东为中官山，南为铜井山，西为西碛山，北为卧龙山。面积1.7万平方米。户籍人口43户，165人。1983年为窑上村第2村民小组。2001年10月为香雪村第32村民小组。

坞山头 Wùshāntóu

农村居民点。位于光福镇西部。东为浮庙墩，南为卧龙山，西为铜坑，北为铜坑港。面积2万平方米。户籍人口50户，199人。因地处卧龙山（本地方言称坞山）山嘴，取谐音，故名。1983年为铜坑村第3村民小组。2001年10月为香雪村第13村民小组。

窑上 Yáoshàng

农村居民点。位于光福镇西部。东为坟里，南为西碛山，西、北为太湖。面积10万平方米。户籍人口301户，1066人。明初在此设窑，烧制城墙砖块，建金陵皇城，完工后窑渐废弃，村以窑名。20世纪50年代其旁的东头村和周家堂村并入该村。1983年为窑上村第9、10、11、12村民小组。2001年10月为香雪村第39、40、41、42村民小组。

中官山 Zhōngguānshān

农村居民点。位于光福镇西部。东为官山岭，南为铜井山，西为下官山，北为卧龙山。面积1.8万平方米。户籍人口42户，176人。1983年为窑上村第1村民小组。2001年10月改为香雪第31村民小组。

中天井 Zhōngtiānjǐng

农村居民点。位于光福镇西部。东为潭山，南为天井上，西为苏州轻工疗养院（现为苏州职业大学潭山校区），北为西碛山。面积1.7万平方米。户籍人口46户，165人。因位上天井、天井上（下天井）中间得名。1983年为潭东村第10村民小组。为香雪村第19村民小组。

【冲山村】 Chōngshān Cūn

村委会。位于光福镇西部，距镇人民政府驻地6.9千米。管辖范围为东起太湖渔港村、香雪村，南、西、北至太湖，隔太湖望浙江湖州、江苏无锡、宜兴。陆地面积13.2平方千米，水域面积60平方千米。有村民小组19个，户籍人口822户，2901人。下辖北山村、长浮、冲山、东头村、湖东、湖荣、西头村7个自然村落。以辖内冲山自然村为行政村名。1953年建立太湖湖中区，隶属震泽县，吴县冲山、漫山、湖荣为震泽县湖中区冲山219乡。1959年属吴县太湖人民公社冲山大队。1983年改为今名。2001年8月冲山村、漫山村合并为冲山村；湖荣村、湖东村、长浮村合并为湖荣村。2003年11月冲山村、湖荣村合并为冲山村。2012年10月太湖社区并入冲山村。

冲山村村委会

北山村 Běishān Cūn

农村居民点。位于光福镇西部。东为太湖，南为东头村、西头村，西为太湖，北为北山。面积1.8万平方米。户籍人口43户，164人。以地处漫山岛北山下而得名。1983年为漫山村第4村民小组。2001年8月属为冲山村第9村民小组。

长浮 Chángfú

农村居民点。位于光福镇西部。东为湖荣村，南为长浮港，西为苏州太湖阳光酒店，北为原冲山村。面积4.67万平方米。户籍人口124户，394人。以位于长浮山而得名。1983年为长浮村第1、2、3村民小组。2001年8月属湖荣村。2003年为冲山村第14、15、16村民小组。

冲山 Chōngshān

农村居民点。位于光福镇西部。东为环山河，南为大南山，西为太湖，北为北山。面积9.34万平方米。户籍人口238户，808人。以位于于冲山而得名。为冲山村第1、2、3、4、5村民小组。

东头村 Dōngtóu Cūn

农村居民点。位于光福镇西部。东为太湖，南为西头山，西为西头村，北为北山村。面积2.8万平方米。户籍人口83户，287人。以地处漫山岛东头山下而得名。1983年为漫山村第1、2村民小组。2003年为冲山村第6、7村民小组。

湖东 Húdōng

农村居民点。位于光福镇西部。东为渔港村，南、西为太湖，北为长浮港。面积4万平方米。户籍人口112户，435人。1983年为湖东村第1、2、3村民小组。2001年8月属湖荣村。2003年为冲山村第17、18、19村民小组。

湖荣 Húróng

农村居民点。位于光福镇西部。东为香雪村、渔港村，南为渔港村，西为原长浮村，北为太湖。面积7.2万平方米。户籍人口193户，736人。1983年为湖荣村第1、2、3、4村民小组。2003年为冲山村第10、11、12、13村民小组。

西头村 Xītóu Cūn

农村居民点。位于光福镇西部。东为东头村，南为西头山，西为太湖，北为北山村。面积8000平方米。户籍人口28户，88人。以地处漫山岛西头山下而得名。1983年为漫山村第3村民小组。2003年为冲山村第8村民小组。

【太湖渔港村】 Tàihúyúgǎng Cūn

太湖渔港村村委会

村委会。位于光福镇西部，距镇人民政府驻地5.3千米。管辖范围为东起香雪村，西至冲山村，南起太湖，北至香雪村。辖区面积1.66平方千米。户籍人口4834人。村委会驻转河路。下辖北村、湖胜、湖丰、湖中、上梅园、渔港新区、渔民安居房二期、中村、紫藤坞9个自然村落。因境内太湖渔港得名。1949年7月属太湖区行政办事处。1951年6月太湖区行政办事处撤销。1952年太湖划分为7个管辖区。三区管辖太湖大船渔民，区政府驻潭东。1953年5月苏南行署太湖办事处撤销，成立震泽县。太湖大中船及潭东、冲山等属湖中区管辖。驻光福潭东，后搬至东山陆巷。1957年撤区并乡。湖东区为湖东乡，湖西区为湖西乡，湖中区分为湖中、洞庭2乡。1958年10月湖东、湖中、湖西3乡合并成立“震泽县太湖人民公社”。1959年4月震泽县并入吴县，太湖人民公社隶属吴县，全太湖的所有捕捞渔船均属太湖人民公社。20世纪70年代太湖公社迁至白浮山，并实施围湖造田，渔民陆上定居。白浮山定居渔民分别属于湖中大队、湖丰大队和湖胜大队。1983年分别为湖中村、湖丰村和湖胜村。2001年10月湖中村、湖丰村和湖胜村合并为湖中村。2005年改名为太湖渔港村。

北村 Běi Cūn

农村居民点。位于光福镇西部。东为舟山路，南为中村，西为光福机场，北为机耕道。面积0.8万平方米。户籍人口21户，79人。因位于梅园北边而得名。为太湖渔港村第2村民小组。

湖胜 Húshèng

农村居民点。位丁光福镇西部。东为湖中、湖丰，南为太湖，西为冲山村，北为冲山村。面积8万平方米。户籍人口271户，1010人。取希冀太湖渔业产量年年丰收（胜利）寓意拟名。1983年后为湖胜村第1、4村民小组。2001年10月属湖中村。2005年为太湖渔港村第9、10、11、12村民小组。

湖丰 Húfēng

农村居民点。位于光福镇西部。东为湖中，南为白浮山，西为湖胜，北为冲山村。面积6万平方米。户籍人口149户，622人。1983年为湖丰村第1、3村民小组。2001年10月属湖中村。2005年为太湖渔港村13、14、15村民小组。

湖中 Húzhōng

农村居民点。位于光福镇西部。东为渔港新区，南为太湖，西为湖丰，北为福湖路。面积12万平方米。户籍人口591户，2455人。2001年10月属湖中村。2005年为太湖渔港村第1、8村民小组。

上梅园 Shàngméiyuán

农村居民点。位于光福镇西部。东为山地，南为部队场务连，西为舟山路，北为宋家门。面积1.5万平方米。户籍人口46户，142人。以位于梅园最高处而得名。为太湖渔港村第4村民小组。

渔港新区 Yúgǎng Xīnqū

农村居民点。位于光福镇西部。东、南为转河路，西为渔港村老住宅区，北为渔港村鱼池。面积2.3万平方米。户籍人口105户，556人。因是渔港村集体新建渔民安置点，故名。2007年开建，2008年竣工启用。为太湖渔港村第6村民小组。

渔民安居房二期 Yúmín'ānjūfáng 2 Qī

农村居民点。位于光福镇西部。东为湖丰，南为渔港村鱼池，西、北为湖胜。总面积0.7万平方米。户籍人口39户，271人。因是第二批渔民安置房，故名。2007年开建，2008年竣工启用。为太湖渔港村第7村民小组。

中村 Zhōng Cūn

农村居民点。位于光福镇西部。东为舟山路，南为紫藤坞，西为光福机场，北为北村。面积1.4万平方米。户籍人口39户，138人。因位于梅园中部，故名。为太湖渔港村第5村民小组。

紫藤坞 Zǐténgwù

农村居民点。位于光福镇西部。东为光福机场部队，南为塘村，西为光福机场，北为中村。面积2万平方米。户籍人口51户，182人。因村位于山坞，其半山腰处有一棵很大的紫藤树，故名。为太湖渔港村第3村民小组。

三、社区居委会及居民点

【东巇湖社区】 Dōngyānhú Shèqū

社区居委会。位于光福镇东北部，距镇人民政府驻地1.78千米。管辖范围为东起福利村，西至香雪村，南起邓尉村，北至府巷村、迂里村。面积4平方千米。户籍人口2200户，5300人。居委会驻田舍路6号。下辖北石家园、南石家园、食品新公房、西巇新村、锦泽苑5个居民住宅小区，北田舍、宝泉路小区、虎山弄、金沙巨、李家村、陆家桥、南田舍、上巨、上路头、商城小区、下巇滩、下巨、杨家浜、杨树街小区、巇东15个自然村落。以境内东巇湖而得名。1956年为永星高级社第七社。1958年为光福人民公社田舍大队。1983年为光福乡田舍村。2001年与光福村合并为

东巇湖社区居委会

上巇村。2003年11月21日，与南街、东巇、塔山、宝泉4个社区合并，建立东巇湖社区。

北石家园 Běishí Jiāyuán

城镇居民点。位于光福镇东北部。东至上街，南至大街，西至邓尉山路，北至铜观音寺广场。属东巇湖社区。面积1万平方米。户籍人口29户，63人。原名石家园，建造居民区后就以此为名。后又区别于孙家弄南新建居民区，故名。

南石家园 Nánshí Jiāyuán

城镇居民点。位于光福镇东北部。东至南 街，南至原吴县纺机厂，西至邓尉山路，北至方家弄。属东巇湖社区。面积2万平方米。户籍人口20户，45人。与北石家园相对而得名。

食品新公房 Shípǐn Xīngōngfáng

城镇居民点。位于光福镇东北部。东、西、北至光福农贸市场，南至银桂路。属东巇湖社区。面积0.35万平方米。户籍人口18户，51人。为光福食品站而建的职工住宅，故名。

西巇新村 Xīyān Xīncūn

城镇居民点。位于光福镇东北部。东至邓尉山路，南至百步山，西至工业企业，北至福湖路。属东巇湖社区。面积1万平方米。户籍人口36户，88人。以濒临西巇湖而得名。1985年建造的教师公寓。

锦泽苑 Jǐnzé Yuàn

城镇居民点。位于光福镇东北部。东至木光河，南至黄家河，西至塔映路，北至浒光运河。属东巇湖社区。面积1.3万平方米。以其东、南濒水的地理位置特点及美丽的景致的寓意拟名。2008年命名。

北田舍 Běitiánshè

农村居民点。位于光福镇东北部。东为230省道，南为陆家浜，西为陆家桥，北为塔山路。面积8.8

万平方米。户籍人口61户，229人。因早时村落四周均是农田，故称田舍及田舍里。又以方位分南田舍及北田舍两村。1983年为田舍村第4、5村民小组。2001年为上崦村第4、5村民小组。2003年为东崦湖社区第4、5居民小组。

宝泉路小区 Bǎoquánlù Xiǎoqū

农村居民点。位于光福镇东北部。东为光福中学，南为茶场，西为邓尉山，北为山场坞。户籍人口31户，68人。因位于宝泉路西侧，故名。20世纪90年代建成命名，是光福中学教职工安置房。为东崦湖社区第1居民小组。

虎山弄 Hǔshānlòng

农村居民点。位于光福镇东北部。东为杨家浜，南为龟山，西为福溪河，北为杨家浜、下崦滩。面积1万平方米。户籍人口49户，145人。因位于虎山弄路两边，故名。为东崦湖社区第11居民小组。

金沙巨 Jīnshājù

农村居民点。位于光福镇东北部。原名金沙渠。东为230省道，南为巨上浜，西为福坤路，北为南田舍。面积6.93万平方米。户籍人口60户，190人。因位于东崦湖畔，此处多黄色沙土，故名。1958年为光福人民公社田舍大队第8、9村民小组。1983年为田舍村第8、9村民小组。2001年为上崦村第8、9村民小组。2003年为东崦湖社区第8、9居民小组。

李家村 Lǐjiā Cūn

农村居民点。位于光福镇东北部。亦称李家弄。东为东崦湖，南为银桂路，西为邓尉山，北为南街。面积1万平方米。户籍人口49户，153人。以李姓村民聚居而得名。1959年属光福大队，1984年属光福村。2001年属上崦村。2003年属东崦湖社区。

陆家桥 Lùjiāqiáo

农村居民点。位于光福镇东北部。东为南田舍，南为福溪小区，西为福坤路，北为陆家浜。面积11.2万平方米。户籍人口80户，320人。以村中陆家桥名而得名。1983年为田舍村第2、3村民小组。2001年为上崦村第2、3村民小组。2003年为东崦湖社区第2、3居民小组。

南田舍 Nántiánshè

农村居民点。位于光福镇东北部。东为239省道，南为金沙巨，西为陆家桥路，北为陆家浜。面积10.6万平方米。户籍人口72户，274人。1983年为田舍村第6、7村民小组。2001年为上崦村第6、7村民小组。2003年为东崦湖社区第6、7居民小组。

上巨 Shàngjù

农村居民点。位于光福镇东北部。亦名上 渠。东为230省道，南为田舍路，西为下巨，北为巨上浜。面积8.74万平方米。户籍人口61户，254人。以在小桥之上与下巨村相对而得名。1983年为田舍村第10、13村民小组。2001年为上崦村第10、13村民小组。2003年为东崦湖社区第10、13居民小组。

上路头 Shànglùtóu

农村居民点。位于光福镇东北部。东为下崦滩，南为原光福卫生院，西为邓尉山路，北为光福中学幼儿园。面积1万平方米。户籍人口46户，107人。1959年属光福大队。1984年属光福村。2001年属上崦村。2003年属东崦湖社区。

商城小区 Shāngchéng Xiǎoqū

农村居民点。位于光福镇东北部。东为邓尉山路，南、西为山场坞，北为李家村。面积0.5万平方米。户籍人口48户，108人。以所在光福商城而得名。2003年属东崦湖社区。

下崦滩 Xiàyāntān

农村居民点。位于光福镇东北部。东为杨家浜，南为虎山弄，西为上路头，北为西崦湖。面积1万平方米。户籍人口21户，68人。因处于西崦湖滩地，且在龟山坡下，故名。1959年属光福大队。1984年属光福村。2001年属上崦村。2003年属东崦湖社区。

下巨 Xiàjù

农村居民点。位于光福镇东北部。亦名下 渠。东为上巨，南为田舍路，西为福坤路，北为巨上浜。面积为7.8万平方米。户籍人口56户，212人。因一座小桥分隔为上巨与下巨两村，该村居下，故名。1958年为光福人民公社田舍大队第十一、十二生产队。1983年为田舍村第11、12村民小组。2001年为上崦村第11、12村民小组。2003年为东崦湖社区第11、12居民小组。

杨家浜 Yángjiābāng

农村居民点。位于光福镇东北部。东为黄家渠，南为虎山弄，西为下崦滩，北为杨家浜。面积1万平方米。户籍人口14户，48人。以地处杨家浜而得名。1959年属光福大队。1984年属光福村。2001年属上崦村。2003年属东崦湖社区。

杨树街小区 Yángshùjiē Xiǎoqū

农村居民点。位于光福镇东北部。东为福园小区，南为锡湖路，西为光福老镇区，北为塔山路。户籍人口275户，600人。2003年属东崦湖社区。

崦东 Yāndōng

农村居民点。位于光福镇东北部。东为光福镇卫生院，南为塔山路，西为木光河，北为府巷村旗墩上。面积4.44万平方米。户籍人口38户，138人。因地处东崦湖东岸，故名。1958年为光福人民公社田舍大队第一生产队。1983年为田舍村第1村民小组。2001年为上崦村第1村民小组。2003年为东崦湖社区第1居民小组。

【福溪社区】 Fúxī Shèqū

福溪社区居委会

社区居委会。位于光福镇中部偏东，距镇人民政府驻地1.3千米。管辖范围为东起福田路，西至福坤路，南起田舍路，北至塔山路。面积0.034平方千米。户籍人口830人。居委会驻福坤路18号。下辖福溪花园、太湖湖滨山庄、福苑、太湖颐景山庄、滟河湾花园5个居民住宅小区。以辖区内住宅小区福溪花园而得名。2012年3月设立。

福溪花园 Fúxī Huāyuán

城镇居民点。位于光福镇中部偏东。东至福田路，南至田舍村，西至福坤路，北至陆家桥。属福溪社区。以其地处光福镇、北靠河道（俗称“南田村河”）等地理特征而得名。占地面积13.37万平方米，建筑面积15.79万平方米。共57幢多层住宅楼，1540户（套），绿化率37%。2011年命名。

太湖湖滨山庄 Tàihúhúbīn Shānzhuāng

城镇居民点。位于光福镇中部偏东。东至太湖颐景山庄，南至太湖，西至环太湖公路，北至竺山。属福溪社区。因地处太湖之滨，依山傍水，宛如仙境，故名。占地面积4万平方米，建筑面积1.2万平方米。共31栋别墅，绿化率54.4%。2006年命名。

福苑 Fú Yuàn

城镇居民点。位于光福镇中部偏东。东至木光河，南至锡沪路，西至杨树街小区，北至塔山路。属福溪社区。因地处光福，又为苏州园林式别墅小区，故名。占地面积6.94万平方米，建筑面积6.34万平方米。共26幢联体别墅，146户（套），绿化率41%。2006年命名。

太湖颐景山庄 TàihúYíjǐng Shānzhuāng

城镇居民点。位于光福镇中部偏东。东至环太湖公路，南至太湖，西至太湖湖滨山庄，北至竺山。属福溪社区。以其背山（“竺山”）临水（太湖）的地理位置特点及“颐神的景致”的寓意拟名。占地面积23万平方米。共140幢别墅（其中独体别墅15幢、联体别墅5幢），156户，绿化率60%。2008年命名。

滟河湾花园 Yànhéwān Huāyuán

城镇居民点。位于光福镇中部偏东。东至上崦街（暂用名），南至苏福路，西至邓尉山路，北至银桂路。属福溪社区。以该住宅区紧临上崦河而得名。共16幢高层楼房，2010户（套）。2012年命名。

四、历史地名

【村委会】

【桑园村】 Sāngyuán Cūn

村委会。位于光福镇南部。管辖范围为东起梅园社区、塘村，西至太湖，南起黄巨村，北至新梅村、坎上村。村委会驻桑园里。1949年属舟山乡，后归新生乡。1956年为永星高级社四十三社。1959年为光福人民公社桑园大队。1984年为桑园村村民委员会。2000年末，下辖桑园里、上鲤山、中鲤山、下鲤山、山西湾5个自然村落，7个村民小组。耕地面积0.43平方千米。户籍人口230户，784人。2001年10月新梅村与桑园村合并为新园村。

【柴巷村】 Cháixiàng Cūn

村委会。位于光福镇东北部。管辖范围为东起东渚街道，西至枫浜村，南起府巷村，北至东渚街道。村居委会驻柴巷村。1950年属长堤乡柴巷村。1954年改为长堤乡一社、二社。1956年更名为高级社永星五社。1958年为光福人民公社第5营。1959年改为柴巷大队。1984年改为柴巷村村委会。2000年末，下辖5个自然村落，10个村民小组。耕地面积0.6平方千米。户籍人口310户，1068人。2001年枫浜与柴巷合并为高木桥村。

【北沟村】 Běigōu Cūn

村委会。位于光福镇东北部。管辖范围为东起东渚街道，西至田舍村，南起刘家村、福利村，北至府巷村。村委会驻祝家坟。以辖区内自然村北沟上命名。1956年成立高级社时为永星九社。1958年成立人民公社时为北沟大队。1984年为北沟村村民委员会。2000年末，下辖8个自然村落，13个村民小组。耕地面积0.64平方千米。户籍人口369户，1312人。2004年10月并入府巷村。

【湖荣村】 Húróng Cūn

村委会。位于光福镇西部。管辖范围为东起白浮山，西至太湖集镇，南起湖胜村、湖丰村、湖东村，北至太湖。村委会驻港北。以辖内湖荣为行政村名。1951年属太湖行政办事处第三区。1953年为震泽县湖中区潭东乡。1954年为湖荣渔业合作社。1956年为湖荣高级社。1955年与冲漫山合并为冲漫山乡。1958年属太湖人民公社。1961年成立湖荣大队。1968年8月开始在长浮山陆上定居。1983年改为湖荣村。1990年末，下辖2个自然村落，4个村民小组。户籍人口192户，709人。2001年与湖东村、长浮村合并为湖荣村。2003年冲山村与湖荣村合并为冲山村。

【浩度村】 Hàodù Cūn

村委会。位于光福镇北部。管辖范围为东起山墩村，西至游湖，南起迂里村，北至东渚街道。村委会驻浩度上。以辖区浩度自然村名而得名。中华人民共和国成立前属过溪乡。1950年属永安乡。1954年为永星初级社一社。1956年改为高级社。1958年为光福人民公社化第1营。1959年改为浩度大队。1984年改为浩度村。2000年末，下辖7个自然村落，11个村民小组。耕地面积1.05平方千米。户籍人口475户，1878人。2001年山墩村、浩度村合并为花桥村。

【山前村】 Shānqián Cūn

村委会。位于光福镇西北部。管辖范围为东起迂里村，西至安山村，南起西崦湖，北至游湖。村委会驻庙上村。以辖内山前自然村名为行政村名。民国时期为崦西乡。1950年属永安乡。1955年为永星高级社二社。1958年为光福人民公社化第1营。1959年改为山前大队。1984年改为山前村。2000年末，下辖9个自然村落，9个村民小组。耕地面积8900平方千米，户籍人口359户，1343人。2001年与安山村合并为安山村。2003年11月安山、迂里、花桥并村后为迂里村。

【坎上村】 Kǎnshàng Cūn

村委会。位于光福镇西南部。管辖范围为东起玄墓山、米堆山，西至潭东村，南起太湖，北至香雪村。村委会驻邓尉庙。以辖内坎上自然村而得名。民国时期为邓尉乡坎上村。1949年中华人民共和国成立后属纪龙乡。1955年建群旗初级社。1956年为永星六十一社。1958年公社化时建营为2营。1959年改为坎上大队。1984年为坎上村。2000年末，下辖5个自然村落，6个村民小组。耕地面积0.412平方千米。户籍人口216户，732人。2001年10月庵前村与坎上村合并为邓尉村。2003年11月原邓尉村与新园村合并为邓尉村。

【冲山村】 Chōngshān Cūn

村委会。位于光福镇西部。距镇政府驻地6.9千米。管辖范围为东起太湖渔港村、香雪村，南、西、北至太湖。陆地面积3.2平方千米，耕地面积0.76平方千米，山地面积1.53平方千米，水域面积60平方千米。以自然村冲山村而得名。1953年隶属震泽县湖中区冲山乡。1959年底改为吴县太湖人民公社冲山大队。1983年改为冲山村。2001年8月并入光福镇。冲山村、漫山村合并为冲山村，湖荣村、湖东村、长浮村合并为湖荣村。2003年11月冲山村、湖荣村合并为冲山村。2012年10月太湖社区并入冲山村。

【下绞村】 Xiàjiǎo Cūn

村委会。位于光福镇中部偏东。管辖范围东起金涧村，西至庵前村，南起梅园社区，北至福利村。

村委会驻狮林寺旧址。以辖区下绞村而得名。1950年属纪龙乡，后归新生乡。1956年建永星第五十八高级社。1958年为光福人民公社第3营。1959年改为庵前大队。1961年由庵前大队分出建立下绞大队。1984年改为下绞村。2000年末，下辖8个自然村落，9个村民小组。耕地面积0.516平方千米。户籍人口253户，883人。2001年10月福利村与下绞村、金涧村合并为福利村。

【新梅村】 Xīnméi Cūn

村委会。位于光福镇南部。管辖范围东起梅园社区，西至坎上村，南起桑园村，北至庵前村。村委会驻石塘头。因从梅园分出，故名。1950年属舟山乡，后归新生乡。1958年为永星第十二高级社（含桑园、梅园）。1961年与梅园一起从桑园村分出。1978年又从梅园分出，另立新梅大队。1984年为新梅村。2000年末，下辖4个自然村落，5个村民小组。耕地面积0.324平方千米。户籍人口144户，506人。2001年10月新梅村与桑园村合并为新园村。

【庵前村】 Ānqián Cūn

村委会。位于光福镇中部偏南。管辖范围为东起下绞村、福利村，西至邓尉山，南起新梅村，北至光福镇区。村委会驻塘里村。以辖区庵前村名命名。1956年为光明、永星高级社第五十八社。1958年为光福人民公社光明大队。1961年分建庵前大队。1984年为庵前村。2000年末，下辖山场坞7个自然村落，7个村民小组。耕地面积0.56平方千米。户籍人口271户，849人。2001年10月庵前村与坎上村合并为邓尉村。

【窑上村】 Yáoshàng Cūn

村委会。位于光福镇西部。管辖范围为东起香雪村，西至太湖，南起西碛山、铜井山，北至太湖、铜坑村。村委会驻顾家宅。以辖区窑上村而得名。1949年属纪龙乡。1954年成立勤丰初级社。1956年改为高级社第六十三社。1958年为光福人民公社第3营。1959年改为窑上大队。1984年改为窑上村。2000年末，下辖7个自然村落，12个村民小组。耕地面积0.89平方千米。户籍人口631户，2309人。2003年11月窑上、潭东并入香雪村。

【铜坑村】 Tóngkēng Cūn

村委会。位于光福镇西北部。管辖范围东起西崦湖，西至窑上村，南起香雪村、窑上村，北至安山村、山前村。村委会驻铜坑。以辖内铜坑村而得名。1949年为纪龙乡。1956年为永星高级社第五十九社。1958年为光福人民公社第2营。1959年改为铜坑大队。1984年改为铜坑村。2000年末，下辖4个自然村落，6个村民小组。耕地面积0.26平方千米。户籍人口240户，870人。2001年10月铜坑村与香雪村合并为香雪村。

【漫山村】 Mànshān Cūn

村委会。位于光福镇西太湖之中，与冲山村隔湖相望。以辖内漫山岛而得名。村委会驻漫山东头村。民国时期属纪龙乡。1951年属太湖行政办事处第三区。1953年为震泽县湖中区“冲山乡”。1956年设漫山高级社。1958年为太湖公社漫山大队。1983年为太湖乡漫山村。1990年下辖3个自然村落，6个村民小组。面积0.4平方千米。户籍人口140户，560人。2001年与冲山村合并为冲山村。

【潭东村】 Tándōng Cūn

村委会。位于光福镇西部。管辖范围为东起香雪村、坎上村，西至太湖渔港村、冲山村，南起太湖，北至窑上村。以驻地潭东村而得名。村委会驻中天井。1954年为永星初级社。1957年为永星高级社。1958年为光福人民公社潭东大队。1977年1月划归太湖人民公社，仍名潭东大队。1983年改为潭东村，下辖10个自然村落，10个村民小组。土地面积0.256平方千米。户籍人口542户，1776人。2003年11月窑上村、潭东村和香雪村合并为香雪村。

【湖东村】 Tándōng Cūn

村委会。位于光福镇西部。管辖范围为东起湖胜村，南、西至太湖，北至长浮村、湖荣村。村委会驻癞头浮。以所在太湖之东而得名。1952年属太湖行政办事处第五区。1953年划归苏州市苏渔乡一大队。1969年3月划归吴县太湖人民公社，名湖东大队。1983年改为湖东村。1990年下辖3个村民小组。户籍人口88户，418人。2001年与湖荣村、长浮村合并为湖荣村。

【长浮村】 Chángfú Cūn

村委会。位于光福镇西部。管辖范围为东起太湖集镇，西至冲山村，南起湖东村、湖荣村，北至冲山村。村委会驻长浮南街。以辖内长浮村而得名。1952年属太湖行政办事处第三区。1953年为震泽县第三区。1954年为湖中区。1958年10月为震泽县太湖人民公社运输大队。1959年随震泽县并入吴县，为太湖人民公社运输大队。1978年陆上定居于上浮山。1983年改为上浮村。1990年下辖3个村民小组。户籍人口121户，383人。2001年与湖荣村、湖东村合并为湖荣村。

【山墩村】 Shāndūn Cūn

村委会。位于光福镇北部。管辖范围为东起枫浜村，西至迂里村、浩度村，南起府巷村，北至东渚街道。村委会驻山墩。以驻地山墩自然村而得名。民国时期属过溪乡，1950年属永安乡。1955年建永星高级社。1958年为光福人民公社第1营。1959年改为山墩大队。1984年改为山墩村。2000年末，下辖南庄等4个自然村落，8个村民小组。耕地面积0.51平方千米。户籍人口280户，1013人。2001年山墩、浩度合并为花桥村。

【枫浜村】 Fēngbāng Cūn

村委会。位于光福镇北部。管辖范围为东起柴巷村，西至山墩村，南起府巷村，北至东渚街道。村委会驻祝家坟。以辖区枫浜村而得名。1960年为光福人民公社枫浜大队。1984年改为枫浜村。2000年末，下辖9个自然村落，10个村民小组。耕地面积0.63平方千米。户籍人口371户，1331人。2001年枫浜村与柴巷村合并为高木桥村。2003年并入府巷村。

【田舍村】 Tiánshè Cūn

村委会。位于光福镇中部偏北。管辖范围为东起北沟村，西至东崦湖，南起福利村，北至府巷村、迂里村。村委会驻巨上。以辖内田舍里村而得名。1956年为长堤乡永星高级社第七社。1958年为光福人民公社。1959年改为田舍大队。1984年改为田舍村。2000年末，下辖崦东等7个自然村落，14个村民小组。耕地面积0.61平方千米。户籍人口388户，1416人。2001年与光福大队合并为上崦村。2003年11月与南街、东崦、塔山、宝泉4个社区合并设立东崦湖社区。

【刘家村】 Liújiā Cūn

村委会。位于光福镇东部。管辖范围东起藏书镇，西至福利村，南起金涧村，北至北沟村、东渚街道。村委会驻刘家河头。以驻地刘家河头自然村而得名。1950年属新生乡劳动村。1954年改为胜利社。1956年建立永星高级社。1958年为长堤乡五大队。1960年改为刘家大队。1984年改为刘家村。2000年末，下辖鸡登里等7个自然村落，12个村民小组。耕地面积0.89平方千米。户籍人口357户，1431人。2000年11月北沟村与刘家村合并为翠屏村。2003年10月翠屏村与福利村合并为福利村。

【金涧村】 Jīnjiàn Cūn

村委会。位于光福镇东部。管辖范围东起藏书镇，西至下绞村，南起穹窿山，北至刘家村。村委会驻园上村。以辖内金家涧自然村而得名。1951年属新望乡。1955年建立和平初级社。1956年改建永星高级社第四十社。1958年为光福人民公社第3营，后改为四大队。1960年改为金涧大队。1984年改为金涧村。2000年末，下辖赵家河头等11个自然村落，16个村民小组。耕地面积1.11平方千米，户籍人口441户，1744人。2001年10月福利村与下绞村、金涧村合并为福利村。

【湖中村】 Húzhōng Cūn

村委会。位于光福镇西部。管辖范围东起潭东，西至湖丰、湖胜，南起太湖，北至湖荣、潭东。村委会驻湖中。以驻地湖中自然村而得名。1949年属太湖行政办事处第三区，后属湖中区湖中乡。1956年为湖中渔业合作社。1957年末与湖胜湖等渔业合作社合并成立太湖渔场。1958年10月为太湖人民公社第1营，后改为第一大队、太湖大队。1983年改为湖中村委会。1990年末，辖8个村民小组。占地面积0.7平方千米。户籍人口662户，2872人。2010年10月湖中村、湖丰村和湖胜村合并为湖中村。

【光福村】 Guāngfú Cūn

村委会。位于光福镇西部。管辖范围为东起田舍村，西至香雪村，南起庵前村，北至西崦湖、迂里村。村委会驻虎山弄。以所在光福镇而得名。1949年属光福镇第三区。1954年属纪龙乡，后归新生乡。1955年为永星第二高级社。1958年为光福人民公社第2营第21连（部分）。1959年改为光福大队。1984年改为光福村。耕地面积0.726平方千米。户籍人口108户，236人。2001年与田舍大队合并为上崦村。2003年11月与原南街、东崦、塔山、宝泉4个社区合并设立东崦湖社区。

【湖胜村】 Húshèng Cūn

村委会。位于光福镇西部。管辖范围为东起湖中，西至湖东，南起太湖，北至湖丰。村委会驻湖胜。以太湖渔业生产获得胜利之意。1952年属太湖行政办事处第三区。1953年属震泽县第三区。1954年属湖中区。1955年成立湖胜初级社。1956年改建湖胜高级社。1958年10月为太湖人民公社第一大队。1961年自太湖大队析建湖胜大队。1983年改为湖胜村。1990年末，辖4个村民小组。占地面积0.51平方千米。户籍人口310户，1158人。2010年10月湖中村、湖丰村和湖胜村合并为湖中村。

【湖丰村】 Húfēng Cūn

村委会。位于光福镇西部。管辖范围为东起湖中，西至湖胜，南起白浮山，北至湖荣。村委会驻湖丰。以获得渔业生产丰收之意。1952年属太湖行政办事处第五区。1953年为震泽县太湖第五区。1954年属湖中区。1955年成立湖丰初级合作社。1956年改建湖丰高级社。1958年10月为太湖人民公社第一大队、太湖大队。1961年自太湖大队析建湖丰大队。1983年改为湖丰村。1990年末，辖3个村民小组。占地面积0.45平方千米。户籍人口183户，761人。2010年10月湖中村、湖丰村和湖胜村合并为湖中村。

【安山村】 Ānshān Cūn

村委会。位于光福镇北部。管辖范围为东起山前村，西至太湖，南起铜坑村，北至游湖。以驻地安山自然村而得名。1956年为永星高级社第四十五社。1958年为光福人民公社铜坑大队。1960年从铜坑大队析建安山大队。1983年改为安山村。2000年末，下辖2个自然村落、9个村民小组。耕地面积0.49平方千米。户籍人口255户，1013人。2003年花桥、安山两村并入迂里村。

【社区居委会】

【太湖社区】 Tàihú Shèqū

社区居委会。位于光福镇西部。管辖范围为东起太湖长浮港，西至苏州太湖阳光酒店，南起太湖长浮港，北至太湖。因由太湖镇市镇居民组成，故名。2001年太湖镇并入光福镇，建太湖社区。户籍人口139户，238人。2012年10月太湖社区并入冲山村。

【宝泉社区】 Bǎoquán Shèqū

社区居委会。位于光福镇南部。管辖范围为东起上崦河，西至邓尉山，南起光福路，北至李家村。以位七宝泉下而得名。1999年10月建社区居委会。2000年末，下辖4个居民小组。户籍人口250户，689人。2005年并入东崦湖社区。

【塔山社区】 Tǎshān Shèqū

社区居委会。位于光福镇中部。管辖范围为东起黄家渠桥，西至邓尉山，南起塔山、邓尉社区，北至光福村。以近塔山而得名。20世纪50年代初建立居委会。2000年末，下辖4个居民小组。户籍人口364户，894人。2003年11月并入东崦湖社区。

【邓尉社区】 Dèngwèi Shèqū

社区居委会。位于光福镇中部。管辖范围为东起小巨角、福溪河，南起李家村，北至塔山社区。以近邓尉山而得名。20世纪50年代初建立居委会。2000年末，下辖4个居民小组。户籍人口421户，1093人。2003年11月并入东崦湖社区。

【东崦社区】 Dōngyān Shèqū

社区居委会。位于光福镇中部。管辖范围东起福苑花园，西至邓尉社区，南起东崦湖，北至邓尉社区、塔山社区。以临东崦湖而得名。20世纪50年代初建立居委会。2000年末，下辖4个居民小组。户籍人口510户，1290人。2003年11月并入东崦湖社区。

【农村居民点】

狮林寺 Shīlínsì

农村居民点。位于光福镇东北部。东为南凤凰山，南为福窿路，西为舟山路，北为山地。原名西林寺。清乾隆南巡经此庙，御笔题书狮林寺。面积1万平方米。户籍人口22人。1961年光福公社下绞大队驻狮林寺，并以驻地为名。2001年下绞村与金涧村、福利村合并为新的福利村。后为厂址。

刘庄园 Liúzhuāngyuán

农村居民点。位于光福镇东北部。东为刘庄浜，南为高仁电子厂，西为香雪海特种工程塑料厂，北为福利路。面积0.32万平方米。户籍人口27人。因这里树木竹林茂盛，又在刘庄河西，故名。20世纪60年代为光福镇福利大队管委会驻地，后建金属拉丝厂、电缆厂、刀具厂、特种电源厂等。2001年福利村迁出，成福利村工业小区。村落消失。

荷花塘 Héhuātáng

农村居民点。位于光福镇北部。东为迂里河，南为虎山头，西为西崦湖，北为大家浜。属迂里村。面积0.85万平方米。户籍人口24户，82人。相传吴王夫差为取悦西施，在此开挖池塘栽种莲藕，以赏荷花而得名。因动迁地名消亡。

东姚河头 Dōngyáohétóu

农村居民点。位于光福镇西南部。东为福锦路，南为吴家村，西为西浜，北为苏福路。因相传东汉年间，开国大将姚其出生于此，村内都是姚姓人家，故名。村民居住在河浜东西两边，分为东姚河头与西姚河头两村。20世纪90年代东姚河头村民住房翻建移至西姚家河头。

青石桥头 Qīngshíqiáotóu

农村居民点。位于光福镇西南部。位于邓尉村北部。东为上崦河，南为下官路，西为邓尉山路，北为苏福路。面积0.7万平方米。户籍人口13户，35人。以村河上青石板桥而得名。2000年至2008年民居全部迁至塘里村。

邓尉庙 Dèngwèimiào

农村居民点。位于光福镇西南部。东为坎上村，南为环太湖路，西为农田，北为兵营。面积2.28万平方米。户籍人口27人。因有供奉东汉大司徒邓禹的庙宇，故名。20世纪60年代初光福坎上大队部驻此，庙屋逐渐拆除。至20世纪80年代初邓尉庙建筑全部毁损。改为民营企业用地。

上天井 Shàngtiānjǐng

农村居民点。位于光福镇西部。东为潭山，南为中天井，西为中天井，北为菖蒲潭。面积0.06万平方米。户籍人口3户，17人。因宋学士黄策后裔居此，并建黄家祠堂，内有大天井，故名。又说，有3个自然村，以地形高低分上天井、中天井和下天井（天井上）。20世纪60年代前为潭东大队一个生产队，后逐渐搬迁入菖蒲潭及中天井。

白浮山村 Báifúshān Cūn

农村居民点。位于光福镇西部。东为潭东村，南为太湖，西为湖东村、长浮村，北为湖荣村、潭东村。户籍人口1096户，4766人。以白浮山岛而得名。20世纪70年代初建造渔民定居房1956间，40%为楼房。

庙上 Miàoshàng

农村居民点。位于光福镇西北部。南为山前自然村，北为张巷里。面积0.2万平方米。户籍人口103人。旧时这里有菩萨庙，村以庙名。1950年村办起小学。1951年设初级社。20世纪70年代寺庙被拆除，翻建成队办厂房（车间、仓库），后又改为初中学校校舍。20世纪90年代学校撤并到迂里。2001年设安山村委会。2003年山前村撤并到迂里，村委会移到荷花塘。

新渠角 Xīnqújiǎo

农村居民点。位于光福镇北部。东为浮上村，南为铜坑，西、北为安山村。以村落位于新筑的水渠边而得名。1988年安山村委会迁此。面积0.08万平方米。户籍人口23人。2001年安山村与山前村合并。为苏州工艺红木厂用地。村落消失。

祝家坟 Zhùjiāfén

农村居民点。位于光福镇东北部。东为福东路，南为银矿路，西为枫浜村，北为光福镇工业园区北区。面积0.7万平方米。户籍人口33人。有明代文人祝枝山后裔之墓地，故名。1960年为光福公社枫浜大队部驻地。2001年枫浜村与府巷村合并撤销，改为苏州永德信新型材料有限公司和苏州振安包装制品有限公司用地。

盛家祠 Shèngjiācí

农村居民点。位于光福镇西部。东为八一路，南为香雪村林地，西为上河头，北为司徒庙路。面积1.7万平方米。户籍人口46人。以清末民初铁道部长盛宣怀的祖坟及盛家祠堂而得名。20世纪70年代祠堂全部拆除。20世纪80年代建小学，小学撤并后改为工厂用地。

杨木桥 Yángmùqiáo

农村居民点。位于光福镇东北部。东为北沟上，南为大寨河，西为福东路，北为府巷村南塘泾。面积0.2万平方米。户籍人口12户，45人。以村东杨树木桥而得名。1983年属北沟村第10村民小组。2001年10月北沟村与刘家村合并为翠屏村。2003年11月原福利村与翠屏村合并为福利村。杨木桥村并入杨巷上，为福利村第19村民小组。2010年9月动迁消亡。

第十一节　木渎镇

一、概况

木渎镇 Mùdú Zhèn

乡级行政区。别名渎川、胥江，雅称香溪。位于吴中区中西部，距吴中区人民政府驻地12千米。东与虎丘区横塘街道相邻，南与越溪街道、横泾街道相接，西南与胥口镇相连，西与光福镇、香山街道毗邻，西北、北、东北与虎丘区东渚街道、浒墅关镇、枫桥街道、狮山街道接壤。辖区面积75平方千米。户籍人口10.28万人。镇人民政府驻金山南路8号。

明洪武年间（1368—398），木渎镇域归太平乡全吴里、至德乡昌用里、胥台乡石城里、穹窿乡阜安里所辖。其中市镇属胥台乡石城里。《姑苏志》（明正德元年刻本）云："木渎，去县西南三十里，有巡检司"，为吴县"一市六镇"之一。《吴县志》（明崇祯十五年冬刻本）亦有载。

清初，木渎镇仍为吴县"一市六镇"之一，康熙版《吴县志》对此有载。乾隆十一年（1746），移吴县县丞驻木渎镇。乾隆《苏州府志》（清乾隆十三年五月刻本）卷第十九载："木渎，去县西南三十里，近太湖口，居民稠密。入太湖者，皆取道于此。有巡检司，有把总驻防，有东西口二汛"，为吴县"二市六镇"之一。道光《苏州府志》（清道光四年刻本）亦有载。同治年间，木渎镇属太平乡全吴里五都、胥台乡石城里十四都。光绪三十二年（1906），木渎镇实行地方自治。

1912年木渎镇域隶属吴县。1916年建立木渎公益事务所。1928年改为行政局。1929年实行区、乡镇制，镇域大部分隶属吴县第二（木渎）区，小部分属吴县第三区（光福）管辖。1937年11月，木渎沦陷。1939年3月，伪吴县知事公署建立伪木渎乡公所。1940年3月，伪吴县政府恢复吴县第二（木渎）区建置。1941年7月，伪吴县第二（木渎）区改为第七（木渎）区，辖木渎、金山等5镇11个乡。1945年8月15日，伪吴县第七（木渎）区复改为吴县第二（木渎）区，1947年2月，吴县将原第二（木渎）区、第三（光福）区合并为吴西区，辖木渎、金山、白狮、姑苏、七子、

木渎镇人民政府

善桥等乡镇。1948年2月，并编乡镇，木渎、金山、善桥等乡镇仍隶属吴西区。

1949年4月27日，木渎解放。建木渎镇，隶吴县木渎区人民政府。1950年区乡调整，木渎区辖木渎、善桥两镇及姑苏、石城、金山、新华等12个乡。1950年底，木渎区调整为木渎、善桥两镇及金山、姑苏、新华、石城、七子等12个乡。1952年11月，木渎设为吴县直属镇。1953年5月善人桥改镇为乡，境内有善桥、天池、藏书、焦山4个小乡，仍隶属木渎区。1953年7月，木渎区下辖七子、石城、姑苏、新华、金山等13个乡，连木渎镇共164个行政村。1954年木渎镇、金山、姑苏、石城、新华、七子等乡，随木渎区划给苏州市郊区。1956年1月，金山、新华两乡及石城乡的大部分并为金山乡。焦山、藏书乡合并为藏书乡，善桥、天池乡合并为善桥乡。姑苏、七子两乡及木渎镇的新东、新农两村合并为姑苏乡。1957年3月金山、姑苏合并为金山乡，善桥乡一带也成立藏书人民公社。木渎镇未作变动。1958年木渎镇、金山乡复划归吴县，同年12月，成立金山人民公社，实行政社合一体制。

1979年成立木渎镇市镇办，主管市镇街道工作。1985年9月，木渎镇和金山乡合并为木渎镇，辖木渎镇市镇办，谢村、长浜、孙庄、马庄、兴隆、白塔、南浜、谢巷、灵岩、尧峰、沈巷、七子、凤凰、新升、明星、石城、金山、天平、天灵、姑苏、金星、金渔22个行政村，南亭、胥江、塔影、香溪、金山浜、翠坊、下塘、东街8个居委会。辖1个市镇办、22个行政村、8个社区居委会。1988年新建白塔社区居委会。1993年4月2日，苏州河西新区改称苏州新区，木渎镇的兴隆、明星、石城、新升4个村归其代管。同年，新

建山塘、同春2个社区居委会。1994年6月10日，木渎镇的兴隆、新升、明星、石城4个村划归苏州市人民政府直接管辖，由苏州市政府派出机构苏州新区管委会行使行政管理职能。1995年6月8日，木渎镇属吴县市。1996年新建梅林、花苑2个社区居委会。年末，全镇面积34.5平方千米，辖1个市镇办、18个村委会、13个社区居委会。

2000年12月31日，木渎镇属吴中区。2003年辖香溪、花苑、白塔、同春、翠坊、下塘、胥江7个社区居委会，灵岩、尧峰、金山、天平、姑苏、西跨塘6个村委会。2006年9月22日，撤销藏书镇建制，建立木渎镇藏书办事处（正科级单位）。2007年江苏省政府（苏府复〔2007〕64号）批复：同意吴中区将时属胥口镇的善人桥社区居委会及藏东、藏中、藏北、藏西等4个村委会划归木渎镇管辖。行政区划调整后，木渎镇辖8个社区居委会、10个村委会。2009年9月1日，新建金山浜社区居委会。2011年辖香溪、下塘、胥江、翠坊、白塔、同春、花苑、藏书、长浜、穹窿、接驾、金山浜、南亭13个社区居委会，灵岩、尧峰、金山、天平、姑苏、西跨塘、五峰、天池、善人桥9个村委会。2012年木渎镇隶属、面积、所辖村（居）委会不变。

2014年末，木渎镇辖姑苏、灵岩、尧峰、金山、天平、五峰、善人桥、天池、西跨塘等9个行政村，1个市镇办以及香溪、胥江、翠坊、白塔、同春、花苑、藏书、长浜、穹隆、接驾、金山浜、南亭、金枫、凯马、竹园、马庄等16个居委会。2017年9月，吴中区穹窿山风景管理区划归木渎代管。2018年末，辖姑苏、灵岩、尧峰、金山、天平、五峰、善人桥、天池、西跨塘等9个村委会及香溪、穹窿、接驾3个社区（涉农），社区居委会有13个，分别为胥江、翠坊、白塔、同春、花苑、藏书、长浜、金山浜、南亭、金枫、凯马、竹园、马庄。

二、村委会及居民点

【姑苏村】 Gūsū Cūn

村委会。位于木渎镇东南部，距镇人民政府驻地2.5千米。管辖范围为东起横塘街道，西至木东公路，南起七子山，北至苏福公路。面积9.6平方千米。户籍人口485户，1365人。村委会驻金枫南路1229号。下辖陈巷郎、东钟家塔、凤凰池、姑苏小区、姑苏37号小区、姑苏38号小区、邱巷上、山湾里、旺家村、西钟家塔10个自然村落。以境内姑苏山、姑苏庙而得名。1949年后为姑苏乡中心村和田沟村2个行政村。1956年为姑苏乡第一高级社。1958年改为金山公社姑苏大队。1977年划入木渎镇仍名姑苏大队。1983年改为姑苏村。2003年11月七子村、凤凰村并入姑苏村。

姑苏村村委会

陈巷郎 Chénxiàngláng

农村居民点。位于木渎镇东南部。东为凤凰山边，南为凤凰9组，西为天灵工业园，北为凤凰7组。属姑苏村。户籍人口27户，133人。

东钟家塔 Dōngzhōngjiātǎ

农村居民点。位于木渎镇东南部。东为王家庄，南为姑苏路，西为西钟家塔，北为竹窝里。户籍人口53户，230人。1983年属姑苏村第4村民小组。2003年11月为姑苏村第十区域。

凤凰池 Fènghuángchí

农村居民点。位于木渎镇东南部。东为凤凰山，南为夏家场，西为孙庄，北为山湾里。户籍人口73户，271人。以村中一凤凰池而得名。1984年属凤凰村第3、4、5村民小组。2003年11月凤凰村并入姑苏村。为姑苏村第六区域。

姑苏小区 Gūsū Xiǎoqū

农村居民点。位于木渎镇东南部。东为姑苏村2组，南为姑苏路，西为姑苏路38号小区，北为胥江运河。属姑苏村。户籍人口129户，580人。因建于姑苏村地块，故名。

姑苏37号小区 Gūsū 37 Hào Xiǎoqū

农村居民点。位于木渎镇东南部。东为姑苏 小区，南为姑苏1组，西为黑鱼浜，北为姑苏路。属姑苏村。户籍人口12户，22人。因位于姑苏路37号，故名。

姑苏38号小区 Gūsū 38 Hào Xiǎoqū

农村居民点。位于木渎镇东南部。东为姑苏小区，南为姑苏路，西为黑鱼浜，北为胥江运河。属姑苏村。户籍人口16户，52人。因位于姑苏路38号，故名。

邱巷上 Qiūxiàngshàng

农村居民点。位于木渎镇东南部。东为凤凰山，南为柴场自然村，西为木东公路，北为陈巷上（郎）自然村。户籍人口379人。以该村邱氏大户而得名。1983年属凤凰村第9、10村民小组。2003年11月凤凰村并入姑苏村。为姑苏村第八区域。

山湾里 Shānwānlǐ

农村居民点。位于木渎镇东南部。东为凤凰山，南为凤凰池，西为小桥头，北为和合山。户籍人口77户，281人。因在凤凰山和合山之间的山湾，故名。1983年属凤凰村第1、2村民小组。2003年11月凤凰村并入姑苏村。为姑苏村第五区域。

旺家村 Wàngjiā Cūn

农村居民点。位于木渎镇东南部。东、北为夏家场，南为陈港村，西为孙庄村。户籍人口64户，260人。取兴旺之意。1984年属凤凰村第7村民小组。2003年11月凤凰村并入姑苏村。为姑苏村第七区域。

西钟家塔 Xīzhōngjiātǎ

农村居民点。位于木渎镇东南部。东为东钟家塔，南为姑苏路，北为竹窝里。户籍人口380人。以钟氏人家居住而得名。1983年原属姑苏村第2、3村民小组。2003年11月为姑苏村九区域。

【灵岩村】 Língyán Cūn

村委会。位于木渎镇中部，距镇人民政府驻地1.5千米。管辖范围为东起姑苏村，西至香溪社区，南起胥江，北至中山路。面积3平方千米。户籍人口4598人。村委会驻翠坊南街17号。下辖仓基村、东窑村、姜窑村、官桥头、郭家村、姜家浜、廖里、陆家场、牛车浜、吴家浜、吴家场、西钟家村12个自然村落。以附近灵岩山而得名。1956年为金星高级社。

灵岩村村委会

1958年划分为灵岩大队和金星大队。1983年改为灵岩村。1985年9月随金山乡并入木渎镇。2003年11月谢巷村并入灵岩村。

仓基村 Cāngjī Cūn

农村居民点。位于木渎镇中部。东为木渎人民医院，南为香溪西路，西为灵岩山庄，北为中山西路。户籍人口98户，383人。因村落形成前，该地有多处粮仓，故名。为灵岩村第3村民小组。

东窑村 Dōngyáo Cūn

农村居民点。位于木渎镇中部。东为东窑路，南为灵岩新村，西为翠坊贸易市场，北为东街河。户籍人口138户，488人。以村在石灰窑东首而得名。为灵岩村第15村民小组。

姜窑村 Jiāngyáo Cūn

农村居民点。位于木渎镇中部。东为姜窑新村，南为新姜窑花园，西为张家场，北为胥江市河。户籍人口170户，622人。因位于窑西边，有姓姜的是大户，故名。为灵岩村第7、8村民小组。

官桥头 Guānqiáotóu

农村居民点。位于木渎镇中部。东为廖里，南为吴家浜，西为木渎中心小学，北为厂区。户籍人口79户，312人。以村内大官桥边而得名。1984年属谢巷村第6村民小组。2003年11月谢巷村并入灵岩村。为灵岩村第4村民小组。

郭家村 Guōjiā Cūn

农村居民点。位于木渎镇中部。东为双泾上，南为田沟，西为廖里，北为南谢巷。户籍人口56户，230人。以该村有郭姓大户而得名。原属谢巷村4组。2003年11月谢巷村并入灵岩村。为灵岩村第2村民小组。

姜家浜 Jiāngjiābāng

农村居民点。位于木渎镇中部。户籍人口234人。村以河（姜家浜）名。1959年为金山公社灵岩大队第三生产队。1983年为金山乡灵岩村第5村民小组。2003年11月谢巷村并入灵岩村。为灵岩村第3村民小组。

廖里 Liàolǐ

农村居民点。位于木渎镇中部。东为郭家村，南为胥江，西为官桥头，北为农田。户籍人口52户，210人。以廖姓大户而得名。1984年属谢巷村第5村民小组。2003年11月谢巷村并入灵岩村。为灵岩村第3村民小组。

陆家场 Lùjiāchǎng

农村居民点。位于木渎镇中部。东为木渎实验中学，南为胥江，西为木渎南街，北为木渎下塘街。以陆姓人家居多而得名。为灵岩村第6村民小组。

牛车浜 Niúchēbāng

农村居民点。位于木渎镇中部。东为栏杆浜，南为胥江，北为香溪东路。户籍人口122人。1959年为金山公社灵岩大队第六生产队。1983年为金山乡灵岩村第6村民小组。2003年11月谢巷村并入灵岩村。为灵岩村第4村民小组。

吴家浜 Wújiābāng

农村居民点。位于木渎镇中部。南为胥江，西为栏杆浜，北为香溪东路。户籍人口134人。1959年为金山公社灵岩大队第七生产队。1983年为金山乡灵岩村第7村民小组。2003年11月谢巷村并入灵岩村。为灵岩村第4村民小组。

吴家场 Wújiāchǎng

农村居民点。位于木渎镇中部。东为翠坊街，南为塔影巷，西为下沙塘，北为香溪河。户籍人口104户，411人。以吴姓人家居多而得名。为灵岩村村民小组。

西钟家村 Xīzhōngjiā Cūn

农村居民点。位于木渎镇中部。东为东钟家村，南为胥江，西为无名河道，北为中山东路。户籍人口76户，250人。1984年属谢巷村管辖。2003年11月为灵岩村村民小组。

【尧峰村】 Yáofēng Cūn

尧峰村村委会

村委会。位于木渎镇南部，距镇人民政府驻地3千米。管辖范围为东起金枫路，西至230省道，南起横泾街道马家场，北至胥江。面积6平方千米，户籍人口1078户，4518人。村委会驻宝带西路4679号。下辖北谢村、柴场村、大杨树头、钱家场、刘庄、钱塔村、仇家木桥、三家村、汲水桥、孙庄、中心村、走马塘、张家场13个自然村落。以村东尧峰山为行政村名。1952年为木渎区姑苏乡第三、第四高级社。1958年为凤凰大队。1962年从凤凰大队析出成立尧峰大队。1983年更名为尧峰村。1985年9月随金山乡并入木渎镇。2003年11月尧峰村、孙庄村、谢村3个村合并成尧峰村。

北谢村 Běixiè Cūn

农村居民点。位于木渎镇南部。东为谢村路，南为木胥西路，北为木渎镇雀梅花园。户籍人口18户，77人。1983年属谢村第7村民小组。2003年11月为尧峰村第7村民小组。

柴场村 Cháichǎng Cūn

农村居民点。位于木渎镇南部。东为尧峰山，南为柴场路，西为中环西线，北为姑苏村邱巷上。户籍人口66户，284人。为尧峰村第8、9村民小组。

大杨树头 Dàyángshùtóu

农村居民点。位于木渎镇南部。东为江湾里，南为潭上，西为谢村路，北为木胥路。户籍人口68户，290人。以村东有一棵百年大杨树而得名。1984年属谢村第3、4村民小组。2003年11月谢村并入尧峰村。为尧峰村第3、4村民小组。

钱家场 Qiánjiāchǎng

农村居民点。位于木渎镇南部。东为钟塔路，南为孙庄，西为木东公路，北为宝带西路。户籍人口37

户，150人。以钱姓村民聚居而得名。1984年属孙庄村第1、2村民小组。2003年11月孙庄村并入尧峰村。为尧峰村第1、2村民小组。

刘庄 Liúzhuāng

农村居民点。位于木渎镇南部。东为尧峰山，南为木渎镇与横泾街道交界，西为走马塘河，北为木东公路。面积1万平方米。户籍人口405人。以刘姓人家居多而得名。为尧峰村第1、2、3村民小组。

钱塔村 Qiántǎ Cūn

农村居民点。位于木渎镇南部。东为小桥头，南为木渎第二高级中学，西为仇家木桥，北为姑苏西路。户籍人口5户，21人。以早时该村钱姓人家建塔在此而得名。1984年属谢村第15村民小组。2003年11月谢村并入尧峰村。为尧峰村第15村民小组。

仇家木桥 Qiújiāmùqiáo

农村居民点。位于木渎镇南部。东为钱塔村，南为急（汲）水桥、李车浜，西为金运花园，北为三家村。户籍人口42户，188人。因仇姓人家居住，且村河架有木桥一座，故名。1984年属谢村第15村民小组。2003年11月谢村并入尧峰村。为尧峰村第15村民小组。

三家村 Sānjiā Cūn

农村居民点。位于木渎镇南部。东为木东路，南为仇家木桥村，西为走马塘河，北为胥江运河。户籍人口19户，68人。2003年11月为尧峰村第15村民小组。

汲水桥 Jíshuǐqiáo

农村居民点。位于木渎镇南部。东为小桥头，西为李车浜，北为仇家桥。户籍人口27户，105人。以村中有汲水桥而得名。原属谢村16组。2003年11月谢村并入尧峰村。为尧峰村第16村民小组。

孙庄 Sūnzhuāng

农村居民点。位于木渎镇南部。东为钟塔路，南为孙庄东路，西为巨下路，北为木胥东路。户籍人口32户，91人。1984年属孙庄村第5、6、7、8村民小组。2003年11月孙庄村并入尧峰村。为尧峰村村民小组。

中心村 Zhōngxīn Cūn

农村居民点。位于木渎镇南部。东为木东路，南为宝带西路，西为金运花园，北为胥江。户籍人口148户，607人。中心村是在2001年过后由各自然村拆迁户陆续搬入建成，与原村落仇家木桥紧密相连。为尧峰村第15村民小组。

走马塘 Zǒumǎtáng

农村居民点。位于木渎镇南部。东为木东公路，南为木渎蔬菜园艺场，西为江湾里，北为汲水桥。户籍人口18户，75人。因位于木渎与横泾往来的主干道旁的一条塘河，岸上常有人骑马跑过，故名。1984年属孙庄村第2、3村民小组。2003年11月孙庄村并入尧峰村。为尧峰村第3、4村民小组。

张家场 Zhāngjiācháng

农村居民点。位于木渎镇南部。东为走马塘路，南为宝带西路，西为谢村路，北为胥江。户籍人口26户，101人。以张姓人家居多而得名。1984年属谢村第11村民小组。2003年11月谢村并入尧峰村。为尧峰村第11村民小组。

【金山村】 Jīnshān Cūn

金山村村委会

村委会。位于木渎镇北部，距镇人民政府驻地3.1千米。管辖范围为东起金枫路，西至天平山脚，南起天平村，北至虎丘区支英村。面积5平方千米。户籍人口4695人。村委会驻梅家桥1号。下辖范家场小区、南浜新村、南浜村3个自然村落。以地处金山旁边而得名。1950年初为金山乡金夏村，后为金山高级社。1958年为金山大队。1984年为金山村。1985年8月随金山乡并入木渎镇。2003年11月南浜村与金山村并入金山村。

范家场小区 Fànjiāchǎng Xiǎoqū

农村居民点。位于木渎镇北部。灵天路东，天平村范家场和山里旺之间。属金山村。户籍人口31户，135人。

南浜新村 Nánbāng Xīncūn

农村居民点。位于木渎镇北部。东为白塔河，南为天平村沈店村，西为新华路，北为竹园路。属金山村。户籍人口57户，257人。系1998年至2005年间木渎镇均豪地块及金山路北延拆迁，异地自建而成。

南浜村 Nánbāng Cūn

农村居民点。位于木渎镇北部。东为白塔河，南为竹园路，西为金山路，北为三仙桥路。属金山村。户籍人口30户，150人。

【天平村】 Tiānpíng Cūn

天平村村委会

村委会。位于木渎镇北部，距镇人民政府驻地1千米。管辖范围为东起白塔河，西至灵天路，南起中山路，北至竹园路到天平山。面积5平方千米。户籍人口5345人。村委会驻新华路116号。下辖邓家场、范家村、范家场、高家场、惠家场、灵岩街、陆家村、沈家弄、山里旺、陶家村、唐岸上、新村、徐山嘴、殷巷村、叶家桥、照山嘴、赵巷上17个自然村落。以靠近天平山而得名。1950年初为天平村，包括云华村、太平村各一部分。1954年云华村的一部分建立和平初级社，后改建为高级社。1958年改为和平大队。1984年更名为天平村。1985年9月随金山乡并入木渎镇。2003年11月原天平村、天灵村、新华村合并成新的天平村。

邓家场 Dèngjiāchǎng

农村居民点。位于木渎镇北部。又名花家村。东为上山头，南为范家场，西为山里旺，北为天平山。户籍人口43户，179人。以邓姓人家居多而得名。为天平村村民小组。

范家村 Fànjiā Cūn

农村居民点。位于木渎镇北部。东为新华路，南为天伦花园，西为庙前、金山路，北为天平花园。户籍人口32户，128人。以范姓人家居多而得名。1984年属新华村第14村民小组。2003年11月新华村并入天平村。为天平村村民小组。

范家场 Fànjiāchǎng

农村居民点。位于木渎镇北部。东为桃花源，南为竹园路，西、北为灵天路。户籍人口65户，222人。以范姓人家居多而得名。为天平村村民小组。

高家场 Gāojiāchǎng

农村居民点。位于木渎镇北部。东为花园三村，南为灵岩街，西为灵岩山，北为惠家场。户籍人口34户，131人。以高姓村民聚居而得名。1984年属天灵村第5村民小组。2003年11月天灵村并入天平村。为天平村村民小组。

惠家场 Huìjiāchǎng

农村居民点。位于木渎镇北部。东为泉景花园，南为高家场，西为灵岩山，北为馨乐花园。户籍人口43户，154人。以惠氏人家居住而得名。1984年属天灵村第7村民小组。2003年11月天灵村并入天平村。为天平村村民小组。

灵岩街 Língyánjiē

农村居民点。位于木渎镇北部。东为陆家村，南为灵岩山风光山庄，西为灵岩山，北为高家场。户籍人口231人。以靠近灵岩山而得名。为天平村村民小组。

陆家村 Lùjiā Cūn

农村居民点。位于木渎镇北部。东为下沙塘河，南为中山西路，西为香港街，北为花苑路。户籍人口78户，289人。以陆姓人家居多而得名。1984年属天灵村第1、2村民小组。2003年11月天灵村并入天平村。为天平村村民小组。

沈家弄 Shěnjiālòng

农村居民点。位于木渎镇北部。东为范家场，南为西路上，西为吴家弄，北为山里旺。户籍人口40户。以沈姓人家居多而得名。为天平村村民小组。

山里旺 Shānlǐwàng

农村居民点。位于木渎镇北部。东为邓家场，南为范家场，西为鸡爪山，北为天平山。户籍人口44户，198人。取村民期盼生活繁荣旺之意。为天平村村民小组。

陶家村 Táojiā Cūn

农村居民点。位于木渎镇北部。东为天伦花园，南为彭家村，西为塘岸上，北为庙前。户籍人口74户，324人。以陶姓人家得名。1984年属新华村第15村民小组。2003年11月新华村并入天平村。为天平村村民小组。

唐岸上 Táng′ànshàng

农村居民点。位于木渎镇北部。东为陶家村，南为花苑一村，西为花苑三村，北为庙前。户籍人口29户，101人。在下沙塘河西岸，故称塘岸上，后讹作唐岸上。1984年属天灵村第6村民小组。2003年11月天灵村并入天平村。为天平村村民小组。

新村 Xīn Cūn

农村居民点。位于木渎镇北部。东为白塔浜，南为中山东路，西为新华路，北为花园东路。户籍人口64户，240人。因有几个小村合并组建的新村，故名。1984年属新华村第1、2村民小组。2003年11月新华村并入天平村。为天平村村民小组。

徐山嘴 Xúshānzuǐ

农村居民点。位于木渎镇北部。东为馨乐花园，南为惠家场，西为灵岩山，北为天邻风景别墅区。户籍人口58户，252人。因徐姓人家居山嘴的南侧，故名。1984年属天灵村第8、11村民小组。2003年11月天灵村并入天平村。为天平村村民小组。

殷巷村 Yīnxiàng Cūn

农村居民点。位于木渎镇北部。东为新华新村，南为新华工业小区，西为新华园小区，北为赵巷上。户籍人口77户，265人。以殷姓人家居多而得名。1984年属新华村第3、17村民小组。2003年11月新华村并入天平村。为天平村村民小组。

叶家桥 Yèjiāqiáo

农村居民点。位于木渎镇北部。东为金枫路，南为花苑路，西为新华路，北为农田。户籍人口90户，350人。此地原有一座横跨白塔河的桥，因叶姓人家居多，故名。1984年属新华村第7、8、9村民小组。2003年11月新华村并入天平村。为天平村村民小组。

照山嘴 Zhàoshānzuǐ

农村居民点。位于木渎镇北部。东为下旺角，南为天邻风景别墅区、徐山嘴，西为兔子山，北为木渎高级中学。户籍人口76户，299人。因在灵岩山东北面，与灵岩山相对（照），山形独特，伸展在空地如鹰嘴，故名。为天平村村民小组。

赵巷上 Zhàoxiàngshàng

农村居民点。位于木渎镇北部。东为木渎新区，南为新华新村，西为新华民营工业区，北为叶家桥。户籍人口86户，296人。因赵姓人家居多而得名。1984年属新华村第4、5村民小组。2003年11月新华村并入天平村。为天平村村民小组。

【五峰村】 Wǔfēng Cūn

五峰村村委会

村委会。位于木渎镇西南部，距镇人民政府驻地3.8千米。管辖范围为东起大焦山，西至藏书花木市场，南起藏福路，北至五峰山。面积8平方千米。户籍人口1448户，6262人。村委会驻穹窿路788号。下辖博士坞、北野竹、陈家堰头、庙桥头、公房里、韩家湾、横泾上、华家村、河界桥、蒋家村、南野竹、钱家弄、山水沟、狮子口、塘口头、桐桥头、塘湾里、吴家场、徐家坟、西巙村、象形巷、于巷上、周家墩、朱家场、枣木泾、枣园里26个自然村落。以辖区五峰山而得名。2003年11月由五峰村、前锋村与永丰村合并为藏东村。2006年9月藏北村与藏中村、藏东村（藏书镇部分区域）并入木渎镇。2007年5月更名为五峰村。

博士坞 Bóshìwù

农村居民点。位于木渎镇西南部。东为藏中路，南为周家墩，西为五峰公墓，北为山边无名道路。户籍人口61户，237人。村西有金圣叹墓，因金圣叹曾为文职博士，为纪念他，故名。1983年属五峰村第10、

11村民小组。2003年11月属藏东村。2007年5月为五峰村第10、11村民小组。

北野竹 Běiyězhú

农村居民点。位于木渎镇西南部。东为大焦山，南为南野竹，西为军民共建路，北为狮子口。面积1.45万平方米。户籍人口41户，170人。因在南野竹自然村北边，相传古时村边生长着大片野竹林，故名。又称北野竹坞。1983年属五峰村第1村民小组。2003年11月为藏东村。2007年5月为五峰村第1村民小组。

陈家堰头 Chénjiāyàntóu

农村居民点。位于木渎镇西南部。东为竖河，南为五峰村委会，西为藏中路，北为韩家湾。户籍人口54户，212人。以古时村旁筑有塘堰而得名（今堰已废）。1983年属五峰村第12村民小组。2003年11月属藏东村。2007年5月为五峰村第12村民小组。

庙桥头 Miàoqiáotóu

农村居民点。位于木渎镇西南部。东为桐桥头，南为木光河，西为石码头新村，北为穹灵路。户籍人口33户，129人。村西有一古庙，幪王庙，又称幪阳庙。庙前有横跨香溪的庙桥，故名。1983年属前峰村第7村民小组。2003年11月属藏东村。2007年5月为五峰村第28村民小组。

公房里 Gōngfánglǐ

农村居民点。位于木渎镇西南部。东为军民共建路，南为钱家弄，西为韩家湾，北为徐家坟。户籍人口26户，118人。1952年五峰山部队为建造军营，将整个自然村迁至钱家弄北面，统一建成公寓式住宅，安置拆迁户居住，初名“龙华新村”，俗称“公房里”。1983年属五峰村第15村民小组。2003年11属藏东村。2007年5月为五峰村第15村民小组。

韩家湾 Hánjiāwān

农村居民点。位于木渎镇西南部。东为徐家坟，南为田地，西为五峰山，北为军事区。户籍人口59户，230人。因坐落在五峰山的山湾里，又因韩姓人家居多，故名。1983年属五峰村第13、22村民小组。2003年11月属藏东村。2007年5月为五峰村第13、22村民小组。

横泾上 Héngjīngshàng

农村居民点。位于木渎镇西南部。东为北野竹，南为穹灵路，西为藏中路，北为韩家湾。户籍人口100人。为五峰村村民小组。

华家村 Huájiā Cūn

农村居民点。位于木渎镇西南部。东为河界桥（河家桥），南为岚山别墅，西为厂区，北为穹灵路。户籍人口54户，218人。以华姓人家居多而得名（今该村已无华姓人家）。1983年属五峰村第3村民小组。2003年11月属藏东村。2007年5月为五峰村第24村民小组。

河界桥 Héjièqiáo

农村居民点。位于木渎镇西南部。东为香溪社区，南为香溪游泳馆，西为华家村，北为穹灵路。户籍人口31户，134人。因木光河（香溪河）与箭泾河相汇处，有河界桥，故名。曾用名何家桥、官池村。1983年属五峰村第2村民小组。2003年11月属藏东村。为五峰村第23村民小组。

蒋家村 Jiǎngjiā Cūn

农村居民点。位于木渎镇西南部。东为廖里，南为苏福路，西为枣木泾，北为木光河。户籍人口72户，347人。以蒋姓人家居多而得名。1983年属永丰村第3、4村民小组。2003年11月属藏东村。2007年5月为五峰村第33、34村民小组。

南野竹 Nányězhú

农村居民点。位于木渎镇西南部。东为大焦山，南为人民解放军部队用地，西为穹灵路，北为北野竹。面积1.6万平方米。户籍人口200人。因在北野竹自然村南边，相传古时村附近有大片野竹林，故名。为五峰村村民小组。

钱家弄 Qiánjiālòng

农村居民点。位于木渎镇西南部。东为军民共建路，南为吴家场，西为五峰山，北为公房里（龙华新村）。户籍人口42户，169人。以钱姓人家居多而得名。1983年属五峰村第16村民小组。2003年11月属藏东村。2007年5月为五峰村第16村民小组。

山水沟 Shānshuǐgōu

农村居民点。位于木渎镇西南部。东为军民共建路，南为王家场，西为陈家堰头，北为吴家场。户籍人口28户，103人。1983年属五峰村第18村民小组。2003年11月属藏东村。为五峰村第18村民小组。

狮子口 Shīzikǒu

农村居民点。位于木渎镇西南部。东为军民共建路，南为穹灵路，西为竖河，北为王家场。户籍人口27户，119人。因村东为大焦山，西麓口有一突出的小山丘（狮子山），形如雄狮头正仰面张口，故名。1983年属五峰村第19村民小组。2003年11月属藏东村。2007年5月为五峰村第19村民小组。

塘口头 Tángkǒutóu

农村居民点。位于木渎镇西南部。东为吾人桥，南为木光河，西为藏中路，北为穹灵路。户籍人口63户，253人。因村落在木光河口头，故名。1983年属五峰村第6、7村民小组。2003年11月属藏东村。2007年5月为五峰村第6、7村民小组。

桐桥头 Tóngqiáotóu

农村居民点。位于木渎镇西南部。东为华家村，南为木光河，西为庙桥头，北为朱家场。户籍人口33户，134人。因村西首有桐桥，故名。1983年属永丰村第6村民小组。2003年11月属藏东村。2007年5月为五峰村第27村民小组。

塘湾里 Tángwānlǐ

农村居民点。位于木渎镇西南部。东为藏中路，南为厂区，西为田地，北为灯具厂。户籍人口180户，714人。1983年属永丰村第11、12、13、14、15、16村民小组。2003年11月属藏东村。2007年5月为五峰村第35、36、37、38、39、40、41村民小组。

吴家场 Wújiāchǎng

农村居民点。位于木渎镇西南部。东为军民共建路，南为山水沟，西为田地，北为钱家弄。户籍人口28户，109人。以吴姓人家居多而得名。1983年属五峰村第17村民小组。2003年11月属藏东村。2007年5月为五峰村第17村民小组。

徐家坟 Xújiāfén

农村居民点。位于木渎镇西南部。东为羊肠岭，南为公房里，西为环山路，北为环山路。户籍人口46户，172人。村北有山丘，因该村附近山坡有徐家坟，故名。2003年11月属藏东村。为五峰村第14村民小组。

西嶭村 Xīwò Cūn

农村居民点。位于木渎镇西南部。又名获村。东为穹灵路，南为木光河、石码头，西为吾丰花园，北为穹灵路。户籍人口281人。东汉时有方士高获寓居且卒于此，之后渐成村落，当地人以“獲”称名，以示纪念，后讹为“嶭”村。为历史上嶭村砚制作发源地。为五峰村村民小组。

象形巷 Xiàngxíngxiàng

农村居民点。位于木渎镇西南部。东为于家上，南为石码头新村，西为石胥路，北为穹灵路。户籍人口40户，166人。该村巷形成时，形如大象，故名。1983年属前峰村第8村民小组。2003年11月属藏东村。2007年5月为五峰村第29村民小组。

于巷上 Yúxiàngshàng

农村居民点。位于木渎镇西南部。东为木渎镇工业区，南为广城工业园，西为枣木泾，北为蒋家村。户籍人口27户，121人。以于姓人家居多而得名。1983年属永丰村第3、4村民小组。2003年11月属藏东村。2007年5月为五峰村第33、34村民小组。

周家墩 Zhōujiādūn

农村居民点。位于木渎镇西南部。东为藏中路，南为藏书花木市场，西为银泉山庄，北为五峰公墓。户籍人口20户，91人。以周姓人家聚居而得名。1983年属五峰村第9村民小组。2003年11月属藏东村。2007年5月为五峰村第9村民小组。

朱家场 Zhūjiāchǎng

农村居民点。位于木渎镇西南部。东为穹灵路，南为桐桥头，西为庙桥头，北为于家上。户籍人口23户，101人。以朱姓人家居多而得名。2003年11月属藏东村。2007年5月为五峰村第26村民小组。

枣木泾 Zǎomùjīng

农村居民点。位于木渎镇西南部。东为石胥路，南为苏福路，西为藏中路，北为木光河。户籍人口35户，158人。枣木泾是古村，俗话：“先有枣木泾，后有木渎镇”。传说古时是一个集镇。20世纪70年代在疏通河道时发现有造房地基木桩，因村边栽有成片枣树，故名。1983年属永丰村第5村民小组。2003年11月属藏东村。2007年5月为五峰村第42村民小组。

枣园里 Zǎoyuánlǐ

农村居民点。位于木渎镇西南部。东为藏中路，南为穹灵路，西为周家墩，北为博士坞。户籍人口15

户，72人。以传说旧时村边栽有成片的枣园而得名。1983年属五峰村第8村民小组。2003年11月属藏东村。2007年5月为五峰村第8村民小组。

【善人桥村】 Shànrénqiáo Cūn

善人桥村村委会

村委会。位于木渎镇西部，距镇人民政府驻地7.8千米。管辖范围为东起高泾上，西至绕城高速光福段，南起苏福路，北至银顶山、燕山。面积为6.8平方千米。户籍人口1148户，4596人。村委会驻穹灵路3000号。下辖大汤上、顾塔里、高泾上、蒋家场、马巷上、牛场上、南毛坞、钱家场、邵家上、上山、下官山、西山、小汤上、下塘、小河上、羊家场、雅宜山、油车弄、张家上19个自然村落。因在善人桥集镇周围，故名。2003年11月解放村、永新村、民主村、东方村合并为藏中村。2006年9月藏中村的解放村大部分与永新村的上泾村、接驾村、宁邦坞3个自然村分别划归胥口镇和穹窿山风景区，其余村落划归木渎镇，改称善人桥村。

大汤上 Dàtāngshàng

农村居民点。位于木渎镇西部。东为小汤上，南为穹灵路，西为油车弄，北为马岗山。户籍人口30户，132人。以汤姓人家居多而得名。1984年属藏书乡民主村第4村民小组。2003年11月属藏中村。2007年为善人桥村第4村民小组。

顾塔里 Gùtǎlǐ

农村居民点。位于木渎镇西部。东为塘湾里，南为苏福路，西为藏胥路，北为木光河。户籍人口35户，148人。1983年属解放村第8村民小组。2003年11月属藏中村。2007年为善人桥村第24村民小组。

高泾上 Gāojīngshàng

农村居民点。位于木渎镇西部。东为银河灯具厂，南为木光河，西为藏胥路，北为穹灵路。户籍人口51户，221人。以村中有高泾浜而得名。1983年属东方村第1、13村民小组。2003年11月属藏中村。2007年为善人桥村第10、22村民小组。

蒋家场 Jiǎngjiācháng

农村居民点。位于木渎镇西部。东为藏北路，南为砚台山，西为陈家岭，北为羊家场。户籍人口51户，206人。以蒋姓人家居多而得名。1983年属东方村第6村民小组。2003年11月属藏中村。2007年为善人桥村第15村民小组。

马巷上 Mǎxiàngshàng

农村居民点。位于木渎镇西部。东为东方苑小区，南为木光河，西为西山浜，北为王母山。户籍人口191户，766人。以马姓名士隐居村中而得名。1983年属东方村第2、3村民小组。2003年11月属藏中村。2007年为善人桥村第11、12村民小组。

牛场上 Niúchángshàng

农村居民点。位于木渎镇西部。东为善人桥市镇，南为善人桥上塘街，西为穹窿路，北为穹灵路。户籍人口105户，398人。1983年属民主村第1、2村民小组。2003年11月属藏中村。2007年为善人桥村第1、2村民小组。

南毛坞 Nánmáowù

农村居民点。位于木渎镇西部。东为金家山，南为藏书中学，西为藏北路，北为白象湾生态旅游区。户籍人口49户，223人。因位于金家山南北坡的毛坞内，故名。1983年属东方村第5村民小组。2003年11月属藏中村。为善人桥村第14村民小组。

钱家场 Qiánjiācháng

农村居民点。位于木渎镇西部。东为藏北路，南为羊家场，西为马岗山，北为下官山。户籍人口69户，284人。以钱姓人家居多而得名。1983年属东方村第8、14村民小组。2003年11月属藏中村。2007年为善人桥村第17、23村民小组。

邵家上 Shàojiāshàng

农村居民点。位于木渎镇西部。东为砚台山，南为张家上，西为雅宜山，北为光福镇刘家河头自然村。户籍人口34户，127人。以邵姓人家居多而得名。1983年属东方村第9村民小组。2003年11月属藏中村。2007年为善人桥村第9村民小组。

上山 Shàngshān

农村居民点。位于木渎镇西部。东为西山村，南为藏书社区，西为木渎镇藏书办事处，北为金家山。因位于金家山南麓上山路口，故名。1983年属东方村第12村民小组。2003年11月属藏中村。2007年为善人桥村第21村民小组。

下官山 Xiàguānshān

农村居民点。位于木渎镇西部。东为藏北路，南为钱家场，西为上官山，北为林场茶场。户籍人口39户，164人。因在上官山东边山坞中，故名。1983年属东方村第9村民小组。2003年11月属藏中村。2007年为善人桥村第18村民小组。

西山 Xīshān

农村居民点。位于木渎镇西部。东为五峰村，南为穹灵路，西为上山，北为王马山。户籍人口43户，158人。因在西山头南麓，故名。1983年属民主村第4村民小组。2003年11月属藏中村。2007年为善人桥村第13村民小组。

小汤上 Xiǎotāngshàng

农村居民点。位于木渎镇西部。东为穹窿路，南为天逸湾花园，西为大汤上，北为砚台山。户籍人口43户，167人。以汤姓人家居多而得名。1984年属民主村第3村民小组。2003年11月属藏中村。2007年为善人桥村第3村民小组。

下塘 Xiàtáng

农村居民点。位于木渎镇西部。东为上泾浜，南为接驾社区，西为藏书实验小学，北为木光河。户籍人口53户，170人。因在善人桥下塘街附近，故名。1983年属东方村第2村民小组。2003年11月属藏中村。2007年为善人桥村第27村民小组。

小河上 Xiǎohéshàng

农村居民点。位于木渎镇西部。东为马巷上，南为木光河，西为新疆街，北为藏书农贸市场。户籍人口70户，253人。1984年属永新村第1、11村民小组。2003年11月属藏中村。2007年为善人桥村第25、26村民小组。

羊家场 Yángjiācháng

农村居民点。位于木渎镇西部。东为藏北路，南为蒋家场，西为东方苗圃，北为钱家场。户籍人口33户，150人。以羊姓人家居多而得名。1983年属东方村第7村民小组。2003年11月属藏中村。2007年为善人桥村第16村民小组。

雅宜山 Yǎyíshān

农村居民点。位于木渎镇西部。东为张家上，南为苏福路，西为光福交界，北为雅宜山。户籍人口54户，237人。因村庄在雅宜山南麓，故名。1984年属民主村第8村民小组。2003年11月属藏中村。2007年为善人桥村第8村民小组。

油车弄 Yóuchēlòng

农村居民点。位于木渎镇西部。东为大沟上，南为穹灵路，西为雅宜山，北为马岗山。户籍人口42户，176人。因相传明末清初该村有好几家油车（坊），以榨菜籽油为业，故名。1983年属民主村第5村民小组。2003年11月属藏中村。2007年为善人桥村第5村民小组。

张家上 Zhāngjiāshàng

农村居民点。位于木渎镇西部。东为油车弄，南为穹灵路，西为邵家上，北为马岗山。户籍人口73户，276人。以张姓人家居多而得名。1983年属东方村第6、7村民小组。2003年11月属藏中村。2007年为善人桥村第6、7村民小组。

【天池村】 Tiānchí Cūn

天池村村委会

村委会。位于木渎镇西北部，距镇人民政府驻地8千米。管辖范围为东起天池山、鹿山，西至蒸山，南起五峰山、银顶山，北至苏州科技城（东渚街道）。面积9.5平方千米。户籍人口1621户，6659人。

村委会驻藏北路2007号。下辖北峰坞、白象湾、北竺坞、北山湾、东曹家泾、高家上、后巷里、河西巷、凌公桥、岭脚下、龙岗里、马路上、钱家门、山渚头、沈家角、上山门、上市、施口头、西旺街、许家场、席家桥、西曹家泾、下市、堰头、庄上、周店巷、竹园里、祝家桥28个自然村落。以辖区内天池山而得名。2003年11月天池村、篁村与官桥村合并为藏书镇藏北村。2006年9月藏北村与藏中村、藏东村（藏书镇部分区域）并入木渎镇，更为天池村。

北峰坞 Běifēngwù

农村居民点。位于木渎镇西北部。东为北竺坞，南为五峰山，西为银顶山，北为天池山路。户籍人口27户，110人。因该村在五峰山脉第五峰的北峰坞内，故名。1983年属天池村第9村民小组。2003年属藏书镇藏北村。2006年为天池村第45村民小组。

白象湾 Báixiàngwān

农村居民点。位于木渎镇西北部。东为银顶山，南为白象湾生态园，西为藏北路，北为竹园里。户籍人口83户，345人。因村在银顶山坞内，此山有一峰形如大象，象鼻往西延伸至西旺街，山坡几根柱子如同象脚，故名。1983年属天池村第1、2村民小组。1983年属天池村第9村民小组。2003年属藏书镇藏北村。2006年为天池村第37、38村民小组。

北竺坞 Běizhúwù

农村居民点。位于木渎镇西北部。亦叫竹坞里。东为天池山，南为弥陀岭，西为北峰坞，北为许家场。户籍人口30户，124人。因处天池山与五峰山相连的山坞内，竹林茂密，方言中“竺”“竹”同音，故名。1983年属天池村第8村民小组。2003年属藏书镇藏北村。2006年为天池村第44村民小组。

北山湾 Běishānwān

农村居民点。位于木渎镇西北部。东为鹿山，南为钱家门，西为上市、下市，北为庙山。户籍人口62户，263人。因村位于鹿山北端山湾里，故名。1983年属篁村第4、5村民小组。2003年属藏书镇藏北村。2006年为天池村第23、24村民小组。

东曹家泾 Dōngcáojiājīng

农村居民点。位于木渎镇西北部。东为庙山，南为后巷里，西为西曹家泾，北为杨柯桓。户籍人口72户，300人。1983年属篁村第14、15村民小组。2003年属藏书镇藏北村。2006年为天池村第33、34村民小组。

高家上 Gāojiāshàng

农村居民点。位于木渎镇西北部。东为庄上，西、北与虎丘区东渚街道交界，南为蒸山。户籍人口63户，265人。1983年属官桥村第11、12村民小组。2003年属藏书镇藏北村。2006年为天池村第11、12村民小组。

后巷里 Hòuxiànglǐ

农村居民点。位于木渎镇西北部。东为庙山，南为祝家桥，西为藏北路，北为西曹家泾。户籍人口95户，329人。该村依据前后地段分前巷、后巷两村。后变迁之后前巷衰落，后巷兴旺，故变成“后巷里”。1983年属篁村第12、13村民小组。2003年属藏书镇藏北村。2006年为天池村第31、32村民小组。

河西巷 Héxīxiàng

农村居民点。位于木渎镇西北部。东为上山门，南为东曹家泾，西为西曹家泾，北为虎丘区东渚街道。户籍人口65户，259人。1983年属篁村。2003年属藏书镇藏北村。2006年为天池村村民小组。

凌公桥 Línggōngqiáo

农村居民点。位于木渎镇西北部。东为藏北路，南为旺山桥，西为鳝坞里，北为席家桥。户籍人口20户，84人。因村东有跨官桥塘的凌公桥，故名。1983年属官桥村第17村民小组。2003年属藏书镇藏北村。2006年为天池村第17村民小组。

岭脚下 Lǐngjiǎoxià

农村居民点。位于木渎镇西北部。东为贺九岭，南为天池山，西为天池山路，北为钱家门。户籍人口50户，200人。因位于贺九岭山脚，故名。1983年属官桥村第1村民小组。2003年属藏书镇藏北村。2006年为天池村第20村民小组。

龙岗里 Lónggǎnglǐ

农村居民点。位于木渎镇西北部。东为天池山，南为许家场，西为周店巷，北为岭脚下。户籍人口43户，179人。因村在天池山脚下，村东有长且顺势弯曲如龙一般的土岗，俗称龙岗（今岗已垦废）。1983年属天池村第6村民小组。2003年属藏书镇藏北村。

2006年为天池村第42村民小组。

马路上 Mǎlùshàng

农村居民点。位于木渎镇西北部。东为上山门，南为东曹家泾，西为西曹家泾，北为虎丘区。户籍人口75户，299人。以该村靠近大马路而得名。1983年属篁村第16、17村民小组。2003年属藏书镇藏北村。2006年为天池村第35、36村民小组。

钱家门 Qiánjiāmén

农村居民点。位于木渎镇西北部。东为鹿山，南为岭脚下，西为天池山路，北为北山湾。户籍人口66户，276人。1983年属藏书镇篁村第2、3村民小组。2003年属藏书镇藏北村。2006年为天池村第21、22村民小组。

山渚头 Shānzhǔtóu

农村居民点。位于木渎镇西北部。东为后巷里，南为席家桥，西为蒸山，北为施口头。户籍人口50户，215人。因村西边为蒸山，村落位于微隆起的“山嘴头”，后讹为“山渚头”。1983年属官桥村第14、15村民小组。2003年属藏书镇藏北村。2006年为天池村第14、15村民小组。

沈家角 Shěnjiājiǎo

农村居民点。位于木渎镇西北部。东、北为木渎镇与虎丘区交界，南为泗泾浜，西为藏北路。户籍人口65户，263人。因沈姓人家居住在北端角落，故名。1983年属藏书镇官桥村第4、5村民小组。2003年属藏书镇藏北村。2006年为天池村第4、5村民小组。

上山门 Shàngshānmén

农村居民点。位于木渎镇西北部。东为陈家沟，南为庙山，西为马路郎，北为虎丘区。户籍人口8户，24人。因该村位庙山西北麓，到陈家沟、罗家门等地的必经之地，当地人称此为“上山”之“门”，故名。1983年属篁村第17村民小组。2006年为天池村第36村民小组。

上市 Shàngshì

农村居民点。位于木渎镇西北部。东为北山湾，南为钱家门，西、北为庙山。户籍人口29户，100人。因相传在清代中期，下市与上市形成集贸市场，非常繁荣，故名。1983年属篁村第6村民小组。2003年属藏书镇藏北村。2006年为天池村第25村民小组。

施口头 Shīkǒutóu

农村居民点。位于木渎镇西北部。东为藏北路界，南为山渚头，西为高岗上，北为堰头。户籍人口44户，196人。1983年属藏书镇官桥村第13、19村民小组。2003年属藏书镇藏北村。2006年为天池村第13、19村民小组。

西旺街 Xīwàngjiē

农村居民点。位于木渎镇西北部。东为许家场，南为银顶山，西为藏北路，北为旺弄里。户籍人口88户，398人。1983年属藏书镇天池村第3、4、5、16村民小组。2003年属藏书镇藏北村。2006年为天池村第39、40、41、52村民小组。

许家场 Xǔjiāchǎng

农村居民点。位于木渎镇西北部。东为天池山，南为北竺坞，西为西旺街，北为周店巷。户籍人口34户，143人。以许姓人家聚居而得名。1983年属天池村第15村民小组。2003年属藏书镇藏北村。2006年为天池村第51村民小组。

席家桥 Xíjiāqiáo

农村居民点。位于木渎镇西北部。东为藏北路，南为凌公桥，西为蒸山，北为山渚头。户籍人口10户，39人。因村东有横跨官桥塘石桥—席家桥，故名。1983年属藏书镇官桥村第17村民小组。2003年属藏书镇藏北村。2006年为天池村第15村民小组。

西曹家泾 Xīcáojiājīng

农村居民点。位于木渎镇西北部。东为东曹家泾，南为后巷里，西为藏北路，北为官桥。户籍人口97户，360人。村中有小河，曹姓人家居住此村。以地段分东、西曹家泾两村。因在西边，故名西曹家泾，简称“外浜”。1983年属藏书镇官桥村第13、19村民小组。2003年属藏书镇藏北村。2006年为天池村第13、19村民小组。

下市 Xiàshì

农村居民点。位于木渎镇西北部。东为上市，南为钱家门，西为朱家场，北为庙山。户籍人口28户，121人。1983年属藏书镇篁村第7村民小组。2003年属藏书镇藏北村。2006年为天池村第26村民小组。

堰头 Yàntóu

农村居民点。位于木渎镇西北部。东为西曹家泾，南为施口头，西为高岗上，北为庄上。户籍人口71户，315人。因村旁有小型塘堰，蓄水灌溉农田，故名。1983年属官桥村第8、9、10村民小组。2003年属藏书镇藏北村。2006年为天池村第8、9、10村民小组。

庄上 Zhuāngshàng

农村居民点。位于木渎镇西北部。又名庄郎。东为藏北路，南为堰头，西为墙圈巷，北为虎丘区。户籍人口23户，86人。1983年属藏书镇官桥村第7村民小组。2003年属藏书镇藏北村。2006年为天池村第7村民小组。

周店巷 Zhōudiànxiàng

农村居民点。位于木渎镇西北部。东为龙岗里，南为许家场，西为旺弄里，北为朱家场。户籍人口42户，162人。1983年属天池村第7村民小组。2003年属藏书镇藏北村。2006年为天池村第43村民小组。

竹园里 Zhúyuánlǐ

农村居民点。位于木渎镇西北部。东为银顶山，南为白象湾，西为藏北路，北为西旺街。户籍人口5户，21人。因该村家家户户有竹园，生长茂盛形成竹林，故名竹园里。1983年属天池村第2村民小组，与白象湾部分人家合组。2003年属藏书镇藏北村。2006年为天池村第38村民小组。

祝家桥 Zhùjiāqiáo

农村居民点。位于木渎镇西北部。东为朱家场，南为篁村，西为席家桥，北为后巷里。户籍人口18户，79人。因村中有一小石桥，名祝家桥，故名。2006年为天池村第30村民小组。

【西跨塘村】 Xīkuàtáng Cūn

西跨塘村村委会

村委会。位于木渎镇东部，距镇人民政府驻地2.5千米。管辖范围为东起横塘街道，西至金枫路，南起胥江，北至虎丘区。面积5平方千米。户籍人口1261户，4946人。村委会驻花苑东路98号。下辖沈巷村、袁家浜2个自然村落。因域内西跨塘桥，故名。1949年后属新华乡、石城乡。1956年并入金山乡。1985年8月随金山乡并入木渎镇。2003年11月马庄、长浜与沈巷合并，成立西跨塘村。

沈巷村 Shěnxiàng Cūn

农村居民点。位于木渎镇东部。东为奥星电子产业园，南为花苑路，西为金枫路，北为木渎金桥珠江路工业区。户籍人口287户，1148人。以沈姓人家居多而得名。1958年属沈巷大队，有八个生产小队。1983年改为沈巷村。2003年11月为西跨塘村村民小组。

袁家浜 Yuánjiābāng

农村居民点。位于木渎镇东部。东为长石路，南为苏福路，西为枫瑞路，北为汾河小区。户籍人口56户，220人。以袁姓村民居多而得名。为西跨塘村村民小组。

【自然集镇】

善人桥 Shànrénqiáo

自然集镇。位于木渎镇西南部。集镇西原有横跨查金浜石桥——善人桥，集镇以桥而得名。明清形成集镇。中华人民共和国成立初为善桥乡政府驻地。1952年成立善桥供销社。1957年12月后为藏书公社、镇（乡）政府驻地。2006年9月藏书镇撤销前，善人桥集镇区有财政所、税务所、工商所、交管所、藏书中学、实验小学等。善人桥集镇面积0.6平方千米。常住人口3000余人。

石码头 Shímǎtóu

自然集镇。位于木渎镇西南部。原为东崾村。因焦山花岗石开采而成为石料码头。石料商贾频繁往来，因此形成集镇，人称石码头。1932年在石码头设立焦山镇。中华人民共和国成立初期石码头先后为焦山乡（小乡）和藏书乡（中乡）政府驻地。80年代后石码头集镇区向东南拓延，形成新街区。1958年相继创建石料厂、砖瓦厂、车木厂等乡办企业。2017年石码头集镇区面积0.4平方千米。有外来人口600余人。有幼儿园、小学、村老年大学等。

官桥 Guānqiáo

自然集镇。位于木渎镇西南部。旧名观桥。因镇上有石桥，桥西堍北侧有道观，故名。1932年成立善人桥区，观桥为观桥乡所驻地。1995年兴建农贸市场。1998年藏书医院再次建官桥分院。1997年起官桥村在此开发房地产，沿公路两边扩大市场建设，集镇面积拓展至0.02平方千米。2000年后因虎丘区开发，邻乡镇村民搬迁，商市渐减盛势。2017年末官桥集镇有店铺26家，另有农贸市场、医院、老年活动室等。常住人口35户。141人。

三、社区居委会及居民点

【香溪社区】 Xiāngxī Shèqū

香溪社区居委会

社区居委会。位于木渎镇中部偏西，距镇人民政府驻地1千米。管辖范围为东起翠坊北街，南起中市街—山塘街，北至灵岩山。面积1.8平方千米。户籍人口5545人。居委会驻明清街111号。下辖塔影新村、香溪新村、下沙塘新村3个居民住宅小区，念店村、山前村2个自然村落。以境内香水溪而得名。2003年11月金星村和山塘、塔影、香溪3个社区合并成立香溪社区。

塔影新村 Tǎyǐng Xīncūn

城镇居民点。位于木渎镇中部偏西。东至翠坊北街，南至塔影巷，西至灵岩村吴家场，北至香溪西路。属香溪社区。以灵岩山上的灵岩塔影而得名，意在凸现新村的美丽。面积1.1万平方米。1992年命名。

香溪新村 Xiāngxī Xīncūn

城镇居民点。位于木渎镇中部偏西。东至无名道路，南至虹饮山房，西至木渎基督教堂，北至香溪西路。属香溪社区。因靠近香溪河，故名。面积1.5万平方米。2003年命名。

下沙塘新村 Xiàshātáng Xīncūn

城镇居民点。位于木渎镇中部偏西。东至下沙路，南至香溪西路，西至仓基路，北至木渎人民医院。属香溪社区。因附近有下沙塘河，故名。面积1万平方米。

念店村 Niàndiàn Cūn

农村居民点。位于木渎镇中部偏西。东为金灵路，南为香溪西路，西为明清街，北为中山西路。属香溪社区。面积2.65万平方米。户籍人口78户，301人。因该村曾有过染坊，故称染店村，后讹作念店村（方言“染”“念”同音）。

山前村 Shānqián Cūn

农村居民点。位于木渎镇中部偏西。东为灵天路，南为230省道，西为穹灵路，北为灵岩山。属香溪社区。面积4万平方米。户籍人口365人。因位于灵岩山南麓，故名。

【胥江社区】 Xūjiāng Shèqū

胥江社区居委会

社区居委会。位于木渎镇西南部，距镇人民政府驻地1.8千米。管辖范围为东起黑鱼浜，西至灵山路（230省道），南起宝带西路，北至胥江河。面积0.87平方千米。户籍人口8367人。居委会驻金运花园7幢101-102室。下辖胥江城市花园、金运花园、雀梅花园、船闸新村4个居民住宅小区。因位于胥江南岸，故名。2013年6月设立。

胥江城市花园 Xūjiāng Chéngshì Huāyuán

城镇居民点。位于木渎镇西南部。东至谢村路，南至雀梅路，西至灵山路，北至姑苏路。属胥江社区。以其北邻胥江的地理位置特点及“仿如构建都市中的花园”的规划设计理念命名。占地面积14.45万平方米，建筑面积43.78万平方米。共37幢住宅楼（其中多层6幢、高层31幢）和3幢综合楼，3461户（套），绿化率37%。2014年命名。

金运花园 Jīnyùn Huāyuán

城镇居民点。位于木渎镇西南部。东至木东路，南至宝带西路，西至谢村路，北至胥江。属胥江社区。以金桥开发区为范，希冀带来好运的寓意拟名。占地面积41万平方米，建筑面积42.46万平方米。共75幢住宅楼（其中多层39幢、小高层20幢、高层16幢），2812户（套），绿化率39.14%。2010年命名。

雀梅花园 Quèméi Huāyuán

城镇居民点。位于木渎镇西南部。东至谢村路，南至宝带西路，西至雀梅浜沿岸，北至雀梅路。属胥江社区。因位于雀梅路南侧，故名。占地面积12.2万平方米，建筑面积46.55万平方米。共23幢高层住宅楼和2幢多层综合楼，3750户（套）。2018年命名。

船闸新村 Chuánzhá Xīncūn

城镇居民点。位于木渎镇西南部。东至翠坊南街，南至南亭路，西至郛巷弄，北至木渎实验中学。船闸新村1-6幢属南亭社区，11-15幢属胥江社区。因附近有木渎船闸得名。2003年命名。

【翠坊社区】 Cuìfāng Shèqū

翠坊社区居委会

社区居委会。位于木渎镇东部，距镇人民政府驻地0.5千米。管辖范围为东起白塔河，西至翠坊北街，南起胥江河，北至中山东路。面积0.86平方千米。户籍人口6867人。居委会驻东街39号。以辖区内翠坊街而得名。下辖香溪花苑、翠坊新村、翠坊二村3个居民住宅小区。2003年4月文昌社区与东街社区并入翠坊社区。

香溪花苑 Xiāngxī Huāyuàn

城镇居民点。位于木渎镇东部。东至海兰堡别墅区，南至东街，西至文昌路，北至香溪东路。属翠坊社区。因位于香溪东路以南，故名。面积3.35万平方米。共17幢住宅楼，居住367户，绿化率35%。2000年命名。

翠坊新村 Cuìfāng Xīncūn

城镇居民点。位于木渎镇东部。东至文昌路西侧河道，南至香溪东路，西至翠坊北街，北至中山东路。属翠坊社区。以靠近翠坊街而得名。面积3.35万平方米。共17幢住宅楼，367户（套），绿化率35%。2000年命名。

翠坊二村 Cuìfāng 2 Cūn

城镇居民点。位于木渎镇东部。东至白塔河，南至香溪东路，西至木渎中心小学及附属幼儿园，北至中山东路。属翠坊社区。面积4万平方米。共10幢多层住宅，120户（套）。2000年命名。

【白塔社区】 Báitǎ Shèqū

白塔社区居委会

社区居委会。位于木渎镇东部，距镇人民政府驻地0.2千米。管辖范围为东起新华路，西至金山南路，南起中山东路，北至竹园路。面积1.3平方千米。户籍人口3892户，11195人。居委会驻金山南路55号。下辖梅林新村、香榭假日山庄、梅岭小区、绿洲明月湾、天伦花园、新华园、瑞景苑、新怡花园、天平花园9个居民住宅小区。以靠近白塔河而得名。

1988年建立梅林社区。2003年3月梅林社区更名为白塔社区。

梅林新村 Méilín Xīncūn

城镇居民点。位于木渎镇东部。东至停车场，南至江南航天机电工业有限公司，西至梅林路，北至航天汽车厂。属白塔社区。因所在地原有梅林一片，约十余亩，俗称梅林，故名。面积2.67万平方米。共多层楼房10幢，158户（套）。2002年命名。

香榭假日山庄 Xiāngxièjiàrì Shānzhuāng

城镇居民点。位于木渎镇东部。东至下沙塘河，南至枫灵路北侧教师公寓以北小路，西至金山南路，北至竹园路。属白塔社区。2000年命名。

梅岭小区 Méilǐng Xiǎoqū

城镇居民点。位于木渎镇东部。东至梅林路，南至木渎商城，西至木渎宾馆，北至花苑东路南侧商业用房以南。属白塔社区。以附近有梅岭化工厂而得名。面积2.67万平方米。2001年命名。

绿洲明月湾 Lǜzhōumíngyuèwān

城镇居民点。位于木渎镇东部。东至新华路，南至向阳河路，西至木渎派出所、木渎交警中队，北至香榭假日山庄、合家欢花苑。属白塔社区。以绿色水波映照明月风景的寓意拟名。面积8.1万平方米。共67幢住宅楼，163户（套）。2002年命名。

天伦花园 Tiānlún Huāyuán

城镇居民点。位于木渎镇东部。东、南至新华工业区，西至金山南路，北至新怡花园。属白塔社区。取共享“天伦之乐”之意。面积5.1万平方米，人口84户。2000年命名。

新华园 Xīnhuá Yuán

城镇居民点。位于木渎镇东部。东至新华路，南至殷巷，西至梅林路，北至花苑路。属白塔社区。因位于新华村，故名。共37幢别墅，185户（套）。2000年命名。

瑞景苑 Ruìjǐng Yuàn

城镇居民点。位于木渎镇东部。东至新华路，南至向阳河路，西至木渎范仲淹实验小学，北至枫灵路。属白塔社区。以“吉祥”“景色优美”等寓意命名。面积4万平方米。共18幢多层楼房，589户（套），绿化率39%。2006年命名。

新怡花园 Xīnyí Huāyuán

城镇居民点。位于木渎镇东部。东至新华 路西侧天平村叶家桥自然村民宅，南至天伦花园及新华民营工业区（俗称），西至金山路东侧天平村范家场自然村民宅及天伦花园，北至天平花园。属白塔社区。取希望新华居民入住后，有一个安逸的生活的寓意而拟名。2011年命名。

天平花园 Tiānpíng Huāyuán

城镇居民点。位于木渎镇东部。东至木渎镇污水处理厂，南至天伦花园，西至金山南路，北至向阳河路。属白塔社区。因位于天平村，故名。面积22万平方米。共61幢多层楼房，1117户（套）。2001年命名。

【同春社区】 Tóngchūn Shèqū

同春社区居委会

社区居委会。位于木渎镇东南部，距镇人民政府驻地0.5千米。管辖范围为东起金枫南路，西至姑竹路、白塔河，南起姑苏东路，北至花苑东路。面积0.7平方千米。户籍人口1678户，5436人。居委会驻香溪东路翠坊公园东侧。下辖姑苏印象花园、绿色家园、大成珺花园、绿色水岸家园、雅礼苑、嘉茂悦花园6个居民住宅小区。以辖区内同春桥而得名。1993年成立同春社区。2003年4月由文昌、白塔、同春3个社区合并成立同春社区。

姑苏印象花园 Gūsūyìnxiàng Huāyuán

城镇居民点。位于木渎镇东南部。东至金枫南路，南至姑苏东路，西至姑竹路，北至兴福堂路。属同春社区。以其南依姑苏路的地理位置特点及其融入苏式传统建筑元素的特点而得名。占地面积6.59万平方米，建筑面积12.52万平方米。共28幢住宅楼（其中多层19幢、高层9幢），884户（套），绿化率37.6%。2009年命名。

绿色家园 Lǜsè Jiāyuán

城镇居民点。位于木渎镇东南部。东至金枫南路，南至胥江，西至白塔新村，北至香溪东路。属同春社区。取“绿意盎然的家园”的寓意拟名。占地面积6.87万平方米，建筑面积18.61万平方米。共16幢住宅楼（其中高层10幢、联体别墅6幢），1151户（套），绿化率38.89%。2010年命名。

大成珺花园 Dàchéngjùn Huāyuán

城镇居民点。位于木渎镇东南部。东至金枫南路，南至中山东路，西至白塔河，北至花苑东路南侧黑松食品（苏州）有限公司。属同春社区。以“集大成者，仿如美玉”的寓意命名。占地面积11.13万平方米，建筑面积32.99万平方米。共18幢高层住宅楼，2246户，绿化率37.3%。2012年命名。

绿色水岸家园 LǜsèShuǐ´àn Jiāyuán

城镇居民点。位于木渎镇东南部。东至金枫南路西侧绿化带，南至竹窝路，西至姑竹河，北至胥江南侧。属同春社区。以其北靠胥江（河道名）的地理位置特点及“绿意盎然”的寓意拟名。占地面积5.65万平方米，建筑面积15.17万平方米。共16幢住宅楼（其中小高层8幢、高层8幢），1216户（套），绿化率37%。2013年命名。

雅礼苑 Yǎlǐ Yuàn

城镇居民点。位于木渎镇东南部。东至金枫南路，南至大成珺花园，西至白塔河，北至花苑东路。属同春社区。取“仿如美好礼物之所在”的寓意拟名。占地面积6.2万平方米，建筑面积17.39万平方米。共11幢高层住宅楼和1幢单层综合房，892户（套）。2018年命名。

嘉茂悦花园 Jiāmàoyuè Huāyuán

城镇居民点。位于木渎镇东南部。东至金枫南路，南至兴福堂路，西至竹窝浜，北至绿色水岸家园。属同春社区。取“草木丰茂，赏心悦目之美丽居所”的寓意拟名。占地面积3.37万平方米，建筑面积9.65万平方米。共9幢高层住宅楼和1幢多层综合楼，638户（套），绿化率37%。2018年命名。

【花苑社区】 Huāyuàn Shèqū

社区居委会。位于木渎镇中部，距镇人民政府驻地0.9千米。管辖范围为东起金山南路，西至灵天路，南起中山西路，北至向阳河路。面积1.3平方千米。户籍人口1415户，3810人。居委会驻馨乐花园A区48栋。下辖花苑一村、花苑二村、天灵新村、石油新村、金耀新村、花苑三村、大富阁新村、香港花园、馨乐花园、泉景花苑、天伦随园、金兰尚院12个居民住宅小区。以辖区内花苑西路而得名。2003年3月花苑二村社区与花苑一村社区并成立花苑社区。

花苑社区居委会

花苑一村 Huāyuàn 1 Cūn

城镇居民点。位于木渎镇中部。东至下沙塘河，南至镇政府，西至天灵小区，北至花苑西路。属花苑社区。因位于花苑西路南侧，故名。共37幢多层楼房，867户（套）。1998年命名。

花苑二村 Huāyuàn 2 Cūn

城镇居民点。位于木渎镇中部。东至下沙塘河，南至花苑一村，西至花苑三村，北至泉景花园。属花苑社区。因位于花苑西路北侧，故名。1998年命名。

天灵新村 Tiānlíng Xīncūn

城镇居民点。位于木渎镇中部。东、南至花新村，西至香港花园，北至花苑西路。属花苑社区。取天平山、灵岩山两山名中的首字组合命名。面积1.3万平方米。共10幢多层住宅楼，314户（套）。1998年命名。

石油新村 Shíyóu Xīncūn

城镇居民点。位于木渎镇中部。东至下沙新村，南至中山西路，西至苏州卫生学校（西区）东侧弄堂，北至木渎镇政府。属花苑社区。面积8737平方米。共5幢多层楼房，102户（套）。1999年命名。

金耀新村 Jīnyào Xīncūn

城镇居民点。位于木渎镇中部。东至木渎变电所，南至中山西路，西至灵岩山，北至灵岩花园。属花苑社区。取金光闪耀之意命名。1999年命名。

花苑三村 Huāyuàn 3 Cūn

城镇居民点。位于木渎镇中部。东至花苑二村，南至花苑西路，西至香港路，北至天伦随园。属花苑社区。因位于花苑西路北侧，故名。占地面积4万平方米。2000年命名。

大富阁新村 Dàfùgé Xīncūn

城镇居民点。位于木渎镇中部。东至（吐哈）石油新村，南至中山西路，西至香港街，北至香港花园、花苑新村。属花苑社区。取富贵荣华之意命名。面积5.5万平方米。共102幢别墅。2000年命名。

香港花园 Xiānggǎng Huāyuán

城镇居民点。位于木渎镇中部。东至天灵小区，南至大富阁新村，西至香港街，北至花苑西路。属花苑社区。因位于香港街东侧，故名。面积1.8万平方米。共10幢6层住宅楼，284户（套）。2001年命名。

馨乐花园 Xīnlè Huāyuán

城镇居民点。位于木渎镇中部。东至香港街，南至高家场，西至灵天路，北至向阳河路。属花苑社区。取温馨快乐之意命名。面积10.67万平方米。2002年命名。

泉景花苑 Quánjǐng Huāyuàn

城镇居民点。位于木渎镇中部。东至金兰尚院，南至天平大酒店，西至香港路，北至向阳河路。属花苑社区。因北靠向阳河，远望灵岩山、天平山风景，故名。面积5.34万平方米。共78幢，其中21幢独体别墅，57幢联体别墅，135户（套），绿化率45%。2003年命名。

天伦随园 TiānlúnSuíyuán

城镇居民点。位于木渎镇中部。东至天平大酒店，南至花苑三村，西至香港街，北至泉景花园。属花苑社区。以享天伦之乐且园林式景致而得名。面积8.6万平方米。共63幢别墅，63户（套）。2003年命名。

金兰尚院 Jīnlán Shàngyuàn

城镇居民点。位于木渎镇中部。东至金山南路，南至下沙塘河，西至泉景花园、天平大酒店，北至向阳河路。属花苑社区。以其栽植金兰的景观特征，取“清雅金兰，宜居庭院”的寓意拟名。占地面积2.7万平方米，建筑面积5.13万平方米。共11幢住宅楼（其中多层7幢、中高层4幢）和1幢综合楼，192户（套），绿化率37.24%。2017年命名。

【藏书社区】 Cángshū Shèqū

藏书社区居委会

社区居委会。位于木渎镇西部，距镇人民政府驻地7千米。管辖范围为东起箭河路，西至天逸湾花园，南起苏福公路，北至穹灵路向藏北路方向延伸200米。面积1平方千米，户籍人口1301人。居委会驻穹灵路2280号。下辖瀚景苑、天逸湾花园、吾丰花园3个居民住宅小区。以引用西汉会稽太守朱买臣青少年时在藏书庙“藏书”读书的故事而得名。1981年为善人桥市镇社区。2006年9月随藏书镇并入木渎镇。2007年5月更名为藏书社区。

瀚景苑 Hànjǐng Yuàn

城镇居民点。位于木渎镇西部。又称岚山别墅。东至箭泾（河道名，又称“一箭河”），南至230省道，西至日晖浜，北至木光河南侧。属藏书社区。以其背山（灵岩山）临水（箭泾）的地理位置特点及“浩瀚的景致”的寓意拟名。占地面积18万平方米，建筑面积12.59万平方米。共90幢联体别墅，467户（套），绿化率42%。2008年命名。

天逸湾花园 Tiānyìwān Huāyuán

城镇居民点。位于木渎镇西部。东至穹窿路，南至木光河，西至藏福中路，北至穹灵路。属藏书社区。以处于穹窿山下“蓝天白云的幽雅环境”的寓意拟名。占地面积8.95万平方米，建筑面积11.67万平方米。共35幢多层住宅楼，800户（套），绿化率37%。2009年命名。

吾丰花园 Wúfēng Huāyuán

城镇居民点。位于木渎镇西部。东至石胥路西侧新建道路（未命名），南至木光河，西至竖河，北至穹灵路。属藏书社区。以获得丰裕收成之意命名。占地面积6.47万平方米，建筑面积12.5万平方米。共29幢多层住宅楼和1幢综合楼，894户，绿化率35.33%。2015年命名。

【长浜社区】 Chángbāng Shèqū

长浜社区居委会

社区居委会。位于木渎镇东部，距镇人民政府驻地4.5千米。管辖范围为东起塔园路，西至长石路，南起中山东路，北至向阳河。面积1平方千米。户籍人口1822户，4003人。居委会驻塔园路55号。下辖山水华庭、新旅城花园、苏香名园、香格里花苑、水岸四季花园5个居民住宅小区。以原长浜村而得名。2008年原长浜村撤村，成立长浜社区。

山水华庭 Shānshuǐ Huátíng

城镇居民点。位于木渎镇东部。东至大轮浜河，南至新旅城花园，西至长江路，北至向阳河。属长浜社区。以望山而居、傍水而生而得名。面积14万平方米。共2064户（套）。2004年命名。

新旅城花园 Xīnlǚchéng Huāyuán

城镇居民点。位于木渎镇东部。东至塔园路，南至苏州科技大学天平学院，西至长江路，北至千代达电子制造有限公司、山水华庭。属长浜社区。以其位于旅游胜地木渎镇及“再创旅游新天地”的寓意拟名。占地面积20万平方米，建筑面积20.19万平方米。共106幢住宅楼（其中多层59幢、小高层1幢、高层10幢、联体别墅36幢），1701户（套），绿化率39%。2008年命名。

苏香名园 Sūxiāng Míngyuán

城镇居民点。位于木渎镇东部。东至长江路，南至花苑东路，西至长石路，北至金长路。属长浜社区。以舒适的住宅小区之意命名。面积12.5万平方米。2003年命名。

香格里花苑 Xiānggélǐ Huāyuàn

城镇居民点。位于木渎镇东部。东至塔园路，南至中山东路北侧，西至长塔路南侧商用楼，北至长塔路。属长浜社区。取“仿如心中日月般美好的地方”的寓意拟名。占地面积6.8万平方米，建筑面积18.56万平方米。共17幢住宅楼（其中多层2幢、中高层5幢、高层10幢）和2幢综合楼，1291户（套），绿化率37%。2015年命名。

水岸四季花园 Shuǐ'ànSìjì Huāyuán

城镇居民点。位于木渎镇东部。东至塔园路西侧，南至中山东路，西至大轮浜，北至虎村河。属长浜社区。以其西、北濒临河道的地理特征，取“赏水岸景致，品四季人生，栖美丽居所”的寓意拟名。占地面积2.8万平方米，建筑面积6.07万平方米。共10幢住宅楼（其中联体别墅1幢、多层5幢、高层4幢）和1幢多层综合楼，374户（套）。2017年命名。

【穹窿社区】 Qiónglóng Shèqū

穹窿社区居委会

社区居委会。位于木渎镇西南部，距镇政府驻地7千米。管辖范围为东起穹窿小区，西至小王山，南起苏州绕城高速公路（苏绍高速公路）西山互通北侧，北至南竹坞村。面积6.4平方千米。户籍人口3084人。居委会驻朱买臣路532号。下辖捞桥头、柳家场、上堰头、石臼亩、塘岗头、旺家坞、小堰头、徐家场、仰家村、堰头村、朱家场、朱店、周家场13个自然村落。以辖区内穹窿山而得名。2003年11月由原藏书镇的社光村、兴奋村、农林村、生建村区域合并为藏西村。2006年9月由藏西村原社光一半、兴奋（除钱家村）、农林合并为穹窿社区。

捞桥头 Lāoqiáotóu

农村居民点。位于木渎镇西南部。东为苏州绕城高速公路，南为小园岭，西为穹窿山，北为上堰头。属穹窿社区。户籍人口147户，574人。据传朱买臣前妻在此投河自尽，捞人的地方有座桥，后称捞桥，故名。

柳家场 Liǔjiāchǎng

农村居民点。位于木渎镇西南部。东为苏州绕城高速公路，南为堰头村，西为徐家场，北为仰家村。户籍人口55户，220人。相传因刘王千岁曾在此住过，因而叫刘家场，后改为柳家场。原属藏书镇兴奋村4、5组。2006年9月为穹窿社区第14、15居民小组。

上堰头 Shàngyàntóu

农村居民点。位于木渎镇西南部。东为苏州绕城高速公路，南为捞桥村，西为穹窿山，北为朱家场。户籍人口46户，193人。因旁边有双堰（上堰、下堰），且在上堰地段，故名。1983年属藏书镇社光村第2、3村民小组。2003年11月属藏西村。2006年9月为穹窿社区第2、3居民小组。

石臼亩 Shíjiùmǔ

农村居民点。位于木渎镇西南部。东为苏州绕城高速公路，南为上堰头，西为堰头村，北为柳家场。户籍人口22户，96人。因村民期望用石臼换得一亩田，即生活富裕起来的愿望，故名。1983年属藏书镇兴奋村第1村民小组。2007年1月兴奋村并为穹窿社区。为穹窿社区第11居民小组。

塘岗头 Tánggǎngtóu

农村居民点。位于木渎镇西南部。东为小玉山，南为旺家坞（皇驾坞），西为茅蓬坞，北为穹窿山。户籍人口350人。以村落旁边有塘岗而得名。1983年属藏书镇农林村第1、2、3村民小组。2007年1月农林村并为穹窿社区。为穹窿社区第25、26、27居民小组。

旺家坞 Wàngjiāwù

农村居民点。位于木渎镇西南部。原名皇驾坞。东为苏州罗浮山庄，南为孙武书院，西为白马坞，北为穹窿山。户籍人口24户，101人。旺家坞相传明建文帝曾在此住过，最早叫皇家坞。一年冬天发生火灾，烧毁了房屋。村民期望因祸得福，故名。1983年属藏书镇农林村第4村民小组。2003年11月属藏西村。2006年9月农林村并为穹窿社区。为穹窿社区第28居民小组。

小堰头 Xiǎoyàntóu

农村居民点。位于木渎镇西南部。东为苏州绕城高速公路，南为周家场，西为朱店，北为南竹坞。户籍人口26户，94人。因村旁有万泥泾浜（河道），俗称小堰，故名。1983年属藏书镇兴奋村第11村民小组。2007年1月兴奋村并为穹窿社区。为穹窿社区第21居民小组。

徐家场 Xújiāchǎng

农村居民点。位于木渎镇西南部。东为柳家场，南为堰头村，西为塘岗头，北为仰家村。户籍人口24户，95人。以最早的居民姓徐而得名。原属藏书镇兴奋村3组。2006年9月为穹窿社区13组。

仰家村 Yǎngjiā Cūn

农村居民点。位于木渎镇西南部。东为周家场，南为柳家场，西为小王山景区，北为朱店村。户籍人口102户，409人。该村因明代官吏仰瞻曾隐居在此，故名。1983年属藏书镇兴奋村第6、7、8村民小组。2003年11月属藏西村。2006年11月为穹窿山风景区穹隆社区。为穹窿社区第16、17、18居民小组。

堰头村 Yàntóu Cūn

农村居民点。位于木渎镇西南部。东为石臼亩，南为上堰头，西为朱家场，北为徐家场。户籍人口82户，344人。以村边有个过山堰（水塘）而得名。1983年属藏书镇兴奋村第2、13、14村民小组。2007年1月兴奋村并为穹窿社区。2006年9月为穹窿社区第12、13、24居民小组。

朱家场 Zhūjiācháng

农村居民点。位于木渎镇西南部。东为堰头村，南为上堰头，西为穹窿山，北为徐家场。户籍人口22户，99人。相传为西汉会稽太守朱买臣的出生地，因村上居民都姓朱，故名。1983年属藏书镇社光村第1村民小组。2003年11月属藏西村。2006年11月为穹窿社区第1居民小组。

朱店 Zhūdiàn

农村居民点。位于木渎镇西南部。东为苏州绕城高速公路，南为仰家村，西为小王山景区，北为小堰头。户籍人口53户，204人。原属藏书镇兴奋村10、12组。2006年9月为穹窿社区20、22组。

周家场 Zhōujiāchǎng

农村居民点。位于木渎镇西南部。东为苏州绕城高速公路，南为柳家场，西为仰家村，北为朱店村。户籍人口11户，47人。因周姓人家居住而得名。1983年属藏书镇兴奋村第9村民小组。2003年11月属藏西村。2006年9月为穹窿社区第19居民小组。

【接驾社区】 Jiējià Shèqū

接驾社区居委会

社区居委会。位于木渎镇西部，距镇人民政府驻地7千米。管辖范围为东起朱买臣路，西至兵圣 路，南起兵圣路，北至藏福中路。面积4.15平方千米。户籍人口2104人。居委会驻上泾村。下辖接驾堂、庙前、宁邦坞、南竹坞、山毗村、上泾村、吴家堂7个自然村落。因传说清乾隆皇帝下江南临幸穹窿山上真观宁邦寺，百姓迎接圣驾而得名。2006年9月由原藏书镇藏中村的永新村小部分，生建村合并设立接驾社区。

接驾堂 Jiējiàtáng

农村居民点。位于木渎镇西部。东为善人桥村，南为御湖，西为穹窿山，北为吴家堂。户籍人口47户，153人。相传乾隆皇帝下江南时到穹窿山，地方官在此接驾，故名。1983年属藏书镇永新村第4、8村民小组。2006年9月为接驾社区第18、19居民小组。

庙前 Miàoqián

农村居民点。位于木渎镇西部。东为苏州绕城高速公路，南为南竹坞，西为穹窿山，北为山毗村。户籍人口39户，144人。因此处有一座新兴庙，该村位庙前，故名。以地段分上庙前、下庙前，上庙前在西，下庙前在东。1983年属藏书镇生建村第2、11村民小组，2006年9月为接驾社区第2、11居民小组。

宁邦坞 Níngbāngwù

农村居民点。位于木渎镇西部。东为沿山公路（原苏福路），南为穹窿山景区北大门，西为穹窿山，北为光福镇苏家堂。户籍人口61户，247人。因村西穹窿山有宁邦寺，故名。1983年属藏书镇永新村第5、7村民小组。2006年9月为接驾社区第14、15居民小组。

南竹坞 Nánzhúwù

农村居民点。位于木渎镇西部。东为苏州绕城高速公路，南为小王山，西为穹窿山，北为庙前。户籍人口161户，621人。因该村村民历来喜欢栽种竹子，且种得很多，取名竹坞里，后为区别天池山下的北竺坞，改名为南竹坞。1983年属藏书镇生建村第3、4、5、6、7、8、9村民小组。2006年9月为接驾社区第3、4、5、6、7、8、9居民小组。

山毗村 Shānpí Cūn

农村居民点。位于木渎镇西部。东为苏州绕城高速公路，南为庙前，西为穹窿山，北为上泾村。户籍人口54户，229人。相传古时有一位高僧为了避免战乱，避居于此，故名。1983年属藏书镇生建村第1、10村民小组。2006年9月为接驾社区第1、10居民小组。

上泾村 Shàngjīng Cūn

农村居民点。位于木渎镇西部。东为苏州绕城高速公路，南为山毗村，西为穹窿山景区北大门，北为接驾堂。户籍人口57户，212人。因地处登穹窿山必经之路，原称上经村，后改为上泾村。1983年属藏书镇永新村第3、9村民小组。2006年9月为接驾社区第16、17居民小组。

吴家堂 Wújiātáng

农村居民点。位于木渎镇西部。东为藏福路，南为接驾堂，西为绕城高速路，北为光福镇金涧村。吴家堂原为护驾堂。户籍人口88户，291人。因该村南面有一条直通穹窿山的路（后称御道），相传因乾隆皇帝每次下江南都请这村村民抬轿上山，故名“护驾堂”，后改成吴家堂。1983年属藏书镇永新村第6、10村民小组。2006年9月为接驾社区第12、13居民小组。

【金山浜社区】 Jīnshānbāng Shèqū

金山浜社区居委会

社区居委会。位于木渎镇北部，距镇人民政府驻地3.5千米。管辖范围为东起白塔河（金枫路），西至部队营地及金山路，南起竹园路，北至虎丘区交界处。辖区面积2.1平方千米。户籍人口2842户，4581人。居委会驻金山路779号。下辖金山浜花园、青年之歌花园、金域蓝湾花园、青山溪语花园、玉珑墅、梅家桥花园、湖山樾苑7个居民住宅小区。以辖区内金山浜而得名。2010年设立。

金山浜花园 Jīnshānbāng Huāyuán

城镇居民点。位于木渎镇北部。东至白塔河及金山村梅家桥自然村，南至金山浜、梅家桥自然村，西至金山南路，北至渔洋街。属金山浜社区。以南依金山浜（河道、俗称）命名。占地面积12.48万平方米，建筑面积17.75万平方米。共60幢多层住宅楼和2幢商用楼、3幢综合楼，1121户（套），绿化率38%。2006年命名。

青年之歌花园 Qīngniánzhīgē Huāyuán

城镇居民点。位于木渎镇北部。又称尼盛青年城。东至白塔河，南至金山村南浜自然村，西至金山村南浜自然村，北至玉山路。属金山浜社区。以“建筑是凝固的音乐”的寓意及其充满活力的景观设计特点命名。占地面积5.04万平方米，建筑面积7.14万平方米。共25幢多层住宅楼，667户（套），绿化率41%。2007年命名。

金域蓝湾花园 JīnyùLánwān Huāyuán

城镇居民点。位于木渎镇北部。东至白塔河，南至金山浜花园，西至金山南路，北至锐晶创业园。属金山浜社区。以其东临白塔河的地理位置特点及“尊贵之地”“蔚蓝河湾”等寓意命名。占地面积4.03万平方米，建筑面积8.75万平方米。共12幢小高层住宅楼，574户（套），绿化率48.8%。2012年命名。

青山溪语花园 QīngshānXīyǔ Huāyuán

城镇居民点。位于木渎镇北部。东至金山南路，南至渔洋街，西至苏州市盲聋学校，北至虎丘区。属金山浜社区。因处于天平山、金山以及金山浜河浜之地，故名。面积18.3万平方米。共58幢住宅楼，1508户（套）。2012年命名。

玉珑墅 Yùlóng Shù

城镇居民点。位于木渎镇北部。东至金山南路，南至湖山樾苑，西至寿桃湖路，北至渔洋街。属金山浜社区。以“仿如美玉般玲珑精致”的寓意命名。占地面积8.12万平方米，建筑面积11.61万平方米。共32幢住宅楼（其中多层24幢、联体别墅8幢）和1幢综合楼，724户（套），绿化率37%。2013年命名。

梅家桥花园 Méijiāqiáo Huāyuán

城镇居民点。位于木渎镇北部。东至白塔河，南至玉山路，西至金山南路，北至金山浜花园。属金山浜社区。以其地处金山村原梅家桥自然村区域的地理位置特点命名。占地面积6.4万平方米，建筑面积13.64万平方米。共19幢高层住宅楼，904户（套），绿化率47.9%。2015年命名。

湖山樾苑 Húshān Yuèyuàn

城镇居民点。位于木渎镇北部。东至金山南路，南至玉山路，西至寿桃湖路，北至玉珑墅。属金山浜社区。取“依山傍水、草木丰茂之所在”的寓意拟名。占地面积27.29万平方米，建筑面积39.63万平方米。共98幢住宅楼（其中中高层17幢、联体别墅81幢）和2幢综合楼，1867户（套），绿化率37%。2016年命名。

【南亭社区】 Nántíng Shèqū

南亭社区居民委员会

社区居委会。位于木渎镇南部，距镇人民政府驻地1千米。管辖范围为东、南至胥江河，西至香溪河一带（不规则），北至香溪河、东街河。面积0.6平方千米。户籍人口2360户，5837人。居委会驻南亭路28号。下辖新姜窑花园、姜窑新村、玉江南花园3个居民住宅小区。以辖区内南街街梢之古亭——南亭子而得名。1950年设立。

新姜窑花园 Xīnjiāngyáo Huāyuán

城镇居民点。位于木渎镇南部。东至木渎实验小学，南至南亭路，西至新姜窑路，北至灵岩村姜窑自然村民宅。属南亭社区。因在原姜窑村址新建，安置原姜窑村村民入住，故名。占地面积10万平方米，建筑面积11.27万平方米。共49幢多层住宅楼，984户（套），绿化率31%。2006年命名。

姜窑新村 Jiāngyáo Xīncūn

城镇居民点。位于木渎镇南部。东至南街，南至江苏省木渎实验小学，西至明清南街，北至东街河。属南亭社区。因原有姜窑上自然村，东侧建造的房屋为姜窑新村，故名。共6幢多层楼房，190户（套）。20世纪80年代始建。

玉江南花园 Yùjiāngnán Huāyuán

城镇居民点。位于木渎镇南部。东至香溪社区车渡自然村及西街北侧民宅，南至西街北侧民宅，西至新姜窑路，北至新姜窑路。属南亭社区。以其地处江南古镇木渎的地理位置特点及“玉蕴江南”的寓意命名。占地面积4.67万平方米，建筑面积7.67万平方米。共29幢联体别墅，133户（套），绿化率37%。2011年命名。

【金枫社区】 Jīnfēng Shèqū

金枫社区居委会

社区居委会。位于木渎镇北部，距镇人民政府驻地2千米。管辖范围平面呈L形，为东起长石路，西至白塔河，南起花苑东路，北至玉山路。面积1.7平方千米。户籍人口3600人。居委会驻金枫南路289号。下辖枫华紫园、领峰花园、雍尚花园、幸福城邦家园、拾锦香花园、和雍锦园、熙筑7个居民住宅小区。以辖区内金枫路而得名。2012年马庄村、长浜村、沈巷村、西跨塘村部分合并设立金枫社区。

枫华紫园 Fēnghuá Zǐyuán

城镇居民点。位于木渎镇北部。东至珠江小区，南至向阳河，西至枫华商业广场，北至向阳路及“三立电工合金有限公司”。属金枫社区。以其西邻枫华商业广场的地理位置特点及“华美”“高贵”等寓意命名。占地面积4.95万平方米，建筑面积17.58万平方米。共16幢高层住宅楼，1185户（套），绿化率37%。2009年命名。

领峰花园 Lǐngfēng Huāyuán

城镇居民点。位于木渎镇北部。东至金枫南路西侧规划用地，南至向阳路规划向西延伸段，西至白塔河，北至竹园路。属金枫社区。以其纯高层的建筑形态特点及“独领风骚”“群峰汇聚”等寓意命名。占地面积11.48万平方米，建筑面积29.76万平方米。共14幢高层住宅楼，2054户（套），绿化率37%。2010年命名。

雍尚花园 Yōngshàng Huāyuán

城镇居民点。位于木渎镇北部。东至金枫南路，南至向阳河路，西至白塔河，北至枫灵路。属金枫社区。以“雍容、高尚”“和谐、时尚”的寓意命名。占地面积6万平方米。共10幢住宅楼，1377户（套），绿化率37%。2013年命名。

幸福城邦家园 Xìngfúchéngbāng Jiāyuán

城镇居民点。位于木渎镇北部。又名正荣华府。东至大治路，南至和雍锦园，西至金枫南路，北至金长路。属金枫社区。以“幸福城镇，美丽家园”的寓意命名。占地面积8.47万平方米，建筑面积32.32万平方米。共15幢住宅楼（其中中高层6幢、高层9幢）和2幢综合楼，2094户（套），绿化率37%。2014年命名。

拾锦香花园 Shíjǐnxiāng Huāyuán

城镇居民点。位于木渎镇北部。东至珠江路西侧商用楼，南至金长路，西至大治路，北至向阳河。属金枫社区。取“珍藏如锦似芬般美好意蕴的居所”的寓意拟名。占地面积6.97万平方米，建筑面积23.2万平方米。共18幢住宅楼（其中多层2幢、中高层4幢、高层12幢）和4幢综合楼，1388户（套），绿化率39.73%。2016年命名。

和雍锦园 Héyōng Jǐnyuán

城镇居民点。位于木渎镇北部。东至大治路，南至花苑东路，西至金枫南路，北至幸福城邦家园。属金枫社区。以“邻里和谐的美好家园”的寓意命名。占地面积7.09万平方米，建筑面积20.38万平方米。共26幢住宅楼（其中联体别墅9幢、多层12幢、高层5幢），5幢高层商住楼和2幢多层商用楼，1幢多层综合楼，827户（套），绿化率35.2%。2016年命名。

熙筑 Xī Zhù

城镇居民点。位于木渎镇北部。又名国瑞熙墅。东至金枫路，南至竹园路及轨道交通1号线金枫路站出入口，西至白塔河，北至北沿河。属金枫社区。以“光彩照人的建筑”的寓意命名。占地面积7.42万平方米，建筑面积23.71万平方米。共39幢住宅楼（其中联体别墅32幢、高层7幢）和1幢综合楼，1103户（套），绿化率37%。2017年命名。

【凯马社区】 Kǎimǎ Shèqū

凯马社区居委会

社区居委会。位于木渎镇东部，距镇人民政府驻地1.8千米。管辖范围为东起汾湖路—凯盛街，西至金枫南路，南起胥江河，北至花苑东路。面积1.6平方千米。户籍人口3091人。居委会驻金枫美地小区28幢。下辖金枫美地花园、云山诗意花园、胥江康悦家园3个居民住宅小区。以凯马汽车城而得名。2012年马庄村、长浜村、沈巷村、西跨塘村部分合并设立凯马社区。

金枫美地花园 Jīnfēngměidì Huāyuán

城镇居民点。位于木渎镇东部。距镇人民政府驻地1.5千米。东至兴郭路，南至胥江，西至金枫南路，北至中山东路。属凯马社区。以西邻金枫南路及地处木渎镇较好的地理位置命名。占地面积10.76万平方米，建筑面积12.7万平方米。共34幢住宅楼（其中多层27幢、小高层7幢），1283户（套），绿化率43.1%。2005年命名。

云山诗意花园 Yúnshānshīyì Huāyuán

城镇居民点。位于木渎镇东部。东至珠江南路，南至金江路，西至金枫美地花园，北至中山东路。属凯马社区。以其纯高层的建筑形态特征及“犹处云山”“诗意人生”等寓意命名。占地面积5.54万平方米，建筑面积17.75万平方米。共10幢高层住宅楼，1222户（套），绿化率37%。2011年命名。

胥江康悦家园 Xūjiāngkāngyuè Jiāyuán

城镇居民点。位于木渎镇东部。东至凯悦街，南至北枕江路，西至珠江路，北至丹枫路。属凯马社区。以其地处胥江北岸的地理位置特点及“健康”“愉悦”等寓意命名。占地面积3.17万平方米，建筑面积8.93万平方米。共19幢住宅楼（其中高层4幢、联体别墅15幢），609户（套），绿化率37.47%。2011年命名。

【竹园社区】 Zhúyuán Shèqū

竹园社区居委会

社区居委会。位于木渎镇北部，距镇人民政府驻地2千米。管辖范围为东起金山南路，西至灵天路，南起向阳河路，北至张泾浜路。面积0.58平方千米。户籍人口1560人。居委会驻竹园路788号。下辖天邻风景别墅、棕榈湾花园、天平桃花源山庄3个居民住宅小区。因靠近竹园路而得名。2012年天平村、天灵村、新华村及市镇社区一部分合并成立竹园社区。

天邻风景别墅 Tiānlínfēngjǐng Biéshù

城镇居民点。位于木渎镇北部。东至灵天路，南至灵岩山，西至灵岩山，北至灵岩山。属竹园社区。取天平山和灵岩山中的“天”“灵（邻）”两字组合命名。2004年命名。

棕榈湾花园 Zōnglǘwān Huāyuán

城镇居民点。位于木渎镇北部。东至玲珑苑，南至向阳河路，西至灵天路，北至枫灵路。属竹园社区。小区风格为地中海风格，以棕榈树命名。面积8.19万平方米。共40幢住宅楼（其中多层32幢、联排别墅8幢），956户（套），绿化率30%。2005年命名。

天平桃花源山庄
Tiānpíngtáohuāyuán Shānzhuāng

城镇居民点。位于木渎镇北部。东至寿桃湖路及“苏州金山石雕艺术有限公司”，南至竹园路北侧河道（俗称“天平河”），西至高义园路，北至张泾浜路南侧河道（俗称“张泾浜”）。属竹园社区。以其临近天平山的地理位置特点及“恍如置身桃花源”的寓意命名。占地面积24.33万平方米，建筑面积25.27万平方米。共141幢住宅楼（其中多层14幢、联体别墅127幢），946户（套），绿化率38.5%。2013年命名。

【马庄社区】 Mǎzhuāng Shèqū

马庄社区居委会

社区居委会。位于木渎镇东部，距镇人民政府驻地4.3千米。管辖范围为东起晋福桥路，西至长江南路，南起宝带西路，北至中山东路。面积1平方千米。户籍人口1079人。居委会驻金猫路8号。下辖苏胥湾花园1个居民住宅小区。

苏胥湾花园 Sūxūwān Huāyuán

城镇居民点。位于木渎镇东部。东至大轮浜西侧道路，南至北枕江路，西至长江南路东侧绿化带，北至中山东路南侧。属马庄社区。以其地处苏州胥江（河道名）北岸的地理特征，取“苏州胥江之滨的美丽居所”的寓意拟名。占地面积3.32万平方米，建筑面积13.85万平方米。共8幢高层住宅楼，1113户（套），绿化率35%。2016年命名。

四、工业区

金枫高新产业园 Jīnfēng Gāoxīn Chǎnyèyuán

工业区。位于木渎镇金枫路777号。东为大治路，南为横一路（苏州金枫电子商务产业园），西为金枫南路，北为花苑东路。2008年12月木渎镇设立木渎新区，入驻金枫高新产业园、吴中国家科技创业园、博济科技园、苏州东创科技园、吴中木渎科技创业园等，含软件开发、网络工程、数码科技、机电一体化工程等，其中电脑、通讯设备、自动化控制设备、家电等科技电子产品研发基地已经形成规模。

五、历史地名

【自然集镇】

金山浜 Jīnshānbāng

自然集镇。位于木渎镇北部。明朝中后期，因金山被大量开采，离山最近的金山浜成为石料集散地，逐渐形成集镇，故名。民国时期集镇为金山镇镇公所驻地。20世纪50年代为金山乡政府驻地。20世纪80年代外来民工纷纷涌入，从事采石、轧石、运石工作。1999年12月金山采石企业全部关停。2014年起集镇拆迁、改造，周边先后建成苏州国际影视娱乐城和金山浜花园、金域蓝湾花园、樾园、青山溪语花园等居民住宅小区，以及苏州市聋哑学校分校等，老镇消失。

西跨塘 Xīkuàtáng

自然集镇。位于木渎镇北部。因西跨塘大桥，故名，俗称大桥头。清朝后期设西跨塘镇，民国时期，有各式商店、医院、市立小学等。20世纪80年代附近创办吴县钢管厂等企业,有小学、中学。随着城乡一体化发展，20世纪90年代中期商店迁走。21世纪初企业转制，农村拆迁，集镇消失。

【村委会】

【民主村】 Mínzhǔ Cūn

村委会。位于木渎镇北部，距镇人民政府驻地8千米。管辖范围为东起市镇善人桥，西至光福镇，南起原永新村，北至光福镇。面积1.8平方千米。户籍人口357户，1183人。下辖牛场上、小汤上、大汤上、油车弄、雅宜山、张家上、邵家上7个自然村落，9个村民小组。取倡导自由、民主之意。1956年建民主高级社，归善桥乡管辖。1958年善桥、藏书合并为藏书乡，归藏书乡管辖，改名民主大队。1983年改称民主村。2003年民主、东方、永新3个行政村合并为藏中村。

【凤凰村】 Fènghuáng Cūn

村委会。位于木渎镇南部，距镇人民政府驻地2.7千米。面积3平方千米。户籍人口330户，1408人。村委会驻旺家村。下辖旺家村、山湾里、凤凰池、夏家场、陈巷上、邱巷上6个自然村落，8个村民小组。以境内有凤凰山、凤凰池而得名。1950年初为凤凰村。1956年为金山乡第三高级社。1958年改名凤凰大队。1984年设凤凰村。2003年11月凤凰村与七子村、姑苏村合并成立新的姑苏村。

【七子村】 Qīzǐ Cūn

村委会。位于木渎镇东部，距镇人民政府驻地3.42千米。面积3.79平方千米。户籍人口547户，1665人。下辖横浜头、河头村、杨家塔下、木桥头、潘家场、李塔村、栲栳湾、花园山、荡头村、陈家塔下、上李塔村、下李塔村、外花园山、里花园山14个自然村落，14个村民小组。因在七子山边，故名。1938年始改名七子乡。1956年为七子高级社。1958年为七子大队。1984年为七子村民委员会。1987年驻地由横浜头迁至潘家场。2003年11月七子村与凤凰村、姑苏村合并，成立新的姑苏村。

【天灵村】 Tiānlíng Cūn

村委会。位于木渎镇北部，距镇人民政府驻地0.3千米。面积1.5平方千米。户籍人口338户，115人。村委会驻高家场。下辖高家场、陆家村、灵岩街、塘岸、惠家场、徐山嘴、庙前7个自然村落，11个村民小组。因地处天平山、灵岩山之间，故名。中华人民共和国成立后名云华村。1956年为和平高级社。1962年改为天灵大队。1984年改为天灵村。2003年11月天灵村、新华村并入天平村。

【官桥村】 Guānqiáo Cūn

村委会。位于木渎镇西北部，距镇人民政府驻地8千米。管辖范围为东起篁村，西至虎丘区东渚街道交界，南起天池、东方村，北至虎丘区东渚街道交界。面积2.9平方千米。户籍人口493户，1752人。下辖曹家泾（外浜）、沈家角、官桥、庄郎、堰头、施口头、高家上、墙圈巷、山嘴头、鳝坞里、凌公桥、席家桥12个自然村落，19个村民小组。以官桥集镇而得名。1956年成立官桥高级社，同年天池、善桥合并为善桥乡，归善桥乡管辖。1958年善桥、藏书二乡合并，为藏书公社管辖，改为官桥大队。1983年改为官桥村。2003年官桥、天池、篁村合并成立藏北村。

【永新村】 Yǒngxīn Cūn

村委会。位于木渎镇西南部，距镇人民政府驻地7.5千米。管辖范围为东起解放、生建村，西至光福镇交界，南起穹窿山，北至东方村。面积2平方千米。户籍人口392户，1226人。下辖小河上、下塘、上泾村、接驾堂、吴家堂、宁邦坞6个自然村落，11个村民小组。以“永远创新”之意。1956年成立高级社时命名。1956年善桥乡永生、新华（部分）村合并成立永新高级社。1958年归藏书公社管辖，改为永新大队。1983年改为永新村。2003年永新、东方、民主、解放4个村合并建藏中村。

【沈巷村】 Shěnxiàng Cūn

村委会。位于木渎镇中北部，距镇人民政府驻地2.2千米。面积1.5平方千米。户籍人口418户，1646人。村委会驻沈巷村。下辖沈巷村、垛上、吴巷上、西吴巷上、蔡家里5个自然村落，13个村民小组。以沈巷自然村为行政村命名。中华人民共和国成立后属新华乡。1956年为新华高级社。1958年名新华大队。1960年改为沈巷大队。1984年改为沈巷村。2003年11月马庄村、长浜村与沈巷村合并成立西跨塘村。

【新华村】 Xīnhuá Cūn

村委会。位于木渎镇中北部，距镇人民政府驻地0.9千米。面积2.55平方千米。户籍人口618户，2060人。村委会驻白塔村。下辖叶家桥、殷巷村、赵巷上、塘江上、沈店村、万家村、陶家村、彭家村、苏岗上、岗头上、白塔村11个自然村落，18个村民小组。1950年为新华乡。先后为新华初、高级社。1958年为新华大队。1980年12月改名白塔大队。1984年名白塔村。1992年10月改为新华村。2003年11月天灵村、新华村并入天平村。

【藏中村】 Cángzhōng Cūn

村委会。位于木渎镇西部，距镇人民政府驻地7千米。管辖范围为东起藏东村（今五峰村），西至虎丘区东渚街道、光福镇交界，南起藏西村（今穹窿山景区），北至藏北村（今天池村）。面积8平方千米。户籍人口1622户，5322人。村委会驻善人桥穹灵路。因位于藏书镇中部，故名。2003年设立时命名。2006年9月撤销藏书镇建制，藏中村划并木渎镇。下辖31个自然村，43个村民小组。2003年东方、民主、永新、解放4个村合并设立藏中村。

【永丰村】 Yǒngfēng Cūn

村委会。位于木渎镇南部，距镇人民政府驻地4.5千米。管辖范围为东起前锋、勤丰村，西至解放村，南起建丰、繁荣村，北至木光河与五峰村。面积2.2平方千米。户籍人口535户，1804人。下辖廖里、蒋家村、于巷上、湾斗里、枣木泾、三积桥、钟家桥、泗巷上、塘湾里（包括塘北、大树脚、金东村、三家村）9个自然村落，17个村民小组。以希冀“永远获得丰收”之意。1956年以焦山乡泗巷、塘湾、廖里行政村合并成立永丰高级社，同年，藏书、焦山二乡合并为藏书乡，归藏书乡管辖。1958年藏书与善桥合并为藏书乡（公社），永丰村改为永丰大队。1983年改为永丰村。2003年永丰、前锋、五峰村合并为藏东村。

【篁村】 Huáng Cūn

村委会。位于木渎镇西北部，距镇人民政府驻地7.5千米。管辖范围为东起虎丘区交界，西至官桥村，南起天池山，北至虎丘区交界。面积3.1平方千米。户籍人口563户，2067人。下辖岭脚下、潘家门、钱家门、北山湾、上市、下市、朱家场、篁村、旺弄里、祝家桥、后巷里、曹家泾（里浜）、河西巷、马路上、上山门15个自然村落，17个村民小组。以域内自然村篁村名为行政村名。1956年以天池乡第三、四、六行政村合并成立天池第二高级社，同时天池、善桥二乡合并为善桥乡，归藏书乡管辖。1958年改为篁村大队。1983年改为篁村村。2003年篁村、天池、官桥村合并建藏北村。

【孙庄村】 Sūnzhuāng Cūn

村委会。位于木渎镇东南部，距镇人民政府驻地2.4千米。辖区面积0.9平方千米。户籍人口214户，800人。下辖孙庄、钱家场、走马塘、巨下4个自然村落，9个村民小组。以域内孙庄自然村名为行政村名。1950年初名姑苏乡五星村。1954年建胜利初级社。1956年建第四高级社。1958年为金山公社凤凰大队。1962年名五星大队。1980年12月1日更名为孙庄大队。1983年改为孙庄村，驻孙庄村。2003年11月与谢村一起并入尧峰村。

【金渔村】 Jīnyú Cūn

村委会。位于木渎镇东部，距镇人民政府驻地0.12千米。户籍人口38户，184人。下辖1个渔民小组。以金山乡渔业村简称。1961—1972年分期陆上定居在李塔村。1983年成立金山乡渔业大队。同年9月改为金渔村。

【前锋村】 Qiánfēng Cūn

村委会。位于木渎镇中部，距镇人民政府驻地2千米。管辖范围为东起木渎灵岩山，西至永丰、勤丰村，南起胥口镇交界，北至五峰村。面积1.8平方千米。户籍人口295户，1042人。下辖东旱泾、河界桥、官池村、华家村、朱家场、旅家上、桐桥头、庙桥头、上庄、象形巷、石码头11 个自然村落，9个村民小组。以冲锋在前之意拟名。1955年前锋、石码头2个行政村合并成立前锋高级社，隶属焦山乡。1958年焦山、藏书2乡合并为藏书乡（公社），改名前锋大队。1983年改称前锋村。2003年五峰、前锋、永丰村合并为藏东村。

【南浜村】 Nánbāng Cūn

村委会。位于木渎镇中部偏北，距镇人民政府驻地2.6千米。面积2平方千米。户籍人口530户，1659人。村委会驻距南浜东南260米处村办企业内。下辖南浜、三仙桥、旺家村、西安村、北沿村、田塘岸、上岸7个自然村落，15个村民小组。以境内有南浜而得名。1950年初属金山乡。1956年为和平高级社。1958年为金山公社和平大队。1980年12月1日改名南浜大队。1984年改为南浜村。2003年11月南浜村与金山村合并为金山村。

【金星村】 Jīnxīng Cūn

村委会。位于木渎镇西南部，距镇人民政府驻地1.1千米。面积0.357平方千米。户籍人口232户，502人。村委会驻平界河。下辖平界河、车渡村、王家桥、念店村、山前村、周家庄6个自然村落，6个村民小组。以一颗闪亮的星星寓村落的辉煌之意命名。中华人民共和国成立前为木渎镇山前村。1956年为金星高级社第六大队。1958年为金山公社金星大队。1977年划给木渎镇，仍名金星大队。1983年为金星村。2003年11月由金星村和山塘、塔影、香溪3个居委会合并成立香溪社区。

【马庄村】 Mǎzhuāng Cūn

村委会。位于木渎镇东部，距镇人民政府驻地4千米。面积0.9平方千米。户籍人口332户，1079人。村委会驻祥巷上村。下辖马庄、戈塔浜、袁家浜、巨塔里、虎林桥、横泾桥、朱家庄、祥巷上8个自然村落，10个村民小组。以域内马庄村为行政村名。1956年为新马庄高级社。1960年改为东风大队。1980年12月1日改为马庄大队。1984改年为马庄村。2012年马庄村撤村成立马庄社区。

【藏北村】 Cángběi Cūn

村委会。位于木渎镇西南部，距镇人民政府驻地8千米。管辖范围为东南起五峰村，西至虎丘区东渚街道，南起善人桥，北至虎丘区交界。面积9.5平方千米。户籍人口1570户，5609人。因位于原藏书镇北部，故名。2003年藏书镇天池、篁村、官桥村合并为藏北村。下辖40个自然村落，52个村民小组。2006年9月撤销藏书镇，藏北村划归木渎镇，改名天池村。

【藏东村】 Cángdōng Cūn

村委会。位于木渎镇中部，距镇人民政府驻地2千米。管辖范围为东起灵岩山，西至藏中村（现为善人桥村），南起藏南村，北至藏北村（今名天池村）。面积8.5平方千米。户籍人口1506户，5138人。因位于藏书镇东部，故名。2003年设立时命名。2003年五峰、永丰、前锋村合并设立藏东村，下辖41个自然村，48个村民小组。2006年9月撤销藏书镇建制，藏东村划并木渎镇改名五峰村。

【勤丰村】 Qínfēng Cūn

村委会。位于木渎镇南部，距镇人民政府驻地3千米。管辖范围为东起前锋村，西至永丰村、建丰村，南起胥口镇，北至前锋村。面积0.7平方千米。户籍人口198户，723人。下辖汤家里、高车垛、西旱泾、塘南村4个自然村落，5个村民小组。含“勤劳获得丰收”之意。1961年从藏书乡建丰大队划出，设建新大队。1982年改为勤丰大队。1983年改为勤丰村。2003年合丰、建丰、繁荣、勤丰4个村合并为藏南村。

【东方村】 Dōngfāng Cūn

村委会。位于木渎镇西南部，距镇人民政府驻地6.5千米。管辖范围为东起五峰村，西至原民主村，南起善人桥集镇及原解放村，北至天池村。面积2.7平方千米。户籍人口587户，1920人。下辖高泾上、马巷上、西山村、上山村、茅坞里、蒋家场、羊家场、钱家场、陈家岭、上官山、下官山11个自然村落，14个村民小组。村名隐喻“东方革命的红色基地”之意。1956年劳动、胜利初级社合并成立东方高级社，归善桥乡管辖。1957年12月善桥、藏书二乡合并为藏书乡，归藏书乡管辖，改为东方村。1958年改称东方大队。1983年复称东方村。2003年东方、解放、民主、永新合并为藏中村。

【谢巷村】 Xièxiàng Cūn

村委会。位于木渎镇中部，距镇人民政府驻地1.2千米。面积1平方千米。户籍人口338户，1087人。村委会驻谢巷村。下辖双泾上、横鱼浜、东钟家村、郭家村、寥里、西钟家村、官桥头、谢巷、后巷、惠家庄10个自然村落，12个村民小组。以域内谢巷自然村而得名。民国期间先后属七子乡和姑苏乡。1950年属七子乡。1956年为东风高级社。1958年改名三星大队。1980年12月改名谢巷大队，1984年为谢巷村。2003年11月撤销谢巷村并入灵岩村。

【谢村】 Xiè Cūn

村委会。位于木渎镇东南部，距镇人民政府驻地2.7千米。面积2.6平方千米。户籍人口492户，793人。村委会驻急水桥。下辖汤家桥、顾家场、江湾里、大杨树头、潭上、谢村、雀梅浜、北庄头、张家场、横木泾、高田上、唐家场、金家浜、李车浜、仇家木桥、三家村、钟塔村、急水桥、刘家场、北谢村、南谢村21个自然村落，16个村民小组。以域内谢村自然村为行政村名。1950年名齐心村、新旺村。1956年为第二高级社。1958年与灵岩村合并为灵岩大队。1959年从灵岩大队分出建立新建大队，2003年11月撤销谢巷村并入灵岩村。

【长浜村】 Chángbāng Cūn

村委会。位于木渎镇东部，距镇人民政府驻地3.2千米。面积1.09平方千米。户籍人口365户，1431人。村委会驻长浜村。下辖长浜村、东马市2个自然村落，11个村民小组。民国初期为白塔乡长浜村。1950年改为新华乡长浜村。1956年为长浜高级社。1958年改为长浜大队。1984年更名长浜村。2003年11月撤销长浜村与马庄村、沈巷村合并，成立西跨塘村。

【生建村】 Shēngjiàn Cūn

村委会。位于木渎镇西南部。管辖范围为东起苏州绕城高速公路，西至穹窿山，南起小王山，北至原解放村。户籍人口261户，917人。下辖南竹坞、庙前村、山毗村3个自然村落。以大搞生产、建设新农村之意。1950年为生建行政村。1956年建解放高级社。1961年6月成立生建大队。1983年复称生建村。1983年前村委会（大队部）驻地在南竹坞，后搬至生建苗圃。2000年末，全村共有11个村民小组。2003年生建村与社光村、兴奋村、农林村合并设立藏西村。2007年1月藏书镇撤销永新村、生建村，设立接驾社区。

【兴奋村】 Xīngfèn Cūn

村委会。位于木渎镇南部，距镇人民政府驻地6千米。面积1平方千米。户籍人口398户，1499人。下辖石臼亩、堰头村、徐家场、柳家场、仰家村、周家场、全家村、朱店、小堰头9个自然村落。取振奋精神、奋发图强之意。1950年归堰头行政村、仰家行政村管辖。1954年成立新华、五星初级社。1956年成立兴奋高级社。1958年改称兴奋大队。1983年改称兴奋村。1984年迁小王山。1998年再迁到柳家场。2000年末，全村有14个村民小组。2003年撤销兴奋村、生建村、社光村、农林村合并设立藏西村。

【农林村】 Nónglín Cūn

村委会。位于木渎镇南部，驻镇人民政府驻地6.8千米。面积0.262平方千米。户籍人口123户，442人。下辖塘岗头、旺家坞2个自然村落。以1959年江苏师范学院和金山人民公社联办的林牧场为名。1950年属堰头村管辖。1957年属兴奋高级社。1959年江苏师范学院和公社在此联办林牧场。1960年撤销，成立农林大队。1983年改称农林村。驻塘岗头，后迁到旺家坞。1992年再迁至塘岗头。2000年末，全村共有4个村民小组。2003年撤销农林村、生建村、兴奋村、社光村合建藏西村。2007年1月社光村、兴奋村、农林村合并设立穹窿社区。

【社光村】 Shèguāng Cūn

村委会。位于木渎镇南部，距镇人民政府驻地6.2千米。面积0.737平方千米。户籍人口432户，1610人。村委会驻地在小园岭。下辖朱家场、上堰头、捞桥头、岭脚头、仇家村、下场、陈家浜7个自然村落。以“社会主义道路光芒万丈”寓意拟名。1950年归捞桥、下场行政村管辖。1954年成立红光初级社。1956年4月改为社光高级社。1958年改称社光大队。1983年改称社光村。2000年末，全村共有18个村民小组。2003年撤销社光村、生建村、兴奋村、农林村合建藏西村。2007年1月撤销社光村、兴奋村、农林村合并设立穹窿社区。

【藏西村】 Cángxī Cūn

村委会。位于木渎镇西南部，距镇人民政府驻地7千米。管辖范围为东起藏胥路，西至穹窿山箬帽顶西侧（与光福镇交界处），南起大园岭、小园岭（与胥口镇交界处），北至虎丘区区交界。面积1.999平方千米。户籍人口953户，3551人。因位藏书镇西部。2003年撤销社光村、兴奋村、农林村、生建村合并设立藏西村，下辖18个自然村，36个村民小组。2006年9月撤销藏书镇（包括藏西村）划入木渎镇，改名穹窿社区。

【社区居委会】

下塘社区 Xiàtáng Shèqū

社区居委会。位于木渎镇南部。管辖范围为东起姑苏村，西至胥江社区，南起姑苏村，北至翠坊社区。面积0.41平方千米。户籍人口2029户。以区内下塘街而得名。2003年4月下塘社区与船闸社区合并，成立下塘社区。2014年末，下塘社区与香溪社区合并成立香溪社区，下塘社区撤销。

船闸社区 Chuánzhá Shèqū

社区居委会。位于木渎镇南部。管辖范围为东起翠坊南街，西至南街，南起南亭路，北至木渎实验中学。以区内木渎船闸而得名。2003年4月下塘社区与船闸社区合并为下塘社区，船闸社区撤销。

【农村居民点】

北沿 Běiyán

农村居民点。位于木渎镇北部。东为金枫南路，北为南浜河。属金山村。面积4万平方米。户籍人口30户，95人。2008年动迁消亡。今为苏大附二院倍磅康复医院址。

梅家桥 Méijiāqiáo

农村居民点。位于木渎镇北部。东为白塔河，南为金山浜。属金山村。户籍人口77户，267人。2009年动迁消亡。

茶坞浜 Cháwùbāng

农村居民点。位于木渎镇北部。东为塘田岗，南为池石沿，西为天平山，北为虎丘区枫桥街道支英村。属金山村。户籍人口100户，人口408人。2009至2011年动迁消亡。

上岸 Shàng´àn

农村居民点。位于木渎镇北部。东为南浜自然村，南为三仙桥，西为张金浜自然村，北为寿桃湖。属金山村。户籍人口120人。2003年动迁消亡。

三仙桥 Sānxiānqiáo

农村居民点。位于木渎镇北部。又名三迁桥。东为南浜自然村，南为田塘岸，西为张金浜自然村，北为上岸、寿桃湖。属金山村原南浜村区域。户籍人口347人。2009年动迁消亡。

西塘 Xītáng

农村居民点。位于木渎镇南部。东为木东公路，南为木渎蔬菜园艺场，西为江湾里，北为汲水桥。属尧峰村。2002年动迁消亡。

北旺 Běiwàng

农村居民点。位于木渎镇南部。东为金星富民置业工业园，南为刘庄村，西为走马塘河与胥口交界处，北为诸墅庙。属尧峰村。户籍人口20户，85人。2012年动迁消亡。

雀梅浜 Quèméibāng

农村居民点。位于木渎镇南部。东为谢村河，南为唐家场，西为灵山路，北为胥江河。属尧峰村。面积1万平方米。户籍人口16户，48人。2005年动迁消亡。

高田上 Gāotiánshàng

农村居民点。位于木渎镇南部。东为李车浜，南为谢村，北为横木泾。属尧峰村。2007年动迁消亡。

南谢村 Nánxiè Cūn

农村居民点。位于木渎镇南部。东为走马塘路，南为尧峰路，西为灵山路，北为木胥西路。属尧峰村。以谢姓村民居住在小河南首而得名。2013年动迁消亡。

旺弄里 Wànglònglǐ

农村居民点。位于木渎镇南部。户籍人口24户，96人。2012年动迁消亡。

谢村 Xiè Cūn

农村居民点。位于木渎镇南部。东为李唐家场，南为南谢村。因住户多谢姓人家而得名。1984年属谢村7组。2003年11月为尧峰村第7村民小组（动迁前已没有一户谢姓人家）。2005年动迁消亡。

潭上 Tánshàng

农村居民点。位于木渎镇南部。户籍人口25户，80人。2012年动迁消亡。

孙家场 Sūnjiācháng

农村居民点。位于木渎镇南部。东为尧峰山，南为肖家场，西为无名河道，北为柴场村。以孙姓村名聚居而得名。2003年11月为尧峰村第7村民小组。2012年动迁消亡。

肖家巷 Xiāojiāxiàng

农村居民点。位于木渎镇南部。东为尧峰山，南为横泾街道马家场，西为木东公路，北为孙家场。以肖姓人家居多而得名。为尧峰村第4、5、6村民小组。2012年动迁消亡。

庙桥头 Miàoqiáotóu

农村居民点。位于木渎镇南部。东为下市，南为庙桥河，西为祝家桥，北为庙山。属天池村。户籍人口49户，194人。2015年动迁消亡。

吾人桥 Wúrénqiáo

农村居民点。位于木渎镇南部。东为西巙村，南为木光河，西为塘口头，北为穹灵路。属五峰村。户籍人口23户，78人。2007年动迁消亡。

大山头 Dàshāntóu

农村居民点。位于木渎镇西南部。属五峰村。面积1万平方米。户籍人口10户，26人。因拆迁地名消亡。

竹窝里 Zhúwōlǐ

农村居民点。位于木渎镇东南部。东为吴家堂，南为钟家塔，西、北为胥江。属姑苏村。户籍人口38户，205人。2008年动迁消亡。

河上村 Héshàng Cūn

农村居民点。位于木渎镇东南部。因村前有一条小河，故名。面积6.3万平方米。户籍人口74户，193人。原为凤凰村7组。2003年凤凰村并入姑苏村。为姑苏村第七区域。2011年动迁消亡。

潘家场 Pānjiāchǎng

农村居民点。位于木渎镇东部。东为长江路，南为宝带西路，北为胥江。属七子村。2007年动迁消亡。

栲栳湾 Kǎolǎowān

农村居民点。位于木渎镇东部。位于七子路和宝带西路中间原七子村西北部，今珠江路、七子路交叉口东南面。户籍人口57户，228人。2011年动迁消亡。

汪家园 Wāngjiāyuán

农村居民点。位于木渎镇南部。属尧峰村。户籍人口21户，90人。2012年动迁消亡。

下李塔村 Xiàlǐtǎ Cūn

农村居民点。位于木渎镇东部。东南为宝带西路，北为七子路。户籍人口104户，415人。2012年动迁消亡。

北弄堂 Běilòngtáng

农村居民点。位于木渎镇东部。东为长江南路，南为宝带西路，西为桂芬路，北为七子路。面积1万平方米。户籍人口24户，96人。2014年末动迁消亡。

谢巷村 Xièxiàng Cūn

农村居民点。位于木渎镇中部。属灵岩村。户籍人口56户，198人。2002年与2011年动迁消亡。

柳家上 Liǔjiāshàng

农村居民点。位于木渎镇北部。东为金山路，南为夏家浜，西为上山头，北为金山浜。户籍人口384人。以柳姓人家居多而得名。1985年属金山村第7、8村民小组。2004年至2014年动迁消亡。

塘田巷 Tángtiánxiàng

农村居民点。位于木渎镇北部。东为虎丘区，南为梅家桥，西为茶坞浜，北为支英村。户籍人口120人。1985年属金山村第14村民小组。2015年动迁消亡。

姜家堂 Jiāngjiātáng

农村居民点。位于木渎镇南部。户籍人口56户，225人。2012年动迁消亡。

巨塔里 Jùtǎlǐ

农村居民点。位于木渎镇东北部。南为胥江，北为中山东路。户籍人口168户，520人。2013年动迁消亡。

苍坞里 Cāngwùlǐ

农村居民点。位于木渎镇西南部。东为塘岗头，南为孙武书院，西为白马坞，北为穹窿山。户籍人口5户，17人。2011年动迁消亡。

长浜村 Chángbāng Cūn

农村居民点。位于木渎镇东部。东为长江路，南为中山东路，西为长浜路，北为苏香名园。户籍人口325户，1200人。2011年至2014年动迁消亡。

小桥头 Xiǎoqiáotóu

农村居民点。位于木渎镇东南部。东为钟塔路，南为宝带西路，西为木东公路，北为姑苏路。面积1万平方米，户籍人口154人。以村内小桥头而得名。原为姑苏村1组。因拆迁地名消亡。

夏家场 Xiàjiāchǎng

农村居民点。位于木渎镇东南部。东为凤凰山，南、西为旺家村，北为凤凰北山。户籍人口56户，208人。以该村因夏姓人家居住而得名。1984年属凤凰村第6村民小组。2003年11月凤凰村并入姑苏村。为姑苏村第六区域。因拆迁地名消亡。

上李塔 Shànglǐtǎ

农村居民点。位于木渎镇东南部。东为长江路，南为宝带西路，西为桂芬路，北为胥江。户籍人口38户，221人。“塔”是“搭”的谐音，实际是李搭村。1983年属七子村第10村民小组。2003年11月七子村并入姑苏村。为姑苏村3组。因拆迁地名消亡。

兴福堂 Xīngfútáng

农村居民点。位于木渎镇东南部。东为田沟村，南为船坊头，西为吴家堂，北为吴家堂。户籍人口105人。以该村因兴福堂河而得名。原属姑苏村7组。2003年11月行政村撤并后，为姑苏村第十一区域。因拆迁地名消亡。

李车浜 Lǐchēbāng

农村居民点。位于木渎镇东南部。东为走马塘河，南为木胥西路，西为走马塘路，北为宝带西路。户籍人口16户，68人。以河浜边李姓人家居多而得名。1984年属谢村第14村民小组。2003年11月谢村并入尧峰村。为尧峰村14组。因拆迁地名消亡。

巨下 Jùxià

农村居民点。位于木渎镇南部。东为钟塔路，南为尧峰东路，西为木东公路，北为孙庄东路。户籍人口20户，78人。因该地地势低洼，梅雨季节农田受淹，村民筑渠排水抗涝，故名。后讹为“巨下”（方言“渠”“巨”音近）。1984年属孙庄村第7村民小组。2003年11月孙庄村并入尧峰村。为尧峰村7组。因拆迁地名消亡。

顾家场 Gùjiāchǎng

农村居民点。位于木渎镇南部。东为走马塘河，南为胥口镇，西为大杨树头，北为江湾里。面积40万平方米，户籍人口160人。以顾姓大户人家居此而得名。1962年后属于新建大队。1989年后属谢村。2003年11月谢村并入尧峰村。为尧峰村谢村1组。因拆迁地名消亡。

江湾里 Jiāngwānlǐ

农村居民点。位于木渎镇南部。东为走马塘河，南为顾家场，西为走马塘路，北为木胥路。户籍人口24户，96人。以位于走马塘河湾而得名。1984年属谢村第2村民小组。2003年11月谢村并入尧峰村。为尧峰村第2村民小组。因拆迁地名消亡。

陈家舍 Chénjiāshè

农村居民点。位于木渎镇南部。东为中环西线，南为木东公路，西为兴福塘河，北为兴福塘河。户籍人口15户，65人。据传太平天国时期，有一陈姓商户靠经营致富闻名，故名。为尧峰村第9村民小组。因拆迁地名消亡。

唐家场 Tángjiāchǎng

农村居民点。位于木渎镇南部。东为谢村、李车浜，南为北谢村，西为农田，北为高田上。以唐姓人家居多而得名。1984年属谢村第13村民小组。2003年11月谢村并入尧峰村。为尧峰村第13村民小组。因拆迁地名消亡。

星泾浜 Xīngjīngbāng

农村居民点。位于木渎镇北部。东为金山路，南为影视城，西为寿桃湖，北为无名河道。1984年属金山村第1至4村民小组。村民分散状居住。因拆迁地名消亡。

大家场 Dàjiāchǎng

农村居民点。位于木渎镇北部。东为夏家浜，南为无名河道，西为金山，北为金山浜。户籍人口60人。因原是村民脱粒稻麦的场地，故名。后来安置村民迁居于此。因拆迁地名消亡。

池古沿 Chígǔyán

农村居民点。位于木渎镇北部。东为梅家桥，南为金山浜，西为金山，北为茶坞浜。因拆迁地名消亡。

上山头 Shàngshāntóu

农村居民点。位于木渎镇北部。东为金山浜，南为大家场，西为金山，北为池古沿。户籍人口173人。以位于金山东坡上山路口而得名。原属金山浜社区。2003年11月金山浜社区并入金山村。因拆迁地名消亡。

旺山桥 Wàngshānqiáo

农村居民点。位于木渎镇西北部。东为藏北路，南为竹园里，西为鳝山，北为曹家里。户籍人口151户，674人。因村中有旺山桥，故名。1983年属天池村第11、12、13、14村民小组。因拆迁地名消亡。

朱家场 Zhūjiācháng

农村居民点。位于木渎镇西北部。东为下市，南为天池山路，西为祝家桥，北为庙山河。户籍人口49户，194人。因朱姓人家聚居于此，故名。1983年属藏书镇篁村第8村民小组。2003年属藏书镇藏北村。2006年9月为天池村第27村民小组。因拆迁地名消亡。

篁村 Huáng Cūn

农村居民点。位于木渎镇西北部。东为朱家场，南为旺弄里，西为藏北路，北为祝家桥。户籍人口112人。因村边生长着大片竹林（篁），故名。清乾隆年间著名画家张宗苍即为篁村人，故又称"张篁村"。属天池村。因拆迁地名消亡。

鳝坞里 Shànwùlǐ

农村居民点。位于木渎镇西北部。东为凌公桥，南为鳝山，西为蒸山，北为山渚头。户籍人口42户，168人。以该村在鳝山北侧山坞里而得名。1983年属官桥村第16村民小组。2003年属藏书镇藏北村。2006年9月为天池村第16村民小组。因拆迁地名消亡。

曹家里 Cáojiālǐ

农村居民点。位于木渎镇西北部。东为藏北路，南为旺山桥，西为旺山桥，北为鳝山。户籍人口8户，32人。以曹姓人家聚居而得名。1983年属藏书镇天池村第10村民小组。2003年属藏书镇藏北村。2006年9月为天池村第46村民小组。因拆迁地名消亡。

杨家塔下 Yángjiātǎxià

农村居民点。位于木渎镇东部。东为万路山河，南为宝带西路，西为珠江南路，北为胥江。因杨姓人家聚居于此，故名。原属姑苏村。2001年因动迁消亡。

上官山 Shàngguānshān

农村居民点。位于木渎镇西部。东为下官山，南为马岗山，西为虎丘区东渚街道，北为蒸山。户籍人口28户，110人。因村西北有官山，山坡下为官山坞，故名。1983年属东方村第10村民小组。2003年11月属藏中村。2006年9月为善人桥村第19村民小组。因拆迁地名消亡。

陈家岭 Chénjiālǐng

农村居民点。位于木渎镇西部。东为蒋家场，南为马岗山，西为马岗山，北为羊家场。户籍人口30户，134人。因村在马岗山北麓山坞里，村里有陈姓人家，故名。1983年属东方村第11村名小组。2003年11月属藏中村。2006年9月为善人桥村第20村民小组。因拆迁地名消亡。

第十二节　胥口镇

一、概 况

胥口镇 Xūkǒu Zhèn

乡级行政区。位于吴中区西部，距吴中区政府驻地15千米。东与木渎镇相依，南与临湖镇接壤，西南濒太湖与金庭镇隔湖相望，西与香山街道相连，北与木渎镇为邻。因地处春秋时吴国伍子胥开凿的胥江入太湖口，当地形成的村落被称为“胥口”，镇亦以“胥口”名。辖区面积37.8平方千米。户籍人口3.45万人。镇人民政府驻孙武路604号。

胥口镇，初为村落。清康熙《吴县志》（康熙十六年刻本）有载。乾隆《苏州府志》（乾隆十三年刻本）卷十九云：“胥口，有汛”，属太平乡全吴里六都。道光《苏州府志》卷二十八亦载。同治《苏州府志》（同治十三年刻本）卷二十九云：“胥口，有镇”，属胥台乡石城里十四都十图；附近“胥口下塘，有镇，伍子胥庙在焉，西南出太湖”，属太平乡全吴里六都八图。清《吴县·长洲·元和图》标有“胥口（集镇）”。

1912年11月，吴县设木渎市，胥口镇归其管辖。1929年8月，属木渎区（吴县第二区）。1934年6月，隶属不变。1939年3月，胥口镇属伪吴县木渎乡。1940年3月，属木渎区。1941年7月，改属伪吴县第七区（木渎）。1945年9月2日，胥口镇复属木渎区（吴县第二区）。1947年3月，原木渎区（吴县第二区）、光福区（吴县第三区）撤销后合并为吴西区，胥口改镇为乡，属吴县吴西区。

胥口镇人民政府

1993年5月，胥口撤乡建镇，属吴县。镇政府驻地在胥口镇（集镇）。1995年6月8日，胥口镇属吴县市。1996年初，镇域面积47平方千米。辖皋峰、新河、上供、清明、新麓、许家桥、香泾、胥湖、花墩、外塘、水桥、胥渔、梅舍、郁舍、姚舍、香山、小横山、蒋墩、墅里、长沙20个村委会和胥口居委会。3月，西山镇叶山村划入胥口镇，由吴县太湖国家旅游度假区代管。

2000年12月31日，吴县市撤市设区，胥口镇属吴中区。2004年2月2日，江苏省政府（苏政复〔2004〕16号）《省政府关于调整苏州市吴中区部分行政区划的批复》：“同意撤销胥口镇、藏书镇建制，以藏书镇的行政区域和原胥口镇的胥口居委会及皋峰、新河、上供、清明、新麓、许家桥、香泾、胥湖、花墩、外塘、水桥、胥渔等12个村委会区域合并设立新的胥口镇，镇政府驻胥口。行政区划调整后，胥口镇行政区域面积69.9平方千米。人口4.54万人。辖2个居委会、30个村委会。”“同意以原胥口镇的蒋墩、墅里、长沙、叶山4个居委会和梅舍、姚舍、香山、小横山4个村委会区域设立香山街道办事处。”2006年正式撤销藏书镇建制，其行政区域分别划归木渎镇（并设藏书办事处）、胥口镇。2007年江苏省政府（苏府复〔2007〕64号）批复，同意吴中区将胥口镇的善人桥居委会及藏东、藏中、藏北、藏西等4个村委会划归木渎镇管辖，并将临湖镇的马舍村委会划归胥口镇管辖。行政区划调整后，胥口镇辖1个居委会、6个村委会。2008年3月19日，江苏省政府（苏政复〔2008〕15号）批复，同意将胥口镇的香山村划归香山街道管理。调整后，镇域面积34.7平方千米，辖子胥社区居委会和东欣、新峰、箭泾、采香泾、合丰、马舍6个村委会。2011年至2018年，辖1个社区居委会、6个村委会，隶属不变。

二、村委会及居民点

【东欣村】 Dōngxīn Cūn

东欣村村委会

村委会。位于胥口镇东部，距镇人民政府驻地1.1千米。管辖范围为东起上供路，西至腾胥路，南起胥江，北至孙武路。面积6.5平方千米。户籍人口4321人。村委会驻上供路东。下辖包庵前、草屋上、陈家村、东清水浜、东汤、大河头、方家桥、善底桥、滩港桥、西汤、西清水浜、许家桥、窑上、堰头、张水浜15个自然村落，上供新村、东欣新村2个居民住宅小区。因辖区内有住宅小区东欣新村，故名。2003年10月许家桥、上供撤并成立东欣村。

包庵前 Bāo′ānqián

农村居民点。位于胥口镇东部。面积1.3万平方米。户籍人口21户，65人。因村北有包庵，故名。2002年末，为许家桥村第18村民小组。2003年为东欣村第17村民小组。

草屋上 Cǎowūshàng

农村居民点。位于胥口镇东部。面积2万平方米。户籍人口37户，126人。早时，外地人迁移至此，住房都为茅草屋，故名。2002年末，为许家桥村第6村民小组。2003年为东欣村第6村民小组。

陈家村 Chénjiā Cūn

农村居民点。位于胥口镇东部。东为木渎镇王家村，南为东欣新村，西为孙武路，北为运河。面积1.3万平方米。户籍人口34户，110人。早期，该村多陈姓人家，故名。1995年6月为许家桥村第1村民小组。2003年为东欣村第1村民小组。

东清水浜 Dōngqīngshuǐbāng

农村居民点。位于胥口镇东部。面积1.8万平方米。户籍人口35户，131人。原为上供村第18村民小组。2003年为东欣村第31村民小组。

东汤 Dōngtāng

农村居民点。位于胥口镇东部。面积1.8万平方米。户籍人口31户，110人。与西汤自然村相隔一条马路对应方位而得名。原为上供村第3村民小组。2003年为东欣村第21村民小组。

大河头 Dàhétóu

农村居民点。位于胥口镇东部。面积1.8万平方米。户籍人口45户，151人。以村内河流宽阔而得名。原为许家桥村第13村民小组。2003年为东欣村第13村民小组。

方家桥 Fāngjiāqiáo

农村居民点。位于胥口镇东部。东为230省道，南为孙武路，西为三洋能源（苏州）有限公司，北为藏福东路。面积1.8万平方米。户籍人口23户，102人。村以方姓人家而得名。2003年11月为东欣村第2、14村民小组。

善底桥 Shàndǐqiáo

农村居民点。位于胥口镇东部。东为灵山路，南为滩港桥，西为上供路，北为孙武路。面积3.2万平方米。户籍人口82户，290人。因村中有善底桥，故名。原为许家桥村第4、5、15村民小组。2003年为东欣村第4、5、15村民小组。

滩港桥 Tāngǎngqiáo

农村居民点。位于胥口镇东部。东为230省道，南为西街，西为无名河道，北为善渡桥自然村。面积1.9万平方米。户籍人口32户，128人。因村中有滩港桥，故名。为东欣村第17村民小组。

西汤 Xītāng

农村居民点。位于胥口镇东部。户籍人口50户，180人。因村落汤姓人家居多，故名。村落依一条马路区分东汤，西汤两个自然村。原为上供村第5、22村民小组。2003年为东欣村第23、24村民小组。

西清水浜 Xīqīngshuǐbāng

农村居民点。位于胥口镇东部。面积1.6万平方米。户籍人口27户，79人。以所在河水清澈命名，又以河流为界，分为东清水浜和西清水浜两个自然村。原为上供村第21村民小组。2003年为东欣村第34村民小组。

许家桥 Xǔjiāqiáo

农村居民点。位于胥口镇东部。面积2.3万平方米。户籍人口66户，255人。因村头有许家桥，故名。2000年末，为许家桥村第7、8村民小组。2003年为东欣村第7、8村民小组。

窑上 Yáoshàng

农村居民点。位于胥口镇东部。面积1.7万平方米。户籍人口30户，126人。因村旁有砖窑，故名。原为上供村第19、20村民小组。2003年为东欣村第32、33村民小组。

堰头 Yàntóu

农村居民点。位于胥口镇东部。东为灵山路，南为时进路，西为胥口工业园企业，北为清峰路。面积3万平方米。户籍人口46户，192人。因村落位堰（堤岸）南首，故名。原为上供村第1、2村民小组。2003年为东欣村第19、20村民小组。

张水浜 Zhāngshuǐbāng

农村居民点。位于胥口镇东部。东为木渎镇香溪村，南为西街，西为230省道，北为方家桥自然村。面积2.5万平方米。户籍人口49户，153人。因村落形成时，多张姓人家居于浜里，故名。原为许家桥村第3、19村民小组。2003年为东欣村第3、18村民小组。

上供新村 Shànggòng Xīncūn

城镇居民点。位于胥口镇东部。东至东丽路，南至清峰路，西至东清水浜，北至前塘。属东欣村。面积6.5万平方米。户籍人口280户，830人。因建在原上供村址，故名。2002年命名。

东欣新村 Dōngxīn Xīncūn

城镇居民点。位于胥口镇东部。东至木光河，南至胥口东欣工业小区，西至孙武路、灵山路，北至230省道。属东欣村。面积1.5万平方米。共别墅149幢，居住149户，绿化率30%。因建在原东欣村址，故名。2002年命名。

【新峰村】 Xīnfēng Cūn

村委会。位于胥口镇南部，距镇人民政府驻地3.4千米。管辖范围为东起走马塘河，西至皋峰路，南起新峰路，北至尧峰西路。面积6.7平方千米。户籍人口4743人。村委会驻新峰路与皋峰路交界处。下辖北车头、东河上、顾家上、顾家墩、蒋家村、吕蒙坞、庙头、上山村、上沿山、下麓村、西河上、下山村、杨木桥、鸭塘浜、张巷村、庄桥头、张家村17个自然村落。因该村由新麓村、新河村、皋峰村合并而成，故组合命名。1958年分别为胥口公社皋峰大队、新河大队、新麓大队。1983年改为村委会。2003年10月新河、皋峰、新麓3个行政村撤并成立新峰村。

新峰村村委会

北车头 Běichētóu

农村居民点。位于胥口镇南部。东为直心泾，南为马舍村，西为太湖，北为下麓村。面积1.8万平方米。户籍人口25户，98人。2000年为新麓村第3村民小组。2003年为新峰村第34村民小组。

东河上 Dōnghéshàng

农村居民点。位于胥口镇南部。东为底田，南为西河上，西为西河上，北为蒋家村。面积1.9万平方米。户籍人口36户，156人。原为新河村第8、9村民小组。2003年为新峰村第8、9村民小组。

顾家上 Gùjiāshàng

农村居民点。位于胥口镇南部。东为庙头，南为河头村，西为浜底上，北为东欣村。面积3.6万平方米。户籍人口88户，360人。以顾姓人家居多而得名。2000年为新河村第1、2、3、15村民小组。2003年为新峰村第1、2、3村民小组。

顾家墩 Gùjiādūn

农村居民点。位于胥口镇南部。东为东山大道，南为上沿山河，西为木竹岗自然村，北为子胥路。面积1.9万平方米。户籍人口28户，92人。2000年末，为皋峰村第8、9、15、16村民小组。2003年为新峰村第23、24、30、31村民小组。

蒋家村 Jiǎngjiā Cūn

农村居民点。位于胥口镇南部。东为底田自然村，南为东河上自然村，西为箭泾村，北为东欣村。面积2.1万平方米。户籍人口49户，193人。以蒋姓人家居多而得名。2000年末，为新河村第6、7村民小组。2003年为新峰村第6、7村民小组。

吕蒙坞 Lǚméngwù

农村居民点。位于胥口镇南部。东为横泾街道陆家桥自然村，南为庄桥头，西为清明山，北为清明山。面积1.9万平方米。户籍人口32户，115人。因春秋时期，吴王在此种植李树，故名。原为皋峰村第1、2、3村民小组。2003年为新峰村第16、17、18村民小组。

庙头 Miàotóu

农村居民点。位于胥口镇南部。东为木渎镇，南为农田，西为皋峰路，北为新峰路延伸段。面积2.2万平方米。户籍人口49户，190人。因村位于庙之南面，故名。2000年末，为皋峰村第12、13村民小组。2003年为新峰村第27、28村民小组。

上山村 Shàngshān Cūn

农村居民点。位于胥口镇南部。东为清明山，南为下麓山，西为下山村，北为清明山。面积2.1万平方米。户籍人口35户，126人。因村落位于上山道路处，故名。2000年末，为新麓村第2村民小组。2003年为新峰村第33村民小组。

上沿山 Shàngyánshān

农村居民点。位于胥口镇南部。东为钱村，南为子胥快速路、清明山，西为胥口工业小区，北为胥口工业小区。面积1.4万平方米。户籍人口22户，95人。因村内民房沿山而建，故名。2000年为新河村第11村民小组。2003年为新峰村第11村民小组。

下麓村 Xiàlù Cūn

农村居民点。位于胥口镇南部。东为清明山，南为北车头，西为太湖，北为下山村。面积3.4万平方米。户籍人口85户，360人。因在半麓山下，故名。1990年位新麓村委会西部，华麓山西麓，为新麓村委会驻地。聚落成“Z”形，为第8村民小组。1995年6月为新麓村第4、5、6、7、8村民小组。2003年为新峰村第35、36、37、38、39村民小组。

西河上 Xīhéshàng

农村居民点。位于胥口镇南部。东为前村，南为清明山，西为上河山，北为东河上。面积1.8万平方米。户籍人口24户，89人。与东河相对，以村落在河的西边位置而得名。2000年为新河村第10村民小组。2003年为新峰村第10村民小组。

下山村 Xiàshān Cūn

农村居民点。位于胥口镇南部。东为清明山，南为下麓村，西为上山村，北为清明山。面积2万平方米。户籍人口36户，128人。因村落位下山处，故名。2000年末，为新麓村第9、10、15村民小组。2003年为新峰村第40、41、46村民小组。

杨木桥 Yángmùqiáo

农村居民点。位于胥口镇南部。东为横泾镇，南为李木坞，西为清明山，北为张家村。面积1.5万平方米。户籍人口40户，171人。因村中有杨木桥，故名。2000年为皋峰村第4村民小组。2003年为新峰村第19村民小组。

鸭塘浜 Yātángbāng

农村居民点。位于胥口镇南部。东为木渎镇，南为河头浜，西为前村，北为顾家上。面积0.5万平方米。户籍人口12户，50人。因村河塘里常有鸭子嬉戏游乐，故名。2000年末，为皋峰村第11村民小组。2003年为新峰村第26村民小组。

张巷村 Zhāngxiàng Cūn

农村居民点。位于胥口镇南部。东为下山，南为横河头，西为太湖，北为下麓山。面积3.8万平方米。户籍人口108户，414人。以张姓村民聚居而得名。2000年末，为新麓村第11、12、13村民小组。2003年为新峰村第42、43、44村民小组。

庄桥头 Zhuāngqiáotóu

农村居民点。位于胥口镇南部。东为横泾街道塘角头自然村，南为直津泾河，西为直心津自然村，北为清明山。面积2万平方米，户籍人口49户，191人。因村落位于庄桥南，故名。原为皋峰村第1、2、3村民小组。2003年为新峰村第16、17、18村民小组。

张家村 Zhāngjiā Cūn

农村居民点。位于胥口镇南部。东为横街镇，南为杨木桥，西为清明山，北为钱甲里。面积1.32万平方米。户籍人口58户，181人。以张姓人家居多而得名。2000年为皋峰村第5、6村民小组。2003年为新峰村第20、21村民小组。

【箭泾村】　Jiànjīng Cūn

箭泾村村委会

村委会。位于胥口镇中部，距镇人民政府驻地1.4千米。管辖范围为东起东丽路，西至胥进路，南起东周村新村，北至时进路。面积9平方千米。户籍人口6400人。村委会驻胥进路东。下辖东金角新村、东周村新村、东花墩、方家场、里桥、横河头新村、河头、蒋浜、马家新村、上下车渡、双车渡、塘上村、香泾上、晓窗里、西周村、香山咀、西古村、郁家桥、殷家浜、叶家村、周家渠、庄上22个自然村落，香泾新村1个居民住宅小区。以村位于箭泾河边而得名。1958年为胥口人民公社第2、3营。1959年两营合并组建清明大队。1983年分设为胥口乡香泾村、清明村。2003年胥湖村、香泾村和清明村合并组建箭泾村。2007年原箭泾村与香山村合并为新的箭泾村。

东金角新村　Dōngjīnjiǎo Xīncūn

农村居民点。位于胥口镇中部。东为胥进路，南为里桥，西为清明路，北为时进路。面积1.47万平方米。户籍人口44户，176人。因拆迁居民迁入，以金色旺角之意命名。1995年6月为清明村第12村民小组。为箭泾村第18村民小组。

东周村新村　Dōngzhōucūn Xīncūn

农村居民点。位于胥口镇中部。东为东丽路，南为里桥浜，西为胥进路，北为时进路。面积1.93万平方米。户籍人口57户，228人。因拆迁居民安置在原东周村址新建住宅区，故名。为箭泾村村民小组。

东花墩　Dōnghuādūn

农村居民点。位于胥口镇中部。又名东花灯。东为庄郎村，南为太湖，西为西花墩，北为香山。面积1.3万平方米。户籍人口23户，116人。相传吴王带西施到香山游玩，西施在一块空地上种了花草，整个土墩鲜花盛开，之后这里慢慢形成村落而得名。为箭泾村第24村民小组。

方家场　Fāngjiāchǎng

农村居民点。位于胥口镇中部。东为东花墩，南为太湖，西为西花墩，北为香山。面积0.8万平方米。户籍人口25户，81人。因村里方姓人家居多，故名。2003年末，为花墩村第5村民小组。2007年11月为箭泾村24组。

里桥　Lǐqiáo

农村居民点。位于胥口镇中部。东为谢家村，南为里桥浜，西为东胥香花园，北为时进路。面积1.2万平方米。户籍人口33户，116人。以村内两桥相距约一里得名。为箭泾村第10村民小组。

横河头新村　Hénghétóu Xīncūn

农村居民点。位于胥口镇中部。东为胥进路，南为东胥香花园，西为东胥香花园，北为里桥。面积1.2万平方米。户籍人口32户，128人。为箭泾村村民小组。

河头　Hétóu

农村居民点。位于胥口镇中部。东为木渎镇，南为顾家墩，西为前村，北为鸭头浜。面积3万平方米。户籍人口75户，256人。以居河之南首而得名。2000年末，为清明村第8村民小组。2003年为箭泾村第10村民小组。

蒋浜　Jiǎngbāng

农村居民点。位于胥口镇中部。东为盛家浜，南为清明山，西为谢家村，北为里桥浜。面积1.3万平方米。户籍人口66户，120人。以蒋姓人家居于浜里而得名。2003年11月为箭泾村第11村民小组。

马家新村　Mǎjiā Xīncūn

农村居民点。位于胥口镇中部。东为东丽路，南为胥湖新村，西为胥进路，北为里桥浜。面积2.06万平方米。户籍人口62户，248人。因马家村拆迁消失，居民迁入安置新村，村名沿用。为箭泾村第21村民小组。

上下车渡　Shàngxiàchēdù

农村居民点。位于胥口镇中部。东为西姑村，南为周家渠自然村，西为塘人桥，北为马大渠自然村。

面积1.2万平方米。户籍人口21户，105人。因村西有条河，村东有片农田，地形东高西低，村民需要一台阶一台阶担水种植作物，便称上下车渡。2000年末，为胥湖村第9村民小组。2003年11月为箭泾村第3村民小组。

双车渡 Shuāngchēdù

农村居民点。位于胥口镇中部。东为胥市街，南为西姑村，西为上下车渡，北为孙武路。面积1.3万平方米。户籍人口21户，103人。2000年末，为胥湖村第13村民小组。2003年11月为箭泾村第5村民小组。

塘上村 Tángshàng Cūn

农村居民点。位于胥口镇中部。东为胥进路，南为时进路，西为胥定桥，北为胥江。面积1.2万平方米。户籍人口25户，102人。以其位居河塘上游的位置而得名。2011年为箭泾村第9村民小组。

香泾上 Xiāngjīngshàng

农村居民点。位于胥口镇中部。东为胥湖下院，南为晓窗里，西为藏书夕阳村，北为师姑尖。面积3.2万平方米。户籍人口85户，325人。春秋战国时期，吴王夫差携西施到此采花，经过的小河取名香泾，为方便路上通行，在河上建桥一座为香泾桥，香泾上由此得名。为箭泾村第1村民小组。

晓窗里 Xiǎochuānglǐ

农村居民点。位于胥口镇中部。东为胥湖下院，南为孙武路，西为郁家桥，北为香泾上。面积3.1万平方米。户籍人口82户，298人。相传吴王经常陪同西施去采花，一日清晨途经一个村落，看见日出东方，便把这个村落命名为“晓村”，后人口口相传叫成“晓窗里”，东边叫东晓窗，西边叫西晓窗。2000年末，为香泾村第7、8、9村民小组。2003年11月为箭泾村第2村民小组。

西周村 Xīzhōu Cūn

农村居民点。位于胥口镇中部。东为东周村，南为河浜，西为叶家村，北为上供村。面积1.2万平方米。户籍人口31户，136人。以村内多周姓人家而得名。2000年末，为清明村第10村民小组。2003年11月为箭泾村第12村民小组。

香山咀 Xiāngshānzuǐ

农村居民点。位于胥口镇中部。镇志写作香山嘴。东为绕城高速出口，南为太湖，西为庄郎，北为香山。因位于香山山坡延伸至太湖口处，故名。面积2.3万平方米。户籍人口74户，249人。2000年末，为花墩村1、2、3村民小组。为箭泾村第23村民小组。

西古村 Xīgǔ Cūn

农村居民点。位于胥口镇中部。东为胥口集镇，南为城头路，西为车站路，北为新胥路。面积1.52万平方米。户籍人口43户，146人。旧时村里血吸虫病肆虐，大部分村民得此病而死，被人们称为“死光村”。后有位先生提议改名“西古村”，并建起一座西定庵，供村民烧香拜佛，稳定人心。2007年7月为箭泾村第23村民小组。

郁家桥 Yùjiāqiáo

农村居民点。位于胥口镇中部。东为晓家里自然村，南为胥口镇，西为藏书建丰村，北为香泾上自然村。面积1.8万平方米。户籍人口24户，91人。因村内有郁家桥，故名。2000年为香泾村第9村民小组。2003年11月属箭泾村。2007年7月香山村又并入箭泾村。为箭泾村第2村民小组。

殷家浜 Yīnjiābāng

农村居民点。位于胥口镇中部。东为旺家桥村庄，南为亭子头，西为双车渡，北为北塘河。面积1.6万平方米。户籍人口32户，160人。2000年末，为胥湖村第11村民小组。2003年11月清明、香泾、胥湖村合并成立箭泾村。为箭泾村第6村民小组。

叶家村 Yèjiā Cūn

农村居民点。位于胥口镇中部。东为西周村，南为里桥浜，西为清明村，北为上供村。面积1.2万平方米。户籍人口34户，120人。因村里叶姓人家居多，故名。2000年末，为清明村第9村民小组。2003年11月为箭泾村第12村民小组。

周家渠 Zhōujiāqú

农村居民点。位于胥口镇中部。东为西姑村，南为孙武大道，西为香山嘴，北为上下车渡。面积2.2万平方米。户籍人口68户，220人。传说旧时一周姓住户前后有两块地形较低的农田，取水较为方便，称之为渠，久而久之为周家渠。2000年末，为胥湖村第10、14村民小组。2003年11月为箭泾村第4村民小组。

庄上 Zhuānglánɡ（方言读音）

农村居民点。位于胥口镇中部。东为香山嘴，南为太湖，西为东花墩，北为香山。面积1.2万平方米。户籍人口29户，102人。因庄氏人家居于村前。方言“郎”同“上”，故名。2003年末，为花墩村第3村民小组。2007年7月为箭泾村第23村民小组。

香泾新村 Xiānɡjīnɡ Xīncūn

城镇居民点。位于胥口镇中部。东至大河头村，南至胥口采香一村，西至箭泾河，北至箭泾街。属箭泾村。面积4.67万平方米。户籍人口139户，556人。因位于原香泾村委会地域，故名。2002年命名。

【采香泾村】 Cǎixiānɡjīnɡ Cūn

采香泾村村委会

村委会。位于胥口镇西北部，距镇人民政府驻地1.5千米。管辖范围为东起箭泾河，西至藏中路，南起合丰路，北至藏福东路。面积4.5平方千米。户籍人口3084人。村委会驻茅蓬路689号。下辖椿树头、大场上、坟路头、顾塔里、韩家塘、蒋巷上、金南村、林家基、角里、金家村、南庄、泗巷上、上河湾当、三接桥、王家泾、吴巷上、下河湾当、西旱泾、夕阳村、杨树浜、枣木泾、钟家桥、钟江上23个自然村落，建丰新村1个居民住宅小区。以相传春秋战国时，为吴王夫差乘坐龙舟赴香山而开凿的河道而得名。2006年10月藏书镇藏南村及藏东、藏西村的部分地域划入胥口镇。2006年12月合并设立采香泾村。

椿树头 Chūnshùtóu

农村居民点。位于胥口镇西北部。东为杨树浜，南为钱家村，西为绕城高速，北为王家泾。面积1.52万平方米。户籍人口144人。因该村河道、民房四周多植椿树，故名。2000年末，为解放村第7、9村民小组。2006年9月为采香泾村第27、28村民小组。

大场上 Dàchǎnɡshànɡ

农村居民点。位于胥口镇西北部。东为石胥路，南为角里村，西为钟江上，北为采香泾花园。面积2.2万平方米。户籍人口170人。因村落建在村民打粮的一片大场地边，故名。2000年末，为藏书镇建丰村第12、16村民小组。2003年11月为藏南村。2006年9月为采香泾村第12、16村民小组。

坟路头 Fénlùtóu

农村居民点。位于胥口镇西北部。东为石胥路，南为金家村，西为蒋巷上，北为角里村。面积0.76万平方米。户籍人口70人。因村南有大坟，且在路口，故名。2000年末，为藏书镇建丰村第14村民小组。2003年11月属藏南村。2006年9月为采香泾村第14村民小组。

顾塔里 Gùtǎlǐ

农村居民点。位于胥口镇西北部。东为泗巷上，南为藏福东路，西为藏胥路，北为藏福东路。面积0.5万平方米。户籍人口13户，57人。因顾姓人家居多，故名。2000年末，为解放村第2村民小组。2007年11月为采香泾村第22村民小组。

韩家塘 Hánjiātánɡ

农村居民点。位于胥口镇西北部。东为高车渡自然村，南为大场上，西为枣木泾自然村，北为蒋家村。户籍人口115人。因韩姓人家居多而得名。2000年末，为藏书镇建丰村第11村民小组。2003年11月属藏南村。2006年9月为采香泾村第11村民小组。

蒋巷上 Jiǎnɡxiànɡshànɡ

农村居民点。位于胥口镇西北部。东为角里村，南为林家基，西为田比村，北为钟江上。面积4.2万平方米。户籍人口390人。以蒋姓人家居多而得名。2000年末，为藏书镇建丰村第7、8、9村民小组。2003年11月属藏南村。2006年9月又并入胥口镇采香泾村。为采香泾村第7、8、9村民小组。

金南村 Jīnnán Cūn

农村居民点。位于胥口镇西北部。东为金家村，南为茅蓬路，西为藏中路，北为蒋巷上。面积1.2万平方米。户籍人口20户，70人。因金姓人家居多而得名，故名。2000年末，为建丰村第15村民小组。2007年6月为采香泾村第15村民小组。

林家基 Línjiājī

农村居民点。位于胥口镇西北部。东为金家村，南为金南村，西为田比村，北为蒋巷上。面积0.8万平方米。户籍居民65人。以林姓人家居多而得名。2000年末，为藏书镇建丰村第6村民小组。2003年11月属藏南村。2006年9月藏南村并入采香泾。为采香泾村第6村民小组。

角里 Jiǎolǐ

农村居民点。位于胥口镇西北部。镇志作角里村。东为石胥路，南为坟路头，西为钟江上，北为繁丰路。面积1.1万平方米。户籍人口23户，95人。因位于山之角处，故名。2000年末，为建丰村第13村民小组。2007年11月为采香泾村第13村民小组。

金家村 Jīnjiā Cūn

农村居民点。位于胥口镇西北部。东为香泾上，南为夕阳村，西为林家基，北为坟路头。面积2.2万平方米。户籍人口128人。以金姓村民聚居而得名。2000年末，为藏书镇建丰村第5村民小组。2003年11月属藏南村。2006年9月并入胥口镇采香泾。为采香泾村第5村民小组。

南庄 Nánzhuāng

农村居民点。位于胥口镇西北部。东为石胥路，南为夕阳村，西为石中路，北为建丰新村、茅蓬路。面积0.5万平方米。户籍人口9户，45人。为采香泾村村民小组。

泗巷上 Sìxiàngshàng

农村居民点。位于胥口镇西北部。东为藏中路，南为三接桥自然村，西为藏胥路，北为藏福东路。面积2.3万平方米。户籍人口60户，225人。以位于水巷处而得名。2000年末，为永丰村第9、10村民小组。2007年1月为采香泾村第32、33村民小组。

上河湾当 Shànghéwāndāng

农村居民点。位于胥口镇西北部。镇志作上何湾当。东为顾塔里，南为椿树头，西为王家泾，北为下河湾当。面积2万平方米。户籍人口105人。因位于河湾上游，故名。2000年末，为解放村第3村民小组。2006年9月为采香泾村第23村民小组。

三接桥 Sānjiēqiáo

农村居民点。位于胥口镇西北部。东为藏中路，南为钟家桥，西为杨树浜，北为泗巷上自然村。面积1万平方米。户籍人口16户，70人。因村中有三接桥，故名。2000年末，为永丰村第7村民小组。2007年1月为采香泾村第30村民小组。

王家泾 Wángjiājīng

农村居民点。位于胥口镇西北部。镇志作黄家泾。东为藏中路，南为苏州绕城高速公路，西为苏州绕城高速公路，北为下河湾当。面积2.1万平方米。户籍人口43户，178人。以王姓人家居多而得名。2000年末，为解放村第5村民小组。2007年1月为采香泾村第25村民小组。

吴巷上 Wúxiàngshàng

农村居民点。位于胥口镇西北部。东为下河湾当自然村，南为苏州绕城高速公路，西为朱买臣路，北为藏福东路。面积1万平方米。户籍人口22户，95人。因吴姓人家居多而得名。2000年末，为解放村第6村民小组。2006年9月解放村与永丰村、勤丰村合并为采香泾村。为采香泾村第26村民小组。

下河湾当 Xiàhéwāndāng

农村居民点。位于胥口镇西北部。镇志作下何湾当。东为顾塔里，南为椿树头，西为吴巷上，北为下河湾当。面积1.32万平方米。户籍人口149人。因村落位于河湾北侧，故名。2000年末为解放村第4村民小组。2006年9月解放村与永丰村、勤丰村合并为采香泾村。为采香泾村第24村民小组。

西旱泾 Xīhànjīng

农村居民点。位于胥口镇西北部。东为箭泾河，南为香泾上，西为高车渡，北为藏福东路。面积2万平方米。户籍人口151人。因村落地势较高，易干旱，又位于西首，故名。2000年末，为勤丰村第4村民小组。2006年9月为采香泾村第20村民小组。

夕阳村 Xīyáng Cūn

农村居民点。位于胥口镇西北部。镇志为夕阳村建丰小区。东为胥市街，南为胥康路，西为石中路，北为南庄村。面积5万平方米。户籍人口499人。2000年末，为藏书镇建丰村第1、2、3、4村民小组。2003年11月为藏南村。2006年9月又并入采香泾村。为采香泾村第1、2、3、4村民小组。

杨树浜 Yángshùbāng

农村居民点。位于胥口镇西北部。东为藏中路，南为繁丰路，西为藏胥路，北为藏福东路。面积1万平方米。户籍人口21户，90人。以河浜岸上多栽杨柳树而得名。2000年末，为解放村第1村民小组。2007年7月为采香泾村第21村民小组。

枣木泾 Zǎomùjīng

农村居民点。位于胥口镇西北部。东为石中路，南为三接桥，西为藏中路，北为藏福东路。面积2.3万平方米。户籍人口185人。因村中河边栽有好多枣树，故名。2000年末，为永丰村第6村民小组。2006年9月为采香泾村第29村民小组。

钟家桥 Zhōngjiāqiáo

农村居民点。位于胥口镇西北部。东为藏中路，南为繁丰路，西为藏胥路，北为三接桥。面积1.16万平方米。户籍人口101人。因钟姓人家居多而得名。2000年末，为永丰村第8村民小组。2006年9月为采香泾村第31村民小组。

钟江上 Zhōngjiāngshàng

农村居民点。位于胥口镇西北部。东为大场上，南为蒋巷上，西为钟家桥，北为采香泾花园。面积1.26万平方米。户籍人口160人。以钟姓人家居住江（河道）边而得名。2000年末，为藏书镇建丰村第10村民小组。2003年11月属藏南村。2003年部分农户拆迁，迁入建丰新村。2006年9月并入采香泾村。为采香泾村第10村民小组。

建丰新村 Jiànfēng Xīncūn

城镇居民点。位于胥口镇西北部。东至石胥路，南至夕阳村，西至石中路，北至茅蓬路。属采香泾村。占地面积10万平方米，建筑面积4万平方米。户籍人口390人。共143幢别墅（其中独体别墅141幢、联体别墅2幢）和6幢综合楼，165户（套），绿化率35.6%。2004年命名，2012年调整。

【合丰村】 Héfēng Cūn

村委会。位于胥口镇西部，距镇人民政府驻地1.4千米。管辖范围为东起石中路，西至藏胥路，南起箭泾河，北至繁丰路。面积3.5平方千米。户籍人口3245人。村委会驻合丰路北。下辖东楼里、东曹家泾、航木浜、马大巨、毘村、仇家村、钱家村、下场、西曹家泾、殷家泾10个自然村落。以境内合丰路而得名。2006年12月胥口镇政府将原藏书镇划入的区域划分为采香泾村、合丰村。

合丰村村委会

东楼里 Dōnglóulǐ

农村居民点。位于胥口镇西部。东为马大巨，南为下场，西为航木浜，北为合丰路。面积6.5万平方米。户籍人口556人。2000年末，为合丰村第3、4、5、6、7村民小组。

东曹家泾 Dōngcáojiājīng

农村居民点。位于胥口镇西部。镇志作曹家泾。东为石中路，南为曹丰路，西为西曹家泾，北为采香泾村。面积3.3万平方米。户籍人口77户，298人。村落以一条河流分为东曹家泾和西曹家泾两个自然村。为合丰村第9、10、11、12、13村民小组。

航木浜 Hángmùbāng

农村居民点。位于胥口镇西部。东为殷家泾，南为仇家村，西为绕城高速，北为曹丰路。面积1.18万平方米。户籍人口25户，122人。民传：三千爷菩萨从香山水桥到藏书庙，必沿那条河道走，所以叫航木浜（木，船），村名由此而来。为合丰村第14村民小组。

马大巨 Mǎdàjù

农村居民点。位于胥口镇西部。东为石中路，南为箭泾河，西为东楼里，北为合丰路。面积2.6万平方米。户籍人口57户，218人。因村内马姓人家居多，故名。2000年末，为合丰村第1、2村民小组。

毘村 Pí Cūn

农村居民点。位于胥口镇西部。东为藏中路，南为茅蓬路，西为藏胥路，北为繁丰路。面积7.8万平方米。户籍人口166户，659人。2000年末，为繁荣村第1、2、3、4、5村民小组。2003年11月为合丰村第15、16、17、18、19村民小组。

仇家村 Qiújiā Cūn

农村居民点。位于胥口镇西部。东为下场，南为环城高速，西为环城高速，北为合丰路。面积2.6万平方米。户籍人口64户，243人。因仇姓人家居多而得名。2000年末，为社光村第10、11、18村民小组。2003年11月为合丰村村民小组。

钱家村 Qiánjiā Cūn

农村居民点。位于胥口镇西部。东为毘村，南为茅蓬路，西为环城高速，北为椿树头。面积1.32万平方米。户籍人口38户，133人。因钱姓人家居多，故名。2000年末，为兴奋村第9村民小组。2003年11月为合丰村第29村民小组。

下场 Xiàchǎng

农村居民点。位于胥口镇西部。东为藏胥路，南为陈家浜，西为环城高速，北为仇家村。面积5.6万平方米。户籍人口128户，491人。2000年末，为社光村第12、13、14、15、16村民小组。2003年11月为合丰村。

西曹家泾 Xīcáojiājīng

农村居民点。位于胥口镇西部。镇志作曹家泾。东为东曹家泾自然村，南为曹丰路，西为藏胥路，北为茅蓬路。面积3.45万平方米。户籍人口87户，336人。依村中河流为界，分为东曹家泾和西曹家泾。因曹姓人家居多而得名。为合丰村第9、10、11、12、13村民小组。

殷家泾 Yīnjiājīng

农村居民点。位于胥口镇西部。东为石中路，南为合丰路，西为航木浜，北为曹丰路。面积7.13万平方米。户籍人口18户，68人。因殷姓人家居多而得名。2000年末，为合丰村第8村民小组。2003年11月并为合丰村。

【马舍村】 Mǎshè Cūn

村委会。位于胥口镇南部，距镇人民政府驻地6千米。管辖范围为东起浦庄大道，西至定向河，南起长安路，北至吴中大道。面积7.8平方千米。户籍人口5671人。村委会驻后河村周公桥。下辖东马舍、港口、高车渡、过路泾、陆家湾、后河头、后石庄、陆家墩、梅桥村、前石庄、前河头、施家湾、寺前、三家村、旺家村、西马舍、杨林林、羊角村、沿边、直心泾、张巷头、赵家村、查家区23个自然村落。因相传三国时期，吴国都督吕蒙曾于此驻军建舍养马，故名。1956年3月属尧峰乡。1958年2月并入浦庄乡，为精进高级社。1958年8月为浦庄公社第五大队。1961年改为马舍大队。1983年改为马舍村。2000年5月中界等村并入马舍行政村。2006年9月浦庄镇的马舍村划入胥口镇。

马舍村村委会

东马舍 Dōngmǎshè

农村居民点。位于胥口镇南部。东为后河头，南为吴中大道，西为西马舍，北为绕城高速。面积5万平方米。户籍人口73户，451人。因村落位于马舍村东面而得名。为马舍村第6村民小组。

港口 Gǎngkǒu

农村居民点。位于胥口镇南部。东为浦金路，南为东太湖路，西为浦庄大道，北为查家巨。面积1.2万平方米。户籍人口30户，104人。因村位于河港交汇处（港口），故名。2000年末，为石庄村第5村民小组。2007年11月为马舍村第38村民小组。

高车渡 Gāochēdù

农村居民点。位于胥口镇南部。东为后巷桥，南为杨林林，西为前河头，北为三家村。面积3万平方米。户籍人口294人。以其地势居高的位置特征而得名。2000年末，属马舍村。2003年10月寺前村并入马舍村。2006年10月又与沿桥村、石庄村合并为新的马舍村并划归胥口镇。为马舍村第3、11、17村民小组。

过路泾 Guòlùjīng

农村居民点。位于胥口镇南部。东为施家湾，南为东太湖路，西为浦金路，北为钟家桥。面积3.64万平方米。户籍人口350人。2000年末，为沙泾村第8、14村民小组。2003年7月为石庄村第8、14村民小组。2006年10月划归马舍村。

陆家湾 Lùjiāwān

农村居民点。位于胥口镇南部。东为过路泾，南为过路泾，西为查家巨，北为赵家村。面积17.3万平方米。户籍人口255人。因陆姓人家居多而得名。2000年末，为中界村第3、4村民小组。2003年5月为马舍村第20、21村民小组。

后河头 Hòuhétóu

农村居民点。位于胥口镇南部。东为湖胥马路，南为前河头，西为东马舍，北为绕城高速。面积1.52万平方米。户籍人口39户，139人。以位于河浜之北而得名。为马舍村第1、13村民小组。

后石庄 Hòushízhuāng

农村居民点。位于胥口镇南部。东为浦庄大道，南为石庄河，西为定向河，北为长安路。因村内一条纵向河流过石庄村，河之南段称前石庄，河之北段为后石庄。原为石庄村第6、7村民小组。2007年11月为马舍村第39、40村民小组。

陆家墩 Lùjiādūn

农村居民点。位于胥口镇南部。原名孙家角。东为浦阳路，南为陆家浜，北为沿桥港。面积1.73万平方米。户籍人口46户，160人。因陆姓人家居多而得名。2003年6月为沿桥村第2村民小组。2007年11月为马舍村第31村民小组。

梅桥村 Méiqiáo Cūn

农村居民点。位于胥口镇南部。东为定向河，南为吴中大道，西为浦阳路，北为寺前村。面积2.8万平方米。户籍人口57户，230人。因村中有座“梅桥”，故名。2003年6月为寺前村第1村民小组。2007年11月为马舍村第23村民小组。

前石庄 Qiánshízhuāng

农村居民点。位于胥口镇南部。东为浦庄大道，南为东太湖路，西为定向河，北为石庄河。面积3.38万平方米。户籍人口108户，371人。以河道流经村落为界，河之南段称前石庄，河之北段则为后石庄。2000年末，为石庄村第3、4、9村民小组。2007年11月为马舍村第36、37、42村民小组。

前河头 Qiánhétóu

农村居民点。位于胥口镇南部。东为浦金路，南为吴中大道，西为东马舍，北为后河头自然村。面积2.8万平方米。户籍人口62户，261人。以位于河浜前而得名。为马舍村第2村民小组。

施家湾 Shījiāwān

农村居民点。位于胥口镇南部。东为横泾街道，南为东太湖路，西为东山大道，北为旺家村。面积0.85万平方米。户籍人口25户，83人。以村中施姓人家居多而得名。2000年末，为沙泾村第7村民小组。2007年11月为马舍村第43村民小组。

寺前 Sìqián

农村居民点。位于胥口镇南部。东为浦阳路，南为梅桥村，西为环太湖大道，北为北车头。面积2万平方米。户籍人口51户，172人。因村北有寺，村在其南，故名。2000年末，为寺前村第7村民小组。2007年1月为马舍村29村民小组。

三家村 Sānjiā Cūn

农村居民点。位于胥口镇南部。东为横泾街道旱泾上，南为绕城高速，西为湖胥马路，北为直津泾。面积2.1万平方米。户籍人口38户，158人。因村落形成时有吴、徐、陆3个姓氏人家，故名。为马舍村第7村民小组。

旺家村 Wàngjiā Cūn

农村居民点。位于胥口镇南部。东为横泾街道西村，南为施家湾自然村，西为东山大道，北为无名河道。面积2万平方米。户籍人口49户，165人。以期盼兴旺富裕起来之意命名。原为中界村第1村民小组。2007年11月为马舍村第18村民小组。

西马舍 Xīmǎshè

农村居民点。位于胥口镇南部。东为东马舍，南为吴中大道，西为定向河，北为绕城高速。面积2.8万平方米。户籍人口69户，245人。因位于马舍村西首，故名。为马舍村第5、15村民小组。

杨林林 Yánglínlín

农村居民点。位于胥口镇南部。东为湖胥马路，南为高车渡自然村，西为赵家村，北为吴中大道。面积1.8万平方米。户籍人口45户，153人。为马舍村第4村民小组。

羊角村 Yángjiǎo Cūn

农村居民点。位于胥口镇南部。东为浦阳路，南为吴中大道，西为环太湖大道，北为寺前。面积2.8

万平方米。户籍人口78户，265人。以村落地形弯似羊角而得名。2000年末，为寺前村第5、6村民小组。2007年为马舍村第26、27村民小组。

沿边 Yánbiān

农村居民点。位于胥口镇南部。东为浦庄大道，南为西马桥，西为定向河，北为吴中大道。面积1.5万平方米。户籍人口26户，125人。以村民沿河边建宅居住而得名。2000年末，为沿桥村第1村民小组。2007年11月为马舍村第30村民小组。

直心泾 Zhíxīnjīng

农村居民点。位于胥口镇南部。东为三家村，南为东马舍自然村，西为北车头自然村，北为直津泾。属马舍村。面积1.28万平方米。户籍人口126人。

张巷头 Zhāngxiàngtóu

农村居民点。位于胥口镇南部。东为浦阳路，南为东太湖路，西为太湖，北为陆家墩自然村。面积2.3万平方米。户籍人口52户，190人。村里有张庵堂，后村民方言传成张巷头，村名由此形成。2000年末，为沿桥村第3村民小组。2003年为马舍村第32村民小组。

赵家村 Zhàojiā Cūn

农村居民点。位于胥口镇南部。东为无名河道，南为中家桥河，西为湖胥马路，北为杨林林自然村。面积1.3万平方米。户籍人口35户，125人。以赵姓人家居多而得名。为马舍村第10村民小组。

查家区 Zhājiāqū

农村居民点。位于胥口镇南部。东为浦金路，南为港口，西为浦庄大道，北为杨林林。面积1.2万平方米。户籍人口100人。以查姓村民聚居而得名。2000年末，为中界村第5村民小组。2007年5月为马舍村第22村民小组。

三、社区居委会及居民点

【子胥社区】 Zǐxū Shèqū

社区居委会。位于胥口镇东部，距镇人民政府驻地1.5千米。管辖范围为东起东大街，西至绕城高速，南起清明里桥浜，北至孙武大道。面积1.5平方千米。户籍人口4858人。居委会驻新胥路90号。下辖太湖新世纪花园、太湖樱花园、胥口新村、东郊花园、一箭河山庄、锦湖家园、太湖之春山庄、湖莲花园、东胥香花园、黄金水岸花园、熙地花园、山合院、胥悦名苑、吉祥一村、胥口采香一村、胥口采香二村、吉祥二村、胥欣花园、胥福里、胥江湾花园、太湖玲珑花园、采香泾花园、子胥花苑23个居民住宅小区。因春秋时期吴相国伍子胥献身于此，以念其功绩，故名。1982年2月建立胥口市镇社区，人口800人。2004年6月更名为子胥社区。

子胥社区居委会

太湖新世纪花园 Tàihúxīnshìjì Huāyuán

城镇居民点。位于胥口镇东部。东、南至胥口中心小学、胥湖村委会，西、北至胥市街、中市街民房。属子胥社区。占地面积3.7万平方米。共11幢住宅楼，324户（套），户籍人口267人，绿化率38%。1999年命名。

太湖樱花园 Tàihúyīnghuā Yuán

城镇居民点。位于胥口镇东部。东至胥福商业广场，南至孙武路，西至天之骄子，北至彩香一村。属子胥社区。面积4万平方米。共59幢独体别墅和部分联体别墅，113户，户籍人口20人，绿化率30%。因住宅区内栽种了许多樱花树，以示环境美丽，适宜人居，故名。2002年命名。

胥口新村 Xūkǒu Xīncūn

城镇居民点。位于胥口镇东部。东至东大街，南至胥苑新村，西至菜市场，北至孙武路。属子胥社区。面积2万平方米。共50幢联体别墅，多层楼16幢，198户（套），户籍人口193人，绿化率30%。2002年命名。

东郊花园 Dōngjiāo Huāyuán

城镇居民点。位于胥口镇东部。东至天之骄子，南至帝豪家缘，西至石胥路，北至香泾新村。属子胥社区。面积1.5万平方米。共45幢联体别墅，98户（套），户籍人口40人，绿化率30%。2002年命名。

一箭河山庄 Yījiànhé Shānzhuāng

城镇居民点。位于胥口镇东部。东至石中路，南至锦湖家园，西至箭泾河，北至箭泾河与石中路交叉口南。属子胥社区。占地面积5.2万平方米。131户（套），户籍人口15人。以春秋时期开凿的河流命名，以渲染历史文化氛围。2002年命名。

锦湖家园 Jǐnhú Jiāyuán

城镇居民点。位于胥口镇东部。东至孙武路，南至孙武路934号，西至一箭河，北至一箭河山庄。属子胥社区。面积2万平方米。共多层楼房83幢，共83户，户籍人口17人，绿化率40%。以锦绣湖山，美丽家园之意拟名。2002年命名。

太湖之春山庄 Tàihúzhīchūn Shānzhuāng

城镇居民点。位于胥口镇东部。东至苏州水利枢纽工程，南至太湖香山咀口，西至苏州三洋机电公司，北至旅游专线公路。属子胥社区。占地面积7.6万平方米，建筑面积4.1万平方米。共公寓楼14栋，别墅50栋。户籍人口63人，绿化率57.84%。以傍依太湖之畔，春色满园的山地宜居宅院命名。2002年命名。

湖莲花园 Húlián Huāyuán

城镇居民点。位于胥口镇东部。东至太湖旅游专线，南至孙武路，西至无名河道，北至湖光山色大酒店。属子胥社区。面积5万平方米。共15幢多层住宅楼，户籍人口247人，绿化率32.1%。因池塘内莲花盛开，故名。2005年命名。

东胥香花园 Dōngxūxiāng Huāyuán

城镇居民点。位于胥口镇东部。东至原清明村村民动迁住宅及胥进路向南延伸段，南至子胥路及上沿山河，西至上沿山河，北至“胥王园”、里桥浜南侧规划用地及原清明村村民动迁住宅。属子胥社区。占地面积20.97万平方米，建筑面积24.92万平方米。共132幢住宅楼（其中多层27幢、高层16幢、独体别墅12幢、联体别墅77幢），1771户（套），户籍人口1152人，绿化率40%。2006年命名。

黄金水岸花园 Huángjīnshuǐ´àn Huāyuán

城镇居民点。位于胥口镇东部。东至胥口水利枢纽工程管理处西侧新建道路，南至环太湖大道北侧无名河道，西至胥香路，北至孙武路南侧河道。属子胥社区。面积3.7万平方米。共259幢住宅楼（其中多层7幢、独体别墅20幢、联体别墅232幢），48户（套），绿化率52%。以其得天独厚的地理位置特点（位于太湖之滨）命名。2008年命名。

熙地花园 Xīdì Huāyuán

城镇居民点。位于胥口镇东部。东至东丽路，南至时进路，西至胥进路，北至清峰路。属子胥社区。面积7万平方米。共45幢住宅楼（其中多层14幢，联体别墅31幢），596户（套），户籍人口428人，绿化率37.5%。取“兴盛之地”的寓意拟名。2008年命名。

山合院 Shānhé Yuàn

城镇居民点。位于胥口镇东部。东至箭泾河侧空地，南至文胥路北侧空地，西至旱泾路，北至230省道。属子胥社区。面积5.86万平方米，建筑面积8.67万平方米。共41幢住宅楼（其中多层13幢、联体别墅28幢），588户（套），户籍人口127人，绿化率38%。以其临近灵岩山和箭泾（河道名）的地理位置特点，“天作之合”的寓意及其融入的中式传统建筑元素拟名。2010年命名。

胥悦名苑 Xūyuè Míngyuàn

城镇居民点。位于胥口镇东部。东至箭泾西侧规划用地，南至胥口卫生院，西至石胥路，北至顾巷路。属子胥社区。占地面积7.25万平方米。共27幢住宅楼，844户（套），户籍人口113人，绿化率37%。以其西傍胥市街的地理位置特点及“胥市悦畅”的寓意拟名。2011年命名。

吉祥一村 Jíxiáng 1 Cūn

城镇居民点。位于胥口镇东部。东至东欣路，南至清峰路，西至东丽路，北至吉祥路。属子胥社区。因位于吉祥路南侧，故名。占地面积3.8万平方米。共12幢多层住宅楼，256户（套），绿化率33.5%。以其北靠吉祥路的地理位置特点命名。2012年命名。

胥口采香一村 Xūkǒu Cǎixiāng 1 Cūn

城镇居民点。位于胥口镇东部。东至太湖樱花园，南至太湖樱花园、香泾新村，西至香泾新村，北至香泾新村。属子胥社区。占地面积3.85万平方米，建筑面积3.77万平方米。共21幢多层住宅楼，440户（套），绿化率44.8%。以其地处胥口镇采香泾村的地理位置特点命名。2012年命名。

胥口采香二村 Xūkǒu Cǎixiāng 2 Cūn

城镇居民点。位于胥口镇东部。东至石胥路，南至胥康路、建丰新村，西至建丰新村、采香泾村夕阳自然村，北至茅蓬路。属子胥社区。占地面积6.12万平方米，建筑面积8.63万平方米。共16幢多层住宅楼，452户（套），绿化率37.5%。以其地处胥口镇采香泾村的地理位置特点命名。2012年命名。

吉祥二村 Jíxiáng 2 Cūn

城镇居民点。位于胥口镇东部。东至东欣路，南至吉祥路，西至无名浜，北至胥江。属子胥社区。占地面积3万平方米。共8幢高层住宅楼和一幢综合楼，664户（套），绿化率33.5%。以其南依吉祥路，紧邻“吉祥一村”住宅区等地理位置特点命名。2013年命名。

胥欣花园 Xūxīn Huāyuán

城镇居民点。位于胥口镇东部。东至胥欢街，南至腾胥路，西至胥忆街东侧河道，北至胥欣路。属子胥社区。占地面积7万平方米。共36幢住宅楼（其中小高层8幢、联体别墅28幢），200户（套），户籍人口7人，绿化率37%。以其北靠胥欣路的地理位置特点命名。2013年命名。

胥福里 XūfúLi

城镇居民点。位于胥口镇东部。东至星城商务广场，南至胥福商业广场，西至下院街，北至箭泾村下院自然村。属子胥社区。占地面积1.5万平方米。共17幢住宅楼和1幢综合用楼，58户（套），户籍人口10人，绿化率38%。以其南依胥福商业广场的地理位置特点命名。2015年命名。

胥江湾花园 Xūjiāngwān Huāyuán

城镇居民点。位于胥口镇东部。东至东欣路，南至新胥东路，西至胥欢街及其东侧规划用地，北至胥欣路及其南侧规划用地和胥箩街。属子胥社区。占地面积10.85万平方米，建筑面积16.48万平方米。共77幢住宅楼（其中多层16幢、中高层3幢、高层6幢、联体别墅52幢），876户（套），户籍人口31人，绿化率38.42%。以其紧邻胥江（河道名）的地理位置特点命名。2015年命名。

太湖玲珑花园 Tàihú Línglóng Huāyuán

城镇居民点。位于胥口镇东部。东至苏州祥崴电子有限公司西侧无名道路，南至香山运河，西至牛车泾，北至孙武路。属子胥社区。占地面积2.43万平方米，建筑面积3.92万平方米。共16幢住宅楼（其中中高层4幢、联体别墅6幢、独体别墅6幢），173户（套），户籍人口8人，绿化率37.05%。以其临近太湖的地理位置特点及“玲珑精致的美丽居所”的寓意拟名。2015年命名。

采香泾花园 Cǎixiāngjīng Huāyuán

城镇居民点。位于胥口镇东部。东至石胥路及苏州市天烨机械工程有限公司，南至文胥路，西至石中路，北至230省道南侧绿化带及苏州市天烨机械工程有限公司。属子胥社区。占地面积9.28万平方米，建筑面积27.51万平方米。共21幢高层住宅楼和1幢综合楼，1776户（套），绿化率50.06%。以其地处采香泾村区域的地理位置特点命名。2015年命名。

子胥花苑 Zǐxū Huāyuàn

城镇居民点。位于胥口镇东部。东至盛家浜及里桥浜，南至子胥路，西至经一路，北至新峰路。属子胥社区。占地面积6万平方米。共12幢高层住宅楼和1幢综合楼，952户（套），绿化率50%。以其南依子胥路的地理位置特点命名。2015年命名。

四、历史地名

【村委会】

【胥湖村】 Xūhú Cūn

村委会。位于胥口镇中部，距镇人民政府驻地1千米。管辖范围为东起许家桥，西至箭泾河、合丰村，南起胥江大桥、清明村，北至香泾村。面积1.37平方千米。户籍人口420户，1087人。下辖东饭箩村、下院、毛家坞、西饭箩村、北饭箩村5个自然村落。因位于胥江北岸“胥湖”之畔，故名。1947年属胥口乡第三保。1958年与香泾村合并编为胥口公社第3营，后称东昇生产队。1962年分离出来，取名为胥湖生产队。2003年10月胥湖村与香泾村、清明村3个村撤并成立箭泾村。

【新河村】 Xīnhé Cūn

村委会。位于胥口镇东部，距镇人民政府驻地2千米。管辖范围为东起皋峰村，西至清明村，南起清明山，北至上供村。面积1.17平方千米。户籍人口357户，1383人。下辖木竹岗、浜底上2个自然村落。1958年为胥口人民公社皋峰营，后改称新河大队。1983年更名为新河村。2003年10月新河村与皋峰村、新麓村合并为新峰村。

【新麓村】 Xīnlù Cūn

村委会。位于胥口镇中部偏南，距镇人民政府驻　地5千米。管辖范围为东起皋峰村，西至太湖，南起马舍村，北至新河村。面积1.34平方千米。户籍人口339户，1372人。1955年并入新麓村，改称下麓山村。1956年回归胥口乡。2003年10月新麓村与皋峰村、新河村撤并成立新峰村。

【上供村】 Shànggòng Cūn

村委会。位于胥口镇东部，距镇人民政府驻地3千米。管辖范围为东起木渎镇新建村，西至胥口集镇，南起新河村，北至清明村。面积3平方千米。户籍人口582户，1983人。下辖下塘沿口、凌塘浜、陆家村3个自然村落，22个村民小组。以村内上供庙而得名。1994年上供村被列入胥口镇经济开发区。2003年10月上供村与许家桥村合并成立东欣村。

【许家桥村】 Xǔjiāqiáo Cūn

村委会。位于胥口镇东北部，距镇人民政府驻地1.5千米。管辖范围为东起木渎镇，西至香泾、胥湖村，南起胥江，北至采香泾。面积1.39平方千米。户籍人口587户，1866人。以村中许家桥为行政村名。下辖前十甲、上七图、下七图3个自然村落。以村中许家桥为行政村名。1958年称东风大队。1983年更名为许家桥村。2003年10月许家桥村与上供村撤并成立东欣村。

【香泾村】 Xiāngjīng Cūn

村委会。位于胥口镇西部。管辖范围为东起许家桥村，西至采香泾村，南起胥湖村相连，北至茅蓬路。耕地面积0.67平方千米。户籍人口252户，835人。下辖袁家桥、燕河村、师姑尖、香泾上、晓窗里、半江、周家上、马家上、郁家桥9个自然村落。因春秋战国时为吴王夫差乘坐龙舟赴香山采香而开凿箭泾河，故名。1947年属胥口乡第九保。中华人民共和国成立后为胥口乡第四村。1958年为胥口人民公社第3营，后与胥湖村同属东昇大队。1962年从胥湖大队析出，成立香泾生产队。1983年更名为香泾村。2003年10月香泾村与清明村、胥湖村撤并成立箭泾村。

【皋峰村】 Gāofēng Cūn

村委会。位于胥口镇东部，距镇人民政府驻地5千米。管辖范围为东起马塘河、木渎镇尧峰村、横泾街道金星村，西至上沿山，南起马舍村，北至新河村。面积2.49平方千米。户籍人口432户，1602人。下辖谢家村1个自然村落。因临近皋峰山，故名。1947年属皋尧乡。1983年更名为皋峰村。2003年10月皋峰村与新麓村、新河村撤并成立新峰村。

【清明村】 Qīngmíng Cūn

村委会。位于胥口镇中部，距镇人民政府驻地5千米。管辖范围为东起新河村，西至太湖，南起新麓村交界，北至上供村。耕地面积1.22平方千米。户籍村民504户，1532人。下设18个村民小组。以境内清明山而得名。1956年从清明乡划归胥口乡。1958年改为胥口人民公社清明大队。1983年更名为清明村。2003年10月清明村与胥湖村、香泾村撤并成立箭泾村。

【花墩村】 Huādūn Cūn

村委会。位于胥口镇西部，距镇人民政府驻地1千米。管辖范围为东起津桥，西至外塘村，南起香山运河，北至无名河道。面积0.95平方千米。户籍人口257户，775人。下辖香山嘴、庄上、东花墩、西花墩、方家场、上地上6个自然村落，8个村民小组。1947年属香山乡一保。中华人民共和国成立后为香山乡一村。1958年为胥口人民公社花墩生产队。1983年为花墩村。2003年10月花墩村与水桥村、外塘村、胥渔村撤并成立香山村。

【胥渔村】 Xūyú Cūn

村委会。位于胥口镇西南部，距镇人民政府驻地2千米。管辖范围为胥王庙和三防河岸一带。1953年16户渔民落户胥口镇。1958年安排到胥口公社养殖场从事养猪业。1960年渔民分插到胥湖、外塘、水桥、梅舍、郁舍、姚舍大队从事渔业捕捞。1968年渔民陆上定居，成立渔业大队。1979年承包水产养殖业。1982年成立货运队，从事运输业。1995年创办电讯器材厂务工。2003年胥渔村与水桥村、外塘村、花墩村合并建立香山村。

【农村居民点】

谢家村 Xièjiā Cūn

农村居民点。位于胥口镇东部。东为马家村，南为子胥路，西为胥进路，北为里桥浜。属皋峰村。面积1.8万平方米。户籍人口51户，180人。以村里谢姓人家居多而得名。2004年动迁消亡。

马家村 Mǎjiā Cūn

农村居民点。位于胥口镇中部。东为东欣路，南为子胥快速路，西为东胥香花园，北为箭泾村委会。属清明村。面积2.1万平方米。户籍人口70户，260人。以村里马姓人家而得名。2004年动迁消亡。

盛家浜 Shèngjiābāng

农村居民点。位于胥口镇中部。东为清明山，南为新麓村，西为太湖，北为清明山。属清明村。面积1.3万平方米。户籍人口32户，132人。以盛姓村民聚居而得名。2010年动迁消亡。

东饭箩村 Dōngfànluó Cūn

农村居民点。位于胥口镇中部。东为许家桥村，南为胥江运河，西为西饭箩村，北为北饭萝村。旧时，村民大部分从江阴迁移而来。村民农忙时种客田，农闲时做竹编手艺，主要做竹篾饭箩，故名。2005年动迁消亡。

下院 Xiàyuàn

农村居民点。位于胥口镇中部。东为大河头村，南为孙武路，西为采香一村，北为香泾新村。属胥湖村。面积1.8万平方米。户籍人口69户，260人。2009年动迁消亡。

毛家坞 Máojiāwù

农村居民点。位于胥口镇中部。东为旺家桥，南为南塘，西为胥口新村，北为下院村。属胥湖村。面积1.6万平方米。户籍人口40户，150人。2009年动迁消亡。

西饭箩村 Xīfànluó Cūn

农村居民点。位于胥口镇中部。东为东饭箩村，南为胥江运河，西为旺家桥村，北为北饭箩村。属胥湖村。面积1万平方米。户籍人口28户，101人。2007年动迁消亡。

北饭箩村 Běifànluó Cūn

农村居民点。位于胥口镇中部。东为东饭箩村，南为胥江运河，西为西饭箩村，北为大河头村。属胥湖村。面积1.5万平方米。户籍人口45户，160人。2007年动迁消亡。

木竹岗 Mùzhúgǎng

农村居民点。位于胥口镇东部。东为皋峰村，南为清明山，西为清明村，北为子胥路。属新河村。面积1.5万平方米。户籍人口30户，105人。因村落多栽树木竹子，且在山岗下，故名。2003年动迁消亡。

浜底上 Bāngdǐshàng

农村居民点。位于胥口镇东部。东为顾家上，南为新峰路，西为苏州制氧机有限责任公司，北为尧峰西路。属新河村。面积1万平方米。户籍人口20户，80人。以村居河浜尽头处而得名。2011年动迁消亡。

下沿桥 Xiàyánqiáo

农村居民点。位于胥口镇南部。东为浦庄村，南为东吴村自然村，西为朱家村自然村，北为石庄村自然村。属马舍村。面积1.8万平方米。户籍人口42户，146人。2003年动迁消亡。

陈家浜 Chénjiābāng

农村居民点。位于胥口镇东部。东为一箭河，南为西山互通，西为下场自然村，北为合丰路。属东欣村。面积1.2万平方米。户籍人口42户，220人。以河浜边居住着陆姓人家而得名。2010年动迁消亡。

后十甲 Hòushíjiǎ

农村居民点。位于胥口镇中部。东为孙武路，南为茅蓬路，西为石胥路，北为230省道。属箭泾村。面积1.9万平方米。户籍人口36户，125人。2010年动迁消亡。

钱村 Qián Cūn

农村居民点。位于胥口镇南部。东为230省道，南为子胥路，西为上沿山，北为东西河上。面积3.1万平方米。户籍人口63户，269人。因钱姓人家居多，故名。2000年末，为新河村第12、14村民小组。2003年11月为新峰村第12、14村民小组。2004年动迁消亡。

横河头 Hénghétóu

农村居民点。位于胥口镇西部。东为清明山，南为新麓村，西为太湖，北为清明山。面积1.7万平方米。户籍人口32户，132人。因村内河流横向，故名。2001年动迁消亡。

下塘沿口 Xiàtángyánkǒu

农村居民点。位于胥口镇东部。东为笠帽浜，南为宝带西路，西为上供路，北为胥江。属上供村。面积1万平方米。户籍人口30户，人口95人。以村落在河塘沿边处而得名。2005年动迁消亡。

凌塘浜 Língtángbāng

农村居民点。位于胥口镇东部。东为灵山路，南为吉祥路，西为东欣路，北为胥江。属上供村。面积1.7万平方米。户籍人口27户，110人。2002年动迁消亡。

陆家村 Lùjiā Cūn

农村居民点。位于胥口镇东部。东为西汤，南为清峰路，西为上供路，北为吉祥路。属上供村。面积1.8万平方米。户籍人口32户，132人。因村中陆姓人家居多，故名。2010年动迁消亡。

前十甲 Qiánshíjiǎ

农村居民点。位于胥口镇东北部。东为孙武路，南为茅蓬路，西为石胥路，北为231省道。属许家桥村。面积1.5万平方米。户籍人口98人。2010年动迁消亡。

上七图 Shàngqītú

农村居民点。位于胥口镇东北部。东为许家桥村，南为孙武路，西为前十甲，北为后十甲。属许家桥村。面积5万平方米。2013年动迁消亡。

下七图 Xiàqītú

农村居民点。位于胥口镇东北部。东为许家桥村，南为孙武路，西为香泾上，北为上七图。属许家桥村。2013年动迁消亡。

第十三节　临湖镇

一、概 况

临湖镇 Línhú Zhèn

乡级行政区。位于吴中区西南部，距吴中区人民政府驻地20.1千米。东濒东太湖与吴江区横扇街道隔湖相望，南与东山镇相邻，西临太湖，西南与金庭镇、西北与香山街道隔太湖而望，北与胥口镇交界，东北与横泾街道接壤。镇名取“濒临太湖”之意。辖区面积55.6平方千米。户籍人口4.56万人。镇人民政府驻东山大道3988号。

清乾隆元年（1736）至1912年1月，属太湖厅管辖。1912年属吴县横泾市。1929年属吴县第五区。1947年属吴县东山区。1948年属吴县洞庭区。1949年5月，属吴县东山区。1950年4月，划属苏州专署太湖行政办事处。1951年6月，复属吴县。1953年5月，属震泽县横泾区。1957年9月，撤区并乡，设渡村、浦庄两乡。1958年2月，尧峰乡马舍等6村划入浦庄乡；8月设立浦庄人民公社；10月设立渡村人民公社。1959年4月，震泽县撤销，复属吴县。1983年7月，政社分设，复设浦庄、渡村两乡。1993年6月，渡村乡改镇。1994年1月，浦庄乡改镇。1995年7月，属吴县市。2001年2月，属苏州市吴中区。2006年9月，合并浦庄、渡村两镇置临湖镇。2007年4月，马舍村划归胥口镇。

2004年2月2日，江苏省政府（苏政复〔2004〕16号）《省政府关于调整苏州市吴中区部分行政区划的批复》：“同意撤销浦庄镇、渡村镇建制，以原两镇行政区域合并设立临湖镇，镇政府驻渡村。行政区划调整后，辖区东西最大距离4.71千米，南北最大距离11.2千米，临湖镇行政区域面积58.5平方千米，人口4.39万人，辖2个社区居委会、24个村委会。”2006年9月，吴中区正式撤销浦庄、渡村2镇，合并设立临湖镇（并设浦庄办事处），镇政府驻渡村。2007年江苏省政府（苏府复〔2007〕64号）批复，同意吴中区将临湖镇的马舍村委会划归胥口镇管辖。行政区划调整后，临湖镇辖渡村、浦庄2个社区居委会，湖桥、浦庄、石庄、界路、东吴、牛桥、石塘、石舍、采莲、

临湖镇人民政府

前塘、灵湖、陆舍12个村委会。2009年末，辖市镇、联盟2个社区居委会，12个村委会。隶属镇区面积不变。2018年末，辖渡村、联盟2个社区居委会及12个村委会，隶属不变。

二、村委会及居民点

【牛桥村】 Niúqiáo Cūn

牛桥村村委会

村委会。位于临湖镇西南部，距镇人民政府驻地2.8千米。管辖范围为东起木东公路，西至苏东运河，南起前塘路，北至苏东运河。面积6.38平方千米。户籍人口5361人。村委会驻人民街2号。下辖道士弄、东浜、荡家漾、方庄、后街、牛桥头、金家弄、梅园、庙桥南、牛桥小区、石巨角、三斗圩、盛家岸、田渡里、太平村、小斗圩、西浜、秧桥、周家弄、赵家扇20个自然村落。以自然村牛桥而得名。1948年为吴县洞庭区牛桥村。1950年属渡村乡太平村、盛家村和秧桥村。1956年为建中第一高级社。1958年改为建

设大队。1980年12月1日，更名为牛桥大队。1983年改为牛桥村。2003年11月前秧村、三连村并入牛桥村。2006年9月渡村镇与浦庄镇合并设立临湖镇，牛桥村属临湖镇。

道士弄 Dàoshìlòng

农村居民点。位于临湖镇西南部。东为木东公路，南为赵家扇自然村，西为龙戏浜，北为牛桥港。面积1.89万平方米。户籍人口315人。2003年11月为牛桥村第8、16村民小组。

东浜 Dōngbāng

农村居民点。位于临湖镇西南部。东为东浜自然村，南为五房弄，西为苏东运河，北为太湖缘。面积2.06万平方米。户籍人口256人。以村落位于河浜东而得名。2003年11月为牛桥村第2、15村民小组。

荡家漾 Dàngjiāyàng

农村居民点。位于临湖镇西南部。又名塘 洋。东为苏东港，南为三塘村自然村，西为木东公路，北为庙桥港。面积4.83万平方米。户籍人口562人。以村落位于浅水湖荡和低洼地处而得名。1993年6月为三连村第4、5、6村民小组。2003年11月为牛桥村第28、29、30村民小组。

方庄 Fāngzhuāng

农村居民点。位于临湖镇西南部。东为横泾浜，南为田渡里自然村，西为塘桥自然村，北为苏东运河。面积1.92万平方米。户籍人口356人。最早以方姓人家聚居，故名。2003年11月为牛桥村第9、13村民小组。

后街 Hòujiē

农村居民点。位于临湖镇西南部。东为龙戏浜，南为螺丝墩，西为牛桥港，北为盛家岸自然村。面积2.9万平方米。户籍人口373人。因渡村集镇分前街、后街，前街在南，后街在北，故名。1993年6月为前秧村第4、5村民小组。2003年11月为牛桥村第21、22村民小组。

牛桥头 Niúqiáotóu

农村居民点。位于临湖镇西南部。东为木东路，南为牛桥港，西为东浜自然村，北为建设路。面积5.37万平方米。户籍人口742人。2003年11月为牛桥村第4、5、12、14村民小组。

金家弄 Jīnjiālòng

农村居民点。位于临湖镇西南部。东为前秧村庙前头自然村，南为庙桥港，西为渡村集镇，北为人民街。面积3.15万平方米。户籍人口315人。因金姓人家聚居街弄，故名。1993年6月为前秧村第2、3村民小组。2003年11月为牛桥村第19、20村民小组。

梅园 Méiyuán

农村居民点。位于临湖镇西南部。东为定向河，南为庙桥港，西为木东公路，北为腾飞路。面积3万平方米。户籍人口195人。以村民多种梅树而得名。1993年6月为前秧村第6、7村民小组。2003年11月为牛桥村第23、24村民小组。

庙桥南 Miàoqiáonán

农村居民点。位于临湖镇西南部。东为木东公路，南为中联厂，西为新泾港，北为庙桥港。面积2.67万平方米。户籍人口364人。因位于庙桥南侧，故名。金家弄与庙桥南合称庙前头。1993年6月为前秧村第1、2村民小组。2003年11月为牛桥村第18、19村民小组。

牛桥小区 Niúqiáo Xiǎoqū

农村居民点。位于临湖镇西南部。东为秧桥自然村，南为东浜自然村，西为太湖缘小区，北为腾飞路。属牛桥村。面积1.02万平方米。户籍人口29户，90人。以所在牛桥村而得名。拆迁安置小区。

石巨角 Shíjùjiǎo

农村居民点。位于临湖镇西南部。东为盛牛桥港，南为牛桥港，西为苏东运河，北为五房弄。面积1.77万平方米。户籍人口229人。因该地转弯处呈巨大角度，故名。2003年11月为牛桥村第3、11村民小组。

三斗圩 Sāndǒuwéi

农村居民点。位于临湖镇西南部。又称三度里。东为苏东港，南为牛桥港，西为定向河，北为壮志桥。面积3.99万平方米。户籍人口415人。1993年6月为三连村第1、2村民小组。2003年11月为牛桥村第25、26村民小组。

盛家岸 Shèngjiā´àn

农村居民点。位于临湖镇西南部。东为店桥头自然村，南为定盘头，西为牛桥港，北为牛桥港。以盛姓人家聚居于此而得名。面积1.1万平方米。户籍人口137人。2003年11月为牛桥村第6村民小组。

田渡里 Tiándùlǐ

农村居民点。位于临湖镇西南部。东为临湖镇，南为腾飞路，西为临湖红木家具厂，北为方庄自然村。面积0.75万平方米。户籍人口111人。以村落居一片农田中而得名。2003年11月为牛桥村第1村民小组。

太平村 Tàipíng Cūn

农村居民点。位于临湖镇西南部。东为苏东运河，南为对方桥，西为舍南路，北为太湖缘。面积1.74万平方米。户籍人口234人。村以村中太平桥而得名。2003年11月为牛桥村第10、11村民小组。

小斗圩 Xiǎodǒuwéi

农村居民点。位于临湖镇西南部。又称小度里。东为苏东河，南为庙桥港，西为定向河，北为牛桥港。面积1.68万平方米。户籍人口184人。以前，外籍人迁移至此（太湖滩地），筑堤圩田，栽种粮食，后聚成村落，形似米斗，故名。1993年6月为三连村第3村民小组。2003年11月为牛桥村第27、28村民小组。

西浜 Xībāng

农村居民点。位于临湖镇西南部。东为东浜自然村，南为五房弄，西为苏东运河，北为太湖缘小区。面积1.98万平方米。户籍人口240人。以村落位于河浜西而得名。1993年6月为牛桥村第2、3、10村民小组。2003年11月为牛桥村第10村民小组。

秧桥 Yāngqiáo

农村居民点。位于临湖镇西南部。东为东山大道，南为牛桥港，西为东浜，北为牛桥路。属牛桥村。面积5.37万平方米。户籍人口742人。以村内秧桥（石梁小桥）而得名。

周家弄 Zhōujiālòng

农村居民点。位于临湖镇西南部。东为龙戏浜，南为赵家扇自然村，西为盛家岸自然村，北为牛桥港。面积1.04万平方米。户籍人口135人。以周姓村民聚居于此而得名。2003年11月为牛桥村第7、17村民小组。

赵家扇 Zhàojiāshàn

农村居民点。位于临湖镇西南部。东为木东公路，南为人民街，西为后街自然村，北为道士弄自然村。面积3.45万平方米。户籍人口454人。因赵姓人家聚居于此，故名。1993年6月为前秧村第6、7村民小组。2003年11月为牛桥村第23、24村民小组。

【前塘村】 Qiántáng Cūn

前塘村村委会

村委会。位于临湖镇西南部，距镇人民政府驻地3.1千米。管辖范围为东起东山大道，西至新泾港，南起前塘路，北至庙桥港。面积4平方千米。户籍人口4027人。村委会驻前塘路北东山大道西100米。下辖庵桥头、北庄子、北西塘、村前头、东塘、对方桥、火烧浜、南城头、南舍、南西塘、沙埂圩、弯角上、中军岸13个自然村落。因村前村与三塘村合并各取一字组合命名。1958年为建中大队。1980年改为建中村。1983年更名为村前村。2003年11月村前村与三塘村合并设立前塘村。2006年9月区划调整属临湖镇。

庵桥头 Ānqiáotóu

农村居民点。位于临湖镇西南部。东为庙前头自然村，南为村前头自然村，西为中军岸自然村，北为石巨角自然村。户籍人口121人。1993年6月为村前村第1、2、9村民小组。2003年11月为前塘村第1、2、9村民小组。

北庄子 Běizhuāngzǐ

农村居民点。位于临湖镇西南部。东为南城头自然村，南为南舍自然村，西为火烧浜自然村，北为舍上自然村。户籍人口65人。因村落位舍上村北，故名。1993年6月为村前村第15村民小组。2003年11月为前塘村第15村民小组。

北西塘 Běixītáng

农村居民点。位于临湖镇西南部。东为东塘自然村，南为摆渡口与东山镇北界接壤，西为太湖，北

浜果角 Bāngguǒjiǎo

农村居民点。位于临湖镇西北部。东为后方堂，南为张家堂，西为西太湖，北为石脚盆。面积25.2万平方米。户籍人口268人。1993年6月为柳舍村第6村民小组。2003年11月为石舍村第18村民小组。

北城 Běichéng

农村居民点。位于临湖镇西北部。东为石舍东路，南为许家浜自然村，西为穿村路，北为园博园路。面积50.5万平方米。户籍人口538人。以村位于许家浜北而得名。为石舍村第1、2、3、4村民小组。

观音堂 Guānyīntáng

农村居民点。位于临湖镇西北部。东为马里浜，南为碧湖路，西为朱水桥自然村，北为马里浜。面积25万平方米。户籍人口266人。以村中有一观音堂而得名。为石舍村第9、10村民小组。

后方堂 Hòufāngtáng

农村居民点。位于临湖镇西北部。东为农田，南为马家角自然村，西为张家堂自然村，北为陆家浜自然村。面积17.3万平方米。户籍人口184人。因村落位于观音堂北，当地人以北为后，故名。1993年6月为柳舍村第2村民小组。2003年11月为石舍村第14村民小组。

陆家浜 Lùjiābāng

农村居民点。位于临湖镇西北部。东为农田，南为后方堂自然村，西为浜果角自然村，北为石脚盆自然村。面积19.3万平方米。户籍人口206人。村民以陆姓居多，且沿浜居住，故名。1993年6月为柳舍村第3村民小组。2003年11月为石舍村第15村民小组。

庙头 Miàotóu

农村居民点。位于临湖镇西北部。东为石舍东路，南为碧湖路，西为河浜与观音堂，北为许家浜自然村。面积31.6万平方米。户籍人口336人。以村位于庙前（头）而得名。为石舍村第7、8村民小组。

马家角 Mǎjiājiǎo

农村居民点。位于临湖镇西北部。东为园博园，南为园博园，西为张家堂自然村，北为金家堂自然村。面积10万平方米。户籍人口107人。因村中马姓人家居多，又地处柳舍村东南角，故名。1993年6月为柳舍村第1村民小组。2003年11月为石舍村第13村民小组。

石脚盆 Shíjiǎopén

农村居民点。位于临湖镇西北部。东为陆家浜自然村，南为陆家浜自然村，西为浜果角自然村，北为园博园。面积15.7万平方米。户籍人口167人。以前，村中有户人家，房上匾书“王德堂”，门前置一石脚盆，故名。1993年6月为柳舍村第4村民小组。2003年11月为石舍村第16村民小组。

西村 Xī Cūn

农村居民点。位于临湖镇西北部。东为朱水桥，南为灵湖塘桥自然村，西为柳舍自然村，北为农田。面积25万平方米。户籍人口266人。因位石舍村西得名。为石舍村第11、12村民小组。

许家浜 Xǔjiābāng

农村居民点。位于临湖镇西北部。东为石舍东路，南为观音堂和庙头自然村，西为穿村路，北为北城自然村。面积16.4万平方米。户籍人口175人。以许姓人家居多而得名。为石舍村第5、6村民小组。

张家堂 Zhāngjiātáng

农村居民点。位于临湖镇西北部。东为马家角，南为省农博园，西为西太湖，北为浜果角自然村。面积14万平方米。户籍人口149人。古时，一张姓人家落户于此，繁衍生息，子孙兴旺，建舍立堂而得名。1993年6月为柳舍村第7村民小组。2003年11月为石舍村第19村民小组。

【陆舍村】 Lùshè Cūn

陆舍村村委会

村委会。位于临湖镇西北部，距镇人民政府驻地3.1千米。管辖范围为东起临湖路，西至南港自然村，南起东陆自然村，北至顾家舍自然村。面积3平方千米。户籍人口2515人。2003年东陆村与西陆村合并，取两村落首字组合命名。村委会驻陆舍路北侧、临湖路以西200米。下辖东陆舍、顾家扇、南港、年庄、扇安头、桥头、田度里、仙路桥、西陆舍、秧屋、姚家村、直江、周家畎13个自然村落。1949年初为石舍乡红星高级社。1958年为利明大队。1980年12月改为东陆大队。1983年更名为东陆村。2003年11月东陆村与西陆村合并设立陆舍村。

东陆舍 Dōnglùshè

农村居民点。位于临湖镇西北部。东为朱下浜自然村，南为石舍自然村，西为野家村自然村，北为仙路桥自然村。面积3.1万平方米。户籍人口283人。舍，古代驻军地，一千户为一舍，原渡村有十八舍之说，陆舍是其中之一。该村落有东、西两个自然村，东为东陆舍。1993年6月为东陆村第8、9村民小组。2003年11月为陆舍村第8、9村民小组。

顾家扇 Gùjiāshàn

农村居民点。位于临湖镇西北部。东为桥头自然村，南为田渡里自然村，西为周家畎自然村，北为吴家湾自然村。面积13万平方米。户籍人口141人。因顾姓大户居此，村落又形似扇子，故名。1993年6月为东陆村第3村民小组。2003年11月为陆舍村第3村民小组。

南港 Nángǎng

农村居民点。位于临湖镇西北部。东为仙路桥自然村，南为西陆舍自然村，西为太湖，北为东吴村北港自然村。面积2.8万平方米。户籍人口123人。1993年6月为东陆村第11村民小组。2003年11月为陆舍村第11村民小组。

年庄 Niánzhuāng

农村居民点。位于临湖镇西北部。东为上堡自然村，南为朱屋浜自然村，西为仙路桥自然村，北为扇安头自然村。面积27万平方米。户籍人口285人。以年姓人家聚居而得名。1993年6月为东陆村第7村民小组。2003年11月为陆舍村第7村民小组。

扇安头 Shàn'āntóu

农村居民点。位于临湖镇西北部。东为夏洋港自然村，南为年庄，西为田度里自然村，北为桥头自然村。面积1.2万平方米。户籍人口107人。因村落形似扇子，故名。1993年6月为东陆村第6村民小组。2003年11月为陆舍村第6村民小组。

桥头 Qiáotóu

农村居民点。位于临湖镇西北部。东为环镇路，南为扇安头，西为顾家舍，北为吴家湾。面积6万平方米。户籍人口61人。因村东有一石板桥，故名。1993年6月为东陆村第4村民小组。2003年11月为陆舍村第4村民小组。

田度里 Tiándùlǐ

农村居民点。位于临湖镇西北部。东为环镇路，南为扇安头自然村，西为顾家舍自然村，北为吴家湾。面积1.2万平方米。户籍人口115人。以村落位于一大片农田中央而得名。1993年6月为东陆村第5村民小组。2003年11月为陆舍村第5村民小组。

仙路桥 Xiānlùqiáo

农村居民点。位于临湖镇西北部。东为年庄村，南为东陆舍自然村，西为南港自然村，北为周家畎自然村。面积2万平方米。户籍人口204人。据传，古时有一仙翁路过村中石桥，往北飘然而去，故名。1993年6月为东陆村第12村民小组。2003年11月为陆舍村第12村民小组。

西陆舍 Xīlùshè

农村居民点。位于临湖镇西北部。东为姚家村自然村，南为柳舍自然村，西为西太湖，北为南港自然村。面积8.1万平方米。户籍人口748人。舍，古代军营，一千户为一舍，原渡村有十八舍之说，陆舍是其中一舍。该村落有东、西两个自然村。居西则为西陆舍。2003年11月为陆舍村村民小组。

秧屋 Yāngwū

农村居民点。位于临湖镇西北部。东为仙路桥自然村，南为姚家舍自然村，西为西陆舍自然村，北为南港自然村。面积0.4万平方米。户籍人口37人。因该村人家均为外地迁徙至此，以种田为生。喜欢把秧苗及农具置于家中，人们见之，则称“秧屋”。1993年6月为东陆村第8村民小组。2003年11月为陆舍村第8村民小组。

姚家村 Yáojiā Cūn

农村居民点。位于临湖镇西北部。东为东陆舍自然村，南为十三浜自然村，西为西陆舍自然村，北为秧屋自然村。面积21万平方米。户籍人口203人。以姚姓人家聚居而得名。1993年6月为东陆村第10村民小组。2003年11月为陆舍村第10村民小组。

直江 Zhíjiāng

农村居民点。位于临湖镇西北部。东为临湖路，南为北港（直江），西为吴家湾自然村，北为东吴村、吴家湾。面积15万平方米。户籍人口167人。因村南为北港，由西太湖入口河流东西向贯穿整个村庄，直达苏东运河。俗称直江，故名。1993年6月为东陆村第2村民小组（含吴家湾）。2003年11月为陆舍村第2村民小组。

周家畎 Zhōujiāquǎn

农村居民点。位于临湖镇西北部。东为顾家舍自然村，南为仙路桥自然村，西为北港自然村，北为吴家湾自然村。面积1万平方米。户籍人口111人。以周姓人家居多而得名。1993年6月为东陆村第1村民小组。2003年11月为陆舍村第1村民小组。

【湖桥村】 Húqiáo Cūn

湖桥村村委会

村委会。位于临湖镇东北部，距镇人民政府驻地2.5千米。管辖范围为东起东山大道，西至采莲村，南起东太湖边缘，北至苏东运河。辖区面积11.42平方千米。户籍人口5394人。村委会驻浦南路888号。下辖庵头、安头庄、北浜村、东石前、东上塔、后村、后港、湖桥街、江家浜、柳巷里、陆家巨、庙下、庙上、牛桥头、南浜头、邱家桥、桥头、三思泾、田渡里、湾金浜、小村、西石前、西上塔、西古、西泾、许家桥、翔南角、小桥头、杨树坟、油车浜、洋盛、中石前32个自然村落。因靠近太湖，以域内湖桥而得名。清雍正年间为吴苑乡第八都。1931年为湖桥镇。1949年初为浦庄乡下泾村和石前村。1954年成立光辉初级社。1956年5月为浦庄乡高级社。1958年8月为浦庄公社第一大队。1961年为浦庄人民公社湖桥大队。1983年改为湖桥行政村。2003年11月下泾村、兴建村并入湖桥村。2006年9月行政区划调整属临湖镇。明代镇上设程典司衙门，清后期建湖桥镇。当地称“先有湖桥镇，后有浦庄街”。

庵头 Āntóu

农村居民点。位于临湖镇东北部。东为邱家桥，南为安头庄，西为石塘村安头，北为苏东运河。户籍人口83人。1993年6月为兴建村第3、9村民小组。2003年11月为湖桥村第9村民小组。

安头庄 Āntóuzhuāng

农村居民点。位于临湖镇东北部。又称郎庄。东为木东公路，南为黄垆陈巷自然村，西为安头自然村，北为邱家桥自然村。户籍人口128人。早先安头庄与安头村相邻。后江阴人移此聚居，称安头庄。1993年6月为兴建村第4村民小组。2003年11月为湖桥村第4村民小组。

北浜村 Běibāng Cūn

农村居民点。位于临湖镇东北部。东为新翔角自然村，南为田渡里自然村，西为兴建自然村，北为湖桥村委。户籍人口274人。为湖桥村第2、11村民小组。

东石前 Dōngshíqián

农村居民点。位于临湖镇东北部。东为西古自然村，南为西泾自然村，西为中石前自然村，北为湖桥自然村。户籍人口309人。旧时该村有块大石头，其东为东石前，中为中石前，西则西石前。1993年6月为下泾村第5村民小组。2003年11月为湖桥村第5村民小组。

东上塔 Dōngshàngtǎ

农村居民点。位于临湖镇东北部。东为苏巷里自然村，南为杨树坟自然村，西为兴建自然村，北为浦庄自然村。户籍人口378人。因东首有石塔一座，故名。1993年6月为兴建村第1、7村民小组。2003年11月为湖桥村第1、7村民小组。

后村 Hòu Cūn

农村居民点。位于临湖镇东北部。东为邱家桥，南为南浜头，西为安头，北为苏东运河。户籍人口32人。因原是安头自然村一部分，后分开，因在其后面，故名。为湖桥村村民小组。

后港 Hòugǎng

农村居民点。位于临湖镇东北部。东为张家浜，南为湖桥街，西为翔南角，北为许家桥。户籍人口265人。以村位于河港北而得名。1983年属新路村。2013年5月划归湖桥村。

湖桥街 Húqiáojiē

农村居民点。位于临湖镇东北部。东为桥头自然村，南为湖桥港、石前自然村，西为北浜自然村，北为翔南角、后港自然村。户籍人口197人。晚清时期形成村落，村南有条直通太湖的河港，原名前路村，为方便村民出行特造“和桥”一座，亦名湖桥街。为湖桥村第4、5、7村民小组。

江家浜 Jiāngjiābāng

农村居民点。位于临湖镇东北部。东为洋盛自然村，南为东山大道，西为庙下自然村，北为西泾自然村。户籍人口284人。以江姓人家居多而得名。1993年6月为下泾第1、8村民小组。2003年11月为湖桥村下泾第1、8村民小组。

柳巷里 Liǔxiànglǐ

农村居民点。位于临湖镇东北部。东为张家浜。南为柳巷港，西为油车浜，北为湖桥大道。户籍人口24人。以村河边柳树成巷而得名。为湖桥第8村民小组。

陆家巨 Lùjiājù

农村居民点。位于临湖镇东北部。东为木东公路，南为陆湾自然村，西为邱家桥自然村，北为西上塔自然村。户籍人口449人。因陆姓人家居多，故名。1993年6月为兴建村第2、8村民小组。2003年11月为湖桥村第2、8村民小组。

庙下 Miàoxià

农村居民点。位于临湖镇东北部。东为西泾自然村，南为江家浜自然村，西为庙上自然村，北为田渡自然村。户籍人口421人。旧时，湖桥村与采莲村交界处有一古庙，庙的上首称庙上村，下首则为庙下村。1993年6月为下泾村第2、3、11村民小组。2003年11月为湖桥村第2、3、11村民小组。

庙上 Miàoshàng

农村居民点。位于临湖镇东北部。东为庙下自然村，南为东山大道，西为浦庄大道，北为田渡里自然村。户籍人口319人。旧时，湖桥村与采莲村之间有一古庙，庙的上首称庙上村，下首称庙下村。1993年6月为黄垆村第1、5村民小组。2003年12月为采莲村第18、22村民小组。2013年5月为湖桥村第12村民小组。

牛桥头 Niúqiáotóu

农村居民点。位于临湖镇东北部。东为庙上自然村，南为庙上自然村，西为浦庄大道，北为湖嘉寺。户籍人口15人。因村位于牛桥南首，故名。2013年5月为湖桥村第12村民小组。

南浜头 Nánbāngtóu

农村居民点。位于临湖镇东北部。东为湾金浜，南为安头庄，西为桥头，北为安头。户籍人口31人。因村落位于小河浜南侧，故名。为湖桥村村民小组。

邱家桥 Qiūjiāqiáo

农村居民点。位于临湖镇东北部。东为陆家渠自然村，南为安头庄自然村，西为苏东运河，北为上塔自然村。户籍人口187人。以邱姓人家聚居而得名。1993年6月为兴建村第5村民小组。2003年11月为湖桥村第5村民小组。

桥头 Qiáotóu

农村居民点。位于临湖镇东北部。东为邱家桥自然村，南为黄垆陈巷自然村，西为苏东运河，北为安头自然村。户籍人口35人。以村位于桥前头而得名。为湖桥村村民小组。

三思泾 Sānsījīng

农村居民点。位于临湖镇东北部。东为苏巷里村自然村，南为杨树坟自然村，西为兴建自然村，北为浦庄自然村。户籍人口63人。因村中有三曲小河，曰“三丝泾”，故名。且取三思而后行之意。为湖桥村第10村民小组。

田渡里 Tiándùlǐ

农村居民点。位于临湖镇东北部。东为湖桥自然村，南为庙上，西为浦庄大道，北为北浜自然村。户籍人口239人。以村落位于低洼地中间而得名。2003年11月为湖桥村第1村民小组。

湾金浜 Wānjīnbāng

农村居民点。位于临湖镇东北部。东为陆家巨，南为安头浜，西为安头，北为邱家桥。户籍人口

29人。为湖桥村村民小组。

小村 Xiǎo Cūn

农村居民点。位于临湖镇东北部。东为西泾，南为牛河桥港，西为庙下村，北为西泾。户籍人口85人。以村落依附在西泾村南，居住人家较少而得名。为湖桥村村民小组。

西石前 Xīshíqián

农村居民点。位于临湖镇东北部。东为中石前自然村，南为西泾自然村，西为田渡自然村，北为湖桥自然村。户籍人口175人。旧时，村中有块石头，之东为东石前，中为中石前，西则西石前。1993年6月为下泾村第7村民小组。2003年11月为湖桥村第7村民小组。

西上塔 Xīshàngtǎ

农村居民点。位于临湖镇东北部。东为东上塔自然村，南为陆家渠自然村，西为邱家桥自然村，北为苏东运河。户籍人口195人。因村西有石塔一座，故名。为湖桥村第6村民小组。

西古 Xīgǔ

农村居民点。位于临湖镇东北部。东为东山大道，南为洋盛，西为柳巷里，北为湖桥大道。户籍人口103人。因东面有东古村，故名。为湖桥村村民小组。

西泾 Xījīng

农村居民点。位于临湖镇东北部。东为东山大道，南为江家浜，西为庙下，北为到石前自然村。户籍人口244人。因河道东有圩地，俗称东泾浪，河西则为西泾浪，后简称西泾。1993年6月为下泾村第4、10村民小组。2003年11月为湖桥村下泾第4、10村民小组。

许家桥 Xǔjiāqiáo

农村居民点。位于临湖镇东北部。东为东山大道，南为湖桥自然村，西为浦南路，北为杨树坟。户籍人口115人。因移民至此的人家大多姓许，后形成村落，村中建一桥，名许家桥，故名。为湖桥村第9村民小组。

翔南角 Xiángnánjiǎo

农村居民点。位于临湖镇东北部。又名翔翎角。东为湖桥自然村，南为石前自然村，西为北浜村自然村，北为许家桥自然村。户籍人口142人。为湖桥村第3村民小组。

小桥头 Xiǎoqiáotóu

农村居民点。位于临湖镇东北部。东为张家浜河，南为张家浜河，西为湖桥街，北为后港。户籍人口20人。因村头有小桥，故名。为湖桥村村民小组。

杨树坟 Yángshùfén

农村居民点。位于临湖镇东北部。东为东山大道，南为湖谐路，西为浦南路，北为三思泾自然村。户籍人口54人。因杨姓大族祖坟位于此，故名杨氏坟，因“坟”字不吉利，当地人又谐音称杨树凤。为湖桥村第10村民小组。

油车浜 Yóuchēbāng

农村居民点。位于临湖镇东北部。东为翔南角，南为许家桥，西为田地，北为湖桥大道。户籍人口144人。1993年6月属新路村。2013年5月划归湖桥村。

洋盛 Yángshèng

农村居民点。位于临湖镇东北部。东为东山大道，南为东山大道，西为江家浜自然村，北为西古自然村。户籍人口58人。因村坐落在洋盛港两岸，故名。1993年6月为新路村第1村民小组。2013年5月为湖桥村第13村民小组。

中石前 Zhōngshíqián

农村居民点。位于临湖镇东北部。东为东石前自然村，南为西泾革自然村，西为西石前自然村，北为湖桥自然村。户籍人口190人。旧时该村有块大石头，东为东石前，中为中石前，西则西石前。1993年6月为下泾村第6、9村民小组。2003年11月为湖桥村第6、9村民小组。

【浦庄村】 PǔzhuāngCūn

浦庄村村委会

村委会。位于临湖镇东北部，距镇人民政府驻地4.4千米。管辖范围为东起太平庄自然村，西至前青街，南起和安路，北至陈村港。面积6.5平方千米。户籍人口3819人。村委会驻和安路660号。下辖柏家舍、陈村里、车里浜、渡善头、东升、金家堂、浦庄、沈庄、苏巷里、西浦庄、殷家泾、杨家桥、堰塘13个自然村落。因在浦庄集镇周边，故名。1949年初属浦庄乡管辖。1954年成立宪生、联盟初级社。1956年为浦庄乡联盟高级社。1958年8月为浦庄公社第二大队。1961年改称联盟大队。1980年12月更名为浦庄人民公社浦庄大队。1983年改称为浦庄村。1999年杨桥村并入浦庄村。2006年9月行政区划调整属临湖镇。

柏家舍 Bǎijiāshè

农村居民点。位于临湖镇东北部。东为金家港，南为东升自然村，西为渡村路，北为杨家桥自然村。户籍人口109人。以柏姓人家居多而得名。1993年6月为杨桥村第10村民小组。1999年为浦庄村第10村民小组。

陈村里 Chéncūnlǐ

农村居民点。位于临湖镇东北部。东为石庄村，南为和安路，西为浦金路，北为平安路与石庄村。户籍人口156人。以陈姓人家居多而得名。为浦庄村第10村民小组。

车里浜 Chēlǐbāng

农村居民点。位于临湖镇东北部。东为堰塘自然村，南为后街自然村，西为浦庄农贸市场，北为陈村里自然村。户籍人口135人。因村中许多农户，均利用牛车车水灌溉农田，河浜里水车挨水车，故名。为浦庄村第9村民小组。

渡善头 Dùshàntóu

农村居民点。位于临湖镇东北部。东为前青街自然村，南为苏东河，西为东升自然村，北为重才路。户籍人口405人。因村位于苏东运河旁，过河要摆渡，由此得名“渡善（船）头”。1993年6月为杨桥村第3、4、5村民小组。1999年为浦庄村杨桥第3、4、5村民小组。

东升 Dōngshēng

农村居民点。位于临湖镇东北部。东为临湖实验中学、渡善头自然村，南为苏东运河，西为杨家港，北为金家堂。户籍人口110人。取村民希冀步步高升之意命名。1993年6月为杨桥村第6村民小组。1999年为浦庄村第6村民小组。

金家堂 Jīnjiātáng

农村居民点。位于临湖镇东北部。东为临湖镇实验中学，南为东升自然村，西为金家港，北为杨家桥自然村。户籍人口108人。以金姓人家居多而得名。1993年6月为杨桥村第7村民小组。1999年为浦庄村第10村民小组。

浦庄 Pǔzhuāng

农村居民点。位于临湖镇东北部。东为俞家角自然村，南为浦镇西街，西为西浦庄大道，北为锦福路。户籍人口524人。以村落紧靠河浦而得名。为浦庄村第1、2村民小组。

沈庄 Shěnzhuāng

农村居民点。位于临湖镇东北部。东为张家浜河，南为苏巷里自然村，西为殷家泾自然村，北为堰塘自然村。户籍人口240人。以沈姓人家居多而得名。为浦庄村第5村民小组。

苏巷里 Sūxiànglǐ

农村居民点。位于临湖镇东北部。东为东山大道，南为湖桥自然村，西为殷家泾自然村，北为沈庄自然村。户籍人口351人。以苏姓人家聚居而得名。为浦庄村第3、4村民小组。

西浦庄 Xīpǔzhuāng

农村居民点。位于临湖镇东北部。东为俞家角自然村，南为浦镇西街，西为西浦庄大道，北为锦福路。户籍人口259人。因村位于浦庄镇区西故名。1993年6月为杨桥村第1、2村民小组。1999年为浦庄村第1、2村民小组。

殷家泾 Yīnjiājīng

农村居民点。位于临湖镇东北部。东为浦镇街，南为湖桥自然村，西为前青街与湖桥村交界，北为重才路。户籍人口524人。因村河两岸栽满了杨柳树，且日益长大长粗，树荫婆娑，夏日乘凉人很多。村中又有殷姓人家，方言“殷”“荫”同音，故名。为浦庄村第1、2村民小组。

杨家桥 Yángjiāqiáo

农村居民点。位于临湖镇东北部。东为浦庄大道，南为金家堂路，西为渡村路，北为联东河。户籍人口250人。1993年6月为杨桥村第8、9村民小组。1999年为浦庄村第8、9村民小组。

堰塘 Yàntáng

农村居民点。位于临湖镇东北部。东为浦兴路，南为木东公路、苏东运河，西为浦镇街，北为中安路。户籍人口393人。因该地低洼，村民筑圩种地，故名。为浦庄村第6、7、12、13、14村民小组。

【石庄村】 Shízhuāng Cūn

石庄村村委会

村委会。位于临湖镇东北部，距镇人民政府驻地4.9千米。管辖范围为东起浦庄大道，西至定向河，南起洋泾河路，北至石庄路。面积5平方千米。户籍人口2478人。村委会驻洋河泾路北、浦庄大道西100米。下辖北塘、东塘、东木排、东洋河泾、前娄、沙泥泾、太平庄、西木排、张家村9个自然村落。以域内石庄自然村为行政村名。清雍正年间为太平乡第七都。1931年为洋河泾乡。1949年初为新众乡石庄村和洋河村。1953年为新光初级社。1956年5月为浦庄乡东方第二高级社。1958年8月为浦庄公社第六大队。1961年改称石庄大队。1983年改为石庄村。2000年7月沙泾村并入石庄村，2006年9月行政区划调整属临湖镇。

北塘 Běitáng

农村居民点。位于临湖镇东北部。东为浦兴路，南为和安路，西为太平庄自然村，北为平安路。户籍人口291人。因村落地势低洼，河塘较多，又位于北侧，故名。1993年6月为沙泾村第3村民小组。2000年7月为石庄村第3村民小组。

东塘 Dōngtáng

农村居民点。位于临湖镇东北部。东为东山大道，南为木东公路，西为浦兴路，北为和安路。面积2万平方米。户籍人口214人。1993年6月为沙泾村第1村民小组。2000年7月为石庄村第1村民小组。

东木排 Dōngmùpái

农村居民点。位于临湖镇东北部。东为浦沙路，南为平安路，西为浦金路，北为东太湖路。面积2.3万平方米。户籍人口267人。村河中长时间置木排，以此为基点，分东、西木排两村。1993年6月为沙泾村第9、15村民小组。2000年7月为石庄村沙泾第9、15村民小组。

东洋河泾 Dōngyánghéjīng

农村居民点。位于临湖镇东北部。东为浦庄大道，南为洋河泾路，西为浦阳路，北为东太湖路。面积3万平方米。户籍人口304人。因村落位于洋河泾东首，故名。为石庄村第1、2村民小组。

前娄 Qiánlóu

农村居民点。位于临湖镇东北部。东为横泾街道。南为东山大道，西为东山大道，北为东太湖路。面积2.5万平方米。户籍人口185人。明末清初，周家桥边有一小楼，聚成村落后，得名前楼村，后谐音“前娄”。1993年6月为沙泾村第6、7村民小组。2000年7月为石庄村第6、7村民小组。

沙泥泾 Shāníjīng

农村居民点。位于临湖镇东北部。东为东山大道，南为平安路，西为浦沙路，北为东太湖路。面积4万平方米。户籍人口436人。因从上游太湖口流经河道的泥沙较多，故名。1993年6月为沙泾村第5、13、17村民小组。2000年为石庄村第5、13、17村民小组。

太平庄 Tàipíngzhuāng

农村居民点。位于临湖镇东北部。东为浦沙路，南为和安路，西为浦庄陈村里自然村，北为平安路。面积2.1万平方米。户籍人口112人。取村民希冀长久平安之意命名。1993年6月为沙泾村第4村民小组。2000年7月为石庄村第4村民小组。

西木排 Xīmùpái

农村居民点。位于临湖镇东北部。东为浦金路，南为平安路，西为浦庄大道，北为东太湖路。面积5万平方米。户籍人口549人。1993年6月为沙泾村第10、11、12、16村民小组。2000年7月为石庄村第10、11、12、16村民小组。

张家村 Zhāngjiā Cūn

农村居民点。位于临湖镇东北部。东为东山大道，南为和安路，西为浦兴路，北为平安路。面积3万平方米。户籍人口128人。以张姓人家居多而得名。1993年6月为沙泾第2村民小组。2000年7月为石庄村第2村民小组。

【界路村】 Jièlù Cūn

界路村村委会

村委会。位于临湖镇西北部，距镇人民政府驻地4.2千米。管辖范围为东起渡村路，西至青年河路，南起临湖路，北至柴家桥自然村。面积3.5平方千米。户籍人口3078人。村委驻青年河路东侧、临湖路以西200米。下辖北庄、柴家桥、东前青、大渡村、界路、庙头、毛窝里、排家泾、西洋河泾、西前青、朱家村、朱河浜、中洋河泾、赵岸老14个自然村落。以域内界路自然村为行政村名。1949年初属新众乡东方村、洋河村、前青村。1951年成立互助组。1956年为浦庄乡东方高级社。1958年8月为浦庄公社第七大队。1961年改称东方大队。1980年12月更名为浦庄人民公社第七大队。1983年改称浦庄乡界路村。2003年9月前青村并入该村。2006年9月行政区划调整属临湖镇。

北庄 Běizhuāng

农村居民点。位于临湖镇西北部。东为渡村路，南为联东路，西为青年河，北为临湖路。面积2.8万平方米。户籍人口223人。因村落位于张庄北面，故名。为界路村第10、14村民小组。

柴家桥 Cháijiāqiáo

农村居民点。位于临湖镇西北部。东为毛窝里自然村，南为界路村委会，西为青年河，北为中洋河泾自然村。面积0.9万平方米。户籍人口78人。以柴姓人家居多而得名。1993年6月为前青村第3村民小组。2003年9月为界路村第3村民小组。

东前青 Dōngqiánqīng

农村居民点。位于临湖镇西北部。东为临湖工业区，南为浦庄杨家桥自然村，西为西前青自然村，北为和安路。面积2.4万平方米。户籍人口111人。因村位于青龙桥东侧，故名。1993年6月为前青村第1村民小组。2003年9月为界路村第16村民小组。

大渡村 Dàdù Cūn

农村居民点。位于临湖镇西北部。东为排家泾自然村，南为东吴村泥桥头自然村，西为环太湖大道，北为西洋河泾自然村。面积1.6万平方米。户籍人口163人。因村位于大渡浜两岸而得名。为界路村第5组村民小组。

界路 Jièlù

农村居民点。位于临湖镇西北部。东为青年河，南为联东路，西为赵岸老自然村，北为柴家桥自然村。面积5.5万平方米。户籍人口552人。据传该村较大，因早先村民常有争吵纠纷，后以村中一条小路为界，各自理事，故名。为界路村第8、9、11、12、13、15村民小组。

庙头 Miàotóu

农村居民点。位于临湖镇西北部。又称彰霖 庙头。东为浦庄村、陈村里自然村，南为浦庄自然村，西为朱家村自然村，北为木排头自然村。面积2.7万平方米。户籍人口362人。因村内有“彰霖庙”，故名。为界路村第23村民小组。

毛窝里 Máowōlǐ

农村居民点。位于临湖镇西北部。东为朱家村自然村，南为临湖路，西为柴家桥自然村，北为平安路。面积2.9万平方米。户籍人口189人。1993年6月为前青村第4村民小组。2003年9月为界路村第19村民小组。

排家泾 Páijiājīng

农村居民点。位于临湖镇西北部。东为界西路自然村，南为赵岸老自然村，西为东吴村泥桥头自然村，北为西洋河泾自然村。面积0.9万平方米。户籍人口123人。以排姓村民聚居而得名。为界路村第6村民小组。

西洋河泾 Xīyánghéjīng

农村居民点。位于临湖镇西北部。东为青年河，南为排家泾自然村，西为环太湖大道，北为苏州未来农林大世界。面积4.8万平方米。户籍人口400人。以村落位于洋河泾西段而得名。为界路村第3、4村民小组。

西前青 Xīqiánqīng

农村居民点。位于临湖镇西北部。东为东前青自然村，南为浦庄自然村、杨家桥自然村，西为北庄自然村，北为和安路。面积2.9万平方米。户籍人口234人。因村位于青龙桥西侧，故名。1993年6月为前青村第2村民小组。2003年9月为界路村第17村民小组。

朱家村 Zhūjiā Cūn

农村居民点。位于临湖镇西北部。东为临湖工业区，南为和安路，西为毛窝里自然村，北为朱河浜自然村。面积1.8万平方米。户籍人口168人。以朱姓人家居多而得名。1993年6月为前青村第5村民小组。2003年9月为界路村第20村民小组。

朱河浜 Zhūhébāng

农村居民点。位于临湖镇西北部。东为浦庄大道，南为和安路工业区，西为朱家村自然村，北为石庄村。面积0.8万平方米。户籍人口75人。以村中河浜两岸朱姓人家居多而得名。1993年6月为前青村第6村民小组。2003年9月为界路村第21村民小组。

中洋河泾 Zhōngyánghéjīng

农村居民点。位于临湖镇西北部。东为浦阳路，南为柴家桥自然村，西为青年河，北为农林大世界。面积4.2万平方米。户籍人口361人。以村位于洋河泾中部而得名。为界路村第1、2村民小组。

赵岸老 Zhào´ànlǎo

农村居民点。位于临湖镇西北部。东为界路自然村，南为联东路，西为东吴村西区自然村，北为排家泾自然村。面积0.8万平方米。户籍人口59人。村庄位于河岸边，曹姓村民居多，称为曹岸上，后方言谐音读作“赵岸老”。为界路村第7村民小组。

【东吴村】 Dōngwú Cūn

村委会。位于临湖镇西北部，距镇人民政府驻地4.1千米。管辖范围为东起东张庄，西至顺堤河，

东吴村村委会

南起张庄港，北至泥桥头。面积3.88平方千米。户籍人口3111人。村委会驻联东路188号。下辖北港、北舍头、东张庄、东区、段空头、韩区、泥桥头、吴家湾、西区、西查、西张庄11个自然村落，渔业新村1个居民住宅小区。取东区、吴家湾2个自然村首字组合命名。清为吴苑乡第十都。1931年为东区乡所辖。1949年初为新众乡东区村、吴家湾村、张庄村。1954年建五爱初级社。1956年改为浦庄乡东方高级社。1958年8月改为浦庄人民公社第七大队。1961年改称东吴大队。1983年改为东吴村。2002年9月西查村并入东吴村。2006年9月属临湖镇。

北港 Běigǎng

农村居民点。位于临湖镇西北部。东为吴家湾自然村，南为东陆南港，西为太湖，北为韩区。户籍人口211人。以村河北港而得名。为东吴村第10、14村民小组。

北舍头 Běishètóu

农村居民点。位于临湖镇西北部。又称舍上。东为杨家桥自然村，南为西查自然村，西为临湖路，北为界路村北庄自然村。户籍人口446人。1993年6月为东吴村第8、9、10村民小组。2002年10月为东吴村第22、23、24村民小组。

东张庄 Dōngzhāngzhuāng

农村居民点。位于临湖镇东北部。东为苏东运河，南为张庄港，西为西张庄自然村，北为西查自然村。户籍人口214人。因村中张姓人家居多，又形成东、西两个自然村落，该村居东，故名。1993年6月为西查村第1村民小组。2002年9月为东吴村第15村民小组。

东区 Dōngqū

农村居民点。位于临湖镇西北部。东为临湖路，

南为吴家湾自然村，西为段空头自然村，北为泥桥头自然村。户籍人口600人。因村位于段空头村东边，故名。为东吴村第4、5、6、7、13村民小组。

段空头 Duànkōngtóu

农村居民点。位于临湖镇西北部。东为东区自然村，南为韩区自然村，西为西太湖，北为西区自然村。户籍人口87人。为东吴村第3村民小组。

韩区 Hánqū

农村居民点。位于临湖镇西北部。东为东区自然村，南为北港自然村，西为太湖，北为段空头自然村。户籍人口308人。为东吴村第8、9村民小组。

泥桥头 Níqiáotóu

农村居民点。位于临湖镇西北部。东为界路自然村，南为东吴村西区自然村，西为西太湖，北为界路村大渡自然村。户籍人口139人。以村口一座泥桥而得名。为东吴村第1村民小组。

吴家湾 Wújiāwān

农村居民点。位于临湖镇西北部。东为临湖路，南为吴家湾自然村，西为北港自然村，北为东区自然村。户籍人口304人。以吴姓人家在河湾处建宅聚居而得名。为东吴村第11、12村民小组。

西区 Xīqū

农村居民点。位于临湖镇西北部。东为东区自然村，南为段空头自然村，西为西太湖，北为泥桥头自然村。户籍人口104人。为东吴村第2村民小组。

西查 Xīzhā

农村居民点。位于临湖镇西北部。东为张庄自然村，南为西张庄自然村，西为临湖路，北为北舍头自然村。户籍人口421人。以查姓人家居多而得名。1993年6月为西查村第4、5、6、7村民小组。2002年10月为东吴村第18、19、20、21村民小组。

西张庄 Xīzhāngzhuāng

农村居民点。位于临湖镇西北部。东为东张庄，南为石塘安头自然村，西为水车自然村，北为西查自然村。户籍人口278人。因张姓人家居多，且该村在西，故名。1993年为西查村第1村民小组。2002年9月为东吴村第15村民小组。

渔业新村 Yúyè Xīncūn

城镇居民点。位于临湖镇西北部。东至永共路，南至合生国际花园东区北，西至爱心家园，北至周新路。属东吴村。人口120人。因“渔民”陆上定居，故名。2001年命名。

三、社区居委会及居民点

【渡村社区】 Dùcūn Shèqū

渡村社区居委会

社区居委会。位于临湖镇西南部，距镇人民政府驻地2.5千米。管辖范围为东起东山大道，西至塘桥路，南起腾飞路，北至银藏路。面积2.98平方千米。户籍人口1637人。居委会驻银藏路南侧、新市街以西300米。下辖东润花园、东泰花园、东盛花园、博墅、花漫四季花园、悠步临湖花园、临澜墅7个居民住宅小区。因该区域位于渡村市镇而名。1985年5月11日渡村乡建立渡村社区。2003年11月更名为渡村市镇社区。2007年10月更名为渡村社区。

东润花园 Dōngrùn Huāyuán

城镇居民点。位于临湖镇西南部。东至石塘村，南至灵湖路，西至临湖镇渡村中学（在建），北至苏东河（俗称）。属渡村社区。占地面积6.6万平方米。共31幢住宅楼（其中多层17幢、联体别墅14幢），545户（套），绿化率38.8%。以“日出东方、光彩润色”的寓意拟名。2006年命名。

东泰花园 Dōngtài Huāyuán

城镇居民点。位于临湖镇西南部。东至渡村路，南至莲湖路，西至新市街，北至苏东运河。属渡村社区。占地面积10万平方米。共47幢住宅楼（其中多层32幢、联体别墅15幢），837户（套），绿化率37%。取“日出东方、国泰民安”的寓意拟名。2007年命名。

东盛花园 Dōngshèng Huāyuán

城镇居民点。位于临湖镇西南部。东至新市街，南至莲湖路，西至塘桥路，北至碧湖路。属渡村社区。占地面积10万平方米。共47幢住宅楼（其中多层32幢、联体别墅15幢），837户（套），绿化率37%。取“日出东方、繁荣茂盛”的寓意拟名。2010年命名。

博墅 Bó Shù

城镇居民点。位于临湖镇西南部。东至塘桥路，南至菱湖渚路，西至临湖路及定向河，北至小塘河。属渡村社区。占地面积9万平方米。共54幢住宅楼（其中联体别墅49幢、中高层5幢）和1幢综合楼，764户（套），绿化率37%。取“众多别墅，聚八方人才”的寓意拟名。2015年命名。

花漫四季花园 Huāmànsìjì Huāyuán

城镇居民点。位于临湖镇西南部。东至新市街西侧河道，南至银藏路北侧商用楼，西至方庄路，北至银藏路。属渡村社区。占地面积3万平方米，建筑面积8.2万平方米。共10幢住宅楼（其中中高层6幢、高层4幢），637户（套），绿化率37.01%。取“赏烂漫花意，品四季人生，栖美丽居所”的寓意拟名。2017年命名。

悠步临湖花园 Yōubùlínhú Huāyuán

城镇居民点。位于临湖镇西南部。东至渡村路及东山大道，南至苏州锦祥纺织染整有限公司，西至新市街，北至莲湖路。属渡村社区。占地面积3.5万平方米，建筑面积8.9531万平方米。共7幢高层住宅楼和3幢商住楼，703户（套），绿化率35%。取“悠然信步临湖，邂逅美丽居所”的寓意拟名。2018年命名。

临澜墅 Línlán Shù

城镇居民点。位于临湖镇西南部。东至银藏港，南至银藏路，西至临澜商业广场，北至荡湖路。属渡村社区。占地面积7.3万平方米，建筑面积15.7565万平方米。共65幢住宅楼（其中联体别墅60幢、高层5幢），836户（套），绿化率36%。取“临水观澜之居所”的寓意拟名。2018年命名。

【联盟社区】 Liánméng Shèqū

社区居委会。位于临湖镇东北部，距镇人民政府驻地3.8千米。管辖范围为东起木东公路，西至浦庄街，南起联盟街，北至苏东运河。面积1.1平方千米。户籍人口495人。居委会驻联盟街85号。下辖未名苑、天颂花园2个居民住宅小区。以境内联盟街而得名。1985年浦庄镇设立街道居委会。2004年改为联盟社区，2006年9月渡村镇与浦庄镇合并设立临湖镇，属临湖镇。

联盟社区居委会

未名苑 Wèimíng Yuàn

城镇居民点。位于临湖镇东北部。东至前青街，南至联东路，西至浦庄大道，北至和安路。属联盟社区。占地面积8万平方米。共80幢别墅（其中独体别墅37幢、联体别墅43幢），182户（套），绿化率36%。取“美好至极，无可形容”的寓意拟名。2008年命名。

天颂花园 Tiānsòng Huāyuán

城镇居民点。位于临湖镇东北部。东至金家堂路北侧规划用地，南至金家堂路，西至金家堂路北侧规划用地，北至联东河。属联盟社区。占地面积4.7万平方米。共16幢住宅楼（其中中高层10幢、高层6幢）和1幢综合楼，684户（套），绿化率37.01%。“天”，指自然界；“颂”本义为“容貌”“仪容”等（《说文》：“颂，貌也”）。“天颂花园”，取“融自然风貌，营美丽居所”，与自然生态和谐相融，建筑景观优美宜人的良好意愿的寓意拟名。2016年命名。

四、历史地名

【村委会】

【吴舍村】 Wúshè Cūn

村委会。位于临湖镇北部，距镇人民政府驻地

1.5千米。管辖范围为东起塘村村，西至太湖，南起前塘村，北至石舍村。面积2.05平方千米。户籍人口508户，1773人。均为汉族。下辖黄墅、西塘、水路村、陆步庄、吴舍5个自然村落，14个村民小组。舍是古代驻军地，一千户为一舍 ，原渡村有十八舍之说，吴舍是其中一舍。中华人民共和国成立后为石舍乡吴舍村，后并入渡村乡。2007年行政区域调整撤销。

【柳舍村】 Liǔshè Cūn

村委会。位于临湖镇西部，距镇人民政府驻地3千米。管辖范围为东起石舍村，西至太湖，南起灵湖村，北至陆舍村。面积1.06平方千米。户籍人口248户，889人。下辖陆家浜、金家堂、马家角、石脚盆、板桥头、张家堂、浜果角、后方堂8个自然村落，7个村民小组。舍是古代驻军地，一千户为一舍，原渡村有十八舍之说，柳舍是其中一舍得名。中华人民共和国成立后为石舍乡柳舍村。2007年行政区域调整撤销。

【前青村】 Qiánqīng Cūn

村委会。位于临湖镇中部，距镇人民政府驻地1.5千米。管辖范围为东起浦庄村，西至界路村，南起联东路，北至石庄村。共有7个村民小组。户籍人口246户，895人，村委会驻朱家村。以所辖区域前青自然村人口众多而得名。中华人民共和国成立初为新众乡前青村。1956年5月为东方第一高级社。1958年8月为浦庄公社第八大队。1961年改称前青大队。1983年改为前青行政村。2000年末辖朱家村、朱河浜、庙头、毛窝里、柴家桥、前青6个自然村。2007年行政区域调整撤销。

【兴建村】 Xīngjiàn Cūn

村委会。位于临湖镇南部，距镇人民政府驻地1.5千米。管辖范围为东起木东公路，西至苏东运河，南起采莲村，北至浦庄村。共有9个村民小组。户籍人口373户，1416人。村委会驻农业丰产方。中华人民共和国成立初为新众乡渡善村和浦庄乡上塔村。1956年为兴建高级社。1957年9月采莲乡兴家村划入上塔村。1958年8月为浦庄乡第九大队。1961年改称兴建大队。1983年改为兴建村。2000年末，辖陆家坝、安头庄、邱家桥、东上塔、西上塔5个自然村。2007年行政区域调整撤销。

【村前村】 Cūnqián Cūn

村委会。位于临湖镇西南部，距镇人民政府驻地1千米。管辖范围为东起东山大道，西至太湖，南起三塘村，北至牛桥村。面积2.89平方千米。户籍人口767户，2638人。下辖南西塘、北西塘、火烧浜、南舍、南城头、村前头、会角老、顾家弄、对方桥、新桥头、中军岸11个自然村落，17个村民小组。村内南西塘和北西塘均为苏北、河南等地移民。以域内村前头自然村为名。中华人民共和国成立后为渡村乡中心村和南庄村。2007年行政区域调整撤销。

【穗丰村】 Suìfēng Cūn

村委会。位于临湖镇北部，距镇人民政府驻地2.5千米。管辖范围为东起采莲村，西至陆舍村，南起石塘村，北至东吴村。面积1.87平方千米。户籍人口343户，1201人。下辖庵头、陈舍、上堡、下堡、北水车、下粮港6个自然村落，13个村民小组。以水稻丰收之意命名。中华人民共和国成立后为采莲乡上堡村和下堡村。2007年行政区域调整撤销。

【陆湾村】 Lùwān Cūn

村委会。位于临湖镇东北部，距镇人民政府驻地3千米。管辖范围为东起浦庄大道，西至黄垆港，南起黄垆村，北至黄垆村。面积1.11平方千米。户籍人口217户，734人。下辖庙头、牛桥头、审巷、南陆、北陆、南墟、寺根7个自然村落，7个村民小组。以域内陆湾自然村而得名。中华人民共和国成立后为采莲乡陆湾村。2007年行政区域调整撤销。

【黄垆村】 Huánglú Cūn

村委会。位于临湖镇东北部，距镇人民政府驻地3千米。管辖范围为东起黄垆港，西至苏东运河，南起六湾村，北至六湾村。面积4.72平方千米。户籍人口801户，2904人。下辖桥东、桥西、北堰、潦里、陈巷、后巷上、华北角、陆湾8个自然村落，17个村民小组。以域内黄垆自然村而得名。中华人民共和国成立后为采莲乡黄垆村、潦里村、桥东村。1958年9月名红星大队。1967年3月陈巷大队并入，改称红光大队。2007年行政区域调整撤销。

【西陆村】 Xīlù Cūn

村委会。位于临湖镇西北部，距镇人民政府驻地3千米。管辖范围为东起东陆村，西至太湖，南起石舍村，北至南港村。面积0.88平方千米。户籍人口196户，665人。下辖秧屋、西陆2个自然村落，4个村民小组。以所辖西陆舍自然村而得名。中华人民共和国成立后为石台乡西陆村。2007年行政区域调整撤销。

【下泾村】 Xiàjīng Cūn

村委会。位于临湖镇南部，距镇人民政府驻地2.5千米。管辖范围为东起横泾，西至采莲村，南起东山大道，北至湖桥街自然村。户籍人口388户，1385人。村委会驻西泾。下辖西泾、江家浜、庙下村、小村上、东石前、西石前、豪湾里7个自然村落。以域内下泾自然村而得名。中华人民共和国成立初为浦庄乡下泾村和石前村。1956年5月为浦庄乡联盟高级社。1958年8月为浦庄公社第一大队。1961年改称下泾大队。1983年改为下泾行政村。2007年行政区域调整撤销。

【东陆村】 Dōnglù Cūn

村委会。位于临湖镇北部，距镇人民政府驻地3千米。管辖范围为东起石塘村，西至西陆村，南起石舍村，北至东吴村。面积1.93平方千米。户籍人口471户，1583人。下辖仙路桥、严庄、南港、田渡里、顾家桥、舍庵头、顾家舍、周家畎、吴家汇、姚家村、十三浜、东陆舍、朱下浜、秧屋村、直港上15个自然村落，12个村民小组。以域内东陆舍自然村而得名。中华人民共和国成立后为石舍乡顾家村和东陆村。2007年行政区域调整撤销。

【三塘村】 Sāntáng Cūn

村委会。位于临湖镇南部，距镇人民政府驻地2.5千米。管辖范围为东起太湖，西至太湖，南起东山镇，北至村前村。面积1.82平方千米。户籍人口273户，992人。下辖东塘、沙埂、新泾港3个自然村落，8个村民小组。取域内东塘、南西塘、北西塘三自然村合名。中华人民共和国成立后为渡村乡三塘村。2007年行政区域调整撤销。

【沙泾村】 Shājīng Cūn

村委会。位于临湖镇东北部，距镇人民政府驻地1千米。管辖范围为东起横泾街道，西至石庄村，南起浦庄村，北至胥口镇。面积2平方千米。户籍人口584户，2228人。村委会驻沙泥泾村。下辖沙泥泾、太平庄、北塘、张家村、前娄村、施家湾、东木排、西木排、过路泾、东塘10个自然村落，17个村民小组。以域内沙泥泾自然村而得名。清雍正年间为太平乡第七都辖。1931年为沙木乡辖。中华人民共和国成立初为浦庄乡沙泾村和木里村。1956年为浦庄乡联盟高级社。1958年8月为浦庄公社第三大队。1961年改称沙泾大队。1983年改为沙泾村。2007年行政区域调整撤销。

【三连村】 Sānlián Cūn

村委会。位于临湖镇东南部。管辖范围为东 起太湖，西至东山大道，南起前塘村，北至东山大道。面积1.46平方千米。户籍人口278户，978人。下辖小斗、三斗、荡港漾、金家荡4个自然村落，6个村民小组。取域内相连的三个自然村命名。中华人民共和国成立后一度为渡村乡三联村，后改为三连村。2007年行政区域调整撤销。

【前秧村】 Qiányāng Cūn

村委会。位于临湖镇中部，渡村中学、渡村中心小学所在地。管辖范围为东起东山大道，西至苏东运河，南起前塘村，北至牛桥村。面积1.69平方千米。户籍人口387户，1338人。下辖庙前头、金家弄、横街、赵家扇4个自然村落，7个村民小组。以村内一条小漾为行政村名，后“漾”改写为“秧”。以秧桥南区而名。中华人民共和国成立后为渡村乡庙前村和前秧村。2007年行政区域调整撤销。

【塘桥村】 Tángqiáo Cūn

村委会。位于临湖镇西部，距镇人民政府驻地1千米。管辖范围为东起方庄自然村，西至吴舍村，南起牛桥村，北至石舍村。面积1.59平方千米。户籍人口380户，1291人。下辖塘桥、舍上、东塘、翁家浜、水路村、海丝浜6个自然村，11个村民小组。以域内塘桥自然村而得名。中华人民共和国成立后为石舍乡舍上村和塘桥村。2007年行政区域调整撤销。

【杨桥村】 Yángqiáo Cūn

村委会。位于临湖镇中部，距镇人民政府驻地1千米。管辖范围为东起湖桥村，西至界路村，南起东吴村，北至浦庄村。户籍人口300户，1147人。下辖杨家桥、渡善桥、西浦庄、东沈、金家堂、柏家舍6个自然村落，10个村民小组。以域内杨桥自然村而得名。

1931年为西查乡辖。中华人民共和国成立初为浦庄乡浦街村和新众乡渡善村。1956年为浦庄乡东方第一高级社。1958年8月为浦庄公社第八大队。1961年改称杨桥大队。1983年改为杨桥村。2007年行政区域调整撤销。

【西查村】 XīZhā Cūn

村委会。位于临湖镇西南部，距镇人民政府驻地2千米。管辖范围为东起东杨桥村，西至东吴村，南起石塘村，北至界路村。户籍人口340户，1284人。村委会驻张庄。下辖张庄、北舍头、西查3个自然村落，10个村民小组。中华人民共和国成立初为新众乡张庄村。1956年为东方第一高级社。1958年8月为浦庄公社第八大队。1961年改称西查大队。1983年改为西查行政村。2007年行政区域调整撤销。

【社区居委会】

【浦庄街道社区】 Pǔzhuāngjiēdào Shèqū

社区居委会。位于临湖镇东北部，距镇人民政府驻地3千米。管辖范围为东起木东公路，西至浦庄街，南起联盟街，北至苏东运河。面积1.1平方千米。户籍人口1443人。居委会驻联盟街13号。以域内自然村为名。1985年浦庄镇设立街道居委会。2004年更为浦庄联盟社区。2007年10月更名为联盟社区。2007年行政区域调整撤销。

【渡村市镇社区】 Dùcūnshìzhèn Shèqū

社区居委会。位于临湖镇西部，距镇人民政府驻地2.5千米。管辖范围为东起东山大道，西至塘桥路，南起腾飞路，北至银藏路。镇区俗称市镇。面积2.98平方千米。户籍人口1807人。1985年5月11日渡村乡建立渡村居委会。2003年12月更为渡村市镇社区。2007年10月更名为渡村社区。2007年行政区域调整撤销。

【农村居民点】

十三浜 Shísānbāng

农村居民点。位于临湖镇西北部。属陆舍村。面积3万平方米。户籍人口32户，132人。2013年动迁消亡。

东坟堂 Dōngféntáng

农村居民点。位于临湖镇西北部。东为新泾港，南为腾飞路，西为临湖路，北为临湖路。属灵湖村。面积1.5万平方米。户籍人口14户，57人。1998年动迁消亡。

海蛳浜 Hǎisībāng

农村居民点。位于临湖镇西北部。东为定向河，南为翁家浜，西为水路村，北为太湖园博园。户籍人口17户，68人。2009年动迁消亡。

马里浜 Mǎlǐbāng

农村居民点。位于临湖镇西北部。面积1.4万平方米。户籍人口28户，109人。2013年动迁消亡。

朱屋浜 Zhūwūbāng

农村居民点。位于临湖镇西北部。东为年庄，南为柳湖路，西为临湖路，北为扇安头自然村。面积1万平方米。户籍人口6户，20人。2012年动迁消亡。

秋水苑 Qiūshuǐ Yuàn

农村居民点。位于临湖镇西北部。户籍人口2户，5人。2010年动迁消亡。

第十四节　东山镇

一、概 况

东山镇 Dōngshān Zhèn

乡级行政区。位于吴中区西南部，距吴中区人民政府驻地29.2千米。东与吴江区七都镇、横扇街道、南与浙江省湖州市吴兴区塘甸街道、西与金庭镇、北与香山街道隔太湖相望，东北与临湖镇接壤。因境域地处太湖洞庭东山（又称东洞庭山，俗称东山），镇以山之俗称名。其间，1948年5月至1949年5月、1969年3月至1985年，分别以东山乡、洞庭公社为主要辖地。辖区面积96.57平方千米。户籍人口5.37万人。镇人民政府驻人民街2号。

据《尚书•禹贡》载，当虞、夏之际（约公元前21世纪），时有部落陶臣氏、乌陀氏、鸿蒙氏和苦繇余氏游居于太湖一带。因助禹治太湖水患有功受封赐。其中苦繇余氏居地（今苏州一带）被封为“吴”。商末（约公元前12世纪），建立“勾吴”，东山为勾吴地。公元前221年，秦置吴县，东山属吴县。宋政和三年（1113），东山从吴县划出隶属浙西路湖州之乌程县。南宋沿之。元代袭宋制。明洪武五年（1372），划归苏州府吴县。明成化十八年（1482），东山设巡检司。清雍正十三年（1735），东山设太湖厅，东山属之。清咸丰十一年（1861），太平军设东珊县，县治在东山。东山又划归浙江湖州乌程。清同治二年（1863），太平军撤离东山，东山复属太湖厅。1912年废太湖、靖湖二厅，设太湖县，旋易名为洞庭县，东山隶之。1947年3月1日，吴县东山区东街、西街2个镇合并为前山乡。1948年2月1日至15日，吴县东山区并编乡镇，前山乡改名东山镇。5月，东山、西山2区并为洞庭区，东山镇改名东山乡，东山的市镇成为区公所所在地。1949年5月1日，吴县洞庭区撤销，复设东山区；东山乡改为镇，属东山区。1950年4月15日，东山镇属太湖区的东山区，东山镇（市镇）为太湖区驻地。1951年6月，太湖区撤销，东山镇随东山区划归吴县。1952年7月，重建县级太湖行政区，东山镇随东山区划入苏南人民行政公署太湖办事处。10月，东山区改为第一区，东山镇归其管辖。1953年3月1日，

东山镇人民政府

政务院批准将太湖办事处按县编制改建为震泽县；27日实施。县治设在东山（市镇）。东山属震泽县第一区。7月，第一区复名东山区。1956年3月，原东山镇及镇西、湖湾2乡划并为东山镇。镇人委驻人民街。1958年2月，震泽县渡桥乡并入东山镇，东山镇（市镇）新设渡桥、东新、叶巷、西新4个居委会。9月12日，东山后山成立洞庭人民公社；东山前山，包括东山镇在内，建成东山人民公社。同月21日，前、后山又并为一体，建立洞庭人民公社，不再用乡镇的名称，设市镇办公室。1959年撤震泽县建制，东山地区并入吴县。1962年吴县撤管区和营、连建制，东山镇（市镇）从洞庭公社划出，重置东山镇（县属镇）。1969年3月，东山镇复并入洞庭公社，隶属不变。

1985年7月，东山撤乡建镇，属吴县，镇政府驻人民街，辖太湖中三山、泽山、厥山、连柱山、南箭壶、北箭壶、余山、小浮子山、孤亭、余洲、小雷山等11个大小岛屿，辖星光、湖新、尚锦、朱茂、馀家湖、晨光、绿化、岱松、新建、杨湾、光荣、晓光、含山、上湾、屯湾、槎湾、北望、白沙、东山、湖湾、摆渡口、漾家桥、吴巷山、西泾、王家泾、俞家厍、高田、潦里、港东、金湾30个行政村，东新、叶巷、渡桥、西新4个居委会。1995年6月8日，东山镇属吴县市，驻地、面积、所辖村（居）委会不变。2000年12月，东山镇属吴中区。2003年辖4个居委会和杨湾、三山、碧螺、潦里、陆巷、双湾、莫厘、吴巷、渡口、渡桥、太湖、新潦12个行政村，隶属不变。2009年东新、叶巷、渡桥、西新4个居委会合并，改称为洞庭社区居委会。年末，镇域面积96.57平方千米，辖1个社区居委会、12个村委会。2018年末，辖洞庭1个社区居委

会和太湖、莫厘、渡桥、三山、杨湾、双湾、陆巷、潦里、碧螺、渡口、吴巷、新潦12个村委会，隶属不变。

二、村委会及居民点

【太湖村】 Tàihú Cūn

太湖村村委会

村委会。位于东山镇东部，距镇人民政府驻地1.5千米。管辖范围为东、南起渡桥村，西至莫厘村，北至太湖。面积3.5平方千米。户籍人口2617人。村委会驻席家湖。下辖光荣、陆巷蒋湾、莫青头、铜鼓山、席家湖、新渔村、河神庙、席家后底、杨湾湖沙、馀家湖10个自然村落。因所在村村民主要在太湖从事捕捞养殖业，故名。2003年10月由原席家湖村、光荣村、湖新村合并成立太湖村。

光荣 Guāngróng

农村居民点。位于东山镇东部。东为山水路，南为木东路，西为渡桥村，北为九曲港。属太湖村。户籍人口326户，1071人。历代从事太湖渔业捕捞、养殖生产。

陆巷蒋湾 Lùxiàngjiǎngwān

农村居民点。位于东山镇东部。东为陆巷古村，南为陆巷蒋湾港，西为太湖，北为陆巷环山公路。属太湖村。户籍人口31户，80人。以旁有蒋湾港而得名。

莫青头 Mòqīngtóu

农村居民点。位于东山镇东部。东为五七农场，南为东山镇工业区，西、北为禾家湾。属太湖村。户籍人口9户，40人。

铜鼓山 Tónggǔshān

农村居民点。位于东山镇东部。东为杨湾村鱼池，南为西大圩，西为太湖，北为环山公路。属太湖村。户籍人口297人。村以山名（境内铜鼓山，其遍地是岩石，高出太湖水面仅数米，脚踏岩石上，有咚咚声如鼓鸣而得名）。

席家湖 Xíjiāhú

农村居民点。位于东山镇东部。东为渡水港，南为苏州市水产研究所，西为莫厘村橘树林，北为太湖村村委会。属太湖村。户籍人口84户，249人。因明代大户席家在湖边筑码头，故名。

新渔村 Xīnyú Cūn

农村居民点。位于东山镇东部。东为西泾浜，南为木东路，西为西泾村，北为九曲港。属太湖村。户籍人口214户，688人。

河神庙 Héshénmiào

农村居民点。位于东山镇东部。东为清风港，南为渡水港，西为苏州水产研究所，北为莫厘村果林。属太湖村。户籍人口42户，125人。以村旁河神庙而得名。

席家后底 Xíjiāhòudǐ

农村居民点。位于东山镇东部。东为西山，南为席家新村，西为东山大道，北为山水度假村。属太湖村。户籍人口19户，72人。因位于席家后面，故名。

杨湾湖沙 Yángwānhúshā

农村居民点。位于东山镇东部。东为杨湾农贸市场，南为环山公路，西为湖沙自然村，北为杨湾古村。属太湖村。户籍人口137户，512人。以北依太湖湾而得名。

馀家湖 Yújiāhú

农村居民点。位于东山镇东部。东为渡水港，南为太湖村村委会，西为启园路，北为环太湖大道。属太湖村。户籍人口497人。

【莫厘村】 Mòlí Cūn

村委会。位于东山镇东北部，距镇人民政府驻地0.8千米。管辖范围为东起太湖村，西至太湖，南起陆巷村，北至太湖。面积7.5平方千米。户籍人口4462人。村委会驻湖湾自然村。下辖岱心湾、丰圻、

莫厘村村委会

洪湾、金家河、石井、尚锦、小长湾、杨家湾、周湾、宋家湾、余山西湾、鹅潭头、汤家场、余山东湾、殿新村、翁巷16个自然村落，云深处花园、月华山庄2个居民住宅小区。以境内莫厘峰而得名。2003年10月湖湾村、岱松村、尚锦村合并成立莫厘村。

岱心湾 Dàixīnwān

农村居民点。位于东山镇东北部。东为太湖，南为杨家湾，西为莫厘峰，北为宋家湾。属莫厘村。户籍人口153户，464人。以村落居岱山中部地段而得名。

丰圻 Fēngqí

农村居民点。位于东山镇东北部。又名烽圻。东为白马庙，南为莫厘峰，西为石井，北为太湖。属莫厘村。户籍人口130户，397人。明嘉靖年间村民组织起来合力御寇，设营寨8个，丰圻寨即其中之一，名称由此而来。

洪湾 Hóngwān

农村居民点。位于东山镇东北部。东为莫厘峰，南为白沙村，西为太湖，北为周湾。属莫厘村。户籍人口71户，233人。初名吴湾，后方言（吴、洪音近）谐音成洪湾。

金家河 Jīnjiāhé

农村居民点。位于东山镇东北部。东为翁巷，南为三号桥自然村，西为启园，北为东山宾馆。属莫厘村。户籍人口78户，107人。因元初金姓人家迁居于此，形成村落后，故名。

石井 Shíjǐng

农村居民点。位于东山镇东北部。东为莫厘峰，南为小长湾，西为太湖，北为丰圻。属莫厘村。户籍人口96户，345人。

尚锦 Shàngjǐn

农村居民点。位于东山镇东北部。又名上金村。东为莫厘峰，南为周湾，西为太湖，北为小长湾。属莫厘村。户籍人口103户，286人。因村倚山临湖，风光锦绣，故名。

小长湾 Xiǎochángwān

农村居民点。位于东山镇东北部。东为石井，南为莫厘峰，西为太湖，北为石井。属莫厘村。户籍人口53户，190人。以村内小而长的河湾而得名。

杨家湾 Yángjiāwān

农村居民点。位于东山镇东北部。东为太湖，南为东山宾馆，西为莫厘峰，北为岱心湾。属莫厘村。户籍人口47户，136人。以杨姓人家居多而得名。

周湾 Zhōuwān

农村居民点。位于东山镇东北部。东为莫厘峰，南为洪湾，西为太湖，北为尚锦。属莫厘村。户籍人口71户，209人。以南宋周姓大户迁居河湾处而得名。

宋家湾 Sòngjiāwān

农村居民点。位于东山镇东北部。亦称松阶湾。东为太湖，南为岱心湾，西为莫厘峰，北为白马庙。属莫厘村。户籍人口138户，424人。旧时道两旁松荫夹道而得名。

余山西湾 Yúshānxīwān

农村居民点。位于东山镇东北部。四面为太湖环绕，在余山岛西端。属莫厘村。户籍人口12户，28人。因位于余山岛西端，故名。

鹅潭头 Étántóu

农村居民点。位于东山镇东北部。东为徐家河自然村，南为下街路，西为建新自然村，北为凝德堂。属莫厘村。户籍人口112户，322人。以村中水潭形如鹅鼻而得名。

汤家场 Tāngjiāchǎng

农村居民点。位于东山镇东北部。东为三号桥自然村，南为尊德堂，西为土山里，北为莫里峰山坡。属莫厘村。户籍人口102户，323人。因汤姓人家聚居于此，故名。

余山东湾 Yúshāndōngwān

农村居民点。位于东山镇东北部。四面为太湖环绕。属莫厘村。户籍人口20户，36人。因村子位于余山岛东端，故名。

殿新村 Diànxīn Cūn

农村居民点。位于东山镇东北部。东为启园路，南为镇区，西为湖湾路，北为雨花路。属莫厘村。户籍人口118户，346人。以村中张师殿而得名。

翁巷 Wēngxiàng

农村居民点。位于东山镇东北部。东为湖湾路，南为镇区，西为莫厘峰，北为东山宾馆。属莫厘村。户籍人口90户，265人。因明代翁笾经商致富，购宅建舍，形成了一条长巷，又因住户皆姓翁，故名。

云深处花园 Yúnshēnchù Huāyuán

城镇居民点。位于东山镇东北部。东至雨花路，南至东山中学及莫厘峰，西至莫厘峰，北至莫厘峰。属莫厘村。以其依山（莫厘峰）而建的地理位置特点及“白云深处有人家”的寓意命名。占地面积6.6万平方米，建筑面积2万平方米。共56幢独体别墅，56户（套），绿化率40.5%。2009年命名。

月华山庄 Yuèhuá Shānzhuāng

城镇居民点。位于东山镇东北部。东至山地，南至杨家湾，西至无名道路，北至山地。属莫厘村。以山庄在朗月映照下，静谧、华丽、舒适之意命名。面积7万平方米。2001年命名。

【渡桥村】 Dùqiáo Cūn

渡桥村村委会

村委会。位于东山镇东北部，距镇人民政府驻地2.5千米。管辖范围为东起吴巷村，西至太湖村，北至渡口村。辖区面积3.8平方千米。户籍人口3320人。村委会驻东山渡水桥。下辖兵营村、陈岭头、渡桥北街、渡桥南街、葛家渡、禾家湾、莫青头、上下官庄、婆罗桥、沈家岸、司前街、西泾头、新塘村、村后底、下路头、汤家扇、席家新村、新河村、殿泾港、张家下脚、渡桥村、网泾浜22个自然村落，紫竹云山墅、伴湖花园2个居民住宅小区。以辖内渡水桥自然村名为行政村名。2003年12月西泾村、晨光村、新建村合并成立渡桥村。

兵营村 Bīngyíng Cūn

农村居民点。位于东山镇东北部。又名冰延村。东为东山大道，南为东山大道，西为渡水港，北为原东山第二针织厂。属渡桥村。户籍人口69户，220人。以原冰延村方言谐音俗称而得名。

陈岭头 Chénlǐngtóu

农村居民点。位于东山镇东北部。东为禾家湾，南为开发区，西为开发区，北为西泾山。属渡桥村。户籍人口56户，188人。因村傍山岭，相传宋高宗南渡时，驸马郑钊抵东山，居此岭旁，故称郑岭，后讹为陈岭。

渡桥北街 Dùqiáoběijiē

农村居民点。位于东山镇东北部。东为渡水港，南为洞庭路，西与殿泾港、张家下脚交界，北为沈家岸。户籍人口25户，63人。因位于渡水港北岸，故名。原为商业区，2015年在此恢复茶馆和书场。

渡桥南街 Dùqiáonánjiē

农村居民点。位于东山镇东北部。东与兵营村接壤，南为洞庭路，西为渡桥北街，北与司前街交界。户籍人口18户。因位于渡水港南岸，故名。

葛家渡 Gějiādù

农村居民点。位于东山镇东北部。也称葛家渎。东为东山大道，南为山水路，西为木东河，北为直泾港。属渡桥村。因葛万五随宋室南渡，在此定居，后成为东山葛姓始祖，故名。

禾家湾 Héjiāwān

农村居民点。位于东山镇东北部。东为莫青头，南为开发区，西、北为五七农场。属渡桥村。户籍人口123户，419人。因村民多种植水稻、麦子，以方言近音之“禾”易“吴”，故名。

莫青头 Mòqīngtóu

农村居民点。位于东山镇东北部。东为东山气象台，南与东山科技工业园接壤，西与禾家湾交界，北为五七农场。户籍人口9户。境内有一座小丘陵，名莫青山，山的东面建有莫青山果树区，故名。

上下官庄 Shàngxiàguānzhuāng

农村居民点。位于东山镇东北部。东为五七农场，南为凤凰山，西为东山大道，北为渡口。属渡桥村。户籍人口30户，100人。因据传南宋驸马郑钊于此筑三里官庄街，里人奉承之，故名。

婆罗桥 Póluóqiáo

农村居民点。位于东山镇东北部。东为渡口村，南为新河村，西为东山大道，北为渡口村。属渡桥村。户籍人口93户，368人。以村中婆罗桥为而得名。

沈家岸 Shěnjiā´àn

农村居民点。位于东山镇东北部。东为渡水桥，南为张家下脚，西为银湖路，北为水产研究所。属渡桥村。户籍人口48户，130人。以西晋武帝驸马沈坤迁居于此而得名。

司前街 Sīqiánjiē

农村居民点。位于东山镇东北部。东为东山大道，南为兵营村，西为渡水桥，北为汤家扇。属渡桥村。户籍人口37户，134人。以明代街前所设巡检司而得名。

西泾头 Xījīngtóu

农村居民点。位于东山镇东北部。东为陈岭头，南为开发区，西为东山大道，北为西泾山。属渡桥村。户籍人口53户，173人。以位于西泾山南（前头）而得名。

新塘村 Xīntáng Cūn

农村居民点。位于东山镇东北部。东为东山大道，南为晨光，西为渡水港，北为光荣村。属渡桥村。户籍人口78户，276人。因是塘河边新建的村落，故名。

村后底 Cūnhòudǐ

农村居民点。位于东山镇东北部。东为五七农场，南为凤凰山路，西为东山大道，北为上下官庄。属渡桥村。户籍人口21户，78人。以村在下官庄底而得名。

下路头 Xiàlùtóu

农村居民点。位于东山镇东北部。东为禾家湾，南为陈岭头，西为陈岭头，北为西泾山。属渡桥村。户籍人口44户，152人。以村在凤凰山坡下而得名。

汤家扇 Tāngjiāshàn

农村居民点。位于东山镇东北部。东为游艇厂，南为司前街，西为原二针织厂，北为变电所。属渡桥村。户籍人口48户，144人。因汤姓人家在此安家，故名。

席家新村 Xíjiā Xīncūn

农村居民点。位于东山镇东北部。东、南为西泾头，西为东山大道，北为席家后底。属渡桥村。户籍人口7户，26人。

新河村 Xīnhé Cūn

农村居民点。位于东山镇东北部。东为婆罗桥，南为直泾港，西为东山大道，北为婆罗桥。属渡桥村。户籍人口48户，194人。因村建在新挖的直泾港北边，故名。

殿泾港 Diànjīnggǎng

农村居民点。位于东山镇东北部。东为渡水港，南为张家下脚，西为银湖路，北为沈家岸。属渡桥村。户籍人口27户，68人。因村在张师殿旁，故名。

张家下脚 Zhāngjiāxiàjiǎo

农村居民点。位于东山镇东北部。东为渡水港，南为洞庭路，西为银湖路，北为殿泾港。属渡桥村。户籍人口91户，287人。以张姓人家居多而得名。

渡桥村 Dùqiáo Cūn

农村居民点。位于东山镇东北部。东为东山大道，南为潦里薛家桥，西为银湖路，北为太湖闸口。属渡桥村。以渡水桥而得名。

网泾浜 Wǎngjīngbāng

农村居民点。位于东山镇东北部。东为渡水港，南为薛家桥，西为银湖路，北为洞庭路。属渡桥村。户籍人口30户，72人。因周围多小河，渔民常在此晒网，故名。

紫竹云山墅 Zǐzhú Yúnshān Shù

城镇居民点。位于东山镇东北部。东至规划道路（未命名），南至老木东河，西、北至紫竹云山坊。属渡桥村。以其栽植紫竹的景观特点，傍水仰山的地理特征，及低密度住宅的建筑特征，取“紫竹相依、云山为伴的居室”的寓意拟名。占地面积9.7万平方米，建筑面积14万平方米。共63幢住宅楼（其中联体别墅12幢、多层51幢），802户（套），绿化率38.45%。2016年命名。

伴湖花园 Bànhú Huāyuán

城镇居民点。位于东山镇东北部。东至葛家渡自然村，南至责锦港，西至老木东河，北至紫竹云山墅。属渡桥村。以其地处太湖之滨的地理特征，取“以湖为伴的美丽居所”的寓意拟名。占地面积3.9万平方米，建筑面积8.9万平方米。共13幢住宅楼（其中中高层10幢、高层3幢）和1幢高层商住楼，726户，绿化率37.02%。2017年命名。

【三山村】 Sānshān Cūn

三山村村委会

村委会。中国历史文化名村，中国传统村落。位于东山镇西南部，距镇人民政府驻地16.5千米。面积2.8平方千米。户籍人口850人。村委会驻桥头自然村。下辖东泊、桥头、山东、小姑、西湖堡5个自然村落。因岛上大姑山、小姑山、行山，故名。据《太湖备考》卷五载：三山岛属太湖厅。1912年为吴县东后山乡三山岛。民国期间先后属东山区、三山乡、杨湾镇、洞庭区后山镇。1949年5月1日至1950年4月先后属吴县东山区后山乡、杨湾镇。1950年太湖区行政办事处成立，东山区划入，建三山直属村。1953年为震泽县东山乡三山村。1956年三山、涧桥、杨湾乡合并建杨湾乡。1958年三山村为洞庭人民公社晓光大队。1983年更为村。1984年5月5日更名三山村。

东泊 Dōngbó

农村居民点。位于东山镇西南部。东为山东村，南为西湖堡自然村，西为太湖边，北为太湖边。属三山村。户籍人口73户，200人。因位于三山村东北部，湖边有船只泊位，故名。

桥头 Qiáotóu

农村居民点。位于东山镇西南部。东为东泊自然村，南为小姑自然村，西为西湖堡自然村，北为东泊自然村。属三山村。户籍人口89户，230人。因位于三山村顺济桥头，故名。

山东 Shāndōng

农村居民点。位于东山镇西南部。东为太湖边，南为太湖边，西为桥头自然村，北为东泊自然村。属三山村。户籍人口21户，51人。因位于山之东面，故名。

小姑 Xiǎogū

农村居民点。位于东山镇西南部。东为桥头自然村，南为太湖边，西为太湖边，北为西湖堡自然村。属三山村。户籍人口51户，158人。因位于小姑山旁，据传小姑即吴王阖闾的小女儿胜玉，暨吴王夫差的小姑妈，故名。

西湖堡 Xīhúbǎo

农村居民点。位于东山镇西南部。又称西湖。东为桥头自然村，南为小姑自然村，西为太湖边，北为东泊自然村。属三山村。户籍人口58户，148人。因位于三山岛西面太湖边，故名。

【杨湾村】 Yángwān Cūn

杨湾村村委会

村委会。中国历史文化名村，中国传统村落。位于东山镇西南部，距镇人民政府驻地11千米。管辖范围为东起渡水港，西至陆巷村，南起太湖，北至双湾村。面积11.8平方千米。户籍人口3613人。村委会驻上湾自然村。下辖澄湾村、大浜、湖沙、石桥村、上湾村、寺前村、屯湾村、湾里村、西巷村、杨湾、张巷里、黄家堑12个自然村落。南宋汝南周氏迁居该地，因位于杨湾自然村，故名。明《姑苏志》（明正德元年刻本）卷十八载，属震泽乡第二十八都九图。乾隆

《苏州府志》（清乾隆十三年五月刻本）、道光《苏州府志》（清道光四年刻本）云："杨湾，有汛。"《太湖备考》（清乾隆十五年家刻本）作"杨湾、上杨湾"。清末杨湾村为东山后山一集镇。1912年吴县设东山区后山乡。1918年东山区设杨湾镇。1936年改为杨湾乡。1937年杨湾乡撤销，改建为后山镇。7月撤镇改乡。1950年建杨湾乡，为区、乡政府驻地。1958年撤乡建洞庭人民公社，改称杨湾大队。1983年改设乡，杨湾大队复名杨湾村。2003年10月杨湾村、上湾村、屯湾村合并建杨湾村。

澄湾村 Chéngwān Cūn

农村居民点。位于东山镇西南部。东为湖沙，南为渡水港，西为屯湾，北为小云台。属杨湾村。户籍人口41户，149人。

大浜 Dàbāng

农村居民点。位于东山镇西南部。也称周家浜。东为槎湾村，南为大浜港，西为杨湾村，北为黄家山西坡。属杨湾村。户籍人口109户，352人。以村南有周氏开挖河浜而得名。

湖沙 Húshā

农村居民点。位于东山镇西南部。东为杨湾，南为渡水港，西为澄湾，北为陈家岭。属杨湾村。户籍人口106户，348人。

石桥村 Shíqiáo Cūn

农村居民点。位于东山镇西南部。东为灵源寺，南为张巷，西为太湖，北为朱巷。属杨湾村。户籍人口99户，315人。因村内震泽底定桥，始建于南宋，习称石桥，故名。

上湾村 Shàngwān Cūn

农村居民点。位于东山镇西南部。东为石桥，南为杨湾，西为旺沙山，北为张巷。属杨湾村。户籍人口119户，350人。因位于杨湾村上游，故名。

寺前村 Sìqián Cūn

农村居民点。位于东山镇西南部。东为览胜石，南为太湖，西为西巷村，北为湾里。属杨湾村。户籍人口49户，168人。明清时期称石前，因居梁代古庙能仁寺南面，故名。

屯湾村 Túnwān Cūn

农村居民点。位于东山镇西南部。东为澄湾，南为渡水港、环山公路，西为黄家堑，北为老虎山。属杨湾村。户籍人口127户，473人。以吴越春秋时吴国屯兵山湾处而得名。

湾里村 Wānlǐ Cūn

农村居民点。位于东山镇西南部。东为寺前，南为太湖，西为西巷，北为东岭山。属杨湾村。户籍人口30户，112人。因村子在东岭山的山湾里，故名。

西巷村 Xīxiàng Cūn

农村居民点。位于东山镇西南部。东为湾里，南为太湖，西为张公山，北为骑龙殿。属杨湾村。户籍人口63户，211人。因村于位杨湾西首，故名。

杨湾 Yángwān

农村居民点。位于东山镇西南部。东为大浜，南为杨湾港，西为湖沙，北为上湾。属杨湾村。户籍人口139户，413人。以向阳湖湾而得名。

张巷里 Zhāngxiànglǐ

农村居民点。位于东山镇西南部。东为太湖，南为上湾，西为张巷岭，北为石桥。属杨湾村。户籍人口146户，471人。以南宋大户张氏迁居于此而得名。

黄家堑 Huángjiāqiàn

农村居民点。位于东山镇西南部。又名黄家站。东为屯湾村，南为渡水港、环山公路，西为白浮门，北为蜈蚣岭、雄磺矶石。属杨湾村。户籍人口53户，176人。因该村建在半山坡上，地势险要，住户黄姓居多，又在险要处，故名。

【双湾村】 Shuāngwān Cūn

双湾村村委会

村委会。位于东山镇西南部，距镇人民政府驻地6千米。管辖范围为东起渡水港，西至藏船坞，南起杨湾村，北至碧螺村。面积3.5平方千米。户籍人口4012人。村委会驻金湾。下辖卜家、卜家坞、金湾村、涧桥头、严家巷、古周巷、牌楼巷、石灰浜、鱼池上、双湾新村10个自然村落。2003年10月金湾村与槎湾村合并，成立双湾村。

卜家 Bǔjiā

农村居民点。位于东山镇西南部。东为渡水港，南为鱼池上，西为卜家坞，北为严家巷。属双湾村。户籍人口49户，145人。始称八家，后易名卜家。

卜家坞 Bǔjiāwù

农村居民点。位于东山镇西南部。东为涧桥，南为严家巷，西为鸭高山，北为下大坟。属双湾村。户籍人口51户，165人。以卜姓人家聚居而得名。

金湾村 Jīnwān Cūn

农村居民点。位于东山镇西南部。东为渡水港，南为大咀山，西为槎湾村，北为严家巷。属双湾村。户籍人口336户，1223人。

涧桥头 Jiànqiáotóu

农村居民点。位于东山镇西南部。东为葑山，南为水门头，西为涧桥港，北为碧螺村。属双湾村。户籍人口63户，231人。因西坞涧水汩汩，涧上筑有石桥，俗名涧桥，故名。

严家巷 Yánjiāxiàng

农村居民点。位于东山镇西南部。东为卜家坞自然村，南为卜家村，西为鸭高山，北为卜家坞自然村。属双湾村。户籍人口52户，162人。宋时据传，里人杨尧曾聚众于巷口设哨防守。由于守卫严格，兵匪无法进袭，称作严格巷，后又因住户有严姓人家，谐音成严家巷。

古周巷 Gǔzhōuxiàng

农村居民点。位于东山镇西南部。东为牌楼巷，南为大港，西为醉石山庄，北为西纳坞。属双湾村。户籍人口102户，343人。因早先周姓人家在此安居，故名。

牌楼巷 Páilóuxiàng

农村居民点。位于东山镇西南部。东为石灰浜，南为大港，西为古周巷，北为藏船坞。属双湾村。户籍人口168户，516人。以明代所建云南按察副使贺元忠进士坊（牌楼）而得名。

石灰浜 Shíhuībāng

农村居民点。位于东山镇西南部。东为陆家山，南为大港，西为牌楼巷，北为藏船坞。属双湾村。户籍人口181户，536人。原名日晖浜，后讹称石灰浜。

鱼池上 Yúchíshàng

农村居民点。位于东山镇西南部。东为渡水港，南为金湾，西为石牌山，北为卜家自然村。属双湾村。户籍人口59户，229人。因清代有兄弟俩在此开挖鱼池、建屋，发展家业，渐成村落，故名。

双湾新村 Shuāngwān Xīncūn

农村居民点。位于东山镇西南部。东为大咀港，南为鱼塘，西为渡水港，北为鱼塘。属双湾村。户籍人口35户，110人。

【陆巷村】 Lùxiàng Cūn

陆巷村村委会

村委会。中国历史文化名村，中国传统村落。国家5A级旅游景区。国家“中华民居开发与保护示范村”。位于东山镇西北部，距镇人民政府驻地14千米。管辖范围为东起莫厘村，西至太湖，南起杨湾村，北至莫厘峰。面积7.5平方千米。户籍人口4833人。村委会驻含山。下辖北望村、大河、二图村、惠头村、纪革村、陆巷、头图村、岭下村、南望村、山趾村、石前、十六图、王舍、朱巷村、严芒村、嵩下村、蒋湾村、店门、寒山19个自然村落。因南宋初年太原王氏等一批武将南迁至此，王、叶、韩、姜、李、夏六名武将迁居后，依山建起多幢宅第，形成六条巷，村名由此而来。清雍正年间属震泽乡第28都4图。1949年前先后编入吴县第十七区含山乡、吴县第十二区蒋舍乡、东山区文恪乡、洞庭区后山乡所属保甲。中华人民共和国成立初属后山乡和平第三初级社。1956

年为和平第三高级社。1958年属洞庭人民公社1营。1961年更为和平三大队。1981年改为含山大队。1983年更为含山村。2003年12月由白沙村、含山村、北望村合并成立陆巷村。

北望村 Běiwàng Cūn

农村居民点。位于东山镇西北部。东为饭石峰麓，南为石前，西为太湖，北为北望山。属陆巷村。户籍人口101户，359人。以春秋时期吴国为防越兵进攻，在此设立瞭望哨所而得名。

大河 Dàhé

农村居民点。位于东山镇西北部。东为嵩峰，南为朱巷，西为太湖，北为山趾。属陆巷村。户籍人口73户，251人。因南宋时叶姓大户之长房居此，始称“大户”，后讹成大河。

二图村 Èrtú Cūn

农村居民点。位于东山镇西北部。东南为白沙岭，西为十六图自然村，西北为太湖。属陆巷村。户籍人口80户，235人。因清雍正年间属震泽乡第二十八都二图，故名。

惠头村 Huìtóu Cūn

农村居民点。位于东山镇西北部。东为沙岭，南为陆巷自然村，西为寒山自然村，北为黄泥山麓。属陆巷村。户籍人口96户，321人。因数路水溪在此汇合而名，旧时又称“汇头村”，后以方言谐音“汇”易“惠”，故名。

纪革村 Jìgé Cūn

农村居民点。位于东山镇西北部。东南为虾蝬岭，西为太湖，北为周湾村。属陆巷村。户籍人口142户，461人。以村中明代所筑纪革亭而得名。

陆巷 Lùxiàng

农村居民点。位于东山镇西北部。东为嵩峰，南为嵩下村，西为太湖，北为寒山自然村。属陆巷村。户籍人口127户，404人。以村内南宋时形成的六条古巷而得名。

头图村 Tóutú Cūn

农村居民点。位于东山镇西北部。东为平岭，南为二图自然村，西为太湖，北为吴湾自然村。属陆巷村。户籍人口47户，164人。清雍正年间属震泽乡第二十八都一（头）图，故名。

岭下村 Lǐngxià Cūn

农村居民点。位于东山镇西北部。东为蔡家山，南为黄家山麓，西为塔头，北为上伍。属陆巷村。户籍人口34户，135人。因村落在大岭坡下，故名。

南望村 Nánwàng Cūn

农村居民点。位于东山镇西北部。东为塔头，南为南望山，西为太湖，北为屯湾。属陆巷村。户籍人口57户，219人。以春秋时吴国在此设立瞭望哨所而得名。

山趾村 Shānzhǐ Cūn

农村居民点。位于东山镇西北部。又名山咀村。东、北为嵩峰白豸岭，南为大河自然村，西为太湖。属陆巷村。户籍人口66户，241人。因村落形似山之脚趾，故名。

石前 Shíqián

农村居民点。位于东山镇西北部。本名宅前。东为饭石峰，南为岭下，西为北望港，北为浮云洞。属陆巷村。户籍人口39户，159人。因村址在清代米商黄万秋宅前，后方言谐音“宅为石”，故名。

十六图 Shíliùtú

农村居民点。位于东山镇西北部。东为白沙岭，南为虾蝬岭，西为太湖，北为太湖。属陆巷村。户籍人口110户，人口366人。因清雍正年间属震泽乡第二十八都十六图，故名。

王舍 Wángshè

农村居民点。位于东山镇西北部。东为上湾村，南为饭石峰，西为北望山，北为太湖。属陆巷村。户籍人口95户，256人。以村口湖岛王舍浮而得名。

朱巷村 Zhūxiàng Cūn

农村居民点。位于东山镇西北部。东为嵩峰，南为上湾石桥村，西为太湖，北为大河自然村。属陆巷村。户籍人口81户，258人。因南宋朱氏大户居此，形成村落后，故名。

严芒村 Yánmáng Cūn

农村居民点。位于东山镇西北部。又称严巷。属陆巷村。户籍人口58户，204人。因南宋严姓人家迁居于此，故名。

嵩下村 Sōngxià Cūn

农村居民点。位于东山镇西北部。古称前巷。属陆巷村。户籍人口76户，259人。因紧依嵩山西麓坡下，故名。

蒋湾村 Jiǎngwān Cūn

农村居民点。位于东山镇西北部。为陆巷古村景区南入口。属陆巷村。户籍人口66户，219人。以蒋姓世居于此而得名。

店门 Diànmén

农村居民点。位于东山镇西北部。旧称新店街。东为上湾村，南为北望村，西为北望山麓，北为王舍村。属陆巷村。因清代商人黄万秋在此开米店，渐成村落，故名。

寒山 Hánshān

农村居民点。位于东山镇西北部。亦名含山。东为惠头村，南为陆巷自然村，西为太湖，北为太湖。属陆巷村。户籍人口156户，490人。因在寒谷山东南麓得名。明清方志称“寒山”。

【潦里村】 Liáolǐ Cūn

潦里村村委会

村委会。位于东山镇东南部，距镇人民政府驻地2.5千米。管辖范围为东起渡水港，西至碧螺村，南起新潦村，北至渡桥村。面积3.4平方千米。户籍人口5030人。村委会驻环山公路石鹤山路口南。下辖施巷港、银湖新村、桥西、东高田、花园潭、后门头、上横、中横、前门头、港西、高田新村11个自然村落，高田新筑1个居民住宅小区。以辖区内潦里自然村为行政村名。1949年为新潦乡。1954年称胜利初级社。1956年称胜利高级社。1958年为洞庭人民公社胜利大队。1960年改设新潦营。1961年改为胜利大队。1980年更名为潦里大队。1983年为东山乡潦里村。2003年10月潦里村与高田村合并成立潦里村。

施巷港 Shīxiànggǎng

农村居民点。位于东山镇东南部。东为施巷港，南为花园潭，西为上横，北为东山中心小学。属潦里村。户籍人口64户，244人。以村上施巷港而得名。

银湖新村 Yínhú Xīncūn

农村居民点。位于东山镇东南部。东为银湖路，南为银湖苑，西为启园路，北为薛嘉港。属潦里村。户籍人口49户，198人。20世纪90年代新开发建设形成，因位于银湖路西侧，故名。

桥西 Qiáoxī

农村居民点。位于东山镇东南部。东为渡水港，南为俞家厍，西为港西，北为港东。属潦里村。户籍人口179户，674人。因村位于绿野桥西，故名。

东高田 Dōnggāotián

农村居民点。位于东山镇东南部。东为渡水港，南为前门头自然村，西为东山镇区，北为晨光村。属潦里村。户籍人口199户，758人。因位于高田村东边，故名。

花园潭 Huāyuántán

农村居民点。位于东山镇东南部。东为中横，南为上横，西为施巷港，北为后门头。属潦里村。户籍人口24户，84人。以大户施家园子的花园潭而得名。

后门头 Hòuméntóu

农村居民点。位于东山镇东南部。东为前门头，南为上横，西为高田新村，北为东高田。属潦里村。户籍人口106户，412人。因村在前门头村之后，故名。

上横 Shànghéng

农村居民点。位于东山镇东南部。东为施巷港自然村，南为马家港，西为紫金路，北为施巷港。属潦里村。户籍人口161户，596人。

中横 Zhōnghéng

农村居民点。位于东山镇东南部。东为港西，南为马家港，西为前门头，北为港东。属潦里村。户籍人口165户，583人。

前门头 Qiánméntóu

农村居民点。在东山镇东南部。东为渡水港，南为港东，西为后门头，北为东高田。属潦里村。户籍人口275户，975人。因位于后门头自然村前，故名。

港西 Gǎngxī

农村居民点。位于东山镇东南部。东为港西自然村，南、西为桥西自然村，北为中横自然村。属潦里村。户籍人口142户，540人。以港为界分东、西两自然村。

高田新村 Gāotián Xīncūn

农村居民点。位于东山镇东南部。东为后门头自然村，南为后门头自然村，西为银湖路，北为东高田。属潦里村。户籍人口51户，172人。20世纪90年代在高田村址新建得名。

高田新筑 Gāotián Xīnzhù

城镇居民点。位于东山镇东南部。东至环山公路，南至小戗港，西至环山公路西侧渡水港，北至东山大道南侧定向河。属潦里村。以辖区内的高田自然村而得名。占地面积1.7万平方米，建筑面积2.3万平方米。共9幢多层住宅楼和1幢综合楼，134户（套），绿化率41.11%。2014年命名。

【碧螺村】 Bìluó Cūn

碧螺村村委会

村委会。位于东山镇中部，距镇人民政府驻地0.5千米。管辖范围为东起莫厘村，西至双湾村，南起涧桥村，北至荷盘顶。面积8.6平方千米。户籍人口4877人。村委会驻姚家场自然村。下辖曹坞、阁老厅、古坞、施家平磐、金塔村、钮家村、唐家湾、西坞、姚家场、俞坞上村、俞坞下村、施巷村、施家山、新义村、大园里、秦家坞、马家底、庙渎、吴家坟、杨家路、洋桥河、石家坞22个自然村落。因辖区特产碧螺春茶叶，故名。1949年属涧桥乡。1955年建第一迎庆初级社，后分为迎庆、迎胜两个初级社。1956年迎庆、迎胜合并为绿化高级社。1958年为洞庭公社绿化大队。1983年改为绿化村。2000年7月更名为碧螺村。2003年10月碧螺村、东山村、星光村3村合并。

曹坞 Cáowù

农村居民点。位于东山镇中部。东为泄洪河，南为廿四湾，西为法海坞，北为法海路。属碧螺村。户籍人口138户，428人。因明朝中期有曹姓兄弟两人先居此山坞，嗣后子孙渐多，形成村落，故名。

阁老厅 Gélǎotīng

农村居民点。位于东山镇中部。东为人民街，南为莫厘中学，西为泄洪河，北为姚家场。属碧螺村。户籍人口55户，150人。以明代建王大学士鏊建的阁老厅而得名。

古坞 Gǔwù

农村居民点。位于东山镇中部。东为紫金路，南为金塔河，西为古坞山，北为施家平盘。属碧螺村。户籍人口60户，228人。因顾姓人家居住得名顾坞，后方言谐音“顾”为“古”。

施家平磐 Shījiāpíngpán

农村居民点。位于东山镇中部。东为紫金路，南为古坞，西为泄洪河，北为钮家村。属碧螺村。户籍人口47户，157人。以明代英宗朝状元施槃墓葬于此而得名。

金塔村 Jīntǎ Cūn

农村居民点。位于东山镇中部。又名金塔河。东为紫金路，南为吴家坟，西为狗头岭，北为古坞。属碧螺村。户籍人口67户，241人。因明初村前造六角形青石塔，俗称金塔（已废），故名。

钮家村 Niǔjiā Cūn

农村居民点。位于东山镇中部。东为金家店前，南为施家平磐，西为曹坞，北为法海路。属碧螺村。户籍人口40户，143人。以钮姓人家居多而得名。

唐家湾 Tángjiāwān

农村居民点。位于东山镇中部。东为碧螺景区配套房，南为水库，西为绿化村10组橘树地，北为黄泥岭。属碧螺村。户籍人口20户，70人。以唐姓人家聚居于此而得名。

西坞 Xīwù

农村居民点。位于东山镇中部。东为俞坞村，南为双湾村涧桥头自然村，西为北坞，北为荷盘顶。属碧螺村。户籍人口90户，497人。以村位于西卯坞而得名。

姚家场 Yáojiāchǎng

农村居民点。位于东山镇中部。东为人民街，南为王家弄，西为雨花路，北为通德里。属碧螺村。户籍人口45户，105人。以姚姓人家聚居而得名。

俞坞上村 Yúwùshàng Cūn

农村居民点。位于东山镇中部。又名墙里。东为东坞，南为俞坞，西为金岩坞、杨家坞，北为眠佛坞。属碧螺村。户籍人口289户，927人。清初有墓主王氏在此筑陵墓，围数百米长墙，遣人在此守墓，守墓人（俞姓）成家后代代相传繁衍，形成村落，村子居上处，故名。

俞坞下村 Yúwùxià Cūn

农村居民点。位于东山镇中部。又名蒋家底。东为唐家湾自然村，南为阴山脚，西为俞坞上村，北为黄泥岭、浪坞。属碧螺村。户籍人口128户，439人。因位于俞坞上村之下处，故名。

施巷村 Shīxiàng Cūn

农村居民点。位于东山镇中部。东为紫金路，南为施棚弄，西为西新街，北为莫厘路。属碧螺村。户籍人口59户，174人。因村旁有施巷河，故名。

施家山 Shījiāshān

农村居民点。位于东山镇中部。亦称四家山、施家山。东为人民街，南为古石巷，西为雨花路，北为茶叶弄。属碧螺村。户籍人口45户，112人。

新义村 Xīnyì Cūn

农村居民点。位于东山镇中部。东为西新街，南为法海路，西为金鸡岭，北为大园里。属碧螺村。

大园里 Dàyuánlǐ

农村居民点。位于东山镇中部。旧名唐股村。东为新义路，南为响水涧，西为泄洪河，北为东山莫厘中学。属碧螺村。户籍人口41户，91人。因明王延陵为父王鏊筑真适园，规模较大，习称大园（早废），故名。

秦家坞 Qínjiāwù

农村居民点。位于东山镇中部。东为人民街，南为姚家坞，西为雨花路，北为石家坞。属碧螺村。户籍人口49户，117人。以秦姓人家居多而得名。

马家底 Mǎjiādǐ

农村居民点。位于东山镇中部。也称马家堤。东为紫金路，南为法海路，西为西新街，北为施棚弄。属碧螺村。户籍人口67户，141人。以马姓人家居多而得名。

庙渎 Miàodú

农村居民点。位于东山镇中部。东为秦家涧沿，南为钮家村，西为曹坞，北为马家弄。属碧螺村。户籍人口152户，452人。以村内园极宫、翠微庵、灵佑庙（已毁）等而得名。

吴家坟 Wújiāfén

农村居民点。位于东山镇中部。东为紫金路，南为甘山岭，西为俞坞岭，北为金塔河。属碧螺村。户籍人口54户，197人。因村北有一吴家大坟，俗称吴家坟，故名。

杨家路 Yángjiālù

农村居民点。位于东山镇中部。东为紫金路，南为紫金生态园，西为水库所，北为甘山岭。属碧螺村。户籍人口41户，208人。因清代杨姓大户出资筑路，故名。

洋桥河 Yángqiáohé

农村居民点。位于东山镇中部。东为紫金路，南为莫厘路，西为人民街，北为银杏路。属碧螺村。户籍人口54户，114人。清初郑氏在村口筑荥阳桥，名阳桥，后谐音漾桥，村以桥名。

石家坞 Shíjiāwù

农村居民点。位于东山镇中部。东为人民街，南为金嘉巷，西为雨花路，北为古石巷。属碧螺村。户籍人口36户，68人。以村内多石姓人家而得名。

【渡口村】 Dùkǒu Cūn

村委会。位于东山镇东北部，距镇人民政府驻地4千米。管辖范围为东起东太湖，西至渡桥村，南起吴巷村，北至临湖镇渡村。面积4平方千米。户籍人口3428人。村委会驻摆渡口自然村。下辖摆渡口、东村头、东河头、横泾头、上漾家桥、瓦塔村、徐家桥、下漾家桥、秧田村、张里家10个自然村落。以辖内渡口自然村而得名。2003年10月摆渡口村与漾家

渡口村村委会

桥村合并成立渡口村。

摆渡口 Bǎidùkǒu

农村居民点。位于东山镇东北部。东为东太湖，南为徐家桥自然村，西为木东公路，北为大缺港。属渡口村。户籍人口56户，180人。因村落北边有东山与渡村交界的摆渡码头，故名。

东村头 Dōngcūntóu

农村居民点。位于东山镇东北部。东为东太湖，南为东河头自然村，西为横泾头自然村，北为摆渡口。属渡口村。户籍人口91户，319人。因与西河头自然村相向连接，故名。

东河头 Dōnghétóu

农村居民点。位于东山镇东北部。东为东太湖，南为上漾家桥自然村，西为木东公路，北为大缺港。属渡口村。户籍人口249户，1015人。

横泾头 Héngjīngtóu

农村居民点。位于东山镇东北部。东为东太湖，南为东河头自然村，西为老木东公路，北为大缺港。属渡口村。户籍人口78户，263人。因村中河道横向，村民房舍居河头，故名。

上漾家桥 Shàngyàngjiāqiáo

农村居民点。位于东山镇东北部。东为东太湖，南为吴巷村，西为秧田自然村，北为东河头自然村。属渡口村。户籍人口32户，111人。因村中古桥“永兴桥”，又名“漾家桥”，村以桥名且在北边，故名。

瓦塔村 Wǎtǎ Cūn

农村居民点。位于东山镇东北部。东为东太湖，南为吴巷村，西为秧田自然村，北为下漾家桥自然村。属渡口村。户籍人口45户，194人。以宋时村上有一砖瓦塔（已毁）而得名。

徐家桥 Xújiāqiáo

农村居民点。位于东山镇东北部。东为东太湖，南为横泾头自然村，西为木东公路，北为大缺港。属渡口村。户籍人口42户，154人。因村中徐姓大户筹钱建桥，故名。

下漾家桥 Xiàyàngjiāqiáo

农村居民点。位于东山镇东北部。东为东太湖，南为吴巷村，西为秧田自然村，北为上漾家桥自然村。属渡口村。户籍人口101户，374人。因村中古桥“永兴桥”，又名“漾家桥”，村以桥名且在南边，故名。

秧田村 Yāngtián Cūn

农村居民点。位于东山镇东北部。又名星巨田。东为东太湖，南为吴巷村，西为渡桥村，北为东河头自然村。属渡口村。户籍人口81户，288人。旧时天降巨石落村中秧田，人称星巨村，后易名秧田村。

张里家 Zhānglǐjiā

农村居民点。位于东山镇东北部。东为东太湖，南为东河头自然村，西为横泾头自然村，北为东村头自然村。属渡口村。户籍人口77户，285人。原村中有张里街，村以街名。后近音易名张里家。

【吴巷村】 Wúxiàng Cūn

吴巷村村委会

村委会。位于东山镇东南部，距镇人民政府驻地3千米。管辖范围为东起太湖，西至东山大道，南起定向河，北至渡桥村。面积4平方千米。户籍人口3221人。村委会驻凤凰山路4巷6号。下辖北圣渠、东头浜、何家场、鸡山头、桥弄、三角栈、三涧村、吴巷街、夏家弄、牛车头、石鹤头、邱家桥、朱茂村、壕头村、灶墙头、石家弄16个自然村落，定向河花园1个居民住宅小区。以辖区内吴巷山而得名。2003年10月吴巷村、朱茂村合并成立吴巷村。

北圣渠 Běishèngqú

农村居民点。位于东山镇东南部。东为灶墙头，南为定向河，西为三涧村，北为稼湾。属吴巷村。户籍人口71户，289人。因村舍傍水渠而建，故名。

东头浜 Dōngtóubāng

农村居民点。位于东山镇东南部。东为邱家桥，南为定向河，西为灶墙头，北为何家场。属吴巷村。户籍人口69户，218人。因村在河浜东头，故名。

何家场 Héjiāchǎng

农村居民点。位于东山镇东南部。东为东头浜，南为定向河，西为北圣渠，北为灶墙头。属吴巷村。户籍人口62户，186人。以何姓人家居多而得名。

鸡山头 Jīshāntóu

农村居民点。位于东山镇东南部。东为定向河，南为鸡山，西为东山钣金厂，北为开发区。属吴巷村。户籍人口80户，269人。因位于武山之南，春秋时为吴王养鸡处，故名。

桥弄 Qiáolòng

农村居民点。位于东山镇东南部。东为开发区大道，南为邱家桥，西为蔬菜基地，北为气象台。属吴巷村。户籍人口41户，232人。因村西有一石桥正对村中主弄，故名。

三角栈 Sānjiǎozhàn

农村居民点。位于东山镇东南部。本名三角尖。东为吴巷山15组，南为吴巷山9组，西为东山开发区，北为吴巷山6组。属吴巷村。户籍人口82户，253人。因村位于石鹤、吴巷、花园弄三村交会处，故名。

三涧村 Sānjiàn Cūn

农村居民点。位于东山镇东南部。又名三间村。东为朱茂村，南为定向河，西为桥头，北为东山开发区厂区。属吴巷村。户籍人口46户，165人。因村里朱姓人家居三间房，以房初名，后方言谐音成今名。

吴巷街 Wúxiàngjiē

农村居民点。位于东山镇东南部。东为蔬菜园，南为三角栈，西为桥边，北为吴巷山。属吴巷村。户籍人口173户，519人。因位于吴巷山麓而得名。

夏家弄 Xiàjiālòng

农村居民点。位于东山镇东南部。东为石家弄，南为吴巷浜，西为承包地，北为水泥大路。属吴巷村。户籍人口69户，209人。以夏姓人家居住而得名。

牛车头 Niúchētóu

农村居民点。位于东山镇东南部。东为牛车港，南为朱茂，西为定向河，北为高桥头。属吴巷村。户籍人口30人。

石鹤头 Shíhètóu

农村居民点。位于东山镇东南部。亦称射鹗山。东为蔬菜园，南为射鹤山，西为工业区厂房，北为工业区区间大道。属吴巷村。户籍人口39户，184人。因吴越春秋时因有鹗来啄鸡，吴王令人在此射（谐音“石”）鹗，故名。

邱家桥 Qiūjiāqiáo

农村居民点。位于东山镇东南部。东为壕头，南为新农村楼房，西为牛车头，北为工业区厂房。属吴巷村。户籍人口141户，426人。因邱家出资建桥，故名。

朱茂村 Zhūmào Cūn

农村居民点。位于东山镇东南部。初名朱家场。东为中西村，南为吴家场，西为北圣渠，北为凤凰山路。属吴巷村。户籍人口851人。因村中多朱姓人家，期望朱姓氏族兴旺发达，故名。

壕头村 Háotóu Cūn

农村居民点。位于东山镇东南部。东为吴巷村桥边，南为开发区，西为邱家桥，北为吴巷浜。属吴巷村。户籍人口56户，人口有166人。因位于山沟（壕）头，故名。

灶墙头 Zàoqiángtóu

农村居民点。位于东山镇东南部。东为东头浜，南为何家场，西为北圣渠，北为稼桥。属吴巷村。户籍人口43户，179人。因村中有一大灶台，村民大宗菜肴在此烹饪，村民喜欢聚此交谈，故名。

石家弄 Shíjiālòng

农村居民点。位于东山镇东南部。东为桥弄，南为吴巷浜，西为夏家弄，北为水泥大路。属吴巷村。户籍人口64户，206人。以石姓人家居多而得名。

定向河花园 Dìngxiànghé Huāyuán

城镇居民点。位于东山镇东南部。东至吴巷村朱茂自然村，南至定向河路，西至凤凰山路三巷，北至定向河路。属吴巷村。以紧邻定向河地理位置特点命名。占地面积4万平方米，建筑面积5.2万平方米。共19幢多层住宅楼，414户，绿化率40.4%。2016年命名。

【新潦村】 Xīnliáo Cūn

新潦村村委会

村委会。位于东山镇东部，距镇人民政府驻地2.5千米。管辖范围为东起渡水港，西至碧螺村，南起碧螺村，北至潦里村。面积1.8平方千米。户籍人口4700人。村委会驻新潦路旁。下辖金家店前、井场角、绿家文、浜底角、孟家里、七分头、井盘头、杨家弄、茅界泾、东头角、兴村、剪刀湾、庙场头、新村南、新村北、王家泾16个自然村落。因所在地方是东山镇新潦片，故名。2003年10月俞家厍村、港东村、王家泾村合建新潦村。

金家店前 Jīnjiādiànqián

农村居民点。位于东山镇东部。东为紫金路，南为浜场上，西为涧沿，北为法海路。属新潦村。户籍人口60户，250人。清时有金姓人在此开店，因商致富建宅，人呼金家墙门，其店称金家店，村在该店前，故名。

井场角 Jǐngchǎngjiǎo

农村居民点。位于东山镇东部。东为孟家里，南为西泾浜，西为茅界泾，北为七分头。属新潦村。户籍人口85户，412人。因村上有一井，老百姓常取井水用于生活，故名。

绿家文 Lǜjiāwén

农村居民点。位于东山镇东部。东为兴村，南为王家泾，西为井场角，北为孟家里。属新潦村。户籍人口63户，250人。原称陆家坟，当地"陆""绿""文""坟"同音，为讨吉利而易名。

浜底角 Bāngdǐjiǎo

农村居民点。位于东山镇东部。东为剪刀湾，南为孟家里，西为井场角，北为东头角。属新潦村。户籍人口102户，480人。因位于小浜底处，故名。

孟家里 Mèngjiālǐ

农村居民点。位于东山镇东部。东为兴村，南为绿家文、兴村，西为井场角，北为剪刀湾。属新潦村。户籍人口73户，230人。因孟姓人家居多而得名。

七分头 Qīfēntóu

农村居民点。位于东山镇东部。东为无名道路，南为朱家弄，西为茅界泾，北为马家港。属新潦村。户籍人口60户，241人。

井盘头 Jǐngpántóu

农村居民点。位于东山镇东部。东为潦里港，南为庙场头和新村北，西为马家港，北为潦里村中横。属新潦村。户籍人口89户，312人。据传，村中有井，房舍在井之周围，故名。

杨家弄 Yángjiālòng

农村居民点。位于东山镇东部。东为孟家里，南为渡水港，西、北为王家泾。属新潦村。户籍人口62户，213人。以杨姓人家居多而得名。

茅界泾 Máojièjīng

农村居民点。位于东山镇东部。东为井场角，南为金家店前，西为涧沿，北为马家底。属新潦村。户籍人口25户，102人。因村中小河长满茅草，并以此与邻村分界，故名。

东头角 Dōngtóujiǎo

农村居民点。位于东山镇东部。东为剪刀湾，南为浜底角，西为七分头自然村，北为潦里村。属新潦村。户籍人口60户，298人。因位于俞家厍东头，故名。

兴村 Xīng Cūn

农村居民点。位于东山镇东部。东为潦里自然村，南为养殖区，西为孟家里自然村，北为潦里自然村。属新潦村。户籍人口54户，216人。村上新建住房较多，呈兴旺发达景象，故名。

剪刀湾 Jiǎndāowān

农村居民点。位于东山镇东部。东为兴村，南为孟家里，西为浜底角，北为潦里自然村。属新潦村。户籍人口85户，268人。因村上有一小河分叉，形如剪刀，故名。

庙场头 Miàochǎngtóu

农村居民点。位于东山镇东部。东为新村北，南为渡水江，西为潦里村，北为井盘头。属新潦村。户籍人口95户，324人。因村上有一猛将庙（堂），故名。

新村南 Xīncūnnán

农村居民点。位于东山镇东部。东为潦里村，南为环山公路，西为潦里村，北为渡水港。属新潦村。户籍人口66户，358人。20世纪80年代新建而成，俗称新村南。

新村北 Xīncūnběi

农村居民点。位于东山镇东部。东为潦里高田村，南为渡水江，西为庙场头，北为井盘头。属新潦村。户籍人口80户，284人。20世纪80年代形成，相对附近原村落则为新村，故名。

王家泾 Wángjiājīng

农村居民点。位于东山镇东部。又称篁界泾、姚家泾。东为老门头，南为殷家泾港，西为浜场上，北为俞家厍村。属新潦村。户籍人口402户，1438人。因村南竹林茂密而称篁界泾，后方言谐音“篁”为“王”，故名。

三、社区居委会及居民点

【洞庭社区】 Dòngtíng Shèqū

社区居委会。位于东山镇中部偏北，距镇人民政府驻地0.3千米。管辖范围为东起莫厘村，西至陆巷村，南起渡水桥，北至碧螺村。面积3.6平方千米。户籍人口7922人。居委会驻人民街43号。下辖洞庭村、莲花村、景园人家、洞庭苑、林清苑5个居民住宅小区。以所在洞庭东山而得名。2003年渡桥、东新、西新、叶巷四个社区合并设立洞庭社区。

洞庭社区居委会

洞庭村 Dòngtíng Cūn

城镇居民点。位于东山镇中部偏北。东至谈家弄，南至银湖路，西至小华润超市，北至东杨公路。属洞庭社区。以所在地洞庭东山而得名。占地面积6.7万平方米。共5幢楼房，户籍人口137户，316人。1986年命名。

莲花村 Liánhuā Cūn

城镇居民点。位于东山镇中部偏北。东至红木家具店，南至东山机电站，西至莫厘南路，北至漾桥。属洞庭社区。因原有莲花圩，故名。面积16.7万平方米。共22幢楼房，户籍人口193户，467人。1993年命名。

景园人家 Jǐngyuán Rénjiā

城镇居民点。位于东山镇中部偏北。东至长泾港，南至渡桥村，西至将军街，北至启园路。属洞庭社区。取景色秀丽之意命名。面积6.7万平方米。户籍人口507人。2004年命名。

洞庭苑 Dòngtíng Yuàn

城镇居民点。位于东山镇中部偏北。东至殿泾港，南至银湖路，西至洞庭路，北至启园路。属洞庭社区。因该居民点主出入口位于洞庭路东北侧，故名。占地面积5万平方米，建筑面积3.2万平方米。共50幢别墅，150户（套），绿化率45%。2004年命名。

林清苑 Línqīng Yuàn

城镇居民点。位于东山镇中部偏北。东、南至石鹤山路南侧，西至果林，北至环山公路。属洞庭社区。以其地处东山风景区内的地理位置，以“水清木华之所在”意境命名。占地面积4.1万平方米，建筑面积5.1万平方米。共17幢多层住宅楼，户籍人口457户，绿化率37%。2014年命名。

四、历史地名

【村委会】

【白沙村】 Báishā Cūn

村委会。位于东山镇西南部，距镇人民政府驻地8千米。管辖范围为东起碧螺村，西至太湖，南起含山村，北至尚锦村。户籍人口404户，1161人。下辖头图、二图、十六图、纪革4个自然村落，6个村民小组。因在白沙岭，故名。2003年10月撤销白沙村、含山村、北望村，合建陆巷村。

【吴巷山村】 Wúxiàngshān Cūn

村委会。位于东山镇东南部，距镇人民政府驻地4千米。管辖范围为东起太湖，西至朱茂村，南起朱茂村，北至西泾村。户籍人口602户，2238人。下辖吴巷山、石鹤头、邱家桥、鸡山头、石家弄、桥弄、花园弄、三角栈、夏家弄9个自然村落，18个村民小组。村旁武山，春秋时为吴王养虎处，称虎山。至唐代改武山，后世又以“武”谐音为“吴”，加之村民吴姓较多，遂称吴巷山。1962年9月为洞庭公社民主大队。2003年10月撤吴巷山村、朱茂村，合建吴巷村。

【高田村】 Gāotián Cūn

村委会。位于东山镇东南部，距镇人民政府驻地1.5千米。管辖范围为东起薛家港，西至施巷港，南起渡水港，北至银湖路。户籍人口534户，2275人。下辖东高田、西高田、前门头、后门头、高田新村、银湖新村6个自然村落，11个村民小组。本名茭田村。以区内高田村为行政村名。1962年9月为洞庭人民公社红星大队，2003年10月撤高田村、潦里村，合建潦里村。

【金湾村】 Jīnwān Cūn

村委会。位于东山镇东南部，距镇人民政府驻地6千米。管辖范围为东起莳山，西至槎湾村，南起渡水港，北至碧螺村。下辖涧桥、鱼池上、严家巷、卜家坞、卜家、金湾、下大坟、水门头、新村坊9个自然村落，14个村民小组。以辖内金湾自然村而得名。1962年9月为洞庭人民公社庆丰大队。2003年10月撤金湾村、槎湾村，合建双湾村。

【湖新村】 Húxīn Cūn

村委会。位于东山镇西南部，距镇人民政府驻地7千米。户籍人口223户，747人。下辖铜鼓山、杨湾湖沙洋、陆巷蒋湾3个自然村落，5个村民小组。因太湖渔民组建成，故名。1962年9月为洞庭人民公社湖新大队。2003年10月撤湖新村、席家湖村、光荣村，合建太湖村。

【俞家厍村】 Yújiāshè Cūn

村委会。位于东山镇东南部，距镇人民政府驻地1.5千米。管辖范围为东起潦里村，西至王家泾村，南起潦里村，北至碧螺村。面积0.8平方千米。户籍人口1838人。1962年9月为洞庭人民公社建国大队。2003年10月撤俞家厍、王家泾、港东村，合建新潦村。

【新建村】 Xīnjiàn Cūn

村委会。位于东山镇东北部，距镇人民政府驻地3千米。管辖范围为东起摆渡口，西至渡桥村，南起山水路，北至新塘圩。户籍人口288户， 1050人。下辖葛家渡、新河2个自然村落，5个村民小组。以除旧迎新之意命名。1962年9月为洞庭人民公社新建大队。2003年10月撤新建村、晨光村、西泾村，合建渡桥村。

【岱松村】 Dàisōng Cūn

村委会。位于东山镇东南部，距镇人民政府驻地2.5千米。管辖范围为东起环山公路，西至东山宾馆，南起湖湾，北至太湖。面积3.5平方千米。户籍人口385户，1350人。下辖杨家湾、宋家湾、岱心湾、余山岛东湾、西湾5个自然村落，13个村民小组。以辖内岱松自然村而得名。1962年9月为洞庭人民公社岱松大队。2003年10月撤岱松村、湖湾村、尚锦村，合建莫厘村。

【槎湾村】 Cháwān Cūn

村委会。位于东山镇西南部，距镇人民政府驻地7千米。管辖范围为东起金湾村，西至杨湾村，南起环山公路，北至藏船坞。户籍人口464户，1375人。下辖槎湾、古周巷、牌楼巷、鱼行河、石灰浜、西村6个自然村落，12个村民小组。以域内槎湾自然村而得名。1962年9月为洞庭人民公社红光三大队。2003年10月撤槎湾村、金湾村，合建双湾村。

【漾家桥村】 Yàngjiāqiáo Cūn

村委会。位于东山镇东北部，距镇人民政府驻地5.5千米。管辖范围为东起摆渡口村，西至西泾山，南起东太湖，北至西泾山。户籍人口256户，978人。下辖上漾家桥、下漾家桥、瓦塔、秧田4个自然村落，8个村民小组。以辖内漾家桥自然村而得名。1962年9月为洞庭人民公社团结大队。2003年10月撤漾家桥村、摆渡口村，合建渡口村。

【星光村】 Xīngguāng Cūn

村委会。位于东山镇西南部，距镇人民政府驻地3千米。管辖范围为东起响水涧，西至俞坞岭，南起甘山岭，北至曹坞。户籍人口1357人。下辖吴家坟、金塔河、古坞、施家平盘、钮家村、曹坞6个自然村落，7个村民小组。1962年9月为洞庭人民公社星光大队。2003年10月撤星光村、东山村、碧螺村，合建新的碧螺村。

【西泾村】 Xījīng Cūn

村委会。位于东山镇东北部，距镇人民政府驻地2.5千米。管辖范围为东起漾家桥，西至朱茂村，南起吴巷山，北至新建村。户籍人口352 户，1168人。下辖西泾山、下周村、西泾头、陈 岭头、上官庄村、下官庄村、村后底、葛家渡、 席家后底、下路头、塘角上、禾家湾、赵巷村、莫青头、朱家湾15个自然村落，9个村民小组。以域内西泾山自然村而得名。1962年9月为洞庭人民公社金星大队。2003年10月撤西泾村、晨光村、新建村，合建渡桥村。

【朱茂村】 Zhūmào Cūn

村委会。位于东山镇东南部，距镇人民政府驻地2千米。管辖范围为东起西泾村，西至定向河，南起吴巷村，北至渡水桥。户籍人口254户，871人。下辖朱茂、三间北圣渠、灶墙头、东头浜、何家场5个自然村落，5个村民小组。以辖内朱茂自然村而得名。1958年为洞庭人民公社朱茂大队，1983年改为朱茂村。2003年10月撤朱茂村、吴巷山村，合建吴巷村。

【上湾村】 Shàngwān Cūn

村委会。位于东山镇西南部，距镇人民政府驻地12千米。管辖范围为东起碧螺峰，西至太湖，南起杨湾村，北至陆巷村。户籍人口1237人。下辖上湾、张巷、石桥3个自然村落，10个村民小组。由杨湾古街向西北延伸至滨湖地段，以上湾自然村而得名。1962年9月为洞庭人民公社红光一大队。2003年10月撤上湾村、屯湾村、杨湾村，合建杨湾村。

【光荣村】 Guāngróng Cūn

村委会。位于东山镇北部，距镇人民政府驻地2.5千米。管辖范围为东起新建村，西至晨光村，南起西泾村，北至新塘圩。户籍人口262户，920人。下辖席家后底、莫青头、河神庙、新渔村4个自然村落，8个村民小组。1962年9月为洞庭人民公社渡桥大队。1983年改为光荣村。2003年10月撤光荣村、席家湖村、湖新村，合建太湖村。

【含山村】 Hánshān Cūn

村委会。位于东山镇西南部，距镇人民政府驻地13千米。管辖范围为东起虾蠓岭，西至太湖，南起上湾村，北至白沙村。户籍人口818户，2636人。下辖寒山、惠头、陆巷、蒋湾、嵩下、严芒、山址、大河、朱巷9个自然村落，17个村民小组。以所在寒谷山为村名，后讹名含山。1962年9月为洞庭人民公社红旗大队。2003年10月撤含山村、白沙村、北望村，合建陆巷村。

【尚锦村】 Shàngjǐn Cūn

村委会。位于东山镇西北部，距镇人民政府驻地5.8千米。管辖范围为东起岱松村，西至太湖，南起白沙村，北至太湖。户籍人口471户，1558人。下辖尚锦、丰圻、石井、洪湾、小长湾、周湾6个自然村落，11个村民小组。以辖内尚锦自然村而得名。1962年9月为洞庭人民公社卫东大队。2003年10月撤尚锦村、岱松村、湖湾村，合建莫厘村。

【屯湾村】 Túnwān Cūn

村委会。位于东山镇西南部，距镇人民政府驻地12千米。管辖范围为东起杨湾村，西至太湖，南起太湖，北至北望自然村。户籍人口1276人。下辖湖沙、澄湾、屯湾、王家垫、湾里、寺前、西巷7个自然村落，12个村民小组。以辖内屯湾自然村而得名。1962年9月为洞庭人民公社红光二大队。1983年改为屯湾村。2003年10月撤屯湾村、上湾村、杨湾村，合建新的杨湾村。

【席家湖村】 Xíjiāhú Cūn

村委会。位于东山镇东北部，距镇人民政府驻地1.5千米。管辖范围为东起太湖，西至湖湾村，南起渡水港，北至启园路。户籍人口221户，633人。下辖席家湖、徐家湖2个自然村落，4个村民小组。20世纪50年代起渔船常停泊在席家河内避风，并在该河两岸建简易房安顿，逐渐形成渔业新村。1962年9月为洞庭人民公社光明大队。2003年10月撤席家湖村、湖新村、光荣村，合建太湖村。

【晨光村】 Chénguāng Cūn

村委会。位于东山镇东北部，距镇人民政府驻地1千米。管辖范围为东起光荣村，西至银湖路，南起西泾村，北至湖湾村下濠。户籍人口355户，1121人。下辖张家下脚、网金浜、冰延村、汤家扇、沈家岸、殿泾港、司前街、严家坟8个自然村落。1962年9月为洞庭人民公社晨光大队。2003年10月撤晨光村、新建村、西泾村，合建渡桥村。

【港东村】 Gǎngdōng Cūn

村委会。位于东山镇东南部，距镇人民政府驻地2千米。管辖范围为东起高田村，西至潦里村，南起渡水港，北至中横头自然村。户籍人口330户，1108人。下辖8个村民小组。因位于潦里港东而得名。1962年9月为洞庭人民公社东方大队。2003年10月撤港东村、俞家厍村、王家泾村，合建新潦村。

【王家泾村】 Wángjiājīng Cūn

村委会。位于东山镇东南部，距镇人民政府驻地2.2千米。管辖范围为东起老门头河道，西至星光村，南起殷家泾港，北至镇西马家底。户籍人口435户，1561人。下辖9个村民小组。以村内王家泾自然村为名。1962年9月称中心大队。2003年10月撤王家泾村、俞家厍村、港东村，合建新潦村。

【东山村】 Dōngshān Cūn

村委会。位于东山镇西南部，距镇人民政府驻地1千米。管辖范围为东起东街殿背后，西至法海路，南起人民街，北至雨花路。户籍人口1714人。下辖阁老厅、大园村、响水涧、姚家场、庙渎、马家底、漾桥村、施家山、施巷村、叶巷村、石家坞、秦家坞12个自然村落，15个村民小组。因位于东山镇区，故名。1962年9月为洞庭人民公社繁荣大队。2003年10月撤东山村、星光村、碧螺村，合建新的碧螺村。

【湖湾村】 Húwān Cūn

村委会。位于东山镇西北部，距镇人民政府驻地1.5千米。管辖范围为东起东新街，西至启园，南起启园路，北至莫厘峰。户籍人口571户，1717人。下辖殿背后、鹅潭头、翁巷、汤家场、席家湖、金家湖、徐家湖7个自然村落，16个村民小组。以所在太湖湖湾的地理特征命名。1962年9月洞庭人民公社新民大队。2003年10月撤湖湾村、岱松村、尚锦村，合建莫厘村。

【北望村】 Běiwàng Cūn

村委会。位于东山镇西南部，距镇人民政府驻地14千米。管辖范围为东起上湾村，西至太湖，南起屯湾村，北至太湖。户籍人口296户，1080人。下辖北望、南望、石前、塔头、岭下、王舍、上伍、店门8个自然村落。以辖内北望自然村而得名。1958年为洞庭人民公社虹光一大队。1962年9月分为虹光、庆九两个大队。1983年改为北望村。2003年10月撤北望村、含山村、白沙村，合建陆巷村。

【摆渡口村】 Bǎidùkǒu Cūn

村委会。位于东山镇东北部，距镇人民政府驻地6千米。管辖范围为东起摆渡口港，西至新建村，南起漾家桥，北至木东公路。户籍人口602户，2076人。下辖摆渡口、徐家桥、横泾头、东村头、张里家、东河头6个自然村落，15个村民小组。以辖内摆渡口自然村而得名。1962年9月为洞庭人民公社震东大队。2003年10月撤摆渡口村、漾家桥村，合建渡口村。

【社区居委会】

【西新社区】 Xīxīn Shèqū

社区居委会。位于东山镇东南部，距镇人民政府驻地1.3千米。管辖范围为东起紫金路，西至东山村，南起星光村，北至叶巷居委会。户籍人口2000人。居委会驻西新街。以居委会所在的西新街而得名。

【渡桥社区】 Dùqiáo Shèqū

社区居委会。位于东山镇东北部，距镇人民政府驻地1.3千米。管辖范围为东起东山大道，西至银湖路，南起洞庭路，北至晨光村。户籍人口900人。居委会驻渡桥南街。以居委会所在的渡桥南街而得名。下辖渡桥南街、渡桥北街2条村街。2003年（撤销）渡桥社区并入洞庭社区。

【东新社区】 Dōngxīn Shèqū

社区居委会。位于东山镇东北部，距镇人民政府驻地0.7千米。管辖范围为东起启园路，西至雨花路，南起叶巷居委会，北至湖湾村。户籍人口1700人。居委会驻东新街。以居委会所在的东新街而得名。下辖东新街、永安村、新丰村、建新村、殿新村、太平村6条村街。2003年（撤销）东新社区并入洞庭社区。

【叶巷社区】 Yèxiàng Shèqū

社区居委会。位于东山镇东南部，距镇人民政府驻地0.5千米。管辖范围为东起紫金路，西至东山村，南起西新居委会，北至东新居委会。户籍人口1800人。居委会驻叶巷。以辖内叶巷街而得名。2003年（撤销）叶巷社区并入洞庭社区。

【农村居民点】

朱家湾 Zhūjiāwān

农村居民点。位于东山镇东北部。东为莫青山，南为吴巷村，西为东山工业区，北为西泾村。属太湖村。2014年并入太湖村消亡。

赵巷村 Zhàoxiàng Cūn

农村居民点。位于东山镇东北部。东为莫青头，南为工业区，西为五七农场，北为五七农场。属太湖村。2014年动迁消亡。

馀家河 Yújiāhé

农村居民点。位于东山镇东北部。东为席家湖，南为建新村，西为花园弄，北为翁巷。属莫厘村。户籍人口13户，50人。2014年动迁消亡。

下横 Xiàhéng

农村居民点。位于东山镇西南部。含三山村桥头自然村。2014年动迁消亡。

上伍 Shàngwǔ

农村居民点。位于东山镇西北部。东为饭石峰，南为岭下交界，西为太湖，北为石前村。2014年并入石前自然村消亡。

塔头 Tǎtóu

农村居民点。位于东山镇西北部。东为岭下，南为黄家山麓，西为南望村。2014年并入岭下自然村消亡。

港东 Gǎngdōng

农村居民点。位于东山镇东部。东为孟家里，南为渡水港，西为王家泾，北为王家泾。属新潦村。2014年动迁消亡。

塘角上 Tángjiǎoshàng

农村居民点。位于东山镇东北部。东为莫青头，南为工业区，西为五七农场，北为五七农场。2014年并入禾家湾消亡。

下周村 Xiàzhōu Cūn

农村居民点。位于东山镇东北部。东为莫青头，南为东山镇工业区，西为五七农场，北为五七农场。2014年动迁消亡。

严家坟 Yánjiāfén

农村居民点。位于东山镇东北部。东为渡水港，南为薛家桥，西为银湖路，北为洞庭路。属渡桥村。2014年动迁消亡。

中西村 Zhōngxī Cūn

农村居民点。位于东山镇中部。东为王家泾，南为古坞，西为施家平磐，北为钮家村。属碧螺村。户籍人口56户，186人。2014年动迁消亡。

西路村 Xīlù Cūn

农村居民点。位于东山镇中部。东为紫金路，南为吴家坟，西为曹坞，北为钮家村。属碧螺村。户籍人口85户，287人。2014年动迁消亡。

槎湾村 Cháwān Cūn

农村居民点。位于东山镇西南部。亦称查湾村。东为金湾，南为渡水港，西为杨湾，北为庵头坞等。属双湾村。户籍人口463户，1391人。1983年并入牌楼巷消亡。

水门头 Shuǐméntóu

农村居民点。位于东山镇西南部。东为卜家港，南为新村坊，西为鸭高山，北为涧桥。属双湾村。户籍人口65户，203人。因初时村庄濒太湖滩地，开门见水，故名。1983年并入涧桥消亡。

新村坊 Xīncūnfāng

农村居民点。位于东山镇西南部。东为卜家港，南为下大坟，西为压高山，北为水门头。属双湾村。户籍人口53户，162人。以新建村坊而得名。1983年并入卜家消亡。

下大坟 Xiàdàfén

农村居民点。位于东山镇西南部。东为卜家港，南为卜家坞，西为鸭高山，北为新村坊。属双湾村。户籍人口42户，134人。因系明代席本桢墓地，村在大墓旁，故名。1983年并入卜家消亡。

西村 Xī Cūn

农村居民点。位于东山镇西南部。东为古周巷，南为渡水港，西为杨湾村，北为演武墩（又称阿五墩）。属双湾村。户籍人口53户，166人。因村位于槎湾西端，故名。1983年并入古周巷消亡。

鱼行河 Yúhánghé

农村居民点。位于东山镇西南部。东为牌楼巷，南为大港，西为西村，北为西潦坞。属双湾村。户籍人口28户，86人。以早时村河边开鱼行而得名。1983年并入古周巷消亡。

秦家涧沿 Qínjiājiànyán

农村居民点。位于东山镇中部。又名新西村，简称涧沿上。东为茅家泾，南为金家店前，西为庙渎，北为茅家泾。属碧螺村。户籍人口10户，38人。因村中涧边秦姓人家居多，皆善编制竹器，世代相传，故名。2003年并入钮家村消亡。

叶巷村 Yèxiàng Cūn

农村居民点。位于东山镇中部。东为紫金路，南为莫厘路，西为人民街，北为银杏路。属碧螺村。户籍人口54户，114人。以叶姓人家居多而得名。2003并入洋桥河消亡。

第十五节　金庭镇

一、概 况

金庭镇 Jīntíng Zhèn

乡级行政区。位于吴中区西南部，距吴中区人民政府驻地34千米。东、东南与东山镇，南与浙江省湖州市吴兴区，西与无锡市宜兴市，北、东北与光福镇及香山街道隔湖相望。镇以山名。《太湖备考》载："金庭山，一名庭山。在叶余山南，与玉柱山相望，旧志所谓'金庭玉柱'也。"以"湖中有金庭玉柱"（《湖山便览》）而得名。"金庭玉柱"，即指太湖洞庭西山林屋洞中的金色钟乳石。辖区面积84.22平方千米。户籍人口4.57万人。镇人民政府驻东园公路108号。

因与东山相对，金庭镇原称西洞庭山、洞庭西山，简称西山。古时也称夫椒山、林屋山、包山。北宋时期至1912年11月，设洞庭等乡，属吴县，历时千余年。北宋元丰年间（1078—1085），县下设立都保（即乡都），洞庭改乡为都。南宋、元朝隶属不变。至明代，《苏州府志》（明洪武十二年刻本）第四卷载有"洞庭乡玄宫里"。治所驻玄宫里。雍正十三年（1735），洞庭乡三十六都民事划归太湖厅管辖。咸丰十年（1860），洞庭乡划属浙江湖州府。光绪三十二年（1906），洞庭乡三十五都民事划归靖湖厅管辖。宣统年间，洞庭乡隶属、辖区不变。1912年11月，原洞庭乡第三十五都划入西山乡，同年12月，洞庭乡建制撤销，属吴县。

1928年设西山区。1931年分设镇夏、角里等7镇及15乡。1934年西山乡改置东河、消夏2镇和夏镇等8乡。1948年西山区设练渎、大夏2镇和四皓1乡，同年改属洞庭区。1950年属太湖行政办事处。1953年属震泽县。1956年西山区分设石公、东河、建设3个乡。1958年合并建立金庭人民公社。1959年改属吴县。1962年分为金庭、石公、建设3个公社。1980年建设公社更名为堂里公社。1983年改为堂里、石公、金庭3个乡。1987年撤乡合并设立西山镇。1992年将叶山村划入太湖国家旅游度假区香山街道。1995年7月，属吴县市。2001年2月，属吴中区。2007年6月西山镇改名金庭镇，属吴中区。2018年末，辖元山、蒋东、庭山、林屋、秉常、东蔡、石公、缥缈、堂里、东村和衙角里11个村委会和东河1个社区居委会，隶属不变。

金庭镇人民政府

二、村委会及居民点

【元山村】 Yuánshān Cūn

元山村村委会

村委会。位于金庭镇东北部，距镇人民政府驻地2.8千米。管辖范围为东起太湖，西至正丰自然村，南起林屋村，北至蒋东村。面积3.9平方千米。户籍人口3765人。村委会驻元蒋路北金村。下辖金村、鹿村、香花桥村、元山4个自然村落。以元山自然村而名之。中华人民共和国成立后，东、西元山村成立互助组。1949年属玄阳乡元山村。1956年元山成立元山高级社。1958年为工农大队。1961年更名为元山大队。1983年改为元山村。2000年5月鹿村与金村合并为金鹿村。2003年10月金鹿村与元山村合并为元山村。

金村 Jīn Cūn

农村居民点。位于金庭镇东北部。东为元山村，南为元山，西为鹿村，北为俞东村。面积8.6万平方米。户籍人口800人。以旧时村民多姓金而得名。为元山村村民小组。

鹿村 Lù Cūn

农村居民点。位于金庭镇东北部。东为金村，南为香花桥村，西为鹿村，北为辛村、俞东。面积1万平方米。与香花桥村共有户籍人口900人。据新编《吴县志》载，位于西山镇镇政府驻地镇夏镇东北4千米，古有鹿城，春秋时吴王阖闾筑以养鹿，“周围五里，墙壁险峻”。鹿城早废，鹿村之名由此而来。1987年1月属鹿村村民委员会。2000年5月属金鹿村。为元山村村民小组。

香花桥村 Xiānghuāqiáo Cūn

农村居民点。位于金庭镇东北部。东为鹿村，南为鹿村，西为正丰，北为辛村。面积9万平方米。与鹿村共有户籍人口900人。以古桥名而得名。为元山村村民小组。

元山 Yuánshān

农村居民点。位于金庭镇东北部。东为太湖，南为战备大堤，西为金村，北为蒋东。面积1.8万平方米。户籍人口314人。因有石突入太湖，形似鼋头，故名。后因“元”“鼋”谐音而称元山。为元山村村民小组。

【蒋东村】 Jiǎngdōng Cūn

村委会。位于金庭镇东北部，距镇人民政府驻地2.9千米。管辖范围为东起太湖，西至元山村，南起庵头山，北至太湖。面积5.4平方千米。户籍人口3730人。村委会驻蒋家巷自然村。下辖东河滩、后埠、蒋家巷、岭东湾、前湾、辛村、俞家弄7个自然村落。因境内有蒋家巷、东河滩两个自然村各取首字组合命名。中华人民共和国成立前称鹿村乡蒋东村。1948年称玄阳乡蒋东村。1958年称蒋东大队。

蒋东村

1983年更名蒋东村。2000年5月与辛村、后埠合并为新埠村。2003年10月新埠村、禹期村、前湾村合并为蒋东村。

东河滩 Dōnghétān

农村居民点。位于金庭镇东北部。东为太　湖，南为蒋家巷，西为岭东湾，北为戒毒所。面积4.3万平方米。户籍人口402人。因位于湖滩东侧，故名。为蒋东村村民小组。

后埠 Hòubù

农村居民点。中国传统村落。位于金庭镇东北部。东为前湾，南为辛村，西为金庭路，北为太湖。面积3.5万平方米。户籍人口314人。为蒋东村村民小组。

蒋家巷 Jiǎngjiāxiàng

农村居民点。位于金庭镇东北部。东为太　湖，南为元山，西为元山，北为戒毒所。面积6.8万平方米。户籍人口681人。以蒋姓人家居多而得名。为蒋东村村民小组。

岭东湾 Lǐngdōngwān

农村居民点。位于金庭镇东北部。东为东河滩，南为金村，西为俞家弄，北为前湾。面积2.2万平方米。户籍人口193人。因位于山岭东侧，故名。为蒋东村村民小组。

前湾 Qiánwān

农村居民点。位于金庭镇东北部。东为前湾山，南为俞东村，西为后埠，北为太湖。面积8.6万平方米。户籍人口800人。前湾，古时此地外有一梅梁湖，村因此得名梅梁里。为蒋东村村民小组。

辛村 Xīn Cūn

农村居民点。位于金庭镇东北部。东为前湾，南为元山路，西为金庭路，北为后埠。面积6.3万平方米。户籍人口698人。辛村，明朝时写作“新村”，取新辟形成之意。后谐音而得名。为蒋东村村民小组。

俞家弄 Yújiālòng

农村居民点。位于金庭镇东北部。东为岭东湾，南为鹿村，西为辛村，北为前湾。面积4.2万平方米。户籍人口395人。以俞姓人家居多而得名。为蒋东村村民小组。

【庭山村】 Tíngshān Cūn

庭山村村委会

村委会。位于金庭镇北部，距镇政府驻地1.9千米。管辖范围为东起蒋东村，西至金庭镇镇区，南起林屋村，北至太湖。面积9.6平方千米。户籍人口3713人。村委会驻渡渚自然村。下辖北庄、白塔湾、坝基桥、沉思湾、荡田、渡渚、东上、坎上、陀陀桥、外鱼池、小桥头、养马圩、余池上、中桥头14个自然村落，金庭复园1个居民住宅小区。以境内大庭山而得名。1949年为鱼池村、渡渚村、北庄、正丰。1958年改为五星、正丰、鱼池、北庄大队。1961年从中分出增设正荣大队。1983年相继改为鱼池、渡渚、北庄、正丰、震荣村。2000年5月北庄与渡渚并为庭山村，正丰村、余池村合并为余丰村。2003年10月庭山村与余丰村、震荣村合并，仍称为庭山村。

北庄 Běizhuāng

农村居民点。位于金庭镇北部。东为天王荡，南为余池、正丰，北为渡渚。面积1.2万平方米。户籍人口49户，146人。因北庄在荡田的北面，故名。2003年11月为庭山村村民小组。

白塔湾 Báitǎwān

农村居民点。位于金庭镇北部。西为金铎河，北为西庭山路。面积5.9万平方米。户籍人口593人。以很早以前这里曾有一座白塔而得名。2003年10月为庭山村村民小组。

坝基桥 Bàjīqiáo

农村居民点。位于金庭镇北部。东为养马圩，南为余池上，西为东园公路，北为北庄。面积1.7万平方米。户籍人口152人。以村中聚源桥（坝基桥）而得名。为庭山村村民小组。

沉思湾 Chénsīwān

农村居民点。位于金庭镇北部。东为渡渚山，南为新丰农业园，西为太湖，北为太湖。面积2.8万平方米。户籍人口267人。古称沉尸湾，因旧时暴风突起造成翻船事故，船户尸体多漂流，故名。后人嫌其名不雅，更名为沉思湾。为庭山村村民小组。

荡田 Dàngtián

农村居民点。位于金庭镇北部。东为外鱼池，南为无名小路，西为北庄，北为渡渚上。面积2.3万平方米。户籍人口191人。因此地原是荒凉的低洼田，靠近太湖边，20世纪四五十年代的外来人陆陆续续居住这里垦荒种田，故名。为庭山村村民小组。

渡渚 Dùzhǔ

农村居民点。位于金庭镇北部。东为金庭路，南为北庄，西为渡渚山，北为太湖。面积2.4万平方米。户籍人口209人。渡渚，春秋时吴王渡军码头，古称渡军渚，故名。2003年10月为庭山村村民小组。

东上 Dōngshàng

农村居民点。位于金庭镇北部。太湖大桥进岛第一个居民点。东为金庭路，南为农业园区，西为渡渚山，北为渡渚。面积3.5万平方米。户籍人口342人。东上是坎上的延续，以在坎上东而得名。为庭山村村民小组。

坎上 Kǎnshàng

农村居民点。位于金庭镇北部。东为太湖，南为庭山路，西为渡渚山，北为东上。面积2.2万平方米。户籍人口184人。坎上以地势而得名。为庭山村第3村民小组。

陀陀桥 Tuótuóqiáo

农村居民点。位于金庭镇北部。东为鹿村，南为双庆路，西为中桥头，北为小桥头。面积3.5万平方米。户籍人口330人。清雍正年间，附近寺院一名头陀僧看到桥面损坏，便募资重建，因此名为头陀桥，村因桥而得名。后误写为陀陀桥。为庭山村村民小组。

外鱼池 Wàiyúchí

农村居民点。位于金庭镇北部。东为天王荡，南为天王荡，西为荡田，北为北庄西上。面积1.7万平方米。户籍人口151人。以池塘养鱼业闻名，古称鱼池上，外鱼池因方位得名。为庭山村村民小组。

小桥头 Xiǎoqiáotóu

农村居民点。位于金庭镇北部。东为陀陀桥，南为中桥头，西为东河，北为外鱼池。面积2.1万平方米。户籍人口184人。以陀陀桥、中桥头的排序而得名。为庭山村村民小组。

养马圩 Yǎngmǎwéi

农村居民点。位于金庭镇北部。东为辛村，南为小桥头，西为坝基桥，北为外鱼池。面积2.3万平方米。户籍人口70户，213人。相传养马圩是春秋时期吴王养马的地方，故名。1987年1月属正丰村第4村民小组。2000年5月属余丰村。2003年10月为庭山村村民小组。

余池上 Yúchíshàng

农村居民点。位于金庭镇北部。东为小桥头，南为中桥头西，西为镇区，北为余池上南北组。面积5.5万平方米。户籍人口532人。以池塘养鱼业闻名，古称鱼池上，后误写为余池上。为庭山村村民小组。

中桥头 Zhōngqiáotóu

农村居民点。位于金庭镇北部。东为陀陀桥，南为双庆路，西为鱼田路，北为里鱼池。面积2.3万平方米。户籍人口203人。以陀陀桥、小桥头的排序而得名。为庭山村村民小组。

金庭复园 Jīntíng Fùyuán

城镇居民点。位于金庭镇北部。东至金庭路，南至金庭路，西至天王荡，北至天王荡。属庭山村。以其位于金庭镇且临近金庭路、地处西洞庭山岛天王荡（湖泊、俗称）湖畔等地理特征，取“山重水复之庭园”的寓意拟名。占地面积10万平方米，建筑面积4.5万平方米。共51幢独体别墅和1幢综合楼，51户（套），绿化率51%。2012年命名。

【林屋村】 Línwū Cūn

林屋村村委会

村委会。位于金庭镇东部，距镇人民政府驻地1.2千米。管辖范围为东起林屋路，西至后堡村，南起秉常村，北至东河社区。面积8.3平方千米。户籍人口3700人。村委会驻梅园路东。下辖洞山下、后堡、焦山上、居山、庙场、前堡、田岸头、上横路、徐家场、西头巷、下亩里、窑上、竹刀村、朱家弄、镇渎桥、镇夏头、中腰里、张家18个自然村落，翠峰山庄、雁归来院、居山湾花园3个居民住宅小区。以景点林屋洞而得名。1948年属于东河镇后堡村。1949年为后堡村、前堡村、洞山村、镇夏自然村。1956年改为农村合作社。1958年后堡改为前进大队，前堡改为建星大队，洞山改为友谊大队及镇夏大队。1983年均改为村。2000年洞山并入镇夏。2003年10月由镇夏村、前堡村、后堡村合并成立林屋村。

洞山下 Dòngshānxià

农村居民点。位于金庭镇东部。东为前堡西头巷，南为林屋路，西为秉常梅益，北为后堡第8村民小组。面积6.5万平方米。户籍人口249户，694人。因位于龙洞山下，故名。为林屋村村民小组。

后堡 Hòubǎo

农村居民点。位于金庭镇东部。东为前堡，南为林屋洞，西为霄云峰，北为后堡港。面积5万平方米。户籍人口450人。明朝初期，以有里人蒋氏望族于此筑前后两处大宅而得名。堡垒前称前堡，堡垒后称后堡。后堡原为西山煤矿主要运输地，有内河码头。1987年1月属后堡村第3、4、5、6、13村民小组。2000年10月为林屋村第3、4、5、6、13村民小组。

焦山上 Jiāoshānshàng

农村居民点。位于金庭镇东部。东为七墩山，南为下亩里，西为梅园路，北为后堡。面积1.2万平方米。户籍人口99人。因旧时在此堆置煤焦，故名。1987年1月属后堡第7村民小组。2003年10月为林屋村第7村民小组。

居山 Jūshān

农村居民点。位于金庭镇东部。古称龟山。东为太湖，南为太湖，西为南心港，北为居山圩。面积2.1万平方米。户籍人口151人。因山形似龟而名，今因西山土话谐音而称居山。1987年1月属前堡第2村民小组。2003年10月为林屋村第2村民小组。

庙场 Miàochǎng

农村居民点。位于金庭镇东部。东为林屋路，南为转角，西为梅园路，北为林屋洞。面积1.3万平方米。户籍人口110人。因林屋洞西曾有神景宫道观，故名。1987年1月属镇夏村第4村民小组。2003年10月为林屋村第4村民小组。

前堡 Qiánbǎo

农村居民点。位于金庭镇东部。东为居山，南为林屋路，西为洞山下，北为中腰里。面积10万平方米。户籍人口1050人。明朝初，以有里人蒋氏望族于此筑前后两处大宅而得名。堡垒前称前堡，堡垒后称后堡。1987年1月属前堡村第3、4村民小组。2003年10月为林屋村第3、4村民小组。

田岸头 Tián´àntóu

农村居民点。位于金庭镇东部。东为林屋路，南为后堡，西为东园公路，北为马城宫路。面积2.9万平方米。户籍人口270人。因村庄位于田岸边，故名。1987年1月属后堡第1、2村民小组。2003年10月为林屋村第1、2村民小组。

上横路 Shànghénglù

农村居民点。位于金庭镇东部。东为梅园路，南为朱家弄，西为大马山，北为竹刀村。面积2万平方米。户籍人口128人。习惯上村中横着的路叫横路，还有竖路，就此命名。1987年1月属后堡第9、10村民小组。2003年10月为林屋村第9、10村民小组。

徐家场 Xújiāchǎng

农村居民点。位于金庭镇东部。东为梅园路，南为前坟头，西为福源山，北为上横路。面积1万平方米。户籍人口66人。以徐姓人家聚居而得名。1987年1月属后堡村第10村民小组。2000年10月为林屋村第10村民小组。

西头巷 Xītóuxiàng

农村居民点。位于金庭镇东部。东为前堡4组，南为翠峰山庄，西为洞山下，北为七墩山。面积2.8万平方米。户籍人口256人。因位于前堡自然村西，故名。1987年1月属前堡第5、6村民小组。2003年10月为林屋村第5、6村民小组。

下亩里 Xiàmǔlǐ

农村居民点。位于金庭镇东部。东为焦山，南为洞山下，西为梅园路，北为后堡第3、4村民小组。面积2万平方米。户籍人口126人。以田亩上下位置区分且位于下方，故名。1987年1月属后堡第8村民小组。2003年10月为林屋村第8村民小组。

窑上 Yáoshàng

农村居民点。位于金庭镇东部。东为双观桥，南为竹刀村，西为大马山，北为古樟园。面积2.1万平方米。户籍人口148人。因旧时有石灰窑，故名。1987年1月属后堡第12村民小组。2003年10月为林屋村第12村民小组。

竹刀村 Zhúdāo Cūn

农村居民点。位于金庭镇东部。东为梅园路，南为朱家弄，西为大马山，北为窑上。面积2万平方米。户籍人口130人。因昔年村中居民大都以竹匠为生，故名。1987年1月属后堡村第11村民小组。2000年10月为林屋村第11村民小组。

朱家弄 Zhūjiālòng

农村居民点。位于金庭镇东部。东为梅园路，南为徐家场，西为福源山，北为竹刀村。面积2万平方米。户籍人口127人。以朱姓人家聚居而得名。1987年1月属后堡村第9村民小组。2000年10月为林屋村第9村民小组。

镇渎桥 Zhèndúqiáo

农村居民点。位于金庭镇东部。东为太湖，南为镇夏头，西为转角，北为林屋洞。面积3.3万平方米。户籍人口280人。因桥而得名。1987年1月属镇夏村第5、6村民小组。2003年10月为林屋村第5、6村民小组。

镇夏头 Zhènxiàtóu

农村居民点。位于金庭镇东部。东为太湖，南为秉常村俞家渡，西为梅园路，北为林屋洞。面积1万平方米。户籍人口79人。1987年1月属镇夏村第1村民小组。2003年10月为林屋村第1村民小组。

中腰里 Zhōngyāolǐ

农村居民点。位于金庭镇东部。东为林屋路，南为前堡3组，西为前堡5、6组，北为后堡。面积2.2万平方米。户籍人口191人。因南为前堡、北为后堡，处于中间，故名。1987年1月属前堡第1村民小组。2003年10月为林屋村第1村民小组。

张家 Zhāngjiā

农村居民点。位于金庭镇东部。东为林屋路，南为林屋路，西为林屋洞，北为洞山下。面积1.2万平方米。户籍人口85人。以张姓人家聚居而得名。1987年1月属镇夏村第7村民小组。2003年10月为林屋村第7村民小组。

翠峰山庄 Cuìfēng Shānzhuāng

城镇居民点。位于金庭镇东部。东至前堡港河，南至太湖，西至洞山港河，北至林屋山风景区新规划道路。属林屋村。占地面积4万平方米。共50套别墅。以背靠林屋洞景区，风景秀丽之意命名。2003年命名。

雁归来院 Yànguīlái Yuàn

城镇居民点。位于金庭镇东部。东至洞山 港，南至太湖水域，西至龙洞山港水域及江苏省 西山水文站，北至林屋路南侧及龙洞山港水域。属林屋村。占地面积16万平方米，建筑面积3.4万平方米。共437幢独体别墅和1幢综合房，437户（套），绿化率50%。以其所处太湖之滨为大雁喜爱栖息地之故，取“雁字回时心归宿”的寓意拟名。2018年命名。

居山湾花园 Jūshānwān Huāyuán

城镇居民点。位于金庭镇东部。东至南新港（河道、俗称），南至太湖水域，西至“翠峰山庄”住宅区东侧河道（俗称“前堡港”），北至林屋路。属林屋村。占地面积10.4万平方米，建筑面积2.18万平方米。共54幢独体别墅，54户（套），绿化率60.1%。以其南濒当地俗称“居山湾”的太湖水域之地理位置特点命名。2014年命名。

【秉常村】 Bǐngcháng Cūn

秉常村村委会

村委会。位于金庭镇东南部，距镇人民政府驻地3.6千米。管辖范围为东起林屋村，西至东蔡村，南起石公村，北至东河社区。面积6.5平方千米。户籍人口4173人。村委会驻镇夏村。下辖祠堂场、堵家地、胡家地、罗汉圩、蒋家场、毛竹场、梅园里、朴树头、前山头、前坟头、狮子头、双塔头、山东、下墙门、俞家渡、张家巷、转角17个自然村落，古北雅园1个居民住宅小区。以春秋时吴王在此辟校场练兵，地名兵场，谐音而得名秉常。中华人民共和国成立前为汇里乡的第六、第七、第八保。1952年设上秉村。1958年改为跃进大队。1980年2月更名为秉常村。2003年10月梅益村并入秉常村。

祠堂场 Cítángchǎng

农村居民点。位于金庭镇东南部。东为四龙山，南为下墙门，西为朴树头，北为蒋家场。面积2.4万平方米。户籍人口224人。因此地有黄家祠堂，故名。为秉常村村民小组。

堵家地 Dǔjiādì

农村居民点。位于金庭镇东南部。东为胡家地，南为狮子头，西为财神山，北为双塔头。面积2.9万平方米。户籍人口254人。以堵姓人家聚居而得名。2003年10月为秉常村第5村民小组。

胡家地 Hújiādì

农村居民点。位于金庭镇东南部。东为林屋村，南为毛竹场，西为堵家地，北为双塔头。面积2.8万平方米。户籍人口267人。以胡姓人家居多而得名。2003年10月为秉常村第4村民小组。

罗汉圩 Luóhànwéi

农村居民点。位于金庭镇东南部。东为下墙门，南为秉汇，西为罗汉坞，北为朴树头。面积5.3万平方米。户籍人口460人。因罗汉寺下方有围垦而成的圩子，故名。为秉常村村民小组。

蒋家场 Jiǎngjiāchǎng

农村居民点。位于金庭镇东南部。东为前山头，南为祠堂场，西为堵家地，北为狮子头。面积1.9万平方米。户籍人口180人。以蒋姓人家居多而得名。为秉常村村民小组。

毛竹场 Máozhúchǎng

农村居民点。位于金庭镇东南部。东为梅园路，南为梅园路，西为四龙山，北为胡家地。面积2.3万平方米。户籍人口190人。因昔于此堆积毛竹故名。2003年10月为秉常村第6村民小组。

梅园里 Méiyuánlǐ

农村居民点。位于金庭镇东南部。东为林屋洞，南为双塔头，西为包山寺，北为前坟头。面积13万平方米。户籍人口1100人。因此地昔年植梅甚多，故名。为秉常村村民小组。

朴树头 Pòshùtóu

农村居民点。位于金庭镇东南部。东为祠堂场，南为罗汉圩，西为罗汉坞，北为狮子头。面积3.6万平方米。户籍人口302人。以村间道旁植有朴树而得名。为秉常村村民小组。

前山头 Qiánshāntóu

农村居民点。位于金庭镇东南部。东为四龙山，南为祠堂场，西为蒋家场，北为毛竹场。面积2.1万平方米。户籍人口220人。因村前有座小山，故名。为秉常村村民小组。

前坟头 Qiánféntóu

农村居民点。位于金庭镇东南部。东为林屋村，南为张家巷，西为军坑坞，北为后堡村。面积3万平方米。户籍人口274人。昔称钱坟头，因有五代吴越时钱姓古墓而名。1987年1月属梅益村第1、2村民小组。2003年10月为秉常村第1、2村民小组。

狮子头 Shīzitóu

农村居民点。位于金庭镇东南部。东为四龙山，南为蒋家场，西为朴树头，北为堵家地。面积2.2万平方米。户籍人口152人。因旧时有两只石狮子得名。1987年1月属梅益村第7村民小组。2003年10月为秉常村第7村民小组。

双塔头 Shuāngtǎtóu

农村居民点。位于金庭镇东南部。东为梅园里，南为胡家地，西为包山路，北为包山坡。面积2.8万平方米。户籍人口272人。因包山寺前原有双塔而名。1987年1月属梅益村第5、6村民小组。2003年10月为秉常村第5、6村民小组。

山东 Shāndōng

农村居民点。位于金庭镇东南部。东为太湖，南为石公村，西为四龙山，北为俞家渡。面积4.2万平方米。户籍人口397人。因位于四龙山东而名。2003年10月为秉常村第1、2村民小组。

下墙门 Xiàqiángmén

农村居民点。位于金庭镇东南部。东为四龙山，南为仇巷，西为罗汉寺，北为祠堂场。面积2.7万平方米。户籍人口220人。古时此村上有一处高墙大宅，俗称“墙门人家”，因位于另一大宅的下坡而得名下墙门。为秉常村村民小组。

俞家渡 Yújiādù

农村居民点。位于金庭镇东南部。东为太湖，南为山东，西为四龙山，北为镇夏。面积3.5万平方米。户籍人口131户，347人。因俞姓人家居多，故名。2003年10月为秉常村第3村民小组。

张家巷 Zhāngjiāxiàng

农村居民点。位于金庭镇东南部。东为林屋村，南为梅园里，西为龙头山，北为前坟头。面积2.3万平方米。户籍人口198人。因古时有张姓大户最先定居于此，故名。2003年10月为秉常村第3村民小组。

转角 Zhuǎnjiǎo

农村居民点。位于金庭镇东南部。东为太湖，南为林屋洞，西为梅园路，北为林屋路。面积1.8万平方米。户籍人口150人。1987年1月属镇夏村第3村民小组。2003年10月为林屋村镇夏第3村民小组。为秉常村村民小组。

古北雅园 Gǔběi Yǎyuán

城镇居民点。位于金庭镇东南部。东至太湖水域，南至太湖水域，西至俞家渡，北至俞家渡东侧民宅；东至俞家渡巷，南至俞家渡巷西侧民宅，西至秉常村俞家渡自然村桔地，北至俞家渡巷西侧民宅。属秉常村。占地面积15.97万平方米，建筑面积5.31万平方米。共93幢独体别墅和2幢综合楼，93户，绿化率50%。因开发商为古北公司，故名。2012年命名。

【东蔡村】 Dōngcài Cūn

东蔡村村委会

村委会。位于金庭镇西南部。距镇人民政府驻地5.2千米。管辖范围为东起石公村，西至缥缈村，南起环山路，北至罗汉山。面积5.9平方千米。户籍人口3443人。村委会驻缥缈峰环路北东秉汇。下辖陈家桥、东汇上、东蔡、葛家坞、社坛上、五家弄、徐巷、薛家桥、诸家河头、祝家桥10个自然村落。东蔡兴起于南宋末，因蔡源次子继孟居此，故名。1983年政社分设时称为东蔡村。2003年10月秉汇村并入东蔡村。

陈家桥 Chénjiāqiáo

农村居民点。位于金庭镇西南部。东为汇上，南为诸家河，西为菉葭河，北为社坛上。面积1.7万平方米。户籍人口150人。以陈姓人家聚居而得名。1987年1月属秉汇村。2003年10为东蔡村第6、7村民小组。

东汇上 Dōnghuìshàng

农村居民点。位于金庭镇西南部。东为仇巷，南为消夏湾，西为诸家河头，北为罗汉山。面积3.8万平方米。户籍人口350人。因地处东蔡村东部，故名。相传吴王曾屯兵于此。1987年1月属秉汇村。2003年10月为东蔡村第1、2、3、4、5村民小组。

东蔡 Dōngcài

农村居民点。中国传统村落。位于金庭镇西南部。东为徐巷里，南为东蔡港，西为秦家堡，北为天宫山。面积2.5万平方米。户籍人口234人。因南宋秘书郎之次子定居于此，故名。2003年10月为东蔡村第1、2、3、4村民小组。

葛家坞 Gějiāwù

农村居民点。位于金庭镇西南部。东为罗汉山，南为祝家桥，西为五峰山，北为上方山。面积4.8万平方米。户籍人口450人。原名黄家坞。东晋名士葛洪来到西山以后，终日炼丹著述，他的儿子葛宙寻父来此，后裔定居，一代代繁衍，形成了葛氏族群，而黄氏逐渐衰落，因此名为葛家坞。1987年1月属秉汇村。2003年为东蔡村第11、12村民小组。

社坛上 Shètánshàng

农村居民点。位于金庭镇西南部。东为五家弄，南为东蔡村委会，西为徐巷里，北为葛家坞。面积2.6万平方米。户籍人口69户，213人。相传以葛洪筑坛炼丹而得名。1987年1月属秉汇村第9、10村民小组。2003年10月为东蔡村第9、10村民小组。

五家弄 Wǔjiālòng

农村居民点。位于金庭镇西南部。东为陈家桥头，南为消夏湾，西为徐巷，北为葛家坞。面积2.8万平方米。户籍人口250人。以早时小弄里居住着5户人家而得名。1987年1月属秉汇村。2003年10月为东蔡村第7、8村民小组。

徐巷 Xúxiàng

农村居民点。位于金庭镇西南部。东为菉葭河头，南为消夏湾，西为东蔡，北为五峰顶。面积3.58万平方米。户籍人口350人。以南宋抗金名将徐徽言后裔迁居于此而得名。2003年10月为东蔡村第1、2村民小组。

薛家桥 Xuējiāqiáo

农村居民点。位于金庭镇西南部。东为汇上，南为诸家河头，西为社坛上，北为葛家坞。面积1.3万平方米。户籍人口100人。当地并无薛姓，因旧时衙里有尊行身菩萨出会到西汇上这座石桥，就由秉汇村的人把菩萨接走，古称此桥为“接驾桥”，由于“接”与“薛”在土语中读音相近，便称薛家桥。1987年1月属秉汇村。2003年10月为东蔡村第7、10村民小组。

诸家河头 Zhūjiāhétóu

农村居民点。位于金庭镇西南部。东为东汇上，南为消夏湾，西为菉葭河头，北为薛家桥。面积3万平方米。户籍人口270人。春秋战国时吴越争霸，越国大夫诸暨郢辅佐越王灭掉吴国，立下赫赫功劳，功成而退，隐居于此，故名。村上诸暨郢墓列为苏州市文物保护单位。1987年1月属秉汇村。2003年10月为东蔡村第7、8村民小组。

祝家桥 Zhùjiāqiáo

农村居民点。位于金庭镇西南部。东为罗汉山，南为社坛上，西为五峰山，北为葛家坞。面积0.9万平方米。户籍人口78人。村以祝姓姓氏而得名。1987年1月属秉汇村。2003年10月为东蔡村第9、10村民小组。

【石公村】 Shígōng Cūn

石公村村委会

村委会。位于金庭镇东南部，距镇人民政府驻地5.5千米。管辖范围为东起太湖，西至圻村，南起太湖，北到秉常村。面积6.4平方千米。户籍人口3093人。村委会驻石公路北。下辖蔡巷、黄家堡、明月湾、南湾、仇巷、石公、田下、梧巷、许巷、夏家底、旸坞、杨巷、樟坞、张巷14个自然村落。以景点石公山而得名。1948年属大夏镇第五保。1952年改为石明村、许夏村、金下村3个初级社。1958年三村合并改为石公大队。1983年改为石公村。2003年11月石公村与明月湾村合并，仍称石公村。

蔡巷 Càixiàng

农村居民点。位于金庭镇东南部。东为缥车山，南为南湾，西为消夏港，北为杨巷。面积1万平方米。户籍人口29户，87人。因古时有蔡姓人家定居于此，故名。1987年1月属明湾村第2村民小组。2003年11月为石公村第2村民小组。

黄家堡 Huángjiābǎo

农村居民点。位于金庭镇东南部。东为黄家山，南为张巷，西为消夏湾，北为大仇巷。面积2万平方米。户籍人口60户，175人。以黄姓人家聚居于此而得名。1987年1月属石丰村第5村民小组。2003年11月为石公村第5村民小组。

明月湾 Míngyuèwān

农村居民点。第一批中国传统村落、第三批中国历史文化名村。位于金庭镇东南部。东为旸坞，南为太湖，西为庙山，北为南湾山。面积10万平方米。户籍人口400人。明《姑苏志》（明正德元年刻本）卷三十三载：“明月湾在西洞庭山消夏湾之东，吴王玩月处。”因“湾”（意即太湖边上的村庄）似新月状，村以“明湾”命名，后改为“明月湾”。村落呈团状式布局分布。

南湾 Nánwān

农村居民点。位于金庭镇东南部。东为缥车山，南为潜龙山，西为消夏湾，北为蔡巷。面积2万平方米。户籍人口170人。因地处消夏湾之南，故名。1987年1月属明湾村第3村民小组。2003年11月为石公村第3村民小组。

仇巷 Qiúxiàng

农村居民点。位于金庭镇东南部。东为四龙山，南为仇巷，西为东蔡村，北为罗汉圩。面积3.3万平方米。户籍人口101户，276人。以仇姓人家聚居而得名。1987年1月属石丰村第1、2村民小组。2000年与明湾合并为明月湾村。2003年11月为石公村第1、2、3、4村民小组。

石公 Shígōng

农村居民点。位于金庭镇东南部。东为太湖，南为石公山，西为旸坞，北为银湖山庄。面积1.6万平方米。户籍人口47户，135人。以境内石公山而得名。2003年11月为石公村第2村民小组。

田下 Tiánxià

农村居民点。位于金庭镇东南部。东为太湖，南为梧巷，西为樟坞，北为许巷。面积0.8万平方米。户籍人口58人。因濒临太湖，周边多为水田，故名。1987年1月属石公村第5村民小组。2003年11月为石公村第4村民小组。

梧巷 Wúxiàng

农村居民点。位于金庭镇东南部。东为石公路，南为金巷，西为潜龙岭，北为田下。面积2.6万平方米。户籍人口214人。南宋时凤氏来居，以“凤栖梧桐”之意命名。2003年11月为石公村第3村民小组。

许巷 Xǔxiàng

农村居民点。位于金庭镇东南部。东为太湖，南为田下，西为石公路，北为夏家底。面积2万平方米。户籍人口66户，175人。据史载，许巷乃宋徽宗时期主战派侍讲学士徐素行的隐居之地。徐素行见这里湖风扑面，夕光西照，温暖如春，取名“煦巷”，后人以谐音称许巷。1987年1月属石公村第5村民小组。2003年11月为石公村第6村民小组。

夏家底 Xiàjiādǐ

农村居民点。位于金庭镇东南部。东为太湖，南为许巷，西为涵园酒店，北为铁山。面积3万平方米。户籍人口75户，223人。以夏姓人家居多而得名。2003年11月为石公村第7村民小组。

旸坞 Yángwù

农村居民点。位于金庭镇东南部。东、西、北为梭山，南为太湖。面积3.2万平方米。户籍人口100户，272人。因日出于湖东，日没于湖西，山坞朝南向阳，故名。2003年11月为石公村第1村民小组。

杨巷 Yángxiàng

农村居民点。位于金庭镇东南部。东为缫车山，南为蔡巷，西为消夏湾，北为张巷。面积2万平方米。户籍人口64户，186人。传为早年有杨姓人家聚居而得名。1987年1月属明湾村第1、2村民小组。2003年11月为石公村第1、2村民小组。

樟坞 Zhāngwù

农村居民点。位于金庭镇东南部。东为田下，南为梧巷，西为屏风山，北为屏风山。面积2.8万平方米。户籍人口241人。历史上因这里樟树居多而得名。1987年1月属石公村第4村民小组。2003年11月为石公村第5村民小组。

张巷 Zhāngxiàng

农村居民点。位于金庭镇东南部。东为扇子山，西为消夏湾，北为黄家堡。面积2.3万平方米。户籍人口170人。以张姓人家聚居而得名。为石公村村民小组。

【缥缈村】 Piāomiǎo Cūn

缥缈村村委会

村委会。位于金庭镇西南部，距镇人民政府驻地6.8千米。管辖范围为东起东蔡村，西至衙角里村，南起太湖，北至缥缈峰。辖区面积7.6平方千米。户籍人口3017人。村委会驻西蔡里村。下辖东阳汇头、凤凰山、岭西、岭东、倪家坞、秦家堡、绮里、圻村、石路头、谢家堡、西蔡里、周家巷12个自然村落。以村北靠缥缈峰而得名。1949年称缥缈乡。1956年改为缥缈高级社。1958年改为缥缈大队。1983年政社分设时称为缥缈村。2000年4月圻村并入缥缈村。2003年11月震星村与缥缈村合并。

东阳汇头 Dōngyánghuìtóu

农村居民点。位于金庭镇西南部。东为西蔡，南为消夏湾路，西为石路头，北为南缥缈峰路。面积1.1万平方米。户籍人口92人。因居民多姓沈，祖籍东阳郡故名。1949年前属消夏乡东汇村。1949—1955年东、西汇合并称汇里村属秉汇乡管。1956年属石公乡秉汇社第1、2、3、4、5队。1958年后改秉汇大队第1、2、3、4、5队。1987年1月属圻村第1村民小组。2003年11月为缥缈村第1村民小组。

凤凰山 Fènghuángshān

农村居民点。位于金庭镇西南部。东为岭西，南为凤凰山，西为凤凰山，北为塔头。面积1万平方米。户籍人口80人。凤凰山古时写作“冯王山”，因冯、王二姓人家居多而得名，有“冯王烟雨”景观。后传每每有凤凰栖息于湖边突兀黄石上，故易名凤凰山。1987年1月属震星村第3村民小组。2003年11月为缥缈村第3村民小组。

岭西 Lǐngxī

农村居民点。位于金庭镇西南部。东为岭东，南为环山路，西为塔头，北为塔头山。面积0.5万平方米。户籍人口35人。1987年1月属震星村第2村民小组。2003年11月为缥缈村第2村民小组。

岭东 Lǐngdōng

农村居民点。位于金庭镇西南部。东为石路头，南为夫椒山路，西为岭西，北为塔头山坡。面积4万平方米。户籍人口350人。因位于枝头岭东侧，故名。1987年1月属震星村第1、5村民小组。2003年11月为缥缈村第1、5村民小组。

倪家坞 Níjiāwù

农村居民点。位于金庭镇西南部。东为周家巷，南为西蔡里，西为紫云峰，北为紫云峰。面积0.6万平方米。户籍人口42人。以倪姓人家聚居而得名。为缥缈村村民小组。

秦家堡 Qínjiābǎo

农村居民点。位于金庭镇西南部。东为东蔡村，南为消夏湾，西为西蔡里，北为飞仙山。面积3.6万平方米。户籍人口326人。因南宋秦观六世孙秦宗迈居于此地，故名。为缥缈村村民小组。

绮里 Qǐlǐ

农村居民点。位于金庭镇西南部。东为塔头自然村，南为太湖，西为峧上自然村，北为绮里坞。面积2.6万平方米。户籍人口230人。因商山四皓之一的绮里季吴实居于此而得名。1987年1月属震星村第4村民小组。2003年11月为缥缈村第4村民小组。

圻村 Qí Cūn

农村居民点。位于金庭镇西南部。东为谢家堡，南为大寨圩，西为太湖，北为消夏湾路。面积3.8万平方米。户籍人口160户，325人。因傍圻山（祭山），故名。1987年1月属圻村第3村民小组。2000年4月为缥缈村第3村民小组。

石路头 Shílùtóu

农村居民点。位于缥缈村西南部。东为东阳汇头，南为圻村，西为岭东，北为缥缈峰。面积1万平方米。户籍人口81人。以脚下道路的形状而得名。1987年1月属圻村第2村民小组。2003年11月为缥缈村第2村民小组。

谢家堡 Xièjiābǎo

农村居民点。位于金庭镇西南部。东为小龙港，南为圻村，西为圻村三四组，北为东阳汇头。面积0.6万平方米。户籍人口13户，40人。以谢姓人家聚居而得名。1987年1月属圻村第4村民小组。2003年11月为缥缈村第4村民小组。

西蔡里 Xīcàilǐ

农村居民点。江苏省传统村落。位于金庭镇西南部。东为秦家堡，南为消夏港，西为缥缈村，北为倪家坞。面积6万平方米。户籍人口659人。因宋代大臣蔡源长子维孟奉母定居于此，村以方位及姓氏而得名。西蔡兴起于南宋末，至绍兴十二年（1142），渐成自然村落。1987年1月为西山镇缥缈村西蔡里。1995年6月8日西蔡里复称西蔡村。2007年6月西蔡村属金庭镇。为缥缈村村民小组。

周家巷 Zhōujiāxiàng

农村居民点。位于金庭镇西南部。又名周家坞。东为秦家堡，南为西蔡里，西为倪家坞，北为山坡。面积1.2万平方米。户籍人口84人。为缥缈村村民小组。

【堂里村】 Tánglǐ Cūn

堂里村村委会

村委会。位于金庭镇西北部，距镇人民政府驻地4.7千米。管辖范围为东起东村，西至衙角里村，南起缥缈村，北至太湖。面积10.7平方千米。户籍人口3140人。村委会驻缥缈峰环路南涵村。下辖陈巷里、涵头上、涵村、劳村、梅堂坞、孙坞、堂里7个自然村落。以堂里自然村而得名。1956年为堂里高级社。1958年改为堂里大队。1983年改为堂里村。2003年11月堂里村与涵村合并，仍称为堂里村。

陈巷里 Chénxiànglǐ

农村居民点。位于金庭镇西北部。东为凉帽

山，南为凉帽山，西为东边山，北为太湖。面积4.2万平方米。户籍人口406人。因陈姓人家居多而得名。2003年11月为堂里村第5、6、7村民小组。

涵头上 Hántóushàng

农村居民点。位于金庭镇西北部。东为涵村自然村，南为老鹰山，西为太湖，北为太湖。面积3.7万平方米。户籍人口320人。因位于涵头山，故名。1987年1月属涵村第1、2、3村民小组。2003年11月为堂里村第1、2、3村民小组。

涵村 Hán Cūn

农村居民点。位于金庭镇西北部。东为梅堂坞自然村，南为孙坞自然村，西为王家岭，北为太湖。面积6.3万平方米。户籍人口694人。因村西有涵头山，故名。1987年1月属涵村第5、6、7、8、9村民小组。2003年11月为堂里村第5、6、7、8、9村民小组。

劳村 Láo Cūn

农村居民点。位于金庭镇西北部。东为老鹰山，南为王山岭，西为陈巷里，北为太湖。面积1.9万平方米。户籍人口496人。2003年11月为堂里村第8、9、10村民小组。

梅堂坞 Méitángwù

农村居民点。位于金庭镇西北部。东为东湖山，南为东湖山，西为涵村，北为西涵岭。面积1.2万平方米。户籍人口98人。昔为梅塘坞，以坞内植梅而得名。后谐音易名为梅堂坞。1987年1月属涵村第4村民小组。2003年11月为堂里村第4村民小组。

孙坞 Sūnwù

农村居民点。位于金庭镇西北部。东为长岭头，南为涵村坞，西为西坞岭，北为涵村。面积3.1万平方米。户籍人口285人。以孙姓人家聚居而得名。1987年1月属涵村第10、11村民小组。2003年11月为堂里村第10、11村民小组。

堂里 Tánglǐ

农村居民点。中国传统村落。位于金庭镇西北部。东为东边山，南为小峰顶，西为蛇头山，北为太湖。面积2.07万平方米。户籍人口608人。因位于塘湾而得名塘里。后以谐音改读"堂里"。清乾隆十一年（1746），为太湖厅堂里村。咸丰十年（1860），堂里村在所属乡都划入浙江湖州府。咸丰十一年又随所属乡都同属太平天国苏福省苏州郡东珊县。咸丰十三年东珊县撤销，堂里村随所属乡都从湖州府划出，复归苏州府吴县。同治《苏州府志》（同治十三年刻本）作"堂里"，属长寿乡习义里三十八都六图。1912年为吴县西山乡堂里村。之后为太湖办事处、震泽县、吴县堂里村。1958年建金庭人民公社，为光明大队堂里生产队。1983年恢复堂里村建制。1987年撤乡建镇，为西山镇堂里村。2007年为金庭镇堂里村。

【东村村】 Dōngcūn Cūn

东村村村委会

村委会。位于金庭镇北部，距镇人民政府驻地3.7千米。管辖范围为东起东河社区，西至堂里村，南起林屋村，北至太湖。面积8.2平方千米。户籍人口3655人。村委会驻缥缈峰环路北植里村。下辖东村、东湾、横山、里厝坞、外厝坞、西湾、下泾、阴山、周坞、张家湾、植里等11个自然村落。以东村自然村而得名。1958年为东村大队。1983年更名东村村。2001年5月东村、横山村、阴山村合并为新东村。2003年10月新东村与爱国村合并为东村村。

东村 Dōng Cūn

农村居民点。中国历史文化名村，中国传统村落。位于金庭镇北部。东为金铎山，南为栖贤山，西为横山大提，北为太湖。面积3.8万平方米。户籍人口356人。因汉初"商山四皓"之一的东园公隐居于此，村以"东园"名，后改名"东村"。1912年属吴县西山乡东村。1949—1955年属前堡村。1958年属金庭人民公社东村大队，1983年属东村村。2001年东村、横山村、阴山村合并为新东村。2003年属东村村。

东湾 Dōngwān

农村居民点。位于金庭镇北部。东为植里，南为东河山，西为西湾，北为太湖。面积6万平方米。户籍人口606人。1987年1月属爱国村第2、3、4、5村民小组。2003年10月为东村村第2、3、4、5村民小组。

横山 Héngshān

农村居民点。位于金庭镇北部。四周为太湖，东、东北隔太湖与大干山、绍山岛相望。面积5.8万平方米。户籍人口606人。众山皆东南向郡，独横山面东西，抵巨漫之至险，故曰横山，古称甲山。1987年1月属横山村第1、2、3、4村民小组。2001年5月东村、横山、阴山村合并为新东村。2003年10月为东村村第1、2、3、4村民小组。

里屠坞 Lǐtúwù

农村居民点。位于金庭镇北部。东为外屠坞，南为尖池坞，西为周坞，北为扇子山。面积1.5万平方米。户籍人口132人。以姓氏为坞，并跟外屠坞区别得名。1987年1月属爱国村第14村民小组。2003年10月为东村村第14村民小组。

外屠坞 Wàitúwù

农村居民点。位于金庭镇北部。东为东河社区坞里自然村，南为天王坞，西为里屠坞，北为扇子山。面积1万平方米。户籍人口97人。以姓氏为坞，并跟里屠坞区别得名。1987年1月属爱国村第15村民小组。2003年10月为东村村第15村民小组。

西湾 Xīwān

农村居民点。位于金庭镇北部。东为东湾，南为东湖山，西为涵村，北为太湖。面积2.8万平方米。户籍人口250人。1987年1月属爱国村第1村民小组。2003年10月为东村村第1村民小组。

下泾 Xiàjīng

农村居民点。位于金庭镇北部。又名夏泾。东为植里，南为东湾自然村，西为太湖，北为张家湾。面积2.7万平方米。户籍人口256人。因处于河浜的下端，故名。1987年1月属爱国村第7、8、16村民小组。2003年10月为东村村第7、8、16村民小组。

阴山 Yīnshān

农村居民点。位于金庭镇北部。四周为太湖。面积3万平方米。户籍人口282人。因晋代阴长生曾于此炼丹，故名。1984年建大堤经大干山与东村相连，有一通航桥孔，桥名阴山桥。为东村村村民小组。

周坞 Zhōuwù

农村居民点。位于金庭镇北部。东为扇子山，南为尖池坞，西为植里，北为貌虎顶。面积1.4万平方米。户籍人口122人。1987年1月属爱国村第13村民小组。2003年10月为东村村第13村民小组。

张家湾 Zhāngjiāwān

农村居民点。位于金庭镇北部。东为貌虎顶，南为下泾，西为太湖，北为东村。以张姓村民聚居而得名。面积1.5万平方米。户籍人口132人。1987年1月属爱国村第6村民小组。2003年10月为东村村第6村民小组。

植里 Zhílǐ

农村居民点。中国传统村落。位于金庭镇北部。东为周坞里，南为东湖山，西为夏泾自然村，北为貌虎顶。面积5.4万平方米。户籍人口532人。因村西有一条笔直的用金山石铺就的路而得名“直一里”，简称“直里”。后来演变为“植里”。中华人民共和国成立后，先后为西山乡、四皓乡、建庭乡、建设乡植里村。1958年撤乡建金庭人民公社，植里为爱国大队。1983年恢复植里村。1987年1月属爱国村9、10、11、12组。2003年10月为东村村9、10、11、12组。

【衙甪里村】 Yálùlǐ Cūn

衙甪里村村委会

村委会。中国传统村落。位于金庭镇西部，距镇人民政府驻地7.6千米。管辖范围为东起堂里村，西、南、北至太湖。面积8.2平方千米。户籍人口3645人。村委会驻疃里自然村。下辖白果树头、曹家底、慈西、陈家头、慈东、大埠里、黄石桥、峧上、柯家村、角里、马家门前、南河头、牌楼头、前河、石井头、蛇头山、苏家上头、山下、沙皮上、疃里、小埠里、衙里、周家上头23个自然村落。取衙里、甪里自然村各一字组合命名。1949年属于角里村、五丰村、正建村。1958年分别改为大队。1983年改为角里村、五丰村、慈里村。2000年5月衙里村、角里村、五丰村合并，成立衙角里村。2003年11月正建村并入衙角里村。

白果树头 Báiguǒshùtóu

农村居民点。位于金庭镇西部。东为曲家坞，南为慈东，西为慈西，北为黄石桥。面积2.3万平方米。户籍人口80户，200人。以白果树较多而得名。1987年1月属震建村第6村民小组。2003年11月为衙角里村第6村民小组。

曹家底 Cáojiādǐ

农村居民点。位于金庭镇西部。东为游赏岭，南为太湖，西为郑泾港，北为沙皮上。面积2.5万平方米。户籍人口223人。以曹姓人家聚居而得名。1987年1月属角里村第4、10、11村民小组。2000年5月为衙角里村第4、10、11村民小组。

慈西 Cíxī

农村居民点。位于金庭镇西部。东为慈东，南为太湖，西为游赏岭，北为游赏岭。面积3.8万平方米。户籍人口350人。因在慈里村西，故名。1987年1月属震建村第1、2、3村民小组。2003年11月为衙角里村第1、2、3村民小组。

陈家头 Chénjiātóu

农村居民点。位于金庭镇西部。东为平龙山，南为衙里，西为太湖，北为大埠里。面积0.8万平方米。户籍人口65人。以陈姓人家聚居而得名。1987年1月属衙里村第3、4村民小组。2000年5月为衙角里村第3、4村民小组。

慈东 Cídōng

农村居民点。位于金庭镇西部。东为曲家坞，南为太湖，西为慈西，北为白果树头。面积2.2万平方米。户籍人口180人。因位于慈里村东侧，故名。1987年1月属震建（慈里）村第7村民小组。2003年11月为衙角里村第7村民小组。

大埠里 Dàbùlǐ

农村居民点。位于金庭镇西部。昔称大步里。东为平龙山，南为陈家头，西为马王山，北为衙门山。面积1.6万平方米。户籍人口142人。因宋代角头寨为停大船在此设河埠而得名。1987年1月属衙里村第1村民小组。2000年5月为衙角里村第1村民小组。

黄石桥 Huángshíqiáo

农村居民点。位于金庭镇西部。东为花山坞，南为白果树头，西为游赏岭，北为苏家上头。面积1.3万平方米。户籍人口110人。相传此为夏黄公隐居地，因溪上架黄石桥，故名。1987年1月属震建（慈里）村第4、5村民小组。2003年11月为衙角里村第4、5村民小组。

峧上 Jiāoshàng

农村居民点。位于金庭镇西部。东为绮里村，南为太湖，西为太湖，北为无名山。面积1.7万平方米。户籍人口150人。以靠近峧岭而得名。1987年1月属震建（慈里）村第8村民小组。2003年11月为衙角里村第8村民小组。

柯家村 Kējiā Cūn

农村居民点。位于金庭镇西部。东为周家上头，南为牌楼头，西为平龙山，北为太湖。面积1.2万平方米。户籍人口87人。以柯姓人家聚居而得名。1987年1月属角里村第8村民小组。2000年5月为衙角里村第8村民小组。

角里 Lùlǐ

农村居民点。中国传统村落。位于金庭镇西部。又名“禄里”“角头”，俗称“角湾里”。东为游赏岭，南为太湖，西为平龙山，北为太湖。面积8.5万平方米。户籍人口850人。因汉初“商山四皓”之一的角里先生隐居于此，故名。1987年1月属角里村第1、2、3、4、5、6、7、10、11村民小组。2000年5月五丰村、衙里村、角里村合并为衙角里村。2003年11月震建村与衙角里村合并为衙角里村。为衙角里村第1、2、3、4、5、6、7、10、11村民小组。

马家门前 Mǎjiāménqián

农村居民点。位于金庭镇西部。东为蛇头山，南为花山坞，西为疃里，北为太湖。面积2万平方米。户籍人口187人。以姓氏和方位而得名。1987年1月属五丰村第3、4村民小组。2000年5月为衙角里村第3、4村民小组。

南河头 Nánhétóu

农村居民点。位于金庭镇西部。东为郑泾港，北为牌楼头。面积2.3万平方米。户籍人口180人。因地处郑泾港南，故名。1987年1月属角里村第5村民小组。2000年5月为衙角里村第5村民小组。

牌楼头 Páilóutóu

农村居民点。位于金庭镇西部。东为郑泾港，南为南河头，西为西洞庭山路，北为柯家村。面积1.3万平方米。户籍人口120人。因明山东道监察御史郑准于万历三年（1575）建起御史牌楼，现仅存石柱，故名。1987年1月属角里村第6、7村民小组。2000年5月为衙角里村第6、7村民小组。

前河 Qiánhé

农村居民点。位于金庭镇西部。东为南河头，南为太湖，西为平龙山，北为平龙山。面积0.8万平方米。户籍人口58人。习惯上称房屋的南面为前面，因南面是太湖，故名。1987年1月属角里村第9村民小组。2000年5月为衙角里村第9村民小组。

石井头 Shíjǐngtóu

农村居民点。位于金庭镇西部。东为疃里，南为游赏岭，西为山下，北为太湖。面积1万平方米。户籍人口71人。因旧时有石砌古井而得名。1987年1月属五丰村第3村民小组。2000年5月为衙角里村第3村民小组。

蛇头山 Shétóushān

农村居民点。位于金庭镇西部。东为蛇头山，南为蛇头山，西为马家门前，北为太湖。面积2.3万平方米。户籍人口166人。以山体形似蛇头而得名。1987年1月属五丰村第5村民小组。2003年11月为衙角里村第5村民小组。

苏家上头 Sūjiāshàngtóu

农村居民点。位于金庭镇西部。东为花山坞，南为黄石桥，西为游赏岭，北为疃里。面积1.3万平方米。户籍人口100人。村民多姓苏，系宋代苏轼后代，村以姓氏和方位而名。1987年1月属震建村第4、5村民小组。2003年11月为衙角里村第4、5村民小组。

山下 Shānxià

农村居民点。位于金庭镇西部。东为石井头，南为游赏岭，西为游赏岭，北为太湖。面积2.4万平方米。户籍人口217人。因地处金家山下，故名。1987年1月属五丰村第1、2村民小组。2000年5月为衙角里村第1、2村民小组。

沙皮上 Shāpíshàng

农村居民点。位于金庭镇西部。东为游赏岭，南为曹家底，西为郑泾港，北为周家上头。面积1.2万平方米。户籍人口105人。因旧时地面似沙皮，故名。1987年1月属角里村第3村民小组。2000年5月为衙角里村第3村民小组。

疃里 Tuǎnlǐ

农村居民点。位于金庭镇西部。东为马家门前，南为花山坞，西为石井头，北为太湖。面积2.3万平方米。户籍人口206人。因在湖边宽阔地建村（“疃”为村庄之意），故名。1987年1月属五丰村第3、4村民小组。2000年5月为衙角里村第3、4村民小组。

小埠里 Tuǎnlǐ

农村居民点。位于金庭镇西部。昔称小步里。东为前河山，南为太湖，西为平龙山，北为平龙山。面积1.9万平方米。户籍人口172人。因古时驻军在此设小型兵船河埠而得名。1987年1月属衙里村第1村民小组。2000年5月为衙角里村第1村民小组。

衙里 Yálǐ

农村居民点。位于金庭镇西部。东为角里村，南、西、北为太湖。面积6.8万平方米。户籍人口620人。因宋代至清末有角头寨、太湖营、巡检司衙署设在此，故名。2000年4月衙里村、角里村、五丰村合并，成立衙角里村。2003年11月为衙角里村第7村民小组。

周家上头 Zhōujiāshàngtóu

农村居民点。位于金庭镇西部。东为游赏岭，南为沙皮上，西为郑泾港，北为太湖。面积1.6万平方米。户籍人口147人。村以姓氏和方位而得名。1987年1月属角里村第1、2村民小组。2000年5月为衙角里村第1、2村民小组。

三、社区居委会及居民点

【东河社区】 Dōnghé Shèqū

社区居委会。位于金庭镇中部偏北。又名东宅河头。旧称崦里。管辖范围为东起庭山村，西至东村，南起林屋村，北至太湖。面积8.5平方千米。户

东河社区居委会

籍人口3992人。居委会驻金庭路144号。下辖东园一村、东园二村、东园三村、西山恬园、丰谷景园5个居民住宅小区，陈家坞、二图里、金铎、劳家桥、马村、南徐、戚家场、沈家场、天王门口、吴村头、杨家场11个自然村落。1956年设立高级社。1958年改为大队。1983年改为村。2000年6月马村、南徐村合并为马徐村，金吴村、东河村合并为崦里村。2003年10月马徐村、崦里村合并为东河村。2004年撤销东河村，成立东河社区。

东园一村 Dōngyuán 1 Cūn

城镇居民点。位于金庭镇中部偏北。东至庆丰港，南至银杏街，西至东园公路，北至金庭花园。属东河社区。占地面积2万平方米。共15幢多层住宅。以其所在位置在东园公路以东和组团编号命名。1997年命名。

东园二村 Dōngyuán 2 Cūn

城镇居民点。位于金庭镇中部偏北。东至东园公路，南至镇政府，西至农贸市场，北至碧螺春街。属东河社区。占地面积2万平方米。以其所在位置和组团编号命名。1997年命名。

东园三村 Dōngyuán 3 Cūn

城镇居民点。位于金庭镇中部偏北。东至庆丰港，南至碧螺春街，西至东园公路，北至金庭花园北区。属东河社区。占地面积2万平方米。共8幢多层住宅楼。以其所在位置和组团编号命名。1997年命名。

西山恬园 Xīshāntiányuán

城镇居民点。位于金庭镇中部偏北。东至金庭路，南至古樟园，西至马村，北至马城宫路。属东河社区。占地面积5.9万平方米，建筑面积1.7万平方米。共61幢独体别墅，绿化率50%。2005年命名。

丰谷景园 Fēnggǔjǐngyuán

城镇居民点。位于金庭镇中部偏北。东至东园公路，南至古樟路，西至金庭路，北至马城宫路。属东河社区。占地面积3.4万平方米，建筑面积5.2万平方米。共20幢多层住宅楼，378户（套）。以其地处金庭镇，取“五谷丰登之地”“景色秀美之园”等寓意命名。2015年命名。

陈家坞 Chénjiāwù

农村居民点。位于金庭镇中部偏北。东为杨家场，南为天王山，西为天王山，北为沈家场。面积2.7万平方米。户籍人口228人。2004年为东河社区第4居民小组。

二图里 Èrtúlǐ

农村居民点。位于金庭镇中部偏北。东为庭山村，南为西中路，西为帘子山，北为劳家桥。面积1.8万平方米。户籍人口149人。因古时属吴县第三十二都第二图，故名。1987年1月属东河村第3村民小组。2003年10月为东河村。2004年为东河社区第3居民小组。

金铎 Jīnduó

农村居民点。位于金庭镇中部偏北。东为金铎港，南为吴村头，西为扇子山，北为金铎山。面积4万平方米。户籍人口340人。村以春秋时吴王藏祭祀用的长方形金属金铎而得名。2004年为东河社区第1、2居民小组。

劳家桥 Láojiāqiáo

农村居民点。位于金庭镇中部偏北。东为庭山村，南为二图里，西为东宅山，北为吴村头。面积2.8万平方米。户籍人口246人。村中有桥，北方南迁望族劳氏祖居，故名。明代名臣劳逊之出生处。2004年为东河社区第4、5居民小组。

马村 Mǎ Cūn

农村居民点。位于金庭镇中部偏北。东为金庭路，南为后堡，西为陈家坞，北为东河。面积7万平方米。户籍人口624人。马村有道观马城宫，故名。为东河社区居民小组。

南徐 Nánxú

农村居民点。位于金庭镇中部偏北。东为金庭路，南为植里路，西为徐石山，北为东河。面积7万平方米。户籍人口630人。因宋朝末年徐氏家族两兄弟在此建房，分为南徐，北徐，故名。为东河社区居民小组。

戚家场 Qījiāchǎng

农村居民点。位于金庭镇中部偏北。东为南徐，南为杨家场，西为天王门口，北为徐石山。面积2.3万平方米。户籍人口194人。以戚姓人家聚居而得名。2004年为东河社区第3居民小组。

沈家场 Shěnjiāchǎng

农村居民点。位于金庭镇中部偏北。东为杨家场，南为陈家坞，西为屠坞里，北为天王门口。面积2.7万平方米。户籍人口236人。以沈姓人家居多而得名。1987年1月属坞里村第3村民小组。2004年为东河社区第3居民小组。

天王门口 Tiānwángménkǒu

农村居民点。位于金庭镇中部偏北。东为戚家场，南为沈家场，西为外屠坞，北为帘子山。面积1.6万平方米。户籍人口135人。因原有天王寺，故名。2004年为东河社区第2居民小组。

吴村头 Wúcūntóu

农村居民点。位于金庭镇中部偏北。东为东园公路，南为劳家桥，西为里向山，北为金铎。面积3.2万平方米。户籍人口271人。以吴姓人家居多而得名。1987年1月属金吴村第3、4村民小组。2004年为东河社区第3、4居民小组。

杨家场 Yángjiāchǎng

农村居民点。位于金庭镇中部偏北。东为马村，南、西、北为天王山。面积1.4万平方米。户籍人口115人。以杨姓人家居多而得名。1987年1月属坞里村第5村民小组，2003年10月为东河村。2004为东河社区第5居民小组。

四、历史地名

【村委会】

【秉汇村】 Bǐnghuì Cūn

村委会。位于金庭镇西南部，距镇人民政府驻地5千米。取秉常村、汇里村各一字组合命名。1949年至1955年称汇里村。1956年改秉汇高级社。1958年改为秉汇大队。1983年改秉汇村。下辖社坛、汇里、陈家桥、蒹葭河、诸家河、葆旺、五家弄、祝家桥、戚家里、葛家坞10个自然村。户籍人口567户，1923人。2003年并入东蔡村。

【明湾村】 Míngwān Cūn

村委会。位于金庭村西南部，距镇人民政府驻地6千米。以吴王携西施在此赏月而得名。1956年为明湾高级社。1958年改为明湾大队。1983年改明湾村。下辖南湾、杨巷、张巷、蔡巷、大明湾、小明湾6个自然村。户籍人口282户，905人。2003年并入石公村。

【禹期村】 Yǔqī Cūn

村委会。位于金庭镇东北部，距镇人民政府驻地2千米。传说大禹治水在此会群僚之地，故名。1949年至1955年为前湾村。1956年称前湾高级社。1958年改前湾大队。1983年改前湾村。1999年与俞东村合并，改禹期村。下辖俞家弄、岭东湾、前湾3个自然村。户籍人口452户，1488人。2003年并入蒋东村。

【爱国村】 Àiguó Cūn

村委会。位于金庭镇北部，距镇人民政府驻地4千米。1949年至1955年称东湾村。因盛行“爱国、爱民”宣传口号，故名。1956年成立爱国高级社。1958年改爱国大队。1983年改东湾村。1987年改为爱国村。下辖东湾、西湾、张家湾、下泾、植里、周坞、里屠坞、外屠坞8个自然村。户籍人口582户，1824人。2003年并入东村村。

【余丰村】 Yúfēng Cūn

村委会。位于金庭镇东北部，距镇人民政府驻地2千米。“余”原来是“鱼”，是鱼池村、正丰村合并而得名。1956年分别为鱼池、正丰两个高级社。1958年分别为联盟大队、正丰大队。1983年改为鱼池村、正丰村。1987年余池、正丰两村合并而名余丰村。下辖小桥头、陀陀桥、养马圩、里鱼池、中桥头5个自然村。户籍人口368户，1226人。2003年并入庭山村。

【涵村】 Hán Cūn

村委会。位于金庭镇西北部，距镇人民政府驻地5千米。村置在三面环山之中，由涵峰山而得名。1949年至1955年称涵村。1956年改勤丰高级社。1958年为勤丰大队。1983年改涵村。下辖涵村、西涵头、涵头、梅堂坞、孙坞5个自然村。户籍人口378户，1266人。2003年并入堂里村。

【新埠村】 Xīnbù Cūn

村委会。位于金庭镇东北部，距镇人民政府驻地2千米。辛村、后埠两村合并取名新埠村。1949年至1955年分别为辛村村、后埠村。1956年分别为辛村社、后埠社。1958年并为胜利大队。1983年改为辛村。1999年为新埠村。下辖辛村、后埠2个自然村。户籍人口264户，892人。2003年并入蒋东村。

【金鹿村】 Jīnlù Cūn

村委会。位于金庭镇东北部，距镇人民政府驻地2千米。金村、鹿村两个村合并取金鹿村。1958年改金村大队、东风大队（鹿村）。1983年分别称金村村、鹿村村。1999年合并为金鹿村。下辖有金村、鹿村、香花桥3个自然村。户籍人口467户，1480人。2003年并入元山村。

【震建村】 Zhènjiàn Cūn

村委会。位于金庭镇西南部，距镇人民政府驻地15千米。1949年至1955年称慈里村。1956年称震建高级社。1958年改震建大队。1983年由慈东、慈西合并称震建村。下辖黄石桥、岐上、慈东、慈西、白果树头、石皮路、苏家上头7个自然村。户籍人口314户，1133人。2003年并入衙甪里村。

【新东村】 Xīndōng Cūn

村委会。位于金庭镇北部。距镇人民政府驻地3千米。原东村并入横山、阴山两村，故取名新东村。1983年称横山、阴山、东村。2000年3村合并为新东村。下辖东村、西上、中段、东上、支罗湾、北罗湾、南孙湾、蛇口湾、阴山、山东湾10个自然村。户籍人口261户，1425人。2003年为东村。

【梅益村】 Méiyì Cūn

村委会。位于金庭镇中部，距镇人民政府驻地2千米。原俗称梅园里。金庭镇青梅主产地，以种梅著称，故名。1949年至1955年称梅园村。1956年称梅园高级社。1958年改梅益大队。1983年改为梅益村。下辖梅园里、钱坟头、双塔头3个自然村。户籍人口320户，1006人。2000年并入秉常村。

【前堡村】 Qiánbǎo Cūn

村委会。位于金庭镇东部，距镇人民政府驻地1千米。原称建星大队，属石公公社。金庭镇蒋氏大族以前有前、后二堡。西面靠山称后堡，东面向太湖称前堡。下辖前堡、中腰里、居山、西头巷4个自然村。户籍人口349户，893人。2000年后堡、前堡、镇夏合并为林屋村。

【震星村】 Zhènxīng Cūn

村委会。位于金庭镇西南部，距镇人民政府驻地8千米。是大如意圣境大观音禅寺所在地。"大跃进"时村名为震星。1949年至1955年为岭东村。1956年为震星高级社。1958年为震星大队。1983年改震星村。下辖塔头、岭东、岭西、凤凰山、绮里5个自然村。户籍人口258户，891人。2003年并入缥缈村。

【震荣村】 Zhènróng Cūn

村委会。位于金庭镇东北部，距镇人民政府驻地1千米。村民以养殖、捕鱼为生，是渔民新村，故名。1962年政府在西山白塔湾帮助建定居点。1962年前属吴县太湖公社管辖。1962年定为金庭公社正荣大队。1983年改震荣村。户籍人口121户，536人。2003年并入庭山村。

第二章　自然地理实体

第一节　陆地水系

【河流】

区级河流

仙人大港 Xiānrén Dàgǎng

河流。位于吴中区北部，为姑苏区与吴中区的界河。以传闻八仙曾在此相聚布法传道而得名。东西流向。东起古运河，西至京杭大运河。长6千米，宽30～60米。内流河、地上河、常年河。

跃进河 Yuèjìn Hé

河流。位于吴中区北部。以20世纪50年代开展的"大跃进运动"而得名。主流东西流向。南起泥河田港，向北折西至石湖。长1.3千米，宽6～8米。流经城南、长桥街道。1977年至1978年人工开挖。为五级河道。内流河、地上河、常年河。

木光河 Mùguāng Hé

河流。位于吴中区北部。古名香水溪，一名香溪河。宋《吴郡志》又作脂粉塘，后称光福塘。《苏州河道志》载："1958年改称木光河。"因运河连接木渎与光福，故名。东西流向。东起光福镇福龙桥，西经木渎镇流入胥江。长13.20千米，宽20米。流经木渎镇、光福镇。

浒光运河 Xǔguāng Yùnhé

河流。位于吴中区中部偏北。因是光福至浒墅关的运河，故名。南北流向。南起下淹湖，北至京杭大运河。长16.1千米。流经吴中区光福镇，虎丘区东渚街道、通安镇。是光福的主要干河。

大龙港 Dàlóng Gǎng

河流。位于吴中区中部。清《太湖备考》作蠡塘。因流经五龙桥，故名大龙江、大龙港，又名西塘河。后称大龙港。南北流向。南起太湖湖湾鲇鱼口，北至盘门外城河。长1.8千米，宽120米。流经吴中区、姑苏区。为四级河道。内流河、地上河、常年河。

顺堤河 Shùndī Hé

河流。位于吴中区西南部。因是顺西太湖大堤流向的河流，故名。南北流向。西起香山街道顾家河闸，向东折南至黄墅港。长9.15千米，宽20～40米。流经香山街道、胥口镇、临湖镇。1982年12月挖成。为环太湖调节引排河。

镇级河流

大坟港 Dàfén Gǎng

河流。位于长桥街道北部。因河中段北侧有一座占地面积5333平方米的古墓，俗称大坟头，故名。东西流向。东起大龙港，西至中心河。长0.9千米，宽10.2米。为五级河道。内流河、地上河、常年河。

葛庄港 Gězhuāng Gǎng

河流。位于长桥街道北部。因流经葛庄村，故名。东西流向。东起大龙港，西至中心河。长0.9千米，宽8米。为五级河道。内流河、地上河、常年河。

南干河 Nángàn Hé

河流。位于长桥街道北部。为长桥街道东南部主干河道，故名。东西流向。东起丹桂路，西至2号河。长2.5千米，宽5米。1977年人工开挖。为五级河道。内流河、地上河、常年河。

北干河 Běigàn Hé

河流。位于长桥街道东北部。为长桥街道东北部主干河道，故名。东西流向。东起4号河，西至大龙港。长1.8千米，宽6米。为五级河道。内流河、地上河、常年河。

新郭港 Xīnguō Gǎng

河流。位于长桥街道西北部。为姑苏区与吴中区的界河。东西流向。北起京杭大运河，向南折西至越来溪。长1.6千米，宽8米。为五级河道。内流河、地上河、常年河。

蠡墅港 Lǐshù Gǎng

河流。位于长桥街道南部。因港横贯蠡墅镇，相传越国大夫范蠡曾在此居住，故称蠡墅，河随镇，故名。东西流向。东起农场河，西至石湖。长1.7千米，宽10～15米。为五级河道。内流河、地上河、常年河。

吴淞江 Wúsōng Jiāng

河流。位于郭巷街道南部。古称笠泽江、吴江、松江、南江、淞陵江。元时华亭府改为松江府，松江遂改称吴淞江。东西流向。江水源出太湖瓜泾口，经郭巷街道（塘东、戈湾、五浦、六浦村）南首及车坊、斜塘、胜浦、角直流入昆山、上海（上海市区称苏州河）后汇入黄浦江入海，是太湖的主要出水河道。吴淞江郭巷段长9.5千米，江面宽广处达60多米，最窄处仅30多米。据《吴郡图经续记》载："松江，出太湖，入于海……庾仲初《扬都赋》注云：'太湖东注为松江，下七十里有水口分流，东北入海为娄江，东南入海为东江，与松江而三。'……江流自湖至海，凡二百六十里，岸各有浦，凡百数，其间环曲而为汇者甚多，赖疏瀹而后免于水患。"吴淞江是太湖流域通上海的重要航道，航运频繁。为三级河道。内流河、地上河、常年河。

墅浦塘 Shùpǔ Táng

河流。位于郭巷街道东部。因位于独墅湖西侧，故名。东西流向。东起镬底潭，西至黄天荡。长3千米，宽40米。为四级河道。内流河、地上河、常年河。

九盛港 Jiǔshèng Gǎng

河流。位于郭巷街道西部。以九（久）盛之意命名。东西流向。东起郭新河，西至西九盛自然村（河相接）。长1千米，宽15米。为五级河道。内流河、地上河、常年河。

尹山港 Yǐnshān Gǎng

河流。位于郭巷街道西部。因河西首北侧有大寺山（俗称尹山），故名。东西流向。东起郭新河，西至京杭大运河。长1千米，宽12米。为五级河道。内流河、地上河、常年河。

斜港河 Xiégǎng Hé

河流。位于郭巷街道中部偏北。因河流斜向，故名。东西流向。东起独墅湖，西至京杭大运河。长2千米，西段宽100～150米，东段宽200米，可通航100吨级货船。为三级河道。内流河、地上河、常年河。

金丝港 Jīnsī Gǎng

河流。位于郭巷街道中南部。也称"金狮港"，港河狭窄而细长，却是当地通航、灌溉、泄洪的重要河道，老百姓故称其名。东西流向。东起五浦港，西至郭新河。长2千米，宽25～30米。为五级河道。内流河、地上河、常年河。

冯墓泾港 Fénmùjīng Gǎng

河流。位于郭巷街道中部。因河边有一冯姓大墓，故名。东西流向。东起尹山河，西至京杭大运河。长2.6千米，宽15～20米。为五级河道。内流河、地上河、常年河。

尹山河 Yǐnshān Hé

河流。位于郭巷街道中部。因沿尹山湖西、北外围的河道，故名。东西流向。东起独墅湖，西至郭巷街河。长3.5千米，宽20～25米。为五级河道。内流河、地上河、常年河。

九曲港 Jiǔqū Gǎng

河流。位于郭巷街道中部。以旧时此港九曲三弯而得名。东西流向。东起花泾港，西至尹山湖。长0.6千米，宽30米。为五级河道。内流河、地上河、常年河。

沙金港 Shājīn Gǎng

河流。位于横泾街道东南部。东西流向。东起太湖大堤通苏州湾，西至泾新河。长3.6千米，宽10米。流经长远村域段1800米，是横泾街道主要交通河道。主要作用于泄洪、农船运输、生产灌溉及生活用水等。为五级河道。内流河、地上河、常年河。

花渡江 Huādù Jiāng

河流。位于横泾街道东南部。东南一西北流向。东南起太湖大堤通苏州湾，西北至马庄港。长2千米，宽10米。主要作用于泄洪、农船运输、生产灌溉等。为五级河道。内流河、地上河、常年河。

北粮港 Běiliáng Gǎng

河流。位于横泾街道西南部。因清代有村中大户常经此河道向官库送粮，故名。东西流向。东起石路浜港，西至临湖无名河。长1千米，宽8米。为五级河道。内流河、地上河、常年河。

东古港 Dōnggǔ Gǎng

河流。位于横泾街道南部。因流经东古自然村，故名。东西流向。东起泾新河，西至临湖镇张家浜港。长1.5千米，宽8米。主要作用于生产、生活、农运、灌溉等。为五级河道。内流河、地上河、常年河。

林渡港 Líndù Gǎng

河流。位于横泾街道东南部。以所在村落为名。东西流向。西起陆路江，穿过双灯港、东至太湖大堤。长1.3千米，宽8米。主要作用于生产、生活、农运、灌溉等。为五级河道。内流河、地上河、常年河。

泥塔港 Nítǎ Gǎng

河流。位于横泾街道西部。东西流向。东起太湖西堤，西至陆路江。长1.2千米，宽7米。主要作用于生产、生活。为五级河道。内流河、地上河、常年河。

石马塘河 Shímǎtáng Hé

河流。位于横泾街道北部。因流经石马塘河自然村，故名。东西流向。东起尧新路，西至走马塘河。长2千米，宽10米。主要作用于泄洪、灌溉农作物及农船运输等。为五级河道。内流河、地上河、常年河。

生产河 Shēngchǎn Hé

河流。位于横泾街道东南部。分6段：（1）东西流向。东起尧太湖，西至横泾河。长1千米，宽15米，最深2米；（2）原三星方家桥自然村内，泥塔里至浦庄沙泾村，长0.5千米，宽6米，最大深1.5米；（3）上林村中段长2千米，宽6米，最大深1.5米，平均深1米；（4）西起高坑港东至陆港新齐村田度里自然村北部，长0.6千米，宽15米，最大深3.5米，平均深3米；（5）上林村内，东起双灯港，西至泾新河，长0.5千米；（6）渔场上内长1千米。6段总长5.7千米。20世纪70年代人工开挖，用于农作物灌溉。为五级河道。内流河、地上河、常年河。

沙金江 Shājīn Jiāng

河流。位于横泾街道东南部。东西流向。东起东太湖，西至泾新河。长1.8千米，宽12～15米。是横泾街道域内东南环太湖五大水道之一。为五级河道。内流河、地上河、常年河。

旺山河 Wàngshān Hé

河流。位于越溪街道西部。东西流向。东起旺山荡（湖泊），西至苏旺河。长1.6千米，宽10米。为五级河道。内流河、地上河、常年河。

姚湾港 Yáowān Gǎng

河流。位于越溪街道东北部。东西流向。东起小石湖，西至越来溪。长1千米，宽20米。整个河道全部石砌驳岸。现在是石湖华城花园、石湖天玺花园边的景观河道。为五级河道。内流河、地上河、常年河。

郎江河 Lángjiāng Hé

河流。位于越溪街道中部。又名郎里江。东西流向。东起越来溪，西至旺山荡。长1千米，宽8.5米。为五级河道。内流河、地上河、常年河。

安齐港 Ānqí Gǎng

河流。位于越溪街道西南部。东西流向。东起苏东河，向北折西至苏旺河。长3.1千米，宽10米。为五级河道。内流河、地上河、常年河。

张墓港 Zhāngmù Gǎng

河流。位于越溪街道西南部。东西流向。东起越来溪，西至旺山荡。长1.2千米，宽6米。为五级河道。内流河、地上河、常年河。

窑郎港 Yáoláng Gǎng

河流。位于越溪街道中部。东西流向。东起明溪路，西至越来溪。长1.4千米，宽8～10米。为五级河道。内流河、地上河、常年河。

联江河 Liánjiāng Hé

河流。位于越溪街道东部。东西流向。东起小石湖，西至越来溪。长1.5千米，宽13米。为五级河道。内流河、地上河、常年河。

前庄港 Qiánzhuāng Gǎng

河流。位于越溪街道西南部。东西流向。东起苏东河，西至苏旺河。长1.5千米，宽10米。为五级河道。内流河、地上河、常年河。

映泾港 Yìngjīng Gǎng

河流。位于越溪街道东南部。东西流向。东起东太湖梢，西至小溪江。长1.6千米，宽12米。

邵昂港 Shào´áng Gǎng

河流。位于城南街道西南部。东西流向。东起联圩河，西至无名河。长1.7千米，宽8米。为五级河道。

内流河、地上河、常年河。

黄泥浜 Huángní Bāng

河流。位于城南街道中部。因流经黄泥浜自然村，故名。南北流向。南起面杖港（古塘河），北至钢铁桥河。长2千米，宽6～10米。为五级河道。内流河、地上河、常年河。

斜港 Xié Gǎng

河流。位于城南街道东北部。东西流向。东起鲇鱼港，西至东港河。长1.7千米，宽6～10米。用以灌溉两岸农田。为五级河道。内流河、地上河、常年河。

罗盛港 Luóshèng Gǎng

河流。位于城南街道中部。因流经罗盛里自然村，故名。东西流向。东起面杖港（古塘河），西至新江中心河。长0.9千米，宽8～11米。东段于1976年由长桥人民公社开挖而成，以利村民生活及农业生产。为五级河道。内流河、地上河、常年河。

朱家港 Zhūjiā Gǎng

河流。位于城南街道西北部。因流经朱家上自然村，故名。东西流向。东起面杖港（古塘河），西至新江中心河。长0.9千米，宽8～10米。为五级河道。内流河、地上河、常年河。

钢铁桥河（港） Gāngtiěqiáo Hé (Gǎng)

河流。位于城南街道中部。原名“江天桥港”，1949年后谐音改称今名。东西流向。东起京杭大运河，西至面杖港（古塘河）。长1.8千米，宽8～10米。为五级河道。内流河、地上河、常年河。

郑庄港 Zhèngzhuāng Gǎng

河流。位于城南街道北部。因流经郑庄自然村，故名。东西流向。东起面杖港（古塘河），西至新江中心河。长0.8千米，宽8～10米。为五级河道。内流河、地上河、常年河。

南港河 Nángǎng Hé

河流。位于城南街道东北部。因位于跃进河南侧，故名。东西流向。东起沿字港，西至面杖港（古塘河）。长1.7千米，宽10～12米。为五级河道。内流河、地上河、常年河。

北塘河 Běitáng Hé

河流。位于香山街道西北部。东西流向。东起香山运河（水桥），西至吕浦港闸入太湖。长4.8千米。为四级河道。内流河、地上河、常年河。

南塘河 Nántáng Hé

河流。位于香山街道西部。东西流向。东起香山运河，西至北塘河。长2.8千米。为四级河道。内流河、地上河、常年河。

探夕河 Tànxī Hé

河流。位于香山街道西部。又名山后尖浜。东西流向。东起香山运河，西至环太湖大道山后尖浜闸入太湖。长1.3千米。为四级河道。内流河、地上河、常年河。

甪直塘 Lùzhí Táng

河流。位于甪直镇东部。因是出入甪直的必经之路，故名。又名阘闾塘、阘闾浦、甪直浦。东西流向。东起双庙港，西至北石泾。长7.9千米，宽0.4米。为四级河道。内流河、地上河、常年河。

田肚江 Tiándù Jiāng

河流。位于甪直镇南部。因流经田肚村，故名。东西流向。东起南塘港，西至清小港。长1.1千米，宽10米。为五级河道。内流河、地上河、常年河。

长双港 Chángshuāng Gǎng

河流。位于甪直镇西部。因两条小河有分有合，故名。东西流向。东起横世界港，西至镬底潭。长0.66千米，宽7米。为五级河道。内流河、地上河、常年河。

塔上浜 Tǎshàng Bāng

河流。位于甪直镇西南部。因流经沙塔自然村，故名。东西流向。东起塔上港，西至小龙港。长0.46千米，宽8米。为五级河道。内流河、地上河、常年河。

北塘港 Běitáng Gǎng

河流。位于甪直镇西南部。东西流向。东起东板桥港，西至小龙港。长1.29千米，宽10米。为五级河道。内流河、地上河、常年河。

陆庄泾河 Lùzhuāngjīng Hé

河流。位于甪直镇西部。因流经陆庄泾自然村，故名。东西流向。东起陈家港，西至吴淞江。长1千米，宽10米。为五级河道。内流河、地上河、常年河。

石墩港 Shídūn Gǎng

河流。位于角直镇西南部。东西流向。东起金澄湖路，西至近官长泾。长1.12千米，宽10～13米。为五级河道。内流河、地上河、常年河。

浦东里浜 Pǔdōnglǐ Bāng

河流。位于角直镇西南部。东西流向。东起塔上自然村，西至小龙港。长0.47千米，宽9米。为五级河道。内流河、地上河、常年河。

长巨港 Chángjù Gǎng

河流。位于角直镇西南部。因流经长巨村，故名。东西流向。东起光明桥港，西至苏同黎公路。长0.9千米，宽12米。为五级河道。内流河、地上河、常年河。

前和尚港 Qiánhéshàng Gǎng

河流。位于角直镇西南部。又名杭上港。东西流向。东起湖浜村，西至吴淞江。长1.35千米，宽20米。为四级河道。内流河、地上河、常年河。

三坟湾 Sānfén Wān

河流。位于角直镇西南部。因河边有3个大坟，故名。东西流向。东起西南湾，西至吴淞江。长0.45千米，宽20～30米。为五级河道。内流河、地上河、常年河。

大姚塘 Dàyáo Táng

河流。位于角直镇西部。原名大姚(摇)浦，因其地原有摇城而名，今称大姚塘。民国《吴县志》载："大姚塘，在城东南三十八里，吴淞江由庞山湖流至此，又东北流，折为三江，俗名上清、中清、下清江，又东入昆山县界。姚，一作摇，其地本名摇城，汉初越君摇尝居此。"东西流向。东起澄湖，西至吴淞江。长4.8千米，宽24米。为四级河道。内流河、地上河、常年河。

三姑后港 Sāngū Hòugǎng

河流。位于角直镇西部。因是三姑后港自然村村后河流，故名。东西流向。东起张巷港，西至顾四浜。长1.550千米，宽12米。为五级河道。内流河、地上河、常年河。

盖河港 Gàihé Gǎng

河流。位于角直镇南部。因流经盖河村，故名。东西流向。有东西两条分支流。长0.8千米。为五级河道。内流河、地上河、常年河。

西村浜 Xīcūn Bāng

河流。位于角直镇西南部。因该河浜位陆巷村南村西，故名。东西流向。长0.15千米，宽6～8米。为五级河道。内流河、地上河、常年河。

小龙港 Xiǎolóng Gǎng

河流。位于角直镇西部。因河港形如小龙，故名。属于白米浦的支流。东西流向。长0.52千米。是蟹渡上自然村域农田的主要灌溉水源。为五级河道。内流河、地上河、常年河。

大寨河 Dàzhài Hé

河流。位于光福镇中部。1976年12月响应"农业学大寨"号召开挖而名。东西流向。东起福利北沟村查山，西至木光河。长2.65千米，宽45米。为三级河道。外流河、地上河、常年河。

陆家浜 Lùjiā Bāng

河流。位于光福镇东北部。因在陆家桥村中，村河同名。东西流向。东起吴家桥浜，西至木光河。长1千米，宽10米。为四级河道。外流河、地上河、常年河。

枫浜 Fēng Bāng

河流。位于光福镇东北部。因村里常有太湖匪类出没，为避遭殃，村民填河封浜，后取其谐音，故名。东西流向。东起浒光运河，西至山墩河。长1千米，宽19米。为三级河道。外流河、地上河、常年河。

长浮港 Chángfú Gǎng

河流。位于光福镇。因位于长浮山旁，故名。东北—西南流向。长1.4千米，宽48米。1972年开挖。为三级河道。外流河、地上河、常年河。

柴巷浜 Fēng Bāng

河流。位于光福镇东北部。因在柴巷村中，村浜同名。东西流向。东起上山村，西至浒光运河。长1.1千米，宽19米。为四级河道。外流河、地上河、常年河。

上沿山河 Shàngyánshān Hé

河流。位于胥口镇东部。以所在地山名为名。东西流向。东起走马塘河，西至胥江。长4千米，宽10米。为通航、灌溉农作物、泄洪、生活之重要河道。为五级河道。内流河、地上河、常年河。

直津泾 Zhíjīn Jīng

河流。位于胥口镇中部。因河道形态直流，故名。东西流向。东起走马塘河，西至顺堤河。长3.2千米，宽15米。为胥口境内农运、灌溉、泄洪、生活的主要河道。为五级河道。内流河、地上河、常年河。

南宫塘 Nángōng Táng

河流。位于胥口镇。古运河，因吴王行宫于此，故名。东西流向。东起外塘桥，西至吕浦桥。长2千米，宽10～20米。1949年后几经开拓疏浚，河道畅通，成为西太湖到东太湖的重要内河航道。为五级河道。内流河、地上河、常年河。

九曲江 Jiǔqū Jiāng

河流。位于胥口镇。因河道多湾，有九折弯道得名。东西流向。东起香山嘴，西至外塘港。流经花墩、外塘两村。长2千米。是外塘港至胥口港间唯一的内航河道。为五级河道。内流河、地上河、常年河。

烂泥泾浜 Lànníjīng Bāng

河流。位于胥口镇西北部。东西流向。东起藏胥路，西至穹窿社区。长1.2千米，宽5米。主要作用于灌溉、运输、农业生产、村民生活。为五级河道。内流河、地上河、常年河。

胥蒋运河 Xūjiǎng Yùnhé

河流。位于胥口镇。长6.6千米，宽25米。1975年冬，胥口人民公社组织民工开挖的运河，从外塘村至蒋墩村，连接三防河，是胥口至蒋墩的重要内河航道。为五级河道。内流河、地上河、常年河。

联东河 Liándōng Hé

河流。位于临湖镇。取联盟大队与东吴大队两地首字组合命名。东西流向。东起石马塘河，西至东吴村生产河。长3.4千米，宽16米。1978年12月开挖而成。为四级河道。外流河、地上河、常年河。

南城头河 Nánchéngtóu Hé

河流。位于临湖镇。东西流向。东起苏东运河，西至火烧浜自然村。长1.3千米，宽6米。20世纪70年代开挖拓浚而成。为四级河道。外流河、地上河、常年河。

曹岸浜 Cáo′àn Bāng

河流。位于临湖镇西南部。因流经曹岸自然村，故名。东西流向。东起苏东运河，向西折北至南舍自然村。长1.1千米，宽5米。20世纪70年代开挖拓浚而成。为四级河道。外流河、地上河、常年河。

南港 Nán Gǎng

河流。位于临湖镇西北部。因位于南港自然村南面，故名。东西流向。东起苏东运河，向西折北至顺堤河。流经石塘村、陆舍村。长3千米，宽8米。当地人称石塘村段为下堡港，陆舍村段为南港。为四级河道。外流河、地上河、常年河。

陆家巨河 Lùjiājù Hé

河流。位于临湖镇东北部。因流经陆家巨自然村，故名。东西流向。东起西泾浜连通许家浜，西至邱家桥自然村。长1.4千米，宽8米。20世纪70年代开挖拓浚而成。为四级河道。外流河、地上河、常年河。

石塘港 Shítáng Gǎng

河流。位于临湖镇西北部。因流经石塘自然村，故名。又名新农河。东西流向。东起苏东运河，西至石舍村青石河。长1.4千米，宽4米。20世纪70年代开挖拓浚而成。为四级河道。外流河、地上河、常年河。

庙桥港 Miàoqiáo Gǎng

河流。位于临湖镇。因流经庙前村，故名。东西流向。东起东太湖，西至新泾港。长2千米，宽8米。20世纪70年代开挖拓浚而成。为四级河道。外流河、地上河、常年河。

张庄港 Zhāngzhuāng Gǎng

河流。位于临湖镇西北部。又名北港。东西流向。东起苏东运河，西至顺堤河。长3.1千米，宽8米。为四级河道。外流河、地上河、常年河。

洋河泾港 Yánghéjīng Gǎng

河流。位于临湖镇西北部。因流经洋河泾自然村，故名。东西流向。东起石庄村，西至顺堤河。长1.9千米，宽8米。20世纪70年代挖成。为四级河道。外流河、地上河、常年河。

湖桥港 Húqiáo Gǎng

河流。位于临湖镇。因流经湖桥街自然村，故名。东西流向。东起张家浜港，西至浦庄大道。长1.6千米，宽7米。20世纪70年代挖成。为四级河道。外流河、地上河、常年河。

大缺港 Dàquē Gǎng

河流。位于临湖镇南部。因太湖边形似一大缺口的宽阔水面，故名。东西流向。东起东太湖，西至西太湖。长3.5千米，宽15米。为四级河道。外流河、地上河、常年河。

陈村港 Chéncūn Gǎng

河流。位于临湖镇东北部。因流经陈村里自然村，故名。东西流向。东起石马塘河，西至界路村毛窝里自然村。长1.8千米，宽8米。20世纪70年代挖成。为四级河道。外流河、地上河、常年河。

江家浜 Jiāngjiā Bāng

河流。位于临湖镇东南部。因流经江家浜自然村，故名。东西流向。东起张家浜港，西至浦庄大道。长1.5千米，宽7米。20世纪70年代挖成。为四级河道。外流河、地上河、常年河。

银藏港 Yíncáng Gǎng

河流。位于临湖镇西南部。取藏银留金之意。东南—西北流向。东南起东太湖大堤，西北至潦前港。长2.1千米，宽12米。20世纪70年代挖成。为四级河道。外流河、地上河、常年河。

射渎塘 Shèdú Táng

河流。位于临湖镇东部。又名西塘河和东塘河。东西流向。东起苏东运河陆舍定向河口，西至顺堤河。长2千米，宽10米。清代挖成。为四级河道。外流河、地上河、常年河。

吴舍港 Wúshè Gǎng

河流。位于临湖镇西部。又名万箩河。东西流向。东起翁家浜，西至顺堤河。长1.7千米，宽6米。清代挖成。为四级河道。外流河、地上河、常年河。

潦前港 Liáoqián Gǎng

河流。位于临湖镇东北部。因位于黄坍港两边，西段称潦前港，东段称六湾港。与所在潦里自然村同名。东西流向。东起苏东运河，西至浦庄大道。长2.3千米，宽7米。为四级河道。外流河、地上河、常年河。

新开河 Xīnkāi Hé

河流。位于临湖镇西部。因是建临湖路取土形成的河道，故名。又名苏东运河延伸段。西南—东北流向。西南起顺堤河，东北至东塘河接苏东运河。长1.7千米，宽30米。2000年挖成。为四级河道。外流河、地上河、常年河。

下堡港 Xiàbǎo Gǎng

河流。位于临湖镇西北部。因流经下堡自然村，故名。东西流向。东起苏东运河，西至临湖路。长1.5千米，宽6米。为四级河道。外流河、地上河、常年河。

北港 Běi Gǎng

河流。位于临湖镇西部。因位于南港村北，故名。东西流向。东起苏东运河，西至顺堤河。长3.1千米，宽10米。为四级河道。外流河、地上河、常年河。

穿心港 Chuānxīn Gǎng

河流。位于东山镇东南部。因该港串流几条河港，故名。东西流向。东起茭白港闸，西至大咀港。长2.5千米。为四级河道。外流河、地上河、常年河。

小戗港 Xiǎoqiāng Gǎng

河流。位于东山镇东南部。东西流向。东起鸡山港，西至渡水港。长3千米。为四级河道。外流河、地上河、常年河。

新开港 Xīnkāi Gǎng

河流。位于东山镇西南部。因是新开挖的河流，故名。东西流向。东起杨湾港，西至太湖。长1.7千米，宽10米。为四级河道。外流河、地上河、常年河。

中心港 Zhōngxīn Gǎng

河流。位于东山镇西南部。因位于中心地段，故名。东西流向。东起杨湾港，西至中心港闸。长2.5千米，宽12米。为四级河道。外流河、地上河、常年河。

横港 Héng Gǎng

河流。位于东山镇东南部。因河道横向，故名。东西流向。东起云震闸，西至鸡山港。是辖区内重要的泄洪河道。长5.7千米，河底宽3米，河口宽20米。为三级河道。外流河、地上河、常年河。

直港 Zhí Gǎng

河流。位于东山镇东南部。因河港笔直通向太湖，故名。东西流向。东起东太湖直港闸，西至渡水港。是辖区内重要的泄洪河道。长3.2千米，河底宽4米，河口宽15米。为三级河道。外流河、地上河、常年河。

油车港 Yóuchē Gǎng

河流。位于东山镇东南部。因河边有打油车（坊），故名。东西流向。东起东太湖，西至渡水港。是辖区内重要的泄洪河道。长4.7千米，河底宽4米，河口宽18米。为三级河道。外流河、地上河、常年河。

白浮门港 Báifúmén Gǎng

河流。位于东山镇西南部。此港流经白浮门入太湖口，故名。东西流向。东起杨湾港，西至渡水港。是辖区内重要的泄洪河道。长2.9千米，河底宽5米，河口宽10米。为三级河道。外流河、地上河、常年河。

茭白港 Jiāobái Gǎng

河流。位于东山镇东南部。东西流向。东起东太湖，西至渡水港。是辖区内重要的泄洪河道。长3.3千米，河底宽4米，河口宽15米。为三级河道。外流河、地上河、常年河。

鸡山港 Jīshān Gǎng

河流。位于东山镇东南部。港以旁边的鸡山而得名。东西流向。东起东太湖，西至横港。是辖区内重要的泄洪河道。长4.1千米，河面宽24米，河底宽4米。为三级河道。外流河、地上河、常年河。

雕鹗河 Diāo'è Hé

河流。位于东山镇。亦名新开河。东西流向。东起大缺口，西至渡水港。长3.5千米。旧时为东山内河航运沟通苏州之主要水道。为四级河道。外流河、地上河、常年河。

席家湖 Xíjiā Hú

河流。位于东山镇东北部。唐代席氏南下在此登岸，后繁衍成村，北宋时建社下里，为洞庭红橘水运码头，故名。停船的码头叫席家湖嘴。东西流向。东起太湖，西至启园。为五级河道。外流河、地上河、常年河。

响水涧 Xiǎngshuǐ Jiàn

河流。位于东山镇西部。因落差较大，流水潺潺，水花飞溅，响声不绝，故名。东西流向。长2.5千米，宽2～3米。响水涧下游跨有拱形石桥施公桥，为纪念明代状元施槃所建。2005年响水涧被列为苏州市第三批控制保护建筑。

涧桥港 Jiànqiáo Gǎng

河流。位于东山镇西北部。以该河流起点附近的涧桥而得名。东西流向。东起渡水港，西至涧桥。是辖区内一条重要的泄洪河道。长0.7千米，宽14米。为三级河道。外流河、地上河、常年河。

殿泾港 Diànjīng Gǎng

河流。位于东山镇东北部。因北面宋代张师殿，故名。东西流向。东起渡水港，西至将军街牌楼。是辖区内一条重要的泄洪河道。长0.7千米，河面宽12米，河底宽5米。为三级河道。外流河、地上河、常年河。

石鹤港 Shíhè Gǎng

河流。位于东山镇东北部。因河道位于石鹤山旁，故名。东西流向。东起东太湖，西至定向河。是辖区内一条重要的泄洪河道。长0.7千米，河底宽4米，河口宽25米。为三级河道。外流河、地上河、常年河。

茄萝港 Qiéluó Gǎng

河流。位于东山镇东南部。东西流向。东起太湖，西至茄萝。是太湖边芦苇荡中通行船只的一条小河浜，东太湖综合整治后已成为太湖水面。为五级河道。外流河、地上河、常年河。

北芦荡 Běilú Dàng

河流。位于金庭镇东北部。因三面环陆地，一面通太湖芦荡区，故名。东西流向。东起太湖，经前湾，折北至太湖。长2千米，宽200米。2002年镇政府组织全面清理，开挖、平整，连接芦苇迷宫，为西山又一游览景点。为四级河道。外流河、地上河、常年河。

植里港 Zhílǐ Gǎng

河流。位于金庭镇北部。东西流向。东起周坞里，西至植里。是连通附近几个自然村的主要水道。长2千米，宽5米。20世纪70年代开挖。为五级河道。外流河、地上河、常年河。

环山港 Huánshān Gǎng

河流。位于金庭镇北部。因环绕渡渚山，故名。东西流向。河流呈弧形，环绕渡渚山南面，两头都通太湖。长3千米，宽10米。是20世纪70年代人工开凿。为五级河道。外流河、地上河、常年河。

消夏江 Xiāoxià Jiāng

河流。位于金庭镇西南部。因在太湖消夏湾，故名。东西流向。河流呈弧形，西起太湖，向北折东再折南经消夏湾至东明月湾出太湖。长6千米，宽30米。为五级河道。外流河、地上河、常年河。

中港 Zhōng Gǎng

河流。位于长桥街道中部。因流经中港村自然村，故名。南北流向。南起蠡墅港，北至新运河。长1.5千米，宽8～10米。为五级河道。内流河、地上河、常年河。

方池潭河 Fāngchítán Hé

河流。位于长桥街道南部。因连接方池潭，故名。南北流向。南起跃进河，北至11号河。长1千米，宽7米。1976年人工开挖。为五级河道。内流河、地上河、常年河。

面杖港 Miànzhàng Gǎng

河流。位于长桥街道中部。因河道直如擀面杖，故名。南北流向。南起瓜泾港，北至澹台湖。长3.5千米，宽15～30米。为四级河道。内流河、地上河、常年河。

鲇鱼口 Niányúkǒu

河流。位于长桥街道东南部。因在东太湖口，水面宽阔形如鲇鱼的嘴（口），故名。亦名东湖、太湖梢。南北长5千米，东西宽2.5千米。其分流有：一支南自瓜泾港西口，北连澹台湖，过宝带桥入运河；一支东至分水墩，向南折东经杨青港、柳胥港流入运河，折东南入庞山湖；一支向北，汇入献塘，入盘门运河；南宋以来，鲇鱼口又为吴县、吴江县界河。东有面杖港相附同行，为吴江县、长洲县（后为元和县）的界河。历史上，鲇鱼口是苏州往吴江、浙西的重要水道。1975年，鲇鱼口东侧人工开挖一改道河后，被围垦造田，形成东湖、方池潭、新江圩、邵昂圩4个水产养殖场和东湖林场，成为长桥镇的水产养殖、苗圃和果园基地。王鏊《姑苏志》（卷十）“按今三江：一自太湖从吴县鲇鱼口北入运河……”。也是苏州往吴江、浙西的重要水道，古为兵家要地。

京杭大运河（郭巷段）
Jīngháng Dàyùnhé (guōxiàngduàn)

河流。位于郭巷街道西部。南北流向。经苏州城区西南侧往东流后折南，与苏嘉公路平行，经郭巷入吴江区。郭巷境内长10.5千米。水位2.8米时，河面宽度50米，流速0.2米/秒，流量34.03立方米/秒；水位4.0米时，河面宽度为55.6米，流速0.4米/秒，流量93.76立方米/秒。《吴郡图经续记》曰：“隋大业六年，敕开江南河，自京口至余杭郡八百余里，面阔十余丈，拟通龙舟，巡会稽……乐天诗云：‘平河七百里，沃壤两三州。’……岁旱，或浅淤，故常加浚治，乃得无阻。”可通航百吨级船舶。为三级河道。内流河、地上河、常年河。

善浦港 Shànpǔ Gǎng

河流。位于郭巷街道南部。因在善浦村旁流过，故名。南北流向。南起白洋湖，北至尹山港。长1.8千米，宽10～15米。为五级河道。内流河、地上河、常年河。

郭新河 Guōxīn Hé

河流。位于郭巷街道中部偏西。因是20世纪70年代人工新开挖的河道，故名。南北流向。南起善浦港南口，北至东港河。长4.4千米，宽12米。为五级河道。内流河、地上河、常年河。

马庄港 Mǎzhuāng Gǎng

河流。位于横泾街道东南部。因流经马庄自然村域，故名。南北流向。南起沙金江，北至苏旺河。长3千米，宽10米。主要作用于泄洪、农船运输、生产灌溉、生活等。为五级河道。内流河、地上河、常年河。

泾新河 Jīngxīn Hé

河流。位于横泾街道。南北流向。南起下毛岐自然村接东太湖新南大圩，北至苏东运河。长3.2千米，宽10米。主要作用于泄洪、农船运输、生产灌溉等。为五级河道。内流河、地上河、常年河。

石路浜港 Shīlùbāng Gǎng

河流。位于横泾街道南部。因位于石路浜自然村内，故名。南北流向。南起石路浜通苏州湾，北至南头浜。长3.2千米，宽10米。主要作用于生产、生活、农运、灌溉等。为五级河道。内流河、地上河、常年河。

尧太河 Yáotài Hé

河流。位于横泾街道中部。以尧南之“尧”与太湖之“太”组合命名。南北流向。南起石马塘河，北至林渡港。长5.1千米，宽12～15米。是横泾街道主要水上交通河道。主要作用于泄洪、农船运输、灌溉农作物等。为五级河道。内流河、地上河、常年河。

高坑港 Gāokēng Gǎng

河流。位于横泾街道西南部。因流经高坑头自然村，故名。南北流向。南起林渡江，北至沙金港。长1.1千米，宽8米。主要作用于生产、生活、农运、灌溉等。为五级河道。内流河、地上河、常年河。

双灯港 Shuāngdēng Gǎng

河流。位于横泾街道南部。南北流向。南起太湖，北至溆庄港。长1.2千米，宽25米。主要作用于生产、生活、农运、灌溉等。为五级河道。内流河、地上河、常年河。

陆路江 Lùlù Jiāng

河流。位于横泾街道南部。南北流向。南起南章自然村，北至沙金港。长1.3千米，宽7米。主要作用于灌溉农作物、生活、农运等。为五级河道。内流河、地上河、常年河。

横泾塘 Héngjīng Táng

河流。位于横泾街道。以所在镇为名。又名横金塘。西南—东北流向。清《横金志》称，其水之来源有三处，“其南曰黄洋湾，其西南曰大缺口，其西曰篁墅港，皆受太湖之水储于黄垆港口，由采莲泾达浦庄迤东过横金镇，又东至犁尖嘴出白洋湾，统谓之横金塘”。长4.4千米。为四级河道。内流河、地上河、常年河。

苏旺河 Sūwàng Hé

河流。位于越溪街道西部。因河流连接旺山村和苏东河，故名。南北流向。南起苏东河南延伸段，北至旺山村。长5.2千米，宽8米。为五级河道。内流河、地上河、常年河。

越来溪 Yuèlái Xī

河流。位于越溪街道。宋《吴郡志》载：“越来溪，在越城东南，与石湖通。溪流贯行春桥及越溪二桥，以入横塘，清澈可见。越兵自此溪来入吴，故以名。《史记正义》：‘越自松江北开渠至横山东北入吴，即此溪。’”今沿用其名。明《姑苏志》载：“石湖之东一溪，北流横塘，曰越来溪。自此与木渎水合流，出横塘桥，东入胥门运河，曰胥塘。”南北流向。南起太湖白洋湾，北至石湖口。长6.19千米，宽15～33 米。越来溪在姚湾港处汇合小溪港后流入石湖，再过越城桥汇入江南运河，整个河道全部石砌驳岸。跨河桥梁有北溪桥、张宅桥、吴山街公路桥、老溪桥、农机桥、越城桥、银旺桥。为五级河道。内流河、地上河、常年河。

夏桥浜 Xiàqiáo Bāng

河流。位于越溪街道西部。因流经夏桥村自然村，故名。南北流向。南起旺山荡，北至城皇山。长1.5千米，宽8米。为五级河道。内流河、地上河、常年河。

张桥浜 Zhāngqiáo Bāng

河流。位于越溪街道西部。因流经长桥村自然村，故名。南北流向。南起旺山荡，北至牛角坞。长1.7千米，宽8～10米。为五级河道。内流河、地上河、常年河。

小溪江 Xiǎoxī Jiāng

河流。位于越溪街道。南北流向。南起东太湖苏州湾，北至越来溪。长3.9千米，宽8～10米。为五级河道。内流河、地上河、常年河。

肖家港 Xiāojiā Gǎng

河流。位于越溪街道西南部。南北流向。南起苏东运河，北至旺山荡。长1.1千米，宽10米。为五级河道。内流河、地上河、常年河。

田上江河 Tiánshàngjiāng Hé

河流。位于城南街道南部。因流经田上江自然村，故名。以后村港东口为界，南称东港河，北称田郎港。南北流向。南起瓜泾港，北至跃进河。长3.6千米，宽12米。为五级河道。内流河、地上河、常年河。

小港 Xiǎo Gǎng

河流。位于城南街道西南部。因流经郜昂自然村小港角，故名。南北流向。南起兴昂路（原十字港），北至郜昂港。长1千米，宽8米。为五级河道。内流河、地上河、常年河。

西港河 Xīgǎng Hé

河流。位于城南街道东北部。因位于西港自然村，故名。南北流向。南起京杭大运河，北至跃进河。长2.1千米，宽30米。主要作用于灌溉。为五级河道。内流河、地上河、常年河。

联圩河 Liánwéi Hé

河流。位于城南街道中部。新筑圩田周围的河流，故名。初名大庆河，后名农场河。南北流向。南起邵昂港，北至新运河。城南街道境内段自邵昂港东口起至跃进河。长0.95千米。1976年人工开挖。主要作用于灌溉。为五级河道。内流河、地上河、常年河。

彭泾港 Péngjīng Gǎng

河流。位于城南街道西南部。因流经彭泾自然村，故名。南北流向。南起东彭泾港，北至蠡墅港。长1.7千米。北段为1978年人工开挖。主要作用于两岸农作物灌溉与农船运行。为五级河道。内流河、地上河、常年河。

水桥河 Shuǐqiáo Hé

河流。位于香山街道中部偏南。因流经水桥村自然村，故名。南北流向。南起顺堤河，北至蔡带里。长1.9千米。为四级河道。内流河、地上河、常年河。

梅舍西河 Méishè Xīhé

河流。位于香山街道南部。因位于梅西村西侧，故名。南北流向。南起顺堤河，北至香山运河，长1.1千米。为四级河道。内流河、地上河、常年河。

普济河 Pǔjì Hé

河流。位于香山街道中部。因该河流位于香山观音坞观音庙前顺南而下，“普济”意指普度众生，故名。南北流向。南起北塘河，北至陈华路。长0.9千米。为四级河道。内流河、地上河、常年河。

东港港 Dōnggǎng Gǎng

河流。位于角直镇西部。南北流向。长1.3千米，宽8～13米。为五级河道。内流河、地上河、常年河。

清泉港 Qīngquán Gǎng

河流名。位于角直镇西部。因河水清澈如泉，故名。南北流向。长1千米，宽10～13米。为五级河道。内流河、地上河、常年河。

界浦港 Jièpǔ Gǎng

河流。位于角直镇东部。因位于角直与昆山分界处，故名。又名界浦河。南北流向。南起万千湖，北至吴淞江。长12.2千米，宽25米。流经凌塘村、光辉村、黄楼村。为五级河道。内流河、地上河、常年河。

蒋浦港 Jiǎngpǔ Gǎng

河流。位于角直镇，南北流向。南起角直镇，北至塘村港。长1.3千米，河面宽8米。为五级河道。内流河、地上河、常年河。

郭巷港 Guōxiàng Gǎng

河流。位于角直镇南部。南北流向。南起浜底，北至后港。长0.16千米，宽6～20米。为五级河道。内流河、地上河、常年河。

张巷港 Zhāngxiàng Gǎng

河流。位于角直镇西部。因流经张巷自然村，故名。东南—西北流向。东南起澄湖新开港，西北至吴淞江。长1.75千米，宽10～15米。为五级河道。内流河、地上河、常年河。

石桥港 Shíqiáo Gǎng

河流。位于角直镇西南部。南北流向。南起黄泥兜，北至上星其港。长0.7千米，宽10米。为五级河道。内流河、地上河、常年河。

清小港 Qīngxiǎo Gǎng

河流。位于角直镇东部。因河流小但水质清澈，故名。南北流向。南起澄湖，北至吴淞江。长5.3千米，宽15～20米。为五级河道。内流河、地上河、常年河。

水东浜 Shuǐdōng Bāng

河流。位于角直镇西南部。以水东浜地名而得名。又名水车浜。南北流向。南起黄泥兜，北至东浜底。长0.44千米，宽7米。为五级河道。内流河、地上河、常年河。

陈家港 Chénjiā Gǎng

河流。位于角直镇西部。南北流向。南起后和尚港，北至吴淞江。长3.4千米，宽9米。为五级河道。内流河、地上河、常年河。

甫里塘 Fǔlǐ Táng

河流。位于角直镇东部。塘以古镇名。东南—西北流向。东南起马公河，西北至吴淞江。长2.3千米，宽15～20米。是从吴淞江进角直镇的主要通道。已有两千多年历史，春秋时期，吴王夫差在甫里塘边的枫庄附近修筑“梧桐园”。为四级河道。内流河、地上河、常年河。

旺家浜 Wàngjiā Bāng

河流。位于角直镇东北部。因流经旺家湾1～3组，故名。南北流向。南起后角港，北至角直塘。长

大咀港 Dàzuǐ Gǎng

河流。位于东山镇东南部。因该河流从大咀山通往太湖，故名。南北流向。南起南太湖，北至大咀山。是辖区内重要的泄洪河道。长2.1千米，河底宽15米，河口宽25米。为四级河道。外流河、地上河、常年河。

木东河 Mùdōng Hé

河流。位于东山镇东南部。南北流向。南起渡水港，北至西大缺港。是辖区内重要的泄洪河道。长2.7千米，河底宽15米，河口宽25米。为三级河道。外流河、地上河、常年河。

老木东河 Lǎomùdōng Hé

河流。位于东山镇东北部。南北流向。南起渡水港，北至摆渡口。是辖区内重要的泄洪河道。长2.5千米，河底宽3米，河口宽25米。为三级河道。外流河、地上河、常年河。

薛家港 Xuējiā Gǎng

河流。位于东山镇东南部。港以村上薛家桥村命名。南北流向。南起渡水港，北至紫金路。长1.2千米。为五级河道。外流河、地上河、常年河。

摆渡口港 Bǎidùkǒu Gǎng

河流。位于东山镇东北部。因该河流位于摆渡口地域，故名。南北流向。南起直泾港，北至老木东河。是辖区内重要的泄洪河道。长1.6千米，河底宽2米，河口宽12米。为三级河道。外流河、地上河、常年河。

鱼池江 Yúchí Jiāng

河流。位于金庭镇北部。因连通当地很多鱼池，故名。南北流向。南起余池组鱼池，北至天王荡。长2千米，宽20米。为五级河道。外流河、地上河、常年河。

新桥江 Xīnqiáo Jiāng

河流。位于金庭镇北部。南北流向。南起天王荡，北至太湖（渡渚西上）。长2.5千米，宽8米。20世纪70年代人工开凿。为五级河道。外流河、地上河、常年河。

南新港 Nánxīn Gǎng

河流。位于金庭镇东部。分南、北新港，根据地理位置命名。南北流向。长1.8千米，宽23米。早年为北新港与南新港，后经人工开凿，将其贯通。与后堡港呈T字形状。为五级河道。外流河、地上河、常年河。

后堡港 Hòubǎo Gǎng

河流。位于金庭镇东部。因流经后堡村，故名。又名后堡江。南北流向。南起谢姑头通太湖，北至白塔湾通太湖。长0.65千米，宽8米。为五级河道。外流河、地上河、常年河。

郑泾港 Zhèngjīng Gǎng

河流。位于金庭镇西部。以郑氏大族而得名。郑氏后裔郑准为明万历山东道监察御史，俗称郑御史。南北流向。长1.5千米，宽10米。为五级河道。外流河、地上河、常年河。

【河滩】

长圻嘴 Chángqízuǐ

河滩。位于东山镇西南部。因位于长圻港口，故名。又名作山。是饭石峰、格思山的尾端。是杨湾村长圻靠太湖边的一块山坡地。自明清以来，长圻嘴便为太湖水师操演、试炮之地。1986年长圻嘴为太湖风景名胜区中的一个景点。

鸭腿嘴 Yātuǐzuǐ

河滩。位于东山镇西北部。因滩涂形如鸭腿，故名。是余山岛上的一个滩涂，不停靠船只。

西茭嘴 Xījiāozuǐ

河滩。位于东山镇东南部。因“茭”与“篙”谐音，又因位之西，故名。当年都是芦苇、蒿草，近年种植了茶树、果树。

石荡口 Shídàngkǒu

河滩。位于东山镇西南部。因这里是开产石料的荡口，故名。三山岛产青石，20世纪60年代那里开产石矿。

丰圻咀 Fēngqízuǐ

河滩。位于东山镇东北部。因位于传统村落丰圻村旁，故名。原名烽圻，后简称丰圻。明嘉靖年间，倭寇入侵太湖，劫掠东山，村民协力御寇。当时，东山四周设营寨8个，丰圻寨即其中之一。

石婆嘴 Shípózuǐ

河滩。位于东山镇中部。与西洞庭石公山上之石公隔湖相望（1966年开石已毁）。是北望村东依饭石峰麓、西临太湖的一个滩涂。

【湖泊】

石湖 Shí Hú

湖泊。位于吴中区中部偏北。上方山（七子山支脉）东侧，吴中区长桥与虎丘区横塘两街道接壤处。相传春秋越伐吴时，越军在七子山山麓凿石开河（越来溪），连通湖泊，由此攻入吴都（今苏州），故名。石湖南部通太湖段又称小石湖。石湖系东太湖内湖，南有越来溪与太湖相通。南北长4.5千米，东西最宽处2千米，周围10千米。水域面积约3平方千米。湖底高程1米，水深1.25～5.85米。1970年曾围垦2平方千米的水面。1986年在湖北部筑堤放水，退田还湖。湖中有5条堤岸（吴堤、越堤、杨堤、石堤、范堤）。湖中有蠡岛和梅花岛，蠡岛面积4万平方米。西侧有上方山国家森林公园和苏州动物园。

澹台湖 Tántái Hú

湖泊。位于吴中区北部。长桥、城南2街道之间，宝带桥西侧。相传春秋时孔子弟子澹台灭明南游至吴国结庐修学，其地后陷落成湖，故名。唐《吴地记》、明《姑苏志》称澹台湖。澹台湖西经新开运河通石湖，东过宝带桥入京杭大运河。1997年水域面积1.96平方千米。2005年水域面积2.55平方千米。湖底高程0.7米，水深2.2米。澹台湖现为游人览景之地，绿水青萍，碧波荡漾。建于唐代的宝带桥横卧湖口。湖北面新建一座澹台湖公园。公园融中西建筑风格于一体，垂柳绕岸，绿草如茵。

独墅湖 Dúshù Hú

湖泊。位于郭巷街道东北部。相传一老渔民梦见月宫里落下树枝，在湖底生根长成一独枝树，人们就把这湖泊叫独枝湖，后称独墅湖。又称渎墅湖、独树湖。北通金鸡湖与娄江相连，南通吴淞江。东部滨岸带湖水较浅，底质硬实；北部湖心较深，底质较软。南北长5.8千米，东西平均宽度1.6千米（最大宽度2.8千米）。面积11.2平方千米。湖底较为平坦，平均水深1.5米，最深处为2.4米。蓄水量6.2亿立方米。据水文资料载：湖泊多年平均水位2.90米，最高水位4.43米，最低水位2.10米。1956年放养家鱼后，湖内基本无水生植物。该湖形成年代不详。2001年秋干湖筑隧道，在东北部湖底发现古井1379口，出土大量陶器碎片、陶井圈和井砖等，出土并修复的完整器物有155件。在该遗址南又发现一个古代村落遗址，属新石器时代良渚文化时期。

尹山湖 Yǐnshān Hú

湖泊。位于郭巷街道中部。因其西侧有大寺山（俗称尹山），故名。东为双湾花园、双湾锦园及湖居世家楼盘，南为尹南路，西为环尹山湖路、常青藤社区，北为湖景花园社区、阳光天地商业广场。东西长1800米，南北宽1200米，平均深度3米。面积2.16平方千米。1944年浚垦。1945年夏遭台风暴雨袭击，决堤沉没。1957年重新垦建为农田。2005年部分还湖。现周边多建景观带、健身步道、楼盘、商品房、商业街。

白洋湖 Báiyáng Hú

湖泊。位于郭巷街道南部。因旧时水面空阔，望去一片白茫茫，故名。东为湾里自然村，南为吴淞江，西为苏嘉杭高速公路，北为绕城高速公路。南北长500米，东西宽400米。最深2.5米。面积0.2平方千米。1958年围垦。20世纪90年代改为鱼塘。

镬底潭 Huòdǐ Tán

湖泊。位于郭巷街道东南部。西部、南部相连郭巷街道，北部、东部与苏州工业园区斜塘街道及甪直镇江田村接壤。最长处1.84千米，最宽处1.71千米。水域面积1.63平方千米。湖底高程-0.5米，2.8米水位时，蓄水量538.17万立方米。是苏申港通航水道。

旺山荡 Wàngshān Dàng

湖泊。位于越溪街道西南部。因位于旺山桥东面，故名。南为吴中大道，西为旺山桥，北为张桥村。分东中西3个塘。面积0.12平方千米。1957年围荡筑堤，种菱养殖鱼虾。20世纪70年代再改建成鱼塘。

黄泥兜 Huángnídōu

湖泊。位于甪直镇西南部。吴淞江以南、澄湖以西。为同里镇屯渔社区和吴中区甪直镇瑶盛村共同拥有。黄泥兜本是天然湖泊，湖泊周围无堤防。黄泥兜盛产珍珠、湖蚌，已列入江苏省湖泊保护名录。湖泊形似一枚爱心。入湖河道10条，其中吴江区境内有夏家浜、梅湾港、蛇洞浜、湾里港、裴库港和新开港6条，吴中区有小龙港、南赞头、大石桥港、李家浜4条；出湖河道4条，沐庄港、东清港、宝剑港、严舍港都在吴江区境内。

澄湖 Chéng Hú

湖泊。位于吴中区东南部。分属吴中区、吴江区和昆山市，大部分在吴中区角直镇境内。相传澄湖遭水淹而成，故名澄（沉）湖。澄湖约在北宋大观元年（1107）至南宋乾道六年（1170）之间形成。澄湖早期形成时为堰塞湖，后为淡水外流湖。南北最大长度为9.5千米，东西最大宽度为8.2千米。水域面积39.9平方千米。平均水深1.8米，最大深度3.5米。蓄水量0.8亿立方米。湖区周围有进出河港45条，其中进水港21条，出水港24条。水质为3类水。澄湖是吴中、昆山、吴江的水运通道，通航10～20吨级船舶，同时是灌溉农田和水生作物种植、水产品养殖的主要水源。

万千湖 Wànqiān Hú

湖泊。位于角直镇东部。处于角直与锦溪两镇之间，西与澄湖相接。又名万宪湖、范青湖、范迁湖、清湖、罄清湖。面积1.33平方千米。清乾隆《吴郡甫里志》（卷三）："范青湖，一名罄清，又名范迁，详吴梅村诗序。西与陈湖相接，在镇之南。"以湖水清澈著称，已列入江苏省湖泊保护名录。

游湖 Yóu Hú

湖泊。位于光福、东渚之间的一个太湖湖湾。淡水湖，常年湖。古代太湖五湖（菱湖、莫湖、贡湖、胥湖、游湖）之一。相传，因春秋时期，吴王至此游玩而名。唐《吴地记》云："游湖在长山之东，周回五十余里，西口阔二里，东南岸为树里，西北岸为长山。"历史上，游湖水域较大。南自西碛山嘴起，越铜坑，沿安山、幽里山，北抵新桥，折而西，沿游城山、长山一带滩岸至三洋峧嘴，为一大兜。原水域面积2.13平方千米。20世纪70年代围湖造田，大部分水域被围垦。2003年起，属东渚镇的部分围垦区域建设苏州太湖湿地公园（2008年定为国家级湿地公园）。2010年2月公园对外开放，部分湖面得以恢复。属光福镇的围垦区域：东为西陆巷，南为葛舍山，西为安山村，北为东渚街道。已辟为绿化种植基地，面积1.05平方千米。

东崦湖 Dōngyān Hú

湖泊。位于光福镇东部。淡水湖，常年湖。又名上崦湖。西承西崦水，东达福里桥连光福塘。清《光福志》云："上崦，又名东崦，在镇东南，汇而成渠，周十余里。西承下崦，东达浮里桥。崦中有凤凰墩、鸭墩，水田一顷，所产菱芡较胜他处。"民国时期，东崦湖北边部分湖面被围，改作稻田。1958年冬季，在湖底发现新石器时代石斧等器物。20世纪70年代被围垦，成为光福"知青点"、中学农场。1979年末，知青点撤销后归属田舍村。20世纪90年代后，改为鱼塘。2006年之后，东崦湖被开发，改成桥岛风光及商业、娱乐、住宅场所，水域面积缩小至原来的三分之一。现有光福旅游集散中心、文体中心、文体广场、"福苑"别墅小区、福溪住宅小区、福润花园。2015年湖岸西边修通健身步道千米。2016年建有御码头、牌坊。旧时，湖边建有东崦草堂、耕学斋、来青堂、苇轩等。

西崦湖 Xīyān Hú

湖泊。位于光福镇西北，虎山西南。淡水湖，常年湖。亦名下崦湖。四面环山。面积0.87平方千米。湖呈元宝状。西连铜坑港，接纳太湖水，穿越虎山桥，与浒光运河相通。明代万历间，礼部尚书董份曾买下西崦湖，在此筑堤栽桃柳。西崦湖畔旧时建有擅胜阁，清顺治年间（1644—1661）改称擅胜亭。1958年冬，在西崦湖底发现新石器时代石斧等器物。20世纪50年代，湖东北端围筑鱼池，建吴县水产养殖场。2006年修筑下崦滩至虎山桥公路，加上虎山桥西移重建，西崦湖面积有所缩减。

御湖 Yù Hú

湖泊。位于木渎镇北部。属人工开挖的淡水湖。东为上泾村，南为穹窿山北大门，西为兵圣路，北为苏州绕城高速路。御湖湖面呈不规则方形。总体面积0.075平方千米，水域面积达0.055平方千米。平均水深10米，最大长度0.3千米，最大宽度0.25千米。原为平地，1983年当地砖瓦厂取土烧砖，慢慢形成水面。湖上有接驾亭、御码头等。

菱湖 Líng Hú

湖泊。位于东山镇。淡水湖，常年湖。传说吴王夫差和爱妃西施在此泛舟采菱，故名。菱湖是太湖深入洞庭东山东侧与渡村西侧之间的湖湾。面积0.22平方千米。

石鹤潭 Shíhè Tán

湖泊。位于东山镇东部。淡水湖，常年湖。因在凤凰山路（吴巷山村）石鹤山下，故名。由岗丘谷地处积水形成。

天王荡 Tiānwáng Dàng

湖泊。位于金庭镇东部。淡水湖，常年湖。唐代划归天王寺，故名。在鸿鹤山西南1000米，连通坝基桥江、鱼池江、新桥河、黄渡桥江等多条河道以及附近鱼池。通太湖，可通航。

候王荡 Hòuwáng Dàng

湖泊。位于金庭镇北部。旧有候王寺，近渡口，寺僧在此恭候吴越王钱镠，赐名候王院。此处水面故名候王荡，俗称后王荡。东为大庭山，南为渡渚村，西为渡渚山，北为太湖。以前设有船码头，可通苏州、无锡。20世纪80年代，筑堤，成为集体养鱼基地。

【陆地岛屿】

尹山湖岛 Yǐnshānhú Dǎo

湖岛。位于郭巷街道中部。面积0.001平方千米。岛上栽种樟树、桃树、梨树等多种树木和观赏花卉草坪。无人居住。湖岛专人管理，空气清新，湖水清澈，有多种鸟类栖息。可乘船登岛。

叶山 Yè Shān

湖岛。位于香山街道西南部，西山岛东北。明《姑苏志》称叶余山。清《太湖备考》载："《太湖志》云：'山皆叶、余二姓，故名。'今称叶山，省文也。"今称叶山。原属西山镇，1996年划归香山街道。1994年建太湖大桥，叶山岛遂与西山岛相连，太湖大桥二号、三号桥在叶山岛相接。岛上北部是平山头（海拔37.4米），中部为尧头山（海拔30.2米），东部和西部各有海拔20多米的小丘，南部为山湾平原。全岛面积0.3平方千米。有叶山行政村所辖的西湾、徐湾、东湾3个自然村，其中徐湾村为苏州市首批保护古村落。岛上有游泳场、别墅、宾馆等。

小庭山岛 Xiǎotíngshān Dǎo

湖岛。位于香山街道西南部。"庭山"为金庭玉柱之意，岛取山名。清代名金庭山，又名庭山，今称小庭山岛。面积0.04平方千米，高程35.5米。岛呈圆形，满栽茶树，无人居住。

老鼠山 Lǎoshǔ Shān

湖岛。位于香山街道南部，西山岛东北。叶山岛东南1.5千米。因岛上两小丘形似老鼠泅渡，故名。古称玉柱山，与西山岛上金庭山并称金庭玉柱。今称老鼠山。海拔12米。面积0.006平方千米。

平台山 Píngtái Shān

湖岛。位于光福镇。漫山岛西14千米。因地形平坦似台面，故名。清《太湖备考》："北（左山右昂）山，在西山、马迹之间。《洞庭记》：'杜圻洲一名北（左山右昂）山，今俗呼平台山。上有禹庙。'"今称平台山。海拔5.6米。面积0.02平方千米。

浮庙墩 Fúmiào Dūn

湖岛。位于光福镇中部。西崦湖中（小岛）。明朝万历年间董份堆筑，原名浮玉山。清《光福志》载："浮庙墩，一土阜也，在西崦湖中，四面环水，非舟不达。而庐舍田园，桑麻鸡犬俨然，一村落也。土阜之上有一庙……虽遇大水不淹，故有浮庙墩之名。"面积0.008平方千米。岛屿虽小，地势不高，却"水淹不潦"。民间有流传浮庙墩与禹王庙神鳖故事。有居民居住。

芙蓉洲 Fúróng Zhōu

湖岛。位于临湖镇西北部。以多年生水生植物——芙蓉命名。南为湖映水墨红庄，北为未来农林大世界。面积3平方千米。一大片太湖滩涂，有自然生长及人工栽种的芦苇荡、蒿草丛、香蒲园、莲花塘等水生植物圃。2000年建成，为太湖一处景观。

洞庭东山岛 Dòngtíng Dōngshān Dǎo

湖岛。位于东山镇西北部。因与西洞庭山相对，故名。东、南、西三面临湖。是太湖沿岸最大的半岛。面积30平方千米。北东、西南走向，偏居西部，绵延起伏，连续不断。全岛最高部位，偏于北东端的莫厘峰（俗称"大尖顶"），海拔293.5米。是一个以花果丛林和明清古建筑群为特色的山水风景名胜区。

三山岛 Sānshān Dǎo

湖岛。位于东山镇西南部。国家AAAAA级风景区。因岛上大山、行山和小姑山三峰相连，故名。居江浙两省交界，历来为苏、湖、杭和锡、湖、杭及今“申芜运河”之咽喉，俗称“三山门”。该岛长2.2千米，北部宽处1.7千米，南部窄处0.2千米。面积1.8平方千米。大山（北峰）最高，海拔83米；行山（中峰）海拔76米；小姑山（南峰）海拔42米。岛上还有东泊（青峰岭）、西湖（断山）两小山。由桥头、山东、东泊、西湖堡、小姑5个自然村。三山岛有奇山怪石十景、道佛胜迹十景、自然地理景观和三山旧石器遗址四大景物景观。此外，还存有32幢明清古建民居。

泽山岛 Zéshān Dǎo

湖岛。位于东山镇西南部。明《姑苏志》称泽山。海拔68.8米，东西长0.88千米，南北宽0.50千米，面积0.38平方千米。土壤为红黄土，有杂草及灌木、农田，“马眼枣”果树。民国初有居民，后迁居三山岛。

厥山岛 Juéshān Dǎo

湖岛。位于东山镇西南部，西山岛南。明《姑苏志》称厥山。清《太湖备考》：“吴兴《旧志》：‘吴有陆厥居此。故名。’”今称厥山。海拔40米。东西长0.8千米，南北宽0.4千米，面积0.23平方千米。由火山角砾岩构成。土壤为红黄土，植被为灌木与芦苇，种植橘、梅等。民国初年有居民，后迁居三山岛。

连柱山 Liánzhù Shān

湖岛。位于东山镇西南部。又名蠡墅山。长不足100米，宽10米左右，面积0.005平方千米。顶部海拔5.7米。岛由含砾石英砂岩构成，主体为红黄土。

孤亭 Gūtíng

湖岛。位于东山镇西南部。亦名梳妆台、水葬台。20世纪80年代《吴县地图》称孤亭。面积0.0006平方千米。地面低平，高出湖面不足1米，高水位时沉没。地面上有石灰岩条石。岛上植被为芦苇、杨树。

余山 Yú Shān

湖岛。位于东山镇北部。明《姑苏志》称余山。清《太湖备考》载：“余山，一名徐侯山。”民国《吴县志》称余侯山，一名移山。今称余山。该岛长0.98千米，宽0.43千米，面积0.3平方千米。岛上有两小丘，最高海拔46米。1985年属岱松行政村。2003年10月属莫厘行政村。有东湾、西湾两个自然村。红黄土，岛上有千余年榆树1棵，千年银杏1棵。

小浮子山 Xiǎofúzi Shān

湖岛。位于东山镇北部。距余山岛西北端0.23千米，西南距西山岛元山嘴3.4千米。面积0.01平方千米，海拔6.5米。

南箭浮 Nánjiànfú

湖岛。位于东山镇西南部。亦作东尖、南箭壶、南箭湖。距北望山西之太湖岸0.45千米，距陆巷渡口2.28千米。海拔8.2米。南北长0.3千米，东西最宽处0.25千米，面积0.045平方千米。北部为台地，南部为低平的草地，红黄土，植被为灌木、杂草。

北箭浮 Běijiànfú

湖岛。位于东山镇西部。亦作西尖、北箭壶、北箭湖。面积0.02平方千米。海拔13.7米。西北部为小丘，东南部为平地，红黄土，种有果树。现为旅游景点。

西洞庭山 Xīdòngtíng Shān

湖岛。位于金庭镇东部。唐《吴地记》称洞庭西山和包山。明《姑苏志》载：“洞庭山，在太湖中。一名包山，以四面水包之，故名；或又谓包公尝居之（陶隐居云：包公为句容人鲍靓）。”《水经注》作苞山。岛东部有洞山、庭山，清《太湖备考》载：“……其称洞庭，则以湖中有金庭玉柱也。今亦省文称为西山，故称洞庭山。因与东山相对，称西洞庭山、洞庭西山，简称西山。”今称西洞庭山。东北狭而西南宽，东西长15千米，南北宽11千米，岸线长60千米。面积79.8平方千米。岛上重岗复岭，多深浅不一的山谷。主峰缥缈峰，海拔336.6米，为太湖湖区第一高峰，为苏州第二高峰。港湾众多，四周环绕着20多个小岛。山体以泥盆、石英砂岩为主。

横山岛 Héngshān Dǎo

湖岛。位于金庭镇北部。古称甲山。太湖诸山多首尾东西向，此山南北走向，故名。今称横山岛。面积0.8平方千米。海拔79米。地势南高北低，丘陵地形。岛上有支罗湾、北罗湾、南孙湾和蛇口湾4个自然村。1984年建横山大堤，与东村自然村相连。有一通航桥孔，桥名为游龙桥。岛上有盘龙寺存山门、偏殿和僧房。

绍山 Shào Shān

湖岛。位于金庭镇北部。面积0.1平方千米。海拔24.5米。主体为南北走向的小丘，其北1千米处有暗礁，名绍壳或绍山矶。岛上辟有果园。

阴山 Yīn Shān

湖岛。位于金庭镇北部。清《太湖备考》："相传晋阴长生炼丹处，故名。或曰：以其在洞庭之北也。按此说尽是。"海拔86.5米。面积0.8平方千米。基岩类型。其东有阴山矶。1985年建造大堤，经大干山与西山岛东村相连。岛中部有始建于明代的东岳庙，毁于20世纪60年代后期，存房一进，藏有明万历年间吴县知县傅光宅所书《舞鹤峰》碑等碑刻完整的明碑3块、清碑2块。

杵山 Chǔ Shān

湖岛。位于金庭镇西部。清《太湖备考》载："杵山，一名衣杵山，俗呼棒槌山，以形名。一名婆杵山、捕杵山。即形似老太婆用的洗衣杵又形似圆木棒而得名。"海拔15.1米。面积0.012平方千米。南北走向，小丘地形。

疃里浮 Tuǎnlǐfú

湖岛。位于金庭镇西部。清《太湖备考》称疃浮，在西山疃里外，故名。浮意为沉没小岛，水位高时淹没于水下。一称疃里湖、疃浮山，今称疃里浮。海拔1.8米。面积0.004平方千米。太湖湖岛，小丘地形。植被为杂草、芦苇。

大雷山 Dàléi Shān

湖岛。位于金庭镇。旧时为太湖船只避雷处，故名。面积0.03平方千米，海拔12.7米。为小丘地形。植被为草丛、芦苇。有测量标志。唐《吴地记》称大小二雷山。宋《吴郡图经续记》称大雷、小雷山。

小雷山 Xiǎoléi Shān

湖岛。位于金庭镇。旧时为太湖船只避雷处，故名。面积0.03平方千米，海拔19米。为小丘地形。岛上有萤石矿，有测量标志。唐《吴地记》称大小二雷山。宋《吴郡图经续记》称大雷、小雷山。

大砂山 Dàshā Shān

湖岛。位于金庭镇南部。清《太湖备考》称大砂山。因岛上产砂石，故名。又名大沙山。面积0.08平方千米。海拔33米。小丘地形。植被为草丛、芦苇。

搭连山 Dālián Shān

湖岛。位于金庭镇南部。因形似褡裢，故名。海拔12.7米。面积0.01平方千米。1970年围湖造田后与西山岛相连，在消夏湾圩区内。植被为杂草、芦苇。

青浮山 Qīngfú Shān

湖岛。位于金庭镇西南部。清《太湖备考》载："青浮，在西山夏家岭外。一名青婆山。今称青浮山。"原为湖岛，圆形小丘，海拔9.6米。1970年筑大堤与西山岛相连。

大山 Dà Shān

湖岛。位于金庭镇东南部。又称桃花岛、大山岛。清同治《苏州府志》载："与鼋山、龟山相对，其南有蟹壳石。"明《姑苏志》称龟山、小龟山，亦称大鼋山、小鼋山，以形似大鼋而名；《太湖志》作大簩、小簩。今称大山、小大山。面积0.18平方千米。海拔55米。石灰岩丘陵。大山、小大山，又称大岱山、小岱山。近岛有扁担洲。

小大山 Xiǎodà Shān

湖岛。位于金庭镇东南部。以东部大山岛而得名。清同治《苏州府志》载："与鼋山、龟山相对，其南有蟹壳石。"明《姑苏志》称鼍山、小鼍山，亦称大鼋山、小鼋山，以形似大鼋而名；《太湖志》作大簩、小簩。今称大山、小大山。面积0.04平方千米。海拔19.2米。石灰岩丘陵。岛屿大部分被开采，无人居住。大山、小大山，又称大岱山、小岱山。近岛有扁担洲。

箬帽山 Ruòmào Shān

湖岛。位于金庭镇东南部。清《太湖备考》载："在东山长圻嘴外。"明《姑苏志》称箬帽山。以形似箬帽而得名。一名箬浮、箬帽浮。岛上曾养有孔雀，又称孔雀岛。今称箬帽山。面积0.02平方千米。海拔11.4米。岛上杂草丛生。

石蟹 Shíxiè

湖岛。位于金庭镇东南部。因形状如螃蟹，故名。清《太湖备考》载："石蟹在东山长圻嘴外。水涸时露出石骨，断续数十丈，直接三山。"面积0.08平方千米。基岩类型，为石灰岩构成的半沉没小岛。

龙床 Lóngchuáng

湖岛。位于金庭镇东南部。今称龙床。清《太湖备考》载："龙床在西山石公山外。谚云：'石蛇一半露，　鼋头微微出，行舟见两山，下有龙床没。'今亦立石于上。"面积0.08平方千米。为石灰岩构成的半沉没小岛。

香篮山 Xiānglán Shān

湖岛。位于金庭镇。清《太湖备考》载："惊篮山，在二鼍之间，亦称香篮山。土石中断，有天生石梁，其上如篮柄然。今无之矣。"今称香篮山。海拔5米。面积0.0006平方千米。石灰岩小丘，已部分被开采。

蛇山 Shé Shān

湖岛。位于金庭镇东南部。相传早年属佘姓人家，称佘山，后讹传为蛇山、石蛇山。今称蛇山。海拔15.4米。面积0.04平方千米。石灰岩丘陵，已部分被开采。

思夫山 Sīfū Shān

湖岛。位于金庭镇北部。宋《吴郡志》载："思夫山，在太湖中。旧说秦有逸人居此，采药不回。妻念之而死，后人哀之，以山名。"清吴庄《湖山订讹》考证说："山之大小不越数亩，在洪涛中，非人所可居。其形首圆而尾尖，如海螺浮水面，当是'蛳浮'。吴人浮、夫同音，讹为'思夫'。"面积0.08平方千米。基岩类型，为半沉没小岛。

大竹山 Dàzhú Shān

湖岛。位于金庭镇东部。因遍植竹子，故名。面积0.02平方千米。海拔7.7米。当地把大竹山、小竹山合称为竹山。植被为杂草、芦苇。

小竹山 Xiǎozhú Shān

湖岛。位于金庭镇东部。因遍植竹子，故名。面积0.01平方千米。海拔4.4米。当地把大竹山、小竹山合称为竹山。基岩类型，产白泥。

柱石 Zhùshí

湖岛。位于金庭镇北部。以岛上有石形如柱子而得名。面积0.001平方千米。高1.4米。小丘地形，有航标。

大干山 Dàgān Shān

湖岛。位于金庭镇北部。以其附近的小干山而得名。海拔48米。面积0.01平方千米。有大堤南通东村，西接阴山岛。小丘地形。山上以种植果树为主。

小干山 Xiǎogān Shān

湖岛。位于金庭镇北部。以其附近的大干山而得名。面积0.01平方千米。海拔20米。小丘地形。山上植被为灌木、草丛、芦苇。

杨公庄 Yánggōngzhuāng

湖岛。位于金庭镇。古称杨公矶、杨公椿。以姓氏命名。面积0.08平方千米。为西山岛西南的半沉没小岛。基岩类型。

东南浮 Dōngnánfú

湖岛。位于金庭镇南部。又称东南湖、吴梁矶。面积0.006平方千米。海拔4米。小丘地形。植被为杂草、芦苇。

西南浮 Xīnánfú

湖岛。位于金庭镇南部。又称西南湖、姑苏矶。面积0.006平方千米。海拔6米。小丘地形。植被为杂草、芦苇。

乌龟山 Wūguī Shān

湖岛。位于金庭镇南部。以山体形如乌龟而得名。海拔8.5米。面积0.008平方千米。小丘地形。1970年围湖造田后与搭连山一起同西山岛相连。大堤与西山岛相连。

沉山 Chén Shān

湖岛。在金庭镇南部。因其地形下沉，故名。面积0.2平方千米。为石灰岩构成的半沉没小岛。

唐浮 Tángfú

湖岛。位于金庭镇西北部。原为堂里外湖中浮起的小岛，称堂浮，后为唐浮。海拔5.8米。为半沉没小岛。石灰岩小丘。植被为杂草、芦苇。

【泉】

怡泉 Yí Quán

泉。位于木渎镇。泉以人名冯怡泉命名。里人殷心抑好友冯怡泉，往日有银两存放于殷处，冯怡泉无子女，其死后，殷便以故友的遗金开井造亭，以方便往来行人，并借此纪念故友。山上有一古老的怡泉亭，建成于明崇祯二年（1629），全花岗石结构。立柱向上收分卷杀，屋顶为歇山式样。柱石粗犷，雕饰古朴。亭中间凿一眼井，花岗石井栏高0.5米，外圆直径0.63米，内圆直径0.3米。清康熙四十三年(1704)重修。1999年12月，吴县市人民政府批准将怡泉亭移建至木渎山塘街。

法雨泉 Fǎyǔ Quán

泉。位于木渎镇穹窿山景区穹窿寺配殿前、朱买臣读书台下。佛法普度众生，如雨之润泽万物，故名。井由明成祖朱棣的开国功臣姚广孝开凿，民国孙光庭书，石刻。姚广孝（1335—1418）为元末明初政治家、高僧，苏州长洲人。明王鏊《姑苏志》卷九：法雨泉“山半有泉名法雨，四时流不绝，下注石堰，可以灌田”。至今仍有“法雨泉直奔农田”的说法。

百丈泉 Bǎizhàng Quán

泉。位于木渎镇海云禅院（亦作海云庵）后。愿泉水源源不断地涌流，故名。王鏊《姑苏志》（卷八）：穹窿寺，“其北有紫藤坞百丈泉”。相传乃宋高僧佛慧禅师，驻息该寺时，祈祷山神，使山崖涌泉，引灌百丈，故名。《穹窿山志》载“在海云禅院（即宁邦寺）后，故佛慧禅师善权迪公住时众多水少，师卓锡山半崖石间有泉涌出，导以修觅，名之曰‘百丈泉’。学士邵庵虞公谒师道留题有‘道人定起日亭午，百丈崖前写玉琴’”之句。

白云泉 Báiyún Quán

泉。位于木渎镇中部。以把山腰中流出的泉水似作空中的白云而得名。石壁中别有一泉，往出如线，经竹管流入钵中，故又名一线泉、钵盂泉。白居易为苏州刺史时曾到天平，并写有白云泉诗：“天平山上白云泉，云自无心水自闲。何必奔冲山下去，更添波浪向人间。”

灵源泉 Língyuán Quán

泉。位于东山镇中部。泉因寺名，泉水四季常清。相传清帝乾隆当年曾汲其泉煮碧螺春茶，因而灵源泉名声大振。旧传患目疾取其洗之可愈。程思乐咏灵源泉诗：“一脉甘泉自有源，清流曲曲绕山门。蒲牢声里禅心定，好向螺峰问本根。”原有“灵泉”碑一块，后寺废，碑被移去。明王鏊“可月堂”故址即在此处，民国李根源有题记碑在其旁。

莫厘泉 Mòlí Quán

泉。位于东山镇。因位于莫厘山上，故名。池壁古题“仙池”两楷书大字，无落款。虽位于东山最高峰，但泉水终年不涸。今百姓登莫厘峰健身或上慈云庵烧香者皆用此泉解渴。

海眼泉 Hǎiyǎn Quán

泉。位于东山镇北部。泉有两穴，似人眼一对，故名。冬夏不盈不竭，据说其深莫测。旁有明代王鏊题“海眼泉”三字。叶松有咏海眼泉诗：“山半开松迳，行人过可扪。千层通海脉，两穴倚云根。共阅炎凉态，平分雨露恩。源源曾不竭，潮汐理相存。”

玉带泉 Yùdài Quán

泉。位于东山镇西北部。1514年王鏊舟（即王鏊，王鏊的从兄）题刻。王鏊在明弘治年间，于石桥头筑有“鏊舟园”，王鏊作记，沈周绘画，唐寅、祝允明等和诗，名誉吴中。民国李根源的《洞庭山金石》，亦对玉带泉有记载。青石井圈已断裂，曾被盗取，幸追回，现保护良好。

砥泉 Dǐ Quán

泉。位于金庭镇中部。缥缈峰西侧半山腰海拔200多米高处，泉在一连山大黄石上。因泉北有一块平坦的磨刀黄石，故名。泉潭呈碗状，此泉甘美无比，从不干涸，若遇大旱，石上仅存瓢水，一饮可干。但泉水入肚，石缝之泉又涓涓流出，形成“瓢水”。东侧题有“乾隆丙午年上元前一日”，西侧刻有“玉峰孙铨题”字样。

鹿饮泉 Lùyǐn Quán

泉。位于金庭镇上方坞上方寺旁。传说古时南极仙翁云游天下，路过此地上空，坐骑仙鹿不肯前行，仙翁只得降落云头。这里是东蔡村葛家坞的山坡，仙翁知道仙鹿口渴，用手杖在石板上“笃笃”几下，就打出了一口泉眼，泉水汩汩而出，仙鹿饮水后才继续驮着仙翁云游。于是，故名鹿饮泉。明蔡羽有《鹿饮泉记》，并有《三月八日到鹿饮泉》诗：“十里荷茶灶，攀萝觅远岭。微躯已世外，宁用浣尘心。危蹬缘细云，寒泉洑窦深。古人巢穴地，百岁几登临。”

军坑泉 Jūnkēng Quán

泉。位于金庭镇东南部。俗称龙王池。分雌雄两口，紧密相连。该地为春秋战国时吴王驻兵之地，泉即为吴军所开，故名。寺东山腰有宋代奸相黄潜善墓。

无碍泉 Wú'ài Quán

泉。位于金庭镇中部。本名水月泉。以南宋无碍居士李弥大而得名。宋李弥大《无碍泉诗并序》："水月寺东入小青坞，至缥缈峰下，有泉泓澄莹澈，冬夏不涸，酌之甘凉，异于它泉而未名。绍兴二年（1132）七月九日，无碍居士李似矩、静养居士胡茂老饮而乐之，静养以无碍名泉。"今泉仍清澈。

光福镇河流一览表

表1

标准名称	汉语拼音	备注
姚家庄浜	Yáojiāzhuāng Bāng	河流。位于光福镇东北部。以所在姚家庄命名。东西流向。东起姚家庄，西至老浒光运河。长0.31千米，宽18米。为四级河道。外流河、地上河、常年河。
吴家桥浜	Wújiāqiáo Bāng	河流。位于光福镇东北部。因是吴家桥村河，故名。东西流向。东起北沟村，西至陆家浜。长0.7千米，宽19米。为四级河道。外流河、地上河、常年河。
大井头浜	Dàjǐngtóu Bāng	河流。位于光福镇东北部。因流经大井头村，故名。东西流向。东起大井头，西至迂里村南庄山墩河。长0.8千米，宽16米。为四级河道。外流河、地上河、常年河。
马塘浜	Mǎtáng Bāng	河流。位于光福镇东北部。因流经马塘村，故名。东西流向。东起北沟上，西至工艺文化城。长0.6千米，宽14米。为四级河道。外流河、地上河、常年河。
古寺小区浜	Gǔsìxiǎoqū Bāng	河流。位于光福镇东北部。因是古寺村村河，故名。东西流向。东起古寺浜，西至古寺村。长0.2千米，宽6米。为四级河道。外流河、地上河、常年河。
小桥头里浜	Xiǎoqiáotóulǐ Bāng	河流。位于光福镇东北部。因是小桥头村内小浜，故名。东西流向。东起小桥头村，西至华家浜。长0.8千米，宽12米。为四级河道。外流河、地上河、常年河。
前西泾浜	Qiánxījīng Bāng	河流。位于光福镇东北部。因是西泾村浜，故名。东西流向。东起刘庄浜，西至前西泾村。长0.2千米，宽18米。为四级河道。外流河、地上河、常年河。
西山头浜	Xīshāntóu Bāng	河流。位于光福镇东北部。因是西山头村河，故名。东西流向。东起西山头村，西至半夜浜。长0.3千米，宽22米。为四级河道。外流河、地上河、常年河。
戈祥浜	Gēxiáng Bāng	河流。位于光福镇东北部。因是戈祥巷村河，故名。东西流向。东起戈祥巷，西至东崦湖。长0.5千米，宽19米。为四级河道。外流河、地上河。
巨上浜	Jùshàng Bāng	河流。位于光福镇。因连通金沙巨，上下巨，各取一字组合命名。东西流向。东起金沙巨，西至木光河。长0.7千米，宽18米。为五级河道。外流河、地上河、常年河。
白门堂浜	Báiméntáng Bāng	河流。位于光福镇东北部。因流经白门堂村，故名。东西流向。东起浒光运河，西至白门堂村。长0.66千米，宽16米。为四级河道。外流河、地上河、常年河。

续表1

标准名称	汉语拼音	备注
宋家庄浜	Sòngjiāzhuāng Bāng	河流。位于光福镇东北部。因流经宋家庄村，故名。东西流向。东起南塘泾浜，西至宋家庄。长0.99千米，宽18米。为四级河道。外流河、地上河、常年河。
杨树街河	Yángshùjiē Hé	河流。位于光福镇西北部。因是杨树街边河道，故名。东西流向。东起黄家河，西至福溪河。长0.15千米，宽10米。为四级河道。外流河、地上河、常年河。
旗墩上浜	Qídūnshàng Bāng	河流。位于光福镇东北部。因是旗墩上村河道，故名。东西流向。东起旗墩上，西至河西浜。长0.7千米，宽21米。为四级河道。外流河、地上河、常年河。
支行浜	Zhīháng Bāng	河流。位于光福镇东北部。东西流向。东起林树头浜和府巷浜，西至浒光运河。长0.5千米，宽16米。为四级河道。外流河、地上河、常年河。
南塘泾浜	Nántángjīng Bāng	河流。位于光福镇东北部。因流经南塘，故名。后改称南塘泾浜。东西流向。东起凤凰山，西至宋家庄浜。长0.64千米，宽16米。为四级河道。外流河、地上河、常年河。
中心河	Zhōngxīn Hé	河流。位于光福镇。因是位于冲山村中心的河道，故名。南北流向。南起长浮街西，北至小浮山西。长0.95千米，宽14米。为三级河道。外流河、地上河、常年河。
刘庄浜	Liúzhuāng Bāng	河流。位于光福镇。因流经刘庄村，故名。南北走向。南起木光河，北至前西泾。长0.53千米，宽18米。为四级河道。外流河、地上河、常年河。
大庆河	Dàqìng Hé	河流。位于光福镇。因当时全国开展“农业学大寨、工业学大庆”运动，故名。北段南北走向，南段东西走向。北接西浜，西至石塘头。长0.84千米，宽45米。20世纪70年代人工开凿。为三级河道。外流河、地上河、常年河。
半夜浜	Bànyè Bāng	河流。位于光福镇东北部。因河浜出于东崦湖南半崦口，故取半崦谐音，故名。南北流向。南起吴家村，北至木光河。长1.1千米，宽35米。为四级河道。外流河、地上河、常年河。
凤凰浜	Fènghuáng Bāng	河流。位于光福镇东北部。以源头凤凰山而得名。南北流向。南起南凤凰山，北至木光河。长0.53千米，宽20米。为四级河道。外流河、地上河、常年河。
庙里河	Miàolǐ Hé	河流。位于光福镇东北部。以河流源头村而得名。南北流向。南起庙里河头村，北至木光河。长0.2千米，宽16米。为四级河道。外流河、地上河、常年河。
独石上浜	Dúshíshàng Bāng	河流。位于光福镇。因河浜流经独石上村，故名。南北流向。南起木光河，北至玉屏山。长0.3千米，宽15米。为四级河道。外流河、地上河、常年河。
下绞浜	Xiàjiǎo Bāng	河流。位于光福镇东北部。因河流始于下绞村，故名。南北流向。南起下绞村，北至木光河。长0.4千米，宽22米。为四级河道。外流河、地上河、常年河。
环山河	Huánshān Hé	河流。位于光福镇东南部。因环大南山而开，故名。南北流向。南起套闸平桥，北至冲山永丰闸2号新闸。长0.7千米，宽14米。为三级河道。外流河、地上河、常年河。

续表1

标准名称	汉语拼音	备注
西鸡登里浜	Xījīdēnglǐ Bāng	河流。位于光福镇东北部。因是村浜以村名。南北流向。南起木光河，北至鸡登里村西。长0.8千米，宽22米。为四级河道。外流河、地上河、常年河。
东鸡登里浜	Dōngjīdēnglǐ Bāng	河流。位于光福镇东北部。因是村浜以村名。南北流向。南起木光河，北至鸡登里村东。长0.3千米，宽18米。为四级河道。外流河、地上河、常年河。
牛角浜	Niújiǎo Bāng	河流。位于光福镇东北部。因浜呈牛角形，故名。南北流向。南起木光河，北至观音堂村。长0.5千米，宽18米。为四级河道。外流河、地上河、常年河。
五邓浜	Wǔdèng Bāng	河流。位于光福镇西部。因浜上有五邓桥，桥浜同名。南北流向。南起上河头，北至西崦湖。长0.8千米，宽15米。为四级河道。外流河、地上河、常年河。
三接桥河	Sānjiēqiáo Hé	河流。位于光福镇西南部。以河上三接桥而得名。南北流向。南起太湖，北至上洋自然村。长0.48千米，宽18米。为四级河道。外流河、地上河、常年河。
华家浜	Huàjiā Bāng	河流。位于光福镇东北部。因流经华家村，故名。南北流向。南起木光河，北至华家村。长0.2千米，宽16米。为四级河道。外流河、地上河、常年河。
鲤山浜	Lǐshān Bāng	河流。位于光福镇西南部。因位于鲤山下，故名。南北流向。南起沙潭里河，北至光福机场。长0.91千米，宽19米。为四级河道。外流河、地上河、常年河。
古寺浜	Gǔsì Bāng	河流。位于光福镇东北部。因流经古寺村，故名。南北流向。南起木光河，北至古寺村。长0.8千米，宽22米。为四级河道。外流河、地上河、常年河。
林树头浜	Línshùtóu Bāng	河流。位于光福镇东北部。因流经林树头村，故名。南北流向。南起支行浜、府巷浜交界处，北至林池头村浜梢头。长0.85千米，宽22米。为四级河道。外流河、地上河、常年河。
府巷浜	Fǔxiàng Bāng	河流。位于光福镇东北部。因流经府巷村，故名。南北流向。南起府巷村浜梢头，北至支行浜、林树头浜交汇处。长0.35千米，宽20米。为四级河道。外流河、地上河、常年河。
刘家河	Liújiā Hé	河流。位于光福镇东北部。亦名刘家浜。因是村内刘姓富户出资开凿，故名。南北流向。南起木光河，北至玉屏山。长0.85千米，宽22米。为四级河道。外流河、地上河、常年河。
后西泾	Hòuxī Jīng	河流。位于光福镇。亦名后西浜。因流经后西泾，故名。南北流向。南起吴家桥村，北至大寨河。长0.5千米，宽18米。为四级河道。外流河、地上河、常年河。
黄家河	Huángjiā Hé	河流。位于光福镇北部。因黄姓人家开凿，故名。北起黄家渠桥，向南折东至菱塘桥。长0.96千米，宽40米。为三级河道。外流河、地上河、常年河。
赵家河	Zhàojiā Hé	河流。位于光福镇东北部。因流经赵家村，故名。南北流向。南起凤凰山，北至木光河。长0.3千米，宽19米。为四级河道。外流河、地上河、常年河。

续表1

标准名称	汉语拼音	备注
朱家弄浜	Zhūjiālòng Bāng	河流。位于光福镇东北部。因流经朱家弄村，故名。南北流向。南起朱家弄村，北至木光河。长0.2千米，宽18米。为四级河道。外流河、地上河、常年河。
西浜	Xī Bāng	河流。位于光福镇中部。南北流向。南起青石桥，北至塘里池桥。长0.88千米，宽25米。为四级河道。外流河、地上河、常年河。
河西浜	Héxī Bāng	河流。位于光福镇东北部。南北流向。南起旗墩上浜，北至浒光运河。长0.35千米，宽15米。为四级河道。外流河、地上河、常年河。

木渎镇河流一览表

表2

标准名称	汉语拼音	备注
山塘河	Shāntáng Hé	河流。位于木渎镇西南部。又称香溪河。因位于木渎山塘街旁，故名。东西流向。东起木光河灵天路口，西至胥江市河（斜桥）。长1千米，宽20米。20世纪70年代，因藏书开采花岗石而拓宽，在木渎镇地段为山塘河。为四级河道。外流河、地上河、常年河。
夏家浜	Xiàjiā Bāng	河流。位于木渎镇西北部。因位于夏家浜，故名。东西流向。东起向塔河，西至金山南路。长0.3千米。著名的“南北四浜”之一。为四级河道。外流河、地上河、常年河。
天平学院河	Tiānpíng xuéyuàn Hé	河流。位于木渎镇东北部。因位于天平学院，故名。东西流向。长1.3千米。为四级河道。外流河、地上河、常年河。
曹家泾	Cáojiā Jīng	河流。位于木渎镇西北部。相传从前因曹家开挖整治，故名。东西流向。东起曹家泾里浜，西至官桥接官桥塘。长1千米，宽4米。沿河排开村庄称东、西曹家泾。1995年冲洗河道，1997年机浚河道。为四级河道。外流河、地上河、常年河。
横泾浜	Héngjīng Bāng	河流。位于木渎镇西南部。因流经横泾上自然村，故名。东西流向。东起横泾上自然村，西至竖河。长0.55千米，宽4米。1997年冲洗、机浚河道。为四级河道。外流河、地上河、常年河。
东马市河	Dōngmǎshì Hé	河流。位于木渎镇东部。以东马市自然村而得名。东西流向。东起东马市村，西至向阳河。长0.6千米。为四级河道。外流河、地上河、常年河。
后巷浜	Hòuxiàng Bāng	河流。位于木渎镇西北部。东西流向。东起浜底，西至官桥河。长1.5千米。民国时期，河浜上街区有很多店铺，河浜边建有两座庙宇。为四级河道。外流河、地上河、常年河。
金山浜	Jīnshān Bāng	河流。位于木渎镇北部。因地处金山花岗岩石矿区，故名。东西流向。长0.3千米。这是花岗石对外运输的主要河流之一，有“南北四浜”之说（即南浜、金山浜、夏家浜、茶坞浜）。为四级河道。外流河、地上河、常年河。
茶坞浜	Cháwù Bāng	河流。位于木渎镇北部。东西流向。长0.4千米。茶坞浜属木渎镇知名的老旧河道之一，也是花岗石对外运输的主要河流之一，有“南北四浜”之说。改造后的茶坞浜两旁景色迷人。为四级河道。外流河、地上河、常年河。

续表2

标准名称	汉语拼音	备注
捞桥河	Lāoqiáo Hé	河流。位于木渎镇西南部。桥名来自西汉会稽太守朱买臣在此打捞投河自尽的前妻的故事。从汉朝开始到现今，一直叫捞桥，河也称捞桥河。南北流向。南起社光桥，北至上堰头。长0.9千米。为五级河道。外流河、地上河、常年河。
鹭飞浜	Lùfēi Bāng	河流。位于木渎镇南部。因傍晚白鹭飞至浜边栖息，故名。南北流向。南起山塘河，北至中山西路。长0.6千米，宽10米。此浜历史悠久，是通往灵岩山东侧的主要河流。乾隆皇帝下江南时，在此河上建御道，搭御桥。1949年初仍存在。20世纪60年代农田方正化调整后，路北段已填没。为四级河道。外流河、地上河、常年河。
日晖浜	Rìhuī Bāng	河流。位于木渎镇西南部。取光辉之浜之意。南北流向。南起力丰高车垛，北至庙桥头段木光河。长0.9千米，宽5米。为四级河道。外流河、地上河、常年河。
黑鱼河	Hēiyú Hé	河流。位于木渎镇东南部。黑鱼河原生态较好，鱼类众多，尤为黑鱼，由此而闻名。南北流向。长0.8千米。为四级河道。外流河、地上河、常年河。
金猫河	Jīnmāo Hé	河流。位于木渎镇东南部。因靠近“金猫水泥厂”，故名。南北流向。长0.3千米。为四级河道。外流河、地上河、常年河。
官桥塘	Guānqiáo Táng	河流。位于木渎镇西北部。官桥塘又称官桥河，以官桥村村名而得名。南北流向。南起凌公桥，北至官桥小木桥。长0.95千米，宽10米。为四级河道。外流河、地上河、常年河。
小新桥浜	Xiǎoxīnqiáo Bāng	河流。位于木渎镇西南部。以小新桥而得名。因它从上泾村起至善人桥汇源桥段接木光河，故又名上泾浜。南北流向。长0.6千米，宽8米。为四级河道。外流河、地上河、常年河。
沈巷河	Shěnxiàng Hé	河流。位于木渎镇东部。因位于沈巷村，故名。南北流向。长0.8千米。为四级河道。外流河、地上河、常年河。
戈塔浜	Gētǎ Bāng	河流。位于木渎镇东北部。因位于戈塔浜自然村，故名。南北流向。南起胥江，北至戈塔浜村。长0.5千米。为四级河道。外流河、地上河、常年河。
南街河	Nánjiē Hé	河流。位于木渎镇。因位于南街西侧，故名。南北流向。南起胥江新开运河，北至胥江市河。长0.5千米，宽4米。为四级河道。外流河、地上河、常年河。
天平河	Tiānpíng Hé	河流。位于木渎镇北部。因位于天平村，故名。南北流向。长1千米。原是一条小河浜，20世纪70年代，进行农村基本建设而开挖。为四级河道。外流河、地上河、常年河。
祝家桥浜	Zhùjiāqiáo Bāng	河流。位于木渎镇西北部。因位于祝家桥自然村，故名。南北流向。南起旺弄里自然村，北至祝家桥再折向西通官桥塘。长0.67千米，宽4米。1997年机浚，整治河道。为四级河道。外流河、地上河、常年河。
田沟村河	Tiángōucūn Hé	河流。位于木渎镇东部。以田沟村名而得名。南北流向。南起走马塘河，北至陈家村。长0.56千米。为四级河道。外流河、地上河、常年河。
庙桥河	Miàoqiáo Hé	河流。位于木渎镇西北部。又称庙山河。因河道沿庙山而过，有座庙桥，故名。南北流向。南起凌公桥，北至官桥小木桥。长0.95千米，宽10米。1975年至1976年，河道拓浚。为四级河道。外流河、地上河、常年河。

续表2

标准名称	汉语拼音	备注
金渔浜	Jīnyú Bāng	河流。位于木渎镇东南部。因位于原金渔村，故名。南北流向。南起田沟村，北至胥江。长0.4千米。为五级河道。外流河、地上河、常年河。
走马塘河	Zǒumǎtáng Hé	河流。位于木渎镇南部。因位于走马塘自然村，故名。南北流向。长3.3千米。是区境域南部一条重要的水上通道。为四级河道。外流河、地上河、常年河。
枣木泾	Zǎomù Jīng	河流。位于木渎镇西南部。因旧时枣树成林，故名。南北流向。南起胥口镇毗村，北至木光河。长2千米。为四级河道。外流河、地上河、常年河。
万泥泾	Wànní Jīng	河流。位于木渎镇西南部。南北流向。长1.7千米，宽4米。昔时万泥泾、枣木泾一带皆是市镇，今悉数化为邱垆田亩。为四级河道。外流河、地上河、常年河。
大轮浜	Dàlún Bāng	河流。位于木渎镇东部。南北流向。长0.48千米。为四级河道。外流河、地上河、常年河。

临湖镇河流一览表

表3

标准名称	汉语拼音	备注
张庄港	Zhāngzhuāng Gǎng	河流。位于临湖镇西北部。因流经张庄自然村，故名。东西流向。北港支流。长0.3千米，宽6米。20世纪70年代挖成。为五级河道。外流河、地上河、常年河。
西查浜	Xīzhā Bāng	河流。位于临湖镇西南部。因流经西查村，故名。东西流向。北港支流。长0.4千米，宽6米。20世纪70年代挖成。为五级河道。外流河、地上河、常年河。
韩区港	Hánqū Gǎng	河流。位于临湖镇西北部。因流经韩区自然村，故名。东西流向。东起生产河，西至顺堤河。长0.8千米，宽10米。20世纪70年代挖成。为五级河道。外流河、地上河、常年河。
上塔河	Shàngtǎ Hé	河流。位于临湖镇。因流经上塔自然村，故名。东西流向。东起东上塔自然村，西至苏东运河。长0.9千米，宽10米。20世纪70年代挖成。为五级河道。外流河、地上河、常年河。
北舍浜	Běishè Bāng	河流。位于临湖镇。因流经北舍自然村，故名。东西流向。西起青年河，向东折北至北舍头自然村北。长0.5千米，宽7米。20世纪70年代挖成。为五级河道。外流河、地上河、常年河。
东区港	Dōngqū Gǎng	河流。位于临湖镇西北部。因流经东区自然村，故名。东西流向。东起生产河，西至顺堤河。长0.5千米，宽7米。流经东区、段空头自然村。20世纪70年代挖成。为五级河道。外流河、地上河、常年河。
后港浜	Hòugǎng Bāng	河流。位于临湖镇。因流经后港自然村，故名。东西流向。东起湖桥港，向北折西至后港自然村交界处。长0.55千米，宽6米。20世纪70年代挖成。为五级河道。外流河、地上河、常年河。

续表3

标准名称	汉语拼音	备注
东木排河	Dōngmùpái Hé	河流。位于临湖镇。因流经东木排自然村，故名。东西流向。东起东木排自然村，西至石马塘河。长0.3千米，宽5米。20世纪70年代挖成。为五级河道。外流河、地上河、常年河。
许家浜	Xǔjiā Bāng	河流。位于临湖镇。因流经许家桥自然村，故名。东西流向。东起张家浜港，西至浦南路西泾浜。长0.8千米，宽7米。20世纪70年代挖成。为四级河道。外流河、地上河、常年河。
沈巷浜	Shěnxiàng Bāng	河流。位于临湖镇。因流经沈巷自然村，故名。东西流向。东起苏巷里自然村，西至殷家泾自然村。长0.6千米，宽6米。20世纪70年代挖成。为五级河道。外流河、地上河、常年河。
营房港	Yíngfáng Gǎng	河流。位于临湖镇。清乾隆年间，因水东汛巡兵巡防居此，故名。东西流向。东起苏东运河，西折北至西塘自然村。长0.35千米，宽5米。为五级河道。外流河、地上河、常年河。
西浦庄河	Xīpǔzhuāng Hé	河流。位于临湖镇东部。因流经西浦庄自然村，故名。东西流向。东起苏东运河，西至西浦庄自然村。长0.35千米，宽6米。20世纪70年代挖成。为五级河道。外流河、地上河、常年河。
沙泥泾河	Shāníjīng Hé	河流。位于临湖镇。因太湖水流入带有大量泥沙，故名。南北流向。南起平安路，北至沙泥泾自然村。长0.3千米，宽5米。20世纪70年代挖成。为五级河道。外流河、地上河、常年河。
前娄港	Qiánlóu Gǎng	河流。位于临湖镇东北部。南北流向。南起境内张家村，北至与横泾街道交界处。长0.7千米，宽8米。为五级河道。外流河、地上河、常年河。
马里浜	Mǎlǐ Bāng	河流。位于临湖镇东部。因流经马里浜自然村，故名。南北流向。南起苏东运河，北至石塘港。长0.85千米，宽5米。20世纪70年代挖成。为五级河道。外流河、地上河、常年河。
苏东河	Sūdōng Hé	河流。位于临湖镇东部。因是苏州（木渎）至东山的主干河道，取两地首字组合命名。南北流向。南起临湖镇与东山镇交汇处大缺港，北至苏东运河。长4.4千米，最宽处15米。具有航运及引水排水作用。该河蜿蜒弯曲，有“九曲十八弯”之称。1958年疏浚。为四级河道。外流河、地上河、常年河。
苏东运河	Sūdōng Yùnhé	河流。位于临湖镇东部。因是苏州（木渎）至东山的运河，取两地首字组合命名。南北流向。南起临湖镇与东山镇交汇处大缺港，向北经牛桥村折东经采莲村、浦庄村与横泾街道相接。长12.3千米，最宽处30米。为四级河道。外流河、地上河、常年河。
田度港	Tiándù Gǎng	河流。位于临湖镇东北部。因流经田度自然村，故名。南北流向。南起苏东运河，北至联东河。长0.35千米，宽6米。20世纪70年代挖成。为五级河道。外流河、地上河、常年河。
石家浜	Shíjiā Bāng	河流。位于临湖镇。因流经石家浜自然村，故名。南北流向。南起采明桥路，北至顺堤湖。长0.8千米，宽5米。20世纪70年代挖成。为五级河道。外流河、地上河、常年河。
走塘河	Zǒutáng Hé	河流。位于临湖镇。南北流向。南起西塘河，北至水路浜。长0.4千米，宽5米。清代挖成。为五级河道。外流河、地上河、常年河。
殷家泾浜	Yīnjiājīng Bāng	河流。位于临湖镇北部。因流经殷家泾村，故名。南北流向。南起西塘河，北至水路浜。长0.4千米，宽5米。清代挖成。为五级河道。外流河、地上河、常年河。

续表3

标准名称	汉语拼音	备注
堰塘村浜	Yàntángcūn Bāng	河流。位于临湖镇东北部。因流经堰塘村，故名。南北流向。南起苏东运河，北至堰塘自然村。长0.3千米，宽6米。20世纪70年代挖成。为五级河道。外流河、地上河、常年河。
下粮港浜	Xiàliánggǎng Bāng	河流。位于临湖镇。因流经下粮港自然村，故名。南北流向。南起下粮港自然村，北至北港。长0.65千米，宽5米。为五级河道。外流河、地上河、常年河。
青石河	Qīngshí Hé	河流。位于临湖镇西北部。因河岸多青石，故名。南北流向。南起碧湖路，北至园博园路。长0.8千米，宽4米。为五级河道。外流河、地上河、常年河。
东升港	Dōngshēng Gǎng	河流。位于临湖镇。因流经东升自然村，故名。南北流向。南起苏东运河，北至东升自然村。长0.3千米，宽6米。20世纪70年代挖成。为五级河道。外流河、地上河、常年河。
中心河	Zhōngxīn Hé	河流。位于临湖镇。因位于临湖镇大片农田中心，用以灌溉水稻而开挖，故名。南北流向。南起东山大道，北至江家浜自然村西农田。长0.6千米，宽5米。1976年12月至1979年3月挖成。河道底宽2～4米，底高0.5～1.5米。为五级河道。外流河、地上河、常年河。
湖渡港	Húdù Gǎng	河流。位于临湖镇西北部。长0.42千米，宽5.5米。20世纪70年代挖成。为五级河道。外流河、地上河、常年河。

金庭镇河流一览表

表4

标准名称	汉语拼音	备注
岸护港	Ànhù Gǎng	河流。位于金庭镇东部。岸护港地处后堡东头，因近太湖，原称看湖港，后因谐音称岸护港。东西流向。东起后堡港，西至后堡东头东。长0.11千米，宽5米。为五级河道。外流河、地上河、常年河。
许巷港	Xǔxiàng Gǎng	河流。位于金庭镇东南部。以许巷村（煦巷，谐音“许”）而得名。东西流向。东起太湖，西至许巷自然村内。长0.45千米，宽10米。今可泊农船、渔船，水深时亦可泊运输船，直通太湖。为五级河道。外流河、地上河、常年河。
镇夏港	Zhènxià Gǎng	河流。位于金庭镇东部。以镇夏古镇而得名。东西流向。东起镇夏街，西至太湖。长0.5千米，宽7米。镇夏港自古以来就是主要水上通道，港口有轮渡码头，载客轮渡至东山。为五级河道。外流河、地上河、常年河。
镇渎桥港	Zhèndúqiáo Gǎng	河流。位于金庭镇东部。因位于镇渎桥村，故名。东西流向。东起镇渎桥自然村，西至太湖。长0.2千米，宽4米。早年曾通航。镇渎桥港现已淤塞成涧。为五级河道。外流河、地上河、常年河。
下阳港	Xiàyáng Gǎng	河流。位于金庭镇东部。很久以前，当地沈氏一族祖居浙江东阳，每年去东阳祭祖都由此港乘船赴浙江，故名。东西流向。东起镇夏街，西至太湖。长0.54千米，宽5米。下阳港通太湖，可通航。为五级河道。外流河、地上河、常年河。

续表4

标准名称	汉语拼音	备注
田岸头港	Tiánàntóu Gǎng	河流。位于金庭镇东部。因地处田岸头，故名。东西流向。东起林屋村路，西至原园区泵房。长 0.48 千米，宽 4 米。原是主要水道，现已部分淤塞，转而通双庆河。为四级河道。外流河、地上河、常年河。
双庆河	Shuāngqìng Hé	河流。位于金庭镇东部。寓欢庆之意。东西流向。东起林屋路，西至金庭路。长 0.46 千米，宽 7 米。20 世纪 70 年代人工开凿而成。为五级河道。外流河、地上河、常年河。
文化港	Wénhuà Gǎng	河流。位于金庭镇东北部。以文化寺而得名。文化寺原名普济寺，三国时东吴太傅阚泽舍宅而建。东西流向。长 0.1 千米。通太湖，可通航。为四级河道。外流河、地上河、常年河。
夏家底港	Xiàjiādǐ Gǎng	河流。位于金庭镇东南部。因流经夏家底自然村，故名。东西流向。东起太湖，西至夏家底自然村内。长 0.45 千米，宽 8 米。港湾较浅，可泊农船、渔船，水深时亦可泊运输船。为五级河道。外流河、地上河、常年河。
田下港	Tiánxià Gǎng	河流。位于金庭镇。以田下自然村而得名。东西流向。东起太湖，西至田下自然村内。长 0.44 千米，宽 8 米。港湾不深，可泊农船、渔船，水深时可泊运输船。为五级河道。外流河、地上河、常年河。
坝基桥港	Bàjīqiáo Gǎng	河流。位于金庭镇东南部。东西流向。东起天王荡，西至东园公路。长 0.1 千米，宽 12 米。20 世纪 70 年代人工开凿。为五级河道。外流河、地上河、常年河。
塔头港	Tǎtóu Gǎng	河流。位于金庭镇北部。东西流向。东起二水厂厂旁，西至太湖湖岸。长 0.1 千米，宽 11 米。塔头港直通太湖，塔头村民经商及到太湖捕鱼虾由塔头港出入太湖。为五级河道。外流河、地上河、常年河。
明月湾港	Míngyuèwān Gǎng	河流。位于金庭镇东南部。因湖湾形如一轮新月而名“明月湾村”，港名因村名而得名。东西流向。东起明月湾自然村内，西至太湖。长 0.65 千米，宽 15 米。河湾相对较深，可泊农船、渔船，水深时可停靠运输船。为五级河道。外流河、地上河、常年河。
金村港	Jīncūn Gǎng	河流。位于金庭镇东北部。因流经金村自然村内，出口为太湖，故名。东西流向。东起金村，西至文化港。长 0.16 千米，宽 6 米。为五级河道。外流河、地上河、常年河。
小太湖港	Xiǎotàihú Gǎng	河流。位于金庭镇西南部。因是直通太湖的水道，故名。东西流向。东起新胜，西至新桥。长 0.08 千米，宽 12 米。早在 1910 年前后，村民起名为小太湖港。为三级河道。外流河、地上河、常年河。
梧巷港	Wúxiàng Gǎng	河流。位于金庭镇东南部。因流经梧巷自然村，故名。东西流向。东起太湖，西至梧巷自然村内。长 0.57 千米，宽 9 米。梧巷港湾相对较长，可停泊农船、渔船，水深时亦可停靠小吨位的运输船只，而今多泊渔船。为五级河道。外流河、地上河、常年河。
小龙山港	Xiǎolóngshān Gǎng	河流。位于金庭镇西南部。以小龙山而得名。东西流向。东起新环岛公路，西至跑马场路。长 0.45 千米，宽 3 米。为五级河道。外流河、地上河、常年河。
倪家坞港	Níjiāwù Gǎng	河流。位于金庭镇西南部。由于那时西山货物出入基本都是靠船只运输，因停靠点少，村上倪氏家族开挖了一条港作为船只的停靠点，故名。东西流向。东起团结组，西至一新组东。长0.76千米，宽2米。为五级河道。外流河、地上河、常年河。

续表4

标准名称	汉语拼音	备注
岭西港	Lǐngxī Gǎng	河流。位于金庭镇西南部。因位于芝头岭西面，故名。是山坞的泄洪通道。东西流向。东起岭西，西至塔头。长 0.7 千米，宽 11 米。为五级河道。外流河、地上河、常年河。
东阳江	Dōngyáng Jiāng	河流。位于金庭镇西南部。东西流向。东起东阳汇头村头，西至小太湖桥。长 1.65 千米，宽 30 米。为五级河道。外流河、地上河、常年河。
前堡港	Qiánbǎo Gǎng	河流。位于金庭镇东中部。因地处前堡村，故名。东西流向。东起前堡自然村，西至太湖。长 0.6 千米，宽 7 米。通太湖。为五级河道。外流河、地上河、常年河。
绮里港	Qǐlǐ Gǎng	河流。位于金庭镇西南部。绮里坞里的山水通过绮里河流入太湖，故名。东西流向。东起新环岛公路，西至太湖湖岸。长0.5千米，宽12米。为五级河道。外流河、地上河、常年河。
俞东港	Yúdōng Gǎng	河流。位于金庭镇东北部。因境内有俞家弄、岭东湾两个自然村，故名。东西流向。东起俞东1组，西至金村。长0.4千米，宽14米。为五级河道。外流河、地上河、常年河。
慈里港	Cílǐ Gǎng	河流。位于金庭镇西部。南北流向。北起慈里花山坞，向西南流入太湖。长 0.33 千米。为五级河道。外流河、地上河、常年河。
柯家港	Kējiā Gǎng	河流。位于金庭镇西部。因流经柯泉村，故名。南北流向。南起柯家村，北至太湖。长 0.1 千米，宽 12 米。柯家港早年可通小船出入太湖，近年仅能流水泄洪了。为五级河道。外流河、地上河、常年河。
衙里港	Yálǐ Gǎng	河流。位于金庭镇西部。因流经衙里村，故名。南北流向。南起衙里，北至衙里大埠里。长 0.65 千米，宽 6 米。为泄洪沟渠。为五级河道。外流河、地上河、常年河。
旺家港	Wàngjiā Gǎng	河流。位于金庭镇。原这里居住人以王姓为主，取家族兴旺之意。长 1.21 千米。为五级河道。外流河、地上河、常年河。
官船港	Guānchuán Gǎng	河流。位于金庭镇西部。又称官船江。角里郑氏家族在宋元明时期兴旺发达，达官贵人众多，为便利船运，在周家上头开挖了这条港，故名。南北流向。南起周家上头，北至环岛公路。长0.65千米，宽10米。现在官船港已经不能通航。为五级河道。外流河、地上河、常年河。
蛇口湾港	Shékǒuwān Gǎng	河流。位于金庭镇北部。在横山自然村南，形似四脚蛇而名。南北流向。南起太湖沿岸，北至横山 1 组。长 0.03 千米，宽 10 米。通太湖。为五级河道。外流河、地上河、常年河。
观音港	Guānyīn Gǎng	河流。位于金庭镇北部。因港边原有一座观音庙，故名。南北流向。南起太湖沿岸，北至横山 2 组。长 0.78 千米，宽 15 米。现为渔船停泊处。为五级河道。外流河、地上河、常年河。
东蔡港	Dōngcài Gǎng	河流。位于金庭镇。因其源头紧邻东蔡街，故名。南北流向。南起东蔡街，北至向阳桥。长 0.65 千米，宽 5 米。为五级河道。外流河、地上河、常年河。
吴家港	Wújiā Gǎng	河流。位于金庭镇西南部。又名吴家江。因周围产业绝大部分都属于吴姓，故名。南北流向。南起吴家河头，北至尖角荡。长 0.12 千米，宽 7.5 米。是本村吴姓人家为灌溉自家农田而开挖成的。为五级河道。外流河、地上河、常年河。

续表4

标准名称	汉语拼音	备注
夏王庙港	Xiàwángmiào Gǎng	河流。位于金庭镇西南部。因源头位于夏王庙处，故名。南北流向。南起夏王庙，北至环岛公路。长 0.48 千米，宽 5 米。为五级河道。外流河、地上河、常年河。
鹿村港	Lùcūn Gǎng	河流。位于金庭镇东北部。因流经鹿村，故名。南北流向。南起鹿村，北至大包围外专港。长 0.99 千米，宽 8 米。因当时历史采石，需要船只运输，所开辟一条鹿村江，给予运输。为五级河道。外流河、地上河、常年河。
洞山港	Dòngshān Gǎng	河流。位于金庭镇。因洞山下村而得名。南北流向。南起洞山自然村，北至太湖。长 0.56 千米，宽 5 米。洞山港有浜嘴。包山坞里的山水由洞山港流入太湖。为五级河道。外流河、地上河、常年河。
俞家港	Yújiā Gǎng	河流。位于金庭镇东南部。以村名俞家渡而得名。南北流向。南起俞家渡，北至南太湖。长 0.5 千米，宽 8 米。为五级河道。外流河、地上河、常年河。
仇巷港	Qiúxiàng Gǎng	河流。位于金庭镇东南部。因流经仇巷村，故名。南北流向。南起消夏港，北至仇巷自然村内。长 0.65 千米，宽 8 米。河道较浅，可停泊农用、渔船等。为五级河道。外流河、地上河、常年河。
黄渡桥港	Huángdùqiáo Gǎng	河流。位于金庭镇。因其处黄渡桥下，故名。南北流向。西通天王荡，经蒋东村，南至太湖。长 0.84 千米，宽 15 米。20 世纪 70 年代人工开凿而成。为五级河道。外流河、地上河、常年河。
岭东港	Lǐngdōng Gǎng	河流。位于金庭镇中部偏东。古名麦场江，今名岭东港。因来自芝头岭东面，故名。南北流向。南起老环山公路，北至太湖湖岸。长0.97 千米，宽15米。出口处港湾有渔船停泊。为五级河道。外流河、地上河、常年河。
旸坞港	Yángwù Gǎng	河流。位于金庭镇东南部。因流经旸坞自然村，故名。南北流向。南起太湖，北至旸坞自然村。长 0.12 千米，宽 10 米。为五级河道。外流河、地上河、常年河。
亭子港	Tíngzi Gǎng	河流。位于金庭镇中部偏东。因蔡氏在港边建亭，故名。南北流向。南起老环山公路，北至新环岛公路。长 0.54 千米，宽 15 米。缥缈农民经商及到太湖捕鱼虾由此出入。为五级河道。外流河、地上河、常年河。
夏杨港	Xiàyáng Gǎng	河流。位于金庭镇中部偏东。南北流向。南起圻村四组，北至圻村五组。长 2.23 千米，宽 2 米。是圻村水上交通要道以及生产用水的主要来源。为四级河道。外流河、地上河、常年河。
头陀港	Tóutuó Gǎng	河流。位于金庭镇。以其上的头陀桥而得名。南北流向。南起天王荡，北至战备圩。长 0.45 千米，宽 10 米。20 世纪 70 年代人工开凿而成。为五级河道。外流河、地上河、常年河。
消夏湾	Xiāoxià Wān	河流。位于金庭镇。相传春秋战国时期，吴王夫差和爱妃西施消夏避暑而名。南北流向。自太湖庙山咀入口，经南湾、杨巷、黄家堡、仇巷、秉汇、东蔡至缥缈、圻村等。湾十余里，均为水域，三面环山。一面朝南，盛产鱼虾。1957 年围湖造田至南湾村口。1971 年在南湾至庙山咀又围湖造田后形成内港，称消夏湾港。长 0.79 千米，南北向宽 50 米，东西向宽 100 米。为五级河道。外流河、地上河、常年河。

续表4

标准名称	汉语拼音	备注
石公港	Shígōng Gǎng	河流。位于金庭镇东南部。因位于石公村，故名。南北流向。南起太湖，北至石公自然村内。长 0.06 千米，宽 8 米。据 1979 年地名考查记载，石公村小河可泊船，水深时可停靠运输船。2014 年太湖旅游集团有限公司在太湖边新辟游船码头，可开往三山岛和周边水上游。为五级河道。外流河、地上河、常年河。
阴山港	Yīnshān Gǎng	河流。位于金庭镇北部。以阴山而得名。南北流向。南起太湖沿岸，北至阴山1组。长0.15千米，宽15米。为出入阴山主要水道，通太湖。为五级河道。外流河、地上河、常年河。
韩家港	Hánjiā Gǎng	河流。位于金庭镇。因江边村民大多姓韩，故名。南北流向。南起太湖沿岸，北至横山 2 组。长 0.65 千米，宽 20 米。早年通太湖，近年来港的出口处被一停车场所阻，后只剩一个水潭。为五级河道。外流河、地上河、常年河。
东湾港	Dōngwān Gǎng	河流。位于金庭镇北部。因地处东湾，故名。南北流向。南起太湖沿岸，北至东湾村。长 0.52 千米，宽 10 米。原为东湾主要水道，通太湖。因陆上交通发达后，此港虽然仍通太湖，但不能通航。为五级河道。外流河、地上河、常年河。
徐巷港	Xúxiàng Gǎng	河流。位于金庭镇西南部。因位于徐巷自然村旁，故名。南北流向。南起老环岛公路，北至新环岛公路。长 0.71 千米，宽 5 米。为五级河道。外流河、地上河、常年河。
圻村港	Qícūn Gǎng	河流。位于金庭镇中部偏东。因围绕圻村村庄，故名。南北流向。南起谢家堡，北至小龙山。长 2.33 千米，宽 3 米。圻村港自古以来是圻村水上交通要道以及生产用水来源。为三级河道。外流河、地上河、常年河。
西头巷港	Xītóuxiàng Gǎng	河流。位于金庭镇中部偏东。南北流向。南起西头巷，北至太湖。长0.2千米，宽4米。因翠峰山庄堵住了西头巷港出口，因此，西头巷港现已称内江，水流由洞山港流出。为五级河道。外流河、地上河、常年河。
前湾港	Qiánwān Gǎng	河流。位于金庭镇。因流经前港林，故名。南北流向。南起前湾泉水潭，北至太湖。长0.1千米，宽23米。此港通太湖，可通航。为五级河道。外流河、地上河、常年河。
北罗湾港	Běiluówān Gǎng	河流。位于金庭镇北部。在横山自然村北，因江口朝北，江边村民大多姓罗，故名。南北流向。南起太湖沿岸，北至横山4组。长0.1千米，宽8米。为五级河道。外流河、地上河、常年河。
庆丰港	Qìngfēng Gǎng	河流。位于金庭镇北部。取丰收之意。南北流向。南起正荣鱼池，北至后堡连通太湖。长0.11千米，宽8米。20世纪70年代人工开凿而成。为五级河道。外流河、地上河、常年河。
南孙江	Nánsūn Jiāng	河流。位于金庭镇北部。江口朝南，因江边村民大多姓孙，故名。南北流向。南起太湖沿岸，北至横山2组。长0.06千米，宽8米。原为横山渡船摆渡口，现仍通太湖。为五级河道。外流河、地上河、常年河。
后埠港	Hòubù Gǎng	河流。位于金庭镇东北部。后埠，古时此地外有一梅梁湖，村因之叫梅梁里，明代时十分繁荣，修筑起码头，因在前湾之后而名。长0.65千米。为五级河道。外流河、地上河、常年河。
山东港	Shāndōng Gǎng	河流。位于金庭镇东南部。因在四龙山东，故名。南北流向。南起东一组，北至南太湖。长 0.5 千米，宽 8 米。为五级河道。外流河、地上河、常年河。

续表4

标准名称	汉语拼音	备注
山东湾	Shāndōng Wān	河流。位于金庭镇北部。南北流向。长0.02千米，宽6米。由弯道形成的山东湾是岛上重要的码头，又是重要的避风港湾。1984年建成湖堤公路经大干山与西山岛东村相通。为五级河道。外流河、地上河、常年河。
辛村港	Xīncūn Gǎng	河流。位于金庭镇东北部。因流经辛村，故名。南北流向。长1千米，宽18米。为五级河道。外流河、地上河、常年河。

第二节　陆地地形

【山】

吴山岭 Wúshān Lǐng

山。位于越溪街道北部。为七子山东南支脉，在上方山以南。分属吴中区越溪街道、虎丘区横塘街道。明《吴邑志》称吴山，清乾隆《吴县志》载："吴越广陵王子文举建吴山院于此，故名。"今名吴山岭。海拔158.5米。最高峰称大尖墩，又叫大炮墩。岭南端称吴山嘴。历史上，吴山岭曾是苏州百姓"重阳登高"的好去处。岭上岩石裸露，登上最高峰大炮墩可眺望石湖全景。吴越时在岭上广陵王子文举所建寿圣院，又名吴山院，明代重修，后废。吴山还有明刘基开凿的古井及卢园遗址、泛月楼遗址等古迹。吴山东麓原有春秋时吴王所筑酒城，据唐《吴地记》记载："鱼城西南有故城，在越来溪西。鱼城西南有苦酒城。长老云：吴王筑以酿酒，俗呼苦酒城。"吴山岭东麓的明大学士申时行墓，墓区占地百亩以上，封土高出地面丈余，是苏州现存的历代陵墓中规模最大又保存较完整的一座，可称明代高官显宦墓葬的典型，为江南一带罕见，现为省级文物保护单位。吴山岭东、南侧现已建成苏州国家教育园南区，有苏州职业大学、苏州大学文正学院、苏州蓝缨学校等；西侧有始建于南宋淳熙年间(1174—1189)、兴于清乾隆时期(1736—1795)。2003年重建的城皇山道院。吴山岭西侧有松毛坞(吴中区越溪街道张桥村)内有洄溪草堂遗址，遗址旁高5米、长50多米的石壁上有31方摩崖石刻，为市级文物保护单位。松毛坞原有清顺治年间(1644—1661)所建松木庵，庵内有画眉泉，泉出于峭壁。因吴王夫差和爱妃西施在此取清泉梳妆画眉而得名。名医徐大椿晚年隐居此地，咸丰年间毁于战火。吴山岭原有元陕西道监察御史孔希安墓、明太子少保南京兵部尚书杨庄简公成墓、明涿州同知吴文泰墓、明顺天巡抚杨绳武墓及清衡州府同知薛大训墓等墓葬，均不存。

陆墓山 Lùmù Shān

山。位于越溪街道西部。原名龙头山。三面环山惟东南临太湖，颇为佳胜。明王鏊《姑苏志》："门下侍郎陆云公墓在横山，俗称陆墓山。"陆墓山上曾有金沙庵，直至20世纪60年代，庵屋仍保持原样，设施基本完好。现唯有一口古井尚存。

叆叇岭 Àidài Lǐng

山。位于越溪街道西北部。俗称鸭踏岭，也名阿达岭。因此处地势低洼，常年云雾缭绕，是野生动物栖息地，故名。海拔206米。山坞幽深，以茶树、竹林、果树为主。

香山 Xiāng Shān

山。位于香山街道中部。为穹窿山东南支脉。以蒯祥为代表的"香山帮匠人"闻名。宋《吴郡志》载："吴王种香于此山，遣美人采香焉。"明《姑苏志》载："故名。""香山"为花山之意。东西长1850米，西南宽200～700米，海拔96.1米。山体由石英砂构成。其东南麓近胥江入太湖处，称为香山嘴。北有大苑（园）岭和小苑（园）岭，相传为吴王艺花处。

渔洋山 Yúyáng Shān

山。位于香山街道西南部，三面环水呈半岛入太湖。因山北太湖湾里，时常停泊着成群（一望无际）的渔船帆影，故名。长3.5千米，宽1.7千米。海拔170.8米。包括钵盂山、法华山、黄茅山，有主峰蚊子顶和次峰双顶山。山坞幽深达1500米。石英砂岩基体，松柏、毛竹等植物茂盛。相传曾是吴王制造战船，操练水师的场所。现有昙花庵、法华寺、四面观音殿、董其昌墓、吴王爱妃郑旦墓遗址、渔洋阁等，为渔洋山景区。

蚊子顶 Wénzidǐng

山。位于香山街道西南部，渔洋山中部。因山峰形似飞蚊，故名。为渔洋山主峰，海拔170.8米。石英砂岩基体，有松柏等树木覆盖。峰顶建有“渔洋太湖第一景”渔洋阁。为渔洋山景区。

双顶山 Shuāngdǐng Shān

山。位于香山街道西南部，渔洋山东北。因该山由两个峰组成，故名。“双顶”即“两峰”。为渔洋山次峰，海拔150.6米。石英砂岩基体，有松柏等树木覆盖。为渔洋山景区。

蒋墩山 Jiǎngdūn Shān

山。位于香山街道南部，蒋墩社区南。因春秋时期吴国孙武在此筑坛拜将、操练将士而得名。“蒋墩”即将墩、点将台之意，将与蒋同音。长1千米，宽0.6千米。北山主峰海拔46.3米。南山如两腿延伸，东为教场里，西为石马山，中部原有实相禅寺，已毁。石灰岩基体，储有煤炭，树木植物覆盖。已开发建成太湖国际高尔夫俱乐部。历史上曾是孙武教战吴宫美人斩吴王二妃之地，有教场遗址碑。

舟山 Zhōu Shān

山。位于香山街道西北部，舟山自然村中部。明《姑苏志》称周山。清《香山小志》载：“相传吴王练水师造舟于此。”“舟”即渔船，方言舟与周同音，故称舟山。山势平圆四垂，周围直径约1千米，海拔20米。石英岩基体，树木植物覆盖，望之如笠。历史上曾是吴王训练水师和制造舟船之地。

白马岭 Báimǎ Lǐng

山。位于香山街道东部。东为香山山脉，西为穹窿山支脉，南为香山街道，北为木渎镇藏书。因岭下坞内有嘉道古刹白马禅寺（已废），山以寺名。南北走向。长1千米，宽0.3千米。海拔195米。山势平坦，自古是香山和藏书间翻山步行的交通要道。

北旺山 Běiwàng Shān

山。位于香山街道西南部，长沙岛东北部。以域内北旺自然村而得名。长0.35千米，宽0.3千米。海拔50米。石英（云母）岩基体，树木等植被覆盖。东面和北面临太湖。北与太湖大桥一号桥相望。

南旺山 Nánwàng Shān

山。位于香山街道西南部，长沙岛东南部，包括南湾嘴。因位于南旺自然村域，以村名为山名，并与北旺山相呼应。长0.66千米，宽0.31千米。海拔47米。石英岩基体，树木等植物覆盖。东和南临太湖。

俞旺山 Yúwàng Shān

山。位于香山街道西南部，长沙岛西北部，包括马湾山、鼻头山。因位于俞旺自然村，故名。“俞旺”寓此山会越来越兴旺之意。长0.34千米，宽0.26千米。海拔46米。石英岩基体，树木等植物覆盖。北和西临太湖，北与太湖大桥一号桥相望，山南建成“太湖之星”商品房。

湾里山 Wānlǐ Shān

山。位于香山街道西南部，长沙岛西南部，包括乌常山、杨梅山、曹家山和西山嘴。因位于太湖湖湾，故名。长0.92千米，宽0.39千米。海拔42米。石英岩基体，树木等植物茂盛。东南西三面临太湖，南与太湖大桥二号桥相接，山坡建有“宝岛花园”商品房。

平头山 Píngtóu Shān

山。位于香山街道西南部，叶山岛西部。因山顶形状平坦，故名。长0.56千米，宽0.17千米。海拔28米。石灰岩基体，松柏、栗树等植物覆盖。东接尧家山，南西北三面临太湖，北和南分别与太湖大桥二号桥、三号桥相望。

小横山 Xiǎohéng Shān

山。位于香山街道南部，小横山社区南部。该山以山势形状横向得名。长0.8千米，宽0.25千米。海拔21.5米。石灰岩基体，树木植物覆盖。春秋吴国孙武教战美人时所斩吴王二爱妃的“二妃墓”在此山。山上原有“二妃庙”，现废，均有遗址碑。

尧家山 Yáojiā Shān

山。位于香山街道西南部，叶山岛中部。因位于尧家自然村域，故名。长0.19千米，宽0.13千米。海拔20米。石灰岩基体，松柏栗树等植物覆盖。东为叶山路，西接平头山，南北临太湖，北和南分别与太湖大桥二号桥三号桥相望。

张陵山 Zhānglíng Shān

山。位于角直镇西南部。墩为东晋苍梧太守张镇夫妇合葬墓，故名张陵山，一名张林山。今称张陵山。张陵山为东、西两座相距百米的土墩，面积各6000平方米，高出地面6米。1956年省文管会在文物普查时发现张陵山遗址，属崧泽、良渚、吴越文化时期。1957年列为江苏省文物保护单位，现为市级文物保护单位。当地砖瓦厂在西墩取土时，陆续出土玉器、石器及不少陶器。1977年、1979年和1980年，南京博物院和吴县文管会曾3次发掘。文化层厚8.4米，分4层，最早年代距今约5500年。出土陶、石、玉等文物200多件，有穿孔石斧、双孔石斧、玉锛、玉镯、玉琮、玉璧、折腹扁足鼎、灰陶盆等。在西墩清理出晋代砖室墓5座，出土的晋太宁三年（325）青石墓志属珍品。由墓志得知，为东晋苍梧太守张镇夫妇合葬墓。现建成张陵公园。

大姚山 Dàyáo Shān

山。位于角直镇西部。东汉《越绝书》载："摇城者，吴王子居焉。后越摇王居之。"大姚山相传是古摇城的一部分，因摇城得名。土墩东西长160米，南北宽150米，高出附近地面5米。山上大觉寺，始建于梁天监年间（503—519）。清咸丰十年（1860）遭战火损毁，存后殿数楹，现无存。寺前大觉寺桥及香花桥均为梁式石桥，建于北宋庆历七年（1047），是苏州现存最古老的桥梁，为省级文物保护单位。大姚山上现有雌雄2棵银杏树，雌银杏树树龄420年，雄银杏树树龄360年，树干周长都有5米。山上有两间旧屋，当地百姓逢年过节和初一、月半前往烧香。长洲（今苏州）望族陈氏世居大姚，大姚原有陈璠的进士府、著名书画家陈道复别业和明天启二年（1622）探花陈仁锡探花府第。明陈仁锡《大姚世居考》载："自葑娄泛朝天河，过渎墅、镬潭，历高店，又十里径入大姚。其坡为荡，夏日荷花烂漫。一棹径穿，涓然峙者，为大姚山梁朝大觉寺。"

笠帽峰 Lìmào Fēng

山。位于光福镇东南部。为穹窿山主峰。仰视笠帽峰，状如倒扣之笠帽，故名。唐《吴地记》载："三茅峰头如浮笠，俗呼为笠帽岭。"俗称大茅峰、茅蓬。海拔341.7米。是太湖东岸群山之冠，也是苏州全境第一高峰。山顶方广，宽达百亩，有升仙台、穹窿禅寺、隐龙池、藏军洞、衔云洞等。

邓尉山 Dèngwèi Shān

山。位于光福镇中部。原名大尖山，相传汉朝邓尉隐居于此得名。南北走向，全长2000多米。由石英砂岩构成。北峰妙高峰172米，南边主峰海拔231米。清《光福志》载："因其山为镇屏蔽，东接柴庄岭，西连玄墓山，逶迤十里余，高五百余丈左。右冈陇势若围抱，山峰四立，林木葱倩。"玄墓山，元末万峰和尚曾居此，故名万峰山。妙高峰下有七宝泉，西边有峙崦岭、凤鸣冈。山麓曾宋朝苏州状元黄由墓、近代郑文焯墓等胜迹古墓。2015年峙崦岭至玄墓山的山顶森林防火通道暨健身步道打通。

玄墓山 Xuánmù Shān

山。位于光福镇西南部，邓尉山南1.2千米。明《姑苏志》记载，相传郁泰玄葬于此处，故名。清《苏州府志》记作元墓山。郁泰玄，东晋青州刺史。元末，高僧万峰和尚在此重振佛寺，故又称万峰山。清避康熙皇帝玄烨讳，写作元墓山、袁墓山。今称玄墓山。为邓尉山南峰。南北走向，长2千米。海拔231米。由石英砂岩构成。玄墓山上有圣恩寺，清康熙、乾隆两帝多次到寺游览。玄墓山东南麓（寺后）有石灰岩出露，扣之铮铮，后渐湮没。清康熙年间，因积雨，山泉冲激，再次被寺僧发现。清乾隆《苏州府志》载："寺后奇石，俗谓之真假山。有卢熊所题神狮出岫、海涌门、汲砚泉、涵辉洞、峭壁岩、螺髻峰、流云洞、凌空桥八景。"1917年康有为在玄墓山为真假山题"寿洞"。现保存完好的真假山有两处，均在圣恩寺后山腰。为苏州市文物保护单位。

凤凰山（城隍山）

Fènghuáng Shān (Chénghuáng Shān)

山。位于吴中区光福和虎丘区东渚两镇、街道交界处，玉屏山西。旧称蜀山，明《姑苏志》记载，晋太康二年在此掘地得石凤凰，故名。清《光福志》载："因旧有城隍庙，又称城隍山。"今称凤凰山。

凤凰山（城隍山）北西走向，长1.2千米，略呈“V”形。海拔148.3米。旧时，山顶有始建于南宋咸淳年间的凤祥庵，山西南麓有始建于明代的城隍庙。山体由石英斑岩构成，有瓷石矿矿点，20世纪80年代已开完。

南凤凰山 Nánfènghuáng Shān

山。位于光福镇穹窿山北。因山体形如凤凰，故名。民国《吴县志》载：“凤皇山，今俗呼南凤凰山”。南北各有一峰，呈马鞍状。南北走向，南北长1千米，东西宽0.9千米。海拔98.5米。主峰凤凰山海拔98.5米，次峰香塘山位于主峰北0.4千米处，海拔25.8米。山体由石英砂岩构成。山西麓有狮林寺，相传建于南宋，寺中所藏明代《楞严经》石刻为江苏省文物保护单位，1977年移至光福司徒庙碑廊保存。20世纪70年代曾开山采石，造成北部山体缺损。

长浮山 Chángfú Shān

山。位于光福镇西部。清《太湖备考》称长浮，今称长浮山。因是山体呈长条形的湖岛，故名。长浮山是冲山支脉，海拔16.2米。1970—1972年，围湖造田，冲山与白浮山连成半岛。1973年原吴县太湖公社机关从白浮山迁往长浮山，逐渐形成太湖集镇。20世纪70年代开山取石，长浮山东坡和西坡部分山体破坏。

玉屏山 Yùpíng Shān

山。位于光福镇西部，与东渚街道交界处，蒸山西。原名玉遮山，其山横列如屏，遮挡明月，故改称玉屏，又称遮山。明《姑苏志》“玉遮山，在阳山之南，横列如屏。今但呼为遮山；旧志为查山。”明卢熊《苏州府志》称茶山，今称玉屏山。呈南北走向。长1.5千米，宽1.3米。海拔192米。山体呈纺锤形，由石英砂岩、砂页岩及石灰岩构成，有煤矿和铅锌矿矿点。山上原有卧牛峰、读书台、钵盂泉、仙人洞、千步街、洗砚池、积绿园、卧花坡、千年松、百丈崖十景，有宋代连州知州虞展墓和清代长宁（今广东新丰）知县彭珑墓，今均无存。

龟山 Guī Shān

山。位于光福镇。东为小巨角，南为光福老镇区，西为邓尉山，北为虎山弄。又称光福山、龟峰山。明《姑苏志》称龟峰。因山上有宋建七级砖木混合结构塔，俗称塔山。今称龟山。山体南北走向。南北长0.3千米，东西宽0.1千米。海拔23.6米。西南麓光福寺创建于梁大同年间，宋康定元年（1040），在庙旁土层中发现铜观音像，故名铜观音寺。清道光十二年（1832）重建。山巅光福塔，平面呈正方形，四面七级，共88级台阶，高25米，砖木混合结构。光福寺前有宋代古桥——光福寺桥。光福寺、光福塔和光福寺桥为江苏省文物保护单位。

潭山 Tán Shān

山。位于光福镇南部。西碛山之间，旧称弹山。西至聚坞，南至太湖。宋高士查莘隐居潭山时筑梅隐庵，题“梅花潭”，遂称潭山。西北走向。长宽均为2.25千米。主峰潭山海拔253米。呈团状，山体由石英砂岩构成，有铅锌、黄铁等矿。20世纪50年代至20世纪90年代曾在山内开采硫铁矿石，山体表面仍完整。潭山西南麓有苏州市文物保护单位石嵝庵，西北麓有苏州市文物保护单位徐学谟墓。顾鼎臣在潭山顶建有七十二峰阁，面太湖，现已无存。

青芝山 Qīngzhī Shān

山。位于光福镇中部，邓尉山西。南逾长岐岭为竺山。明崇祯《吴县志》称青芝山“在邓尉西南。袁宏道所谓山间松万本，参云翳日，碧栏红榭，与白波、翠巘相映发者是也。山之右为真如坞，群山四抱，一隅稍豁，其景最胜”。以青松、珍珠坞谐音得名。为潭山东北支脉。海拔112.5米。山多松柏，春梅秋桂各擅胜景。青芝山麓原有明尚书董份丙舍，其北珍珠坞原有明布政使汪起凤真如小筑，现均无存。山麓有苏州市文物保护单位董份墓、徐枋墓和惠栋墓。

查山 Zhā Shān

山。位于光福镇东部，潭山西南，南临太湖。因宋高士查莘隐居此地，故名。旧称茶山、绣裘山。因山上有明礼部右侍郎兼文渊阁大学士顾鼎臣墓，当地百姓称坟山，李根源《吴郡西山访古记》作焚山。今称查山。长宽均为0.4千米。海拔59.2米。山体由火山岩构成。山上植被良好，有栗、梅等林木。查莘筑梅隐庵，题“梅花潭”三字，后遂有潭东、潭西之称。清康熙中，张松园建成六浮阁，现已无存。

南山 Nán Shān

山。位于光福镇西南部，潭山东南和西碛山南，南临太湖。明《姑苏志》称蟠螭山，清乾隆《吴县志》载："蟠螭山，俗呼为南山，在弹山之南，斗入湖中，作蜿蜒状，以此得名。"上有一坎，峭壁陡立，高可三仞，故俗称山为石壁。今称南山。山体南北长0.8千米，东西宽0.2千米。海拔44.5米。由火山岩构成。南山有永慧禅寺，又称石壁精舍。清乾隆《吴县志》、道光《光福志》等记载，寺始建于明嘉靖二年（1523）。隆庆三年（1569），高僧憨山大师来此，喜其清幽，钟其灵气，结茅住山，复创寺院，故有"憨山结茅之地"之称。崖壁上有李根源所题"憨山胜迹"和章炳麟、吴湖帆、于右任等人的石刻26方。山西麓有虚谷上人墓等名人墓葬，山北麓有永慧禅寺。永慧禅寺和虚谷上人墓为苏州市文物保护单位。

西碛山 Xīqì Shān

山。位于光福镇西南部，西临太湖。一作西迹山。今称西碛山。因主峰西濒太湖，有浅水沙石滩，故称西碛山。民间习惯把西碛山主峰（西峰）称西碛山（海拔231米），位于主峰东1.3千米的次峰称铜井山（海拔181米）。山体由石英砂岩构成，有小型黄铁矿，已开采。西碛山巅有划船石，北麓有"熨斗柄"，长百余丈；西麓怪石巉岩，有泉注出石罅，名夹石泉；稍南有白鱼泉。山之西，南为迪山，东为铁山。铁山以石色如铁得名。山上原有明二楞庵，现已无存。

铜井山 Tóngjǐng Shān

山。位于光福镇西部，西碛山东1.3千米处。为西碛山次峰，海拔181米。明徐枋《铜井山记》载："其顶高出诸山，原有二大树，远见三十里，石蹬盘纡，拾级而上，陟其巅，有巨峰横偃，大如十间屋，其高几丈。下有泉二，俱在石隙中。石皆青碧色，其质细润如古铜器，而泉深如井，故名铜井。王世贞有铜坑看梅诗，南曰铜井山。"今称铜井山。山顶有岩洞，其下有池，名铜泉。铜井山原有天寿禅寺，始建于南宋绍兴年间，明洪武元年（1368）重建，明隆庆间（1567—1572）修整，现已无存。

马驾山 Mǎjià Shān

山。位于光福镇西部。东、南为福湖路，西为铜井山，北为官山岭。为西碛山东2.1千米的支脉。明《姑苏志》称吾家山。清康熙《吴县志》亦作马家山。乾隆《苏州府志》载"马驾山俗称吾家山。"今称马驾山。海拔85.8米。马驾山东麓为香雪海景区。山顶有望湖亭，山腰有梅花亭、闻梅馆。每年初春，满山梅花，凝若积雪，馨香袭人。巡抚宋荦触景生情，题名香雪海。清康熙帝曾到邓尉探梅，留诗二首；清乾隆帝6次到邓尉探梅，其《邓尉香雪海歌》碑在马驾山梅花亭南。"马驾山麓原有云壑藏舟，里人陈王庭所筑，时有同湖舫、思曼所、云牵小舟等筑于岸侧，又有泛香居依林傍涧，后归潘氏，今均无存。"清道光《苏州府志》载："香雪海即吾家山。"

卧龙山 Wòlóng Shān

山。位于光福镇西部，西碛山次峰铜井山北面。因山体形似卧龙，故名。又称乌龙山。今称卧龙山。山体东西走向，东西长1.9千米，南北宽0.8千米。主峰六亩尖，海拔126.1米。山东麓有19.87万平方米木荷林，为江苏省自然保护区。东南山麓有烈士陵园。卧龙山北为铜坑，卧龙山北坡俗称铜坑山，山上古有崇福庵，梁大同宗善禅师建；铜坑梅花最深处有吟香阁，宋高士顾凤建和明王鏊、顾鼎臣继建；卧龙山西涧里村原有迎龙阁，是唐寅老师周臣隐居地。崇福庵、吟香阁和迎龙阁等古迹，现均无存。

米堆山 Mǐduī Shān

山。位于光福镇南部，玄墓山南，西南临太湖。又称米囤山。以形似米堆而得名。山体南北走向。长1.5千米。主峰海拔191米。山体由石英砂岩构成，西南角有闪长花岗斑岩，有铁矿矿点。米堆山东侧山半有五云洞，俗呼老虎洞，明顾天叙所构。迤南为和合山坞。20世纪60年代至20世纪90年代开山采石，米堆山东北坡山体损坏，2000年后植树复绿。

冲山 Chōng Shān

山。位于光福镇西部。明《姑苏志》称冲山。清《太湖备考》载："山形如概，西高而东卑，中皆荡田居民百余家，业同漫山。"主峰大南山，海拔85米。周围有长浮、癞头浮、箬帽浮、小浮、北敞五座小山。清乾隆年间，上述山丘都是湖岛。清末逐渐与大南山相连，水位高时仍为岛屿。1949年后修筑防洪大堤，除1949年、1954年、1957年三年稻田被淹外，其余年份旱涝无虞。1970年从长浮山筑500米大堤通向白浮山，冲山遂为半岛。冲山是新四军太湖游击队根据地。

安山 Ān Shān

山。位于光福镇北部。安山形似"神犬"匍匐于此，安逸、悠然，佑护黎民平安、安泰而名。长1100

米，呈团状，面积0.5平方千米。海拔103米。由石英砂岩构成，为伸入太湖中的小半岛。安山曾为吴国要塞，山顶有春秋时期堑壕、石室等遗迹。山上旧有钱武肃王庙。安山河，两端通太湖。20世纪60年代后北部山体被开采，山体遭破坏。

竺山 Zhú Shān

山。位于光福镇南部，潭山东南1.5千米。原名梵山。《太湖镇志》载：潭山次峰竺山（竹山）。因原山上多竹林，后谐音而名竺山。海拔101.2米。山体基本保持原状。濒临太湖，山南麓原有清康熙六年（1667）状元缪彤墓。20世纪90年代末，山上尚有石人石马，现已无存。

长山 Cháng Shān

山。位于光福镇南部，潭山东1.1千米处。因山体呈长条形，故名。东至西湾，南至大山，西至长歧村，北至纪龙山。海拔101.2米。

西头山 Xītóu Shān

山。位于光福镇西南部，漫山岛西南部，与东头山连在一起。因在漫山岛东头山西面，故名。海拔77.3米。为全岛最高点。山上有麻皮松、香椿树、大叶冬青树等植物。有春秋时期藏军洞，山顶平台称望夫台。

凤鸣岗（百步山）
Fèngmínggǎng (Bǎibù Shān)

山。位于光福镇中部，邓尉山北麓。亦称百步顶。因从山脚开始，走一百步就能达到山顶，故名。海拔65.8米。旁有峙崦岭，是旧时光福镇区连接镇西香雪海的通道。

霍山 Huò Shān

山。位于光福镇南部，潭山南，坟山东，南临太湖。旧时因是霍氏家山而名。长宽均为0.4千米。海拔59.8米。山体呈团状，山体由石英砂岩构成。植被良好，有栗、梅等林木。

葛舍山 Gěshè Shān

山。位于光福镇西北部，葛舍村西。因旧时原是葛氏家山，故名。形状呈“凹”字形，似蟹、似油盏，故又称为蟹形山、油盏山。东西长750米，南北宽500米。海拔58.3米。山体由石英砂岩构成，山上植松树、桃树、毛竹等。1964年后山坡西北开山采石，山体遭破坏。

薄山 Bó Shān

山。位于光福镇中部，潭山东北1.9千米。东为邓尉山，西为纪龙山，南为上洋，北为青芝山。传说因是濮氏家山而名濮山，因本地方言“濮”与“薄”同音，故又名薄山。海拔55.8米。

坳里山 Àolǐ Shān

山。位于光福镇西北部，坳里村西，东与葛舍山相连，南邻安溪山。以坳里村而得名。南北长260米，东西宽120米。海拔53米。山体由石英砂岩构成。

鲤山 Lǐ Shān

山。位于光福镇西南部。因该山形似鲤鱼，故名。长0.6千米，宽0.3千米。海拔46.6米。山体由石英砂岩构成，西南角有闪长花岗斑岩。

东头山 Dōngtóu Shān

山。位于光福镇西南部，漫山岛东南部，与西头山连在一起。被岛上村民称为南山。因在漫山岛最东面，故名。海拔40米。山上植物有麻皮松、香椿树、山杨树等。

庙山 Miào Shān

山。位于光福镇西南部，潭山东南2.1千米。东为中宝里，西、南为太湖，北为竺山。因位于邓尉庙西，亦名西山。又因山边有清康熙六年（1667）状元缪彤墓，故而山名以“缪”的谐音称庙山。山体呈团形，长宽均为0.17千米。海拔22米。

官山岭 Guānshān Lǐng

山。位于光福镇西部。东至涧上，西至上官山。东西走向，长650米，宽8米。因山坡有官宦人家坟墓，人们称其为官山。此处为陆路通道。1965年开凿交通道路，后多次扩建，岭高降低4米，路面初为泥沙、后改为砂石、水泥，今为沥青。

东洞山 Dōngdòng Shān

山。位于光福镇西南部，漫山岛东北部，与北山连在一起。因山体位于东面，又有湖水冲刷而成的小岩洞，故名。为一圆形小山。由石英砂岩构成。

小浮山 Xiǎofú Shān

山。位于光福镇西南部，北山与长浮山之间，为冲山支脉。因此山在冲山所有支脉中最小，故名。长

136米，宽80米。原是冲山边一个小岛，1970年围湖造田后，变为一湖边小山。20世纪80年代冲山村在此建铸件厂，以致山体缺损，高度降低。

北山 Běi Shān

山。位于光福镇西南部，冲山村西北部。南接冲山自然村，东、西、北三面环水。因此山在冲山自然村北面，故名。又称北敞。《苏州市吴文化地名保护名录》载："冲山主峰大南山，周围有长浮、癞头浮、箬帽浮、小浮、北敞五座小山……"。今称北山。为冲山支脉。长500米，宽300米。云峰寺、新四军纪念馆、冲山村北山生态果园就坐落在此山上。20世纪70年代开山采石，山体东北部缺损。

白浮山 Báifú Shān

山。位于光福镇西北部。清《太湖备考》称白浮。20世纪60年代后期，改称红湖山，1980年普查地名时，复名白浮山。山体呈椭圆形。海拔31.5米。东西长300米，南北宽200米。民国《吴县志》称白浮是太湖七十二峰中最小的山。1965年在岛上建造房屋，供太湖渔民定居。20世纪70年代开山取石，白浮山西坡和北坡部分山体破坏。

穹窿山 Qiónglóng Shān

山。位于光福镇东南部，处于光福、木渎、胥口三镇和香山街道之间。绵延于苏州古城西部。因山形中间隆起，四边下垂，故名。意指在江南平原大地上突兀隆起的一座高高的大山，耸入云霄，直插蓝天，古名钟山，又称钟吾山。东汉《越绝书》称钟穷隆山，谓："古赤松子所取赤石脂处。"唐陆龟蒙云："太湖中穹崇山，有铜阙，即此。"宋《吴郡图经续记》载"旧传赤松子食桂实、石脂，绝食仙去。尝于此山采赤石脂"。明《姑苏志》载"两岭相趋，名曰铜岭"。清《穹窿山志》称其"第八洞天"。山脉呈西北—东南走向，长约7.5千米，北高南低，北宽南窄，最宽处4千米，平面呈"耳"字形。山体由石英砂岩构成。主峰笠帽峰，海拔341.7米，是苏州群山之冠，吴中之巅，吴郡第一山。2006年设立吴中区穹窿山风景管理区，现为国家AAAAA级景区。

小王山 Xiǎowáng Shān

山。位于木渎镇西部，穹窿山东麓印泉路北。为穹窿山东南支脉。东面对灵岩山，西背倚穹窿山，北望阳山。李根源《吴郡西山访古记》载："考小黄山，一名小王山，又名琴台山，穹窿山中干也。"山由石英砂岩和黄土构成，呈黄色，故名小黄山，吴语黄、王不分，讹传为小王山。南北长400米，东西宽300米。山体呈浑圆状。海拔53.9米。群山拱护，形胜地美。山上林木苍翠，植被良好。

寿山 Shòu Shān

山。位于木渎镇西部，穹窿山西侧支脉上。梁武帝天监年间，帝见穹窿延脉如青龙卧地，顺势蜿蜒其峰巅祥云浮动，烟岚奇秀，叹为观止，真是一方聚灵胜境。旋即在此建造规模宏大的寿山禅寺，并塑罗汉五百尊，雄伟壮观，僧徒遥百，香火极盛。赐名"福海寿山湾"，寓"福如东海，寿比南山"之意。寿山由此而得名。东西走向，长500米，宽100米。是历史上著名的佛教圣地。有清刑部尚书桂龄、韩葑之墓。

金鸡山 Jīnjī Shān

山。位于木渎镇西南部。东面遥对灵岩山，西面靠穹窿山，南为穹窿山景区南大门，北为穹窿山景区北大门。太阳一出即照到此山。相传此山能经常听到雄鸡鸣啼，故名。为穹窿山一分支，朝东走向。半山有金鸡山名人公墓群。

七子山 Qīzǐ Shān

山。位于木渎镇东南部。山体绵延于吴中区木渎镇、临湖镇、越溪街道和虎丘区横塘街道。因主峰山顶有7个高墩，相传是古人埋葬7个儿子的地方，故名。唐《吴地记》称横山、据湖山。元丰《吴郡图经续记》引《隋书•十道志》："山四面皆横，盖以此得其名也。""又名锯湖山（锯或作据）""隋开皇中，尝迁郡于横山东，亦以是山为屏蔽也。"宋《吴郡志》："山临太湖，若箕踞之势。"《姑苏志》："吴越钱氏葬忠献王元璙于此，建寺，其趾曰荐福，又名荐福山。山有五坞，又名五坞山。"即芳桂、飞泉、修竹、丹霞、白云五山坞。"后人又以堪舆家言，称为九龙坞。"康熙《苏州府志》："山之岭九，九岭各有墩，中空，为藏军处。"今统称七子山。主峰七子山，海拔296.4米。为苏州境内第5高峰。大致呈北东走向。长约6.5千米，最宽处4.5千米。面积25平方千米。

姑苏山 Gūsū Shān

山。位于木渎镇东南部，珠江南路南端西侧。宝带西路有隧道下穿。为七子山西北余脉，距七子山主峰1.9千米。一名姑余山、姑胥山，吴王夫差得神木筑姑苏台于其上，故名。又称紫石山，俗称和合山。海拔60.2米。山体由石英砂岩构成。隋开皇九年（589）二月，隋将宇文述平定吴地，取姑苏山之名，改吴州为苏州，苏州之名从此称。

尧峰山 Yáofēng Shān

山。位于木渎镇东南部。是七子山向西南延伸的支脉。相传因帝尧巡览太湖而名，又传帝尧时洪水泛滥。人们避水山上，故一名免水山。山分上中下三峰，主峰高224米。

凤凰山 Fènghuáng Shān

山。位于木渎镇东南部，七子山主峰西北0.6千米处。《木渎镇志》中记载，因形似凤凰，故名。为七子山的支脉，海拔256米。长1.3千米，宽1.3千米。山体由石英砂岩构成。山下有凤眼井。

福寿山 Fúshòu Shān

山。位于木渎镇东部，石湖、上方山西，七子山主峰东北2.7千米处。福寿山是七子山中的山体之一，长0.5千米，宽0.3千米。海拔101米。山体由石英砂岩构成。

万禄山 Wànlù Shān

山。位于木渎镇东部，七子山北。姑苏山西，福寿山东，东南距七子山主峰1.9千米。也称岷山、民山。海拔60.2米。为七子山支脉，附连于横山。山体由石英砂岩构成。

天平山 Tiānpíng Shān

山。位于木渎镇北部，灵香山北。绵亘于吴中区木渎镇、虎丘区枫桥街道之间。东南为金山，南连灵岩山，西北通华山、天池山，北接寒山岭和观音山。北宋《吴郡图经读记》称太平山，因山顶平正而名。山势高峻，一称白云山；因范仲淹高祖葬于山之东坞，俗称范坟山。山体南北走向。南北长4.4千米，东西宽1.4千米。主峰海拔201米。怪石、泉水、古枫为天平山“三绝”有曲桥荷风、桃涧春汛等十八景。天平山是全国四大赏红叶之地。

秦台山 Qíntái Shān

山。位于木渎镇北部，天平山西侧环山公路西。为天平山次峰。相传秦始皇游会稽郡时登临此山，峰顶有大石，上刻有“秦台”二字，故名。曾名晨台山或神台山，又称云山，自秦皇登此，改成“秦台山”。海拔38米。山体由花岗岩构成。

灵岩山 Língyán Shān

山。位于木渎镇中部偏北。唐《吴地记》称灵岩山，山多奇石，状如灵芝，故名；山西麓嶬村出产板岩，可作石砚（俗称澄泥砚）等石雕产品，山南有石鼓。宋《吴郡图经续记》称为砚石山，又名石鼓山。《吴郡志》案《郡国志》曰：“吴山，离宫在石鼓山”。山南峭壁如城，故又名石城山；远望山势右旋似巨象回顾，亦称象山，今名灵岩山。主峰灵岩山高程182米。南北走向，跨度纵向2.3千米，横向1.2千米。山体呈独立状，地表均黄砂土，种有松、毛竹、桃等经济林。

天池山 Tiānchí Shān

山。位于木渎镇北部。横贯吴中区木渎镇、虎丘区枫桥街道。南与五峰山相连，北与贺九岭、鹿山相接。天池山一山二名，东坡称“华山”（古“华”与“花”相通，读作“花山”）；西坡称天池山，因山腰有池，横浸山腹，由此得名。主峰莲花峰（山巅巨石高数丈，上宽下窄，兀立危如累卵，状如千叶莲花，故名），海拔169米。山腰有元代所建寂鉴寺三座石屋，是江苏省内仅知的元代石构仿木建筑。山体由细粒花岗石构成，山峰陡峭，多奇石，自成一景。山上有钵盂泉、虎跑泉、盈盈泉、洗心泉等。

焦山 Jiāo Shān

山。位于木渎镇中部，南与灵岩山相连。因山体岩石裸露，基本无植被，故名焦山，“焦”在此指“光秃”之意。民国《吴县志》称焦山，亦名大焦山。今名焦山。南北长2.5千米，东西宽约2千米。主峰海拔200米。山体由花岗岩构成。

五峰山 Wǔfēng Shān

山。位于木渎镇西北部，穹窿山东北，天池山西南，东与焦山、灵岩山毗邻。明《姑苏志》称小白阳山、伏龙山，又称清流山；民国《吴郡西山访古记》称五峰山，因山有五峰，故名。今称五峰山。山体呈东北—西南走向。主峰五峰山，海拔101米。山体由砂页岩及花岗岩构成。山上林木葱郁。

银顶山 Yíndǐng Shān

山。位于木渎镇西部。在五峰山北部，天池山南部，西麓有白象湾生态旅游区。其山为五峰山北峰，是五峰中最高的山峰，故名。其山有几条隆起的山冈，犹如白象的腿或鼻子，故有白象湾之名。海拔113.5米。长约1200米，南北走向。山体主要以砂页岩和花岗岩构成。

雅宜山 Yǎyí Shān

山。位于木渎镇中部偏西。穹窿山北，绕城高速公路光福互通东，与光福镇交界处。元代倪瓒《雅宜山竹枝词二首》云："旧名娜如山，盖虞道园所命名。"明《姑苏志》载："雅宜山，本名雅儿。"唐青州刺史张济女雅儿葬此，故名。或云虞集改今名。明末清初太仓画家王鉴绘有《雅宜春色图》。山体呈东北—西南走向，长1.6千米，宽1.2千米。主峰借尼山海拔82.7米。山体由砂页岩构成。

马岗山 Mǎgǎng Shān

山。位于木渎镇中部偏西。东临银顶山，西望雅宜山北有官山，北有官山为借尼山次峰。因山顶原有马公庙，故名。清乾隆《吴县志》称马山，山体形似山岗。今称马岗山。海拔69.4米。南北走向，长约1.75千米。山体由砂页岩构成，可用于制作苏砚，山坡上有多处开采后留下的洞穴。

砚台山 Yàntái Shān

山。位于木渎镇中部偏西。为雅宜山次峰。因山岩可以制作砚台，故名。据民国《吴县志》载："马岗山在穹窿山北，其南与善人桥相近，山石中砚材，土人凿坑取之，故今但呼为砚石山……"海拔88.5米。南北走向，长1750米。山体由轻度热变质的砂页岩构成，被开采用于制作砚台，山坡留有多处洞穴。

万台山 Wàntái Shān

山。位于木渎镇中部偏西，穹窿山北。为借尼山次峰，位于主峰西北0.6千米。因山顶比较平整的山石较多，故名。海拔59.9米。山体由砂页岩构成，可用于制作苏砚，山坡上有多处开采砚石留下的洞穴。

蒸山 Zhēng Shān

山。位于木渎镇西北部。玉屏山东，借尼山东北，天池山西。跨吴中区木渎、光福和苏州虎丘区东渚三镇（街道）。明《姑苏志》载："贞山，初名蒸山，以其云气如炊也。"吴语贞、真同音，讹诈真山。今称蒸山。海拔162米。山体呈东北至西南再折东L形走向，长约1.5千米，呈椭圆形。山体由砂页岩和黏土构成，有陶瓷粘土矿矿点和铁矿矿化点等。20世纪70～80年代北坡曾被开采高岭土。

鸡笼山 Jīlóng Shān

山。位于木渎镇。《木渎镇志》载：天平山次峰，因形似鸡笼，故名。位于主峰西南0.8千米，高程75.2米。为花岗石山体。山不高，有两峰。其上乱石嶙峋，杂树苍苍，藤蔓垂挂，仿佛一座硕大的山石盆景。次峰更奇，山巅险峻异常，数块怪石笔立，上面还卧着几块奇石，危如垒木，现称"五人撑伞"。山上有"夕照鸡笼"四字石刻。

赤山 Chì Shān

山。位于木渎镇西部，天平之右秦台山，山南则羊肠岭。因山石多赭色，故名。王鏊《姑苏志》（卷八）："岭之南为赤山，长可数里，土石多赭色。洪武初诗人杨基家其下"。明崇祯《吴县志》："泰伯墓在灵岩山西北麓敕山坞，前代屡有敕赠，故名。其地有三让原，至德乡。"

庙山 Miào Shān

山。位于木渎镇西北部，藏北村北面。为鹿山之西峰。因山南麓原有一座高坡土地庙，故名。海拔85米。山体由花岗石构成。1964年至2000年被当地"庙山石料厂"开采过。

鳝山 Shàn Shān

山。位于木渎镇西部。在天池村境内中西部，藏北路西侧。其山因形似黄鳝，故名。海拔25米。是燕山向东南延伸的支脉。长约1000米，宽60～150米，是不高的一座长山。

清明山 Qīngmíng Shān

山。位于胥口镇，西南临太湖，清明山向西过胥江为穹窿山东南支脉香山，清明山东即尧峰山。又名胥山。北宋《吴郡图经续记》载："《寰宇记》云：'吴王杀子胥，投之于江。吴人立祠江上，因名胥山。'"山有清明寺，后以寺名改称清明山。清明山形似琵琶。山体呈东西走向，东宽西窄，最宽处长1500米，东部宽而西北部窄，山体由石英砂岩构构成。长约3000米，海拔191米，东端为皋峰山。西端山坡是胥山，海拔168米。山顶平旷，有废石基，相传为春秋时期吴国姑苏台遗址。皋峰东南吕蒙坞，深约1500

米。20世纪50年代起开山采石，2000年停采。清明山下胥王庙始建于周敬王三十六年（前484），后多次重建。2005年再次重建。2004年10月，筹资3000万元重建胥王庙。2006年竣工开放。

皋峰山 Gāofēng Shān

山。位于胥口镇。为清明山次峰，位于主峰东400米。东与尧峰山相望。清乾隆《吴县志》称高峰山。民国《吴县志》载："旧传尧峰因帝尧省方巡览震泽而名，皋陶从帝曾于此听断，故名皋峰。"今称皋峰山。民国《吴县志》载："皋峰山，在胥山东南，东距尧峰甚近，山阴石壁，有宋米芾书'皋峰奥区'四字。""山顶有石筑基址，传为吴王殿基，或云即是姑苏台址。"皋峰山海拔153.1米。20世纪50年代起开山采石，2000年基本停采。"皋峰奥区"石刻已无存。

东洞庭山 Dōngdòngtíng Shān

山。位于东山镇西部。明《姑苏志》载："莫厘山，相传莫厘将军所居，一名胥母（音无）。以其在洞庭之东，称东洞庭山。"后称洞庭东山，简称东山。西、北部临太湖。呈东北—西南走向，长10千米，宽3千米，把东山半岛分前山和后山两部分。山脉之东称前山，西则称后山。主峰莫厘峰位于东洞庭山东北端，俗称大尖顶，海拔293.5米。山体主要由泥盆系石英砂岩构成，夹粉砂岩和泥岩。

莫厘峰 Mòlí Fēng

山。位于东山镇北部，在洞庭东山北部。明《姑苏志》载："莫厘山，相传莫厘将军所居。"清《太湖备考》称大尖顶，今名莫厘峰。海拔293.5米，为东洞庭山主峰。峰巅有慈云庵，毁于1968年，2009—2011年复建。"莫厘远眺""厘峰积雪"均属"东山八景"。

虾蝃岭 Xiādì Lǐng

山。位于东山镇西部，在东山莫厘峰之西。亦名"廿四弯"。清《具区志》称虾啜岭和廿四湾，起于前山曹坞，止于后山陆巷，山陡难以攀爬，只能迂回曲折行走，到达岭上共24个弯道，故名。今称虾蝃岭。海拔160米。原为前后山交通要道，20世纪70年代建成环山公路后，廿四弯成为旅行者欣赏山景之路。

磨盘顶 Mòpándǐng

山。位于东山镇西部，东洞庭山东北端，与虾蝃岭、鹰窝顶、阳山相邻。因山顶形如磨盘，故名。为主峰以下的分支山岭。海拔196米。

葑山 Fēng Shān

山。位于东山镇南部。又名龙头山、大龟山。葑，即菰（茭白）之根。清代葑山为岛，周围沼泽中生长着野茭白，故名。明万历年间，在山上建造石龙头，故又名龙头山。清《太湖备考》称葑山、龙头山。今称葑山。海拔30.5米。原为小岛，后泥沙淤涨连接陆地，毗邻具区港。葑山南坡葑山禅寺是苏州市文物保护单位。

寒谷山 Hángǔ Shān

山。位于东山镇西部。清《具区志》称寒山，一称韩山，今称寒谷山。山丘滨湖，海拔41米。山顶有数块巨石，上有极似脚印的痕迹，称仙人石。山上建有含山公园，占地面积1.1万平方米，有假山、石池和静观楼等建筑。为观赏夕阳极佳处，"寒山落照"是东山十景之一，也是陆巷古村景区的重要景点。

武山 Wǔ Shān

山。位于东山镇中部，渡水桥东南。又名西泾山、虎山。明《姑苏志》载："武山，在东洞庭之东，本名虎山，相传吴王养虎于此，后避唐讳改今名。"今称武山。武山主峰西泾山，海拔36.43米。山顶原有武峰庵，庵后多大石，东南有宋驸马都尉郑钊墓。山顶有西泾亭，亭旁有井，为石英砂岩裂隙水，终年不涸。南坡为苏州市疗养院主体建筑。

箬帽峰 Ruòmào Fēng

山。位于东山镇西北部。又称"小莫厘"。因形似箬帽，故名。海拔173米。吟风岗上面、莫厘峰下不远处，为一处较为平坦开阔的地块，为登莫厘峰的必经之地。

翠峰 Cuì Fēng

山。位于东山镇西北部。海拔240米。古时该处寺庙、殿宇众多，后随年代变迁，寺殿均毁，日趋荒芜。历代著名诗人白居易、李弥大、范成大、王鏊、文徵明等均留有游翠峰寺诗。

阿五墩 Awǔdūn

山。位于东山镇西南部。李根源《吴郡西山访古记》称"演武墩"（当地村民把它叫成"阿五墩"），是春秋时孙武子在此排兵布阵的地方。海拔173米。

为杨湾村上湾自然村东边最高峰。山顶较为平坦，但巨石遍地，登顶可鸟瞰太湖。

张公山 Zhānggōng Shān

山。位于东山镇东南部。因旧时有一张姓老叟居其山腰，故名。海拔140米。为湾里到寺前最高峰。

玉笋峰 Yùsǔn Fēng

山。位于东山镇西南部。东为庵头岭，南为牛角尖岭，西为朱甘岭，北为平场里。因形如竹笋，故名。海拔108米。1919年李根源题“玉筍峰”石刻存于山峰。

法海坞 Fǎhǎiwù

山。位于东山镇西南部，莫厘峰南约1千米。因山坞内有法海禅寺而得名。海拔80米。法海坞谷深曲折达2千米，法海寺于谷底80米处，是隋莫厘将军舍宅所在。

沙泥山 Shāní Shān

山。位于东山镇东南部。杨湾自然村与上湾自然村相邻处。因山上以石英砂岩为主，故名。海拔60米。

行山 Xíng Shān

山。位于东山镇西南部。三山岛有大姑、小姑、行山三座山峰，行山是其中峰。海拔60米。

南望山 Nánwàng Shān

山。位于东山镇西南部。东、北至太湖。春秋时属吴国前沿，隔太湖可望见越国。相传吴王曾在此设瞭望哨，观察越国军队动向，故以南望、北望之称。南望山就此得名。山体呈东西走向。主峰海拔55.7米。

石门顶 Shíméndǐng

山。位于东山镇西南部。东为金湾村第1～6村民小组，南为大咀山，西为槎湾，北为碧螺村。因进山口有一形如大门的石头，故名。海拔45米。

北望山 Běiwàng Shān

山。位于东山镇西南部。距南望山东北约1.2千米。古时吴王曾在此置瞭望哨观望越军动向而名。海拔43.4米。

小姑山 Xiǎogū Shān

山。位于东山镇西南部三山岛上。春秋时期，吴王阖闾拟将妹妹胜玉公主和亲嫁到越国，胜玉公主“宁死不出吴国地”，在三山岛附近水域（当时，出三山门就是越国的水域）跳湖自尽，夫差继吴王位后，为纪念姑姑，将此山命名为小姑山。海拔30米。

西湖小山 Xīhú Xiǎoshān

山。位于东山镇西南部太湖中的三山岛上。因位于三山村西湖堡附近太湖边的一个小山头，所以叫“西湖小山”。海拔15米。

板壁峰 Bǎnbì Fēng

山。位于东山镇西南部三山岛上。石削陡立，形似板壁，似水石盆景中之水石，故名。海拔10米。

铜鼓山 Tónggǔ Shān

山。位于东山镇，长圻港口之南侧。为沿湖露出水面的岩石墩。其南与东大圩相连。墩中空，脚踏其上，便有“咚咚”之声，如击铜鼓，故名。铜鼓山临太湖，向西南可望见太湖湖面；风大浪高之日，波涛汹涌，震撼山岳，十分壮观。

金铎山 Jīnduó Shān

山。位于金庭镇中部偏北，在金吴、东村之间，太湖之滨。明《姑苏志》载：“金铎（相传吴王藏金铎于此）。”清乾隆《吴县志》载：“《洞庭记》云：吴王藏金铎于此。”金铎山为西洞庭山支脉。海拔108米。山地种有林、木、茶、果等。山北麓湖滨尚存“十二生肖石”，是保存较好的太湖花石的活标本。金铎山西龙峰顶，有法华寺，建于梁大同年间，寺旁有惠泉、一箬泉。原存明正德四年（1509）王鏊重游法华寺诗碑，现藏于苏州大学博物馆。山之南麓有徐缙之祖徐震、父母徐潮夫妇及原配夫人王氏（王鏊长女）墓。法华寺东南有明广东佥事郑准墓，郑准为角里人，建墓后，有守墓子孙四五家从角里迁至金铎村居住，衍传至今。

缥缈峰 Piāomiǎo Fēng

山。位于金庭镇中部。明《姑苏志》称为太湖七十二峰之首，常为云雾笼罩，犹如传说中的缥缈仙境，故名。又名杳眇峰。西山岛主峰，为太湖七十二峰之首，海拔336.6米。为苏州第二高峰。东西绵延11千米。峰巅有状似鹰嘴之巨石，称鹰头石，镌有近代名人李根源所书“缥缈峰”三字。缥缈峰地处西山中心，周围有龙穴、紫云泉、仙人台等名胜，“仙人台”

相传为汉代商山四皓聚会弈棋之处。峰西水月坞有“无碍泉”，其下为水月溪。现有果园2000余亩，茶园2000余亩，30多种野生动物。

笠帽顶 Lìmàodǐng

山。位于金庭镇中部，缥缈峰东1.9千米处。山顶形似一顶笠帽状，故名。海拔293.3米。

馒头山 Mántou Shān

山。位于金庭镇南部。东为许巷里，南为潜龙岭，西为消夏湾，北为四龙山。因山形似高高的馒头，故名。

驼背山 Tuóbèi Shān

山。位于金庭镇西山岛西北部，大昆山东。因山腰间有凸出山体，似人驼背的样子，故名。海拔215.3米。

野猫洞山 Yěmāodòng Shān

山。位于金庭镇东部。因过去野兽较多，故名。为包山坞一体的另一峰。海拔218.1米。民国生长松柏为主，为包山寺静善堂庙产，1948年静善堂瑞伦法师安葬在此山坞口。

罗汉山 Luóhàn Shān

山。位于金庭镇东部，缥缈峰东南，秉常村罗汉坞内。以罗汉寺而得名。海拔142.7米。罗汉山南为鸡笼山。罗汉寺就在山下坞里。罗汉寺建于后晋天福二年（937），明洪武初归并上方寺。寺前有两棵古香樟树和一棵古罗汉松，树上紫藤盘旋攀附。寺后军坑泉相传为春秋时期吴国军队开挖，俗称龙王池，分雌雄两口，紧密相连。寺东面山坡上有宋代宰相黄潜善墓，俗呼阁老坟。

鸡笼山 Jīlóng Shān

山。位于金庭镇东部，包山之南。四周山岗起伏，峰嶂叠影。南以四登山为屏，北以吴家山为障，西有包山坞烘衬，东与太湖隔村相望。因其顶部有土墩状似鸡笼，故名。鸡笼山体量并不大，周长不过400米，海拔25.7米。相传南宋的工部尚书李弥大老年时就隐居在此，与梅相伴。鸡笼山历来以种梅称吴中，故得雅号鸡笼梅雪。

大昆山 Dàkūn Shān

山。位于金庭镇中部，西山岛西北部，梅益、涵村、坞里三村间。意指子孙后代的大山。缥缈峰东1.9千米为笠帽顶。笠帽顶北为大昆山，海拔307米。

貌虎顶 Màohǔdǐng

山。位于金庭镇北部。因山顶貌似一只老虎的形状，故名。海拔146.7米。其西南环山公路旁有清康熙四十一年(1702)建造的植里古道和古桥。

帘子山 Liánzi Shān

山。位于金庭镇北部。以山高而直，远看似一张帘子而得名。海拔123.5米。

徐宅山 Xúzhái Shān

山。位于金庭镇中北部。古称碧螺峰。因山下有徐氏大族聚居，故名。海拔67.2米。山质是青石山。

东湖山 Dōnghú Shān

山。位于金庭镇北部，与西湖山相对。因山上有一池，名“东小湖”，因池名而名。海拔31.2米。昔年有东湖寺，现池存寺无。

北门岭 Běimén Lǐng

山。位于金庭镇中部。西山地质公园北为弹子岭，再往北为北门岭。海拔199米。

石屋顶 Shíwūdǐng

山。位于金庭镇西部。因山顶形似房屋的屋顶，故名。缥缈峰西1.8千米为小峰顶，其次为石屋顶。海拔143.7米。

平龙山 Pínglóng Shān

山。位于金庭镇西部。因山形似龙、坡度平缓，故名。海拔120米。跨度东西1.6千米，南北1.1千米。山体呈圆锥形，由泥合系石英质砂砾岩构成。山顶山腰以薪炭林为主，下部主要种植茶树和花果等经济作物。

野坞山 Yěwù Shān

山。位于金庭镇西南部。野坞山因所在位置深远，处于群山之后。在过去因其偏远的缘故，该山一直非常荒凉，人迹罕至，野草树木杂乱丛生，故名。海拔211米。

大埠山 Dàbù Shān

山。位于金庭镇西部。山坞口筑有大埠码头，称大埠山。大埠就是较大的码头。古代，太湖营游击衙署衙门下有衙里港码头称大埠，山因码头而名。海拔55.2米。清乾隆《吴县志》称大步山。

甪头山 Lùtóu Shān

山。位于金庭镇西部，禹王庙西南，平龙山西北。清康熙《具区志》引宋称谓甪头山，相传汉初甪里先生隐此，故名。海拔120米。甪头山为古代太湖兵防重地。旧有甪头巡检司衙门，九品廉吏暴式昭于清光绪十一年（1885）至光绪十六年（1890）在苏州府太湖厅西山甪头巡检司任从九品巡检官，留下清廉从政的千古佳话。1992年设名流陵园到2017年已成全山墓园。存民国元老李根源题“甪头寨”摩崖石刻。

攒云峰 Cuányún Fēng

山。位于金庭镇东中部，缥缈峰东。清《太湖备考》称攒云岭，今称攒云峰。因山顶云雾缭绕，故名。海拔187.9米。山麓原有福源寺。

飞仙山 Fēixiān Shān

山。位于金庭镇西南部。因古有仙鹤飞于其上，故名。清《太湖备考》称飞仙山。海拔155.8米。山麓有宋驸马秦仪与娥明公主墓，为苏州市文物保护单位。

唐介山 Tángjiè Shān

山。位于金庭镇东北部。又称圣姑山、鸿鹤山。山上原有圣姑庙。海拔4.5米。石灰岩丘陵，原产太湖石，北宋时被采空，现辟有果园。《吴郡志》在“圣姑庙”条后载有唐皮日休、陆龟蒙题诗。

天王山 Tiānwáng Shān

山。位于金庭镇北部，西洞庭山主峰缥缈峰东北，坞里村天王坞西。以天王寺而得名。海拔226.7米。天王山东有天王坞，坞内原有天王寺，建于唐大中元年（847）。明洪武初归并上方寺。清中叶后衰败。20世纪50年代末被毁，遗址尚存。天王寺北有石板泉，因泉出石板之间，故名。坞内有1970—1973年建造的天王坞水库。

西湖山 Xīhú Shān

山。位于金庭镇北部，与东湖山相对。因山上有一池，名“西小湖”，故名。海拔101.6米。西湖寺始建于梁大同年间，毁于20世纪60年代后期。西湖寺东有玉椒泉，水清味甘，池北有1929年李根源所题“海火池”石碑。

林屋山 Línwū Shān

山。位于金庭镇东部。又称龙洞山。山西麓有石灰岩溶洞，洞内广如大厦，石立成林，顶平如屋，故名。唐《吴地记》称“十大洞天之第九，林屋洞天也”。山因洞名。又因洞体似龙，一称龙洞，林屋山因此又称龙洞山，今称林屋山。海拔58.9米。为石灰岩丘陵。山下有林屋洞，明朝大学士王鏊题为“天下第九洞天”，洞内面积约4200平方米。林屋洞洞中套洞，内有雨洞、隔凡洞、天后洞、金龙洞、丙洞和旸谷洞，别具一格。明代旅行家徐霞客曾到林屋洞考察。林屋山摩崖石刻为江苏省文物保护单位。现为金庭镇主要风景区。

元山 Yuán Shān

山。位于金庭镇东部，东、南、北为太湖，西至元山村。《吴郡志》载：“有石闯出如鼋首，相传以名。”吴语鼋、元同音，后省称元山，沿用至今。元山为石灰岩山丘，主峰海拔190米。山北原有唐代宝石院，废于清末。元山石是优质碑材料石，自唐代至20世纪末采凿不断，地面遗存已尽。

龙头山 Lóngtóu Shān

山。位于金庭镇，西山岛西南部。清乾隆《吴县志》载：“临水有石如龙。”故名。该书又称山为龙头山、大龙渚、小龙渚、圻山、龙山。今称龙头山。海拔83.3米。龙头山为石灰岩小丘。

四龙山 Sìlóng Shān

山。位于金庭镇东南部，东临太湖。山上有四老爷庙，相传四老爷为梁武帝第4个玄孙，故名。《西山镇志》载：四墩山，在石丰村仇巷东，又名四龙山。据山形实为四峰之山。南北走向。南北长2.3千米，东西宽1千米。主峰四龙山，海拔122.2米。主峰北400米为第二峰，海拔104.8米；主峰南900米为第三峰，海拔80.5米；主峰东南300米为第四峰，海拔82.0米。山体由石灰岩构成，山上种植梅子、板栗、银杏、杨梅等果树，其中板栗产量较大。四龙山东南有可盘湾。

禹期山 Yǔqī Shān

山。位于金庭镇东北部。宋《吴郡志》载：“旧说禹导吴江，以泄具区，会诸侯于此。”故名。《洞庭记》称禹迹山。清《太湖备考》载；“山下有村曰前湾，故俗称前湾山，忘其为禹期矣。惟山顶主峰俗呼乌峰顶者，间有人称禹期峰。”海拔153米。宋代，山在太湖中；清代，与西山岛相连。石灰岩丘陵，现绝大部分被开采。山下原有普济寺，一名文化寺，三国时东吴太傅阚泽舍宅而建，毁于20世纪60年代后期。寺东有吴太傅阚泽墓，当地俗称将军坟；清光绪十一年（1885），角头司巡检暴式昭修复墓地，清俞樾重新题字并刻碑；民国时期，吴中保墓会重修。20世纪60年代开文化港（河），墓被废土埋没，墓碑露出少许，现俞樾题写的墓碑存古樟园内。

渡渚山 Dùzhǔ Shān

山。位于金庭镇北部。东为大庭山，西、北为太湖，南为西洞庭山路。明《姑苏志》载："渡渚（吴王尝于此渡军）。"清乾隆《吴县志》载："相传吴王伐越于夫椒，尝渡军于此。"故地称渡军渚，山名渡渚山。海拔134.6米。相传五代吴越王渡湖到西山，寺僧在渡口迎接，吴越王赐名侯王院。南宋庆元四年（1198）建为寺。明洪武初归并上方寺。清康熙年间（1662—1722）毁于火灾。清《太湖备考》："渡渚山，在西山东北，水断桥连（辛桥），居民百余家。"

毛公山 Máogōng Shān

山。位于金庭镇中部。因山下有毛公坛，故名。海拔311.9米。毛公山下果树林立，泉水清澈甘美。毛公坛被列为道家第四十九福地。毛公，就是汉朝道士刘根，绰号毛公。他在此隐居修炼，因而山、坞都因他得名为毛公山、毛公坞。毛公坞外曾有双塔高耸，双塔旁的村落因而名为双塔头，如今塔毁名存。

凌云峰 Língyún Fēng

山。位于金庭镇涵峰南，砂碛岭南。山体有一凌云石，石上有很深两个脚印，传说乃仙人脚印，故名。海拔187.9米。这是堂里村陈巷村民的茶果、山林之地。

香亭山 Xiāngtíng Shān

山。位于金庭镇西南部。山脚下有庙有亭，因山上沈氏建祠祭祖进香，故名。海拔150米。山上种植茶树、枇杷、橘子等经济作物。

牛场山 Niúchǎng Shān

山。位于金庭镇中部。西麓山顶名石屋顶，因形似牛，故名。海拔143.7米。1929年李根源题"游赏岭"石刻在山坡上。

潜龙山 Qiánlóng Shān

山。位于金庭镇东南部。东靠潜龙岭，南望扇子山，西靠南湾山，北靠明湾。因山体貌似一条潜龙，又紧靠潜龙岭，是上潜龙山的必经山脉，即龙的本身，故名。海拔110.22米。山上种植杨梅、枇杷、茶叶树等。

花山 Huā Shān

山。位于金庭镇西部。因山下有花山寺，故名。海拔105.7米。据《西山镇志》载："花山寺建于唐开成四年（839），现在寺毁名存。"

潜龙岭 Qiánlóng Lǐng

山。位于金庭镇南部。东为莫坞顶，西为潜龙山，南为扇子山，北为旸坞。曾有传说金家坞上面有条潜龙岭，岭下有一水龙在作怪。因紧靠潜龙山，是上潜龙山的必经山脉，即龙的本身，加上地势弯曲起伏，称潜龙岭。海拔101.1米。山上种植杨梅、枇杷、茶叶树等。

石头山 Shítou Shān

山。位于金庭镇西南部。该山因裸露岩石太多，故名。又因山沟一岩石水向下流，声如雷响而名石头山。海拔80米。现为东里、庙东2个自然村的茶、果区。

横山 Héng Shān

山。位于金庭镇北部。古称甲山。众山皆东南向郡，独横山面东西，抵巨漫之至险，故曰横山。面积0.8平方千米。海拔79米。地势南高北低，为丘陵地形。山上种植茶树、枇杷、石榴、柑橘等作物。

七贤山 Qīxián Shān

山。位于金庭镇北部。是与七墩山为一体的另一座小山。相传村间有7名贤者居住，故名。海拔70.6米。这里是林屋村洞山下村民梅树区，可远眺林屋梅海一带。

南湾山 Nánwān Shān

山。位于金庭镇南部。东为潜龙山，西为消夏湾，南为蔡巷，北为大明湾。因山南环抱太湖并成湾，故名。过杨巷一山岭地处向南的浅山坞，称南湾山。山体呈馒头状。海拔68.2米。山上种植橘子、枇杷、茶等。古有春秋时期吴王避暑行宫。

大庭山 Dàtíng Shān

山。位于金庭镇东北部，东为太湖，西为渡渚山，南为东上，北为太湖。昔称金庭山。《太湖备考》

载："金庭山，一名庭山。"因与小庭山相对峙，故名。海拔62.9米。山上主要种植梅树、枇杷树等。

老鹤渚山 Lǎohèzhǔ Shān

山。位于金庭镇东北部，东为鹿村，西为辛村，南为鹿村，北为辛村。"玄阳稻浪"是西山十大古景之一。海拔60米。其上有玄阳洞，能容300人。19世纪70年代开采石灰石，已变形，山体已减少三分之二。

大马山 Dàmǎ Shān

山。位于金庭镇东部。东为梅园路、金庭路，西为马村，南为福源坞，北为东河新区。因西山马氏墓地，故名。海拔55米。山上种植杨梅树、梅树、栗树等。

东明山 Dōngmíng Shān

山。位于金庭镇。为里人郑氏坟山。海拔55米。《郑氏家谱》载："郑泾有东明山，山巅危石离列者，为石屋可以盘桓游憩，其下石板磅礴数亩，古木挺翠凌霄，尽可游览也。其岭则曰游赏。"

七墩山 Qīdūn Shān

山。位于金庭镇东部，东为前堡小山，西为焦山，南为洞山，北为后堡。因山顶有7个烽火墩，故名。海拔55米。山上种植茶树等。

大龙山 Dàlóng Shān

山。位于金庭镇西南部。古称大龙渚山。东为圻村，西为太湖，南为大寨圩，北为圻村。因山脉东西向，西高东低，形如长龙，故名大龙山。海拔54米。石灰岩丘陵，部分被开采。山南有牛仔乡村俱乐部。山脚下原有石佛寺，现剩下石佛洞，有观音菩萨一尊。山上种植枇杷、柑橘、青梅等。

泥安山 Ní'ān Shān

山。位于金庭镇西南部。相传山脚下有条地下暗河直通山涧，暗河中会涌出大量的鱼，吸引了很多渔民前去捕鱼，渔民们希望水中游鱼不断，故该峰得名泥（"泥""鱼"方言同音）安山。海拔51.2米。

干山 Gān Shān

山。位于金庭镇，横山东1千米，地处太湖之中。有大堤南通东村，西通阴山，山上种果树，故名。海拔48米。山体呈东西走向，为丘陵地形。古时是元人王鹏隐居处。

片牛山 Piànniú Shān

山。位于金庭镇东部，东为中腰里，西为七墩山，南为前堡，北为后堡。山上有一块青石，状似耕牛，其肩膀被敲去一片，故名。海拔44.8米。山上种植梅树、枇杷树、茶树、橘树等。

瓦山 Wǎ Shān

山。位于金庭镇南部。清《吴门表隐》载："太湖中有四昂，山甚小而不没，称地肺……南昂在镇夏湾众安洲，名瓦山，并祀水平王。"海拔42米。旧有禹庙、霖泉、西施井等。

黄犊山 Huángdú Shān

山。位于金庭镇东北部。古称鸿鹤山。因形似牛背，故名。海拔34.8米。"黄犊辛劳"之义，山称黄犊，村称"辛村"。山上种植梅树、枇杷树等。

福源山 Fúyuán Shān

山。位于金庭镇东部，东为林屋村，西为涵村，南为梅益山，北为大马山。寓意福泽绵延。海拔33.9米。山上种植橘树、枇杷树、茶树、梓树、松树、栗树等。

昂山 Áng Shān

山。位于金庭镇西部。又称北昂山。为太湖四昂之一。海拔33.9米。史载："禹治水，三江既入，震泽底定。"相传大禹曾在西山的昂山和禹期山商议治水。后人在太湖之东昂、南昂、西昂、北昂各建一座禹王庙。现存为北昂禹王庙。近年新建的环岛公路从此经过，开采部分已经复绿，焕然一新。

屏风山 Píngfēng Shān

山。位于金庭镇东南部，东为太湖，西为龙坞。因中间一屏障，形平宽似屏风，故名。海拔33.1米。山上种植杨梅、橘子、茶。

天宫山 Tiāngōng Shān

山。位于金庭镇南部。相传曾在一场大雨后，雨雾环绕山顶，太阳照射下，山顶好似落下一座金碧辉煌的天宫，故名。海拔32.1米。

小龙山 Xiǎolóng Shān

山。位于金庭镇西南部。因在大龙山右侧，石片如龙鳞称小龙山。古称小龙渚山。海拔30米。为石灰岩丘陵，部分被开采。原为劳教农场。2001年开办牛仔乡村俱乐部，为旅游休闲地。

乌峰顶山 Wūfēngdǐng Shān

山。位于金庭镇北部。因该山早年是乌鸦栖身之地，故名。海拔18.3米。为石灰岩丘陵，大部分被开采，仅存部分山地种植枇杷树。

琴山 Qín Shān

山。位于金庭镇。明《姑苏志》称琴山。清《太湖备考》载："以形名。"一说山下裸露岩石被湖水冲刷出许多孔洞，波浪击打，回声似阵阵悦耳琴声，故名。俗称浮头山。今称琴山。面积0.01平方千米。琴山有石堤连接西山岛，琴山石堤即堂里古码头，位于堂里古村北侧堂里港口西北，建于清乾隆三十八年(1773)。2005年公布为苏州市控制保护建筑。

居山 Jū Shān

山。位于金庭镇东部。明《姑苏志》和民国《吴县志》称龟山，以形似而名；吴语乌龟读作"乌居"，故讹作居山。清《太湖备考》："龟山，在西山之东，亦产石。按，今涨接西山，中间止隔一港，俗称龟山港。"面积0.16平方千米。海拔25米。为石灰岩小丘，部分被开采。

大谢姑山 Dàxiègū Shān

山。位于金庭镇东部。谢姑山分为大、小谢姑两山。清乾隆《吴县志》载："有二女娟好相对立者，曰大谢姑山、小谢姑山。"今称大谢姑山、小谢姑山。是太湖湖湾中的石灰岩小岛。面积0.009平方千米。海拔4.5米，宽约150米。从"鸡冠"处向东南延伸200多米，穿越湖堤后伸入太湖中。

小谢姑山 Xiǎoxiègū Shān

山。位于金庭镇东部。谢姑山分为大、小谢姑两山。清乾隆《吴县志》载："有二女娟好相对立者，曰大谢姑山、小谢姑山。"在大谢姑山西北约500米处。是太湖湖湾中的石灰岩小岛。南北走向。海拔4.5米，长150米，宽100米。从"鸡冠"处向东南延伸200多米，穿越湖堤后伸入太湖中。北宋时曾在谢姑山开采花石纲，苏州的瑞云峰和冠云峰即开采于此。

【洞穴】

旸谷洞 Yánggǔ Dòng

洞穴。位于金庭镇东部。北为梅园。林屋洞出口处洞穴，因洞口朝南向阳，故名。西洞长15米，宽2米，高3米。1984年开发为旅游景点。

归云洞 Guīyún Dòng

洞穴。位于金庭镇南部。旧时因有形似一条白云的钟乳石垂挂洞口，如云方归而得名。高5米，长12米，宽8米。1984年开发为旅游景点。

桥千洞 Qiáoqiān Dòng

洞穴。位于金庭镇中部。东为东河村，南为南徐，西为天王门口，北为东河4组。洞名来由无考。在帘子峰海拔150米处。桥千洞长3米，宽2米，高1.5米。上尖下大，直对西山中心地带。

夕光洞 Xīguāng Dòng

洞穴。位于金庭镇西洞庭山石公山东南坡，东南至太湖。因该洞口向西，每当夕阳西下，一束余辉透过石隙射入洞内，光彩绚丽，故名夕光洞。高3米，长4米，宽2米。

林屋洞 Línwū Dòng

洞穴。位于金庭镇东部。洞顶平如屋，立石如林，故名。相传，古代有龙居洞内，且洞体似龙，又称"龙洞"，林屋山亦名"龙洞山"。全洞由雨洞、隔凡洞、天后洞、金龙洞、丙洞和旸谷洞6个小洞组成。据载，道家有十大洞天为仙人所居，此洞为其九，称"天下第九洞天"，又名"左神幽虚之天"，别称"天后别宫"。1981年对逐步淤塞的洞穴重新挖掘，1984年10月对外旅游开放。开放的古洞面积4200平方米，游程为1200米。林屋洞为石灰岩溶洞。洞内，洞中有洞，原有雨洞、丙洞、旸谷洞三洞会于一穴，今存其二。洞中曾有石室、龙床、银房、石钟、石鼓、金庭、玉柱、白芝、金沙、龙盆、隔凡门、石燕、隐泉、鱼乳泉等石景。洞口还有珍贵的摩崖石刻。

玄阳洞 Xuányáng Dòng

洞穴。位于金庭镇东北部。传说汉玄阳道人在此修炼，故名。洞为石灰岩溶洞。洞口朝南而稍偏东，洞高丈余，宽2～3米不等，洞顶呈穹形，洞深17米。能容300人。因开山采石大部分被毁。内有一条形巨石，直立似观音，右侧有"观音岩"刻字，还有韦陀、弥勒等小型石刻佛像。洞内残存明代摩崖雕刻造像及诗文，李根源《吴郡西山访古记》有录。"玄阳稻浪"是西山十大古景之一。

第三节　历史地名

【河流】

江阴村河 Jiāngyīncūn Hé

河流。位于城南街道东北部。东西流向。东起鲇鱼港，西至浜底。长0.12千米。因江阴村全部拆迁，河道已被填埋。

田度里浜 Tiándùlǐ Bāng

河流。位于城南街道东北部。东西流向。东起浜底（田度里村），西至面杖港。长0.13千米。村落拆迁，河道已被填埋。

江南浜 Jiāngnán Bāng

河流。位于城南街道中部。东西流向。东起小溇里，西至面杖港。长1.1千米，宽7米。现河道已被填埋。

半夜内浜 Bànyènèi Bāng

河流。位于光福镇东北部。东西流向。东起下绞村，西至半夜浜。长0.3千米，宽18米。2014年填埋。

长汰河 Chángtài Hé

河流。位于横泾街道北部。南北流向。长0.15千米，宽4米。2004年因建造新思家园小区，将长汰河填埋。

官渡港 Guāndù Gǎng

河流。位于越溪街道西南部。串流前官渡、后官渡2个自然村。据传古代有一官员路经此处，因河流阻隔，用船摆渡过河，河名由此而来。南北流向。南起苏东河，北至旺山荡。长3.2千米。是当地农民生活饮水，农田灌溉等主要依靠。2003年填没，建了工业区。

西湾港 Xīwān Gǎng

河流。位于金庭镇北部。因地处西湾，故名。长0.16千米。原为西湾主要水道，通太湖。现因陆上交通发达，西湾江仅存村上一段水道，已不能通航。该港已退成太湖，消亡。

【湖泊】

赭墩湖 Zhědūn Hú

湖泊。位于郭巷街道东南部。又名乍墩湖。因湖西有赭墩村，故名。赭，亦作赪。王鏊《姑苏志》（卷十第十二页）“赭墩湖，一名蛟龙潭。”有宋京西提刑使袁珦墓。“珦从高宗南渡，卒葬长洲蛟龙浦之赭墩，世为长洲人焉。”墓旁旧有福源庵。袁氏后人元初文学家袁易“静春别墅”。在2.8米水位时，其水面积有0.88平方千米，蓄水量为264000立方米。1978年1月该湖围垦开辟成农田、鱼池。后又填埋成工业用地，为吴中出口加工区区域。

千亩潭 Qiānmǔ Tán

湖泊。位于甪直镇北部。因潭面积约有千亩，故名。《吴郡甫里志》载：“唐张又新品第东南烹茶之水……吴淞江第六，六泉在江中难辨。相传南近千亩潭，北近蒋家圩，一环清憨者是也。”明末清初尤侗多次游千亩潭，曾作《千亩潭记》，赞其“不下西子湖”。已填埋，不复存在。

群河潭 Qúnhé Tán

湖泊。位于东山镇东南部。因该潭连着多个大、小不同的河潭，故名。是太湖边芦苇荡中的一片水域。面积0.1平方千米。河潭利于山地泄洪，利于沟、涧之水汇入太湖。经东太湖综合整治后成为太湖水面。

【陆地岛屿】

猫鼠山 Māoshǔ Shān

湖岛。位于东山镇西南部。东山之南葑山外水中，近西洞庭之小龙山。属双湾村。曰猫山港，俗呼猫口港。与葑山一起涨连陆地，中有港可出入太湖。

【泉】

古画眉泉 Gǔhuàméi Quán

泉。位于越溪街道。画眉泉，见于徐灵胎《画眉泉记》和《画眉泉图》中。古画眉泉已无存。1958年中华医学会上海分会医史博物馆朱孔阳先生等人在苏州城外七子山东的“吴山头”找到遗址，即张桥村8队一山坞，俗称老江北园处。

【山】

虎山 Hǔ Shān

山。位于光福镇西北部。相传是吴王阖闾圈地养虎之处，故名。1964年前山被开采，山体毁。虎山对面是龟山（塔山），两山间通一溪，跨以石梁桥，曰虎山桥。山巅原有东岳庙，20世纪60年代被拆除。2010年后在旧址重建，改名“岱真道院”，有灵观殿、东岳殿等建筑。

蝼蛄山 Lóugū Shān

山。位于光福镇西北部。因山上多蝼蛄，又因山体形似蝼蛄状，故名。长250米，宽120米。海拔28米。山体由石英砂岩构成。因20世纪60年代开始开山采石，现山体基本无存。

癞头浮山 Làitóufú Shān

山。位于光福镇西部。因山的形状似癞头鼋，清《太湖备考》称癞头浮，故名。又名懒头浮、乱头山。为冲山支脉。东坡是原湖东村，南、西、北三面环水。海拔14.2米。1972年围湖造田在此开山取石，逐渐变为平地，现为冲山新渔村一部分。2008年后山体基本无存。

花园山 Huāyuán Shān

山。位于木渎镇东南部。七子山西北侧凤凰山，为七子山次峰。七子山由许多个大大小小的支脉、山坞组成，花园山是其中之一。因状元吴宽在山上建了私人花园，人称此山为花园山。山下有花园山村。与花园山相邻的有姑苏山、岷山（今称万禄山）、九龙坞、福寿山、梅湾、上方山、茶磨山等。花园山分外花园山和里花园山。因山体靠外，经多年开采，现实体不存。

祭山 Jì Shān

山。位于金庭镇南部，东为谢家堡，南为大寨圩，西为无名道路，北为消夏湾路。因大族蔡氏祭祖之地，故名。海拔54.5米。石灰岩丘陵。1976年圻村办采石厂，1994年停止采石，山已废。

第三章 交通运输设施

第一节 水上运输

【船闸】

黄泥楼北闸 Huángnílóu Běizhá

船闸。位于角直镇。为单级抗洪排涝一字摇门闸。

黄泥楼西闸 Huángnílóu Xīzhá

船闸。位于角直镇。为单级抗洪排涝一字摇门闸。

金家浜闸 Jīnjiābāng Zhá

船闸。位于角直镇。为单级抗洪排涝一字摇门闸。

木渎船闸 Mùdú Chuánzhá

船闸。位于木渎镇。1958年疏浚胥江，建造船闸并在闸室上架桥梁，名为胥江桥。桥下有钢筋混凝土结构水闸，此桥又称船闸桥。长25米，宽9米，跨径24米。

大咀港闸 Dàzuǐgǎng Zhá

船闸。位于东山镇。升卧式钢闸门。孔径6米，底板顶高1米，上闸5.5米，下闸5.0米。1978年建造，1984年、2012年改建。

北渡水桥闸 Běidùshuǐqiáo Zhá

船闸。位于东山镇。以北渡水桥而得名。为升卧式钢闸门。孔径6米，底板顶高1米，门顶高程6米。是防洪闸坝。1983年5月建造，2010年改建。

白浮门港闸 Báifúméngǎng Zhá

船闸。位于东山镇。以白浮门港而得名。为升卧式钢闸门。孔径6米，底板顶高1米，门顶高程5.5米。1978年建造，1984年、2014年改建。

鸡山港闸 Jīshāngǎng Zhá

船闸。位于东山镇。以鸡山港而得名。为升卧式钢闸门。孔径4米，底板顶高1米，门顶高程5.3米。1965年建造，1992年、2015年改建。

直泾港闸 Zhíjīnggǎng Zhá

船闸。位于东山镇。以直泾港而得名。为升卧式钢闸门。孔径4米，底板顶高0.5米，门顶高程5.5米。1981年建造，2014年进行改建。

直港闸 Zhígǎng Zhá

船闸。位于东山镇。以直港而得名。为升卧式钢闸门。孔径4米，底板顶高1米，门顶高程5.5米。1965年建造，1996年、2015年改建。

云震闸 Yúnzhèn Zhá

船闸。位于东山镇。为直立式钢闸门。孔径4米，底板顶高1.5米，门顶高程6米。1992年建成运行。

油车港闸 Yóuchēgǎng Zhá

船闸。位于东山镇。以油车港而得名。为升卧式钢闸门。孔径4米，底板顶高1米，门顶高程5.5米。1965年建造，1996年、2015年改建。

杨湾港闸 Yángwāngǎng Zhá

船闸。位于东山镇。以杨湾港而得名。为升卧式钢闸门。孔径6米，底板顶高1米，门顶高程5.5米。1978年建造，1984年、2014年改建。

席家湖闸 Xíjiāhú Zhá

船闸。位于东山镇。以席家湖而得名。为升卧式钢闸门。孔径4米，底板顶高1米，门顶高程5.5米。是防洪闸坝。2009年建成运行。

西大缺港闸 Xīdàquēgǎng Zhá

船闸。位于东山镇。以西大缺港而得名。为钢闸门电力起吊闸门。孔径6米，底板顶高1米，门顶高程5.5米。1997年建成运行。

牌楼港闸 Páilóugǎng Zhá

船闸。位于东山镇。以牌楼港而得名。为升卧式钢闸门。孔径4米，底板顶高1米，门顶高程5.5米。

1978年建成，1984年、2014年改建。

茅口港闸 Máokǒugǎng Zhá

船闸。位于东山镇。以茅口港而得名。为直立式钢闸门。孔径3.5米，底板顶高1.5米，门顶高程6米，2008年建成运行。

茭白港闸 Jiāobáigǎng Zhá

船闸。位于东山镇。以茭白港而得名。为横移式钢闸门。孔径6米，底板顶高0.5米，门顶高程5.3米。1966年建成，1981年、2015年改建。

中心河港闸 Zhōngxīnhégǎng Zhá

船闸。位于东山镇。以中心河港而得名。为升卧式钢闸门。孔径4米，底板顶高1米，门顶高程5.5米。2014年建成运行。

石鹤港闸 Shíhègǎng Zhá

船闸。位于东山镇。因位于石鹤港而得名。为升卧式钢闸门。孔径4米，底板顶高0.5米，门顶高程5.5米。1965年建成，2014年改建。

河神庙闸 Héshénmiào Zhá

船闸。位于东山镇。因位于河神庙而得名。为横移式钢闸门。孔径4米，底板顶高0.5米，门顶高程4米。1975年建成运行。

【渡口】

漫山渡口 Mànshān Dùkǒu

渡口。位于光福镇。因位于漫山而得名。东为港西桥，南为长浮港，西为太湖，北为长浮港北堤。20世纪70年代末设立，1987年改造，2012年重新翻建。是漫山客渡轮船停泊的码头。

三山岛渡口 Sānshāndǎo Dùkǒu

渡口。位于东山镇。因位于三山岛而得名。是三山岛往返东山的主要渡口。1979年7月改造，1993年重建。

第二节　公路运输

【公路】

西山环山公路 Xīshān Huánshān Gōnglù

公路。位于金庭镇。呈环状绕西山一周及东河至元山、蒋东的公路。长28千米，宽7米。沥青路面。建桥梁13座，总跨径123米，涵洞84个。因环绕西山岛而得名。1968年冬动工，1969年10月1日正式通车。后多次修建。

东园公路 Dōngyuán Gōnglù

公路。位于金庭镇。南北走向。南起后堡港路，北至环岛公路。长3.3千米，宽24米。沥青路面。1997年以汉朝初曾在西山隐居的“商山四皓”之一的东园公（唐秉）命名。

【长途汽车站】

吴中长途汽车站 Wúzhōng Chángtú Qìchēzhàn

长途汽车站。位于城南街道广建路10号。以所在地及业务功能命名。初名城南汽车站。于1994年建成并投入使用，2002年末，改称吴中长途汽车站。自2007年7月起，由苏州汽车客运总站管辖。车站停车场面积17714平方米，候车大厅面积972平方米。车站采用计算机联网售票系统，大屏幕LED电子显示系统，配备X射线安全检查仪、电脑同步自动广播站、检票门显示系统，站内各种服务设施基本齐全。日平均发送旅客2500人次，省际班车通达上海、杭州、湖州、广德、安化、怀宁、温岭、德清、新市、宜宾、郑州、黄山等地。

光福汽车客运站 Guāngfú Qìchēkèyùn Zhàn

长途汽车站。位于光福镇福湖路。以所在地及业务功能命名。东为光福交警中队办事点，南为福湖路，西为大亩头，北为铜井山。占地面积5135平方米。2009年12月28日建成启用。设有光福首末站、倪家巷、潭山矿、香雪海、光福铜观音寺、光福工艺街等公交站台。

第三节　城镇交通运输

【跨区道路街巷】

东方大道 Dōngfāng Dàdào

道路、街巷。跨吴中区甪直镇、郭巷街道，苏州工业园区斜塘街道。因是苏州市东面的干道，故名。东西走向。东起吴中区甪直镇长虹北路，向西经吴中区甪直镇、苏州工业园区斜塘街道、吴中区郭巷街道至东环南路。长19000米，宽41.5米。沥青路面。2006年命名。

宝带西路 Bǎodài Xīlù

道路、街巷。跨姑苏区吴门桥街道，虎丘区横塘街道，吴中区长桥街道、木渎镇、胥口镇。因位于宝带桥西侧，故名。东西走向。东起长桥街道东吴北路，向西经姑苏区吴门桥街道、虎丘区横塘街道、吴中区木渎镇至胥口镇东欣路。长13848米，宽42米。沥青路面。1995年命名。2004、2012、2013年三次调整。

竹园路 Zhúyuán Lù

道路、街巷。跨吴中区木渎镇，虎丘区狮山街道。因道路建于竹园村附近，故名。东西走向。东起运河路，西至灵天路。与金山南路相交。长2200米，宽23米。沥青路面。2005年命名。

墅浦路 Shùpǔ Lù

道路、街巷。跨吴中区郭巷街道，苏州工业园区娄葑街道。因路建在独墅湖西岸墅浦塘边，故名。东西走向。东南起吴中区郭巷街道东方大道，西北至苏州工业园区娄葑街道星港街。长2500米，宽60米。沥青路面。2010年命名。2011年调整。

致能大道 Zhìnéng Dàdào

道路、街巷。跨吴中区越溪街道，虎丘区横塘街道。取范成大的字致能命名。南北走向。南起吴中区越溪街道吴中大道，向北折西至虎丘区横塘街道玉湖街。长4300米，宽12～80米。沥青路面。2005年命名。2017年调整。

横越路 Héngyuè Lù

道路、街巷。跨吴中区越溪街道，虎丘区横塘街道。因跨横塘和越溪两地，故取两地首字命名。南北走向。南起吴中区越溪街道越城路，向北折东至虎丘区横塘街道致能大道。长3400米，宽12米。沥青路面。2017年命名。

福东路 Fúdōng Lù

道路、街巷。跨吴中区光福镇，虎丘区东渚街道。南北走向。南起吴中区光福镇苏福路（规划暂用名），北至虎丘区东渚街道太湖大道。长3000米，宽40米。沥青路面。2010年命名，2013年调整。

查山路 Zhāshān Lù

道路、街巷。跨吴中区光福镇，虎丘区东渚街道。以查山而得名。南北走向。西起吴中区光福镇福东路，向东折北至虎丘区东渚街道逢春路。长1965米，宽30米。沥青路面。2017年命名。

藏北路 Cángběi Lù

道路、街巷。跨吴中区木渎镇，虎丘区东渚街道。因道路途经藏北村，故名。南北走向。南起吴中区木渎镇穹灵路，北至虎丘区东渚街道太湖大道。长5779米，宽24米。沥青路面。2004年命名。2015年调整。

【跨街镇道路街巷】

澄湖路 Chénghú Lù

道路、街巷。位于城南街道、长桥街道。东西走向。东起城南街道枫津路，西至长桥街道友新路向南延伸段。长3400米，宽20米。沥青路面。1995年命名。2008年调整。

北官渡路 Běiguāndù Lù

道路、街巷。位于越溪街道、横泾街道。因此路是由官渡村拆迁后打通的，故根据官渡而命名，又位于官渡北部，故名。东西走向。东起越溪街道南官渡路，西至横泾街道水亭路。长3843米，宽24～32米。沥青路面。2005年命名。2016年调整。

南官渡路 Nánguāndù Lù

道路、街巷。位于越溪街道、横泾街道。因此路是由官渡村拆迁后打通的，故根据官渡而命名，又位于官渡南部，故名。东西走向。东起越溪街道龙翔路，向西南折西至横泾街道层阁路。长4010米，宽28～34米。沥青路面。2005年命名。2016年调整。

湖谐路 Húxié Lù

道路、街巷。位于横泾街道、临湖镇。取“和谐社会”的寓意拟名。东西走向。东起横泾街道东山大道，西至临湖镇木东公路。长1800米，宽20米。沥青路面。2013年命名。

东太湖路 Dōngtàihú Lù

道路、街巷。位于越溪街道、横泾街道、胥口镇、临湖镇。因该路临近东太湖，故名。东西走向。东起越溪街道芙蕖街，向西经横泾街道、胥口镇区域，至临湖镇浦阳路。长11700米，宽12～72米。沥青路面。2010年命名。2015年调整。

小石湖路 Xiǎoshíhú Lù

道路、街巷。位于城南街道、越溪街道。因位于小石湖，故名。东西走向。东起邵昂路，西北至吴中大道。长2836米，宽18米。沥青路面。2007年命名。

孙武路 Sūnwǔ Lù

道路、街巷。位于胥口镇、香山街道。取春秋时期吴国将军孙武名。东西走向。东北起胥口镇苏福公路，向西南折西北至香山街道环太湖大道。长11800米，宽52米。沥青路面，为六车道主干路。1996年命名。2007年、2013年两次调整。

环香山路 Huánxiāngshān Lù

道路、街巷。位于胥口镇、香山街道。取香山山名，意指沿香山的道路，故名。东西走向。东起苏州环城高速西山出口处，西至塘村光福机场。长5800米，宽7.2米。沥青路面。2002年命名。

天鹅荡路 Tiān´édàng Lù

道路、街巷。位于太湖街道、横泾街道。因该路近自然湖泊“天鹅荡”，故名。东西走向。东起太湖街道芙蕖街，西至横泾街道木东公路。长8390米，宽15～50米。沥青路面。2005年命名。2011年、2015年调整。

东山大道 Dōngshān Dàdào

道路、街巷。位于东山镇、临湖镇、横泾街道、胥口镇。以南起吴中区东山镇命名。南北走向。南起东山镇渡水桥，向东北至临湖镇后向东再折向北经横泾街道至胥口镇子胥路向东延伸段（未命名）。长22200米，宽25～41.5米。沥青路面。2006年命名。

苏旺路 Sūwàng Lù

道路、街巷。位于横泾街道、越溪街道。取“鱼米之乡，兴旺发达”之意拟名。南北走向。南起横泾街道东太湖大堤，北至越溪街道吴中大道。长6230米，宽15～46米。沥青路面。2007年命名。2011年调整。

龙翔路 Lóngxiáng Lù

道路、街巷。位于太湖街道、越溪街道。因位于原龙翔社区居委会以东，故名。南北走向。南起引黛街，北至吴中大道。长3155米，宽50米。沥青路面。2008年命名。2017年调整。

环太湖大道 Huántàihú Dàdào

道路、街巷。位于东山镇、临湖镇、胥口镇、香山街道、光福镇。因是环太湖岸边道路，故名。南北走向。南起东山镇启园路，向东北经临湖镇至胥口镇后再折向西，绕经太湖大桥北堍后，再向东北经香山街道后转向西北至光福镇太湖渔港村。长47600米，宽16～20米。沥青路面。2006年命名。

舟山路 Zhōushān Lù

道路、街巷。位于香山街道、光福镇。以舟山而得名。南北走向。南起环太湖大道，北至苏福公路。

与孙武路相交。长6445米，宽30～38米。沥青路面。曾用名墅里路。2007年更名为舟山路。

浦庄大道 Pǔzhuāng Dàdào

道路、街巷。位于临湖镇、胥口镇。以浦庄镇名为路名。南北走向。南起临湖镇东太湖大堤，北至胥口镇吴中大道。长7500米，宽28～35米。沥青路面。2010年命名。

浦阳路 Pǔyáng Lù

道路、街巷。位于临湖镇、胥口镇。南北走向。南起临湖镇和安路，北至胥口镇三德大酒店北侧无名道路。长3100米，宽6米。沥青路面。2003年命名。2016年调整。

藏中路 Cángzhōng Lù

道路、街巷。位于胥口镇、木渎镇。因位于原藏书镇域中部，故名。南北走向。南起胥口镇合丰路，北至木渎镇穹灵路。长3500米，宽30米。沥青路面。2004年命名。

【主干路】

石湖西路 Shíhú Xīlù

道路、街巷。位于长桥街道。因该路西头通达石湖，故名。东西走向。东起东吴南路，西至友新路向南延伸段。长3150米，宽36米。沥青路面。1995年命名。2009年调整。区内主干路。

吴中东路 Wúzhōng Dōnglù

道路、街巷。位于长桥街道。因地处吴中城区连接东吴北路，故名。东西走向。东起冬青路，西至东吴北路。与迎春路、东苑路相交。长2400米，宽32米。沥青路面。1995年命名。区内主干路。

吴中西路 Wúzhōng Xīlù

道路、街巷。位于长桥街道。因东接吴中东路，故名。东西走向。东起东吴北路，西至福运路。与龙西路、盘蠡路、长吴路、友新路相交。长2280米，宽24米。沥青路面。1995年命名。2005年调整。区内主干路。

宝带东路 Bǎodài Dōnglù

道路、街巷。位于长桥街道。以附近宝带桥为路名。东西走向。东起冬青路，西至东吴北路。与迎春路、月浜街、东苑路、夏莲路相交。长2400米，宽32米。沥青路面。1995年命名。区内主干路。

太湖西路 Tàihú Xīlù

道路、街巷。位于长桥街道。以吴中著名湖泊太湖为路名。东西走向。东起东吴塔，西至福运路。与盘蠡路相交。长2460米，宽40米。沥青路面。1995年命名。2005年调整。区内主干路。

太湖东路 Tàihú Dōnglù

道路、街巷。位于长桥街道。因连接太湖西路，故名。东西走向。东起冬青路，西至东吴塔。与迎春路相交。长2500米，宽28米。沥青路面。1995年命名。区内主干路。

尹南路 Yǐnnán Lù

道路、街巷。位于郭巷街道。因该路在尹山湖南侧，故名。东西走向。东起吴淞江路，西至东环南路。长6400米，宽36米。沥青路面。2005年命名。2012年调整。区内主干路。

淞苇路 Sōngwěi Lù

道路、街巷。位于郭巷街道。因位于吴淞江边，以江边芦苇而得名。东西走向。东起淞岸路，西至淞葭路。与吴淞江路相交。长5695米，宽30米。沥青路面。2016年命名。区内主干路。

郭新东路 Guōxīn Dōnglù

道路、街巷。位于郭巷街道。因是郭巷新建主要道路，故名。东西走向。东起东方大道，西至尹丰路。与通达路、尹山湖路、清禾路相交。长3600米，宽24～34米。沥青路面。2000年命名。2012年调整。区内主干路。

郭新西路 Guōxīn Xīlù

道路、街巷。位于郭巷街道。因连接郭新东路，故名。东西走向。东起尹丰路，西至东环南路。长1250米，宽24米。沥青路面。2000年命名。2011年调整。区内主干路。

淞岸路 Sōng´àn Lù

道路、街巷。位于郭巷街道。因在吴淞江北沿岸，故名。东西走向。西起吴淞江路，至东折南复折西至淞葭路。与吴淞江路相交。长9576米，宽24米。沥青路面。2016年命名。区内主干路。

淞葭路 Sōngjiā Lù

道路、街巷。位于郭巷街道。因位于吴淞江边，以江边生物得名。东西走向。东起淞岸路，向西折南至淞岸路。与吴淞江路相交。长7964米，宽24米。沥青路面。2016年命名。区内主干路。

中兴路 Zhōngxīng Lù

道路、街巷。位于横泾街道。取“振兴吴中”之意拟名。东西走向。东起苏旺路，西至木东公路。长1900米，宽30米。沥青路面。1995年命名。2011年调整。区内主干路。

文溪路 Wénxī Lù

道路、街巷。位于越溪街道。取“人文越溪”之意拟名。东西走向。东起明溪路，西至龙翔路。与塔韵路相交。长2400米，宽50米。沥青路面。2007年命名。区内主干路。

吴山街 Wúshān Jiē

道路、街巷。位于越溪街道。以临近吴山头而得名。东西走向。东起苏州湾大道，西至吴中大道。与溪秀路、塔韵路、越溪街、溪翔路相交。长2705米，宽34米。沥青路面。1990年命名。2008年调整。区内主干路。

苏街 Sū Jiē

道路、街巷。位于越溪街道。取苏字繁体字义“丰茂的鱼米之乡”之意拟名。东西走向。东起苏州湾大道，西至溪翔路。与越溪街、塔韵路、溪秀路相交。长2463米，宽12～22米。沥青路面。2007年命名。区内主干路。

北溪江路 Běixījiāng Lù

道路、街巷。位于越溪街道。以附近河名命名。东西走向。西起塔韵路，向东折北至吴中大道。与溪秀路相交。长3529米，宽32米。沥青路面。2005年命名。区内主干路。

天灵路 Tiānlíng Lù

道路、街巷。位于城南街道。以吴中区内天平山、灵岩山首字组合命名。东西走向。东起京杭大运河，西至东吴南路。与迎春南路、枫津路相交。长2500米，宽32米。沥青路面。1995年命名。区内主干路。

南湖路 Nánhú Lù

道路、街巷。位于城南街道。因筑于东南河（已填埋）南河岸，取其谐音南湖命名。东西走向。东起524国道，西至吴中大道。与迎春南路、枫津南路相交。长3500米，宽36米。沥青路面。2002年命名。区内主干路。

兴南路 Xīngnán Lù

道路、街巷。位于城南街道。以振兴城南的意愿取名。东西走向。东起大坟港，西至大龙港。与迎春南路、枫津南路相交。长3000米，宽36米。沥青路面。2002年命名。区内主干路。

兴昂路 Xīng'áng Lù

道路、街巷。位于城南街道。因道路经过邵昂村，以振兴的意愿拟名。东西走向。东起田上江路（规划暂用名），西至苏州湾大道。与邵昂路、邵东路相交。长1750米，宽24～34米。沥青路面。2007年命名。区内主干路。

兴吴路 Xīngwú Lù

道路、街巷。位于城南街道。取“振兴吴中”的寓意拟名。东西走向。东起227省道，西至城南街道与吴江区交界。与双祺路、迎春南路相交。长2700米，宽24米。沥青路面。2005年命名。区内主干路。

东吴南路 Dōngwú Nánlù

道路、街巷。位于城南街道。因连接东吴北路，故名。东西走向。东起交通路，向西折北至东吴北路。长4860米，宽32米。沥青路面。1995年命名。区内主干路。

蒯祥路 Kuǎixiáng Lù

道路、街巷。位于香山街道。以纪念明代建筑匠师蒯祥而得名。东西走向。东起胥香路，西至舟山路。与香山路、教场路、姚舍路、梅山路、渔帆路相交。长4841米，宽30～40米。沥青路面。1996年命名。2007年更名调整。区内主干路。

前珠路 Qiánzhū Lù

道路、街巷。位于太湖街道。因该路经过“前珠”自然村，故名。东西走向。东起苏震桃一级公路（友新快速路），西至溪虹路（规划暂用名）。长1858米，宽32米。沥青路面。2005年命名。区内主干路。

郡”而得名。南北走向。南起芙蕖街，北至城南街道苏州湾西岸新建道路。长1600米，宽36米。沥青路面。2015年命名。区内主干路。

箭浮山路 Jiànfúshān Lù

道路、街巷。位于太湖街道。以太湖岛屿箭浮山而得名。南北走向。南起引黛街，北至天鹅荡路。长2380米，宽36米。沥青路面。2017年命名。区内主干路。

连柱山路 Liánzhùshān Lù

道路、街巷。位于太湖街道。以太湖岛屿连柱山而得名。南北走向。南起引黛街，北至天鹅荡路。长2390米，宽36米。沥青路面。2017年命名。区内主干路。

溪霞路 Xīxiá Lù

道路、街巷。位于太湖街道。取“越来溪”之“溪”、彩色的光和云（即“霞”）的寓意拟名。南北走向。南起溪虹路（规划暂用名），北至前珠路。长1790米，宽32米。沥青路面。2005年命名。区内主干路。

甫澄南路 Fǔchéng Nánlù

道路、街巷。位于角直镇。南北走向。南起吴中区角直镇与昆山锦溪镇交界处，北至田东路。长3100米，宽36米。沥青路面。1994年命名。2010年调整。区内主干路。

甫澄中路 Fǔchéng Zhōnglù

道路、街巷。位于角直镇。南北走向。南起田东路，北至鸣市路。长3600米，宽36米。沥青路面。1994年命名。2010年调整。区内主干路。

甫澄北路 Fǔchéng Běilù

道路、街巷。位于角直镇。南北走向。南起鸣市路，北至苏沪机场路（俗称）。长1200米，宽36米。沥青路面。1994年命名。2010年调整。区内主干路。

甪胜路 Lùshèng Lù

道路、街巷。位于角直镇。该路是角直通往胜浦的必经之路，以两地首字组合命名。南北走向。南起机场大道，北至胜浦大桥。长860米，宽16米。沥青路面。2002年命名。区内主干路。

宫杨路 Gōngyáng Lù

道路、街巷。位于角直镇。因连接宫殿与杨俞万自然村，故名。南北走向。南起甫田村杨家湾自然村，北至联谊路。长1300米，宽4米。沥青路面。2010年命名。区内主干路。

福乾路 Fúqián Lù

道路、街巷。位于光福镇。取光福康乾坤地的寓意拟名。南北走向。南起菱塘河（俗称），北至枫浜路（规划暂用名）。长2859米，宽20米。沥青路面。2007年命名。区内主干路。

福窿路 Fúlóng Lù

道路、街巷。位于光福镇。因光福镇通穹窿山北麓的公路，取光福及穹窿山各一字组合命名。南北走向。南起舟山路，北至230省道。长3000米，宽40米。沥青路面。2012年命名。区内主干路。

龙山南路 Lóngshān Nánlù

道路、街巷。位于光福镇。因位于龙山路南，故名。南北走向。南起230省道，北至玉屏路。长3300米，宽47.5米。沥青路面。2017年命名。区内主干路。

长江南路 Chángjiāng Nánlù

道路、街巷。位于木渎镇。以国内著名河流长江而得名。南北走向。南起宝带西路，北至中山东路。与南枕江路相交。长2300米，宽60米。沥青路面。2005年命名。区内主干路。

珠江南路 Zhūjiāng Nánlù

道路、街巷。位于木渎镇。以国内著名河流珠江而得名。南北走向。南起宝带西路，北至中山东路。长2600米，宽24米。沥青路面。2005年命名。区内主干路。

长浜路 Chángbāng Lù

道路、街巷。位于木渎镇。因道路途经长浜村，故名。南北走向。南起中山东路，北至明星自然村。长2500米，宽14米。沥青路面。2005年命名。区内主干路。

松海路 Sōnghǎi Lù

道路、街巷。位于木渎镇。因该道路旁多植松树、茂密如海，故名。南北走向。南起林公路，北至兵圣路。长3742米，宽10米。沥青路面。2008年命名。区内主干路。

金山南路 Jīnshān Nánlù

道路、街巷。位于木渎镇。以该路所在金山而得名。南北走向。南起中山东路，北至金山东路。与玉山路、竹园路相交。长4500米，宽60米。沥青路面。曾用名金山路。2012年更名为金山南路。区内主干路。

藏胥路 Cángxū Lù

道路、街巷。位于胥口镇。以藏书通达胥口两地名中各取一字组合命名。南北走向。南起孙武路，北至穹灵路。与茅蓬路、合丰路相交。长4856.2米，宽18米。沥青路面。2004年命名。区内主干路。

东欣路 Dōngxīn Lù

道路、街巷。位于胥口镇。因道路途经东欣村，故名。南北走向。南起饮马池路，北至孙武路。长2800米，宽20米。沥青路面。2002年命名。区内主干路。

石中路 Shízhōng Lù

道路、街巷。位于胥口镇。因道路经过的附近多山石，故名。南北走向。南起孙武路，北至苏福公路。与茅蓬路、合丰路相交。长2300米，宽40米。沥青路面。2004年命名。区内主干路。

灵山路 Língshān Lù

道路、街巷。位于胥口镇。以附近“灵岩山”的简称而得名。南北走向。南起子胥路，北至旅游专线公路。长3710米，宽13米。与孙武路、宝带西路、新峰路相交。沥青路面。2002年命名。区内主干路。

石胥路 Shíxū Lù

道路、街巷。位于胥口镇。取山石的“石”与胥口的“胥”组合命名，有胥口的地方特色。南北走向。南起茅蓬路，北至穹灵路。长2150米，宽35米。沥青路面。2004年命名。2005年调整。区内主干路。

浦南路 Pǔnán Lù

道路、街巷。位于临湖镇。取浦庄镇至新南渔场两地名中各一字组合命名。南北走向。南起新南渔场，北至木东公路。与湖谐路相交。长3900米，宽6米。沥青路面。2003年命名。区内主干路。

渡村路 Dùcūn Lù

道路、街巷。位于临湖镇。以道路处于渡村区域而得名。南北走向。南起东山大道，北至和安路。长4800米，宽32米。与联东路、金家堂路、东柳湖路、园博园路相交。沥青路面。2016年命名。区内主干路。

临湖路 Línhú Lù

道路、街巷。位于临湖镇。路以镇名。南北走向。南起环太湖大道，北至浦阳路。长7000米，宽30米。沥青路面。2010年命名。2013年调整。区内主干路。

新市街 Xīnshì Jiē

道路、街巷。位于临湖镇。以渡村镇区集贸市场街路而得名。南北走向。南起牛桥路，北至柳湖路。长4000米，宽10米。沥青路面。1993年命名。2010年调整。区内主干路。

梅园路 Méiyuán Lù

道路、街巷。位于金庭镇。以沿路多梅树而得名。南北走向。北起双观桥，向南折西至石丰村。长3500米，宽16米。沥青路面。1997年命名。区内主干路。

【次干路】

翻身路 Fānshēn Lù

道路、街巷。位于长桥街道。因道路途经翻身村，故名。东西走向。东起苏蠡路，西至友新路。长650米，宽18米。沥青路面。曾用名如京路。2009年更名为翻身路。区内次干路。

旺吴路 Wàngwú Lù

道路、街巷。位于长桥街道。因道路途经旺家村，故名。东西走向。东起滨河路(暂名)，西至友新路。与苏蠡路相交。长1530米，宽22米。沥青路面。2004年命名。区内次干路。

先锋路 Xiānfēng Lù

道路、街巷。位于长桥街道。因道路在先锋村域内，故名。东西走向。东起大寨河(俗称)，西至友新路。与长蠡路、长运街、苏蠡路、新蠡路相交。长1530米，宽22米。沥青路面。曾用名泥桥路。2009年更名为先锋路。区内次干路。

九盛港路 Jiǔshènggǎng Lù

道路、街巷。位于郭巷街道。因位于九盛港河旁，故名。东西走向。东起祥和桥，西至东环南路。长1000米，宽12～18米。沥青路面。2004年命名。区内次干路。

尹安路 Yǐn'ān Lù

道路、街巷。位于郭巷街道。因位于尹山湖北部，取平安之意。东西走向。东起东方大道，西至东安路。长1057米，宽40米。沥青路面。2015年命名。区内次干路。

林家潭路 Línjiātán Lù

道路、街巷。位于郭巷街道。因该路经过林家潭村，故名。东西走向。东起泰安新村，西至通达路。长1000米，宽16米。沥青路面。2004年命名。区内次干路。

金丝港路 Jīnsīgǎng Lù

道路、街巷。位于郭巷街道。因道路沿金丝港南岸修筑，故名。东西走向。东起尹山湖路，西至通达南路。长1381米，宽24米。沥青路面。2012年命名。区内次干路。

官浦路 Guānpǔ Lù

道路、街巷。位于郭巷街道。因道路修在官浦村域，故名。东西走向。东起吴淞江路，西至西界巡逻车道（规划暂用名）。长3711米，宽50～85米。沥青路面。2012年命名。区内次干路。

徐浜路 Xúbāng Lù

道路、街巷。位于郭巷街道。因道路途经徐浜村域，故名。东西走向。东起东界巡逻车道（规划暂用名），西至西界巡逻车道（规划暂用名）。长2453米，宽36米。沥青路面。2012年命名。区内次干路。

常丰路 Chángfēng Lù

道路、街巷。位于郭巷街道。因道路途经长（常）丰村，故名。东西走向。东起东界巡逻车道（规划暂用名），西至西界巡逻车道（规划暂用名）。长2641米，宽36米。沥青路面。2012年命名。区内次干路。

尹鸿路 Yǐnhóng Lù

道路、街巷。位于郭巷街道。因在尹山湖北侧，取“飞鸿展翅”之意拟名。东西走向。东起尹山湖路，西至郭津路。与东安路、郭莘路相交。长1245米，宽24米。沥青路面。2011年命名。区内次干路。

尹墅路 Yǐnshù Lù

道路、街巷。位于郭巷街道。以尹山湖路、墅浦塘各取一字组合命名。东西走向。东起墅浦塘（俗称），西至尹山湖路。长1324米，宽24米。沥青路面。2013年命名。区内次干路。

尹东路 Yǐndōng Lù

道路、街巷。位于郭巷街道。因位于尹山湖东部，故名。东西走向。东起吴淞江路，西至尹山湖路。与清禾路、花泾港路、泾湾路相交。长1030米，宽50米。沥青路面。2013年命名。区内次干路。

尹帆路 Yǐnfān Lù

道路、街巷。位于郭巷街道。取“尹山湖帆船起航”的寓意拟名。东西走向。东起吴淞江路，西至尹山湖路。与清禾路、花泾港路、泾湾路相交。长1562米，宽25米。沥青路面。2015年命名。区内次干路。

尹苑路 Yǐnyuàn Lù

道路、街巷。位于郭巷街道。东西走向。东起吴淞江路，西至尹山湖路。与清禾路、花泾港路、泾湾路、潦泾路相交。长2261米，宽40米。沥青路面。2015年命名。区内次干路。

东进路 Dōngjìn Lù

道路、街巷。位于郭巷街道。取“东进序曲”之意拟名。东西走向。东起苏嘉航高速公路，西至东环南路。与尹中路相交。长1200米，宽30米。沥青路面。2002年命名。区内次干路。

尹山路 Yǐnshān Lù

道路、街巷。位于郭巷街道。以位于尹山村附近而得名。东西走向。东起苏嘉杭高速公路，西至东环南路。与尹中路相交。长1200米，宽36米。沥青路面。2002年命名。区内次干路。

泾南路 Jīngnán Lù

道路、街巷。位于横泾街道。因位于吴中区横泾街道南部，故名。东西走向。东起东太湖大堤，西至东山大道。长3200米，宽15米。沥青路面。2011年命名。区内次干路。

泾康路 Jīngkāng Lù

道路、街巷。位于横泾街道。取横泾之“泾”与“康”组合命名，寓意“横泾实现小康”。东西走向。东起新思路，西至木东公路。长1150米，宽22米。沥青路面。2009年命名。区内次干路。

仓坞路 Cāngwù Lù

道路、街巷。位于横泾街道。以境内山坞而得名。东西走向。东起吴中大道，西至木东公路。长1500米，宽5米。沥青路面。2011年命名。区内次干路。

上新路 Shàngxīn Lù

道路、街巷。位于横泾街道。取"走上新路，走向小康"之意拟名。东西走向。东起尧太河，西至上庄村。长1000米，宽20米。沥青路面。曾用名新兴路。2004年更名为上新路。区内次干路。

新思路 Xīnsī Lù

道路、街巷。位于横泾街道。取"新的思维，创新发展"之意拟名。东西走向。东起尧太河，西经木东公路至规划中道路。长1000米，宽30米。沥青路面。2003年命名。区内次干路。

上巷路 Shàngxiàng Lù

道路、街巷。位于横泾街道。因位于上巷村域，故名。东西走向。东起上巷社区南高庄自然村，西至上巷社区庙场上自然村。长1030米，宽5米。沥青路面。2011年命名。区内次干路。

庄马路 Zhuāngmǎ Lù

道路、街巷。位于越溪街道。以庄马自然村而得名。东西走向。东起文溪路，西至吴中大道。长1230米，宽24米。沥青路面。2015年命名。区内次干路。

创高路 Chuànggāo Lù

道路、街巷。位于越溪街道。取"创造高度发展"的寓意拟名。东西走向。东起溪水路，西至旺山路。长1118米，宽34米。沥青路面。2007年命名。区内次干路。

越城路 Yuèchéng Lù

道路、街巷。位于越溪街道。以越溪城市副中心而得名。东西走向。东起塔韵路，西至张桥村路。长2800米，宽20米。沥青路面。1993年命名。区内次干路。

白云街 Báiyún Jiē

道路、街巷。位于城南街道。因位于碧波街附近，以"蓝天白云对碧波荡漾"的寓意拟名。东西走向。东起宝南路，西至碧波街。长1300米，宽20米。沥青路面。1995年命名。区内次干路。

石湖东路 Shíhú Dōnglù

道路、街巷。位于城南街道。因连接石湖西路，故名。东西走向。东起宝南路，西至东吴南路。长2700米，宽42米。沥青路面。1995年命名。区内次干路。

兴中路 Xīngzhōng Lù

道路、街巷。位于城南街道。以"振兴吴中"之意拟名。东西走向。东起524国道，西至苏州城区与吴江区交界处。长3000米，宽22米。沥青路面。2005年命名。区内次干路。

陈华路 Chénhuá Lù

道路、街巷。位于香山街道。因道路途经陈华村，故名。东西走向。东起香山路，西至李带里河（俗称）。与香山路交汇。长1100米，宽21米。沥青路面。2013年命名。区内次干路。

伍相路 Wǔxiàng Lù

道路、街巷。位于香山街道。以纪念春秋吴国军师伍子胥而得名。东西走向。东起白马寺路，西至教场路。长1880米，宽16米。沥青路面。曾用名振兴路。2007年更名调整为伍相路。区内次干路。

引黛街 Yǐndài Jiē

道路、街巷。位于太湖街道。取明代文学家袁宏道《泊西洞庭》"白浪浸天冷，青山引黛长"诗句用词拟名，蕴含"描绘美丽"（"黛"本义为青黑色的颜料，古代女子用以画眉）之意。东西走向。东起泽山路，至西折南至东太湖大堤。长1550米，宽26米。沥青路面。2017年命名。区内次干路。

天颜路 Tiānyán Lù

道路、街巷。位于太湖街道。以纪念清代江苏布政使、疏浚吴淞江的慕天颜而得名。东西走向。东起雷山路，西至塔韵路规划向南延伸段（未命名）。长760米，宽36米。2017年命名。区内次干路。

开甫路 Kāifǔ Lù

道路、街巷。位于太湖街道。以纪念明代散文家归有光（字开甫）而得名。东西走向。东起连柱山路，西至箭浮山路。长667米，宽36米。沥青路面。2017年命名。区内次干路。

原博街 Yuánbó Jiē

道路、街巷。位于太湖街道。以纪念明代状元、文学家吴宽（字原博）而得名。东西走向。东起芙蕖街，西至金碧街。长480米，宽24米。沥青路面。2015年命名。区内次干路。

君益路 Jūnyì Lù

道路、街巷。位于太湖街道。以纪念北宋官吏李禹卿（字君益）而得名。李禹卿任苏州通判时，率民沿太湖筑堤八十里，修渠道以利漕运，蓄湖水以溉民田，受益田亩达千余顷。东西走向。东起芙蕖街，西至苏州湾大道。长740米，宽36米。沥青路面。2015年命名。区内次干路。

禹贡路 Yǔgòng Lù

道路、街巷。位于太湖街道。取古代儒家经典《尚书》中的篇章“禹贡”拟名，以此纪念大禹治水之功绩。东西走向。东起吴郡路，西至苏州湾大道。长345米，宽36米。沥青路面。2015年命名。区内次干路。

金碧街 Jīnbì Jiē

道路、街巷。位于太湖街道。取东山诗人汤蝂《客有问洞庭之胜者走笔示之》有“金碧芙蓉映太湖，相传奇胜甲东吴”诗句用词拟名。东西走向。东南起吴郡路，向西北折北至君益路。长860米，宽24米。沥青路面。2015年命名。区内次干路。

南沙路 Nánshā Lù

道路、街巷。位于角直镇。因道路途经南沙自然村，故名。东西走向。东起育才路，西至甫澄中路。长830米，宽10米。沥青路面。2007年命名。区内次干路。

联谊路 Liányì Lù

道路、街巷。位于角直镇。以联结友谊之意，故名。东西走向。东起长虹北路，西至车坊镇。与龚塘路相交。长3000米，宽10米。水泥路面。1994年命名。区内次干路。

汇凯路 Huìkǎi Lù

道路、街巷。位于角直镇。因位于汇凯大酒店前，故名。东西走向。东起彩虹路，西至长虹北路。长673米，宽24米。沥青路面。2002年命名。区内次干路。

淞石路 Sōngshí Lù

道路、街巷。位于角直镇。因道路东起淞港村，西至石泾港（河流），取淞、石二字组合命名。东西走向。东起港升路，西至石泾港（河道俗称）。长1500米，宽9米。沥青路面。2011年命名。区内次干路。

万源路 Wànyuán Lù

道路、街巷。位于角直镇。东西走向。东起中兴路，西至毛虹路。长746米，宽3.6米。沥青路面。2002年命名。区内次干路。

光电路 Guāngdiàn Lù

道路、街巷。位于光福镇。因途经机电设备厂，故名。东西走向。东起福东路，西至迂里村浩度塘江头自然村。长2000米，宽16米。沥青路面。2012年命名。区内次干路。

银矿路 Yínkuàng Lù

道路、街巷。位于光福镇。因通达银铅锌矿，故名。东西走向。东起福东路，西至迂里路。长3000米，宽16米。沥青路面。2012年命名。区内次干路。

塔山路 Tǎshān Lù

道路、街巷。位于光福镇。以地处塔山边而得名。东西走向。东起203省道，西至杨树街。长1720米，宽30米。沥青路面。2006年命名。区内次干路。

崦东路 Yāndōng Lù

道路、街巷。位于光福镇。因道路途经崦东村，故名。东西走向。东起福玉路，西至福坤路。长942米，宽16米。沥青路面。2010年命名。区内次干路。

凤山路 Fèngshān Lù

道路、街巷。位于光福镇。因位于南凤凰山西侧，故名。东西走向。东起舟山路，西至邓尉山路。长1141米，宽24米。沥青路面。2010年命名。区内次干路。

长浮南街 Chángfú Nánjiē

道路、街巷。位于光福镇。因位于长浮山南，故名。东西走向。东起镇汽车站，西至宝湖公司。长1060米，宽12米。沥青路面。区内次干路。

福利路 Fúlì Lù

道路、街巷。位于光福镇。因道路位于光福镇福利村中心位置，途经福利村村委会，故名。东西走向。东起绕城高速公路西侧无名道路，西至福东路。长1700米，宽12米。沥青路面。2017年命名。区内次干路。

花苑东路 Huāyuàn Dōnglù

道路、街巷。位于木渎镇。因道路位于花苑二村南侧，且为整段道路的东段，故名。东西走向。东起枫瑞路，西至金山南路。与新华路、金枫南路、大治路、珠江路相交。长2230米，宽20米。沥青路面。2005年命名。区内次干路。

花苑西路 Huāyuàn Xīlù

道路、街巷。位于木渎镇。因道路位于花苑二村南侧，且为整段道路的西段，故名。东西走向。东起金山南路，西至灵天路。长1100米，宽16米。沥青路面。2005年命名。区内次干路。

向阳河路 Xiàngyánghé Lù

道路、街巷。位于木渎镇。因道路沿向阳河而建，故名。东西走向。东起新华路，西至灵天路。与金山南路相交。长1610米，河北侧道路宽9～14米，河南侧道路宽7～12米。沥青路面。2014年命名。区内次干路。

兵圣路 Bīngshèng Lù

道路、街巷。位于木渎镇。以纪念吴国大将孙武著作兵法事迹而得名。东西走向。东起朱买臣路，向西折北至苏福公路。长2000米，宽25米。沥青路面。2006年命名。区内次干路。

姑苏路 Gūsū Lù

道路、街巷。位于木渎镇。以姑苏山而得名。东西走向。东起金枫南路，西至灵山路。长1500米，宽15米。沥青路面。1994年命名。2017年调整。区内次干路。

木胥西路 Mùxū Xīlù

道路、街巷。位于木渎镇。因道路连接木渎镇与胥口镇，取两地镇名首字组合命名。东西走向。东起木东公路，西至灵山路。与走马塘路、谢村路相交。长1200米，宽30米。沥青路面。2005年命名。区内次干路。

孙庄西路 Sūnzhuāng Xīlù

道路、街巷。位于木渎镇。因道路途经孙庄村，故名。东西走向。东起木东公路，西至灵山路。与走马塘路、谢村路相交。长1500米，宽30米。沥青路面。2005年命名。区内次干路。

七子路 Qīzǐ Lù

道路、街巷。位于木渎镇。因道路沿七子山北麓走向，故名。东西走向。东起晋福桥路，西至金枫南路。长1680米，宽10米。沥青路面。2005年命名。区内次干路。

清峰路 Qīngfēng Lù

道路、街巷。位于胥口镇。东西走向。东起上供村委会，西至胥进路连清明路。与东欣路、东丽路相交。长2343.2米，宽16米。沥青路面。2002年命名。区内次干路。

吉祥路 Jíxiáng Lù

道路、街巷。位于胥口镇。取“吉祥如意”的寓意拟名。东西走向。东起灵山路，向西折南至时进路。长2000米，宽10米。沥青路面。2002年命名。区内次干路。

合丰路 Héfēng Lù

道路、街巷。位于胥口镇。取“合作就能获得丰收，生活就会丰裕”的寓意拟名。东西走向。东起石胥路，西至藏胥路。与石中路相交。长2376.9米，宽12米。沥青路面。2004年命名。区内次干路。

胥欣路 Xūxīn Lù

道路、街巷。位于胥口镇。取“胥口欣欣向荣”的寓意拟名。东西走向。北起孙武路，向南折西至胥进路。长1278米，宽18米。沥青路面。2008年命名。区内次干路。

箭泾街 Jiànjīng Jiē

道路、街巷。位于胥口镇。因道路位于箭泾行政村，故名。东西走向。东起孙武路“苏州利华针织有限公司”围墙，西至胥市街。长1200米，宽16米。沥青路面。2011年命名。区内次干路。

新胥路 Xīnxū Lù

道路、街巷。位于胥口镇。东西走向。东起胥江大桥，西至孙武路。长1214.2米，宽5米。水泥路面。2002年命名。区内次干路。

腾胥路 Téngxū Lù

道路、街巷。位于胥口镇。取“腾飞的胥口”的寓意拟名。东西走向。东起东欣路，西至胥进路。长1218米，宽26米。沥青路面。2013年命名。区内次干路。

长安路 Cháng′ān Lù

道路、街巷。位于临湖镇。取“长治久安”之意拟名。东西走向。东起浦金路，西至浦阳路。长600

米，宽6米。沥青路面。2003年命名。区内次干路。

和安路 Hé′ān Lù

道路、街巷。位于临湖镇。取“和谐平安”之意拟名。东西走向。东起东山大道，西至浦阳路。与浦庄大道、浦金路相交。长1900米，宽10米。沥青路面。2003年命名。区内次干路。

中安路 Zhōng′ān Lù

道路、街巷。位于临湖镇。取“中兴平安”之意拟名。东西走向。东起浦兴路，西至浦庄路。长1700米，宽10米。与和青街、浦兴路、浦金路相交。沥青路面。2003年命名。区内次干路。

金家堂路 Jīnjiātáng Lù

道路、街巷。位于临湖镇。以途经金家堂村域而得名。东西走向。东起浦庄大道，西至东区路。与渡村路、临湖路相交。长2000米，宽4米。部分水泥路面，部分沥青路面。2014年命名。区内次干路。

菱湖渚路 Línghúzhǔ Lù

道路、街巷。位于临湖镇。以道路附近菱湖渚公园而得名。东西走向。东起塘桥路，西至环太湖大道。与临湖路、湖柳路相交。长2500米，宽6米。沥青路面。2010年命名。区内次干路。

碧湖路 Bìhú Lù

道路、街巷。位于临湖镇。取“碧绿湖水”的寓意拟名。东西走向。东起渡村路，西至临湖路。长1100米，宽6米。沥青路面。2010年命名。2016年调整。区内次干路。

西查路 Xīzhā Lù

道路、街巷。位于临湖镇。因道路途经西查自然村，故名。东西走向。东起浦阳路，西至临湖路。长1200米，宽12米。沥青路面。2014年命名。区内次干路。

姚家村路 Yáojiācūn Lù

道路、街巷。位于临湖镇。以道路途经姚家村而得名。东西走向。东起东陆路，西至顺堤河（俗称）。长1200米，宽4米。水泥路面。2015年命名。区内次干路。

荡湖路 Dànghú Lù

道路、街巷。位于临湖镇。因道路途经太湖湖荡，故名。东西走向。东起浦庄大道，西至苏东河。长1240米，宽12米。沥青路面。2006年命名。区内次干路。

莲湖路 Liánhú Lù

道路、街巷。位于临湖镇。以临湖镇采莲村而得名。东西走向。东起东山大道，西至塘桥路。长1650米，宽32米。沥青路面。2006年命名。区内次干路。

西柳湖路 Xīliǔhú Lù

道路、街巷。位于临湖镇。东西走向。东起临湖路，西至石舍村柳舍自然村。长1100米，宽4米。沥青路面。2016年命名。区内次干路。

石鹤山路 Shíhèshān Lù

道路、街巷。位于东山镇。因道路北侧有石鹤山，故名。东西走向。东起定向河三号桥（规划暂用名），西至东山大道。长1200米，宽32米。沥青路面。2007年命名。区内次干路。

雨花路 Yǔhuā Lù

道路、街巷。位于东山镇。因道路通往雨花胜境，故名。东西走向。东起雨花台小路，西至莫厘路。长1200米，宽12米。沥青路面。1998年命名。区内次干路。

林屋路 Línwū Lù

道路、街巷。位于金庭镇。因途经林屋村林屋洞，故名。东西走向。西起梅园路，向东折北至金庭路。长4652米，宽14米。沥青路面。1997年命名。2005年调整。区内次干路。

金庭路 Jīntíng Lù

道路、街巷。位于金庭镇。以金庭镇而得名。东西走向。东起大桥路，西至梅园路。长2900米，宽16米。沥青路面。1997年命名。区内次干路。

元山街 Yuánshān Jiē

道路、街巷。位于金庭镇。因道路途经元山村，故名。东西走向。东起大圣湾，西至大桥路。长3284米，宽8米。沥青路面。1976年命名。区内次干路。

前湾路 Qiánwān Lù

道路、街巷。位于金庭镇。因道路途经前湾村，故名。东西走向。东起前湾村，西至大桥路。长400米，宽14米。沥青路面。1997年命名。区内次干路。

后堡港路 Hòubǎogǎng Lù

道路、街巷。位于金庭镇。因道路途经后堡港，故名。东西走向。东起林屋路，西至金庭路。长1038米，宽20米。沥青路面。2015年命名。区内次干路。

谢姑山路 Xiègūshān Lù

道路、街巷。位于金庭镇。因道路途经谢姑山，故名。东西走向。西起林屋路，向东折东北复折西至林屋路。长5700米，宽16米。沥青路面。2018年命名。区内次干路。

消夏湾路 Xiāoxiàwān Lù

道路、街巷。位于金庭镇。以附近消夏湾而得名。东西走向。东起石公路，向西折南至蛇山东麓停车场。长3850米，宽16米。沥青路面。2018年命名。区内次干路。

衙里路 Yálǐ Lù

道路、街巷。位于金庭镇。东西走向。东起西洞庭山路，向西折西北至衙角里村衙里自然村。长1700米，宽10米。沥青路面。2018年名。区内次干路。

夫椒山路 Fūjiāoshān Lù

道路、街巷。位于金庭镇。因西山古称夫椒山，故名。东西走向。东起消夏湾路，向西北折西复折北至衙里路。长7130米，宽16米。沥青路面。2018年命名。区内次干路。

望崦弄 Wàngyān Lòng

道路、街巷。位于金庭镇。因位于望崦岭，故名。东西走向。东起东河街，西至望崦岭下。长220米，宽4米。沥青路面。1997年命名。区内次干路。

金桂街 Jīnguì Jiē

道路、街巷。位于金庭镇。以街边遍植桂花树而名。东西走向。东起庆丰港河，西至金庭路。长325米，宽14米。沥青路面。1997年命名。区内次干路。

古樟路 Gǔzhāng Lù

道路、街巷。位于金庭镇。因途经古樟园，故名。东西走向。东起林屋路，西至金庭路。长1600米，宽24米。沥青路面。2015年命名。区内次干路。

崦里街 Yānlǐ Jiē

道路、街巷。位于金庭镇。因位于望崦岭，故名。东西走向。东起白塔路，西至医院北弄。长311.2米，宽8米。沥青路面。1980年命名。区内次干路。

东蔡街 Dōngcài Jiē

道路、街巷。位于金庭镇。因道路途经东蔡古村落，故名。东西走向。东起庙东，西至秦家堡。长178.3米，宽7米。沥青路面。区内次干路。

西中路 Xīzhōng Lù

道路、街巷。位于金庭镇。以西山中学简称而得名。东西走向。东起二图里村，西至西山中学。长154.7米，宽7米。混合路面。1990年命名。区内次干路。

银杏街 Yínxìng Jiē

道路、街巷。位于金庭镇。因道路两边种满银杏树，故名。东西走向。东起庆丰港河，西至金庭路。长385米，宽14米。沥青路面。1997年命名。区内次干路。

红桔街 Hóngjú Jiē

道路、街巷。位于金庭镇。以西山特色产品红桔而得名。南北走向。南起碧螺春街，北至金庭路。长300米，宽14米。混合路面。1997年命名。区内次干路。

东苑路 Dōngyuàn Lù

道路、街巷。位于长桥街道。因位于为苏苑新村西侧，故名。南北走向。南起文曲路，北至东吴村苏苑菜场西侧。与宝带东路、吴中东路、苏苑街相交。长1600米，宽12米。沥青路面。1995年命名。区内次干路。

水香街 Shuǐxiāng Jiē

道路、街巷。位于长桥街道。以江南水乡（谐音“水香”）而得名。南北走向。南起太湖西路，北至吴中西路。长1400米，宽20米。沥青路面。1989年命名。区内次干路。

东吴北路 Dōngwú Běilù

道路、街巷。位于长桥街道。因道路在东吴塔（电视塔）旁，故名。南北走向。南起东吴塔，北至南环路。与吴中路、宝带路相交。长1600米，宽36米。沥青路面。曾用名人民南路。1995年更名为东吴北路。2003年调整。区内次干路。

清禾路 Qīnghé Lù

道路、街巷。位于郭巷街道。取“清清湖水滋润禾苗成长”的寓意拟名。南北走向。南起尹南路，向北折西至尹山湖路。长2691米，宽40米。沥青路面。2012年命名。区内次干路。

港浦路 Gǎngpǔ Lù

道路、街巷。位于郭巷街道。取“横港、五浦”自然村名中各一个字组合命名。南北走向。南起淞岸路，北至淞葭路。长1400米，宽30米。沥青路面。2016年命名。区内次干路。

戈湾路 Gēwān Lù

道路、街巷。位于郭巷街道。因道路途经原戈湾自然村，故名。南北走向。南起淞岸路，北至淞葭路。长1654米，宽20米。沥青路面。2016年命名。区内次干路。

马夏路 Mǎxià Lù

道路、街巷。位于郭巷街道。以自然村“马巷、夏浜”首字组合命名。南北走向。南起淞岸路，北至淞葭路。长1297米，宽20米。沥青路面。2016年命名。区内次干路。

白洋湖路 Báiyánghú Lù

道路、街巷。位于郭巷街道。以附近白洋湖而得名。南北走向。南起淞岸路，北至淞葭路。长2185米，宽24米。2016年命名。区内次干路。

六浦路 Liùpǔ Lù

道路、街巷。位于郭巷街道。因道路途经六浦自然村，故名。南北走向。南起淞岸路，北至淞葭路。长1252米，宽30米。沥青路面。2016年命名。区内次干路。

蛟龙圩路 Jiāolóngwéi Lù

道路、街巷。位于郭巷街道。因道路途经蛟龙圩村，故名。南北走向。南起淞岸路，北至淞葭路。长1484米，宽24米。沥青路面。2016年命名。区内次干路。

尹中路 Yǐnzhōng Lù

道路、街巷。位于郭巷街道。因道路途经尹山村，故名。南北走向。南起尹新路，北至郭新路。与尹山路、东进路相交。长1025米，宽36米。沥青路面。2002年命名。区内次干路。

通达南路 Tōngdá Nánlù

道路、街巷。位于郭巷街道。南北走向。南起金丝港路，北至郭新东路。与通达路相接。长1800米，宽14米。沥青路面。2012年命名。区内次干路。

尹丰路 Yǐnfēng Lù

道路、街巷。位于郭巷街道。取尹山村与六丰村中各一字组合命名。南北走向。南起尹丰桥，北至镇政府。长2500米，宽17米。沥青路面。2000年命名。区内次干路。

南尹丰路 Yányǐnfēng Lù

道路、街巷。位于郭巷街道。南北走向。南起吴淞江，北至绕城高速公路。长2183米，宽20米。沥青路面。2005年命名。区内次干路。

镬底潭路 Huòdǐtán Lù

道路、街巷。位于郭巷街道。因道路位于镬底潭西侧，故名。南北走向。南起沪常高速公路北侧新建道路（未命名），至北折西北至东方大道。长2770米，宽30米。沥青路面。2017年命名。区内次干路。

北尹丰路 Běiyǐnfēng Lù

道路、街巷。位于郭巷街道。南北走向。南起绕城高速公路，向北折西至尹中南路（规划暂用名）。长1970米，宽20米。沥青路面。2005年命名。区内次干路。

越溪街 Yuèxī Jiē

道路、街巷。位于越溪街道。因位于越溪街道而得名。南北走向。南起滨溪路，北至吴中大道。与苏街、吴山街、越城路相交。长1620米，宽24米。沥青路面。2005年命名。2015年调整。区内次干路。

圣陶路 Shèngtáo Lù

道路、街巷。位于越溪街道。为纪念叶圣陶，故名。南北走向。南起吴中大道，北至雪君路。长1150米，宽24米。沥青路面。2005年命名。区内次干路。

希文路 Xīwén Lù

道路、街巷。位于越溪街道。以范仲淹字希文而得名。南北走向。南起吴中大道，北至旅思街北侧苏州建设高等职业技术学校校内东西向道路（未命名）。与双清街、一川街相交。长1020米，宽16～24米。沥青路面。2005年命名。区内次干路。

雪君路 Xuějūn Lù

道路、街巷。位于越溪街道。以刺绣艺术家沈涛的字号雪君而得名。南北走向。南起吴中大道，北至顾公路。长1300米，宽20米。沥青路面。2005年命名。区内次干路。

溪秀路 Xīxiù Lù

道路、街巷。位于越溪街道。取溪水流淌溪畔风景秀丽之意。南北走向。南起吴山街向东延伸段（未命名），北至吴中大道。与苏街、北溪江路相交。长1410米，宽18米。沥青路面。2007年命名。区内次干路。

旺山路 Wàngshān Lù

道路、街巷。位于越溪街道。因道路途经旺山村，故名。南北走向。南起吴中大道，向北折西至尧旺路。与旺街相交。长2010米，宽12～50米。沥青路面。2007年命名。区内次干路。

尧旺路 Yáowàng Lù

道路、街巷。位于越溪街道。因道路位于尧峰山边上并通往旺山村，故名。南北走向。南起吴中大道，北至旺山公墓大门。长1960米，宽9米。沥青路面。2007年命名。2016年调整。区内次干路。

明溪路 Míngxī Lù

道路、街巷。位于越溪街道。因道路途经明溪自然村，故名。南北走向。南起文溪路，北至南溪江路。长1222米，宽45米。沥青路面。2008年命名。区内次干路。

九龙潭路 Jiǔlóngtán Lù

道路、街巷。位于越溪街道。因道路紧邻九龙潭景区附近，故名。南北走向。西南起西钱家坞巷，向东北折西北复折西南至尧旺路。长1454米，宽10米。沥青路面。2016年命名。区内次干路。

邵昂路 Shào´áng Lù

道路、街巷。位于城南街道。因道路途经邵昂村，故名。南北走向。南起绕城高速公路北侧无名小路，北至吴中大道。长1788米，宽42米。沥青路面。2007年命名。区内次干路。

宝通路 Bǎotōng Lù

道路、街巷。位于城南街道。因道路途经宝尹村，故名。南北走向。南起南大环路（俗称），北至天灵路。长1000米，宽15米。沥青路面。曾用名宝尹路。2007年更名为宝通路。区内次干路。

双祺路 Shuāngqí Lù

道路、街巷。位于城南街道。取附近有罗布棋、师姑棋两个“棋”的谐音“祺”拟名。南北走向。南起兴中路，北至南湖路。长1145米，宽22米。沥青路面。2007年命名。区内次干路。

姚舍路 Yáoshè Lù

道路、街巷。位于香山街道。因道路途经原姚舍村，故名。南北走向。南起烟波路，北至蒯祥路。与伍相路、承祖路相交。长1822米，宽16米。沥青路面。曾用名晓烟路。2007年更名调整为姚舍路。区内次干路。

承祖路 Chéngzǔ Lù

道路、街巷。位于香山街道。以近代建筑大师姚承祖而得名。南北走向。南起环太湖大道，向北折西至教场路。与香山路、姚舍路相交。长1830米。宽16米。沥青路面。曾用名瑞云路。2007年更名为承祖路。区内次干路。

教场路 Jiàochǎng Lù

道路、街巷。位于香山街道。因春秋时期属地为兵圣孙武训练军士的教场，故名。南北走向。南起环太湖大道，北至孙武路。与蒯祥路、其昌路相交。长1900米，宽17米。沥青路面。2004年命名。区内次干路。

长沙路 Chángshā Lù

道路、街巷。位于香山街道。因道路途经长沙村，故名。南北走向。南起太湖大桥二号桥，北至太湖大桥一号桥。长2400米，宽14米。沥青路面。1996年命名。区内次干路。

梅舍路 Méishè Lù

道路、街巷。位于香山街道。因道路途经梅舍村，故名。南北走向。南起环太湖大道，北至孙武路。与蒯祥路相交。长1430米，宽16米。沥青路面。曾用名怀古路。2007年更名调整为梅舍路。区内次干路。

墅里路 Shùlǐ Lù

道路、街巷。位于香山街道。因道路位于墅里自然村，故名。南北走向。南起环太湖大道，北至舟山路。长1069米，宽16米。沥青路面。曾用名吴城路。2007年更名调整为墅里路。区内次干路。

仙玩街 Xiānwán Jiē

道路、街巷。位于太湖街道。以清代文人潘耒《石公山》“天然列仙玩，削成瑶池里”诗句之词拟名，寓意山水奇绝，连仙人也视若宝物。南北走向。南起引黛街，北至开甫路。长1530米，宽24米。沥青路面。2017年命名。区内次干路。

雷山路 Léishān Lù

道路、街巷。位于太湖街道。因太湖岛屿“大雷山、小雷山”，故名。南北走向。南起天颜路，北至东太湖路。长497米，宽36米。沥青路面。2017年命名。区内次干路。

泽山路 Zéshān Lù

道路、街巷。位于太湖街道。因太湖岛屿“泽山”，故名。南北走向。南起引黛街，北至东太湖路。长1005米，宽36米。沥青路面。2017年命名。区内次干路。

芙蕖街 Fúqú Jiē

道路、街巷。位于太湖街道。“芙蕖”，古代荷花别名，蕴喻十分美丽且出污泥而不染的寓意拟名。南北走向。南起吴郡路，向东北折北至天鹅荡路。长1300米，宽24～26米。沥青路面。2015年命名。区内次干路。

东庄路 Dōngzhuāng Lù

道路、街巷。位于角直镇。因道路途经东庄村，故名。南北走向。西起甫澄中路，向东折南再折西至甫澄中路。长1800米，宽10米。沥青路面。2003年命名。区内次干路。

育才路 Yùcái Lù

道路、街巷。位于角直镇。南北走向。南起南塘河路，北至晓市路。长1450米，宽12米。沥青路面。2002年命名。区内次干路。

映月二路 Yìngyuè 2 Lù

道路、街巷。位于角直镇。南北走向。南起晓市路，北至淞南村东千亩潭自然村。长1471米，宽9米。沥青路面。1994年命名。2015年调整。区内次干路。

田肚江路 Tiándùjiāng Lù

道路、街巷。位于角直镇。因道路位于田杜江旁，故名。南北走向。南起南沙路，北至南塘河路。长300米，宽10米。沥青路面。2010年命名。区内次干路。

晓南路 Xiǎonán Lù

道路、街巷。位于角直镇。因位于晓市路南端，故名。南北走向。南起柯福路，北至鸣市路。与南塘河路、南沙路相交。长850米，宽24米。沥青路面。2008年命名。区内次干路。

晓市路 Xiǎoshì Lù

道路、街巷。位于角直镇。南北走向。南起鸣市路，北至昆山南港。与海藏路、迎宾路相交。长1950米，宽20米。沥青路面。1994年命名。区内次干路。

淞甫路 Sōngfǔ Lù

道路、街巷。位于角直镇。南北走向。南起晓市路，北至云龙路。长4262米，宽9米。沥青路面。1994年命名。2015年调整。区内次干路。

淞南路 Sōngnán Lù

道路、街巷。位于角直镇。因道路途经淞南村，故名。南北走向。南起角直大道，北至西娄路。长1000米，宽14米。沥青路面。2010年命名。区内次干路。

吴淞路 Wúsōng Lù

道路、街巷。位于角直镇。因该路北端接近吴淞江而得名。南北走向。南起鸿福路，北至角直大道。与鸣市路、海藏西路相交。长2000米，宽45米。沥青路面。2000年命名。区内次干路。

富江路 Fùjiāng Lù

道路、街巷。位于角直镇。取生活在吴淞江边百姓乐业富裕的寓意拟名。南北走向。南起角直大道，北至西娄路。长1200米，宽10米。沥青路面。2007年命名。区内次干路。

云龙路 Yúnlóng Lù

道路、街巷。位于角直镇。因道路途经云龙村，故名。南北走向。东起淞甫路，向西折西南再折东南复折西南至西娄路。长1828米，宽7米。沥青路面。2015年命名。区内次干路。

清砂路 Qīngshā Lù

道路、街巷。位于角直镇。以碛砂、清江各取一字组合命名。南北走向。南起南塘港，北至鸣市路。长3137米，宽10米。沥青路面。2002年命名。区内次干路。

东五谷路 Dōngwǔgǔ Lù

道路、街巷。位于角直镇。因道路途经东巫角自然村，吴方言“东巫角”同“东五谷”同音，故名。南北走向。南起鸣市路，北至海藏西路。长560米，宽9米。沥青路面。2015年命名。区内次干路。

长虹南路 Chánghóng Nánlù

道路、街巷。位于角直镇。因位于长虹路南段，故名。南北走向。南起金澄湖路，北至联谊路。长1698米，宽9米。沥青路面。1994年命名。2014年调整。区内次干路。

长虹北路 Chánghóng Běilù

道路、街巷。位于角直镇。因位于长虹路北段，故名。南北走向。南起联谊路，北至角直大道。与东方大道、汇凯路相交。长1800米，宽34米。沥青路面。1994年命名。区内次干路。

龚塘路 Gōngtáng Lù

道路、街巷。位于角直镇。因道路途经龚塘自然村，故名。南北走向。南起东方大道，北至角直大道。与海藏西路相交。长1660米，宽25米。沥青路面。2013年命名。区内次干路。

凌港路 Línggǎng Lù

道路、街巷。位于角直镇。因道路途经凌港自然村，故名。南北走向。南起秀篢村，北至角直大道。与海藏西路相交。长600米，宽20米。水泥路面。2003年命名。区内次干路。

东石泾港路 Dōngshíjīnggǎng Lù

道路、街巷。位于角直镇。因道路位于石泾港桥东侧，故名。南北走向。南起东方大道，北至金鸡湖大道。长1966米，宽25米。沥青路面。2013年命名。区内次干路。

金山寺路 Jīnshānsì Lù

道路、街巷。位于角直镇。因道路位于金山寺附近，故名。南北走向。南起瑶盛村黄泥兜（湖道名）北侧规划用地，向北至澄墩村五家浜自然村后折西南至苏同黎公路。长6428米，宽9米。沥青路面。2014年命名。区内次干路。

迂里路 Yūlǐ Lù

道路、街巷。位于光福镇。因是古迂里塘改建的道路而得名。南北走向。南起福湖路，向北折东至福乾路。长2000米，宽10米。沥青路面。2012年命名。区内次干路。

邓尉山路 Dèngwèishān Lù

道路、街巷。位于光福镇。因位于邓尉山东麓，故名。南北走向。南起金涧路，北至福湖路。长2892米，宽14米。沥青路面。2010年命名。区内次干路。

福坤路 Fúkūn Lù

道路、街巷。位于光福镇。取光福康乾坤地的寓意拟名。南北走向。南起苏福公路，北至塔山路。长1540米，宽20米。沥青路面。2007年命名。区内次干路。

福田路 Fútián Lù

道路、街巷。位于光福镇。因自苏福路至田舍路的道路，取两地名中各一字组合命名。南北走向。南起苏福路（规划暂用名），北至塔山路。长1298米，宽20米。沥青路面。2010年命名。区内次干路。

福锦路 Fújǐn Lù

道路、街巷。位于光福镇。取光福山水锦绣的寓意拟名。南北走向。南起金涧路，北至东崦湖（俗称）南岸。长1636米，宽18米。沥青路面。2010年命名。区内次干路。

福聚路 Fújù Lù

道路、街巷。位于光福镇。取光福企业相聚福至的寓意拟名。南北走向。南起金涧路，北至下绞路。与凤山路相交。长1336米，宽20米。沥青路面。2010年命名。区内次干路。

新华路 Xīnhuá Lù

道路、街巷。位于木渎镇。因道路途经新华村，故名。南北走向。南起中山东路，北至竹南浜村。与花园东路相交。长2100米，宽24米。沥青路面。1994年命名。区内次干路。

灵天路 Língtiān Lù

道路、街巷。位于木渎镇。因该道路连接灵岩山和天平山，取两地名中各一字组合命名。南北走向。南起藏福东路，向北折南至张泾浜路。长4360米，宽8～30米。沥青路面。2005年命名。2012年、2018年调整。区内次干路。

大治路 Dàzhì Lù

道路、街巷。位于木渎镇。因道路途经大治村，故名。南北走向。南起中山东路，北至向阳路。与花园东路、金长路相交。长1750米，宽10米。沥青路面。2013年命名。区内次干路。

枫瑞路 Fēngruì Lù

道路、街巷。位于木渎镇。取金山与枫树的瑞祥的寓意拟名。南北走向。南起中山东路，北至金长路。长1500米，宽24米。沥青路面。2006年命名。区内次干路。

朱买臣路 Zhūmǎichén Lù

道路、街巷。位于木渎镇。以纪念木渎镇历史名人朱买臣，弘扬当地历史文化而得名。南北走向。南起寿山路，北至穹灵路。与印泉路相交。长4200米，宽12米。沥青路面。曾用名藏南路。2006年更名为朱买臣路。2008年调整。区内次干路。

谢村路 Xiècūn Lù

道路、街巷。位于木渎镇。因道路途经谢村，故名。南北走向。南起尧峰西路，北至姑苏路。与宝带西路、木胥西路、孙庄西路相交。长1500米，宽20米。沥青路面。2005年命名。区内次干路。

走马塘路 Zǒumǎtáng Lù

道路、街巷。位于木渎镇。因道路沿走马塘河而建，故名。南北走向。南起尧峰西路，北至姑苏路。与宝带西路、木胥西路、孙庄西路相交。长1000米，宽18米。沥青路面。2007年命名。区内次干路。

钟塔路 Zhōngtǎ Lù

道路、街巷。位于木渎镇。因道路连接东、西钟家塔自然村，故名。南北走向。南起尧峰东路，北至姑苏路。与宝带西路、木胥东路、孙庄东路相交。长1650米，宽20米。沥青路面。2005年命名。区内次干路。

东丽路 Dōnglì Lù

道路、街巷。位于胥口镇。取东方美丽的寓意拟名。南北走向。南起子胥路，北至吉祥路。长1300米，宽20米。沥青路面。2005年命名。2015年调整。区内次干路。

皋峰路 Gāofēng Lù

道路、街巷。位于胥口镇。因位于皋峰山附近，故名。南北走向。南起子胥路，北至时进路向东延伸段（未命名）。长1560米，宽30米。沥青路面。2005年命名。区内次干路。

香泾路 Xiāngjīng Lù

道路、街巷。位于胥口镇。因道路途经香泾村，故名。南北走向。南起孙武路，北至香泾村委。长1600米，宽8米。水泥路面。2002年命名。区内次干路。

乐汇街 Lèhuì Jiē

道路、街巷。位于胥口镇。取“欢乐的人群于此交汇”的寓意拟名。南北走向。北起230省道，向南折西至乐汇桥东堍。长880米，宽20米。沥青路面。2013年命名。区内次干路。

胥进路 Xūjìn Lù

道路、街巷。位于胥口镇。取“胥口不断阔步前进”的寓意拟名。南北走向。南起时进路，北至胥江桥。长1253米，宽5米。水泥路面。2002年命名。区内次干路。

上供路 Shànggòng Lù

道路、街巷。位于胥口镇。因道路途经上供村，故名。南北走向。南起清峰路，北至孙武路。与宝带西路、吉祥路相交。长2267.8米，宽12米。沥青路面。2002年命名。区内次干路。

胥市街 Xūshì Jiē

道路、街巷。位于胥口镇。取“胥口繁荣的集市”的寓意拟名。南北走向。南起新胥路，北至茅蓬路。长1850米，宽35米。沥青路面。2005年调整。区内次干路。

浦金路 Pǔjīn Lù

道路、街巷。位于临湖镇。取浦庄之“浦”与“锦福路”之“锦”（金谐音）组合命名。南北走向。南起锦福路，北至仙桥公墓。与吴中大道、东太湖大道、平安路、和安路、中安路、联东路相交。长3900米，宽6米。沥青路面。2003年命名。区内次干路。

东柳湖路 Dōngliǔhú Lù

道路、街巷。位于临湖镇。取柳舍自然村、临湖镇区两地名各一字组合命名，且位于东段，故名。南北走向。南起木东公路，向西北折西至园博园路。与渡村路相交。长1800米，宽6米。沥青路面。2016年命名。区内次干路。

前青街 Qiánqīng Jiē

道路、街巷。位于临湖镇。因道路途经前青自然村，故名。南北走向。南起木东公路，北至和安路。长1500米，宽14米。沥青路面。2003年命名，2010年调整。区内次干路。

临创路 Línchuàng Lù

道路、街巷。位于临湖镇。以所在临湖创业园的简称而得名。南北走向。南起东太湖防洪大堤，北至木东公路。长1950米，宽32米。沥青路面。2006年命名。区内次干路。

沙埂路 Shāgěng Lù

道路、街巷。位于临湖镇。因道路途经沙埂圩村，故名。南北走向。东南起农业园路，西北至东山大道。长1100米，宽7米。沥青路面。2014年命名。区内次干路。

东陆路 Dōnglù Lù

道路、街巷。位于临湖镇。因道路途经东陆舍村，故名。南北走向。南起临湖路，北至东岳庙路。与西陆舍路相交。长1700米，宽6米。沥青路面。2015年命名。区内次干路。

湖柳路 Húliǔ Lù

道路、街巷。位于临湖镇。取灵湖村、柳舍村各一字组合命名。南北走向。南起腾飞路，北至石舍村柳舍自然村民宅。长2500米，宽6米。沥青路面。2010年命名。区内次干路。

前塘路 Qiántáng Lù

道路、街巷。位于临湖镇。因道路途经前塘村，故名。南北走向。南起东山大道，北至临湖路。长1500米，宽30米。沥青路面。2010年命名。区内次干路。

迎宾路 Yíngbīn Lù

道路、街巷。位于临湖镇。取真诚热情欢迎宾客来临之意。南北走向。南起太湖水闸，北至吴舍村。长1500米，宽10米。沥青路面。1993年命名。区内次干路。

塘桥路 Tángqiáo Lù

道路、街巷。位于临湖镇。因道路途经塘桥村，故名。南北走向。南起牛桥路，北至碧湖路。长1500米，宽4米。沥青路面。2005年命名。2010年、2016年调整。区内次干路。

西陆路 Xīlù Lù

道路、街巷。位于临湖镇。因道路途经西陆村，故名。南北走向。南起柳湖路，北至陆舍村南港自然村。长1400米，宽6米。沥青路面。2015年命名。区内次干路。

将军街 Jiāngjūn Jiē

道路、街巷。位于东山镇。因纪念隋朝莫厘将军，故名。南北走向。南起银湖路，北至启园路。长1000米，宽25米。沥青路面。2004年命名。区内次干路。

启园路 Qǐyuán Lù

道路、街巷。位于东山镇。因道路通往启园，故名。南北走向。南起洞庭路，北至环太湖大道。长1200米，宽12米。沥青路面。1991年命名。区内次干路。

紫金路 Zǐjīn Lù

道路、街巷。位于东山镇。以通达名胜紫金庵而得名。南北走向。南起紫金庵，北至洞庭路。长1090米，宽22米。沥青路面。1991年命名。区内次干路。

人民街 Rénmín Jiē

道路、街巷。位于东山镇。取中华人民共和国成立后人民当家作主之意。南北走向。南起西新街，北至东新街。长1800米，宽9米。砖砌路面。区内次干路。

凤凰山路一巷 Fènghuángshānlù 1 Xiàng

道路、街巷。位于东山镇。因靠近凤凰山，依序取名。南北走向。是凤凰山路南侧的东起第1条东北—西南走向的区间道路。长410米，宽10米。2004年命名。区内次干路。

凤凰山路二巷 Fènghuángshānlù 2 Xiàng

道路、街巷。位于东山镇。因靠近凤凰山，依序取名。南北走向。是凤凰山路北侧的东起第1条东北—西南走向的区间道路。长863米，宽10米。2004年命名。区内次干路。

凤凰山路三巷 Fènghuángshānlù 3 Xiàng

道路、街巷。位于东山镇。因靠近凤凰山，依序取名。南北走向。是凤凰山路南侧的东起第2条东北—西南走向的的区间道路。长699米，宽10米。2004年命名。区内次干路。

凤凰山路四巷 Fènghuángshānlù 4 Xiàng

道路、街巷。位于东山镇。因靠近凤凰山，依序取名。南北走向。是凤凰山路北侧东起第2条东北—西南走向的区间道路。长741米，宽10米。2004年命名。区内次干路。

凤凰山路五巷 Fènghuángshānlù 5 Xiàng

道路、街巷。位于东山镇。因靠近凤凰山，依序取名。南北走向。是凤凰山路南侧的东起第3条东北—西南走向的区间道路。长205米，宽10米。2004年命名。区内次干路。

凤凰山路七巷 Fènghuángshānlù 7 Xiàng

道路、街巷。位于东山镇。因靠近凤凰山、依序取名。南北走向。是凤凰山路南侧的东起第4条东北—西南走向的的区间道路。长304米，宽10米。2004年命名。区内次干路。

定向河路 Dìngxiànghé Lù

道路、街巷。位于东山镇。以路旁定向河为路名。南北走向。东起跨朱家港（俗称）桥梁（俗称“群益桥”）西堍，向西北折北至东山大道。长1030米，宽13米。沥青路面。2016年命名。区内次干路。

石公路 Shígōng Lù

道路、街巷。位于金庭镇。因道路途经石公村，故名。南北走向。南起石公山，北至石丰路。长3250米，宽14米。沥青路面。1997年命名。区内次干路。

镇夏街 Zhènxià Jiē

道路、街巷。位于金庭镇。以所在镇夏集镇而得名。南北走向。南起俞家渡，北至上街自然村。长600米，宽6米。沥青路面。区内次干路。

东河街 Dōnghé Jiē

道路、街巷。位于金庭镇。南北走向。长1000米，宽5米。沥青路面。1930年命名。区内次干路。

【支路】

绮川路 Qǐchuān Lù

道路、街巷。位于长桥街道。东西走向。东起苏蠡路，西至马川路。长700米，宽18米。沥青路面。2005年命名。2009年调整。区内支路。

庄桥路 Zhuāngqiáo Lù

道路、街巷。位于长桥街道。因道路途经庄桥，故名。东西走向。东起长蠡路，西至苏蠡路。长600米，宽18米。沥青路面。曾用名如京路。2009年更名为庄桥路。区内支路。

文曲路 Wénqǔ Lù

道路、街巷。位于长桥街道。因该路边有中小学等教学机构，借“文曲星”下凡典故，故名。东西走向。东起冬青路，西至迎春路。长1000米，宽7米。沥青路面。1995年命名。2012年调整。区内支路。

南厍路 Nánshè Lù

道路、街巷。位于长桥街道。因道路途经南厍村，故名。东西走向。东起长蠡路，西至新蠡路。长910米，宽18米。沥青路面。2009年命名。区内支路。

马村路 Mǎcūn Lù

道路、街巷。位于郭巷街道。因道路途经马村自然村，故名。东西走向。东起国泰新村，西至祥和桥。长754米，宽3.5米。沥青路面。2004年命名。区内支路。

淞荻路 Sōngdí Lù

道路、街巷。位于郭巷街道。因位于吴淞江畔，取江畔生物之意。东西走向。东起淞岸路，西至蛟龙圩路。长516米，宽24米。沥青路面。2016年命名。区内支路。

善丰路 Shànfēng Lù

道路、街巷。位于郭巷街道。以“善浦村”之“善”与“六丰村”之“丰”组合命名。东西走向。东起南尹丰路，西至尹中南路（规划暂用名）。长880米，宽22米。沥青路面。2007年命名。区内支路。

善兴路 Shànxīng Lù

道路、街巷。位于郭巷街道。以附近“善浦村”之“善”与“兴旺”之“兴”组合命名，取“善浦兴旺发达起来”之意。东西走向。东起南尹丰路，西至尹中南路（规划暂用名）。长920米，宽22米。沥青路面。2005年命名。区内支路。

善富路 Shànfù Lù

道路、街巷。位于郭巷街道。以附近“善浦村”之“善”与“富裕”组合命名，取“善浦富裕起来”的寓意拟名。东西走向。东起南尹丰路，西至尹中南路（规划暂用名）。长900米，宽22米。沥青路面。2005年命名。区内支路。

凤舞泾路 Fèngwǔjīng Lù

道路、街巷。位于郭巷街道。因道路途经凤舞泾自然村，故名。东西走向。东起环湖路，西至尹丰路。长711米，宽24米。沥青路面。2013年命名。区内支路。

北港路 Běigǎng Lù

道路、街巷。位于郭巷街道。因位于北港河附近，故名。东西走向。东起临嘉路，西至东环南路。长1000米，宽50米。沥青路面。2010年命名。区内支路。

乌盆港路 Wūpéngǎng Lù

道路、街巷。位于郭巷街道。东西走向。东起尹丰路向南延伸段，西至尹中路向南延伸段。长596米，宽25米。沥青路面。2017年命名。区内支路。

港曲路 Gǎngqū Lù

道路、街巷。位于郭巷街道。取港上与九曲里两自然村中各一字组合命名。东西走向。东起尹丰路向南延伸段（未命名），向西折北至乌盆港路。长326米，宽12米。沥青路面。2017年命名。区内支路。

六图路 Liùtú Lù

道路、街巷。位于郭巷街道。取古区划地名“六图”为路名。东西走向。东起临嘉路西侧商用建筑区域西出入口，西至东环南路。长510米，宽11米。沥青路面。2017年命名。区内支路。

尹新路 Yǐnxīn Lù

道路、街巷。位于郭巷街道。以尹山之“尹”与“创新”组合命名。取尹山在创新中发展之意。东西走向。东起郭新河，西至吴东路。长800米，宽36米。沥青路面。2002年命名。区内支路。

月珠浜路 Yuèzhūbāng Lù

道路、街巷。位于郭巷街道。因道路途经月珠浜自然村，故名。东西走向。东南起淞岸路，西北至淞芦路。长502米，宽24米。沥青路面。2016年命名。区内支路。

丽湖路 Lìhú Lù

道路、街巷。位于郭巷街道。取美丽的湖畔景色之意。东西走向。东起郭新东路，西至环尹山湖路。长361米，宽25米。沥青路面。2015年命名。区内支路。

民富路 Mínfù Lù

道路、街巷。位于郭巷街道。取人民走向富裕的寓意拟名。东西走向。东起北尹丰路，西至尹中南路（规划暂用名）。长1099米，宽22米。沥青路面。2005年命名。区内支路。

六丰路 Liùfēng Lù

道路、街巷。位于郭巷街道。因道路途经六丰自然村，故名。东西走向。东起北尹丰路，西至尹中南路（规划暂用名）。长960米，宽22米。沥青路面。2005年命名。区内支路。

善浦路 Shànpǔ Lù

道路、街巷。位于郭巷街道。因道路途经善浦自然村，故名。东西走向。东起南尹丰路，西至尹中南路（规划暂用名）。长940米，宽22米。沥青路面。2005年命名。区内支路。

斜港路 Xiégǎng Lù

道路、街巷。位于郭巷街道。因道路位于斜港河北侧，故名。东西走向。东起汤堡里村，西至通达路。2004年命名。区内支路。

西九盛街 Xījiǔshèng Jiē

道路、街巷。位于郭巷街道。因道路途经西九盛自然村，故名。东西走向。东起蔡家浜路，西至东环南路。2004年命名。区内支路。

后港路 Hòugǎng Lù

道路、街巷。位于郭巷街道。东西走向。东起东港河，西至姜庄村民居。长400米，宽12米。沥青路面。2004年命名。区内支路。

谷香路 Gǔxiāng Lù

道路、街巷。位于郭巷街道。因郭巷谐音“谷香”而得名。东西走向。东起谷香桥，西至蔡家浜路。长800米，宽8米。水泥路面。2000年命名。2004年调整。区内支路。

谷盛路 Gǔshèng Lù

道路、街巷。位于郭巷街道。以“郭巷街”与“九盛里”各取一字（谐音）组合命名。东西走向。东起姜庄路，西至蔡家浜路。长300米，宽8米。水泥路面。2004年命名。区内支路。

巷门里路 Xiàngménlǐ Lù

道路、街巷。位于郭巷街道。因道路途经巷门里自然村，故名。东西走向。东起通达路，西至外河港（系郭巷塘南新村西侧河道）。长600米，宽20米。沥青路面。2017年命名。区内支路。

郭巷街 Guōxiàng Jiē

道路、街巷。位于郭巷街道。东西走向。东起郭巷中心小学北门，西至红板桥。长406米，宽2.4米（最窄处1.6米）。历史老街。区内支路。

胡家场路 Hújiāchǎng Lù

道路、街巷。位于横泾街道。因道路途经胡家场自然村，故名。东西走向。东起木东公路，西至走马塘河。长300米，宽10米。沥青路面。2004年命名。区内支路。

泾泰路 Jīngtài Lù

道路、街巷。位于横泾街道。取"横泾安泰自若"之意。东西走向。东起东市路，西至木东公路。长350米，宽6米。沥青路面。曾用名中市路。2004年更名为泾泰路。区内支路。

天开路 Tiānkāi Lù

道路、街巷。位于横泾街道。取"天开光来，前程灿烂"之意。东西走向。东起花榭路，西至水亭路。长860米，宽22米。沥青路面。2016年命名。区内支路。

朝阳路 Zhāoyáng Lù

道路、街巷。位于横泾街道。取"朝阳升起，一片光明"之意。东西走向。西起木东公路向东折南至北香花弄。长529米，宽20米。沥青路面。1995年命名。区内支路。

和平路 Hépíng Lù

道路、街巷。位于横泾街道。取"和谐平安"之意。东西走向。东起横泾街道中心小学，西至木东公路。长240米，宽12米。沥青路面。1995年命名。区内支路。

后塔路 Hòutǎ Lù

道路、街巷。位于横泾街道。因道路途经后塔自然村，故名。东西走向。东起木东公路，西至后泥塔村。长363米，宽7米。沥青路面。1995年命名。区内支路。

泾苑北路 Jīngyuàn Běilù

道路、街巷。位于横泾街道。因道路位于泾苑新村北部，故名。东西走向。东起木东公路，西至西环路。长300米，宽13米。沥青路面。1995年命名。区内支路。

泾苑南路 Jīngyuàn Nánlù

道路、街巷。位于横泾街道。因道路在泾苑小区之南，故名。东西走向。东起木东公路，西至西环路。长270米，宽15米。沥青路面。1995年命名。区内支路。

乐园北路 Lèyuán Běilù

道路、街巷。位于横泾街道。东西走向。东起北香花弄，西至木东公路。长378米，宽10米。沥青路面。1995年命名。区内支路。

乐园南路 Lèyuán Nánlù

道路、街巷。位于横泾街道。东西走向。东起北香花弄，西起吴家弄。长378米，宽10米。沥青路面。1995年命名。

前塔路 Qiántǎ Lù

道路、街巷。位于横泾街道。因道路途经前泥塔村，故名。东西走向。东起木东公路，西至前泥塔村。长486米，宽9米。沥青路面。1995年命名。区内支路。

三思路 Sānsī Lù

道路、街巷。位于横泾街道。因位于三思桥附近，故名。东西走向。东起斜三思桥，西至木东公路。长512米，宽5米。沥青路面。1995年命名。区内支路。

西环路 Xīhuán Lù

道路、街巷。位于横泾街道。以所处位置拟名。东西走向。东起服装厂，西至木东公路。长633米，宽25米。沥青路面。1995年命名。区内支路。

后巷路 Hòuxiàng Lù

道路、街巷。位于横泾街道。因道路途经后巷村，故名。东西走向。东起木东公路，西至后巷村。长500米，宽8米。沥青路面。2003年命名。区内支路。

泾市路 Jīngshì Lù

道路、街巷。位于横泾街道。因位于横泾市场区域而得名。东西走向。东起东市路，西至木东公路。长200米，宽10米。沥青路面。2003年命名。

上庄路 Shàngzhuāng Lù

道路、街巷。位于横泾街道。因道路途经上庄村，故名。东西走向。东起木东公路，西至上庄村。长500米，宽30米。沥青路面。2003年命名。区内支路。

尧南路 Yáonán Lù

道路、街巷。位于横泾街道。因道路途经尧南村，故名。东西走向。东起尧太河，西至木东公路。长800米，宽20米。沥青路面。2003年命名。区内支路。

兴巷路 Xīngxiàng Lù

道路、街巷。位于横泾街道。东西走向。东起木东公路，西至苏州恒丰涂装有限公司。长330米，宽8米。沥青路面。2011年命名。区内支路。

石曲头路 Shíqūtóu Lù

道路、街巷。位于横泾街道。因道路途经石曲头自然村，故名。东西走向。东起木东公路，西至东山大道。长550米，宽5米。沥青路面。2011年命名。区内支路。

塘角头路 Tángjiǎotóu Lù

道路、街巷。位于横泾街道。因道路途经塘角头村，故名。东西走向。东起东山大道，西至尧南社区塘角头自然村。长320米，宽5米。沥青路面。2011年命名。区内支路。

盛家桥路 Shèngjiāqiáo Lù

道路、街巷。位于横泾街道。因道路途经盛家桥自然村，故名。东西走向。东起木东公路，西至尧南社区陆家桥自然村。长900米，宽5米。沥青路面。2011年命名。区内支路。

南马家路 Nánmǎjiā Lù

道路、街巷。位于横泾街道。因道路途经马家自然村南，故名。东西走向。东起木东公路，西至木东公路西侧河流（俗称“幸福塘”）。长300米，宽8米。沥青路面。2011年命名。区内支路。

北马家路 Běimǎjiā Lù

道路、街巷。位于横泾街道。因道路途经马家自然村北，故名。东西走向。东起木东公路，西至西马家路。长200米，宽6米。沥青路面。2011年命名。区内支路。

南溪江路 Nánxījiāng Lù

道路、街巷。位于越溪街道。因道路位于越来溪（俗称溪江）的南侧而得名。东西走向。东起溪秀路，西至塔韵路。长848米，宽32米。沥青路面。2005年命名。区内支路。

一川街 Yīchuān Jiē

道路、街巷。位于越溪街道。以彷如山川河流一样的寓意拟名。东西走向。东起希文路，西至越横路（规划曾用名）。长950米，宽24米。沥青路面。2005年命名。区内支路。

薛坞巷 Xuēwù Xiàng

道路、街巷。位于越溪街道。东西走向。东起东钱家坞巷，西至尧旺路。长415米，宽5米。沥青路面。2016年命名。区内支路。

年华街 Niánhuá Jiē

道路、街巷。位于越溪街道。取“年年升华”的寓意拟名。东西走向。东起顾公路，西至致能大道。长350米，宽16米。沥青路面。2005年命名。区内支路。

旺山村路 Wàngshāncūn Lù

道路、街巷。位于越溪街道。因道路途经旺山自然村，故名。东西走向。东起旺山路，西至尧旺路。长868米，宽6米。沥青路面。2016年命名。区内支路。

西钱家坞巷 Xīqiánjiāwù Xiàng

道路、街巷。位于越溪街道。因道路途经钱家坞自然村，故名。东西走向。东起旺街，向西折北至薛坞巷。长328米，宽10米。沥青路面。2016年命名。区内支路。

文耀街 Wényào Jiē

道路、街巷。位于越溪街道。东西走向。东起圣陶路，西至致能大道。长580米，宽24米。沥青路面。2005年命名。区内支路。

越中路 Yuèzhōng Lù

道路、街巷。位于越溪街道。因道路位于街道中心地，故名。东西走向。东起越来溪，西至苏越公路。长250米，宽20米。沥青路面。1993年命名。区内支路。

双清街 Shuāngqīng Jiē

道路、街巷。位于越溪街道。取“政风行风都清明”的寓意拟名。东西走向。东起致能大道，西至越横路（规划曾用名）。长980米，宽16米。沥青路面。2005年命名。区内支路。

旅思街 Lǚsī Jiē

道路、街巷。位于越溪街道。取“旅途要三思而行”的寓意拟名。东西走向。东起致能大道，西至越横路（规划暂用名）。长750米，宽24米。沥青路面。2005年命名。区内支路。

木林路 Mùlín Lù

道路、街巷。位于越溪街道。东西走向。东起新建道路（未命名），西至苏旺路。长713米，宽32米。沥青路面。2005年命名。区内支路。

溪上路 Xīshàng Lù

道路、街巷。位于越溪街道。东西走向。东起溪秀路规划向南延伸段（未命名），西至明溪路。长340米，宽12米。沥青路面。2016年命名。区内支路。

澄湖中路 Chénghú Zhōnglù

道路、街巷。位于城南街道。以吴中著名湖泊澄湖而得名。东西走向。东起迎春南路，西至古塘河。长600米，宽15米。沥青路面。2001年命名。区内支路。

南港路 Nángǎng Lù

道路、街巷。位于城南街道。东西走向。东起枫津南路，西至东湖小学西侧道路。水泥路面。2002年命名。区内支路。

其昌路 Qíchāng Lù

道路、街巷。位于香山街道。以为纪念明代大书画家董其昌而得名。东西走向。东起舟山路，西至环太湖大道。长838米，宽16米。水泥路面。2007年命名。区内支路。

南海路 Nánhǎi Lù

道路、街巷。位于香山街道。以所在方位而得名。东西走向。东起渔帆路，西至梅舍路。长760米，宽11米。沥青路面。2015年命名。区内支路。

九千浜路 Jiǔqiānbāng Lù

道路、街巷。位于角直镇。因道路途经九千浜自然村，故名。东西走向。东起苏州金澄湖玩具有限公司大门口，西至甫澄南路。长1000米，宽5米。沥青路面。2010年命名。区内支路。

盖河路 Gàihé Lù

道路、街巷。位于角直镇。因道路途经盖河自然村，故名。东西走向。东起澄东村凌塘自然村，西至甫澄南路。长1500米，宽5米。沥青路面。2010年命名。区内支路。

界富路 Jièfù Lù

道路、街巷。位于角直镇。取达到富裕境界之意。东西走向。东起澄东村渔业自然村，西至田东路。长1200米，宽6米。沥青路面。2010年命名。区内支路。

荣伸路 Róngshēn Lù

道路、街巷。位于角直镇。东西走向。东起苏州国扬精工压铆五金有限公司大门北侧，西至甫澄中路。长300米，宽10米。沥青路面。2007年命名。区内支路。

赵潭路 Zhàotán Lù

道路、街巷。位于角直镇。因道路途经北赵潭自然村，故名。东西走向。东起甫澄中路，西至后朝潭桥（俗称）。长600米，宽8米。沥青路面。2010年命名。区内支路。

未厌路 Wèiyàn Lù

道路、街巷。位于角直镇。东西走向。东起甫澄中路，西至鲁望路。长153米，宽18米。沥青路面。2015年命名。区内支路。

柯福路 Kēfú Lù

道路、街巷。位于角直镇。以台资企业柯福公司而得名。东西走向。东起柯福公司，西至甫澄中路。长653米，宽12米。沥青路面。2002年命名。区内支路。

鸿福路 Hóngfú Lù

道路、街巷。位于角直镇。取鸿运福运齐全之意。东西走向。东起甫澄中路，西至吴淞江。长770米，宽45米。沥青路面。2000年命名。区内支路。

南塘河路 Nántánghé Lù

道路、街巷。位于角直镇。东西走向。东起南塘河（俗称），西至晓南路。长600米，宽24米。沥青路面。2010年命名。区内支路。

吉家浜路 Jíjiābāng Lù

道路、街巷。位于角直镇。东西走向。东起界浦（河道名）西侧规划道路（未命名），西至育才路。长483米，宽8米。水泥路面。2012年命名。区内支路。

正源路 Zhèngyuán Lù

道路、街巷。位于角直镇。取“正本清源”的寓意拟名。东西走向。东起育才路角直中学门口，西至正源桥。长606米，宽10米。沥青路面。2002年命名。区内支路。

稻市弄 Dàoshì Lòng

道路、街巷。位于角直镇。因原有道士居住，名道士弄，后改名为稻市弄。东西走向。东起南市河（河流），西至角端广场。长400米，宽7米。区内支路。

清风路 Qīngfēng Lù

道路、街巷。位于角直镇。东西走向。东起晓市路，西至甫澄北路。长500米，宽10米。沥青路面。2000年命名。区内支路。

甫西路 Fǔxī Lù

道路、街巷。位于角直镇。因道路位于甫澄北路西侧，故名。东西走向。东起晓市路，西至吴淞路。长1000米，宽7米。沥青路面。曾用名东方路。2006年更名为甫西路。区内支路。

耀雄路 Yàoxióng Lù

道路、街巷。位于角直镇。以企业名耀雄而得名。东西走向。东起吴淞江，西至耀雄公司。长450米，宽5米。水泥路面。2001年命名。区内支路。

德才路 Décái Lù

道路、街巷。位于角直镇。取崇尚高尚品德和富有知识的人才的寓意拟名。东西走向。东起甫里居委会张巷自然村民宅，西至甫澄北路。长574米，宽10米。沥青路面。2007年命名。区内支路。

新淞路 Xīnsōng Lù

道路、街巷。位于角直镇。东西走向。东起虹港路（规划曾用名），西至团结大道（规划曾用名）。长1200米，宽10米。沥青路面。2007年命名。区内支路。

枫庄路 Fēngzhuāng Lù

道路、街巷。位于角直镇。因道路途经原枫庄村，故名。东西走向。东起团结大道，西至淞南大道。长400米，宽10米。沥青路面。2007年命名。区内支路。

白库路 Báishè Lù

道路、街巷。位于角直镇。取白虎庙、北厍村两地名中各一字组合命名。东西走向。东起甫田村北厍自然村，西至白虎庙港(俗称)。长386米，宽10 米。沥青路面。2013年命名。区内支路。

东关路 Dōngguān Lù

道路、街巷。位于角直镇。因道路途经原东关村，故名。东西走向。东起凌港路，西至淞浦村东关自然村。长1000米，宽8米。沥青路面。2010年命名。区内支路。

丰登路 Fēngdēng Lù

道路、街巷。位于角直镇。因道路途经五谷自然村，寓意五谷丰登，故名。东西走向。东起东五谷路，西至西五谷路。长575米，宽18米。沥青路面。2015年命名。区内支路。

塘村路 Tángcūn Lù

道路、街巷。位于角直镇。因道路途经塘村，故名。东西走向。东起佳马路，西至凌港路。长1000米，宽8米。沥青路面。2010年命名。

千亩潭路 Qiānmǔtán Lù

道路、街巷。位于角直镇。因道路途经原千亩潭自然村，故名。东西走向。东起龚塘路，西至角胜路向南延伸段（未命名）。长463米，宽15米。沥青路面。2015年命名。区内支路。

淡村路 Dàncūn Lù

道路、街巷。位于角直镇。因道路途经淡村自然村，故名。东西走向。南起金鸡湖大道，向北折西至金鸡湖大道。长2000米，宽7米。沥青路面。2010年命名。区内支路。

淞港路 Sōnggǎng Lù

道路、街巷。位于角直镇。取吴淞江与港升路中各一字组合命名。东西走向。东起角胜路，西至港升路。长694米，宽8米。沥青路面。2013年命名。区内支路。

兴国路 Xīngguó Lù

道路、街巷。位于角直镇。取建设家乡兴旺国家之意。东西走向。东起国产实业（苏州）混凝土有限公司，西至角胜路。长1000米，宽12米。沥青路面。2004年命名。区内支路。

淞河路 Sōnghé Lù

道路、街巷。位于角直镇。取吴淞江、凌港河各一字组合命名。东西走向。东起凌港河（俗称），西至苏州东振路桥有限公司大门南侧。长300米，宽10米。沥青路面。2010年命名。区内支路。

合兴东路 Héxīng Dōnglù

道路、街巷。位于角直镇。取合作兴旺之意。东西走向。东起六源公司，西至清砂路。长430.6米，宽6米。沥青路面。2002年命名。区内支路。

清港路 Qīnggǎng Lù

道路、街巷。位于角直镇。因位于清水港湾，故名。东西走向。东起清小港，西至清砂路。长940米，宽10米。沥青路面。2003年命名。区内支路。

锡湖路 Xīhú Lù

道路、街巷。位于光福镇。因是沿溪路至东崦湖的道路，取两地名中各一字组合命名。东西走向。东起福溪路（规划曾用名），西至东崦湖（俗称）。长430米，宽7米。沥青路面。2006年命名。区内支路。

青石桥路 Qīngshíqiáo Lù

道路、街巷。位于光福镇。因道路途经青石桥自然村，故名。东西走向。东起福锦路西侧河道（俗称“上淹河”），西至邓尉山路。长200米，宽5.5米。沥青路面。2012年命名。区内支路。

典当弄 Diǎndàng Lòng

道路、街巷。位于光福镇。因开有典当铺，故名。东西走向。东起福溪河边，西至南街15号。长800米，宽2～3米。水泥路面。区内支路。

方家弄 Fāngjiā Lòng

道路、街巷。位于光福镇。因弄内有方家住宅，故名。东西走向。东起南街28号，西至邓尉山路。长100米，宽2～3米。水泥路面。区内支路。

金涧路 Jīnjiàn Lù

道路、街巷。位于光福镇。因道路途经金涧村，故名。东西走向。东起舟山路，西至邓尉山路。长907米，宽12米。沥青路面。2010年命名。区内支路。

工艺街 Gōngyì Jiē

道路、街巷。位于光福镇。1990年开始，光福镇兴起玉雕工艺，发展迅速，形成街市，故名。东西走向。东起邓尉山路，西至宝泉路。长238米，宽9米。水泥路面。2010年命名。区内支路。

磨坊弄 Mòfáng Lòng

道路、街巷。位于光福镇。以弄内磨坊店而得名。东西走向。东起人民桥堍，西至南街。长120米，宽1～5米。水泥路面。区内支路。

下绞路 Xiàjiǎo Lù

道路、街巷。位于光福镇。因道路途经原下绞村，故名。东西走向。东北起苏福路（规划曾用名），向西南折西至苏福路（规划曾用名）。长544米，宽14米。沥青路面。2010年命名。区内支路。

虎山弄 Hǔshān Lòng

道路、街巷。位于光福镇。以附近虎山而得名。东西走向。东起福湖路，西至西桥。长320米，宽8米。沥青路面。区内支路。

银桂路 Yínguì Lù

道路、街巷。位于光福镇。因路两边均栽银桂，故名。东西走向。东起福坤路，西至邓尉中路（规划曾用名）。长639米，宽15米。沥青路面。2006年命名。区内支路。

金墩路 Jīndūn Lù

道路、街巷。位于光福镇。因道路途经原金涧大墩头村，故名。东西走向。东起福利村下绞大墩头自然村，西至舟山路。长520米，宽16米。沥青路面。2011年命名。区内支路。

田舍路 Tiánshè Lù

道路、街巷。位于光福镇。因道路位于原田舍村南面，故名。东西走向。东起230省道，西至福坤路。长763米，宽20米。沥青路面。2006年命名。区内支路。

玉壶弄 Yùhú Lòng

道路、街巷。位于光福镇。因清代在此地里挖得一玉壶，故名。东西走向。东起福溪河，西至南街31号。长110米，宽1米。水泥路面。区内支路。

大街 Dà Jiē

道路、街巷。位于光福镇。因是当时最宽的街道，又是商业街，故名。东西走向。东起龙头咀与小巨角街相接，西至邓尉山路。长160米，宽5～8米。石板路面。区内支路。

杨树街 Yángshù Jiē

道路、街巷。位于光福镇。因街边多栽杨树，故名。东西走向。东起塔山路，西至花园弄。长147米，宽3米。石板路面。区内支路。

印泉路 Yìnquán Lù

道路、街巷。位于木渎镇。以纪念爱国人士李根源（字印泉）而得名。东西走向。东起朱买臣路，西至金鸡山路。长1100米，宽10米。沥青路面。2008年命名。区内支路。

寿山路 Shòushān Lù

道路、街巷。位于木渎镇。因道路傍近寿山湾，故名。东西走向。东南起合丰路向西南延伸段（未命名）西北侧无名道路，西北至南穹隆路。长234米，宽5米。沥青路面。2008年命名。2014年调整。区内支路。

怡泉亭巷 Yíquántíng Xiàng

道路、街巷。位于木渎镇。以巷内“怡泉亭”而得名。东西走向。东起阑干浜，西至翠坊北路。长500米，宽6米。沥青路面。1994年命名。区内支路。

里桥浜路 Lǐqiáobāng Lù

道路、街巷。位于胥口镇。东西走向。东起清明村委，西至胥定桥胥市街。长350米，宽7米。沥青路面。2002年命名。区内支路。

胥康路 Xūkāng Lù

道路、街巷。位于胥口镇。取“胥口走上康庄大道”之意。东西走向。东起胥市街，西至石中路。长450米，宽7米。沥青路面。2009年命名。区内支路。

惠安路 Huì'ān Lù

道路、街巷。位于胥口镇。取“给以实在的好处和得到平安”之意。东西走向。东起浦全路，西至浦庄大道。长620米，宽12米。沥青路面。2013年命名。区内支路。

胥箩街 Xūluó Jiē

道路、街巷。位于胥口镇。东西走向。东起东欣路，西至胥欣路。长203米，宽10米。沥青路面。2014年命名。区内支路。

莲庵街 Lián'ān Jiē

道路、街巷。位于胥口镇。以所在村内庵名（莲庵）为路名。东西走向。东起新胥路，西至孙武路。长210米，宽3米。水泥路面。区内支路。

丰光路 Fēngguāng Lù

道路、街巷。位于胥口镇。取“获得丰收多么光彩”之意。东西走向。东起石中路，西至藏胥路。2004年命名。区内支路。

曹丰路 Cáofēng Lù

道路、街巷。位于胥口镇。东西走向。东起石中路，西至藏胥路。长1200米，宽7米。沥青路面。2004年命名。区内支路。

上塘街 Shàngtáng Jiē

道路、街巷。位于胥口镇。历史街名。东西走向。东起善桥新街，西至善光太公路。区内支路。

下塘街 Xiàtáng Jiē

道路、街巷。位于胥口镇。历史街名。东西走向。东起人民桥，西至善人桥。区内支路。

重才路 Zhòngcái Lù

道路、街巷。位于临湖镇。因道路通达临湖第二中学，取“重视人才”的寓意拟名。东西走向。东起浦镇街，西至浦庄大道。长800米，宽11米。沥青路面。2010年命名。区内支路。

浦镇西街 Pǔzhèn Xījiē

道路、街巷。位于临湖镇。因道路位于浦庄镇西段，故名。东西走向。东起浦镇街，西至前青街。长500米，宽6米。沥青路面。2003年命名。区内支路。

浦镇东街 Pǔzhèn Dōngjiē

道路、街巷。位于临湖镇。因道路位于浦庄镇东段，故名。东西走向。东起木东公路，西至浦镇街接浦镇西街。长500米，宽6米。沥青路面。2003年命名。区内支路。

采富路 Cǎifù Lù

道路、街巷。位于临湖镇。因道路处于采莲工业区，取首字与“富”组合，寓“采莲工业区经济发展”之意命名。东西走向。东起木东公路，西至苏东河东岸绿化带。长1000米，宽9.5米。沥青路面。2010年命名。区内支路。

东街 Dōng Jiē

道路、街巷。位于临湖镇。因位于临湖镇浦庄镇区域东首，故名。东西走向。东起苏东公路桥，西至人民桥北堍。长750米，宽5米。沥青路面。区内支路。

联盟街 Liánméng Jiē

道路、街巷。位于临湖镇。因道路位于联盟社区北侧，故名。东西走向。东起苏东公路，西至人民桥南堍。长400米，宽8米。沥青路面。区内支路。

许家港路 Xǔjiāgǎng Lù

道路、街巷。位于临湖镇。因道路途经许家港，故名。东西走向。东起浦庄大道，西至采莲村黄坍自然村。长750米，宽9米。沥青路面。2014年命名。区内支路。

牛桥路 Niúqiáo Lù

道路、街巷。位于临湖镇。因道路途经牛桥村，故名。东西走向。东起东山大道，西至塘桥路。长500米，宽7米。沥青路面。2010年命名。区内支路。

采明桥路 Cǎimíngqiáo Lù

道路、街巷。位于临湖镇。因道路途经采明桥，故名。东西走向。东起东陆路，西至西陆路。长735米，宽6米。沥青路面。2015年命名。区内支路。

陆舍路 Lùshè Lù

道路、街巷。位于临湖镇。因道路途经陆舍村，故名。东西走向。东起临湖路，至西折西北至西陆路。长1000米，宽6米。沥青路面。2015年命名。区内支路。

采旺路 Cǎiwàng Lù

道路、街巷。位于临湖镇。因道路在采莲工业区域内，取“采莲工业区日益兴旺”之意。东西走向。东起采兴路，西至柳湖路。长300米，宽9.5米。沥青路面。2010年命名。区内支路。

锦福路 Jǐnfú Lù

道路、街巷。位于临湖镇。取前程似锦、幸福满满之意。东西走向。东起浦镇街，西至浦庄路。长500米，宽8米。沥青路面。2003年命名。区内支路。

采达路 Cǎidá Lù

道路、街巷。位于临湖镇。因道路在采莲工业区，取“采莲工业区兴旺发达”之意。东西走向。东起采莲陈巷自然村民宅，西至苏东河东岸绿化带。长450米，宽9.5米。沥青路面。2010年命名。区内支路。

石庄路 Shízhuāng Lù

道路、街巷。位于临湖镇。因道路途经石庄村，故名。东西走向。东起浦金路，西至石庄村工业区。长1000米，宽8米。沥青路面。2003年命名。区内支路。

人民街 Rénmín Jiē

道路、街巷。位于临湖镇。取人民翻身做主之意。东西走向。东起三连村桥，西至渡村老街。长300米，宽8米。弹石路面。区内支路。

仙湾路 Xiānwān Lù

道路、街巷。位于临湖镇。因是仙路桥村至吴家湾村的道路，取两地名中各一字组合命名。东西走向。东起临湖路，西至东陆路。长620米，宽4米。沥青路面。2015年命名。区内支路。

飞前弄 Fēiqián Lòng

道路、街巷。位于临湖镇。因位于腾飞路南，以其简称而得名。东西走向。东起新市街，西至塘桥路。长500米，宽5米。沥青路面。2013年命名。区内支路。

洋河泾路 Yánghéjīng Lù

道路、街巷。位于临湖镇。因道路途经洋河泾自然村，故名。东西走向。东起浦庄大道，西至石庄村东洋河泾自然村民宅。长600米，宽10米。沥青路面。2013年命名。区内支路。

沙泾巷 Shājīng Xiàng

道路、街巷。位于临湖镇。因道路途经沙泾沙泥泾自然村，故名。东西走向。东起石庄村沙泾沙泥泾自然村，西至浦金路。长800米，宽4米。沥青路面。2017年命名。区内支路。

小圩里弄 Xiǎowéilǐ Lòng

道路、街巷。位于临湖镇。因道路途经小圩里村，故名。东西走向。东起新市街，向西折北再折西复折北再折西至方庄路。长420米，宽4米。沥青路面。2017年命名。区内支路。

前街 Qián Jiē

道路、街巷。位于临湖镇。东西走向。东起广胜桥，西至三叉弄口。长141米，宽4米。沥青路面。区内支路。

银湖路 Yínhú Lù

道路、街巷。位于东山镇。因道路西侧有银湖苑小公园，故名。东西走向。西南起莫厘路，东北至苏州市水产研究所有限公司门前无名小路。长1220米，宽16～22米。沥青路面。1998年命名。2007年调整。区内支路。

新潦路 Xīnliáo Lù

道路、街巷。位于东山镇。因道路途经新潦村，故名。东西走向。东起环山公路，西至紫金路。长921米，宽12米。沥青路面。2014年命名。区内支路。

古秦巷 Gǔqín Xiàng

道路、街巷。位于东山镇。沿用老街名。东西走向。东起人民街（东新街），西至泄洪河。长181米。是东山历史街巷小路。区内支路。

古石巷 Gǔshí Xiàng

道路、街巷。位于东山镇。沿用老街名。东西走向。东起人民街，西至泄洪河。长113米，宽2米。是东山历史街巷小路。区内支路。

施鹏弄 Shīpéng Lòng

道路、街巷。位于东山镇。沿用老街名。东西走向。东起紫金路，西至西新街。长198米。是东山历史街巷小路。区内支路。

守溪街 Shǒuxī Jiē

道路、街巷。位于东山镇。该路位于陆巷古村明大学士王鏊故居“惠和堂”侧，因王鏊字“守溪”而得名。东西走向。东起杨湾村至陆巷村砖砌古道，至西折南再折西至环山公路。长172米，宽10米。沥青路面。2014年命名。区内支路。

殿后弄 Diànhòu Lòng

道路、街巷。位于东山镇。因位于张师殿旁而得名。东西走向。东起人民街，西至土山路口。长186米，宽2米。是东山历史街巷小路。区内支路。

茶叶弄 Cháyè Lòng

道路、街巷。位于东山镇。因此弄以经营茶叶为主，故名。东西走向。东起人民街，向西折南至古秦巷。长138米，宽1.5米。区内支路。

医院弄 Yīyuàn Lòng

道路、街巷。位于东山镇。因自东山镇人民街西通往医院而得名。东西走向。东起人民街，西至新乐路。长122米，宽4米。区内支路。

糖坊巷 Tángfāng Xiàng

道路、街巷。位于东山镇。沿用老街名。东西走向。东起人民街，西至新乐路。长109米，宽4米。是东山历史街巷小路。区内支路。

金家小弄 Jīnjiā Xiǎolòng

道路、街巷。位于东山镇。沿用老街名。东西走向。东起人民街，西至泄洪河。长97米，宽1.2米。区内支路。

通德里 Tōngdé Lǐ

道路、街巷。位于东山镇。沿用老街名。东西走向。东起人民街，西至新乐路。长159米，宽2米。区内支路。

马家弄 Mǎjiā Lòng

道路、街巷。位于东山镇。沿用老街名。东西走向。东起紫金路，西至西新街。长411米，宽2.5米。区内支路。

铁丝弄 Tiěsī Lòng

道路、街巷。位于东山镇。沿用老街名。东西走向。东起人民街，西至新义路。长65米，宽3米。区内支路。

典当弄 Diǎndàng Lòng

道路、街巷。位于东山镇。沿用老街名。东西走向。东起人民街，向西南折至响水涧。长88米，宽2米。是东山历史街巷小路。区内支路。

王家弄 Wángjiā Lòng

道路、街巷。位于东山镇。沿用老街名。东西走向。东起人民街，西至泄洪河。长124米，宽1.2米。是东山历史街巷小路。区内支路。

小杨柳弄 Xiǎoyángliǔ Lòng

道路、街巷。位于东山镇。沿用老街名。东西走向。东起人民街，西至雨花路。长96米，宽1.5米。区内支路。

金嘉巷 Jīnjiā Xiàng

道路、街巷。位于东山镇。沿用老街名。东西走向。东起人民街，西至新乐路。长164米，宽9米。区内支路。

银杏路 Yínxìng Lù

道路、街巷。位于东山镇。因街两侧栽有银杏树而得名。东西走向。东起紫金路，西至人民街。长230米，宽7米。水泥路面。区内支路。

西万巷 Xīwàn Xiàng

道路、街巷。位于东山镇。沿用老街名。东西走向。东起人民街，西至新乐路。长160米，宽2.5米。区内支路。

大杨柳弄 Dàyángliǔ Lòng

道路、街巷。位于东山镇。沿用老街名。东西走向。东起人民街，西至雨花路。长357米，宽4米。区内支路。

郭渔路 Guōyú Lù

道路、街巷。位于郭巷街道。因道路途经郭渔村，故名。南北走向。西南起尹山湖路，东北至东方大道。长659米，宽24米。沥青路面。2012年命名。区内支路。

东安路 Dōng'ān Lù

道路、街巷。位于郭巷街道。取东方平安之意。南北走向。南起环尹山湖路，北至尹山湖（俗称）。与郭新东路相交。长980米，宽50米。沥青路面。2007年命名。区内支路。

墅港路 Shùgǎng Lù

道路、街巷。位于郭巷街道。以近处"墅浦港"而得名。南北走向。南起斜港路，北至东方大道。长482米，宽34米。沥青路面。2011年命名。区内支路。

临嘉路 Línjiā Lù

道路、街巷。位于郭巷街道。因临近苏嘉杭高速公路而得名。南北走向。南起东方大道，北至北港路。长550米，宽30米。沥青路面。2010年命名。区内支路。

郭津路 Guōjīn Lù

道路、街巷。位于郭巷街道。取郭巷的"郭"与"津"组合，有"津润郭巷"之意。南北走向。南起环尹山湖路，北至尹鸿路。长775米，宽24米。沥青路面。2011年命名。区内支路。

景苑路 Jǐngyuàn Lù

道路、街巷。位于郭巷街道。因是通往景苑小区的路，故名。南北走向。南起被头浜，北至苏嘉杭高速公路。长250米，宽5米。水泥路面。2000年命名。区内支路。

兴贤路 Xīngxián Lù

道路、街巷。位于郭巷街道。因是通向学校的路，以期望培养出"贤才"之意拟名。南北走向。南起郭丰桥，北至郭巷街。长300米，宽7.5米。水泥路面。2000年命名。区内支路。

一品街 Yīpǐn Jiē

道路、街巷。位于郭巷街道。取期望出有品位的乡邻之意拟名。南北走向。南起被头浜，北至郭新西路。长200米，宽13米。沥青路面。2000年命名。区内支路。

潦泾路 Liáojīng Lù

道路、街巷。位于郭巷街道。因道路途经原潦泾村，故名。南北走向。南起尹南路，北至尹帆路。长845米，宽24米。沥青路面。2015年命名。区内支路。

泾湾路 Jīngwān Lù

道路、街巷。位于郭巷街道。取潦泾、湾里两个自然村名中各一字组合命名。南北走向。南起尹南路，北至尹东路。长1075米，宽25米。沥青路面。2015年命名。区内支路。

花泾港路 Huājīnggǎng Lù

道路、街巷。位于郭巷街道。因道路位于花泾港附近，故名。南北走向。南起尹南路，北至尹东路。长967米，宽25米。沥青路面。2015年命名。区内支路。

郭莘路 Guōshēn Lù

道路、街巷。位于郭巷街道。因路边为学校，取莘莘学子上进成长之意。南北走向。南起环尹山湖路北侧规划道路（未命名），北至尹安路。长692米，宽24米。沥青路面。2015年命名。区内支路。

翡丽湾巷 Fěilìwān Xiàng

道路、街巷。位于郭巷街道。因道路位于翡丽湾住宅小区旁，故名。南北走向。南起环湖路，北至环湖路北侧规划道路（未命名）。长107米，宽6米。沥青路面。2014年命名。区内支路。

郭苑路 Guōyuàn Lù

道路、街巷。位于郭巷街道。以郭巷的“郭”与“花苑”的“苑”组合，取郭巷秀美如画之意。南北走向。南起环湖路，北至尹鸿路。长612米，宽24米。沥青路面。2011年命名。区内支路。

双浜路 Shuāngbāng Lù

道路、街巷。位于郭巷街道。因道路途经双浜村，故名。南北走向。南起郭巷街，北至林家潭路。长300米，宽12米。沥青路面。2004年命名。区内支路。

西村路 Xīcūn Lù

道路、街巷。位于郭巷街道。因道路途经西村自然村，故名。南北走向。南起九盛港路，北至斜港河。长350米，宽8米。水泥路面。2004年命名。区内支路。

东村路 Dōngcūn Lù

道路、街巷。位于郭巷街道。因道路途经东村自然村，故名。南北走向。南起九盛港路，北至后港路。长300米，宽12米。水泥路面。2004年命名。区内支路。

蔡家浜路 Càijiābāng Lù

道路、街巷。位于郭巷街道。因道路途经蔡家浜自然村，故名。南北走向。南起郭新西路，北至九盛港河。长600米，宽14米。沥青路面。2004年命名。区内支路。

北厅路 Běitīng Lù

道路、街巷。位于郭巷街道。南北走向。南起沪常高速公路北侧新建道路（未命名），北至淞岸路。长327米，宽12米。沥青路面。2017年命名。区内支路。

姜庄路 Jiāngzhuāng Lù

道路、街巷。位于郭巷街道。因道路途经姜庄自然村，故名。南北走向。南起郭新西路，北至姜庄西村。长600米，宽14米。沥青路面。2004年命名。区内支路。

彩虹路 Cǎihóng Lù

道路、街巷。位于郭巷街道。寓意如彩虹般美丽多姿多彩。南北走向。北起郭新西路，向西南环形至郭新西路。长750米，宽13米。沥青路面。2000年命名。区内支路。

花榭路 Huāxiè Lù

道路、街巷。位于横泾街道。取鲜花盛开爽心悦目之意。南北走向。南起天开路，北至吴中大道。长741米，宽28米。沥青路面。2016年命名。区内支路。

明轩路 Míngxuān Lù

道路、街巷。位于横泾街道。取光辉炫亮之意。南北走向。南起天开路，北至吴中大道南侧绿化带。长492米，宽22米。沥青路面。2016年命名。区内支路。

重楼路 Chónglóu Lù

道路、街巷。位于横泾街道。取重楼叠翠，一派兴旺之意。南北走向。南起天开路，北至吴中大道。长637米，宽28米。沥青路面。2016年命名。区内支路。

东撷翠路 Dōngxiécuì Lù

道路、街巷。位于横泾街道。取采撷翠璨美景之意。南北走向。南起北官渡路，北至吴中大道。长225米，宽18米。沥青路面。2016年命名。区内支路。

西撷翠路 Xīxiécuì Lù

道路、街巷。位于横泾街道。取采撷翠璨美景之意。南北走向。南起北官渡路，北至吴中大道。长208米，宽18米。沥青路面。2016年命名。区内支路。

层阁路 Cénggé Lù

道路、街巷。位于横泾街道。取层层楼宇一派兴旺之意。南北走向。南起天开路，北至吴中大道。长510米，宽28米。沥青路面。2016年命名。区内支路。

水亭路 Shuǐtíng Lù

道路、街巷。位于横泾街道。取水中亭台特有风雅之意。南北走向。南起天开路，北至北官渡路。长275米，宽18米。沥青路面。2016年命名。区内支路。

健康弄 Jiànkāng Lòng

道路、街巷。位于横泾街道。取提高健康身体素质、享受美好生活之意。南北走向。南起乐园北路，北至朝阳路。长169米，宽4米。沥青路面。1995年命名。区内支路。

泾苑东路 Jīngyuàn Dōnglù

道路、街巷。位于横泾街道。因位于泾苑新村东部，故名。南北走向。南起泾苑南路，北至泾苑北路。长295米，宽9米。沥青路面。1995年命名。区内支路。

泾苑西路 Jīngyuàn Xīlù

道路、街巷。位于横泾街道。因位于泾苑新村西部，故名。南北走向。南起泾苑南路，北至泾苑北路。长295米，宽9米。沥青路面。1995年命名。区内支路。

东市路 Dōngshì Lù

道路、街巷。位于横泾街道。以所在集市为路名。南北走向。南起朝阳路，北至中兴路。长400米，宽10米。沥青路面。2003年命名。区内支路。

钱木桥路 Qiánmùqiáo Lù

道路、街巷。位于横泾街道。以所在钱木桥而得名。南北走向。南起泾康路，北至东太湖路。长365米，宽22米。沥青路面。2009年命名。区内支路。

西马家路 Xīmǎjiā Lù

道路、街巷。位于横泾街道。因道路途经马家自然村，故名。南北走向。南起南马家路，北至北马家路。长120米，宽5米。沥青路面。2011年命名。区内支路。

范蠡路 Fànlǐ Lù

道路、街巷。位于越溪街道。以纪念古代名人越国大夫范蠡而得名。南北走向。南起一川街，北至旅思街。长440米，宽8米。沥青路面。2005年命名。区内支路。

瑶泉路 Yáoquán Lù

道路、街巷。位于越溪街道。取瑶池清泉的寓意拟名。南北走向。南起一川街，北至苏州工艺美术职业技术学院与苏州建设普通高等职业学校交界。长770米，宽14～24米。沥青路面。2005年命名。区内支路。

元璙路 Yuánliáo Lù

道路、街巷。位于越溪街道。以五代十国的吴越国武肃王钱镠的第六子钱元璙而得名。南北走向。南起一川街，北至旅思街北侧苏州建设普通高等职业技术学校校内东西向道路（未命名）。长605米，宽16米。沥青路面。2005年命名。区内支路。

顾公路 Gùgōng Lù

道路、街巷。位于越溪街道。以纪念苏州名人藏书家顾公而得名。南北走向。南起文耀街，北至雪君路。长850米，宽14米。沥青路面。2005年命名。区内支路。

伍员路 Wǔyuán Lù

道路、街巷。位于越溪街道。以纪念吴国杰出的政治家、军事家伍员（字子胥）而得名。南北走向。南起一川街，北至苏州工艺美术职业技术学院与苏州建设普通高等职业技术学校交界。长800米，宽12米。沥青路面。2005年命名。区内支路。

丛霄街 Cóngxiāo Jiē

道路、街巷。位于越溪街道。取自《小望州》“丛霄一握近，罡风振衣冷”。南北走向。南起年华街，向北折西至致能大道。长440米，宽12米。沥青路面。2005年命名。区内支路。

文樑路 Wénliáng Lù

道路、街巷。位于越溪街道。以纪念苏州名人颜文樑（美专校长）而得名。南北走向。南起一川街，北至苏州工艺美术职业技术学院与苏州建设交通高等职业技术学校交界。长750米，宽8米。沥青路面。2005年命名。区内支路。

吴越街 Wúyuè Jiē

道路、街巷。位于越溪街道。以春秋时代“吴越争霸”之典而得名。南北走向。南起张宅村，北至张墓村。沥青路面。1989年命名。区内支路。

东钱家坞巷 Dōngqiánjiāwù Xiàng

道路、街巷。位于越溪街道。因道路位于钱家坞自然村东侧，故名。南北走向。南起九龙潭路，北至九龙潭路。长514米，宽10米。沥青路面。2016年命名。区内支路。

溪山路 Xīshān Lù

道路、街巷。位于越溪街道。南北走向。南起绕城高速公路，北至北官渡路。长591米，宽16米。沥青路面。2005年命名。区内支路。

旺街 Wàng Jiē

道路、街巷。位于越溪街道。因道路途经旺山村，故名。南北走向。南起旺山村路，北至西钱家坞巷。长618米，宽10米。沥青路面。2016年命名。区内支路。

溪翔路 Xīxiáng Lù

道路、街巷。位于越溪街道。因道路途经越溪街道龙翔村，故名。南北走向。南起旺山荡，北至吴中大道。长1400米，宽6米。沥青路面。1993年命名。区内支路。

昙花路 Tánhuā Lù

道路、街巷。位于香山街道。以当地昙花庵而得名。南北走向。南起昙花庵，北至环太湖大道。长641米，宽5米。沥青路面。2007年命名。区内支路。

白马寺路 Báimǎsì Lù

道路、街巷。位于香山街道。以当地白马寺庙而得名。南北走向。南起伍相路，北至蒯祥路。长500米，宽14.2米。沥青路面。曾用名开元路。2007年更名调整为白马寺路。区内支路。

市巷港路 Shìxiànggǎng Lù

道路、街巷。位于香山街道。南北走向。南起环太湖大道，北至承祖路。长450米，宽7.5米。沥青路面。2015年命名。区内支路。

天镜路 Tiānjìng Lù

道路、街巷。位于香山街道。取如天上的镜子一样明亮之意。南北走向。南起蒯祥路，北至孙武路。与其昌路相交。长1000米，宽11米。沥青路面。2015年命名。区内支路。

西庄村路 Xīzhuāngcūn Lù

道路、街巷。位于角直镇。因道路途经西庄村，故名。南北走向。南起湖滨路，向北折东至甫澄中路。长1730米，宽8米。沥青路面。2015年命名。区内支路。

田东路 Tiándōng Lù

道路、街巷。位于角直镇。因道路途经田东村，故名。南北走向。南起九千浜路，向北折西至甫澄南路。长2000米，宽6米。沥青路面。2010年命名。区内支路。

黄楼路 Huánglóu Lù

道路、街巷。位于角直镇。因道路途经黄楼村，故名。南北走向。南起南沙路规划向东延伸段（未命名），北至吉家浜路。长518米，宽10米。沥青路面。2015年命名。区内支路。

达圣路 Dáshèng Lù

道路、街巷。位于角直镇。南北走向。南起保圣寺，北至晓市路。长1000米，宽15米。沥青路面。1994年命名。区内支路。

映月一路 Yìngyuè 1 Lù

道路、街巷。位于角直镇。因位于住宅小区映月花园西侧，故名。南北走向。南起晓市路，北至角直大道。长750米，宽15米。沥青路面。1994年命名。区内支路。

淞苑路 Sōngyuàn Lù

道路、街巷。位于角直镇。取淞有村、东苑花园各一字组合命名。南北走向。南起新淞路，北至淞南村无公害蔬菜种植区。长900米，宽10米。沥青路面。2007年命名。区内支路。

通庄路 Tōngzhuāng Lù

道路、街巷。位于角直镇。因道路途经东庄自然村，故名。南北走向。南起澄湖村张林自然村，北至东庄路。长200米，宽10米。沥青路面。2010年命名。区内支路。

夏秋浜路 Xiàqiūbāng Lù

道路、街巷。位于角直镇。因道路途经夏秋浜自然村，故名。南北走向。东起苏州丽奇塑料制品有限公司大门，向西折北至柯福路向东延伸段（未命名）。长400米，宽8米。沥青路面。2010年命名。区内支路。

淞月路 Sōngyuè Lù

道路、街巷。位于角直镇。南北走向。南起晓市路，北至角直大道。长500米，宽45米。沥青路面。2000年命名。区内支路。

澄卫路 Chéngwèi Lù

道路、街巷。位于角直镇。因位于澄湖村社区卫生服务站，故名。南北走向。南起湖滨路，北至赵潭路。长400米，宽10米。沥青路面。2010年命名。区内支路。

鲁望路 Lǔwàng Lù

道路、街巷。位于甪直镇。以甪直古代名人陆鲁望而得名。南北走向。南起西庄村路，北至东庄路延伸段（未命名）。长505米，宽18米。沥青路面。2015年命名。区内支路。

中兴路 Zhōngxīng Lù

道路、街巷。位于甪直镇。南北走向。南起耀雄路，北至甪直大道。长725米，宽7米。水泥路面。2001年命名。区内支路。

西娄路 Xīlóu Lù

道路、街巷。位于甪直镇。因道路途经西娄自然村，故名。南北走向。南起枫庄路，向北折西至富江路。长1800米，宽10米。沥青路面。2007年命名。区内支路。

合港路 Hégǎng Lù

道路、街巷。位于甪直镇。南北走向。南起甪直塘（俗称），北至合兴西路。长300米，宽12米。沥青路面。2010年命名。区内支路。

彩虹路 Cǎihóng Lù

道路、街巷。位于甪直镇。以所在企业彩虹有限公司而得名。南北走向。南起鸣市路，北至甪直大道。长830米，宽20米。沥青路面。1994年命名。区内支路。

陶浜路 Táobāng Lù

道路、街巷。位于甪直镇。南北走向。南起合兴西路，北至甪直大道。长1963米，宽41米。沥青路面。2015年命名。区内支路。

重村路 Chóngcūn Lù

道路、街巷。位于甪直镇。因位于外资企业重村钢模旁侧，故名。南北走向。南起合兴西路，北至鸣市路。长718.4米，宽10米。沥青路面。2002年命名。区内支路。

公田路 Gōngtián Lù

道路、街巷。位于甪直镇。因道路途经公田自然村，故名。南北走向。南起甫田村陆巷南自然村无名河道，北至联谊路。长405米，宽12米。沥青路面。2013年命名。区内支路。

西五谷路 Xīwǔgǔ Lù

道路、街巷。位于甪直镇。南北走向。南起东方大道，北至海藏西路。长496米，宽9米。沥青路面。2015年命名。区内支路。

上江滩路 Shàngjiāngtān Lù

道路、街巷。位于甪直镇。因通往吴淞江滩边上，故名。南北走向。南起苏沪机场路（俗称），向北折西至吴淞江南岸。长1000米，宽7米。沥青路面。2010年命名。区内支路。

戴家甸路 Dàijiādiàn Lù

道路、街巷。位于甪直镇。因道路途经戴家甸自然村，故名。南北走向。南起甫田村戴家甸自然村无名河道，北至联谊路。长560米，宽15米。沥青路面。2013年命名。区内支路。

佳马路 Jiāmǎ Lù

道路、街巷。位于甪直镇。南北走向。南起甪直塘，北至甪直大道。长1000米，宽8米。沥青路面。2002年命名。区内支路。

塘滩路 Tángtān Lù

道路、街巷。位于甪直镇。因道路途经塘滩自然村旁，故名。南北走向。南起东方大道，北至苏沪机场路（俗称）。与海藏西路相交。长1590米，宽18米。沥青路面。2010年命名。2013年调整。区内支路。

港升路 Gǎngshēng Lù

道路、街巷。位于甪直镇。南北走向。南起苏沪机场路（俗称），北至淞河路。长1500米，宽9米。沥青路面。2011年命名。区内支路。

三姑路 Sāngū Lù

道路、街巷。位于甪直镇。因道路途经三姑村，故名。南北走向。南起金澄湖路，北至东方大道。长1680米，宽12米。沥青路面。2014年命名。区内支路。

杨栈弄 Yángzhàn Lòng

道路、街巷。位于光福镇。因位于杨树街边有多个客栈，故名。南北走向。南起红菱池，北至杨树街。长200米，宽1米。水泥路面。区内支路。

朝市街 Zhāoshì Jiē

道路、街巷。位于光福镇。以是早晨的集贸市场街而得名。南北走向。南起镇汽车站，北至长浮北街。长90米，宽4米。混合路面。区内支路。

旱桥弄 Hànqiáo Lòng

道路、街巷。位于光福镇。南北走向。南起大街，东至小巨角。长250米，宽1～2米。混合路面。区内支路。

宝泉路 Bǎoquán Lù

道路、街巷。位于光福镇。因位于七宝泉附近，故名。南北走向。南起苏福路（规划暂用名），北至光福工艺街。长571米，宽9米。混凝土路面。2010年命名。区内支路。

南街 Nán Jiē

道路、街巷。位于光福镇。因位于光福老镇南首，故名。南北走向。南起邓尉山路，北至大街。长220米，宽5米。石板路面。区内支路。

下街 Xià Jiē

道路、街巷。位于光福镇。因光福老镇区有两条街，以地势高低，分高处名上街、低处称下街。南北走向。南起光福大街十字街口，北至虎山弄。长320米，宽2～5米。石板路面。区内支路。

福玉路 Fúyù Lù

道路、街巷。位于光福镇。以光福玉雕工艺之意而得名。南北走向。南起塔山路，北至崦东路。长284米，宽16米。沥青路面。2010年命名。区内支路。

福华路 Fúhuá Lù

道路、街巷。位于光福镇。取光福繁华的寓意拟名。南北走向。南起塔山路，北至福湖路规划向东延伸段（未命名）。长589米，宽20米。沥青路面。2010年命名。区内支路。

福安路 Fú'ān Lù

道路、街巷。位于光福镇。取幸福安康的寓意拟名。南北走向。南起塔山路，北至福湖路规划向东延伸段（未命名）。长612米，宽10米。沥青路面。2010年命名。区内支路。

塔映路 Tǎyìng Lù

道路、街巷。位于光福镇。因位于塔山边，取光福塔影（获得美感）之意。南北走向。南起塔山路，北至福湖路。长403米，宽20米。沥青路面。2010年命名。区内支路。

花园弄 Huāyuán Lòng

道路、街巷。位于光福镇。因位于徐家花园南侧，故名。南北走向。南起东崦湖畔迎宾桥，北至杨树街。长140米，宽4～8米。石板路面。区内支路。

沿溪路 Yánxī Lù

道路、街巷。位于光福镇。因位于木光河边，以沿河（溪意指河）之意而得名。南北走向。南起银桂路，北至塔山路。长926米，宽10米。沥青路面。曾用名福溪路。2011年更名为沿溪路。区内支路。

新兴弄 Xīnxīng Lòng

道路、街巷。位于光福镇。因是原太湖镇长浮南街通往新区的主要通道，取新区兴旺发达之意。南北走向。南起太湖中学，北至长浮镇新区。长160米，宽3米。混合路面。区内支路。

上街 Shàng Jiē

道路、街巷。位于光福镇。因光福老镇区地形西高东低，并行的两条街据地势高低，高处名上街、低处称下街。南北走向。南起大街十字路口，北至虎山弄。长350米，宽2～5米。石板路面。区内支路。

小巨角 Xiǎojùjiǎo

道路、街巷。位于光福镇。早时有黄姓人家在此开凿小渠，故将小渠侧边地区称作小渠角，取其谐音，故名。南北走向。南起大街，北至福湖路。长490米，宽4米。石板路面。区内支路。

长浜路 Chángbāng Lù

道路、街巷。位于木渎镇。取长浜村、石城村两村各一字组合命名。南北走向。南起中山东路，北至明星自然村。长2500米，宽14米。沥青路面。2005年命名。区内支路。

松海路 Sōnghǎi Lù

道路、街巷。位于木渎镇。因道路旁多植松树、茂密如海，故名。南北走向。南起林公路，北至兵圣路。长3742米，宽10米。沥青路面。2008年命名。区内支路。

世忠路 Shìzhōng Lù

道路、街巷。位于木渎镇。因道路途经南宋民族英雄韩世忠纪念地，故名。南北走向。南起230省道，北至穹灵路。长250米，宽13米。沥青路面。2008年命名。区内支路。

清明路 Qīngmíng Lù

道路、街巷。位于胥口镇。因靠近清明山和清明村庄，故名。南北走向。南起子胥路，北至胥进路。长740米，宽8米。沥青路面。2002年命名。区内支路。

下院街 Xiàyuàn Jiē

道路、街巷。位于胥口镇。因道路途经下院村，故名。南北走向。南起孙武路，北至箭泾街。长645米，宽10米。沥青路面。2014年命名。区内支路。

胥忆街 Xūyì Jiē

道路、街巷。位于胥口镇。取胥口多么值得回忆、让人记住的好地方之意。南北走向。南起腾胥路，北至孙武路。长520米，宽10米。沥青路面。2013年命名。区内支路。

燕河路 Yànhé Lù

道路、街巷。位于胥口镇。以河流名为路名。南北走向。南起茅蓬路，北至原胥口镇与藏书镇交界线。长455米，宽12米。沥青路面。2005年命名。区内支路。

胥欢街 Xūhuān Jiē

道路、街巷。位于胥口镇。取胥口多么让人欢乐的地方之意。南北走向。南起腾胥路，北至孙武路。长380米，宽10米。沥青路面。2013年命名。区内支路。

香苑路 Xiāngyuàn Lù

道路、街巷。位于胥口镇。取花香满苑，环境幽雅之意。南北走向。南起旅孙武路，北至环香山路。长450米，宽8米。沥青路面。2002年命名。区内支路。

基杰路 Jījié Lù

道路、街巷。位于胥口镇。以道路通达基杰五金制品（苏州）有限公司而得名。南北走向。南起孙武路，北至环香山路。长230米，宽3～5米。水泥路面。2002年命名。区内支路。

胥渔路 Xūyú Lù

道路、街巷。位于胥口镇。以附近渔村名而得名。南北走向。南起环太湖大道，北至绕城高速公路西山出入口。长590米，宽20米。沥青路面。2015年命名。区内支路。

花墩路 Huādūn Lù

道路、街巷。位于胥口镇。因道路途经花墩村，故名。南北走向。南起孙武路，北至环香山路。为胥口镇支路。长350米，宽8米。水泥路面。2002年命名。区内支路。

旱泾路 Hànjīng Lù

道路、街巷。位于胥口镇。南北走向。南起文胥路，北至230省道。长200米，宽18米。沥青路面。2008年命名。区内支路。

文籍路 Wénjí Lù

道路、街巷。位于胥口镇。取具有深厚文化渊源之意。南北走向。南起繁丰路，北至230省道。长550米，宽10米。沥青路面。2008年命名。区内支路。

环胥南路 Huánxū Nánlù

道路、街巷。位于胥口镇。以环形与胥口镇南部的特征而得名。南北走向。东起新峰路，由北向南转至清明路。2002年命名。区内支路。

石丰路 Shífēng Lù

道路、街巷。位于胥口镇。取石头之旁也丰裕之意。南北走向。呈L型。东起石胥路，至西折北至穹灵路。2004年命名。区内支路。

浦兴路 Pǔxīng Lù

道路、街巷。位于临湖镇。取振兴浦庄之意。南北走向。南起木东公路，北至平安路。长1000米，宽8米。沥青路面。2003年命名。区内支路。

浦沙路 Pǔshā Lù

道路、街巷。位于临湖镇。因道路途经沙泾村，故名。南北走向。南起平安路，北至横泾大道（规划暂用名）。长1000米，宽8米。沥青路面。2003年命名。区内支路。

采兴路 Cǎixīng Lù

道路、街巷。位于临湖镇。因道路在采莲工业区域，取采莲工业区兴旺之意。南北走向。南起柳湖路，北至采富路北侧新建道路（未命名）。长800米，宽15.5米。沥青路面。2010年命名。区内支路。

万庄苑弄 Wànzhuāngyuàn Lòng

道路、街巷。位于临湖镇。以道路在万庄苑旁而得名。南北走向。南起浦庄村殷家泾自然村民宅，北至重才路。长240米，宽4米。沥青路面。2013年命名。区内支路。

浦镇街 Pǔzhèn Jiē

道路、街巷。位于临湖镇。因位于浦庄镇区联盟社区，故名。南北走向。南起木东公路，北至中安路。长1000米，宽10米。沥青路面。2003年命名。区内支路。

青年河路 Qīngniánhé Lù

道路、街巷。位于临湖镇。因道路位于临湖镇界西路东，西近青年河，故名。南北走向。南起联东路（未命名），北至界路村中洋河泾自然村民宅南侧新建道路。长900米，宽6米。沥青路面。2010年命名。区内支路。

采菱路 Cǎilíng Lù

道路、街巷。位于临湖镇。以道路附近采菱湖而得名。南北走向。南起东山大道，北至木东公路。长1140米，宽10米。沥青路面。2015年命名。区内支路。

南港村路 Nángǎngcūn Lù

道路、街巷。位于临湖镇。因道路途经南港村，故名。南北走向。东南起东陆路，西北至环太湖大道。长1000米，宽4米。沥青路面。2015年命名。区内支路。

南城头路 Nánchéngtóu Lù

道路、街巷。位于临湖镇。因道路途经城头村，故名。南北走向。东南起舍南路，西北至临湖路。长500米，宽7.5米。沥青路面。2010年命名。区内支路。

界西路 Jièxī Lù

道路、街巷。位于临湖镇。因道路自界路村至西洋河泾村，取两地首字组合命名。南北走向。南起联东路，北至界路村西洋河泾自然村民宅。长900米，宽6米。沥青路面。2010年命名。区内支路。

和青街 Héqīng Jiē

道路、街巷。位于临湖镇。因道路接和安路，与前青街平行，故名。南北走向。南起联东路，北至和安路。长400米，宽6米。沥青路面。2003年命名。区内支路。

东区路 Dōngqū Lù

道路、街巷。位于临湖镇。因道路途经东区村，故名。南北走向。南起东吴家湾自然村，北至东吴村泥桥头自然村。长1000米，宽4米。水泥路面。2014年命名。区内支路。

方庄路 Fāngzhuāng Lù

道路、街巷。位于临湖镇。因道路途经方庄村，故名。南北走向。南起腾飞路，北至莲湖路。长500米，宽12米。沥青路面。2010年命名。区内支路。

顾家弄 Gùjiā Lòng

道路、街巷。位于临湖镇。因弄内顾姓人家聚居而得名。南北走向。南起三岔弄口，北至古家桥。长156米。沥青路面。区内支路。

秋水弄 Qiūshuǐ Lòng

道路、街巷。位于临湖镇。因弄有臭水，方言“臭”与“秋”音似而得名。南北走向。南起中街，北至浦庄村8组浜底。长135米，宽3米。沥青路面。区内支路。

日月街 Rìyuè Jiē

道路、街巷。位于临湖镇。取光明亮丽、发展前景美好之意。南北走向。南起腾飞路，北至苏州锦祥有限公司。长372米，宽5米。沥青路面。1993年命名。区内支路。

北街 Běi Jiē

道路、街巷。位于临湖镇。因处于浦庄镇区北段而得名。南北走向。南起木东公路，北至中安路。长523米，宽6米。沥青路面。区内支路。

后街 Hòu Jiē

道路、街巷。位于临湖镇。南北走向。南起螺丝墩，北至李家湾。长216米，宽6米。沥青路面。区内支路。

庆丰街 Qìngfēng Jiē

道路、街巷。位于临湖镇。寓意欢庆丰收、生活幸福。南北走向。南起浦镇东街，北至和安路。长412米，宽8米。沥青路面。2003年命名。区内支路。

东岳庙路 Dōngyuèmiào Lù

道路、街巷。位于临湖镇。因道路通往东岳庙，故名。南北走向。东起东陆路，至西折北至联东路。长490米，宽4米。沥青路面。2014年命名。2015年调整。区内支路。

舍南路 Shènán Lù

道路、街巷。位于临湖镇。取自舍上村、南城头村，两村首字组合命名。南北走向。西南起前塘路，向东北折西北至腾飞路。长1000米，宽7.5米。沥青路面。2010年命名。区内支路。

陈村港路 Chéncūngǎng Lù

道路、街巷。位于临湖镇。因道路附近有陈村港，故名。南北走向。北起平安路，向南折西至浦庄大道。长700米，宽6米。沥青路面。2014年命名。区内支路。

螺丝墩 Luósīdūn

道路、街巷。位于临湖镇。因位于原渡村镇牛桥村人口密集区，故名。南北走向。东起渡村镇后街，向西折南至前街。长159米，宽3米。水泥路面。区内支路。

洞庭路 Dòngtíng Lù

道路、街巷。位于东山镇。因东山又名东洞庭山，故名。南北走向。南起渡水桥，北至紫金路。长900米，宽30米。沥青路面。1998年命名。区内支路。

莫厘路 Mòlí Lù

道路、街巷。位于东山镇。以路旁莫厘山而得名。南北走向。南起银湖路，北至雨花路。长975米，宽22米。沥青路面。2004年调整。区内支路。

山水路 Shānshuǐ Lù

道路、街巷。位于东山镇。南北走向。东南起东山大道，西北至环太湖大道。长600米，宽14米。沥青路面。2017年命名。区内支路。

田滩头弄 Tiántāntóu Lòng

道路、街巷。位于东山镇。以路旁老地名田滩头而得名。南北走向。南起施巷港，北至莫厘路。长100米，宽15米。沥青路面。2004年命名。区内支路。

渡桥北街 Dùqiáo Běijiē

道路、街巷。位于东山镇。以在东渡桥北段而得名。南北走向。南起渡水桥，北至具区风月桥。长326米，宽4米。石板路面。区内支路。

渡桥南街 Dùqiáo Nánjiē

道路、街巷。位于东山镇。以位于东渡桥南段而得名。南北走向。南起渡水桥，北至具区风月桥。长105米，宽4米。石板路面。区内支路。

松园弄 Sōngyuán Lòng

道路、街巷。位于东山镇。沿用老街名。南北走向。南起施鹏弄，北至人民街。长195米，宽4米。石板路面。区内支路。

长桥街道道路街巷一览表

表1

标准名称	汉语拼音	备注
跃进河路	Yuèjìnhé Lù	道路、街巷。东西走向。东起长蠡路，西至马川路。长 930 米，宽 18 米。沥青路面。2009 年命名。
新门路	Xīnmén Lù	道路、街巷。东西走向。东起西塘河，西至苏蠡路。2004 年命名。
县前路	Xiànqián Lù	道路、街巷。东西走向。东起县前桥，西至人民南路。1989 年命名。
长兴街	Chángxīng Jiē	道路、街巷。东西走向。东起吴中区长桥人民医院，西至盘蠡路。长 800 米，宽 12～35 米。沥青路面。1993 年命名。2017 年调整。
北蠡墅街	Běilíshù Jiē	道路、街巷。东西走向。东起长蠡路，西至友新路。长 1028 米，宽 18 米。沥青路面。曾用名蠡墅新街。2009 年更名调整为北蠡墅街。
龙港巷	Lónggǎng Xiàng	道路、街巷。东西走向。东起东吴北路，西至龙港村。1993 年命名。
庵全街	Ānquán Jiē	道路、街巷。东西走向。东起苏蠡路，西至泥桥街。长 341 米，宽 12 米。沥青路面。2009 年命名。
先奇街	Xiānqí Jiē	道路、街巷。东西走向。东起水香街，西至盘蠡路。长 680 米，宽 14 米。沥青路面。1995 年命名。
兴达路	Xīngdá Lù	道路、街巷。东西走向。东起东吴北路，西至龙西路。长 600 米，宽 6 米。沥青路面。1999 年命名。

续表1

标准名称	汉语拼音	备注
城西街	Chéngxī Jiē	道路、街巷。东西走向。东起龙西路，西至盘蠡路。长 500 米，宽 20 米。沥青路面。1997 年命名。
石门巷	Shímén Xiàng	道路、街巷。东西走向。东起石门头自然村，西至苏蠡路东侧匝道。长 280 米，宽 3 米。沥青路面。2017 年命名。
夏莲巷	Xiàlián Xiàng	道路、街巷。东西走向。东起夏莲路，西至迎春路。长 400 米，宽 8 米。沥青路面。2017 年命名。
苏苑街	Sūyuàn Jiē	道路、街巷。东西走向。东起姑苏区双塔街道冬青路，向西经姑苏区吴门街道区域至吴中区长桥街道东吴北路。长 1900 米，宽 10～24 米。沥青路面。1986 年命名。2017 年调整。
南蠡墅街	Nánlǐshù Jiē	道路、街巷。因在蠡墅镇南，故名。东西走向。东起长蠡路，西至友新路。长 950 米，宽 18 米。沥青路面。2009 年命名。
团结桥巷	Tuánjiéqiáo Xiàng	道路、街巷。东西走向。东起花卉巷，西至东吴北路。长 379 米，宽 14 米。沥青路面。1986 年命名。
西塘南巷	Xītáng Nánxiàng	道路、街巷。东西走向。东起东吴北路，西至吴苑别墅东南侧围墙。长 290 米，宽 14 米。沥青路面。1986 年命名。
月浜街	Yuèbāng Jiē	道路、街巷。南北走向。南起太湖东路，北至吴中东路。长 1105 米，宽 14 米。沥青路面。1989 年命名。
马川路	Mǎchuān Lù	道路、街巷。南北走向。南起跃进河路，北至绮川路。长 346 米，宽 18 米。沥青路面。2009 年命名。
月苑街	Yuèyuàn Jiē	道路、街巷。南北走向。南起县前街，向西转至东苑路。长 150 米，宽 14 米。沥青路面。2001 年命名。
公园巷	Gōngyuán Xiàng	道路、街巷。南北走向。南起吴中东路，北至苏苑街。长 240 米，宽 12 米。沥青路面。1993 年命名。
夏莲路	Xiàlián Lù	道路、街巷。南北走向。南起太湖东路，北至吴中东路。长 1131 米，宽 14 米。沥青路面。1995 年命名。
丹桂路	Dānguì Lù	道路、街巷。南北走向。南起太湖东路，北至吴中东路。长 566 米，宽 14 米。沥青路面。1995 年命名。
长丰街	Chángfēng Jiē	道路、街巷。南北走向。南起南库路，北至先锋路。长 218 米，宽 18 米。沥青路面。2009 年命名。
泥桥街	Níqiáo Jiē	道路、街巷。南北走向。南起先锋路，北至翻身路。长 378 米，宽 12 米。沥青路面。2009 年命名。
龙北西巷	Lóngběi Xīxiàng	道路、街巷。南北走向。南起太湖西路，北至宝带西路。长 635 米，宽 12 米。沥青路面。1990 年命名。
蠡园街	lǐyuán Jiē	道路、街巷。南北走向。南起跃进河路，北至澄湖路。长 210 米，宽 18 米。2009 年命名。
东界巷	Dōngjiè Xiàng	道路、街巷。南北走向。南起吴中东路，北至苏苑街。长 267 米，宽 12 米。沥青路面。1993 年命名。
花卉巷	Huāhuì Xiàng	道路、街巷。南北走向。南起苏苑街，北至花卉饭店。长 270 米，宽 12 米。沥青路面。1993 年命名。
龙西巷	Lóngxī Xiàng	道路、街巷。南北走向。南起太湖西路，向北折西至龙西路。长 600 米，宽 6 米。沥青路面。2017 年命名。

城南街道道路街巷一览表

表2

标准名称	汉语拼音	备注
邵辉路	Shàohuī Lù	道路、街巷。东西走向。东起邵东路，西至邵昂路。长 330 米，宽 30 米。沥青路面。2013 年命名。
盛兴路	Shèngxīng Lù	道路、街巷。东西走向。东起田上江路（规划暂用名），西至西塘河（俗称）。长 420 米，宽 15 米。沥青路面。2007 年命名。
碧波街	Bìbō Jiē	道路、街巷。东西走向。东起枫津路，西至东吴南路，长 650 米，宽 20 米。沥青路面。1995 年命名。
盛南路	Shèngnán Lù	道路、街巷。东西走向。东起田上江路（规划暂用名），西至西塘河（俗称）。长 550 米，宽 15 米。沥青路面。2007 年命名。

续表2

标准名称	汉语拼音	备注
盛虹路	Shènghòng Lù	道路、街巷。东西走向。东起田上江路（规划暂用名），西至西塘河（俗称）。长 505 米，宽 15 米。沥青路面。2007 年命名。
枫杨路	Fēngyáng Lù	道路、街巷。东西走向。东起西塘河（俗称），西至梧桐街。长 905 米，宽 24 米。沥青路面。2010 年命名。
澄湖东路	Chénghú Dōnglù	道路、街巷。东西走向。东起宝尹路，西至迎春南路。长 1000 米，宽 15 米。沥青路面。2001 年命名。
广建路	Guǎngjiàn Lù	道路、街巷。东西走向。东起枫津路，西至东吴南路。长 850 米，宽 15 米。沥青路面。1995 年命名。
商城大街	Shāngchéng Dàjiē	道路、街巷。东西走向。东起枫津路，西至西塘河（俗称）。长 1000 米，宽 23～28 米。沥青路面。
水榭巷	Shuǐxiè Xiàng	道路、街巷。东西走向。东起东吴南路，西至西塘河（俗称）东侧绿化带。长 324 米，宽 8 米。沥青路面。2017 年命名。
南小港路	Nánxiǎogǎng Lù	道路、街巷。东西走向。东北起兴昂路，向西南折西复折北至兴昂路。长 1192 米，宽 24 米。沥青路面。2018 年命名。
北小港路	Běixiǎogǎng Lù	道路、街巷。东西走向。东南起兴昂路，向西北折西复折南至兴昂路。长 1172 米，宽 24 米。沥青路面。2018 年命名。
后六百亩路	Hòuliùbǎimǔ Lù	道路、街巷。东西走向。东起东湖社区后村自然村主出入口，西至西塘河（俗称）东侧无名道路。长 320 米，宽 12 米。沥青路面。2018 年命名。
罗塘巷	Luótáng Xiàng	道路、街巷。东西走向。东起东吴南路，西至苏州东吴美而高工艺服饰有限公司大门南侧。长 100 米，宽 7 米。沥青路面。2018 年命名。
南下塔里巷	Nánxiàtǎlǐ Xiàng	道路、街巷。东西走向。东起住宅区（地处枫津路东侧、茅柴港南侧，未命名）主出入口，西至枫津路。长 45 米，宽 6 米。沥青路面。2019 年命名。
北下塔里巷	Běixiàtǎlǐ Xiàng	道路、街巷。东西走向。东起住宅区（地处枫津路东侧、茅柴港北侧，未命名）主出入口，西至枫津路。长 55 米，宽 8 米。沥青路面。2019 年命名。
梧桐街	Wútóng Jiē	道路、街巷。南北走向。南起文溪路规划向东延伸段（未命名），北至兴昂路。长 985 米，宽 32 米。沥青路面。2010 年命名。
槐香街	Huáixiāng Jiē	道路、街巷。南北走向。南起小石湖路，北至彭泾港路。长 1600 米，宽 24 米。沥青路面。2010 年命名。
邵东路	Shàodōng Lù	道路、街巷。南北走向。南起枫杨路，北至邵辉路。长 700 米，宽 17 米。沥青路面。2013 年命名。
花园街	Huāyuán Jiē	道路、街巷。南北走向。南起石湖东路，北至碧波街。长 440 米，宽 15 米。沥青路面。1997 年命名。
商住街	Shāngzhù Jiē	道路、街巷。南北走向。南起商城大街，北至碧波街。长 208 米，宽 15 米。沥青路面。1997 年命名。
宝丰路	Bǎofēng Lù	道路、街巷。南北走向。南起东吴南路，北至澄湖中路。长 540 米，宽 15 米。沥青路面。2001 年命名。
宝南路	Bǎonán Lù	道路、街巷。南北走向。南起石湖东路，北至宝带桥。长 960 米，宽 15 米。沥青路面。1995 年命名。
共荣路	Gòngróng Lù	道路、街巷。南北走向。南起南湖路北侧无名河道，北至东吴南路。长 385 米，宽 16 米。沥青路面。2007 年命名。
商贸街	Shāngmào Jiē	道路、街巷。南北走向。南起商城大街，北至碧波街。长 208 米，宽 15 米。沥青路面。1997 年命名。
商中街	Shāngzhōng Jiē	道路、街巷。南北走向。南起商城大街，北至碧波街。长 206 米，宽 15 米。沥青路面。1997 年命名。
广天巷	Guǎngtiān Xiàng	道路、街巷。南北走向。南起天灵路，北至广建路。长 400 米，宽 6 米。沥青路面。2017 命名。
茭荡街	Jiāodàng Jiē	道路、街巷。南北走向。南起南小港路，北至兴昂路。长 160 米，宽 18 米。沥青路面。2018 年命名。

香山街道道路街巷一览表

表3

标准名称	汉语拼音	备注
烟波路	Yānbō Lù	道路、街巷。“烟波”取太湖烟波浩渺之意。东西走向。东起环太湖大道，西至环太湖大道，呈弧形。长 900 米，宽 16 米。沥青路面。2007 年命名。
渔洋山路	Yúyángshān Lù	道路、街巷。“渔洋山”取渔洋山山名。东西走向。东起舟山路，西至环太湖大道。长 1048 米，宽 10 米。沥青路面。2007 年命名。
北塘路	Běitáng Lù	道路、街巷。东西走向。东南起香山路，西北至李带里桥西堍。长 1100 米，宽 14.7 米。沥青路面。2013 年命名。
福音巷	Fúyīn Xiàng	道路、街巷。因位于原福音庵旁，故名。东西走向。东南起香山路，西北至舟山花园路。长 450 米，宽 7.2 米。沥青路面。2013 年命名。
水桥路	Shuǐqiáo Lù	道路、街巷。因道路北侧原有水桥村，故名。东西走向。东起香山小学，西至启丰路。长 700 米，宽 10 米。沥青路面。2002 年命名。
胥香路	Xūxiāng Lù	道路、街巷。因道路连接胥口镇至香山街道，故名。南北走向。南起环太湖大道，北至孙武路。长 1000 米，宽 17.5 米。沥青路面。2004 年命名,2007 年调整。
舟山花园路	Zhōushānhuāyuán Lù	道路、街巷。因道路位于舟山花园，故名。南北走向。南起孙武路，北至陈华路。长 900 米，宽 11.2 米。沥青路面。2013 年命名。
渔帆路	Yúfān Lù	道路、街巷。因道路西侧有渔帆自然村、渔帆港，故名。南北走向。南起环太湖大道，北至孙武路。长 921 米，宽 16 米。沥青路面。曾用名蒯祥路。2007 年更名为渔帆路。
丰庆路	Fēngqìng Lù	道路、街巷。寓意丰盛欢庆。南北走向。南起蒯祥路，北至新兴路。长 400 米，宽 12 米。水泥路面。2006 年命名。
丰盛路	Fēngshèng Lù	道路、街巷。寓意丰满兴盛。南北走向。南起蒯祥路，北至向阳路（规划暂用名）。长 750 米，宽 12 米。水泥路面。2006 年命名。

角直镇道路街巷一览表

表4

标准名称	汉语拼音	备注
三官弄	Sānguān Lòng	道路、街巷。清康熙初期，里人顾天锡在弄内募建天地水府行祠，祭天地水三官，俗称三官堂，故名。东西走向。东起三元桥西堍，西至角直小学旧址大门前。长 262 米。
东市上塘街	Dōngshìshàngtáng Jiē	道路、街巷。因位于角直古镇东段上塘，故名。东西走向。东起正阳桥，西至中美桥。长 1060 米。弹石路面。
西汇上塘街	Xīhuìshàngtáng Jiē	道路、街巷。因位于古镇西汇河北侧（上塘），故名。东西走向。东起进利桥，西至永宁桥。长 300 米。条石路面。
西市上塘街	Xīshìshàngtáng Jiē	道路、街巷。因位于古镇西市河北侧（上塘），故名。东西走向。东起中美桥，西至大通桥。长 300 米。条石路面。
西汇下塘街	Xīhuìxiàtáng Jiē	道路、街巷。因位于古镇西汇河南侧（下塘），故名。东西走向。东起金鼎桥，西至角直桥。长 300 米。条石路面。
东市下塘街	Dōngshìxiàtáng Jiē	道路、街巷。因街居角直古镇东段下塘，故名。东西走向。东起正阳桥南堍 1 号，西至环玉桥东堍 155 号。长 1030 米。弹石路面。
西市下塘街	Xīshìxiàtáng Jiē	道路、街巷。因位于古镇西市河东侧（下塘），故名。东西走向。东起中美桥，西至粮管所。长约 300 米。弹石路面。
保圣寺弄	Bǎoshèngsì Lòng	道路、街巷。因弄居保圣寺前，故名。东西走向。东起寺浜弄南口，西至马公桥。
陆家弄	Lùjiā Lòng	道路、街巷。因弄堂旁有陆家宅院，故名。东西走向。东起众安桥西堍北侧的中市街，西至腊烛弄。长 150 米。
牛场弄	Niúchǎng Lòng	道路、街巷。因弄旁建有畜牧站（俗称“牛场”），故名。东西走向。东起民居折北至正源路，西至正源桥东堍南侧的南市下塘街。
甫龙路	Fǔlóng Lù	道路、街巷。东西走向。东起环卫站，西至甫澄北路。长 316 米。2003 年命名。

续表4

标准名称	汉语拼音	备注
龙潭路	Lòngtán Lù	道路、街巷。因位于龙潭村，旁有龙潭花园、龙潭幼儿园，故名。东西走向。东起育才路，西至晓南路。长 580 米。
光辉路	Guānghuī Lù	道路、街巷。以光辉照耀，前程似锦之意命名。南北走向。南起汤字宇自然村，北至张家厍自然村。2003 年命名。
南市下塘街	Nánshìxiàtáng Jiē	道路、街巷。因位于甪直古镇南段下塘，故名。南北走向。南起寿昌桥，北至环玉桥东堍。长 540 米。条石路面。
南市上塘街	Nánshìshàngtáng Jiē	道路、街巷。因位于甪直古镇南段上塘，故名。南北走向。西起金鼎桥，南至寿昌桥。长 356 米。弹石路面。
夏家弄	Xiàjiā Lòng	道路、街巷。因最后一幢为夏姓居宅，故名。南北走向。南起东市上塘街中段，北至娱乐新村。长 300 米。是甪直古镇区最长的暗弄之一。
巷门戴家弄	Xiàngméndàijiā Lòng	道路、街巷。因位于东市上塘街巷门里，为与同街的“戴家弄”区别，故名。南北走向。南起东市上塘街巷门段，折西至文化广场。
安桥上塘街	Ānqiáoshàngtáng Jiē	道路、街巷。因位于永安桥（又称安桥）西侧，为上塘街，故名。南北走向。南起轮船码头旧址，北至甪端广场。
界浦上塘	Jièpǔshàngtáng	道路、街巷。因位于甪直古镇中段，故名。南北走向。南起眠牛泾，北至通裕桥西堍南侧。
界浦下塘	Jièpǔxiàtáng	道路、街巷。因弄堂西侧有望族杨家的宅院，故名。南北走向。南起蜡烛弄西口，北至西市下塘街中段。长 65 米。
中市街	Zhōngshì Jiē	道路、街巷。因位于中市河西侧，故名。南北走向。南起进利桥，北至中美桥。长 300 米。
太尉弄	Tàiwèi Lòng	道路、街巷。因弄堂里原有太尉堂，故名。南北走向。南起稻市弄，北至香花桥南堍。长 43 米。
杨家弄	Yángjiā Lòng	道路、街巷。因路通杨家花园，故名。南北走向。南起杨家花园，北至西市下塘街。长 100 米。
安桥下塘街	Ānqiáoxiàtáng Jiē	道路、街巷。因地处永安桥（又称安桥）东侧，为下塘街，故名。南北走向。南起胡家浜，北至稻市弄西端。
甪渔路	Lùyú Lù	道路、街巷。因地居甪直镇渔业村旁侧，故名。南北走向。南起机场路，北至吴淞江。2002 年命名。
富通路	Fùtōng Lù	道路、街巷。取“通向富裕之路”的寓意拟名。南北走向。南起机场路，北至甫里塘。2002 年命名。
双板桥路	Shuāngbǎnqiáo Lù	道路、街巷。因道路途经双板桥自然村，故名。南北走向。南起淞港村双板桥自然村，北至金鸡湖大道。长 2000 米，宽 20 米。2010 年命名。
建华路	Jiànhuá Lù	道路、街巷。因位于建华混凝土厂旁侧，故名。南北走向。北起苏沪机场路，向西折至建华公司。长 143 米，宽 10 米。沥青路面。2002 年命名。
淞虹路	Sōnghòng Lù	道路、街巷。因通往淞南村虹桥自然村，故名。南北走向。南起新淞路，向北折西至淞南村虹桥自然村。长 658 米，宽 9 米。2015 年命名。

木渎镇道路街巷一览表

表5

标准名称	汉语拼音	备注
修竹路	Xiūzhú Lù	道路、街巷。以竹园路为比照而得名。东西走向。东起凯丰街，西至珠江南路。长 327 米，宽 12 米。沥青路面。2015 年命名。
东瑞棠路	Dōngruìtáng Lù	道路、街巷。以瑞棠花为美，且位于东侧，故名。东西走向。东起凯盛街，西至凯旋街。长 308 米，宽 6 米。沥青路面。2015 年命名。
西瑞棠路	Xīruìtáng Lù	道路、街巷。以瑞棠花为美，且位于西侧，故名。东西走向。东起凯歌街，西至凯丰街。长 308 米，宽 6 米。沥青路面。2015 年命名。
华桂路	Huáguì Lù	道路、街巷。以华丽飘香的桂花为路名，以示环境优美。东西走向。东起凯盛街，西至凯丰街。长 840 米，宽 6 米。沥青路面。2015 年命名。

续表5

标准名称	汉语拼音	备注
香港路	Xiānggǎng Lù	道路、街巷。以中国宝地香港为街名，取繁华兴旺之意。东西走向。东起花苑路，西至中山西路。长680米，宽7米。沥青路面。1998年命名。
翠南巷	Cuìnán Xiàng	道路、街巷。因在翠坊街南侧，故名。东西走向。东起船厂，西至翠坊南街。长300米，宽4～6米。水泥砖石混合路面。1994年命名。
东河路	Dōnghé Lù	道路、街巷。因道路东有栏杆浜，俗称东河，故名。东西走向。东起阑干浜，西至翠坊北路。长1000米，宽6米。沥青路面。1994年命名。
东窑路	Dōngyáo Lù	道路、街巷。因道路途经东窑村，故名。东西走向。东起船厂，西至翠坊南路。长1000米，宽6米，沥青路面。1994年命名。
南山路	Nánshān Lù	道路、街巷。取南山晴雪之意命名。东西走向。东起木渎煤库，西至翠坊南街。长800米，宽15米。沥青路面。1994年命名。
南港路	Nángǎng Lù	道路、街巷。东西走向。东起环一路，西至下塔桥。水泥路面。2002年命名。
明清街	Xiànyuán Jiē	道路、街巷。因道路沿街均为明清建筑，故名。南北走向。南起新姜窑路，北至中山西路。长1000米，宽12米。沥青路面。2005年命名。2008年调整。
凯歌街	Kǎigē Jiē	道路、街巷。南北走向。南起丹枫路，北至中山东路。长289米，宽8米。沥青路面。2015年命名。
双竹路	Shuāngzhú Lù	道路、街巷。以附近竹园路，修竹路而得名。南北走向。南起北燕河（俗称）北侧规划用地，北至玉山路。长400米，宽12米。沥青路面。2008年命名。
康健路	Kāngjiàn Lù	道路、街巷。以希冀人们健康、长寿而得名。南北走向。南起胥口镇马舍村马家场自然村民宅，北至刘庄路。长400米，宽12米。沥青路面。2008年命名。
晋福桥路	Jìnfúqiáo Lù	道路、街巷。因该地原有老桥名“晋福桥”，故名。南北走向。南起宝带西路，北至中山东路。长1127.5米，宽28米。沥青路面。2015年命名。
岁华路	Suìhuá Lù	道路、街巷。取岁岁光华的寓意拟名。南北走向。南起宝带西路，北至南枕江路。长610米，宽18～23米。沥青路面。2015年命名。
桂芬路	Guìfēn Lù	道路、街巷。以纪念木渎古代名人冯桂芬而得名。南北走向。南起宝带西路，北至南枕江路。长573米，宽18米。沥青路面。2015年命名。
凯旋街	Kǎixuán Jiē	道路、街巷。南北走向。南起丹枫路，北至中山东路。长652米，宽8米。沥青路面。2015年命名。
吴家巷	Wújiā Xiàng	道路、街巷。因该道路途经吴家村，故名。南北走向。南起塔影巷，北至灵岩村二组。长200米，宽4米。水泥路面。1994年命名。
仓基路	Cāngjī Lù	道路、街巷。因该道路途经仓基村，故名。南北走向。南起骆驼电扇厂，北至中山路。长300米，宽4～6米。水泥砖石混合路面。1994年命名。
乐园路	Lèyuán Lù	道路、街巷。因道路东侧为儿童乐园，故名。南北走向。南起香溪东路，北至中山路。长600米，宽6米。水泥路面。1994年命名。
梅林路	Méilín Lù	道路、街巷。因道路位于梅林村，原有梅岭化工厂，后形成梅林村，故名。南北走向。南起中山路，北至梅林化工厂。长800米，宽12米。沥青路面。1994年命名。
文昌路	Wénchāng Lù	道路、街巷。因道路在学校旁，取教育事业兴旺、国家昌盛的寓意拟名。南北走向。南起东街，北至中山路。长1100米，宽6米。沥青路面。1994年命名。

第四节 交通运输附属设施

【桥梁】

苏州湾大桥 Sūzhōuwān Dàqiáo

桥梁。位于越溪街道、吴江区松陵街道。因跨苏州湾，连接吴中区、吴江区的特大型桥梁，故名。南北向。跨苏州湾，连接苏州湾大道。长3000米，宽30米，最大跨径110米。2015年命名。为曲线桥。

永兴桥 Yǒngxīng Qiáo

桥梁。位于长桥街道。因位于永兴村，故名。原名马良桥。东西向。跨栈廊浜。长11.6米，宽1.9米。花岗石质，梁式。始建年代无考。桥南侧横梁上刻有“重建永兴桥”字样。桥堍立有《重修永兴桥记》青石碑刻一方，记载着清嘉庆二十一年（1816）由百姓捐款维修的情况。

太平桥 Tàipíng Qiáo

桥梁。位于长桥街道。“太平”为吉祥词语，故名。东西向。跨中港。长13米，宽4.3米。花岗石质，梁式。始建年代较早，清代重修。

祥和桥 Xiánghé Qiáo

桥梁。位于郭巷街道。取吉祥和谐之意。东西向。跨东港河。长18米，宽10.6米，最大跨径15米。钢混结构平桥。荷载汽20吨、挂100吨。2004年命名。

西九盛桥 Xījiǔshèng Qiáo

桥梁。位于郭巷街道。因位于西九盛村，故名。东西向。跨西九盛河。长16米，宽12.6米，最大跨径14米。钢混结构平桥。荷载汽20吨、挂100吨。2004年命名。

林家潭桥 Línjiātán Qiáo

桥梁。位于郭巷街道。因位于林家潭自然村，故名。东西向。跨马村港河。长23米，宽12.6米，最大跨径21米。钢混结构车行平桥。荷载汽20吨、挂100吨。2004年命名。

东吴大桥 Dōngwú Dàqiáo

桥梁。位于郭巷街道。取东方大道与吴中各一字组合命名。东西向。跨老京杭大运河。长260米，宽38米，最大跨径80米。沥青桥面。2009年命名。

赵家桥 Zhàojiā Qiáo

桥梁。位于横泾街道。因该桥位于赵家渠自然村，故名。东西向。跨赵家浜。长15米，宽15米，最大跨径13米。水泥平桥。载重10吨。20世纪50年代命名。1978年重建。

积庆桥 Jīqìng Qiáo

桥梁。位于横泾街道。取积德吉庆之意。东西向。跨苏东河。长25米，宽20米，最大跨径15米。1982年9月修建成水泥拱桥。2008年重建成水泥平桥。

西桥 Xī Qiáo

桥梁。位于横泾街道。因位于横泾老镇区西端，故名。跨苏东河。长25米，宽20米。水泥平桥。载重20吨。1994年命名。

东桥 Dōng Qiáo

桥梁。位于横泾街道。以所在横泾市镇东南处的位置而得名。跨苏东运河。长25米，宽5米。水泥平桥。载重10吨。1989年建成。

泥土桥 Nítǔ Qiáo

桥梁。位于横泾街道。因位于泥土桥自然村，故名。东西向。长16米，宽6米，最大跨径15米。最大载重量10吨。水泥平桥。1978年重建。

新溪桥 Xīnxī Qiáo

桥梁。位于越溪街道。因建在越来溪上，故名。东西向。跨越来溪。长40米，宽25米，最大跨径32米。钢混结构平桥。2003年命名。

行知桥 Xíngzhī Qiáo

桥梁。位于越溪街道。引用清曾国藩《送唐先生南归序》：“博求万物之理，以尊闻而行知。”东西向。跨越来溪。长53米，宽26米，最大跨径42米。钢混结构平桥。2005年命名。

抬桥 Tái Qiáo

桥梁。位于香山街道。东西向。跨梅舍西河。长26米，宽16.5米。砼质公路平桥。最大荷载20吨。2013年命名。

北茧行桥 Běijiǎnháng Qiáo

桥梁。位于香山街道。取当地原茧行名为桥名。东西向。跨梅舍西河。长27.5米，宽14.7米。砼质公路平桥。最大荷载20吨。2013年命名。

水桥 Shuǐ Qiáo

桥梁。位于香山街道。东西向。跨普济河。长20.4米，宽54米。砼质公路平桥。最大荷载20吨。

南止步港桥 Nánzhǐbùgǎng Qiáo

桥梁。位于香山街道。取止步港河名为桥名。东西向。跨止步港河。长25米，宽18.2米。砼质公路平桥。最大荷载20吨。2013年命名。

九王桥 Jiǔwáng Qiáo

桥梁。位于香山街道。取原九王庙名为桥名。又名丰庆桥。东西向。跨马嘶浰河。长27.7米，宽18.2米。砼质公路平桥。最大荷载20吨。2013年命名。

炙鱼桥 Zhìyú Qiáo

桥梁。位于香山街道。因位于炙鱼桥自然村，故名。东西向。跨香山运河。长28.9米，宽21.6米。砼质公路平桥。最大荷载20吨。

曹氏桥 Cáoshì Qiáo

桥梁。位于香山街道。东西向。跨市巷港。长17.1米，宽17.4米。砼质公路平桥。2015年命名。

南海桥 Nánhǎi Qiáo

桥梁。位于香山街道。东西向。跨渔帆港。长18.2米，宽22.6米。砼质公路平桥。2015年命名。

潮音桥 Cháoyīn Qiáo

桥梁。位于香山街道。东西向。跨黄泥泾。长16.2米，宽14.7米。砼质公路平桥。2015年命名。

凉枕桥 Liángzhěn Qiáo

桥梁。位于香山街道。东西向。跨沈家泾。长16.2米，宽14.7米。砼质公路平桥。2015年命名。

东石桥 Dōngshí Qiáo

桥梁。位于香山街道。东西向。跨东浜河。长36.5米，宽14.8米。砼质公路平桥。2015年命名。

水平庙桥 Shuǐpíngmiào Qiáo

桥梁。位于香山街道。东西向。跨东浜河。长36.8米，宽14.7米。砼质公路平桥。2015年命名。

马嘶桥 Mǎsī Qiáo

桥梁。位于香山街道。东西向。跨蒋家河。长29.7米，宽14.7米。砼质公路平桥。2015年命名。

福音桥 Fúyīn Qiáo

桥梁。位于香山街道。以属地原福音庵为桥名。东西向。跨陈华河。长15.2米，宽11.2米。砼质公路平桥。最大荷载20吨。2013年命名。

上将桥 Shàngjiāng Qiáo

桥梁。位于香山街道。东西向。跨香山运河。长27.7米，宽18.2米。砼质公路平桥。最大荷载20吨。1996年命名。

五溪桥 Wǔxī Qiáo

桥梁。位于太湖街道。取“吴”谐音，吴地多条溪流汇流的地理特征命名。东西向。跨溪江河。长30米，宽50米，最大跨径26米。钢筋混凝土结构。2017年命名。

五天桥 Wǔtiān Qiáo

桥梁。位于太湖街道。取所在五湖路、天鹅港各一字组合命名。东西向。跨天鹅港。长115米，宽45米，最大跨径35米。钢筋混凝土结构。2017年命名。

五景桥 Wǔjǐng Qiáo

桥梁。位于太湖街道。取五湖路、景周河各一字组合命名。东西向。跨景周河（“景周”为明代当地乡贤莫旦的字）。长30米，宽45米，最大跨径26米。钢筋混凝土结构。2017年命名。

五仙桥 Wǔxiān Qiáo

桥梁。位于太湖街道。取五湖路、仙玩港各一字组合命名。东西向。跨仙玩港。长30米，宽45米，最大跨径25米。钢筋混凝土结构。2017年命名。

甪直桥 Lùzhí Qiáo

桥梁。位于甪直镇。以甪直镇为桥名。东西向。跨马公河。长15米，宽12米，最大跨径6米。钢混结构平桥。1995年命名。

金巷浜桥 Jīnxiàngbāng Qiáo

桥梁。位于甪直镇。又名金浜桥。因位于西市下塘街金巷浜上，桥以浜名。东西向。长15米，宽8米，最大跨径12米。钢混结构平桥公路桥。荷载10吨。

清江大桥 Qīngjiāng Dàqiáo

桥梁。位于角直镇。因在清水江上，故名。东西向。跨清水江。长238米，宽20米，最大跨径38米。钢混结构平桥。1979年初建，1994年重建。

谈村桥 Táncūn Qiáo

桥梁。位于角直镇。因位于谈村自然村，桥以村名。东西向。跨三毛浜。长28米，宽20米，最大跨径22米。水泥拱形桥。

凌港桥 Línggǎng Qiáo

桥梁。位于角直镇。因位于凌港自然村，故名。东西向。跨凌港河。长46米，宽16米。钢混结构水泥公路桥。1995年命名。

东垂虹桥 Dōngchuíhóng Qiáo

桥梁。位于角直镇。为纪念晚唐诗人陆龟蒙而建。东西向。跨斗鸭池。长5.6米，宽1.78米，最大跨径2米。始建于明正德十三年（1518）。原为砖砌拱桥，1986年改为花岗石单孔拱桥。

凤凰桥 Fènghuáng Qiáo

桥梁。位于角直镇。又名玉湾桥，习称浜桥。据传桥畔河浜边树上曾有凤凰现身，故名。东西向。长4.1米，宽3.04米，最大跨径3.1米。花岗石构单孔梁桥。

环玉桥 Huányù Qiáo

桥梁。位于角直镇。因桥呈玉带形花岗石梁桥，故名。东西向。跨中市河。长23.09米，宽3.25米，最大跨径5.6米。花岗石构单孔梁桥。始建于明崇祯元年（1628），清康熙三十年（1691）秋圮重建。

金安桥 Jīn'ān Qiáo

桥梁。位于角直镇。又名金巷桥、景定桥。因跨金巷浜上，称为“金巷桥”，后更名为读音相近的“金安桥”。东西向。跨金巷浜。长23.35米，宽2.33米，最大跨径3.35米。花岗石构单孔梁桥。建于清乾隆前。

进利桥 Jìnlì Qiáo

桥梁。位于角直镇。又名施家桥、思嘉桥。东西向。跨中市河南端。长14.4米，宽2.55米，最大跨径5.15米。花岗石单孔拱桥。建于清乾隆之前，道光九年（1829）里人季庆重建。2009年8月因桥坡松动、拱圈破损而重修。

寿昌桥 Shòuchāng Qiáo

桥梁。位于角直镇。又名南大桥。蕴含“长寿昌盛”之意。东西向。跨南市河。长22.28米，宽3.3米，最大跨径6.2米。花岗石构单孔拱桥。始建于明万历年间（1573—1620），陈双萱募建。清康熙三十七年（1697），朱伊慰重建。

寿康桥 Shòukāng Qiáo

桥梁。位于角直镇。蕴含“长寿安康”之意。东西向。跨南市河。长18.65米，宽1.73米，最大跨径5.45米。原为木梁板桥，始建无考，清康熙三十七年（1698）改建成花岗石单孔梁桥。2009年因桥基倾斜而重修。

南昌桥 Nánchāng Qiáo

桥梁。位于角直镇。又名南厂桥。东西向。跨南市河。东堍与永福桥北堍相连。长13.88米，宽1.6米，最大跨径4.05米。花岗石构单孔梁式桥。桥旁建有牌楼，百姓俗称牌楼桥。建于清乾隆元年（1736）。

西垂虹桥 Xīchuíhóng Qiáo

桥梁。位于角直镇。因桥拱弯如半月，倒映水中，状如垂虹，又处清风亭西侧，故名。东西向。跨斗鸭池上。长5.6米，宽1.78米，最大跨径2米。该桥始建于明正德十三年（1518），为纪念晚唐诗人陆龟蒙而建。原为砖砌拱桥，1986年改为花岗石构单孔拱桥。

兴隆桥 Xīnglóng Qiáo

桥梁。位于角直镇。又名陈家桥。取“生意兴隆”之意拟名。东西向。跨南市河。长16.27米，宽2.4米，最大跨径6.3米。单孔石拱桥。始建于明成化年间（1465—1487），陆惟明募建。清乾隆三十年（1765）里人张图南等6人投资修葺。

西潭桥 Xītán Qiáo

桥梁。位于角直镇。因位于西潭自然村，故名。东西向。跨西潭港河。长16米，宽5米。钢筋水泥拱形公路桥。

众安桥 Zhòng'ān Qiáo

桥梁。位于角直镇。蕴含“万众安康”之意。东西向。跨中市河。长15.53米，宽1.7米，高3.2米，最大跨径4.95米。花岗石构单孔梁桥。俗称麻皮桥。始建于明代。清顺治年间（1644—1661）顾茂林倡募重修。道光中又修。

三元桥 Sānyuán Qiáo

桥梁。位于角直镇。又名三官桥。因桥西侧有“三元堂”，故名。东西向。跨中市河。长12.4米，宽1.6米，最大跨径4.5米。花岗石构单孔梁桥。始建于明万历四十二年（1614），周复盛募建。清咸丰十年（1860）重建。

虎山桥 Hǔshān Qiáo

桥梁。位于光福镇。因建于虎山南麓，故名。东西向。跨浒光运河。南北引桥各长150米，宽10米，长60米，宽9米。为公路水泥平桥。初建年代不详，宋嘉泰年间（1201—1204）重建。元泰定（1324—1328）改为三孔，并以纪年改称“泰定桥”。明成化十一年（1475）重修。万历年间重建，改五孔。清顺治初释某募建，仍改为三孔。乾隆年间里人倡捐募建。1937年坍塌，翌年复建木桥。1956年重修木桥。1963年拆木桥改建三孔水泥平桥。1989年10月拆除重建。2006年拆除原桥，桥址西移130米处重建。

人民桥 Rénmín Qiáo

桥梁。位于光福镇。取属于人民之意。东西向。跨福溪河。长10米，宽1.2米。始建年代不明。原为木梁桥，俗称黑木桥。1965年翻建为水泥拱桥。

太湖桥 Tàihú Qiáo

桥梁。位于光福镇。又名太湖一号桥。因是通往太湖公社的桥梁，故名。东西向。跨太湖转河。长18.7米，宽14.8米。水泥公路平桥。1976年建成，2006年改建。2012年随环太湖大道扩建而重建。后因太湖公社又建造了第二、第三座桥梁，按当时建桥位置和时间顺序更名太湖一号桥。

塘里池桥 Tánglǐchí Qiáo

桥梁。位于光福镇。原名棠梨树桥。东西向。跨西浜。长16米，宽6米。原为石梁桥，20世纪30年代筑苏福公路时改建，为金涧路上水泥公路桥。

五邓桥 Wǔdèng Qiáo

桥梁。位于光福镇。因是卧龙山咀通往邓尉山道路上的桥梁，初名乌邓桥，后谐音改为今名。又传明朝董份在此开凿河道，建造桥梁，桥上建亭子，故又名河亭桥。东西向。跨五邓浜，连接福湖路。长10米，宽15米。石板桥。始建年代不明，1976年改建为水泥公路桥。

西桥 Xī Qiáo

桥梁。位于光福镇。因其地处光福镇镇区的西面，故名。清《光福志》载：通利桥，俗呼西桥。东西向。跨福溪河。长6米，宽5米。始建年代不明，20世纪70年代改建为水泥公路桥。

哑子桥 Yǎzi Qiáo

桥梁。位于光福镇。因筹建此桥的人，不张扬自己，装作哑子，故里人称哑子桥。东西向。跨浒光运河。始建年代不详，元大德年间（1297—1307）重建。明屡圮屡葺。清道光十八年（1838）里人顾德润等募捐重建，改木桥为五孔石拱桥。清光绪二十一年（1895）重建。1991年重建，长36米。1997年拆除重建。长60米，宽4米，最大跨径32米。为村内道路上的水泥双引人行桥。

迎宾桥 Yíngbīn Qiáo

桥梁。位于光福镇。因在光福镇政府招待所处，以迎接宾客之意而名。东西向。跨福溪河。长18米，宽5米。单孔水泥拱桥。1984年8月建成。

陆巷桥 Lùxiàng Qiáo

桥梁。位于光福镇。相传桥梁为陆姓村民所建，故名。东西向。跨陆巷港。长10米，宽2.5米。东引桥长12米，西引桥长15米。原为石板梁桥，现为三孔石板桥。始建年代不明。1976年改建为砖砌拱桥。1990年重建。

三接桥 Sānjiē Qiáo

桥梁。位于光福镇。因由三段石板梁连接而成，故名。东西向。跨三接桥河。长9米，宽3米，高4米。原桥是石板平桥，现为水泥公路桥。始建年代不详，20世纪末改建。

迂里大寨桥 Yūlǐdàzhài Qiáo

桥梁。位于光福镇。因是修筑迂里村大寨路而所建的桥梁，故名。东西向。跨陆巷港。长13米，宽8米。钢筋混凝土结构公路桥。20世纪70年代建成。2000年后修建成今桥。

永安桥 Yǒng'ān Qiáo

桥梁。位于光福镇。清道光年间，里人李宗沅筑迂溪塘岸而建，取祈保黎民长久平安之意，故名。

东西向。跨大家浜。长9米，宽8米。花岗石梁桥。20世纪80年代后期改建为水泥公路桥。

沙桥头桥 Shāqiáotóu Qiáo

桥梁。位于光福镇。因位于沙桥村，故名。又是陆巷港东村民前往葛舍的桥梁，故而称舍桥，后谐音称沙桥。东西向。跨陆巷港。长9米，宽5米。原为人行石板梁桥，现为钢筋水泥公路梁桥。2011年重建。

行门桥 Xíngmén Qiáo

桥梁。位于光福镇。据传为清代方孝孺所建，因在其府行门处，故名。东西向。跨山墩河。长9.2米，宽4.5米。东西引桥各为5米左右。20世纪90年代重建。原为木板桥、后改为石板桥，现为水泥梁桥。

普安桥 Pǔ'ān Qiáo

桥梁。位于光福镇。相传因萧梁时在光福寺普贤殿前，故旧名普贤桥，后百姓以祈平安而更名为普安桥。东西向。跨福溪河，连接上、下街。长5米，宽1.5米。仿古单跨石板桥。建于萧梁天监年间（502—519）。唐、宋、元数次修葺，明时重建，1973年拆除。1997年重建。

北娘子桥 Běiniángzǐ Qiáo

桥梁。位于光福镇。因桥旁有民间流传的南宋爱情故事中主人公北娘子的坟墓，故名。东西向。跨冲山环山河。长13米，宽8米。2009年建成。为水泥公路桥。

鱼行桥 Yúháng Qiáo

桥梁。位于光福镇。原名安福桥。因附近有鱼行，故名。东西向。跨福溪河，连接东西大街。长10米，宽6米。单孔水泥公路拱桥。始建年代不详，明成化初里人徐衢重建。清嘉庆二十三年（1818）重修，并改为单孔圆洞。1973年废。1997年重建。

菱塘桥 Língtáng Qiáo

桥梁。位于光福镇。原名福隆桥。因位于菱塘河畔，故名。东西向。跨越菱塘岸、崦东村，东接福坤路，西接沿溪路。长40米，宽27.4米。花岗石单孔拱桥。始建年代不详，明永乐年间重建。1975年改建。2009年又重新拓建为今桥。

陆家桥 Lùjiā Qiáo

桥梁。位于光福镇。因桥梁为陆姓人家所建，故名。跨陆家浜。长12米，宽3米。水泥公路梁桥。始建年代不明。旧桥为一石拱桥，是历史上连接光福东西方向道路的主要桥梁。1997年在旧桥东100米处，重建一新桥，并于1998年竣工通车，桥梁仍沿用陆家桥地名。

张思桥 Zhāngsī Qiáo

桥梁。位于木渎镇。借用毛主席《为人民服务》一文中张思德为人民服务的精神命名。东西向。跨东泾港河，连接中山东路。长9米，最大跨径5米。1989年修建。1990年重建成钢筋混凝土公路桥。

斜桥 Xié Qiáo

桥梁。位于木渎镇。因该桥在香水溪与胥江交汇处，连接西街与中市街而设计斜向建造，又以其形状得名。东西向。跨山塘街河。1965年3月、1975年10月、1989年3次重建，桥名沿用。原桥北宋皇祐四年（1052）建，单跨石拱桥。桥下香溪水清，胥江水浊，两水色分明，故谓"斜桥分水"一景。

马庄桥 Mǎzhuāng Qiáo

桥梁。位于木渎镇。因该桥附近有马庄庙，桥以庙名。东西向。跨马庄河。长31米，宽20米，最大跨径19米。钢筋混凝土结构、三跨梁式桥。1989年建成。

津桥 Jīn Qiáo

桥梁。位于胥口镇。初名永兴长寿桥。位于孙武路上。东西向。跨箭泾。长54米，宽68米。主桥两侧有辅桥。原为花岗石三孔拱桥，桥西建有一凉亭，亭内立香山舟山举人叶南所书《津桥碑记》，以志。2013年重建钢混结构公路平桥。2013年命名。

园博园桥 Yuánbóyuán Qiáo

桥梁。位于临湖镇。因位于园博园路上，故名。东西向。跨顺堤河，连接园博园路。长52米，宽44.6米，最大跨径52米。砼质车行桥。2016年命名。

服役桥 Fúyì Qiáo

桥梁。位于临湖镇。因建桥时正逢渡村乡征兵服役，为示纪念，故名。东西向。跨黄埣港。长30米，宽10米，最大跨径30米。砼质车行桥。1953年建成。

渡村大桥 Dùcūn Dàqiáo

桥梁。位于临湖镇。因该桥时为渡村镇最大的桥梁，故名。东西向。跨苏东运河。长100米，宽50米，最大跨径100米。砼质车行桥。1993年命名。

占家桥 Zhànjiā Qiáo

桥梁。位于临湖镇。因桥梁在东占、西占自然村域，故名。东西向。跨苏东运河。长16米，宽32米，最大跨径16米。砼质车行桥。原为石塘村内农桥。2016年改建并命名。

壮志桥 Zhuàngzhì Qiáo

桥梁。位于临湖镇。原名庄子桥，以方言读音改名为“壮志”。东西向。跨苏东河。长10米，宽50米，最大跨径10米。砼质车行桥。20世纪60年代建。2006年改建成今桥。

苏东河桥 Sūdōnghé Qiáo

桥梁。位于临湖镇。东西向。跨苏东运河。长36米，宽44.6米，最大跨径36米。砼质车行桥。2016年命名。

临湖大桥 Línhú Dàqiáo

桥梁。位于临湖镇。因是临湖镇最大的桥，故名。东西向。跨苏东运河。长80米，宽50米，最大跨径50米。砼质车行桥。1993年命名。

人民桥 Rénmín Qiáo

桥梁。位于临湖镇。原名幸福桥。为人民街连接桥，故名。东西向。跨南浜接庙桥港。长20米，宽20米，最大跨径20米。水泥公路桥。20世纪70年代建成命名。现河道已填埋，桥存。

陈舍港桥 Chénshègǎng Qiáo

桥梁。位于临湖镇。因位于陈舍自然村，故名。东西向。跨陈舍港。长10米，宽32米，最大跨径10米。砼质车行桥。2016年命名。

西庄桥 Xīzhuāng Qiáo

桥梁。位于临湖镇。因位于西装村，故名。东西向。跨陆步庄村西小河。长100米，宽50米，最大跨径100米。砼质车行桥。1993年建成命名。

黄墅桥 Huángshù Qiáo

桥梁。位于临湖镇。因位于黄墅村，故名。东西向。跨黄墅村北小河。长10米，宽50米，最大跨径10米。砼质车行桥。1993年建成命名。2006年改建成车行桥。

太平桥 Tàipíng Qiáo

桥梁。位于临湖镇。因位于太平自然村，故名。东西向。跨苏东运河。长10米，宽10米，最大跨径10米。人行桥。20世纪70年代建成。

东庄桥 Dōngzhuāng Qiáo

桥梁。位于临湖镇。因位于东庄自然村，故名。东西向。跨陆步庄自然村东小河。长100米，宽50米，最大跨径100米。为砼质车行桥。1993年命名。

园柳桥 Yuánliǔ Qiáo

桥梁。位于临湖镇。因在柳舍自然村域园博园路上，取“园中柳韵”之意，与苏州太湖园博园中的景观呼应成趣。东西向。跨定向河。长13米，宽44.6米，最大跨径13米。砼质车行桥。2016年命名。

浦庄人民桥 Pǔzhuāng Rénmín Qiáo

桥梁。位于临湖镇。又名浦庄桥。东西向。跨苏东河，连接下塘街与上塘街。始建年代不详。20世纪50年代改建为拱形人行桥，桥面由3米拓宽至5米，并更名浦庄人民桥。1983年东移50余米，改单孔石拱为双曲拱桥。长22米，宽10米，最大跨径12米。1991年改建成车行桥，长50米，宽20米。2000年6月重建为钢筋混凝土车行平桥。

新塘桥 Xīntáng Qiáo

桥梁。位于临湖镇。东西向。跨苏东运河。长50米，宽50米，最大跨径50米。水泥公路桥。20世纪90年代建成。2005年重建成今桥。

浦庄桥 Pǔzhuāng Qiáo

桥梁。位于临湖镇。因在临湖镇（原浦庄）联盟社区木东公路上，故名。东西向。跨苏东运河。长100米，宽30米，最大跨径100米。砼质车行桥。与木东公路同时建设，时为浦庄镇重要桥梁，单行双向，又称双桥。1957年建成。

里尺桥 Lǐchǐ Qiáo

桥梁。位于临湖镇。东西向。跨横泾港。长12.8米，宽2.1米。青石质单孔拱桥，拱券分节并列砌筑。该桥建于明代弘治十一年（1498）。2009年7月被苏州市人民政府公布为第六批苏州市文物保护单位。

五湖桥 Wǔhú Qiáo

桥梁。位于临湖镇。东西向。长41米，宽8.2米，最大跨径35米。2015年重建钢筋混凝土梁平桥。

施巷桥 Shīxiàng Qiáo

桥梁。位于东山镇。东西向。跨施巷港。长30

米，宽16米。最大载重15吨。为水泥公路桥。

白沙桥　Báishā Qiáo

桥梁。位于东山镇。以所在白沙港为桥名。东西向。跨白沙港。长15米，宽8米，最大跨径10米。最大载重20吨。为钢筋混凝土公路桥。

槎湾桥　Cháwān Qiáo

桥梁。位于东山镇。因位于双湾村槎湾自然村，故名。东西向。跨牌楼港。长16米，宽7米。最大载重10吨。为水泥公路桥。

渡水桥　Dùshuǐ Qiáo

桥梁。位于东山镇。以桥横跨渡水港而得名。东西向。跨渡水港。长42米，宽20米。

涧桥　Jiàn Qiáo

桥梁。位于东山镇。又名东方红桥。以金湾一条溪涧而得名。东西向。跨涧桥港。长15米，宽8米。最大载重15吨。水泥公路桥。原桥建于清代，为单孔石梁台阶桥。1969年改建，名东方红桥。2003年重建成今桥。

向阳桥　Xiàngyáng Qiáo

桥梁。位于东山镇。东西向。跨金湾港。长10米，宽7米。最大载重10吨。建于清代，为人行石桥。20世纪末改建为水泥公路桥。

群力桥　Qúnlì Qiáo

桥梁。位于金庭镇。寓意群策群力。东西向。跨东河。长16米，宽12米。水泥公路桥。20世纪70年代建成。

友谊桥　Yǒuyì Qiáo

桥梁。位于金庭镇。东西向。跨洞庭山港。长4米，宽4米。水泥公路桥。原为拱桥，名洞山桥。20世纪70年代改为平桥，更名为友谊桥。

太平桥　Tàipíng Qiáo

桥梁。位于金庭镇。东西向。跨慈里港。长8.7米，宽2.4米，最大跨径8米。原为石桥，刻有桥名。1958建成水泥钢筋混合桥，仍名太平桥。

南星桥　Nánxīng Qiáo

桥梁。位于金庭镇。东西向。跨郑泾港。长12米，宽5米。建于清乾隆二十七年（1762），拱形青石桥。据载，里人曹泰喜同弟扬、仪，为庆母亲王氏八十寿诞捐资特建。桥面呈台阶形，两边各有15级台阶。桥顶面宽87厘米。桥面两端各有一块长87厘米、宽50厘米、厚22厘米的青石条桥栏。桥面南侧桥栏下有三个凸起的“石馒头”，分别镌刻着“南星桥”三字。“南星”有寿比南山之意。

跃进桥　Yuèjìn Qiáo

桥梁。位于金庭镇。东西向。取期盼农业生产快速发展（跃进）之意。东西向。跨余池江。长14.5米，宽4米，最大跨径8米。水泥公路桥。最大载重8吨。1969年建成。

东风桥　Dōngfēng Qiáo

桥梁。位于金庭镇。“东风”即“中国风”，取力扬中国人民之威风之意。东西向。跨金村江。长10米，宽8米，最大跨径6米。为水泥公路桥。1969年建成，2007年重修。

双观桥　Shuāngguān Qiáo

桥梁。位于金庭镇。以附近观音堂而得名。东西向。跨后堡港。长15米，宽10米，最大跨径15米。最大载重15吨。水泥公路桥。1982年建成。

长桥　Cháng Qiáo

桥梁。位于长桥街道。以建成时所在位置长桥为桥名。南北向。跨京杭大运河。长404米，宽30.6米，最大跨径72.5米。钢混结构公路桥。是通往浙江的重要公路桥梁。1990年命名。

澹台湖大桥　Tántáihú Dàqiáo

桥梁。位于长桥街道。因位于澹台湖西北边，故名。南北向。跨京杭大运河。长120米，宽28米，最大跨径80米。钢混结构平桥。桥北引桥跨越太湖东路。2003年命名。

蠡墅桥　Lǐshù Qiáo

桥梁。位于长桥街道。南北向。长12.5米，宽2.45米，高3.25米。单孔石拱桥。始建年代无考，现存桥梁系清代重建。1997年7月，被列为吴县市文物保护单位。现为苏州市文物保护单位。

东苑桥　Dōngyuàn Qiáo

桥梁。位于长桥街道。因建在东苑路北段连接此路，故名。南北向。跨北干河。长14米，宽22米。水泥车行平桥。1978年建成，名东吴桥。2009年更名为东苑桥。

须茂桥 Xūmào Qiáo

桥梁。位于长桥街道。原名西马桥，据传春秋吴越争霸时，因越国偏将过河时淹死了一匹白马，便捐资建造此桥，称西马桥。后人取谐音，称须茂桥。南北向。跨蠡墅港。长19.3米，宽5.25米。花岗石单孔石拱桥。有桥联“一镇生新虹焕彩，八方占瑞月重轮”。始建年月不详，清道光十三年（1833）重建。

西栅口桥 Xīzhàkǒu Qiáo

桥梁。位于郭巷街道。因位于西栅口自然村，故名。南北向。跨西栅口港河。长30米，宽10.6米，最大跨径28米。钢混结构车行平桥。荷载汽20挂100吨。2004年命名。

泰安桥 Tài'ān Qiáo

桥梁。位于郭巷街道。早先为一侧有栏的3节木桥，清光绪二年（1876）五月里人捐资重建成花岗石单孔拱桥。南北向，偏西南10度。长16.75米，拱券高4.25米。跨径5.80米。北堍长6.73米，宽3.80米，台阶13级；南堍长7.20米，宽4.15米，台阶11级。桥面宽2.43米，长2.58米。桥两侧有桥耳4对，桥边栏板齐整。该桥拱券采用“分节并列砌置法”，南堍西侧嵌有《重建泰安桥碑记》青石刻碑，东、西柱石各镌桥联1副，桥面中心方石刻有佛教“轮回”图案。1997年7月28日列为吴县市文物保护单位。现为苏州市文物保护单位。

寒桥 Hán Qiáo

桥梁。位于横泾街道。古桥名，又名韩桥，因近义金庙，又称望仙桥。清乾隆年间建造，南北向。跨横泾塘河。原为石拱桥。20世纪60年代翻建为水泥桥。

宝带桥 Bǎodài Qiáo

桥梁。位于城南街道。南北向。跨澹台湖。桥长317米，桥下53孔连缀。唐元和十一年（816）至元和十四年（819），苏州刺史王仲舒主持建造。为筹措建桥资金，王仲舒捐出自己所佩宝带，百姓感其义举，桥成，取名宝带桥。宋毁，明正统十一年（1446）重建。青石夹金山石砌筑。桥两端原各有一对石狮，今存北端一只、南端两只。桥北有碑亭和石塔各一座。塔高4米，五级八面，整块青石雕凿，镌刻佛龛和佛像。26与27孔之间的水盘石上有同样石塔一座。宝带桥是我国现存多孔连拱古石桥中桥身最长、桥孔最多、桥墩最薄、结构最轻的一座。1956年10月公布为江苏省文物保护单位。2001年被列为国家重点文物保护单位。2014年被列入世界遗产名录。

林渠桥 Línqú Qiáo

桥梁。位于香山街道。取林渠头自然村名为桥名。南北向。跨北塘河。长111.8米，宽36米。砼质为公路平桥。最大荷载20吨。2013年命名。

蒯家桥 Kuǎijiā Qiáo

桥梁。位于香山街道。取明代名匠蒯匠家族名。南北向。跨顺堤河。长40.5米，宽16.5米。砼质公路平桥。2015年命名。

市巷港桥 Shìxiànggǎng Qiáo

桥梁。位于香山街道。因桥梁临近市港路与顺堤河交汇处，故名。南北向。跨顺堤河。长34.6米，宽16.4米。砼质公路平桥。2015年命名。

郁舍桥 Yùshè Qiáo

桥梁。位于香山街道。因位于郁舍自然村，故名。南北向。跨香山运河。长26.4米，宽24.4米。砼质公路平桥。2015年命名。

苏氏桥 Sūshì Qiáo

桥梁。位于香山街道。南北向。跨北塘河。长24.8米，宽35.6米。砼质公路平桥。2015年命名。

潮沿桥 Cháoyán Qiáo

桥梁。位于香山街道。南北向。跨新开河。长28米，宽35.8米。砼质公路平桥。2015年命名。

二舍桥 Èrshè Qiáo

桥梁。位于香山街道。取姚舍郁舍村命名。南北向。跨香山运河。长24.3米，宽16.6米。砼质公路平桥。2015年命名。

天镜桥 Tiānjìng Qiáo

桥梁。位于香山街道。南北向。跨南塘河。长25.3米，宽16米。砼质公路平桥。2015年命名。

西沚桥 Xīzhǐ Qiáo

桥梁。位于香山街道。因位于西沚自然村，故名。南北向。跨北塘河。长23.2米，宽16米。砼质公路平桥。2015年命名。

姚舍桥 Yáoshè Qiáo

桥梁。位于香山街道。因位于姚舍村，故名。

南北向。跨香山运河。长22.6米，宽13.5米。2015年命名。

点将桥 Diǎnjiàng Qiáo

桥梁。位于香山街道。南北向。跨香山运河。长37.1米，宽20.6米。砼质公路平桥。2015年命名。

下蒋桥 Xiàjiǎng Qiáo

桥梁。位于香山街道。南北向。跨探夕河。长15.4米，宽36米。砼质公路平桥。2015年命名。

芙蕖桥 Fúqú Qiáo

桥梁。位于太湖街道。为芙蕖街连接桥，故名。南北向。跨东抢港。长30米，宽16米，最大跨径22米。钢筋混凝土结构。2015年命名。

吴郡桥 Wújùn Qiáo

桥梁。位于太湖街道。以苏州古地名“吴郡”而得名。南北向。跨东抢港。长16米，宽24米，最大跨径12米。钢筋混凝土结构。2015年命名。

龙周桥 Lóngzhōu Qiáo

桥梁。位于太湖街道。取所在“龙翔村”“景周河”各一字组合命名。南北向。跨景周河。长38米，宽50米，最大跨径36米。钢筋混凝土结构。2017年命名。

龙天桥 Lóngtiān Qiáo

桥梁。位于太湖街道。取所在地龙翔村天鹅港中各一字组合命名。南北向。跨天鹅港。长125米，宽50米，最大跨径60米。钢筋混凝土结构。2017年命名。

连周桥 Liánzhōu Qiáo

桥梁。位于太湖街道。取所在“连柱山路”“景周河”各一字组合命名。南北向。跨景周河。长30米，宽39米，最大跨径26米。钢筋混凝土结构。2017年命名。

连天桥 Liántiān Qiáo

桥梁。位于太湖街道。取所在“连柱山路”“天鹅港”各一字组合命名。南北向。跨天鹅港。长190米，宽36米，最大跨径60米。钢筋混凝土结构。2017年命名。

仙玩桥 Xiānwán Qiáo

桥梁。位于太湖街道。南北向。跨景周河。长30米，宽24米，最大跨径26米。钢筋混凝土结构。2017年命名。

箭周桥 Jiànzhōu Qiáo

桥梁。位于太湖街道。取所在“箭浮山路”“景周河”各一字组合命名。南北向。跨景周河。长30米，宽39米，最大跨径26米。钢筋混凝土结构。2017年命名。

箭龙桥 Jiànlóng Qiáo

桥梁。位于太湖街道。取所在“箭浮山路”“龙凤河”各一字组合命名。南北向。跨龙凤河。长20米，宽36米，最大跨径18米。钢筋混凝土结构。2017年命名。

箭天桥 Jiàntiān Qiáo

桥梁。位于太湖街道。取所在“箭浮山路”“天鹅港”各一字组合命名。南北向。跨天鹅港。长57米，宽36米，最大跨径30米。钢筋混凝土结构。2017年命名。

斜淞大桥 Xiésōng Dàqiáo

桥梁。位于角直镇。取原斜塘乡和淞南乡各首字组合命名。南北向。跨石泾江。长35米，宽22米，最大跨径30米。钢筋混凝土公路桥。最大载重50吨。为苏角公路上的主要桥梁。

大觉寺桥 Dàjuésì Qiáo

桥梁。位于角直镇。原吴县车坊大姚村大觉寺遗址前。桥始建于北宋庆历七年（1047），元至正十一年（1351）重建。梁式石桥，面为武康石，基础为青石，其金刚墙以块石错缝累叠而成。长5.15米，宽2.70米。桥面由5块略带拱势的长石条组成，中间3块较宽，两侧各有一块略高，组成沿口。沿口石侧面雕饰精美图案，东侧为二龙戏珠，西侧为宝珠、蝙蝠、仙人、天马等。梁头雕捧钵金刚力士，形象十分古朴。大觉寺桥是研究宋元财运雕刻艺术和建桥技术的宝贵实例。1995年4月19日公布为江苏省文物保护单位。

陶浜浦桥 Táobāngpǔ Qiáo

桥梁。位于角直镇。因建在陶浜浦河上，故名。南北向。长10米，宽6米，最大跨径8米。最大载重5吨。钢混结构水泥公路桥。

田肚江大桥 Tiándùjiāng Dàqiáo

桥梁。位于角直镇。因位于角直镇甫南村的田肚江上，故名。南北向。跨田肚江。长187米，宽18米，最大跨径27米。水泥公路桥。1994年建成。

兴角桥 Xīnglù Qiáo

桥梁。位于角直镇。取“振兴角直”之意。南北向。跨甫里塘。长26米，宽8米，最大跨径20米。水泥梁桥。初建于1987年，重建于1994年。

双板桥 Shuāngbǎn Qiáo

桥梁。位于角直镇。因该桥位于双板桥自然村，故名。南北向。长8米，宽4米，最大跨径8米。最大载重3吨。钢混结构水泥公路桥。

大通桥 Dàtōng Qiáo

桥梁。位于角直镇。又名西美桥，习称西大桥、猛将桥。因处角直西端，通吴淞江，故名。南北向。跨西市河。长24.25米，宽2.9米，最大跨径7.4米。花岗石构单孔拱桥。建于明成化十九年（1483），清康熙年间重修。

富昌桥 Fùchāng Qiáo

桥梁。位于角直镇。又名星桥或新桥。蕴含“富裕昌盛”之意。南北向。长6.42米，宽4.5米，最大跨径5.75米。花岗石构梁桥。桥北堍与南堍均有12级踏步。

福民桥 Fúmín Qiáo

桥梁。位于角直镇。又名膀酸桥。蕴含“造福民众”之意。南北向。跨衙门浜。长15.6米，宽3.7米，最大跨径5米。原为花岗石构梁桥。该桥始建年代不详。重建于明嘉靖末年（1566）。清光绪二十八年（1902）又重建。20世纪80年代再修葺，改为花岗石桥基、踏级、水泥板单孔梁桥。

广济桥 Guǎngjì Qiáo

桥梁。位于角直镇。蕴含“广积善缘，济世积福”的寓意。南北向。跨东市河。长24.87米，宽2.67米，最大跨径5.1米。花岗石构单孔梁桥。建于明万历十五年（1587）。清乾隆二十四年（1759），严振元、严振文募资重建。

横港桥 Hénggǎng Qiáo

桥梁。位于角直镇。因位于横港自然村，故名。南北向。跨横港。长26米，宽1.5米。为便民人行桥，1980年重建为水泥钢筋梁桥。

红旗北桥 Hóngqí Běiqiáo

桥梁。位于角直镇。因位五谷自然村（又名巫角村、红旗村），故名。南北向。跨五谷港，连接淞角公路。长28米，宽5米，最大跨径20米。钢混结构公路桥。

红旗南桥 Hóngqí Nánqiáo

桥梁。位于角直镇。因位五谷自然村（又名巫角村、红旗村），故名。南北向。跨五谷港。长26米，宽20米。钢混结构公路桥。

蒋浦桥 Jiǎngpǔ Qiáo

桥梁。位于角直镇。又名将浦港桥。因位于蒋浦自然村，故名。南北向。跨蒋浦港。长6米，宽12米，最大跨径5米。最大载重5吨。可通行汽车，钢筋混凝土拱形桥。

金鼎桥 Jīndǐng Qiáo

桥梁。位于角直镇。又名金典桥、草桥，俗称铁梗桥。南北向。长7.67米，宽1.93米，最大跨径2.8米。为青石桥基，花岗石单孔梁桥。建于清乾隆之前。2009年12月修复桥身两侧铁栏杆。

康角桥 Kānglù Qiáo

桥梁。位于角直镇。寓意“角直人民永远平安健康”。南北向。跨洋泾江。钢混结构公路桥。

南村桥 Náncūn Qiáo

桥梁。位于角直镇。因位于南村，故名。南北向。跨南村港。长15.5米，宽20米，最大跨径5.5米。钢混结构水泥公路桥。建于1979年，重建于1994年。

寿仁桥 Shòurén Qiáo

桥梁。位于角直镇。又名寿亭桥，习称庄家桥。蕴含“长寿仁慈”的寓意。南北向。跨西市河。长14.86米，宽2.55米，最大跨径6米。花岗石构单孔拱桥。该桥始建于明代末年。康熙十一年（1672）8月，袁尚忠僧士募重建。乾隆三十八年（1773）5月，汪鼎煌重建。同治十年（1871）金辂重建。

太平桥 Tàipíng Qiáo

桥梁。位于角直镇。俗称红木桥。蕴含“祁享太平”之意。南北向。跨东市河。长22.07米，中宽1.74米，最大跨径12.2米。花岗石构三孔梁桥。明代万历年间（1573—1620）许自昌建。清乾隆五十九年（1794）7月，安雅堂严氏再修建。清光绪甲辰年（1904）里人重建。

香花桥 Xiānghuā Qiáo

桥梁。位于角直镇。南北向。跨西汇河。长10.05米，宽2.45米，最大跨径4.35米。花岗石构拱桥。始建于清乾隆之前。20世纪80年代重建。

依仁桥 Yīrén Qiáo

桥梁。位于角直镇。南北向。跨八尖浜。长12.4米，宽1.9米，最大跨径4.1米。花岗石构单孔梁桥。桥址为旧时依仁乡，沿用古桥名。

永福桥 Yǒngfú Qiáo

桥梁。位于角直镇。又名吉家浜桥、殷家浜桥。含“永享福祉”之意。南北向。跨吉家浜。长8.57米，宽1.7米，最大跨径3.65米。花岗石构单孔梁桥。建于清乾隆元年（1736）。

万安桥 Wàn'ān Qiáo

桥梁。位于角直镇。蕴含“万众安乐”之意。因该桥两侧栏杆低矮平整，状如矮櫈，可供人们坐在上面乘凉闲谈，故又名矮櫈桥。南北向。跨眠牛泾浜。长3.56米，宽2.16米，最大跨径2.7米。花岗石构单孔平梁桥。20世纪60年代改建为平梁桥。

雪浪桥 Xuělàng Qiáo

桥梁。位于角直镇。以角直景点“吴淞雪浪”而得名。南北向。跨甫里港。长21.4米，宽15米。最大载重30吨。钢筋混凝土公路桥。

中美桥 Zhōngměi Qiáo

桥梁。位于角直镇。又名和丰桥。南北向。跨角直市河。长34.55米，宽2.9米，最大跨径9.1米。青石构单孔拱桥。始建于宋，系镇上历史最悠久的古桥，也是江南现存最古老的石拱桥之一。20世纪70年代、90年代，两次重修，原桥主体基本未变。

环璧桥 Huánbì Qiáo

桥梁。位于角直镇。南北向。原名永昌桥，俗称高家桥。因半圆形拱桥与水中倒影合为环形玉璧，故易名环璧桥。跨西市河。长20米，宽2.5米。人行石拱桥，北桥堍与金安桥西桥堍相接。建于明万历四十八年，高士标等募建。清道光年间金辂重建。

张墅观桥 Zhāngshùguān Qiáo

桥梁。位于光福镇。为里人张墅观筹建，他的善举感动乡人，故桥以人名。南北向。跨木光河。长26米，宽6米。单孔公路梁桥。

铜坑桥 Tóngkēng Qiáo

桥梁。位于光福镇。因位于铜坑村，故名。南北向。跨铜坑港。长48米，宽15米。

福利桥 Fúlì Qiáo

桥梁。位于光福镇。又称孚利桥、扶荔桥。南北向。跨木光河。长55米，宽38米。钢筋混凝土公路桥。1973年拆除石拱桥改建。2010年重建成今桥。

港东桥 Gǎngdōng Qiáo

桥梁。位于光福镇。又名太湖二号桥。因位于太湖长浮港东，故名。南北向。跨长浮港。长16米，宽14米。钢筋水泥结构公路桥。1975年建成。2008年改建成今桥。

港西桥 Gǎngxī Qiáo

桥梁。位于光福镇。又名太湖三号桥。因位于太湖长浮港西，故名。南北向。跨长浮港。长60米，宽10米，最大跨径10米。1979年9月建成。

高木桥 Gāomù Qiáo

桥梁。位于光福镇。据传，因当时木材行老板用自己的木材建成，故名。南北向。跨浒光运河。长65米，宽10米。始建年代不明。1973年东移重建，沿用原名。1993年重建为水泥梁桥。

光福寺桥 Guāngfúsì Qiáo

桥梁。位于光福镇。俗称大寺桥、香花桥、琵琶桥、响石桥。因位于光福铜观音寺，故名。跨福溪河。长16.1米，中宽3.35米，最大跨径4.5米。桥台为花岗石垒砌，余为武康石。石梁两端至中间逐渐增厚，桥面呈弧形，沿口石外侧浮雕双龙戏珠，单钩栏设云拱，华板万字造。建于宋，元至正二十四年（1364）、明嘉靖年间（1522—1566）、清康熙十八年（1679）曾三度修葺。为江苏省文物保护单位。

庆丰桥 Qìngfēng Qiáo

桥梁。位于光福镇。以庆祝农业丰收之意而得名。南北向。跨浒光运河。长30米，宽3米。人行桥。1965年建成，2002年重建为今桥。

福运桥 Fúyùn Qiáo

桥梁。位于光福镇。以所在光福镇，桥梁跨越浒光运河而得名。南北向。跨浒光运河。长188米，宽20米。为钢筋混凝土结构、拱形钢梁直拉桥。设机动车双车道、人行道，是目前光福最大的公路桥梁。2010年开建，2012年竣工。

前亩桥 Qiánmǔ Qiáo

桥梁。位于光福镇。因该桥边原有钱姓人家坟墓，故名，后谐音改为现名。南北向。贯通230省道。跨宋家庄浜。长6米，宽12米。1973年建成，1993年改建成今桥。为水泥公路桥。

南石桥 Nánshí Qiáo

桥梁。位于光福镇。因是位于北沟村南的石桥而得名。南北向。跨大寨河。长12米，宽3米。始建年代不详。1976年、2004年改建。原桥为单孔石拱桥，现为三孔水泥梁桥。

刘家河头桥 Liújiāhétóu Qiáo

桥梁。位于光福镇。因位于刘家河头，故名。南北向。跨刘家河。长5米，宽3米。单孔石梁桥。

福龙桥 Fúlóng Qiáo

桥梁。位于光福镇。因位于光福龙头嘴遗址而，故名。南北向。跨杨树河。长11米，宽7米。1997年建成。为水泥公路桥。

宗义桥 Zōngyì Qiáo

桥梁。位于光福镇。南北向。跨宗义港。宽4.5米，最大跨径7.5米。北堍引桥长9米，南堍引桥长8.8米，明末清初方氏族人所建。1972年、1997年两次重建成今桥。现为钢筋混凝土水泥桥。

福溪桥 Fúxī Qiáo

桥梁。位于光福镇。因桥所跨河流原亦称福溪，故名。又旧时桥边有竹行而俗称竹行桥。南北向。跨杨树街河。长5米，宽1.2米。为单拱金山石贴面人行桥。始建年代不详。元时有桥，明成化间里人徐衢重建。清乾隆时修葺。1973年拆除。1997年重建。

福庆桥 Fúqìng Qiáo

桥梁。位于光福镇。因村民祈盼过上幸福、喜庆的生活，故名。南北向。长4.5米，宽1.35米。花岗石平桥。清乾隆年间建成。

善人桥 Shànrén Qiáo

桥梁。位于木渎镇。因架在善人桥镇河上，故名。俗称卖鱼桥。南北向。跨查金浜。长12.5米，宽3.2米。原为石板桥，后为石拱形古桥（环龙桥）。1972年西移50米改建成双曲拱桥。

同春桥 Tóngchūn Qiáo

桥梁。位于木渎镇。初名西跨塘桥，又名兴福桥、崇祯桥、崇政桥、新苏桥。南北向。跨胥江。长40米，宽7米，最大跨径32米。钢筋混凝土结构三跨梁式桥。荷载10吨、挂120吨。始建于南宋淳祐六年（1246）。

凌公桥 Línggōng Qiáo

桥梁。位于木渎镇。因位于天池村凌公桥自然村北部东侧，故名。南北向。跨官桥塘河。长5.5米，宽8米。水泥公路桥。初建于1937年，后多次修建。1973年重建成今桥。

人民桥 Rénmín Qiáo

桥梁。位于木渎镇。取“人民当家做主”之意拟名。南北向。跨木光运河。长70米，宽14米，最大跨径15米。水泥双曲拱公路桥。2014年重建。

王家桥 Wángjiā Qiáo

桥梁。位于木渎镇。因桥梁在香溪社区王家桥自然村北侧，故名。南北向。跨香溪。长8米，宽2.8米。20世纪80年代改建为水泥平桥。90年代末又改建为石拱桥。现为拱形人行石板桥。

汇源桥 Huìyuán Qiáo

桥梁。位于木渎镇。因位于木渎镇善人桥集镇中段香溪河与上泾浜交汇处，取“水流”与“财源汇聚”之意拟名。南北向。跨木光河。长8米，宽3米。建于清初，原为花岗石平板桥，是“香溪九里十三桥”之一。1994年改建成水泥平板桥。

晋福桥 Jìnfú Qiáo

桥梁。位于木渎镇。含添福添寿之意。南北向。跨胥江。长70米，宽20米，最大跨径25米。最大荷载10吨。钢筋混凝土结构公路桥梁。2002年命名。

胥江桥 Xūjiāng Qiáo

桥梁。位于胥口镇。因该桥在胥江上，故名。南北向。长120米，宽6米，最大跨径75.7米。单孔跨径较大的木结构拱桥。承载力4.5千牛每平方米，总承载能力195吨，具观赏与交通双重价值。桩基采用高强度混凝土浇筑，桥体纯木结构，采用高硬度松木，利用现代技术建造。2013年命名。

乐汇桥 Lèhuì Qiáo

桥梁。位于胥口镇。因该桥在乐汇街，故名。连接胥口镇乐汇街与文胥路。南北向。跨箭泾河。长37.5米，宽19米，最大跨径20米。水泥车行平桥。2013年命名。

方家桥 Fāngjiā Qiáo

桥梁。位于胥口镇。因建在方家河上，故名。南北向。跨方家河。长12米，宽20米，最大跨径11米。钢混结构车行平桥。

园莲桥 Yuánlián Qiáo

桥梁。位于临湖镇。蕴“园中莲韵”意，与园博园中的景观呼应成趣。南北向。跨潦前港。长10米，宽44.6米，最大跨径10米。砼质车行桥。2016年命名。

三千方桥 Sānqiānfāng Qiáo

桥梁。位于临湖镇。因建在三千方农田处，故名。南北向。跨陆家巨港。长35米，宽80米，最大跨径35米。20世纪70年代建成，2012年随道路改、扩建成今之砼质车行桥。

联东河桥 Liándōnghé Qiáo

桥梁。位于临湖镇。南北向。跨联东河。长13米，宽35米，最大跨径13米。砼质车行桥。2016年命名。

查家桥 Zhājiā Qiáo

桥梁。位于临湖镇。因位于查家自然村，故名。南北向。跨潦前港。长18米，宽20米。砼质车行桥。20世纪70年代建成，后改建成今桥。

东塘桥 Xīzhuāng Qiáo

桥梁。位于临湖镇。因在东塘河上，故名。南北向。跨东塘河。长50米，宽100米，最大跨径50米。砼质车行桥。2005年建成。

西塘桥 Xītáng Qiáo

桥梁。位于临湖镇。南北向。跨东塘河。长20米，宽10米，最大跨径20米。砼质车行桥。20世纪80年代建人行桥，2010年改造建成车行桥。

园石桥 Yuánshí Qiáo

桥梁。位于临湖镇。因在石舍村域园博园路上，取其中两字组合命名，蕴“园中石趣”意，与苏州太湖园博园中的景观呼应成趣。南北向。跨石塘港。长10米，宽44.6米，最大跨径10米。砼质车行桥。2016年命名。

新农河桥 Xīnnónghé Qiáo

桥梁。位于临湖镇。因桥梁在石塘村新农河上，故名。南北向。跨石塘港（新农河）。长10米，宽32米，最大跨径10米。砼质车行桥。2016年命名。

穗丰桥 Suìfēng Qiáo

桥梁。位于临湖镇。因位于穗丰村，故名。南北向。跨南港。长13米，宽32米，最大跨径13米。砼质车行桥。2016年命名。

张庄桥 Zhāngzhuāng Qiáo

桥梁。位于临湖镇。又名万寿桥。因在张庄自然村，故名。南北向。跨张庄港。始建年代无考。明嘉靖四十三年（1564）孟冬重建。1929年由吴县行政局集资（含村民投资），再次重建为青石构筑的单孔石拱桥。桥身两侧明柱阳刻桥联，东曰：“湖通笠泽波涛险；地接张庄罹稏香。”西曰：“帆影近衔韩渎月；黛痕遥数莫厘云。”2016年命名。

联盟桥 Liánméng Qiáo

桥梁。位于临湖镇。因位于原浦庄镇联盟社区，故名。南北向。跨联东河。长50米，宽20米，最大跨径50米。水泥公路桥。20世纪50年代建成，2003年重建成今车行桥。

善桥 Shàn Qiáo

桥梁。位于临湖镇。又名塘桥。南北向。跨苏东河。长22.15米，宽3.03米，南堍宽3.3米，北堍宽3.88米。单孔拱桥，拱圈纵联分节并列砌筑。建于宋元时期，明、清两朝均重修过。2009年10月为苏州市吴中区第三次全国文物普查新发现。

福庆桥 Fúqìng Qiáo

桥梁。位于临湖镇。南北向。跨新桥河。长25.85米，宽2.4米，桥堍宽3.22米，矢高3.5米。花岗石质单孔桥。拱圈纵联分节并列砌筑。始建于元代至元年间，重建于明国13年（1924）。2009年10月为吴中区第三次全国文物普查新发现。

朱巷桥 Zhūxiàng Qiáo

桥梁。位于东山镇。因位于朱巷村，故名。南北向。跨朱巷港。长22米，宽11.5米，最大跨径12米。最大载重10吨。水泥公路桥。

严巷桥 Yánxiàng Qiáo

桥梁。位于东山镇。以所在严家港为桥名。南北向。跨严家港。长8米，宽4米，最大载重8吨。始建于明末，1979年11月重建。钢混结构拱桥。

渡水港西桥 Dùshuǐgǎngxī Qiáo

桥梁。位于东山镇。以位于渡水桥西侧而得名。南北向。跨渡水港。长39米，宽15米。最大载重20吨。钢筋混凝土公路桥。

蒋湾桥 Jiǎngwān Qiáo

桥梁。位于东山镇。以所在蒋湾港为桥名。南北向。跨蒋湾港，长12米，宽6米，最大跨径12米。最大载重8吨。钢筋混凝土公路桥。

工农桥 Gōngnóng Qiáo

桥梁。位于东山镇。南北向。跨石灰港。长20米，宽7米，最大跨径15米。最大载重10吨。水泥公路桥。

摆渡口桥 Bǎidùkǒu Qiáo

桥梁。位于东山镇。因位于摆渡口自然村，故名。南北向。跨大缺港。长39米，宽19.2米。最大载重15吨。木东公路桥。

陆巷桥 Lùxiàng Qiáo

桥梁。位于东山镇。因位于陆巷村，故名。南北向。跨陆巷港。长30米，宽10米，最大跨径20米。最大载重10吨。水泥公路桥。

寒山桥 Hánshān Qiáo

桥梁。位于东山镇。以桥横跨寒山港而得名。南北向。跨寒山港。环山公路桥。

石桥港桥 Shíqiáogǎng Qiáo

桥梁。位于东山镇。以所在石桥港为桥名。跨石桥港。长20米，宽10米，最大载重8吨。钢筋混凝土公路桥。

向阳桥 Xiàngyáng Qiáo

桥梁。位于金庭镇。南北向。跨头陀江。长5米，宽3米。最大载重10吨。1962年建成。1972年重建。水泥公路桥。

九胜桥 Jiǔshèng Qiáo

桥梁。位于金庭镇。因建于中国共产党第九次代表大会召开期间，故名。南北向。跨镇夏港。长10米，宽6米，最大跨径10米。最大载重10吨。1969年建成。为水泥公路桥。

太湖大桥 Tàihú Dàqiáo

桥梁。位于金庭镇。大桥建于太湖上。南北向。北起太湖国家旅游度假区墅里村渔洋山，经长沙岛、叶山岛至金庭镇庭山村渡渚大庭山，由3桥连成。长4308米，桥宽12米，载重100吨，181孔。钢混结构车行平桥。1992年10月动工，1994年10月建成。

红旗桥 Hóngqí Qiáo

桥梁。位于金庭镇。取高举红旗走向胜利之意命名。南北向。跨文化江。长10米，宽10米。钢混结构公路平桥。

东方红桥 Dōngfānghóng Qiáo

桥梁。位于金庭镇。取东方红歌曲名为桥名。南北向。跨东蔡港。长5米，宽8米。最大载重3吨。水泥公路平桥。1969年建成。

长桥街道桥梁一览表

表6

标准名称	汉语拼音	备注
通蓼桥	Tōngliǎo Qiáo	位于长桥街道。因在红蓼花园小区内，故名。东西向。跨中港。长 10 米，宽 40 米。水泥车行平桥。2005 年命名。
迎仙桥	Yíngxiān Qiáo	位于长桥街道。东西向。跨跃进河。长 12 米，宽 18 米。水泥车行平桥。2005 年命名。
嘉福桥	Jiāfú Qiáo	位于长桥街道。东西向。长 16.4 米，宽 22 米。水泥车行平桥。2005 年命名。

续表6

标准名称	汉语拼音	备注
范公桥	Fàngōng Qiáo	位于长桥街道。东西向。跨中港河。长 20 米，宽 35 米。水泥车行平桥。2005 年命名。
吴中桥	Wúzhōng Qiáo	位于长桥街道。东西向。跨西塘河。长 26 米，宽 24 米。水泥车行平桥。1989 年命名。
盘龙桥	Pánlóng Qiáo	位于长桥街道。东西向。跨西塘河。长 26 米，宽 24 米，最大跨径 20 米。最大载重 20 吨。1995 年命名。
蠡康桥	Lǐkāng Qiáo	位于长桥街道。因桥堍是蠡墅医院，故名。东西向。跨中港河。长 8 米，宽 18 米。水泥车行平桥。原无此桥，2013 年扩建成今桥。
西塘桥	Xītáng Qiáo	位于长桥街道。东西向。跨西塘河。长 208 米，宽 28.1 米，跨径 36 米。砼质结构三孔公路桥。1989 年命名。
陈寿桥	Chénshòu Qiáo	位于长桥街道。东西向。跨中港河。长 10 米，宽 22 米。2005 年命名。
淳安桥	Chún'ān Qiáo	位于长桥街道。东西向。跨中港河。长 18 米，宽 12 米。2005 年命名。
文村桥	Wéncūn Qiáo	位于长桥街道。南北向。跨九曲港。长 12 米，宽 20 米。水泥车行平桥。1989 年命名。
南厍港桥	Nánshègǎng Qiáo	位于长桥街道。南北向。长 12 米，宽 40 米。水泥车行平桥。2010 年命名。
北干桥	Běigàn Qiáo	位于长桥街道。南北向。长 15 米，宽 18 米。水泥车行平桥。1989 年命名。
新塘桥	Xīntáng Qiáo	位于长桥街道。南北向。跨新运河。长 20 米，宽 20 米。人行观光桥。1988 年命名。
盘蠡桥	Pánlǐ Qiáo	位于长桥街道。南北向。跨面杖港河。长 26 米，宽 24 米。水泥车行平桥。1995 年命名。
胜利桥	Shènglì Qiáo	位于长桥街道。南北向。跨北干河。长 8 米，宽 28 米。水泥车行平桥。1976 年命名。1993 年扩建。
新家桥	Xīnjiā Qiáo	位于长桥街道。南北向。跨京杭大运河。长 70 米，宽 18 米。钢混结构车行桥。1986 年重建并更名。
蠡桥	Lǐ Qiáo	位于长桥街道。因该桥通蠡墅造船厂，故名。南北向。跨蠡墅港。长 25.8 米，宽 20 米，最大跨径 8 米。载重 20 吨。钢混结构公路桥。1986 年命名。
葛庄桥	Gězhuāng Qiáo	位于长桥街道。南北向。跨葛庄河。长 25 米，宽 14 米。钢混结构平桥。1989 年命名。
邱家桥	Qiūjiā Qiáo	位于长桥街道。南北向。跨邱家河。长 12 米，宽 24 米。水泥车行平桥。1989 年命名。
东狱桥	Dōngyù Qiáo	位于长桥街道。南北向。长 8 米，宽 6 米。2005 年命名。
团结桥	Tuánjié Qiáo	位于长桥街道。以寓市、县人民团结一心，共建新城区之意拟名。南北向。跨仙人大港。长 161 米，宽 44.6 米，最大跨径 15.4 米。1983 年命名。1989 年 7 月拓建为钢混结构单孔双曲拱桥。

越溪街道桥梁一览表

表7

标准名称	汉语拼音	备注
肖家港桥	Xiāojiāgǎng Qiáo	位于越溪街道。东西向。跨肖家港。长 24 米，宽 72 米，最大跨径 12 米。2007 年重建。钢混结构平桥。
官渡港桥	Guāndùgǎng Qiáo	位于越溪街道。东西向。跨官渡港。长 28 米，宽 72 米，最大跨径 18 米。2007 年重建。钢混结构平桥。
张宅桥	Zhāngzhái Qiáo	位于越溪街道。因在张宅自然村，故名。东西向。跨未名河。长 36 米，宽 72 米，最大跨径 26 米。2007 年重建。钢混结构平桥。
旺山荡桥	Wàngshāndàng Qiáo	位于越溪街道。因在旺山荡东南边，故名。东西向。跨旺山荡支流。长 32 米，宽 72 米，最大跨径 20 米。2006 年命名。钢混结构平桥。
苏旺桥	Sūwàng Qiáo	位于越溪街道。东西向。跨苏旺河。长 26 米，宽 72 米，最大跨径 13 米。2007 年重建。钢混结构平桥。

续表7

标准名称	汉语拼音	备注
窑郎桥	Yáoláng Qiáo	位于越溪街道。南北向。跨窑郎江。长 20 米，宽 40 米。钢混结构车行平桥。2005 年重建。
旺山桥	Wàngshān Qiáo	位于越溪街道。因位于旺山村，故名。南北向。跨旺山河。长 25 米，宽 30 米，最大跨径 20 米。2007 年重建。钢混结构平桥。

香山街道桥梁一览表

表8

标准名称	汉语拼音	备注
李带里桥	Lǐdàilǐ Qiáo	位于香山街道。因位于李带里自然村，故名。跨李带里河。长 15.2 米，宽 16.4 米。砼质公路平桥。最大荷载 20 吨。2013 年命名。
金家浜桥	Jīnjiābāng Qiáo	位于香山街道。跨金家浜河。长 17.2 米，宽 22.3 米。砼质公路平桥。最大荷载 20 吨。2013 年命名。
朴河桥	Pǔhé Qiáo	位于香山街道。取当地村民“民风质朴”寓意命名。长 25.2 米，宽 14.7 米。砼质公路平桥。最大荷载 20 吨。2013 年命名。
梅舍桥	Méishè Qiáo	位于香山街道。因位于梅舍村，故名。跨香山运河。长 42.2 米，宽 16.7 米。砼质公路平桥。最大荷载 20 吨。2013 年命名。
北止步港桥	Běizhǐbùgǎng Qiáo	位于香山街道。跨止步港河。长 37.8 米，宽 14.7 米。砼质公路平桥。最大荷载 20 吨。2013 年命名。
黄泥泾桥	Huángníjīng Qiáo	位于香山街道。跨黄泥泾河。长 16 米，宽 55.3 米。砼质公路平桥。最大荷载 20 吨。2013 年命名。
外塘河桥	Wàitánghé Qiáo	位于香山街道。跨外塘河。长 14.7 米，宽 52 米。砼质公路平桥。最大荷载 20 吨。2013 年命名。
南小园泾桥	Nánxiǎoyuánjīng Qiáo	位于香山街道。跨小园泾河。长 20 米，宽 18.2 米。砼质公路平桥。最大荷载 20 吨。2013 年命名。
北小园泾桥	Běixiǎoyuánjīng Qiáo	位于香山街道。跨小园泾河。长 16 米，宽 14.7 米。砼质为公路平桥。最大荷载 20 吨。2013 年命名。
陈家社桥	Chénjiāshè Qiáo	位于香山街道。因位于原陈家社自然村，故名。跨顺堤河。长 64.3 米，宽 15.2 米。砼质公路平桥。最大荷载 20 吨。2013 年命名。
大木桥	Dàmù qiáo	位于香山街道。跨塘河。长 27 米，宽 39 米。砼质公路平桥。最大荷载 20 吨。2013 年命名。
下中桥	Xiàzhōng Qiáo	位于香山街道。跨新开河。长 27.4 米，宽 52 米。砼质公路平桥。最大荷载 20 吨。2013 年命名。
陶家尖桥	Táojiājiān Qiáo	位于香山街道。取陶家尖浜河名为桥名。跨上下渠河。长 15.4 米，宽 36 米。砼质公路平桥。最大荷载 20 吨。2013 年命名。
黄渠桥	Huángqú Qiáo	位于香山街道。因位于黄渠里自然村，故名。跨顺堤河。长 56.15 米，宽 39 米。砼质公路平桥。最大荷载 20 吨。2013 年命名。
蛇岭头桥	Shélǐngtóu Qiáo	位于香山街道。取原蛇岭头地名为桥名。跨墅里河。长 18.8 米，宽 33 米。砼质公路平桥。最大荷载 20 吨。2013 年命名。
沈家泾桥	Shěnjiājīng Qiáo	位于香山街道。跨沈家泾河。长 20.4 米，宽 54 米。砼质公路平桥。最大荷载 20 吨。2013 年命名。
渔帆港桥	Yúfāngǎng Qiáo	位于香山街道。又名渔帆桥。跨渔帆港河。长 16.1 米，宽 14.8 米。砼质公路平桥。最大荷载 20 吨。2013 年命名。
河家村桥	Héjiācūn Qiáo	位于香山街道。因位于河家村，故名。跨河家浜河。长 20.6 米，宽 52 米。砼质公路平桥。最大荷载 20 吨。2013 年命名。
西蔡桥	Xīcài Qiáo	位于香山街道。因位于西蔡村，故名。跨钟马河。长 20.6 米，宽 52 米。砼质公路平桥。最大荷载 20 吨。2013 年命名。
陈华河桥	Chénhuáhé Qiáo	位于香山街道。跨陈华河。长 25 米，宽 55 米。砼质公路平桥。最大荷载 20 吨。2013 年命名。
下渠桥	Xiàqú Qiáo	位于香山街道。因位于下渠自然村，故名。跨上下渠河。长 20.4 米，宽 54 米。砼质公路平桥。最大荷载 20 吨。2013 年命名。
东杨桥	Dōngyáng Qiáo	位于香山街道。因位于原东杨村，故名。跨顺堤河。长 36.1 米，宽 16.6 米。砼质公路平桥。最大荷载 20 吨。2013 年命名。

续表8

标准名称	汉语拼音	备注
三家村桥	Sānjiācūn Qiáo	位于香山街道。因位于原三家村自然村，故名。跨梅舍西河。长21.8 米，宽 31.6 米。砼质公路平桥。最大荷载 20 吨。2013 年命名。
亭子头桥	Tíngzǐtóu Qiáo	位于香山街道。因位于亭子头自然村，故名。跨陈华河。长 17.2 米，宽 16.4 米。砼质为公路平桥。最大荷载 20 吨。2013 年命名。
张家场桥	Zhāngjiāchǎng Qiáo	位于香山街道。因位于张家场自然村，故名。跨张家河。长 17.4 米，宽 16.4 米。砼质公路平桥。最大荷载 20 吨。2013 年命名。
李家村桥	Lǐjiācūn Qiáo	位于香山街道。因位于李家村，故名。跨洪家浜河。长 22.3 米，宽 21.9 米。砼质公路平桥。最大荷载 20 吨。2013 年命名。
上渠桥	Shàngqú Qiáo	位于香山街道。因位于上渠自然村，故名。跨墅里河。长 27.2 米，宽 36 米。砼质公路平桥。最大荷载 20 吨。2013 年命名。
南茧行桥	Nánjiǎnháng Qiáo	位于香山街道。取当地原茧行名为桥名。跨梅舍西河。长 28 米，宽 18.2 米。砼质公路平桥。最大荷载 20 吨。2013 年建成命名。
蔡带里桥	Càidàilǐ Qiáo	位于香山街道。因位于蔡带里自然村，故名。跨蔡带浜河。长 20.6 米，宽 57.5 米。砼质公路平桥。最大荷载 20 吨。2013 年建成命名。

木渎镇桥梁一览表

表9

标准名称	汉语拼音	备注
西跨塘桥	Xīkuàtáng Qiáo	位于木渎镇。因位于西跨塘村，故名。东西向。跨胥江。原是古石拱桥，是胥江上的名桥。20 世纪 60 年代，拆除改建成钢筋水泥桥，名喜庆桥。今桥尚存，但已损坏不能通车。
大治桥	Dàzhì Qiáo	位于木渎镇。因建在大治路上，故名。南北向。跨花苑河。长 15 米，宽 7 米。钢混结构公路桥。2013 年命名。
吾人桥	Wúrén Qiáo	位于木渎镇。东西向。跨竖河。长 65 米，宽 12 米。钢混结构公路桥。2010 年扩建成今桥。
船闸桥	Chuánzhá Qiáo	位于木渎镇。又名胥江桥。因架在船闸之上，故名。南北向。跨胥江。长 25 米，宽 9 米，最大跨径 24 米。钢筋混凝土结构三跨梁式桥。荷载汽 10 吨、挂 80 吨。1958 年疏浚胥江时建造。2000 年翻建，增宽至 10 米。
方家桥	Fāngjiā Qiáo	位于木渎镇。因在木渎镇与胥口镇东北交界处的方家村东北部，故名。南北向。跨木光河。长 8 米，宽 3.2 米。1982 年重建为水泥公路桥。

金庭镇桥梁一览表

表10

标准名称	汉语拼音	备注
新胜桥	Xīnshèng Qiáo	位于金庭镇。以取得新的胜利之意拟名。东西向。跨冲灰岭河。长 10 米，宽 8 米，最大跨径 6 米。荷载 10 吨。水泥公路桥。1969 年建成。2002 年改建。
涵村桥	Háncūn Qiáo	位于金庭镇。东西向。跨涵村港。长 10 米，宽 12 米，最大跨径 8 米。荷载 20 吨。水泥公路桥。1969 年建成。
庆丰桥	Qìngfēng Qiáo	位于金庭镇。以庆祝农业丰收之意拟名。东西向。跨庆丰河。水泥公路桥。20 世纪 60 年代建成。
崦里桥	Yānlǐ Qiáo	位于金庭镇。跨崦里港。长 20 米，宽 8 米，最大跨径 12 米。水泥公路桥。1969 年建成。

【隧道】

香山隧道 Xiāngshān Suìdào

隧道。位于胥口镇。属中环路支线，隧道涵洞长672米。东起穹窿山景区的绕城高速寿山互通，经子胥路向西穿过香山隧道，到太湖度假区的孙武路（直达太湖边）。全长21千米。双向六车道。设计时速为60千米/小时。2013年2月开工，2014年12月竣工。

凤凰山隧道 Fènghuángshān Suìdào

隧道。位于木渎镇。七子山西北侧凤凰山坡下宝带西路上。因穿越凤凰山，故名。为双向六车道双连拱隧道。宽40米，沥青砼路面。2009年2月开工建设，2010年8月建成通车。隧道由2个主洞隧道和南北2个附洞隧道组成，主洞隧道长205米，三车道。南北附洞隧道供非机动车和行人通行，其中南附洞隧道长190米、北附洞隧道长220米。

渡渚山隧道 Dùzhǔshān Suìdào

隧道。位于金庭镇。庭山村环岛公路上。因穿越渡渚山，故名。全长120米，为双孔箱型对称布置，净空5米，宽9米。2012年3月开工建设，2014年6月竣工通车。

绮里坞隧道 Qǐlǐwù Suìdào

隧道。位于金庭镇。缥缈峰路环岛公路上。因穿越绮里坞，故名。全长560米，深度12米，其中暗埋段长180米，两侧U型槽隧道各长190米。2012年3月开工建设，2014年6月竣工通车。为西山岛交通工程单体投资量最大、开挖隧道“第一”，极大地改善了绮里坞景区的交通。

第五节　历史地名

【渡口】

兰舟渡 Lánzhōu Dù

渡口。《木渎小志》谓该渡位于东跨塘。相传唐陆龟蒙自太湖赴郡守木兰堂宴赋诗，系舟此渡。1934年第二（木渎）区兰舟乡有一渡口，即此兰舟渡口。1947年此渡口仍在运行。实体已不存。

【桥梁】

尹山桥 Yǐnshān Qiáo

桥梁。位于郭巷街道。东西向。跨京杭大运河。长72米，宽4.7米。早期为梁式石桥，后废，之后架木为梁，既高且危。明天顺六年（1462）秋冬，长洲县重建为单孔石拱桥。清道光间重修。同治九年（1870）里人又重修。南北均有桥联，西堍有桥碑。1982年春拓宽河道时被拆。

夹浦桥 Jiápǔ Qiáo

桥梁。位于郭巷街道。东西向。跨京杭大运河。花岗石单孔拱桥。宋绍兴初建为石桥。其地“众流所经，水势迅疾”（明沈焘《重修夹浦桥记》）。明宣德间一夕风雨倾圮，遂不能复。巡抚侍郎周忱创造船十六艘，以铁绳架为浮桥。弘治间，水利郎中傅潮又为增置。沈焘记嘉靖间重建石桥寻圮。万历三十一年（1603）重建。清咸丰十年（1860）毁。同治十三年（1874）工程局重建。1949年4月被炸毁。

同兴桥 Tóngxīng Qiáo

桥梁。位于郭巷街道。又名姜庄桥。东西向。花岗石3节梁式桥。桥中间两墩均以竖石3块构成，中孔桥面置3块完整条石，边侧2孔面石间横搁石板，桥面一侧原设木栏。清同治年间募捐重建。1974年拓宽河道时被拆。

钱木桥 Qiánmù Qiáo

桥梁。位于横泾街道。东西向。长14米，宽10米。水泥桥。历史称“旋马桥”。系1991年地名补查注册地名。1978年拆除重建。2009年拆除。

大石桥 Dàshí Qiáo

桥梁。位于角直镇。因桥体由四块大石块构成，故名。东西向。2013年在原大石桥南80米处新建通行桥梁，原大石桥（古桥）于2016年冬坍塌。

南塘桥 Nántáng Qiáo

桥梁。位于临湖镇。又名塘桥。东西向。跨苏东河。建于清乾隆年间，系花岗石单孔石拱桥。1958年苏东河拓浚时被拆毁。

渡善桥 Dùshàn Qiáo

桥梁。位于临湖镇。又名渡船桥。东西向。跨苏东河。建于清乾隆九年（1744）。系花岗石单孔石拱桥。1958年拓浚苏东河拆毁。

瓜泾桥 Guājīng Qiáo

桥梁。位于郭巷街道。南北向。花岗石5孔拱桥。清同治十二年（1873）工程局重建。20世纪50年代后期废。

大通桥 Dàtōng Qiáo

桥梁。位于郭巷街道。跨坟塘港。梁式石桥。1990年拆除。易地重建水泥桥。2010年又拆除。

通申桥 Tōngshēn Qiáo

桥梁。位于郭巷街道。跨黄潦泾港。长12米，宽2米。水泥桥。1975年建成，2010年拆除。

黄垆桥 Huánglú Qiáo

桥梁。位于临湖镇。黄垆村域东北，木东公路东侧，与浦庄镇交界处，取村名。南北向。跨黄垆港。1958年拓浚苏东河时拆毁。夏黄公曾筑庐于此。

复济桥 Fùjì Qiáo

桥梁。位于临湖镇。俗名庵桥。南北向。单孔花岗石拱桥。孔径3.5米，东西坡长10.8米，桥面宽2米。清宣统元年（1909）建。2000年春桥基埋于土中，仅桥面露出。

第四章　水利设施

第一节　水库

【水库】

天王坞水库　Tiānwángwù Shuǐkù

水库。位于金庭镇。因位于东河社区天王坞里，故名。水库建于1973年。集水面积1.3平方千米，总库容20万立方米。

第二节　堤堰

环太湖大堤　Huántàihú Dàdī

湖堤。位于横泾街道。因位于东太湖的堤岸，故名。1955年始，横泾、浦庄、渡村范围内16只小圩并成东新圩和西新圩。完成土方18万立方米。圩堤顶高5米，顶宽3米，内外坡1:1.5，总受益面积3.8平方千米。另外，完成扇子尖、大刘家滩、小刘家滩、匹字圩并成越溪大圩。圩堤总长8千米，总受益面积2.26平方千米。

公路段堤　Gōnglùduàn Dī

湖堤。位于光福镇。跨香雪村、冲山村、太湖渔港村。呈L形，东起一号桥，西至二号桥。长2.5千米，宽15米。1971年启动太湖围湖造田工程，其中一号桥至二号桥的围湖大堤于1974年5月建成“公路”，并开通苏州至太湖公社马刀湾的公共汽车。1976年10月公交车延伸至太湖公社驻地长浮山。1992年改为水泥路面。2005年大堤加宽、路面改造。

东大堤　Dōngdàdī

湖堤。位于光福镇。白浮山至一号桥。因路为转河堤岸，故又名转河路。现为渔港路东段。1970年启动太湖围湖造田工程，其中白浮山至一号桥的一段为东大堤。于1971年竣工。1967—1984年为泥路，长1.5千米，宽5米。1985—2005年在路上改建2米宽的水泥路。2006年改建为5米宽的沥青路面。

小浮山堤　Xiǎofúshān Dī

湖堤。位于光福镇。冲山村东圩至小浮山，以属地命名。1971年建成，自太湖塑机厂排水站至小浮山。长0.95千米，宽6米。2008年大堤加宽，路面改造成新思路段。

漫山西湖堤　Mànshānxīhú Dī

湖堤。位于光福镇。冲山村漫山岛。长0.7千米，面宽3米。1957年建成，1989年重修。1992年在上级政府和水利部门的大力支持下，重修此大堤。长834米，可抗吴淞水位5.50米，用石驳岸及水泥路面。

漫山东湖堤　Mànshāndōnghú Dī

湖堤。位于光福镇。冲山村漫山岛。南起东头村至北山。1957年建成，长0.58千米，路面宽3米。1992年重修，加长至710米，可抗吴淞水位5.5米洪峰。用石驳岸、水泥浇筑路面。

南大堤　Nán Dàdī

湖堤。位于光福镇。跨太湖渔港村、冲山村。东起湖胜，西至湖东。长1.25千米，宽6米。1970年启动太湖围湖造田工程，其中白浮山至癞头浮山的一段为南大堤。于1971年竣工。1985年翻建南大堤，路面改为水泥路。2003年再扩建成今堤。

西壁泾堤 Xībìjīng Dī

湖堤。位于光福镇。南起笠帽山，北至大南山。长0.22千米，路面宽3米。1955年筑成，后多次加固加高加宽，用石驳岸及水泥浇筑路面。

东壁泾堤 Dōngbìjīng Dī

湖堤。位于光福镇。东起长浮港南堤，西至笠帽山。长0.47千米，面宽3米。1955年筑成，后多次加固加高加宽，用石驳岸及水泥浇筑路面。

长浮港南堤 Chángfúgǎng Nándī

湖堤。位于光福镇。东起太湖二号桥，西至太湖三号桥。长1.1千米，路面宽6米。用石驳岸、水泥浇筑路面。后多次加固加高加宽。1973年至1975年筑成。

长浮港北堤 Chángfúgǎng Běidī

湖堤。位于光福镇。东起太湖二号桥，西至东壁泾堤。长1.1千米，路面宽3米。后多次加固加高。用石驳岸及水泥浇筑路面。

东大圩大堤 Dōngdàyǖ（方言读音）Dàdī

湖堤。位于东山镇。茭白港南东太湖西侧。圩堤北起茭白港闸，南至大咀港闸。长4.7千米，高5.3米，宽3.5米。1969年冬至1970年5月建成。2000年进行加高加固至堤高6米，宽4米。圩内面积5.54平方千米。原种植水稻，现改为水产养殖塘。

中圩大堤 Zhōngyǖ（方言读音）Dàdī

湖堤。位于东山镇。西大圩大堤与东大圩大堤太湖沿线中段。东起大咀港口闸，西至杨湾港口闸。长1.8千米，高5.3米，宽3.5米。1955年起，冬闲时节施以联圩并圩工程，逐步建成完善防洪圩堤。

西大圩大堤 Xīdàyǖ（方言读音）Dàdī

湖堤。位于东山镇。杨湾港南东太湖西侧。东起杨湾港闸，西至铜鼓山白浮门闸。长4.3千米，高5.3米，宽3.5米。建于1969年冬至，1970年5月竣工。2000年进行加高加固至堤高6米，顶宽4米。圩内面积3.44平方千米，水面1.17平方千米。主要种植水稻、小麦、油菜。20世纪90年代改为水产养殖。

新塘圩大堤 Xīntángyǖ（方言读音）Dàdī

湖堤。位于东山镇。东起东山大道，南到山水路，西到环太湖大道，北到大缺港大堤。面积1.33平方千米。堤长0.9千米。1945年围湖造田种植水稻、小麦。1955年起，搞联圩并圩工程，逐步建成圩堤，属晨光村、新建村。1986年开始改种橘子。2010年开始种植枇杷。

周堤 Zhōu Dī

湖堤。位于东山镇。西起老木东公路，东到东大缺港闸。长1.7千米。1955年起，搞联圩并圩工程，逐步建成完善防洪圩堤。

横山大堤 Héngshān Dàdī

湖堤。位于金庭镇。长0.9千米，宽5米，高5米。因横山原是孤岛，村民出入全走水路，故设计建筑大堤连接西山。1982年建成。

阴山大堤 Yīnshān Dàdī

湖堤。位于金庭镇。因靠近东村路段有阴山桥，堤以桥名。长2千米，堤高出湖面3米，宽9米。水泥路面。1984年建成。

石路浜港闸 Shílùbānggǎng Zhá

闸坝。位于横泾街道。因位于新路村北部石路浜上，故名。闸长15米，闸门宽4米，高20米。1983年建成，2002年重建。为机械制动闸。

湖桥港闸 Húqiáogǎng Zhá

闸坝。位于临湖镇。因闸建在湖桥港，故名。为钢筋砼结构横移门。孔径4米，底板顶高1.2米，门顶高程5.5米。2003年建成。

荷花塘闸 Héhuātáng Zhá

闸坝。位于光福镇。迂里河南出水口。长40米，坝高5.5米，宽6米。用于控制安山河水位，为机械制动闸。2004年建成。

安山闸 Ānshān Zhá

闸坝。位于光福镇。安山河南出口处。以所在迂里村安山自然村而名。闸长48米，闸门宽8米，高6米。用于控制安山河水位，为机械制动闸。2006年建成。

三连防洪北闸 Sānlián Fánghóng Běizhá

闸坝。位于临湖镇。因坐落三连村北，故名。为钢筋砼横移门。孔径4米，底板顶高1.2米，门顶高程5.7米。1995年建成。

直港河闸 Zhígǎnghé Zhá

闸坝。位于临湖镇。以渡村灵湖圩直港河而得名。为钢筋砼结构横移门。底板顶高1.8米，门顶高程5米，孔径3.6米。2005年建成。

壮志桥防洪闸 Zhuàngzhìqiáo Fánghóng Zhá

闸坝。位于临湖镇。因建在渡村壮志桥边，故名。为钢筋砼结构横移门，孔径4米，底板顶高1.5米，门顶高程5.7米。1993年建成。

张家浜闸 Zhāngjiābāng Zhá

闸坝。位于临湖镇。因建在东太湖张家浜，故名。为钢筋砼结构横移门。孔径4米，底板顶高1.5米，门顶高程5.5米。为东太湖防洪闸。1992年建成。

堰塘排涝闸 Yàntáng Páilào Zhá

闸坝。位于临湖镇。因在堰塘村浜上，故名。为钢筋砼结构横移门。1986年建成。

许家桥排涝闸 Xǔjiāqiáo Páilào Zhá

闸坝。位于临湖镇。因位于浦庄湖桥下泾圩许家港，故名。为单排闸站。型号500zlb-70，设计流量1(m^3/s),功率60(kw)。2009年建成。

黄垆港闸 Huánglúgǎng Zhá

闸坝。位于临湖镇。因位于渡村黄垆港与东太湖入口处，故名。为东太湖单排防洪闸站。1992年建成。

沙泥桥闸 Shāníqiáo Zhá

闸坝。位于临湖镇。因建在西塘泾港银藏路南侧沙泥桥旁，故名。单排防洪泵站闸。1998年建成。

南渡水桥闸 Nándùshuǐqiáo Zhá

闸坝。位于东山镇。以南渡水桥而得名。升卧式钢闸门。孔径6米，底板顶高1米，门顶高程5.5米。2001年建成。

定向河闸 Dìngxiànghé Zhá

闸坝。位于临湖镇。因位于陆舍村定向河南端近苏东运河处，故名。为钢筋砼结构横移门闸，1996年建成。

北港套闸 Běigǎng Tàozhá

闸坝。位于临湖镇。因位于西太湖浦庄、渡村交界处北港河，故名。首孔5米，闸底长度8米，闸长80米，单扇式人字门结构。110号钢筋混凝土底板，80号浆砌块石墙身，干砌块面护坡闸室。上闸首底板高程1米，下闸首0.5米，土方2.17立方米，石方2254立方米，混凝土方290立方米。1996年建成。

东圩 Dōngyū (方言读音)

拦河坝。位于光福镇。东西向。东起太湖二号桥，西至太湖塑机厂排水站。长370米，宽1米。1971年筑堤造田，此堤俗称东圩。

西圩 Xīyū (方言读音)

拦河坝。位于光福镇。东西向。呈L形，小浮山至永丰桥闸。长600米，宽2～6米。1971年筑堤围湖造田，分永丰桥至北娘子桥段和北娘子桥至小浮山段。

第三节　历史地名

【堤堰】

漾家桥大北圩
Yàngjiāqiáo Dàběiyǖ (方言读音)

湖堤。位于东山镇。圩内面积0.2平方千米，1967年围湖造田种植水稻、小麦和蔬菜。1994改为水产养殖。2009年退耕还湖，圩堤消失。

吴巷山大北圩
Wúxiàngshān Dàběiyǖ (方言读音)

湖堤。位于东山镇。圩内面积0.33平方千米，1967年吴巷山村围湖造田种植水稻、小麦。1994改为水产养殖。2009年退耕还湖，圩堤消失。

东太湖大堤 Dōngtàihú Dàdī

湖堤。位于临湖镇。以所在太湖为名。东与横泾交界，南至渡村段。长20千米，顶高7米，顶宽5米，迎水坡1:2，背水坡1:2.5。1949年后历届政府多次组织筑堤。1978年1月又全线加固加高，1983年再次整修加固。以土垒坝，迎水坡用水泥砂石砌筑。2014年为沟通东山至吴江将大堤改为道路。

西太湖大堤 Xītàihú Dàdī

湖堤。位于临湖镇。因位于原渡村、浦庄西侧，沿太湖防洪大堤而得名。历史上的西太湖大堤原有老堤5.3千米，1950～1953年均在老堤上进行加固。1982年西太湖全线复堤，南起东山金家河西北至胥口横河头。长17.4千米，堤高7米，顶宽5米，外青坎20米，内清坎10米。1991年、1993年境内堤坝多次复堤拓宽。有效预防西太湖洪水泛滥，确保农村、农业、农民生命财产安全。现为环太湖大道。

第五章　纪念地 旅游景点

第一节　纪念地 遗址

【人物纪念地】

董其昌墓 Dǒngqíchāng Mù

人物纪念地。位于香山街道。为明代书画家董其昌的墓穴。占地面积200平方米。墓前有吴荫培暨吴中保墓会曾修立碑，碑上书“明董文敏公墓”，上款“已未冬吴中保墓会立”，下款“后学吴荫培拜书”。旁有董其昌简介。文保碑背面附有说明文字，墓在胥口镇渔洋山。传有两处：一在阳家场，墓穴已毁，墓地平为桑田。原立吴荫培书“明董文敏公墓”碑尚在；另处在渔洋山坞，规制较大，有龟、狮、马、翁仲、碑等石构件。1986年3月公布为吴县文物保护单位，现为苏州市文物保护单位。

姚承祖墓 Yáochéngzǔ Mù

人物纪念地。位于香山街道。为近代“香山帮”匠人建筑大师姚承祖的墓穴。墓坐北面南，面对太湖，高0.65米，直径1.9米，花岗石围护，墓道长4.8米，墓前立“姚承祖之墓”碑。1938年姚承祖家属立碑铭文。1986年3月公布为吴县文物保护单位，现为苏州市文物保护单位。

蒯祥墓 Kuǎixiáng Mù

人物纪念地。位于香山街道。蒯祥（1398—1481），香山渔帆人，明代杰出建筑家。蒯祥园占地面积30000平方米。有蒯侍郎墓牌坊、享堂，神道、墓冢、碑亭。神道两旁有翁仲、石马、石羊，花岗石墓冢罗城墓前有“明工部侍郎蒯祥之墓”碑，亭内有明天顺二年（1458）明英宗钦赐“奉天诰命”碑。1962年公布为江苏省文物保护单位。

香山公墓 Xiāngshān Gōngmù

人物纪念地。位于香山街道。是经江苏省民政厅批准的经营性公墓。占地面积198114平方米。墓坐北朝南，前有15000平方米香山湖，后有“青龙”“白虎”两道山脉。中间大道仿中山陵建设步步登高，两侧栽绿树，普、中、高档各式墓样、艺术墓分列其间。墓穴周边全面绿化，通过墓穴与植物的结合塑造“墓就是景，景就是墓”的人文景观，是先人安息的乐土，后人缅怀先辈的净地，被称为“艺术的宫殿，人生的后花园”。

陆龟蒙墓 Lùguīméng Mù

人物纪念地。位于甪直镇。为纪念唐代诗人陆龟蒙而建造的衣冠冢。因为他生前喜欢看斗鸭，开了一方水塘，种上荷花，养上几只鸭子，水塘中间有一座清风亭，相传是甫里先生读书的地方。1959年被列为江苏省文物保护单位，1986年被改为吴县文物保护单位，2009年被列为苏州市文物保护单位。

叶圣陶纪念馆 Yèshèngtáo Jìniànguǎn

人物纪念地。位于甪直镇。镇政府为纪念文学家、教育家、出版家和社会活动家叶圣陶而建。正门额上镌有题书“叶圣陶纪念馆”。甪直是叶圣陶先生的第二故乡，青年时期他曾在这里教书育人，开始他的教育改革实践和文学创作，为甪直奉献了青春年华。1988年2月，叶圣陶在北京逝世。2000年甪直人民在叶圣陶当年执教的旧址修建纪念馆，以示对他的崇敬和怀念。

叶圣陶执教旧址 Yèshèngtáo Zhíjiào Jiùzhǐ

人物纪念地。位于甪直镇。坐落在保圣寺西，是文学家、教育家、出版家和社会活动家叶圣陶工作过的地方。1917年春至1921年夏，叶圣陶与夫人胡墨林在吴县县立第五高等小学（即今甪直小学）任教，自编教材，进行了一系列教育改革实践。甪直人民为表示崇敬和怀念，将当年叶老先生执教的几处旧址重建，设为叶圣陶纪念馆。

萧宅旧居 Xiāozhái Jiùjū

人物纪念地。位于甪直镇。建于清光绪十五年

（1889），原为杨姓武举人所建，后售予甪直望族萧冰黎，故改称萧宅。萧宅共有五进，自前向后逐进增高，寓意“步步高升”。萧宅楼厅楼上辟为“萧芳芳演艺馆”，介绍其影视艺术成就。她拍摄过200多部影片，多次获国外奖项。宅侧有条很长的备弄，称萧家弄。1997年7月公布为吴县市文物保护单位，现为苏州市文物保护单位。

王韬纪念馆 Wángtāo Jìniànguǎn

人物纪念地。位于甪直镇。王韬(1828—1897)，近代著名思想家，清末改良主义政论家。1998年甪直镇人民政府为纪念思想家王韬，弘扬他的爱国思想和开放意识，筹建了王韬纪念馆。纪念馆为一座具有清代建筑风格的住宅。占地面积800平方米。坐东朝西，共分王韬生平事迹陈列室、王韬故居和韬园三部分。门楼上书有钱君匋题写的馆名，宅中为面阔三间的鸳鸯厅，上悬匾额“蘅花馆”，大厅正中竖有高大的木雕屏风，屏风前置有王韬半身铜像，最后是一个小花园，名为弢园。

东崦草堂 Dōngyān Cǎotáng

人物纪念地。位于光福镇。又名徐家花园，或吴家花园。东崦草堂原为明末光福里人徐鉴湖所筑，故名徐家花园。后经久颓废，至清道光年间，徐鉴湖五世孙徐傅重建。徐家历经败落，以豪宅出售，被吴中画家吴似兰购得，改称吴家花园。东崦草堂建筑布局为南园北宅。南部为花园，北部为宅居。现存的均为清代建筑遗构。东崦草堂记碑2块、东崦草堂平面图碑1块，均嵌在月满廊壁内。在宅后尚存有《徐蘅川像赞碑》6块（原碑数不详），为嘉兴竹田里张廷济、嘉善黄安涛及王荣年所书。1986年3月公布为吴县文物保护单位，现为苏州市文物保护单位。

吴中区烈士陵园 Wúzhōng Qū Lièshìlíngyuán

人物纪念地。位于光福镇。原名吴县烈士墓、吴县烈士陵园。东至涧上，南至窑上路，西、北至卧龙山。陵园占地面积17500平方米，其中墓地面积1688平方米，广场面积1350平方米，绿化面积3638平方米，停车场面积1088平方米。1959年4月建墓，1983年3月整修，1986年3月增建烈士陵园陈列室。1998年11月扩建吴县烈士陵园。陵园中，有花岗石牌楼，上48级台阶的广场，中央屹立着高达16米的纪念碑。革命烈士事迹陈列室陈列着革命烈士林晓洛、周志敏、徐新妹等47位烈士的照片、事迹，418名烈士名录，以及吴县革命斗争史简介等资料；墓地安葬着林晓洛、周志敏、仇泉男、徐新妹、段图福等28位烈士。2001年更为今名。1986年3月公布为吴县文物保护单位，现为苏州市文物保护单位。

惠栋墓 Huìdòng Mù

人物纪念地。位于光福镇。为吴派经学奠基人惠栋的墓穴。惠栋墓南向，现封土高1.5米，底径3.5米，周砌护墙。立有墓碑，上刻“清经师惠定宇先生墓”，落款“中华民国十五年十二月腾冲李根源敬题”，“五世孙惠恩率子谨立”。墓前立有雕饰包袱锦的华表柱一对。墓旁植有盘槐、松、柏、梅等。1986年3月公布为吴县文物保护单位，现为苏州市文物保护单位。

虚谷上人墓 Xūgǔshàngrén Mù

人物纪念地。位于光福镇。墓主虚谷上人（1824—1896），曾任清军参将。虚谷病逝后安葬于光福蟠螭山。后被毁。1983年上海画院邀各地名画家聚会，重修虚谷墓，为虚谷上人衣冠冢。占地面积20平方米。坐北朝南，面对太湖，封土高1米，底径3米，周围垒砌黄石罗城，前有墓碑。镌篆书“虚谷上人墓”，旁有顾廷龙书题记。虚谷擅画花卉、蔬果、禽鱼，也能画山水，冷隽超逸，匠心独具。书法亦奇古绝俗。他以卖画为业，自谓“闲中写出三千幅，行乞人间作饭钱”。吴昌硕赞为“一拳打破去来今”，也工肖像，并擅诗。人称“画僧”，为 晚清“海上画派”画家。著有《虚谷和尚诗录》。1986年3月公布为吴县文物保护单位，现为苏州市文物保护单位。

徐学谟墓 Xúxuémó Mù

人物纪念地。位于光福镇。为荆州知府徐学谟的墓穴。徐学谟墓原先规模宏大，有翁仲石兽，后渐荒废，石刻已遭破坏。墓冢尚存，其墓穴尚存，残存翁仲、石羊、石马等明代遗构，封土高1.5米，底径3米，墓碑上书有“徐学谟墓”。1986年3月公布为吴县文物保护单位，现为苏州市文物保护单位。

董份墓 Dǒngfèn Mù

人物纪念地。位于光福镇。为嘉靖进士董份的墓穴。董份墓当年规模宏大，如今墓前石兽、翁仲均已不存，2010年及2015年两次被盗掘破坏，现墓穴、墓碑完整。封土高1.5米，底径3米。1986年3月公布为吴县文物保护单位，现为苏州市文物保护单位。

徐枋墓 Xúfāng Mù

人物纪念地。位于光福镇。为明崇祯十五年（1642）举人徐枋的墓穴。墓坐北朝南，封土高1.5米，底径8米。墓前立有李根源所立碑石，镌篆书“明孝廉俟斋徐公之墓”。1986年3月公布为吴县文物保护单位，现为苏州市文物保护单位。

潘世璜墓与潘遵祁墓
Pānshìhuáng Mù Yǔ Pānzūnqí Mù

人物纪念地。位于光福镇。是潘世璜、潘遵祁父子墓。潘遵祁（1808—1892），探花潘世璜之子。道光二十五年（1945）进士，选授翰林院编修。他淡于仕宦，在吾家山下构筑园林——香雪草堂。潘世璜（1764—1829），乾隆六十年（1795）恩科探花，官翰林院编修、户部浙江司主事。道光九年（1829）十月初一去世，葬在“吴县一都十二图陶字圩九曲港”。同治二年（1863）岁末，潘遵祁将父墓迁至光福弹山下张家涧。

吴伟业墓 Wúwěiyè Mù

人物纪念地。位于光福镇。为清代诗人吴伟业的墓穴。原墓址在光福镇西碛山下，新纪念墓址在光福南山高家前村。吴伟业墓1999年重修。占地面积110平方米。墓坐北面南，封土存高1.2米，底径4米。冢周筑7.4米花岗石护墓墙，墓前原有吴荫培所题“诗人吴梅村墓”碑，现为冯其庸书“诗人吴梅村之墓”碑。

彭定求墓 Péngdìngqiú Mù

人物纪念地。位于光福镇。自撰墓志。彭定求（1645—1719），江南长洲（今江苏苏州）人。康熙十五年（1676）状元，曾授翰林院修撰，历任国子监司业。康熙四十四年（1705）曾奉敕编纂《全唐诗》等。

江寒汀墓 Jiānghántīng Mù

人物纪念地。位于光福镇。由近代大师吴湖帆题写“画家江寒汀墓”。去世后安葬于上海龙华公墓。“文化大革命”时期，江寒汀墓被毁。1990年，江寒汀后人在光福南山为其修筑衣冠冢。江寒汀（1903—1963），近现代画家。传世作品有《百卉册》《百兽图》等。其时被称为上海花鸟画“四大名旦”和“江南花鸟画四才子”之一。

石韫玉墓 Shíyùnyù Mù

人物纪念地。位于光福镇。墓前坊柱联曰：“有地在心，不求风水好；无田亦祭，只要子孙贤”。石韫玉墓依山面湖，风水绝佳。现石韫玉后裔石永昌出资，在墓地建了状元亭，亭联为：精神到处文章老，学问深时意气平。石韫玉，清（1756—1837），乾隆五十五年（1790）庚戌科状元，官至山东按察使，两署布政使。主讲苏州紫阳书院二十余年。著有《独学庐诗文集》《花韵庵诗余》及《花间九奏乐府》。

徐乾学墓 Xúqiánxué Mù

人物纪念地。位于光福镇。为清代藏书家、文学家徐乾学的墓穴。原墓占地面积0.6万平方米。如今残存石羊、石马、翁仲，为清代遗构，其墓穴、月池尚存。清朝查慎行重过此，作与公子观卿话旧诗：“昔会尚书葬，重来二十秋。好山增气色，高荫郁松楸。贱日蒙青眼，流年感白头……”墓四周青石罗城，牌坊高大，翁仲、石兽雕刻精致。

顾鼎臣墓 Gùdǐngchén Mù

人物纪念地。位于光福镇。墓园建造四通丰碑，还有墓标、翁中、石兽，规模甚大，气势宏伟。“文化大革命”中被破坏殆尽，只剩下一块由明代翟銮撰写的《顾鼎臣墓志铭》碑保存在吴中区文物管理会中。顾鼎臣把光福看作自己的第二故乡，出资建造“然松园”，重建“绩断厅”，还在潭山建造“七十二峰阁”。

冯桂芬墓 Féngguìfēn Mù

人物纪念地。位于木渎镇。墓主系改良主义之先驱人物冯桂芬。为冯氏及妻、妾的合葬墓。冯桂芬墓在山坡间，东南向，封土高0.5米，四周植有松柏。墓前原有层层石阶，设有五重拜坛，并有石坊等物，现均已无存。1960年公布为吴县文物保护单位。现为苏州市文物保护单位。

毛珵墓 Máogchéng Mù

人物纪念地。位于木渎镇。墓主系毛珵。晚年隐居天池山，殁后，葬于木渎镇天池山坞内。现墓冢、神道分处“天池”东西，一高一下，似以“天池”为照池。神道石级依山而筑，尚存翁仲、石马各一对。墓冢坐东朝西，封土高1.8米，底径6.2米，四周青石罗城，墓前立碑，是一座保存较为完整的明墓。1986年3月公布为吴县文物保护单位，现为苏州市文物保护单位。

金圣叹墓 Jīnshèngtàn Mù

人物纪念地。位于木渎镇。墓主系著名文学、戏剧评论家金圣叹。在五峰山下博士坞，墓面东南，三面环山，荫林遮日。墓建于清初，占地面积约10平方米，墓冢封土高0.5米，底径1.5米，保存尚好。墓前立吴荫培书“文学家金人瑞墓”碑。1959年对金圣叹墓进行整修，并在墓地四周栽植松树。1986年3月公布为吴县文物保护单位，现为苏州市文物保护单位。

张永夫墓 Zhāngyǒngfū Mù

人物纪念地。位于木渎镇。墓主系张永夫。殁后，因无妻室儿女，由诗人盛青楼出资将其安葬于现址，后几经修葺。墓地呈长方形，占地面积350平方米。墓冢南向，封土高0.6米，底径2.5米。墓道长25米，宽2米。有碑石三方，立于墓前及墓道两侧，分镌“诗人张永夫之墓”和“再来人之墓”。墓周松柏常青。1986年被公布为吴县文物保护单位，现为苏州市文物保护单位。

英雄冢 Yīngxióngzhǒng

人物纪念地。位于木渎镇。即十九路军抗日阵亡将士墓。1932年“一•二八”淞沪之战后，李根源等人捐款献地，将负伤后殉难的十九路军78名将士安葬此地，名为“英雄冢”。墓冢封土高2米，墓地东西长28米，南北7米，占地面积200平方米。东西两端各立石碑一块，一碑阳面刻篆书“英雄冢”三字，李根源题，旁刻碑记；碑阴面刻郑伟业书抗日阵亡将士王得胜等78人英名。另一碑为张治中所撰碑文及“气作山河”4个径尺大字；碑阴面刻俞济时篆书和王敬久楷书题记各一段。该墓在1963年被垦为桑园。1981年10月，政府重新整修。1986年3月公布为苏州市文物保护单位。

冯桂芬故居 Féngguìfēn Gùjū

人物纪念地。位于木渎镇。为林则徐弟子、晚清启蒙思想家、政论家、散文家冯桂芬的故居。因冯于清道光二十年（1840）中一甲二名进士，称“榜眼”，故称“榜眼府第”。建于清代中期，坐南朝北，占地面积64000平方米，分成东西两路。大厅额“显志堂”。面宽三间，深九檩。书房即“校邠庐”，梁架及吊篮等雕刻十分精细，为冯宅木刻之精华所在。其构造与一般厅堂不同，堂中步柱不落地，而是用短柱代替步柱，短柱高高挂在草搁梁上，短柱上都雕花篮美化，所以称为花篮厅。楼厅前有一砖雕门楼，所刻戏文图案形态逼真，中枋刻有4个大字“通德高风”，为桂芬座师潘世恩所书。1999年5月公布为吴县市文物保护单位，现为苏州市文物保护单位。

蔡少渔旧宅 Càishǎoyú Jiùzhái

人物纪念地。位于木渎镇。其建筑布局为前宅后园，典型的清代宅第园林风格。穿过门厅，进入天井，回首可见砖雕门楼。门楼上、下坊分别刻有一组历史故事人物。字枋为“明德惟馨”，两侧兜肚分别为“张良拾履”和“高山流水”，整座门楼深雕缀饰，形神有致，充分体现出雕刻技艺的精妙。古松园为清末木渎富翁蔡少渔所建。蔡少渔祖籍洞庭西山，原在上海做洋货生意，发达回乡造屋置地，良田万顷。蔡少渔与严国馨（严家淦祖父）、郑龄九、徐凤楼三家合称木渎“四大富翁”，富甲一方。1999年5月公布为吴县市文物保护单位，现为苏州市文物保护单位。

大休墓 Dàxiū Mù

人物纪念地。位于木渎镇。大休（1870—1932）为清末民初时期临济宗的一代奇僧。先后住持过苏州的龙池庵、寒山寺、包山禅寺等名刹。1932年大休到无隐庵居住。当年冬天在天隐庵入涅槃。2014年6月公布为苏州市文物保护单位。

范文正公忠烈庙及天平山庄
Fànwénzhènggōng Zhōngliè Miào jí Tiānpíng Shānzhuāng

人物纪念地。位于木渎镇。南宋，宋徽宗为范仲淹及其先祖祠堂赐额“忠烈”及其所处位置而得名。为纪念北宋著名政治家、军事家、文学家范仲淹（989—1052）。徐国公、唐国公、周国公三世葬此。中华人民共和国成立后人民政府数次整修，于1956年8月1日对外开放。“文化大革命”中遭受破坏。1981年重建天平山庄等。1983年正式对外开放。并重悬“济时良相”“学醇业广”“第一流人物”三匾。1984年3月建军民共建友谊林纪念碑。1989年，在纪念范仲淹诞辰1000周年之际，重建三间四柱楼阁式“先忧后乐”石碑坊，在堂内恢复范仲淹之子纯祐、纯礼、纯仁、纯粹像及名著《岳阳楼记》碑刻。1995年4月公布为江苏省文物保护单位。

李根源墓 Lǐgēnyuán Mù

人物纪念地。位于木渎镇。号称“小隆中”。墓主系李根源。李根源（1879—1965），中国著名的爱国将领、辛亥革命先驱者、杰出的爱国民主人士。墓地民国时期建成，后破损，2010年重建。1928年李根源将其母安葬在小王山，并建阙茔村舍。1965年7月6日李根源病逝于北京，同年葬于吴县小王山。墓碑上篆书“腾冲李公根源、德配马太夫人墓”，落款正书“丙寅重阳立”。山岩上存有章太炎、于右任、张大千等名人题刻百余处，有极高的艺术价值。1995年4月公布为江苏省文物保护单位。

韩蕲王祠与韩世忠墓
Hánqíwáng Cí yǔ Hánshìzhōng Mù

人物纪念地。位于木渎镇。墓主系宋韩蕲王韩世忠。韩世忠(1089—1151)，南宋名将、词人。明弘治间知府曹凤修，清道光十三年（1833）重建。1989年修缮，面阔三间，并塑韩世忠像，设韩世忠史迹陈列室。现尚存《重修韩蕲王墓重建享堂记》《宋韩忠武王遗像》《重修宋韩武墓碑记》等清代碑刻5块。祠院内有两棵800余年香樟树。原规模宏大，现占地面积1500平方米。墓冢直径12米，封土高3米，韩世忠与4位夫人合葬于此。墓碑题“宋韩蕲王墓”，为清道光时所立。神道碑在墓东南250米处。南宋孝宗赵眘题额“中兴佐命定国元勋之碑”。碑文长达1.39万余字，为世所罕见。碑文详细记载韩世忠的丰功伟绩，是珍贵的历史资料。1956年10月公布为江苏省文物保护单位。

胥王庙 Xūwáng Miào

人物纪念地。位于胥口镇。又称伍公祠，为纪念吴相国伍子胥而建。并以人们对“伍子胥的尊称”为名。始建于公元前484年。1968年，胥王庙被拆。2004年10月30日，胥王庙正式奠基重建。占地面积34000平方米，建筑面积2650平方米。分墓区、祠区、园区、园外园4个部分。墓区位于西部，以甬道为轴线，由北而南分别布置牌坊、祭台、墓碑、冢墓。组合规则严正，氛围肃穆庄严。以纪念祭祀、古吴文化等主题为核心内容，充满了历史文化气息，为苏州伍子胥研究会所在地以及苏州中小学生探求古吴文化、开展传统教育的基地。

皋峰公墓 Gāofēng Gōngmù

人物纪念地。位于胥口镇。因位于皋峰，故名。是经江苏省民政厅批准的经营性公墓，1989年建成。占地面积128587平方米。山地广阔、背山面湖、环境幽静，交通方便，为墓葬佳地。

新麓公墓 Xīnlù Gōngmù

人物纪念地。位于胥口镇。是经江苏省民政厅批准的经营性公墓。占地面积150985平方米。1989年建成。

务本堂 Wùběn Táng

人物纪念地。位于东山镇。又名秋官第。明初刑部官员称为秋官，故名。是明代中期彰德知府严经的宅第，建于明弘治十年（1497）左右。务本堂建有花墙门、白墙门两大宅院，约10座宅第。是一座规模较大的群体建筑，有门厅、大厅、前楼、后楼、附房、花园等建筑组成。现仅存分布于主轴线上的瑞云楼、后楼及位于后楼前的砖雕门楼等3幢古建筑，该宅保留了明代原有建筑风格。秋官第也是《金陵春梦》作者唐人（严庆澍）的故居。2006年公布为江苏省文物保护单位。

绍德堂 Shàodé Táng

人物纪念地。位于东山镇。是目前东山保存较为完好的一座大型明代建筑。占地面积892平方米，东南向。为东山望族叶氏祖传宅第。叶氏祖上由浙江吴兴迁居此地。绍德堂有墙门、茶厅、大厅、住楼、花园等，各进间均有天井库门相隔，两侧有厢房、附屋、备弄接连，观其格局，规模颇大。现剩大厅和住楼两进。仪门位于大厅正前方。1982年公布为江苏省文物保护单位。

会老堂 Huìlǎo Táng

人物纪念地。位于东山镇。是明代大学士王鏊建“六老会”的宅第。建于明代中期，是陆巷古宅中一座代表性建筑。2011年12月公布为江苏省文物保护单位。

瑞霭堂 Ruì'ǎi Táng

人物纪念地。位于东山镇。明代中期建筑。为席姓宅，四周有砖墙包围。古宅分墙门、大厅、住楼三进，两侧有备弄、厢房相连。各进之间，隔有天井、库门、照墙等。启门各进互通，闭门相互隔绝。清咸丰年间，曾作过太平军后勤部。原规模较大，现剩住楼一座和两处有砖雕艺术的门楼和照墙。其门楼内侧与住楼前照墙上的清水砖雕极为古朴、精湛及逼真。经晚清大修，但仍保留明代风格，是一座封闭式的古老民宅，为东山现古建筑中的砖雕艺术代表作。1982年公布为江苏省文物保护单位。

王鏊墓 Wáng'ào Mù

人物纪念地。位于东山镇。墓主系明代名臣、文学家王鏊(1450—1524)。墓背靠青山，面对太湖。墓前原有翁仲、石兽、牌坊及碑亭，牌坊上镌有唐寅手书的“海内文章第一，山中宰相无双”墓联，碑亭内有嘉靖皇帝御祭碑刻。1966年后仅存墓冢、石羊及翁仲残石等。现封土高0.5米，底径2米，石砌罗城直径20米。1986年公布为吴县文物保护单位，现为苏州市文物保护单位。

万家祠堂 Wànjiā Cítáng

人物纪念地。位于东山镇。清嘉庆、咸丰年间东山巨富万氏第28世孙万履占（字梅峰），经商致富后，他在东万巷口建造万家祠堂。现东侧保存长达百米的围墙，房屋前后有四进，达50多间，可称东山明清家族祠堂之最。2014年6月公布为苏州市文物保护单位。

文德堂 Wéndé Táng

人物纪念地。位于东山镇。文德堂为清末民初东山茶叶弄商人叶翰甫（1845—1917）的故居。叶翰甫在外经商，原居扬州左卫街，垂老归休东山，1917年，病逝于苏州。于清光绪三十一年（1900）构建新第于东山王衙前，取名文德堂。占地面积1500平方米。前后三进，处中轴线对称分布，依次为门厅、前厅、中堂，雕刻精致，飞檐翘角，古朴盎然。现为东山文德堂明清家具陈列馆。2014年6月公布为苏州市文物保护单位。

惠和堂 Huìhé Táng

人物纪念地。位于东山镇。是明清时期大型群体厅堂建筑的典型。为明代户部尚书王鏊的故宅。占地面积8000平方米。古宅进深五进，纵向三路并进，左右有备弄相隔，中轴线上有门楼、轿厅、大厅、主楼、女眷楼、后花园和住楼等；左轴线上有花厅、书楼、小花园和住楼(佣人等居住)；右轴线上有茶厅、灶间、耳房等。厅堂宏伟，上有草架、廓轩等制作精巧，用料粗大，多为楠木。

师俭堂 Shījiǎn Táng

人物纪念地。位于东山镇。“师俭堂”匾额，取自汉相萧何名言“子孙贤，师吾俭”之语，为始建时原物。建于清嘉庆年间。为三山潘氏祖传宅第，现为其后裔潘祖俭、潘承敏、潘兰如、潘小江等五户村民所有。师俭堂内有保存完好的清代砖雕和特色门楼。2009年7月公布为苏州市文物保护单位。

敦裕堂 Dūnyù Táng

人物纪念地。位于东山镇。原是明代金家兰言馆，清道光年间席家购后扩建，更名为敦裕堂。原有七进堂屋楼馆，现存门屋、前厅、大厅及两侧的轿厅、厢房等。占地面积1000多平方米。大厅朝南向，面阔五间，前廊后轩，进深七椽，达10米。是一座建筑艺术较高的民间宅院。始建于明代，一株古紫藤为宋代遗物。1986年公布为吴县文物保护单位，现为苏州市文物保护单位。

钱穆墓 Qiánmù Mù

人物纪念地。位于金庭镇。为中国一代国学大师，中国现代著名历史学家钱穆的墓穴。海拔高约百米，面向东南。占地面积466平方米左右，石材为花岗石。墓呈椅状，柏树环周。墓地有一碑，高1.5米，宽0.7米。碑正中镌刻一行字：“无锡七房桥钱穆先生墓。”碑石侧镌刻：“钱穆先生字宾四”。下分列两排小字：“生于民前十七年农历六月初九戌时/殁于公元一九九零年农历七月十一巳时。”1992年归葬苏州太湖之滨。

春熙堂 Chūnxī Táng

人物纪念地。位于金庭镇。清乾隆年间里人蔡氏创建。现存三座建筑。前金柱一线设屏风，置挂落，将厅屋一分为二。南部采用四架卷棚式做法，北部采用花篮厅做法。缀锦书屋前后有园。前园占地面积70平方米，后园面积比前园大三分之一。三面用高墙封闭。园内叠有湖石假山。中间一峰，称老人峰。左右两峰，分别叫太师、少师。太师峰拔地3.4米，少师峰高2米左右，可与闻名江南的“冠云”“瑞云”相媲美，为宋代朱勔采办花石纲遗留。园内有大小白皮松两棵。其中一棵，树龄500多年。1986年3月公布为吴县文物保护单位，现为苏州市文物保护单位。

芥舟园 Jièzhōu Yuán

人物纪念地。位于金庭镇。俗称秦家花园。是宋秦观六世孙秦宗迈定居之所。园名“芥舟”，意谓小园也。建于清乾隆年间，占地面积130平方米，南部以黄石假山为主体，配以花木。以草为舟，驾“舟”于“湖面”之上，优游自得，逍遥于天地之间。是苏州地区嘉乾年间小型宅第园林的代表作。秦氏系宋代苏门四学士之一的秦观后裔。秦观因爱洞庭西山风物，迁居于太湖西山岛。为秦氏十代世医秦魁元、九代世医秦少坡、八代世医秦桔泉的故居。园门上，尚留有乾隆十七年（1752）进士顾光旭所书“芥舟”匾额。1986年3月公布为吴县文物保护单位，现为苏州市文物保护单位。

诸稽郢墓 Zhūjīyǐng Mù

人物纪念地。位于金庭镇。墓主诸稽郢，春秋时越国大夫。清光绪十年（1884）甪头巡检司暴式昭重修，俞樾重书墓碑。墓坐北朝南，占地184平方米，植有银杏3株。原墓冢已夷为平地，有青石墓碑一通，中刻隶书“越大夫诸稽郢之墓”；右刻楷书“大清光绪十一年仲冬月”；左刻楷书“德清俞樾书”。1986年3月公布为吴县文物保护单位，现为苏州市文物保护单位。

秦仪墓 Qínyí Mù

人物纪念地。位于金庭镇。当地人俗称王坟。墓主秦仪（1229—1273），西山秦家堡人。宋代著名词人秦观（字少游）八世孙。历授金紫光禄大夫、宝文阁直学士。康熙四十二年（1703）重立碣。墓坐北朝南，封土高3米，底径5.6米。冢前立有青石墓碑与祭台。碑高1.55米，阴刻楷书“故宋翰林驸马都尉元德秦公娥明公主合墓”及“康熙四十二年岁次昭阳协洽之桂月立”。秦仪去世后，朝廷赐祭、赐隧，葬于缥缈峰南飞仙山麓。1986年3月公布为吴县文物保护单位，现为苏州市文物保护单位。

高定子高斯道墓 Gāodìngzǐ Gāosīdào Mù

人物纪念地。位于金庭镇。二墓均坐北朝南。墓主高定子（1177—1247），历任翰林学士、知制诰兼礼部尚书、端明殿学士、佥书枢密院事、兼权参知政事、福建安抚等职。著有《存著斋文集》《北门类稿》《薇垣类稿》《经说》《奏议》等行世。高斯道（1207—1273），高定子之子。曾任德庆知府、朝议大夫。高定子墓高1.5米，底径6米，前有1925年2月吴中保墓会所立“宋少保高公定子墓”碑。高斯道墓底径5米，高1米，前有吴中保墓会同年同月所立“宋朝议大夫高公斯道墓”碑。均为吴荫培题书，1997年公布为吴县市文物保护单位，现为苏州市文物保护单位。

徐家祠堂 Xújiā Cítáng

人物纪念地。位于金庭镇。建于清乾隆十三年（1748）。原有门屋、轿厅、大殿、后楼四进。其间以两座门楼，3个天井间隔。占地面积1252.6平方米。前厅顶部，其梁、枋、斗、替木、棹木、垫板等木构件，布满了精美的木雕与彩绘，有人物戏文、花草动物、喜庆吉祥等多种图案，雕刻手法有透雕、高浮雕、平雕等。在轩梁和前轩檩上，绘满了施沥粉金线聚锦苏式彩画，色彩艳丽明快，图案简洁清秀。是江南地区彩绘保存较多的清代民居建筑。2005年徐家祠堂公布为苏州市第三批控制保护建筑。2009年公布为苏州市第六批文物保护单位。2010年公布为江苏省文物保护单位。

敬修堂 Jìngxiū Tán

人物纪念地。位于金庭镇。建于清乾隆十七年（1752）。原主人为徐联习（1684—1753），号东村，是清乾隆年间的知名儒商。占地面积1866平方米。共有六进，首进为轿厅，厅前有一狭长天井，墙书“堂构维新”四字；二进为茶厅，是主人喝茶品茗之处；三进为大厅，是主人会客、宴请宾客之所，厅内有两根合抱之粗柱，方砖贴墙面；四进为楼厅，是主人一家之卧房，室内曾有乾隆皇帝御赐匾额“栖凤楼”。后面还有简陋平房。2002年10月公布为江苏省文物保护单位。

仁本堂 Rénběn Táng

人物纪念地。位于金庭镇。即徐家老宅，习惯称西山雕花楼，是始建于清康熙年间（1662—1779）的一处明式清建的古建筑群。徐氏后裔徐洽堂、徐赞尧在康熙年间建造的祖屋地基上扩建住宅。道光元年（1821）正厅竣工，取名“仁本堂”，分五进七落七天井，即现在的老屋。咸丰三年（1853），徐敬之在仁本堂左侧建起了新屋，三进五落、二十底十六楼。老屋和新屋，占地面积4000平方米。是目前西山最大的古建筑群。整座建筑集聚了清康熙、乾隆、道光、咸丰四朝的建筑风貌。仁本堂里里外外、楼上楼下总共有各类各式的木雕、砖雕、石雕3000余件，各种格调的花窗花格花栏杆620余扇，且无一雷同。是一栋精美绝伦的雕花艺术博物馆。2011年12月公布为江苏省文物保护单位。

【事件纪念地】

张墓村遗址　Zhāngmùcūn Yízhǐ

事件纪念地。位于越溪街道。因位于张墓村，是新石器至商周时代文化遗存，故名。1987年考古调查时发现，遗址东西长400米，南北宽30米，土层厚30～45厘米，文化层厚度超过1米。调查中共采集到文物140余件（片）。其中，以夹砂陶最多，其次是泥质陶，并有少量印纹陶、原始瓷及残石器、兽骨。遗址地表种植水稻等粮食作物，保存尚好。该遗址属新石器至商周时代，距今4000多年历史。该遗址的发现为进一步探索江南青铜文化的上下发展关系，提供了重要依据。吴县市文化局于2000年10月立碑，正面为保护标志，反面为说明内容。1997年7月公布为吴县市文物保护单位，现为苏州市文物保护单位。

郭新河遗址　Guōxīnhé Yízhǐ

事件纪念地。位于郭巷街道。1987年考古调查发现，该遗址文化层堆积分别为崧泽文化、马桥文化。1997年7月公布为吴县市文物保护单位。现为苏州市文物保护单位。

摇城遗址　Yáochéng Yízhǐ

事件纪念地。位于角直镇。又称“澄湖古遗址”。大姚村古名“摇城”。这附近曾发掘古井150余口，出土、征集新石器时代至宋代各类文物1200多件。分为崧泽、早期良渚、典型良渚、马桥文化、西周以及汉至宋各个时期的遗存。大姚村可能是摇城遗址的中心。这个遗址为研究太湖流域古代文化面貌与河湖变迁的历史提供了丰富的实物史料。1986年公布为吴县文物保护单位，现为苏州市文物保护单位。

万盛米行旧址　Wànshèngmǐháng Jiùzhǐ

事件纪念地。位于角直镇。1998年角直人民政府筹资改造，该处原为殷家祠堂。原名万成恒米行，由角直镇上沈、范等多家股东合伙经营。米行坐东面西，临街而建，其布局呈前铺后场形式。前为做生意的店面，后为加工大米的工厂和储存粮食的仓库。米行现存有河埠头、铺面、圆堂及附房等。为叶圣陶小说《多收了三五斗》中“万盛米行”的原型。2009年被公布为苏州市文物保护单位。

春秋古城遗址　Chūnqiūgǔchéng Yízhǐ

事件纪念地。位于木渎镇。又称苏州木渎春秋城址、吴大城。春秋古城遗址呈不规则状，城墙大致沿盆地边缘分布。北城墙位于木渎镇的五峰村一带，残长1150米。城墙横截面呈梯形，上宽12.9～15.35米，底宽22.3～22.35米，现存最高处3.2米，堆筑而成。外侧城壕与城墙的走向一致，宽15米，总长1050米。其中，木渎春秋古城遗址东西长6820米，南北长6728米，总面积24.79平方千米。城墙外侧均有护城河等水面遗存，古河道穿过城墙上的水门连通城内外。城内有小城1座，城内尚存的235处土墩包含有东周时期大型建筑基址。结合城址周边分布的大量两周时期聚落、墓葬、严山玉器窖藏等遗存。可以初步认定木渎古城是一座春秋晚期具有都邑性质的城址，规模大，等级高。这是目前中国春秋时期最大的古代城址。2010年被国家文物局选为中国十大考古新发现。

三山岛遗址哺乳动物化石地点
Sānshān Dǎo Yízhǐ Bǔrǔdòngwùhuàshí Dìdiǎn

事件纪念地。位于临湖镇。因出土旧石器时代遗址及哺乳类动物化石，故名。1984年在三山岛北峰西侧的东泊小山青峰岭下一个淤泥壅塞溶洞，及小姑山、龙头山等地发现兽骨化石。1984年4月至1985年11月，由南京博物院考古部组织考古发掘，出土有各种动物的牙齿、颌骨、骨骼等化石共600余种，有5目18种动物化石。并在长60米、宽12米的窄长湖滩上，总面积700平方米，出土5200多件石制品（包括部分残次品）。经专家考证，为距今1.2万年以前古人类留下的遗物，定为旧石器遗址：三山岛旧石器时代古文化遗址及哺乳类动物化石出土处。1995年公布为江苏省文物保护单位。

裕德堂花厅 Yùdé Táng Huātīng

事件纪念地。位于东山镇。建于清道光丁酉年（1837），原系江淮盐商周氏所建。原规模宏大，占地面积1000多平方米，有三路五进建筑。主轴线上有门楼、大厅、住楼、书楼，西花厅是裕德堂的精华，又称海棠椽厅，其花厅用料讲究，装饰洗练，雕刻精致，有"江南第一花厅"之誉，宅内辟有"石雕百狮""石刻米芾帖""明式黄花梨古典家具"组成的古物展览馆。1986年公布为吴县文物保护单位，现为苏州市文物保护单位。

新四军太湖游击队纪念馆
Xīnsìjūn Tàihúyóujīduì Jìniànguǎn

事件纪念地。位于金庭镇。2009年9月28日竣工并举行开馆仪式。2015年1月二期展馆"太湖县革命斗争事迹陈列馆"竣工开馆。占地面积17900平方米，主体建筑面积1996平方米。有展示馆、新四军战士浮雕、碑亭以及会议室等配套设施。纪念馆展馆分二期：一期主要展示抗日战争时期的事件，完整展现了新四军太湖游击支队初建、重建、扩建时期的曲折历程；二期主要展示解放战争时期，冲山及周边太湖地区的革命斗争事迹。

【宗教纪念地】

崇福寺 Chóngfú Sì

宗教纪念地。位于郭巷街道。占地面积11655平方米，建筑面积6043平方米。原址在今址西北1.5千米处的尹山土山上。梁天监二年（503）僧左律兴建，为南朝四百八十寺之一。元朝至正十六年（1356）被毁。明清时期多次重建修缮，明崇祯二年（1629），著名文社复社成立大会在此召开。崇福寺外围有周河，寺前两放生池占地亩余。至20世纪60年代所剩残屋全被拆除。明《长洲县志》："崇福寺，梁建，即尹山寺，领庵四：曰集善（元建，三十一都）、曰福源（元建，二十九都）、曰庆福（元建，二十九都）、曰明远（元建，三十一都）。"《百城烟水》："明洪武间有圣僧永隆运巨木重建，有来木池存焉。"2013年至2015年9月在今址重建。

东吴寺 Dōngwú Sì

宗教纪念地。位于郭巷街道。因位于吴地（苏州）东部，故名。寺前原有明代东濠里村朱国梁所建大牛桥（清乾隆《元和县志》有载："牛桥里人朱国梁建。"）。东吴寺原址为清建武平大王土地庙及早于建桥而立的玉皇大帝庙。以后，牛桥倾圮，至民国初年里人钱鼎又发起于原址重建花岗石三截梁式大浮桥。20世纪60年代两庙被毁后，1980年境内信众自发修庙立像再行佛事。2000年重建新庙，设观音、普贤、文殊、天王等佛殿。2012年10月经批准该庙改名东吴寺，并新建万佛殿、大雄宝殿、祖师殿、东吴壁照、牌楼等。

城皇山道院 Chénghuángshān Dàoyuàn

宗教纪念地。位于越溪街道。因供奉城皇爷，故名。占地面积2万平方米。始建于南宋淳熙年间，兴于清朝乾隆年间，毁于民国初期。今城皇山道院内有城皇庙，内塑有城皇爷夫妇像、1匹马、马夫及1只船，有3间一厢正殿，2间庙屋，中有一院。相传城皇庙最早是后人为祭拜一位率军来此的帝王建立的一座家庙，帝王所率军队就驻扎在城皇山山脚下的藏军湾牛角坞。清代御医徐大椿曾在此为当地百姓治病。旧时此庙属张桥村和灵隐庙和尚共管，20世纪60年代拆除。2000年当地民众筹资原地复建正厅3间、边房2间，灶房3间，院内设大香炉两只，供信众奉香。2002年6月，吴中区道教协会自筹资金在此修建了山门、玉皇殿、太乙殿、财神殿、文昌殿。中国道教协会会长闵智亭为城皇山道院题写了匾额。

宝华寺 Bǎohuá Sì

宗教纪念地。位于越溪街道。又称宝华禅寺。占地面积27000平方米。寺房40余间。始建于南朝梁天鉴二年（公元503），距今1500余年。梁朝时吴广施所居，寺号宝林。后吴越钱氏改为宝华。宋朝大中祥符年间，郡守秦羲重建殿堂、经藏、全三百楹，号为胜刹。明洪武初归并穹隆寺。于1958年被拆毁。1998—2001年重建恢复宝华寺原有样貌。

同安禅寺 Tóng'ān Chánsì

宗教纪念地。位于香山街道。古名龙王庙、大王庙，2009年更名同安禅寺。相传当地百姓遇到旱灾时，在此庙祷雨极灵，后逐毁，2004年募资重建。占地面积5300平方米。有大雄宝殿等殿房100余间，僧8人。寺内有龙王石碑和250年古榉树等。2018年新建了西向门楼，高10米，宽12米。新建大雄宝殿，长

25米，宽15米，高15米，气势宏伟。被吴中区宗教事务局批准为固定宗教场所。

白马禅寺 Báimǎ Chánsì

宗教纪念地。位于香山街道。古名白马庙，2009年更名白马禅寺。古庙嘉道年间建，有白马行宫、城隍之神等，后逐毁。2002年募资重建，有大雄宝殿等房65间，属还带寺下院。因位于白马岭下的白马坞内而得名。2009年7月吴中区宗教局备案命名。

昙花庵 Tánhuā Ān

宗教纪念地。位于香山街道。原名觉诚禅寺。建于萧梁时期，庵供萧梁遗制四面观音石像。庵为姚氏所掌，明姚广孝（朱棣军师）之别业，殿匾为清尤侗书“青莲观法”四字，清嘉道间有僧寄凡（清和坤卫士）居此，后逐毁，1987年募资重建。占地面积8660平方米。有大雄宝殿等56间，有500年古银杏树、明刻观音碑、九龙碑、石兽、平阳世派石碑、1929年罗汉绣品等文物古迹。今为渔洋山景区景点。“昙花”取《法花经》佛教语言，意指昙花之花庵。相传萧梁时期建庵，时主人取名昙花庵。1989年吴县宗教局批准备案。1986年公布为吴县文物保护单位，现为苏州市文物保护单位。

保圣寺 Bǎoshèng Sì

宗教纪念地。位于角直镇。因原名保圣教寺，供信众与市民群众参加宗教活动的场所，故名。建于梁天监二年(503)。是“南朝四百八十寺”之一。唐会昌五年（845）遭毁，唐大中年间（847—859）重建，唐末大乱，保圣寺破损，北宋大中祥符六年（1013）重建，最盛时殿宇5000多间，僧众千人，范围达半个镇，时称江南四大寺院之一。现存建筑有山门、天王殿、经幢和大殿(古物馆)。寺内塑像原有18尊，因年久失修、屋漏雨蚀，残存9尊。1928年蔡元培、顾颉刚等人兴修古物馆，将9尊塑像保存馆内。传塑像为唐代雕塑家杨惠之塑，但塑像外貌多清癯，与唐代风格有异，疑是宋代重修。1961年3月公布为全国重点文物保护单位。

碛砂延圣寺 Qìshāyánshèng Sì

宗教纪念地。位于角直镇。因位于碛砂村，供信众与市民群众参加有关宗教活动的场所，故名。《姑苏志》（卷二十九）：“碛砂禅寺，旧名延圣禅院……陈湖之北，宋乾道间，僧道原建。”寺有大藏经板，开印雕板大藏经，共1532部，6362卷，全称《宋碛砂延圣寺刻本藏经》，史称《平江府碛砂延圣院大藏经》，简称《碛砂藏》。至今苏州灵岩山寺仍保存着宋刻原版《碛砂藏》四卷，被定为国家级文物。2006年在原址重建。2013年因常嘉高速建设而拆除。2018年在原址北50米重建碛砂寺。

金山城隍庙 Jīnshānchénghuáng Miào

宗教纪念地。位于角直镇。始建于明代朱元璋时期，当年朱元璋带一爱妃来苏游玩，不幸妃子在此病故。因朱元璋妃子十分喜欢苏州府，死前要求朱元璋将她葬于此，朱元璋选择了现在的金山城隍庙之地，并安排苏州“一府三县”进行护陵。护陵将士的到来保护了周边百姓的安全，因此深受当地老百姓崇敬。后来他们过世后，村民为纪念他们而捐建金山寺庙，此后一直延续烧香、庙会活动。“文化大革命”期间，寺庙全毁。1999年重新修复。2010年进行二期工程扩建。每年正月初一、清明前后、农历八月十三日庙会活动尤为隆重。

宝祥禅寺 Bǎoxiáng Chánsì

宗教纪念地。位于光福镇。20世纪50年代末毁，1985恢复城隍庙。2008年在城隍庙原址上改建宝祥禅院，现有念佛堂、三圣殿、天王殿、财神殿等寺房。为宗教活动场所。

云峰寺 Yúnfēng Sì

宗教纪念地。位于光福镇。又称云峰禅寺。四周为冲山生态果园。2001年重建，现有大雄宝殿、讲经堂、念佛堂及居士楼等辅房30余间。为太湖边为数不多的古寺之一。云峰禅寺三面环水，地处幽静，风景如画，是太湖边的宗教活动场所。

石嵝庵 Shílǒu Ān

宗教纪念地。位于光福镇。又名石嵝精舍。明代文徵明、赵宧光、李流芳，清代张大绪、陆润庠等名人，曾为石嵝庵题写过匾额。石嵝精舍依山构室，幽隐佳处。现有建筑十余间。正殿面阔三间，进深七檩。殿后山崖壁下有一“留余泉”，泉池清澈见底，终年不息。出庵拾级而上有相传为万峰和尚堆叠的“万峰台”。登上万峰台，南望太湖，浩渺雾漫，远帆无尽，太湖七十二峰尽收眼底。1986年3月公布为吴县文物保护单位，现为苏州市文物保护单位。

圣恩寺 Shèng'ēn Sì

宗教纪念地。位于光福镇。唐天宝年间（742—756）创建“天寿寺”。南宋宝祐年间又建“圣恩禅庵”，寺庵并列，曾被辟为上、下道场，至正初天寿寺毁于火灾，圣恩禅庵幸存。至正九年（1349），江南名僧千岩元长禅师高足万峰时蔚禅师从杭州入吴，卓锡玄墓山，重新建寺设坛，构筑伽蓝，并创建万峰道场。开山说法，僧徒大集，不久便成为江南名刹。明正统八年（1443），明英宗赐额天寿圣恩寺。景泰六年（1455），诏建保国道场。天顺三年（1459）五月，英宗重新题写“敕赐圣恩禅寺”匾额。圣恩禅宗为佛教临济宗中心，清康熙、乾隆到光福探梅多次驻足于此。1960年3月公布为吴县文物保护单位，现为苏州市文物保护单位。

司徒庙 Sītú Miào

宗教纪念地。位于光福镇。司徒庙内有千年古柏4株，因而又叫古柏庵、柏因社、柏因精舍。司徒庙始建年代无以考证。现在的殿宇是清末民国初重建。现存庙宇殿舍两进，共二十余间。其布局为传统院落式。前为墙门，门前分立石狮一对，进门沿主轴为山门、大殿。二者间由院落隔开，两侧有边厢。庙左附有院子，植有古柏名木，并置赏柏厅，厅后即为闻名于世的4株古柏园。4株古柏相传为邓禹亲手所植，至今已有2000年的历史。据传，清乾隆皇帝下江南巡视至此，被这4株古柏所吸引，叹为观止，遂分别赐名“清”“奇”“古”“怪”。“清”者，主干粗壮挺拔，直耸云天，体态稳健，枝叶苍翠，英姿飒飒，给人挺俊、清朗、富有朝气的感觉。“奇”者，主干似被腰斩后断成两枝，一枝垂倒在地面却又郁郁葱葱；另一枝在离它几米远的地方钻进地里又重新生出新枝，长成一棵新的古柏，真是新枝出于枯木，颇有枯木逢春之趣。“古”者，少皮秃顶，古朴苍劲，姿态肃穆，纹理萦纡似百索绕躯盘旋而上，又如蛟龙盘绕在身，给人以粗犷憨厚之感。“怪”者，不知何年何月被雷劈成两爿，一爿远离母体，落地生根，卧地三曲，形似笔架，又似走地蛟龙，另一爿却似悬空吊篮，就地卧倒，近乎昂首蛟龙欲腾空飞起。1960年公布为吴县文物保护单位，现为苏州市文物保护单位。

石壁永惠寺 Shíbì Yǒnghuì Sì

宗教纪念地。位于光福镇。东、南至太湖，西、北至蟠螭山。亦称石壁精舍、石壁庵、石壁禅寺。寺庙处在半圆形岩石的山坞里，故亦称石壁窝。占地面积3173平方米，建筑面积1500平方米。始建于明嘉靖二年（1523）。寺内殿宇二十多间。山门左右、壁内分别嵌有明代王稚登的隶书“石壁轩”及清代嘉庆二年（1797）吴慈鹤撰书的《重建蟠螭山石壁记有序》碑石两块。中轴依次为山门、天王殿、三圣殿。西侧为藏经楼，东侧为斋堂，呈四合院布局。天王殿面阔三间，进深九檩，硬山顶。寺院原为临济宗的道场，临济宗是禅宗五宗二派之一。现寺院属净土宗。寺中主持，均来自灵岩山佛学院。1986年3月公布为吴县文物保护单位，现为苏州市文物保护单位。

上真观 Shàngzhēn Guàn

宗教纪念地。位于木渎镇。在穹窿山三茅峰。据《穹窿山志》载，汉代初元年间，茅盈、茅固、茅衷三兄弟在穹窿山修炼，称三茅真君。曾修茅君殿，汉平帝时，始建道院。据《光福志》，唐时称上真道院，宋天禧年间，真宗诏重建穹窿上真观。清初顺治间，龙虎山五十三代天师张洪任游访穹窿山，清廷赐额“上真观”。民国时期，除关帝殿、龙王殿、吕祖殿、财神殿等外，其余殿宇均毁于大火。“文化大革命”期间，殿宇悉被毁坏。1980年以后，逐渐恢复。1993年在原址逐渐恢复重建。1996年正式对外开放。2007年启动扩建工程，2017年上真观占地面积66000平方米，依山而建。

寂鉴寺 Jìjiàn Sì

宗教纪念地。位于木渎镇。旧称寂鉴禅寺，“寂鉴”一词源于佛学中的“寂灭鉴戒”，意思是劝人为善。原为南朝刘宋会稽太守张裕私邸。元代所造三座石屋一座在寺内，称“西天寺”，山门外东石屋称“兜率宫”，与之对称的西石屋又称“极乐园”。据文献及碑刻记载，该三座石屋建于元至正十七年至元至正二十三年间。寂鉴寺石殿、石屋的建筑处理既保留了梁式的式样，又具有元代的特点。“龟头屋”做法是全国仅存的元代石构仿木建筑。寂鉴寺以石殿与摩崖造像为主要内容，石殿、石屋、造像、道路之间布局较为自由。石殿内顶部所构筑的藻井成组出现，其装饰与构图透露出浓厚的喇嘛教气息。石屋内的造像是研究元代雕刻艺术史的珍贵的实物资料。我国古代石构建筑，江苏仅知这一处。因此，该石屋殿及佛龛造像具有十分重要的历史文化价值。寂鉴寺的石殿、佛龛和造像，1957年8月公布为省级文物保护单位，2006年5月公布为第六批全国重点文物保护单位。

白云禅寺 Báiyún Chánsì

宗教纪念地。位于木渎镇。因天平山有白云泉，而以泉兴寺。也曾称白云古刹、白云庵、天平寺。寺院始建于唐朝。唐宝历二年（826），僧永安建白云庵于远录公道场。宋天圣间，僧谛拓。宋范仲淹得天平山以后，宋庆历四年（1044），奏请白云庵易名“功德香火院”，以护三世松楸，御以山赐之，并敕赐寺额，因名“赐山”，俗称范坟山，并请释法远主持，遂成范氏家庵。原寺院其规模之宏大，多殿渐进，中间一湖泊，两侧依山。几经毁坏。现在从其原有陈迹恢复重建，保持基本格局。

贺九岭普济道院 Hèjiǔlǐng Pǔjì Dàoyuàn

宗教纪念地。位于木渎镇。以贺九岭山名命名。明正统二年（1437），僧立传建贺九岭寺，明万历年间（1573—1620）重修，明崇祯六年（1633），文震孟于龙谭上建惟心阁，清代改为道观。隆庆年间（1567—1572），在庙外建东西两个石关。清代又在贺九岭两石关之间铺砌人字形砖街，称为御道。普济道院原创建于晋代，兴盛于明隆庆年间，太平天国年间毁于战火。重建的贺九岭普济道院，有玉皇殿、三清殿，三茅殿、玄武殿等建筑，依山而建，气势不凡。2008年5月26日举行开光大典，正式对外开放。

明月寺 Míngyuè Sì

宗教纪念地。位于木渎镇。后唐清泰二年（935），僧明智所创，故名。紧邻虹饮山房西侧。明洪武初年归普贤寺。清光绪十六年（1890）僧道根重修。“文化大革命”期间遭毁，1992年修复，1993年开放。现有山门、天王殿、大雄宝殿和藏经楼。寺旁原有一大片梨树林，每逢初春，千树万树梨花开，成为古镇一景。清代李果诗有“梨花明月寺，芳草牧牛庵”。

五峰山道院 Wǔfēngshān Dàoyuàn

宗教纪念地。位于木渎镇。以五峰山山名命名。庙宇建在五峰山南麓山坡上。建于清代道光十七年（1837）。在“文化大革命”期间被毁。1999年重建庙宇，重塑神像，更名为“五峰山道院”，为上真观下院。占地面积10000平方米，其中建筑面积3800平方米。庙中建有仲景殿、灵官殿、大娘殿等七殿。

天云寺 Tiānyún Sì

宗教纪念地。位于木渎镇。为纪念清末吴中名医叶天士而建庙命名。也称叶天士纪念馆。2011年更名为天云寺。占地面积4000平方米。现寺内前殿供奉，后殿供奉药师佛。

天主教堂 Tiānzhǔ Jiàotáng

宗教纪念地。位于木渎镇。由上海法商电气公司董事长陆伯鸿创建于1920年。“文化大革命”时，教堂遭到破坏，分配给8户企业职工，成了单位宿舍。1999年落实宗教房产政策时，居民全部迁出。2004年划归杨家桥天主堂管理，恢复为天主教活动场所。2014年6月列入苏州市第四批控制保护建筑名单。

天平寺 Tiānpíng Sì

宗教纪念地。位于木渎镇。以天平山山名命名。又名白云庵，旧名天平山白云禅寺。唐宝历二年（826）建，取名白云庵。天平寺依托原白云庵名头，是迁移原天平村的下沙庙、下旺庙和太平庵三座小庙，整合到新址所建的寺院。2007年6月奠基，2009年10月开光。现已建成天王殿，地藏殿、下沙殿、下旺殿、太平殿、僧舍、斋堂、钟鼓楼等。寺有文正公忠烈庙等。寺院最为特色的是在寺院后面有两幢佛殿，是“下沙庙菩萨”，供奉有“天爷”及本地村民信奉的菩萨。

灵岩山寺 Língyánshān Sì

宗教纪念地。位于木渎镇。以灵岩山山名命名。据记载，春秋时吴王夫差曾为西施建馆娃宫于灵岩山上，今寺院一带即为遗址。东晋末，司空陆玩舍宅为寺。南朝梁天监间为西域樊僧智积法师显化道场，名秀峰寺。唐代称灵岩寺，北宋名秀峰禅院。南宋绍兴年间诏赐韩世忠，改名显亲崇报禅院。明洪武年间（1368—1398），赐额灵岩禅寺。清顺治、康熙年间重修名崇报禅院。咸丰年间（1860）毁于战火，同治年间（1862—1874）僧念诚略事修复。宣统三年（1911）起陆续在建。1962年，印光和尚开十方专修净土道场，题额“灵岩山寺”。占地面积

2.3万平方米。寺庙雄踞山巅，坐北朝南，中为殿宇，东为塔院，西为花园。中轴上依次有弥勒阁（天王殿）、砚池及界洼桥、大雄宝殿、藏经楼等。1932年复灵岩山旧称。1982年10月22日公布为苏州市文物保护单位。

宁邦寺 Níngbāng Sì

宗教纪念地。位于木渎镇。宁邦，安宁之邦，希望国家和平安宁之意。占地面积9900平方米，建筑面积6000平方米。据史料记载，宁邦寺始建于梁代，在唐以前称为“海云禅寺”。宋代，抗金名将韩世忠部下在此剃发隐居参禅，赐额“宁邦禅院”。至今寺内尚有明代石刻二方：其一《始建于梁代宁邦寺记》，由文震孟撰书，赵宧光篆刻；其二《山辉川媚》书条石，由徐枋书。宁邦寺西面有“玩月台”，台下有“百丈泉”。据《吴县志》记载，宁邦寺元末被毁圮，到明代永乐年间始得复建，万历年间重修。1986年5月公布为吴县文物保护单位，现为苏州市文物保护单位。

还带寺 Huándài Sì

宗教纪念地。位于胥口镇。旧称香山寺，后称还带庵。《香山小志》载：“还带庵在香山咀，唐裴晋公有香山寺还带故事借以命名。”寺旁有“观潮亭”，传说唐代裴度(765—839)游该寺，在观潮亭旁拾得玉带三条，设法归还失主。后裴度科举成名，曾任宰相，感恩香山寺，将寺院修缮一新，人称“还带寺”。寺毁于1928年，1996年始易址重建。2003年重修，2005年落成。

东岳庙 Dōngyuè Miào

宗教纪念地。位于临湖镇。占地面积12000平方米。始建于南宋嘉定年间。庙内供奉东岳圣帝像。清康熙十三年（1674）重修时建有圣帝殿、三宫殿、阎王殿、城隍殿、元君殿百余间。庙前置一对红岩石雕“青石九龙子”，相传为镇湖之宝。附近有“圣帝桥”“圣帝弄”等古迹。1949年庙毁于大水，仅剩圣帝殿，于1956年拆除。2001年末复建东岳庙，庙址向东移300米，于吴家湾地界建有正山门、圣帝殿、财神殿、龙王殿、星宿殿等。2002年5月竣工。

宝寿寺 Bǎoshòu Sì

宗教纪念地。位于临湖镇。又名黄垆寺。相传清乾隆时期曾幸宝寿寺，故名。东至陆湾自然村，南至辽里港，西至采菱路，北至木东公路。占地面积20000平方米。寺址东西长200米，南北长100米。唐大中七年（856）建。宋乾德二年（964）吴越钱氏重建，嘉定年间重修，明洪武初为丛林寺（大寺院）。其时姑苏寺（梁天监二年建）归并宝寿寺。清同治十二年（1873）重修。原供佛像毁于1950年，所有建筑于20世纪50年代拆毁。2007年重建寺院，恢复原貌。

湖嘉寺 Hújiā Sì

宗教纪念地。位于临湖镇。原名吴玠宗庙，迁至湖桥村后取方言谐音更名。占地面积8937平方米。相传为当地宦官吴氏的宗庙。每年农历三月十九，里人在此举办庙会，渡村、横泾等地村民前往烧香祭拜。20世纪50年代初庙宇被拆毁。2007年从陆湾庙上村移建今址。

灵湖庙 Línghú Miào

宗教纪念地。位于临湖镇。俗称娘娘庙，因供奉天后娘娘（又称天妃），又名天后宫，今名灵湖庙。始建于清康熙年间。南方称妈祖，民传娘娘能助船民消灾解难，保行船平安。因属地吴舍人出入太湖船只，常遇风大浪急，险情无常，故特别敬崇天后娘娘，为其塑像供奉。20世纪50年代庙宇被拆毁。后经百姓捐款多次修缮。

法海寺 Fǎhǎi Sì

宗教纪念地。位于东山镇。因位于碧螺村法海坞内，故名。为莫厘峰下第一胜迹。相寺原为隋代莫厘将军舍宅，后梁乾化年间（911—915）改称“祇园”，宋祥府五年（1012），复名法海寺。明洪熙元年（1425）铸铜钟、铜观音像于寺中。万历年间（1573—1620）重建天王、弥陀两殿，称为“丛林寺”，寺前有华表，规模扩大。崇祯年间重修。清乾隆年间大殿毁于火，烬余剩僧舍、小殿20余间。今剩大殿，乃乾隆以后所建，规制矮小，远逊旧观。法海寺原规模宏大，被称为“东山九寺”之一，且是今保存较为完整的一座寺院，尚有殿屋前后两进，今为东山公墓管理用房。1986年公布为吴县文物保护单位，现为苏州市文物保护单位。

葑山寺 Fēngshān Sì

宗教纪念地。位于东山镇。因建于葑山，故名。《东山镇志》载：“龙头山在东山南部，西近涧桥，是东山一支余脉伸向滨湖突起的高地，海拔30米。周围为沼泽，以后淤涨与陆地相连，濒于具区港边。”龙头山最早叫葑山，到了明代万历年间山上造了石龙头，始称龙头山。嘉靖年间山上建了真武行宫，亦称北极行宫。明末改葑山寺，葑山禅寺。古寺在“文化大革命”时期被毁。后由东山镇民间捐资修复。1986年公布为吴县文物保护单位，现为苏州市文物保护单位。

保安古寺 Bǎo'ān Gǔsì

宗教纪念地。位于东山镇。东至槎湾石灰浜，南至老环山公路，西至古周巷，北至藏船坞。为古时东山九寺十三庵之一。2012年当地村民共同出资修复。寺前植有唐代千年古圆柏1棵。“保安古寺”四字由原中国佛教协会主席赵朴初题写。寺内有供奉弥勒、韦陀、哼哈的山门殿，供奉刘猛将、释迦牟尼如来佛、千手观音的保安寺正殿，供奉胥母、伍子胥、孙武的胥母殿，供奉地藏王、吕纯阳的土地庙，供奉关公、孙武、神农的三圣殿等。

慈云庵 Cíyún Ān

宗教纪念地。位于东山镇。俗称大尖顶。黄墙垩瓦，危然孤峙，隐现于云雾中，幽如仙境。始建无考。壁间有小碣，镌有供奉三界众佛。清康熙九年（1670）立。咸丰十一年（1861）庵毁。光绪三年（1877）席姓重建。中华人民共和国成立前，住持僧垒石墙，将庵围住，“文化大革命”期间被毁，仅存石围墙。2000年复建。

寒谷寺 Hángǔ Sì

宗教纪念地。位于东山镇。因位于寒谷山上，故名。始建于明代。明清两代多次修缮，现为民国初期建筑。1990年有上海居士范招娣（法名宽智）进信庙内，积毕生之力，筹资对寒谷庵进行全面修缮，使古庙恢复原貌。

灵源寺 Língyuán Sì

宗教纪念地。位于东山镇。因寺内有“灵泉”，故名。梁天监元年（502）僧集善建，元末毁。明永乐十二年（1414）僧智昕重建大殿。正统五年（1440）僧克勤建天王殿、观音殿。崇祯十年重修。清乾隆年间里人王金增又重修大殿。1930年李根源书“灵源禅寺”四字门额。其寺在佛教中列“十方丛林”，原规模极大，有寺房千间。20世纪40年代末，雷火等灾异毁了古寺大半。20世纪50年代，时太湖公社办渔民小学又拆走了残存的寺屋，“文化大革命”时期全毁。只剩树龄1500年左右的古罗汉松一棵，灵源古泉井一眼。

雨花禅院 Yǔhuā Chányuàn

宗教纪念地。位于东山镇。又名雨花庵、雨花台。“雨花”一名来源于明代，时山坞中满栽桃林，每至春末，花瓣飘落，似花雨从天而降，“雨花”之名由此而来。始建于明万历二十七年（1599），清顺治五年（1648）重建。咸丰十一年（1861）又毁，同治六年（1867）禅院智能和尚募修，恢复旧观。原为叶氏家庵，民国初年捐于地方，成为公产。庵居半山，枕山面湖，风景绝佳。清探花吴荫培来游，赋七律一首，和者甚多。庵后壁有石泉，称“萃香泉”。雨花禅院前后摩岩，均有前人书刻。1920年叶氏族人为纪念叶翰甫，在雨花台边建“醉墨楼”，楼匾额为南通状元张謇所书。雨花禅院于1985年重建，并辟设“雨花胜境”游览区。

张师殿 Zhāngshī Diàn

宗教纪念地。位于东山镇。原名东岳行宫、东岳庙，俗称张师殿。殿以张道陵名。相传宋开宝年间里人张大郎舍地所建，明清时期曾多次维修重建。旧时曾供奉刘猛将，香火鼎盛。“文化大革命”期间神像被毁，庙宇被工厂占用。现由民间集资修复，今屋宇犹存。

三官堂 Sānguān Táng

宗教纪念地。位于东山镇。因庙内塑“三官”神像，故名。“文化大革命”期间被夷为废墟。2000年顾姓商人出资重建，恢复原貌。

三峰寺 Sānfēng Sì

宗教纪念地。位于东山镇。又名南寺。唐咸通十三年（872）建。至清咸丰十年（1860），古寺大部被毁。中华人民共和国成立初尚有残屋20余间，“文化大革命”期间全毁。仅存《重建三峰禅寺佛殿记》篆刻石刻一块，存于三山石雕历史馆内。

娘娘庙 Niángniáng Miào

宗教纪念地。位于东山镇。原名吴妃祠。又名集福庵、太姥行宫。屡建屡毁。明嘉靖三年（1524），重建改石柱建筑，石柱多数有“上横堡善男信女随缘乐助”字样。“文化大革命”时期，尚有24间“工字”型大殿等建筑，供佛有姑皇圣母、十八罗汉、三官菩萨。庙南首有单株雌雄合抱的巨大银杏树。庙址在中峰叠石新南寺下面，毁于1972年，今已重建。

白马庙 Báimǎ Miào

宗教纪念地。位于东山镇。原祠前门口有一匹泥塑白马，同真马一般大小，故名。面朝太湖，背靠莫厘峰。相传唐时柳毅入洞庭湖传书，牵白马于此，在此半山坡上有一堵山崖，称回音壁（“文化大革命”期间被毁）。当年柳毅用其发簪敲击石壁，巡湖神闻声，引柳毅入里许之神井至龙宫传书，终于救龙女出苦海，与龙女结缘，成千古佳话。后人为纪念柳毅与龙女的忠贞爱情，在此建庙祀，名“龙女祠”。如今白马庙内有龙女与柳毅的塑像，当地百姓奉为神祀。

轩辕宫正殿 Xuānyuán Gōng Zhèngdiàn

宗教纪念地。位于东山镇。古名胥王庙，俗称杨湾庙。建于元至元四年（1338），正殿祀东岳大帝，为纪念汉族始祖黄帝，改称“轩辕宫”。宫殿面湖背山，正殿面宽13.74米，进深九檩11.48米。整座建筑气势磅礴，结构采用“断梁”的设计。轩辕宫中有极为珍贵的明代之物：一为文徵明的《东西两山图》石刻碑；二为明代阁老王鏊的《洞庭两山赋》；三为阴亭，极为罕见，是稀有的古石棺。2006年5月公布为全国重点文物保护单位。

石公寺 Shígōng Sì

宗教纪念地。位于金庭镇。原名石公庵。始建于清乾隆元年（1741）。明代孝子姚希孟曾有《石公山记》中记载：“行数百武，至石公庵。庵面南，湖涌湍迅，洑在阶墀外，湖之旷而近，诸刹所不及。”清同治年间里人重修，内有浮玉北堂、来鹤亭、归云洞诸胜。近代改为寺。占地面积360平方米。“文化大革命”期间被毁，遗址尚存。当代少林寺高僧海灯法师曾在石公寺任主持10年。2000年重建，成为石公山重要景点之一。

大观音禅寺 Dàguānyīn Chánsì

宗教纪念地。位于金庭镇。古称花山寺、观音院、观音寺。现称大如意圣境（大观音）。地处太湖七十二峰之缥缈峰。观音寺有着1600年的悠久历史，是中国最古老的观音道场之一。始建于南朝元嘉二年（425）。2008年重建。

水月禅寺 Shuǐyuè Chánsì

宗教纪念地。位于金庭镇。北宋相符年间，真宗赐名为水月禅院。建于梁大同四年（538），寺旁还有无碍泉、墨佐君坛等古迹，寺产“水月茶”宋朝就已闻名，为碧螺春前身。“文化大革命”期间被毁。尚存明正统十四年（1449）《水月禅寺中兴记》和乾隆四十四年（1779）《重建水月禅寺大雄宝殿记》碑两方。2005年重建，2006年对外开放。

资庆寺 Zīqìng Sì

宗教纪念地。位于金庭镇。始建于五代后唐清泰年间（934—936），为西山“三庵十八寺”之一。明文徵明有诗。西山被称为“江南佛教名山”。“法际文双王，东西上下方。花罗包水石，资福报忠长”，这是对金庭名寺的概括，其中诗中第四句第一个字“资”，指的是资庆寺。清末后寺渐荒废，“文化大革命”时期被毁。2006年在原址重建。2007年对外开放。2008年3月登记为宗教活动场所。

实积寺 Shíjī Sì

宗教纪念地。位于金庭镇。原名实际寺。始建于南宋端平二年（1235），“文化大革命”期间被废。尚存天王殿三间。现已修建了天王殿、观音殿、地藏殿、大雄宝殿、寮房等规模建筑。目前实积寺为吴中区尼众丛林。2013年12月登记为固定宗教活动场所。

禹王庙 Yǔwáng Miào

宗教纪念地。位于金庭镇。始建于梁朝大同三年（537）。古代最后一次重修在清嘉庆十四年（1809）。相传4000多年前大禹疏通三江（娄江、吴淞江、东江），一心治水，三过家门而不入，公而忘私操劳13年，治理了太湖水害。百姓为纪念禹王的丰功伟绩，在太湖中的岛上建起4座禹王庙供奉，甪里的禹王庙是仅存的一座。禹王庙大殿都以楠木作梁柱。大殿右侧矗立一石碑，上刻胡厥文书“万顷波涛一望收”。李根源至西山，赞美甪头洲：“三面临水，山水秀聚，超逸凡尘，当为湖中名胜第一。”1986年3月公布为吴县文物保护单位，现为苏州市文物保护单位。

第二节　公园

五龙桥公园 Wǔlóngqiáo Gōngyuán

公园。位于长桥街道。因在古五龙桥旁，故名。紧靠新运河。占地面积30万平方米。东西两头为市民休闲活动区，中部为儿童公园，沿河两岸为健身步道。20世纪90年代初期建成，2015年改造完成。

苏苑公园 Sūyuàn Gōngyuán

公园。位于长桥街道。因在苏苑新村内，故名。占地面积3.5万平方米。园内建假山、水榭、亭阁、曲廊等江南园林特有的景点，东侧辟有老年活动中心和少儿活动中心，是一座供市民休闲、憩息的开放式小园林。建于1988年。

范蠡公园 Fànlǐ Gōngyuán

公园。位于长桥街道。为纪念古代圣贤范蠡而建，故名。占地面积1.7万平方米。公园定位范蠡商业文化主题，建筑融入了吴文化的多种元素，园内有商圣亭、致金石、财富阁、仙蠡茶室等各种景观。2009年建成。

独墅湖生态公园
Dúshùhú Shēngtài Gōngyuán

公园。位于郭巷街道。东为独墅湖，南为尹墅路，西为东方大道，北为国领花园。占地面积2.5万平方米。河上多座桥梁，形态各异，最大为九孔连缀桥梁，其他为钢桥，木桥、石桥等；还有数百米空中栈道，建有各式观光亭多个，镂空雕塑多个；广场设有条凳供游人休憩。2011年建成。

尹山湖运动公园
Yǐnshānhú Yùndòng Gōngyuán

公园。位于郭巷街道。因位于郭巷街道尹山湖西侧，设多种体育设施，供市民体育锻炼，故名。东为环尹山湖路，南为尹南路，西为通达南路，北为凤舞泾路。占地面积2.3万平方米，建筑面积0.3万平方米。园内有体育馆、美术馆、篮球场、儿童游乐区、池塘、健身环形步道、休闲观光亭、湖心休闲厅、绿植花卉区以及休闲广场等。南侧附设尹山湖美术馆。2013年建成。

宝带桥公园 Bǎodàiqiáo Gōngyuán

公园。位于郭巷街道。因位于郭巷街道西部京杭大运河与斜港河交汇处，隔河可望宝带桥，故名。东为东环南路，南为斜港河，西为京杭大运河，北为东方大道。占地面积1.3万平方米。设有观光亭、步道、木栈道、三孔景观桥、池塘、雕塑、石刻、墙面图案、碑廊等，种植多种花卉、树木等。供市民休闲活动。2009年建成。

越来溪公园 Yuèláixī Gōngyuán

公园。位于越溪街道。东为苏州大学附属瑞华医院，南为文溪路，西为可可蜜园，北为越来溪。占地面积8万平方米。园内有文艺广场、篮球场、儿童乐园、休闲亭、葡萄架、木栈道等设施，以及各类绿植花卉。供市民游乐休闲欣赏。2012年建成。

越溪张桥生态湿地公园
Yuèxīzhāngqiáo Shēngtài Shīdìgōngyuán

公园。位于越溪街道。占地面积27万平方米，其中月季花园占地面积6万平方米。有香月季、丰花月季等八大类、150多个品种。月季园根据自然地形和月季特性搭配栽植，花开时整园层次分明，既见绿又见花。一期为月季园，二期为田园人家休闲体验区，三期为集采摘、种植、观赏和休闲为一体的四季果园。于2016年5月正式开园，免费向市民开放。

小石湖公园 Xiǎoshíhú Gōngyuán

公园。位于越溪街道。占地面积20万平方米。东为小石湖，南为南溪江路，西为塔韵路，北为姚湾港。园内有娱乐广场、健身步道、休闲亭、观光小溪等设施，以及各类绿植花卉。供市民游乐休闲欣赏。2006年建成。

塘湾公园 Tángwān Gōngyuán

公园。位于城南街道。塘湾新村北侧。占地面积0.42万平方米。公园由健身步道、运动场地、绿化、花卉、草坪、凉亭、廊道及多种雕塑造型等组成，以休闲、健身等主体功能为主。2006年建成。

太湖新天地生态休闲公园
Tàihúxīntiāndìshēngtài Xiūxiángōngyuán

公园。位于香山街道。以所在太湖之滨及生态休闲特点命名。占地面积8万平方米。主要有旷地生态、湖中栈道、太湖游船等，是集餐饮住宿、露天演艺、婚礼外景、太湖观光为一体的开放式生态休闲公园。2004年建成。

天鹅湖公园 Tiān′éhú Gōngyuán

公园。位于太湖街道。因公园依天鹅湖而建，故名。东为连柱山路，南为开甫路，西为箭浮山路，北为天鹅荡路。占地面积24万平方米（含11万平方米水域和13万平方米陆地）。公园分花岛、景观桥、东南半岛、南入口广场、河道西岸和北岸区域六个部分。公园最大程度保持水体，为居民提供软质、动态景观及森林氧吧。天鹅湖（荡）水清底浅，泥沙地，湖水平稳，水底水草和水面蒿草丰茂；水生动物活跃，鱼虾繁衍滋生；野天鹅尤其喜欢在此聚居、栖息、繁衍，其中又以白天鹅为主，灰天鹅次之，湖荡以此成名。2015—2018年设计施工。

张陵公园 Zhānglíng Gōngyuán

公园。位于角直镇。东为甫澄路，南为高速公路南出口，西为师姑泾浜，北为张陵江。占地面积3.47万平方米。园西为半月潭，北为二十四孝宫，宫东是儿童乐园，宫西为城隍庙。张陵禅院供奉张镇塑像，尊其为护佑一方的土地神。1990年始建，2000年已初具规模。

江南文化园 Jiāngnán Wénhuàyuán

公园。位于角直镇。占地面积8.66万平方米，园林景观4.25万平方米。集休闲、娱乐、观光于一体，闹中取静，是一座具有江南水乡特色的古典式园林。2010年8月工程竣工，同年9月开园。

东吴国家森林公园
Dōngwú Guójiā Sēnlín Gōngyuán

公园。位于木渎镇。以地理位置、级别、景观特色命名。占地面积249.4万平方米。1993年经林业部批准建制，正式对外开放。

虹饮山房 Hóngyǐnshānfáng

公园。位于木渎镇。“虹所饮者，桥下之香溪也”，虹饮山房由此得名。是清初木渎文人徐士元的故居、私家园林。由秀野园和小隐园二处明代园林联袂而成，其“溪山风月之美，池亭花木之胜”，远胜过其他园林。占地面积1.29万平方米，建筑面积2451平方米。清末，小隐园部分为一代“刺绣皇后”沈寿故居。传说，乾隆下江南每游木渎，必先在此弃舟登岸，入园游历。纪晓岚、和珅、刘墉等人也都曾数次下榻于此。

采莲人口文化公园
Cǎilián Rénkǒu Wénhuà Gōngyuán

公园。位于临湖镇。占地面积0.6万平方米。以宣传人口与计生知识为主题设计建造的公园。建有行道、长廊、花园、草坪、树丛、水池等项目，以及装置各种彩色灯光、雕塑造型、健身器材等设施。是群众学习知识、娱乐、活动的休闲场所。2013年由吴中区计生局与采莲村投资合建。

第三节　风景区

旺山景区 Wàngshān Jǐngqū

风景区。位于越溪街道。在七子山南麓旺山一带，有丰富的自然资源和悠久的历史人文景观。是太湖旅游景区之一，也是融山林植被、农业生态、田园村落、历史古迹于一体的旅游休闲胜地。有养生度假村“环秀晓筑”、吃住农家乐“钱家坞”、传说“九龙潭”、千年古刹“宝华寺”“乾元寺”、禅茶文化“叆叇岭”等多个景点。被评为全国农业旅游示范点、国家特色景观旅游点。为国家级AAAAA级旅游景区。

渔洋山景区 Yúyángshān Jǐngqū

风景区。位于香山街道。以渔洋山而得名。建于2006年，占地面积0.33平方千米。三面环水，山势平坦，层林叠翠，环境幽静，主峰海拔170.8米。有昙花庵、法华寺、四面观音殿、吴王爱妃郑旦墓、董其昌墓等景点，具有2500多年历史。主峰“渔洋阁”誉

"渔洋太湖第一景"，新建有石碑、浮雕、牡丹园、桃花潭、健步道、山地车赛道、索滑道等。是以湖山为背景，集山水生态、户外运动、休闲养生等多功能为一体的生态资源型旅游景区。

苏州太湖国家旅游度假区
Sūzhōu Tàihú Guójiā Lǚyóu Dùjiàqū

风景区。位于香山街道。东连胥口镇，南、西临太湖，北接虎丘区。占地面积171平方千米（不含太湖水域）。有国家森林公园、国家现代农业示范园区、国家地质公园、2个省级历史文化名镇、4个省级文保单位以及36个各类旅游景点。旅游度假区管委会驻香山街道孙武路南。1992年10月经国务院批复同意建立江苏省太湖国家旅游度假区。将胥口镇的梅舍、郁舍、姚舍、香山、小横山、蒋墩、墅里、长沙8个村划归苏州胥口度假中心。1993年6月江苏省太湖国家旅游度假区苏州胥口度假中心更名为苏州太湖国家旅游度假区。

甪直景区 Lùzhí Jǐngqū

风景区。位于甪直镇。以水乡桥都、河道驳岸和古吴文化为主要特色。甪直古名甫里，因三横三竖水流酷似"甪"字而得名，是保存完好的水乡古镇。古镇历史悠久，可追溯到距今约5000年的张陵山遗址为代表的良渚文化。吴王阖闾建离宫于南，吴王夫差建梧桐苑于北，宋代已成为建制镇。镇外湖、荡星罗棋布，河网交织，素有"五湖之厅""六泽之冲"之称，著名社会学家费孝通誉为"神州水乡第一镇"。甪直以桥多闻名，有"桥梁博物馆"之称，鼎盛时期一平方千米的古镇区有宋至清代各式古桥"七十二座半"，现存41座。桥造型各异，古色古香，有多孔的大石桥、独孔的小石桥、宽敞的拱形桥、狭窄的平顶桥，也有装饰性很强的双桥。古镇区内有古镇水上游览船和丰富多彩的特色活动，如水上迎亲表演、水乡歌舞表演等。古镇2001年被联合国教科文组织列入文化遗产预备名单，2003年国家建设部和国家文物局命名为"中国十大历史文化名镇"，2004年国家环保总局评定为"全国环境优美镇"。

香雪海 Xiāngxuěhǎi

风景区。位于光福镇。早在西汉初期，光福就开始种梅，明姚希孟在《梅花杂咏》中写道："梅花之盛不得不推吴中，而必以光福诸山为最。"清康熙三十五年（1696）春，江苏巡抚宋荦登山赏梅，"遥看一片白，雪海波千顷"，欣然题词"香雪海"，题词刻于石崖，自此香雪海闻名于世。清康熙、乾隆皇帝多次巡游香雪海。现有闻梅馆、梅花亭、乾隆御诗碑、望湖亭等景点。香雪海为中国四大赏梅胜地之一。1960年列为吴县文物保护单位，现为苏州市文物保护单位。2014年1月被评为国家AAAA级旅游景区。

光福景区 Guāngfú Jǐngqū

风景区。位于光福镇。占地面积31平方千米。以植物奇观、湖湾渔港、宗教文化和红色文化为特色，是太湖风光与名胜古迹融为一体的风景区。区内峰峦罗列，山水萦抱，文物古迹众多。曾出土新石器时代的石钵、石斧等文物。历史上曾有寺观34座，散存在崇山峻岭中，现存5座。明、清时期光福为吴县六大名镇之一。拥有中国著名赏梅地"香雪海"。景区每年都举办"太湖梅花节"。2014年6月被评为国家AAAA级旅游景区。

苏州吴中穹窿山风景管理区
Sūzhōu Wúzhōng Qiónglóngshān Fēngjǐngguǎnlǐqū

风景区。位于木渎镇。以地理位置、功能特点命名。穹窿山为苏州第一名山，主峰箬帽峰，海拔341.7米，素有"吴中之巅"之称。景区拥有丰富的自然资源，省级自然保护区——茅蓬坞是一座天然的植物博物馆，是苏州地区最大的天然森林氧吧。有盘山公路直达山顶，全长12千米。景区著名景点有孙武苑、朱买臣读书台、望湖园、上真观、宁邦寺、玩月台等。据传为中国大军事家孙武隐居写作《孙子兵法》处。穹窿山景区已成为一座以孙子文化为主题，以宗教文化、皇家文化、休闲文化为补充的太湖名山、圣山。2006年设立苏州吴中穹窿山风景管理区，2013年被评为国家AAAAA级旅游景区。

木渎古镇景区 Mùdú Gǔzhèn Jǐngqū

风景区。位于木渎镇。是与苏州城同龄的水乡古镇，迄今已有2500多年历史。1982年木渎被列为国家级太湖风景名胜区13个景区之一。20世纪90年代起，木渎镇政府全力打造"中国园林古镇"品牌。全镇共有私家园林30多处，其中古镇区有12处，现已修复严家花园、虹饮山房、古松园、榜眼府第等，其中严家花园为江南名园，为台湾省政要严家淦先生故居。其深厚的文化蕴积，幽雅的园林环境，脍炙人口的历史传说，为现代都市人提供了一个放松身心、陶冶情操的旅游休闲的好去处。2008年8月被评为国家AAAA级旅游景区。

天平山风景区 Tiānpíngshān Fēngjǐngqū

风景区。位于木渎镇。以天平山山名而得名。峰顶平正故名天平。在灵岩山北与虎丘区接壤处。占地面积6.1平方千米。主峰海拔201米。宋时曾赐给范仲淹，又名“赐山”。是中国四大赏枫胜地之一。主要景点：一是红枫林，范仲淹后裔范允临于明万历年间建天平山庄，栽植380余株枫树，现仍存176棵，迄今已逾400年。有“天平红枫甲天下”之盛誉；二是万笏朝天，为众多造型石峰的总称。有玉笋、龙门一线天、飞来石、卓笔峰、回音谷、莲花洞等七十二景观；三是白云泉，位于半山腰，又称钵盂泉。唐代白居易发现，因北宋范仲淹荐举而扬名。相传茶圣陆羽品评为“吴中第一水”；四是天平山庄，位于景区东侧，紧邻范仲淹祖茔，为明代范允临建造，是一处精致的江南古典园林。1995年公布为江苏省文物保护单位；五是忠烈庙，位于景区西侧，建于南宋，宋徽宗赐额“忠烈”，为范仲淹及其先祖祠堂。旁新建范仲淹诗文碑廊。1995年公布为江苏省文物保护单位。2012年被评为国家AAAA级旅游景区。

天池山景区 Tiānchíshān Jǐngqū

风景区。位于木渎镇。以天池山山名而得名。由天池山、花山、白象湾3个景点组成。占地面积2.78平方千米。以林木之幽、石景之奇、名泉之众、摩崖之多、人文之深而著称。天池山是吴中四大名山之一，以“境幽”“池美”“泉甘”“石奇”“佛灵”五绝著称。元朝时所建三座石构殿屋，全国罕见，为建筑艺术的瑰宝。天池山东半边，人称“华山”“花山”，历史悠久。东晋高僧支循来此开山后，历代名人高士纷纷来此隐居，康熙、乾隆都曾游览过。山坡上有翠岩寺，门额为康熙的手书。白象湾景区是一座“养在深山人未识”的神秘乐园。白象湾掩映于群山之中，山峰环抱，具有原始自然的山水风貌。2012年白象湾景区又增辟了苏州白象湾快乐生态园项目。2015年被评为国家AAAA级旅游景区。

羡园 Xiàn Yuán

风景区。位于木渎镇。始建于雍正六年（1728），最早是沈德潜的寓所，初称竹啸轩。清道光八年（1828），诗人钱照（字端溪）购后所筑，改名端园，于是“叠石疏池，筑亭建楼”。清光绪二十八年，木渎首富严国馨购得端园，由姚承祖率领良工修葺一新，严氏因仰慕前贤而将它改名“羡园”，俗称“严家花园”。1996—1999年重修。占地面积0.01平方千米。中路为五进主体建筑，依次为门厅、怡宾厅（移建东渚汪厅）、尚贤堂（移建东山古建筑）、明是楼和眺农楼。其中位居第三进的尚贤堂为较为罕见明代楠木厅，迄今已有400多年历史。园内布置疏密曲折，高下得宜，为全国名园之一。

灵岩山风景区 Língyánshān Fēngjǐngqū

风景区。位于木渎镇。以灵岩山山名而得名。山多奇石，以灵芝石最为著名，故名“灵岩”。山形颇似象，山石可为砚，又名“象山”“砚石山”。占地面积12.4平方千米。海拔182米。春秋时期，吴王夫差在山顶筑离宫——“馆娃宫”。至今还存有废宫地基和大量古迹。由山路上山，沿途有继庐亭、迎笑亭、落红亭、观音洞、石幢等景点。灵岩山寺为典型的中国佛教净土道场之一，建在馆娃宫遗址，寺内有楼阁式多宝塔。山麓有灵岩山馆，占地面积2万平方米，由毕沅纪念馆、吴王姑苏台、清代诗人张永夫纪念馆等组成。灵岩山馆原为清代状元、湖广总督毕沅于乾隆五十四年（1789）所建，咸丰十年（1860）毁于兵燹。2002年按史料复原重建。系苏州市文物保护单位。西麓由宋蕲王韩世忠墓，为宋代抗金名将韩世忠及梁红玉等4位夫人的合葬墓，建于宋绍兴二十一年（1151）。1990年6月墓园修复，向游客开放。

小隆中景区 Xiǎolóngzhōng Jǐngqū

风景区。位于木渎镇。又名小王山景区。辛亥老人李根源隐居于此，自署“小隆中”，追慕诸葛武侯，人称“山中宰相”。主要景点：李根源纪念馆、民间收藏馆、书画艺术馆、明清古建筑（性善堂、怀德堂）、忠孝祠、阙茔村舍、“松海十景”中的小隆中、湖山堂、听松亭、万松亭、池上亭等历史建筑，以及阙茔石刻群、松海石刻群、松柏精神牌坊、忠孝牌坊、李根源墓、李母阙太夫人墓、李根沄墓、李学诗墓等。现存近代名人摩崖题刻106方，碑廊题刻45方，石碑题刻23方。

苏州未来农林大世界
Sūzhōu Wèilái Nónglín Dàshìjiè

风景区。位于临湖镇。以“汇聚现代农林科技，展示未来自然田园”为主题命名。1996年开发建设，占地面积2平方千米。呈矩形，沿太湖南北长1500米，沿越湖路东西向长1300米。是集农业科技、国际游览、销售贸易、产业招商、农业休闲观光等为一体的大型生态农业园。园内建有“生态旅游、趣味互动”为主题的项目30多个。景区以现代农业科技展示与农业休闲观光结合，具观赏性、参与性、科普性、趣味性，为人们亲近山水、回归自然的生态乐园。2004年4月，经国家旅游局批准为“全国生态农业旅游点”。主要景点：观赏鱼世界、果蔬采摘园、休闲滑草场、趣味牧场、跑马场、醉绿园酒店、咏春湖、趣桥竞渡、鱼趣园等。为国家AAAA级旅游景区。

苏州太湖园博园 Sūzhōu Tàihú Yuánbóyuán

风景区。位于临湖镇。因第九届江苏省园艺博览会设此，故名。东至临湖路，南至灵湖村，西至太湖，北至园博园路。为苏州吴中太湖国家旅游度假区（国家AAAAA级旅游景区）之东山、旺山和穹窿山的三角腹地。占地面积2.36平方千米，核心展区1.1平方千米。以“水墨江南，园林生活”为主题，设22个主题园，12个主题展馆。园博园以“一核、两脉、四片区”为框架，设郊野博览公园、太湖山水田园、乡村生活家园及苏州非物质文化遗产馆、飞行影院、根雕艺术展、巧克力花艺馆等园林展馆。

东山景区 Dōngshān Jǐngqū

风景区。位于东山镇。东北与临湖镇接壤。三面环太湖是延伸于太湖中的半岛。占地面积31平方千米。以花果丛林、自然风光和元、明、清古建筑闻名，有三山岛旧石器时代遗址等众多山水风景，是一个拥有悠久人文历史景观的旅游胜地。素有“花果山”之称。史载唐代已种洞庭红橘。早红橘、白沙枇杷、碧螺春茶叶素负盛誉。春秋末年，东山景区是吴越战争的前沿阵地和吴王狩猎游乐之地。今存南望、北望、望越台、演武墩、菱湖、胥王庙、娘娘庙、虎山、鸡山、射鹗山等遗迹。主要景点：莫厘峰、杨湾、灵源寺、龙头山、王鏊故居、明代一条街、轩辕宫、明善堂、裕德堂、文德堂、葑山禅院、紫金庵、雕花楼、启园、三山岛、雨花胜境、陆巷古村落等。其中有古寺庙60座，明代及仿明建筑96处。东山景区是1982年国务院公布的第一批国家重点风景名胜区，为太湖风景名胜13个景区之一。2014年1月被国家旅游局评定为AAAAA级旅游景区。

西山景区 Xīshān Jǐngqū

风景区。位于金庭镇。占地面积84平方千米。湖岸线逶迤曲折，长达50千米。西山景区以群岛风光和吴越以来的文化古迹见胜，有“七村、八巷、九里、十三湾”之称。岛上80%以上是山地。全岛有41峰，缥缈峰耸立于岛的中部，为太湖七十二峰之首。区内存历史文化古迹100多处，明月湾、东村为中国历史文化名村。开放景点14个：石公山、林屋洞、包山寺、禹王庙、罗汉寺、古樟园、绿光农场、明月湾古村、缥缈峰、东村古村、西山雕花楼、牛仔乡村俱乐部、大观音禅寺（大如意胜境）、太湖花海。还有很多具有丰富历史文化底蕴的景点和历史遗迹，如西施避暑的消夏湾、东村、堂里、水月坞、春熙堂等，以及鸡笼梅雪、角里梨云、消夏渔歌、石公秋月、缥缈晴岚、西湖夕照、龙渚归帆、玄阳稻浪、毛公积雪、林屋晚烟十大胜景。为国家AAAA级旅游景区。

第四节 自然保护区

苏州太湖湖滨国家生态湿地公园
Sūzhōu Tàihúhúbīnguójiāshēngtàishīdì Gōngyuán

自然保护区。位于香山街道。以所在太湖之滨及生态休闲景观特点命名。东西长8千米，南北宽450米，占地面积3.6平方千米。包括沿陆湿地、芦苇荡、人工岛和部分水面。建有苏州太湖湖滨国家湿地公园、太湖新天地、水星游艇俱乐部、苏州海洋馆及自由开放区等。2014年12月农业部批准为国家级生态湿地。

木渎镇茅蓬坞自然保护区
Mùdú Zhèn Máopéngwù Zìránbǎohùqū

自然保护区。位于木渎镇。以地理位置、级别、景观特色命名。占地面积0.4平方千米。木渎镇茅蓬坞自然保护区，是一座天然的植物博物馆，拥有牛鼻栓、短穗竹、紫楠等维管植物217种，以及穹术、三七、党参、灵芝、何首乌等药生植物，已探明的药生植物就有151种。

光福森林自然保护区
Guāngfú Sēnlín Zìránbǎohùqū

自然保护区。位于光福镇。1981年8月，光福森林自然保护区被确认为江苏省自然保护区，成为江苏省6个森林自然保护区之一。它包括穹窿山茅蓬和官山岭两处，占地面积0.6平方千米。其中，穹窿山茅蓬面积0.4平方千米，属国营吴县林场。其范围东南至藏书镇林场，西至光福镇塘村山地，北至雷达站，保护森林以紫楠木为主；官山岭面积0.19平方千米，其中窑上村1组面积0.13平方千米，香雪村4组面积0.06平方千米。其范围东至道士岭小路，南至林科队果园，西至大王界山岗小路，北至六亩尖岗顶。保护森林以木荷为主。

第五节　历史地名

【人物纪念地】

澹台子祠 Tántáizǐ Cí

人物纪念地。位于郭巷街道。面北有4柱3门石坊。旧祠在尹山巅，清同治中期移建至此，施氏后裔主祭。祠屋在民国时期拆除，石坊毁于20世纪60年代。

大经堂 Dàjīng Táng

人物纪念地。位于郭巷街道。清代建筑，原为当地施氏宅第，后卖于清光绪举人陈希濂祖上。宅第7开间5进，大经堂为主厅（有抱联、廊轩），临街正门置青石户对1对、花岗岩旗杆石4对。该宅主厅于1945年拆卖，辅房毁于20世纪60年代。

笃行堂 Dǔxíng Táng

人物纪念地。位于郭巷街道。明代建筑，为当地施氏宅第。宅第东、中、西3落共9开间7进，中落主厅笃行堂屏风雕刻极细，立柱近抱粗。20世纪30年代后期该宅渐塌，残屋解放战争时期被后裔拆卖，现存卖与黄氏的偏厅“耕心堂”。

仁耕堂 Réngēng Tán

人物纪念地。位于郭巷街道。为“喻源兴椿作”业主宅第主厅。1929年由吴县香山帮工匠建成，中华人民共和国成立后曾用作郭巷乡（公社）机关办公所在，1976年4月拆除。

沈桂芬墓 Shěnguìfēn Mù

人物纪念地。位于越溪街道。为沈桂芬的墓穴。墓地位于张墓村西，占地面积2000平方米，两块青石碑刻，记载沈桂芬的生平和墓区建筑情况。墓区有东5间，西3间房屋。东5间为正堂，内有李鸿章送的一幅亭柱包单。两侧有肃静、回避行牌，正中有座椅，上端挂有幕布，俨然似官府升堂场所。地面铺设刨细方砖。中间一间有门6扇，有一通道长20米直达河边，通道用花岗石铺设，两侧有石羊、石马，气派非凡。正堂后有门两扇，通道长40米，直达墓地，墓前有石阶，有墓碑，墓西有竹。与正堂西平行有3间厅堂，厅堂前有两夹厢，似卧室、书房。厅堂后有一天井，种有金桂、银桂和玉兰树，正房和偏房有风火墙，风火墙用六角方砖贴面。坟屋东面有转壕，用金山石砌驳岸，南端沿港用金山石砌驳岸，还有宽阔的踏蹬。此墓于20世纪70年代毁于整田平地。

张翰墓 Zhānghàn Mù

人物纪念地。位于越溪街道。南宋绍定《吴郡志》记载，张翰坟在横山东五里。明朝正德《姑苏志》记载，东曹掾张翰墓在横山东五里。清《横泾志》记载，晋东曹椽张翰墓在横山东5里，今张墓陆巷。张翰为吴中人，善文，下笔神速，辞意新丽。晋惠帝太安元年（302），齐王冏命张翰为大司东曹椽。冏专权独断，官僚斗争，张翰知道自己不能善终，便辞官隐居吴中，年57卒。宋乾道三年（1167），吴江县令赵伯虚筑三高祠，将张翰与范蠡、陆龟蒙同号“三高”。龙翔村的张墓自然村西便是张翰墓地，张墓村名也由张翰墓葬而得名。墓西侧有“敬信庵”祀奉张翰，距今已有1600多年。此墓、祠均在1959年被毁。

陆云墓 Lùyún Mù

人物纪念地。位于越溪街道。葬地称陆墓山。陆云字子龙，武帝恩遇甚厚，太清元年（547）卒，年37。帝悼惜之，诏尅日举哀，赙钱五万、布四十尺。陆云之子陆琼初侍东宫，母随在官舍，后主赏赐优渥，至德中为吏部尚书。丁母忧，丧当回乡，诏加赙赠并遣谒者黄长贵持册奠祭，后主自列志铭，朝野荣之。陆琼以哀毁卒。

毕沅墓 Bìyuán Mù

人物纪念地。位于木渎镇。墓主系毕沅。钱大昕撰墓志铭。“文化大革命”时期被毁。1957年曾被列为江苏省文物保护单位。1970年10月，木渎金山公社天平大队的贫下中农和南京博物院考古组联合发掘。祥里村已拆迁改造，部分圈入苏州轨道交通车辆段，毕沅墓已无迹可寻。

文震孟墓 Wénzhènmèng Mù

人物纪念地。位于木渎镇。墓主系明代大学士、书法家文震孟。是文震孟与原配陆夫人、侧室袁夫人合葬墓。徐枋撰写墓志铭。“文化大革命”前后墓被掘毁，现存墓坊残柱3根。1957年8月曾列为江苏省第二批文物保护单位。现已被排除在文物保护单位之外。已不存。

钱元璙墓 Qiányuánliáo Mù

人物纪念地。位于木渎镇。墓主系钱元璙。九龙坞是钱元璙的家族墓地，其子钱文奉亦葬于此。据《吴县志》记载，清代潘奕隽曾对钱元璙墓进行修葺。嘉庆十六年（1811），江苏巡抚章煦及钱氏裔孙礼部侍郎钱越、安徽巡抚钱楷、布政司经历钱永等人，曾重立碑碣、翁仲、石兽。现翁仲、石兽及清代碑碣都已废毁。但墓穴完好，封土高约3米，直径4米。1949年后被毁。1960年3月被公布为吴县文物保护单位。现仅残存该墓的封土部分。

【事件纪念地】

蚂蝗墩遗址 Mǎhuángdūn Yízhǐ

事件纪念地。位于郭巷街道。又名大坟。遗址在蔡家浜村北。占地面积5300平方米。20世纪90年代中期筑路取土时，出土文物及稻灰遗迹推究，遗址堆积下层属新石器时期文化遗存，2000年遗址西南角仍有长15米，宽4米，高3米，剩余堆土1处。至今，该遗址已无存。

【宗教纪念地】

延庆寺 Yánqìng Sì

宗教纪念地。位于横泾街道。以位于横泾上塘街北部，供信众与市民参加有关宗教活动而得名。今横泾中心小学即为其部分故址。相传唐长庆三年（823）僧宗琏建，宋天圣年间重建，明弘治、正德年间归并白云寺。清乾隆中期僧慧成于原址重建。1930年时僧元瀛整修，有房5间4厢，毁于20世纪60年代。

义金庵 Yìjīn Ān

宗教纪念地。位于横泾街道。因横泾附近有分金墩，故名。建造年月不详。明天顺三年（1459）重建，嘉靖五年（1526）改为城隍庙，万历十五年（1587）重修。日久倾圮，清康熙十一年（1672）里人钱舜正等修复，乾隆四十三年（1778）僧慧通募资重修，割庵之西偏为城隍庙，庵之东土建观音殿。1930年时香伙林苍，有房26间，前有3间门楼，设戏台，中有场地，场中置铁铸香炉，大殿3间，置四大金刚塑像。20世纪70年代全部拆毁。

吴京思义庙 Wújīngsīyì Miào

宗教纪念地。位于越溪街道。也称潭塔庙。在潭塔村，建制无考证，后张曦重建。有15间三夹厢，门前有3棵大榉树，园内有一棵古银杏。有土地殿3间，神皇殿6间，塑有四大金刚，另一间塑有白马。潭塔庙1958年为公社驻地；1963年拆房用于建公社大会堂；拆剩下的3间在1965年作为农业中学校舍；1978年潭塔村搬迁后，逐渐成为平地，并改造成粮田。

白马庙 Báimǎ Miào

宗教纪念地。位于越溪街道。因位于珠村，原庙内有一石白马，供信者奉香，故名。有古树（银杏、香樟）两棵。20世纪70年代初被砍。

苏大司马庙 Sūdàsīmǎ Miào

宗教纪念地。位于越溪街道。因供奉大司马，故名。又名苏将军庙。建时无考证。有石塔高三丈许，旧有石碑一块，古柏一棵。

狮林寺 Shīlín Sì

宗教纪念地。位于光福镇。东至南凤凰山，南至福窿路，西至舟山路，北至山地。原名西林寺，俗称小狮林寺。相传建于南宋，1949年前有金刚殿3间、大雄宝殿5间、观音殿5间等建筑。清乾隆南巡经此庙，御笔题书狮林寺而得名。1961年光福下绞大队在此建大队部，庙基彻底毁坏。

无隐庵 Wúyǐn Ān

宗教纪念地。位于木渎镇。介于灵岩山、天平山之间。意在没有隐瞒或掩饰、完全显露。又名无隐禅院。创建于明代崇祯年间（1628—1644），由履中和尚开山兴建。清乾隆年间（1736—1795），唯然和尚重予修葺。嘉庆初期，天台山古风和尚受邀住持重修无隐庵，古风则安排弟子涵虚和尚代为掌管无隐庵，并将庵归为葑门崇宁寺下院。咸丰十年（1860），庵圮于太平天国。同治年间（1862—1874），名僧鹿苑发起重建。光绪年间（1875—1908），定远和尚居于庵中。1911年无隐庵成为报恩寺下院，由报恩寺方丈昭三上人兼任无隐庵住持。1927年前后，闻达法师受昭三上人之托掌管无隐庵。1932年曾任寒山寺、包山寺住持的大休上人退居无隐庵，并在此圆寂，安葬于庵后。“文化大革命”初期，无隐庵庵舍全毁，最后一任住持为慧海和尚。如今，无隐庵仅存小石屋、十余方摩崖与书条石。李根源书中记载的无隐庵摩崖、书条有二十方，已发现摩崖石刻9方，书条石2方。现荒废。

天宫寺 Tiāngōng Sì

宗教纪念地。位于临湖镇。南朝梁天监年间建，唐德宗时大加兴饰，宋天圣年间重建。供奉天帝等神仙。相传宋太祖赵匡胤母曾隐居于此。据存柱础，可知寺规模宏大。寺址占地面积3.5万平方米。四周挖转河，明代杜琼诗称其曰“碧螺墩”。寺毁于太平天国兵燹。清末在遗址上重建4间2厢，20世纪50年代初寺前村用作会场，后被拆毁。

张灵庙 Zhānglíng Miào

宗教纪念地。位于临湖镇。为供奉张灵神像而命名。原为土谷祠。始建年代无考。相传为汉张苍冢庙岂北平侯之神。每年农历三月十六里人于此举办庙会。庙宇毁于20世纪50年代初。

普照庵 Pǔzhào Ān

宗教纪念地。位于临湖镇。始建于南宋淳熙年间，僧人智实所掌。1906年庵内创办“渡村初等小学堂”。庵内供佛塑像毁于20世纪50年代，庵内建筑于“文化大革命”后期被拆毁，庵东首纯阳殿前原有2棵300年以上的古银杏，均高15米，胸径1.2米。1958年秋被砍伐。

瘟天君庙 Wēntiānjūn Miào

宗教纪念地。位于临湖镇。俗名元帅殿。相传元帅能除瘟祛病。始建年代无考。庙内建筑前后两进，计8间，另有辅房数间。元帅殿内塑元帅像。相传元帅（面目青紫色）升帐除瘟祛病，每有瘟疫盛行，乡民抬元帅巡行各村祈求祛除邪祟。20世纪60年代，庙房先后用于粮库、粮饲加工厂。1984年拆除。

采莲庵 Cǎilián Ān

宗教纪念地。位于临湖镇。始建年代无考。庵屋两进，计12间。1937年吴县沦陷时，日军驻于庵内，附近设立检问所，枪杀当地村民和过路群众无数。土改时庵内一住户分得其屋，1960年春拆毁。

留杯庙 Liúbēi Miào

宗教纪念地。位于临湖镇。1930年庙内有房屋12间，住持为僧自性，于20世纪50年代初拆毁。

眠佛寺 Miánfó Sì

宗教纪念地。位于东山镇。又名高峰寺。寺后有楼，塑如来佛涅槃眠像处，寺由此得名。建于梁代大同元年（535），隋废。宋祥符年间重建，清光绪二十六年（1900）又重修。原寺规模极大，占地面积2万平方米。虽明、清两朝对庙宇进行过多次修缮、重建，至中华人民共和国成立时，大部屋宇已毁，“文化大革命”期间被夷为废墟。今仅存庭中古桂一株。

第六章　建筑物

第一节　房屋

吴中城市生活广场 Wúzhōngchéngshì Shēnghuó Guǎngchǎng

房屋。位于长桥街道西部。以其地处吴中城区核心发展区域的地理位置及其功能特点命名。东至中港河，南至石湖西路，西至友新路，北至旺吴路。占地面积9.37万平方米，建筑面积49.29万平方米。由5幢高层商住楼、5幢高层商用楼、8幢多层商用楼及广场、绿地等组成。广场面积3400平方米。2015年命名。

利通大厦 Lìtōng Dàshà

房屋。位于长桥街道北部。以"利益融通"的寓意命名。东至吴中区文化馆及其北侧民宅，南至吴中东路及吴中区文化馆北侧民宅，西至东吴北路，北至苏苑饭店及吴中区旅游咨询服务中心。占地面积1.10万平方米，建筑面积6.3万平方米。地面建筑高88.8米（20层）。以商务功能为主的高层楼宇。2013年命名。

东吴大厦 Dōngwú Dàshà

房屋。位于长桥街道北部。以东依"东吴北路"命名。东至东吴北路，南至吴中西路39弄住宅楼、东吴北路107号住宅楼及东吴北路西侧沿路商务楼，西至吴中西路39弄，北至吴中西路。占地面积1.02万平方米，建筑面积3.77万平方米。地面建筑高75.3米（18层）。以商业、办公为主要功能的高层人工建筑物。2006年命名。

苏蠡商务大厦 Sūlǐ Shāngwù Dàshà

房屋。位于长桥街道西部。以其紧邻苏蠡路的地理位置及其主要功能特点命名。东至苏蠡路西侧规划用地，南至石湖西路北侧河道，西至苏蠡路西侧规划道路，北至旺吴路。占地面积0.68万平方米，建筑面积3.2万平方米。地面建筑高68.1米（18层）。以商务功能为主的高层楼宇。2013年命名。

长蠡大厦 Chánglǐ Dàshà

房屋。位于长桥街道南部。以其紧邻长蠡路及长蠡新村的地理位置特点命名。东至长蠡路，南至南蠡墅街，西、北至长蠡新村。占地面积0.53万平方米，建筑面积1.58万平方米。地面建筑高43.8米（10层）。以集聚商业、商务办公、休闲等多功能的综合性服务功能为主的高层楼宇。2015年命名。

先锋时代商务广场 Xiānfēng Shídài Shāngwù Guǎngchǎng

房屋。位于长桥街道西部。以其南依先锋路且地处先锋社区区域的地理特征、取"藉先锋一隅，展时代风貌"的寓意，及其以商务功能为主的功能特点、具有公共活动空间的形态特征等拟名。东至苏蠡路西侧绿化带，南至先锋路，西至苏蠡路西侧规划道路，北至庵全街。占地面积1.5万平方米，建筑面积7.8万平方米。由2幢高层商用楼、1幢多层商用楼及广场、绿地等组成，广场面积2100平方米。以商务功能为主的综合性大型建筑区域。2017年命名。

鑫悦生活广场 Xīnyuè Shēnghuó Guǎngchǎng

房屋。位于长桥街道中部。以其功能特点及"兴盛""愉悦"等寓意拟名。东至中港河，南至澄湖路，西至友新路向南延伸段东侧新建道路，北至绮川路。占地面积1.64万平方米，建筑面积8.63万平方米。由2幢高层楼宇、2幢多层楼宇及道路、绿地、广场等组成，广场面积2650平方米。为集聚商务、居住、商业等多功能的建筑区域。2008年命名。

财智商务广场 Cáizhì Shāngwù Guǎngchǎng

房屋。位于长桥街道中部。以商务为主要功能的特点拟名。东至苏蠡路，南至澄湖路，西至新蠡路，北至绮川路。占地面积2.68万平方米，建筑面积11.95万平方米。由3幢高层楼宇及绿地、广场等组成，广场面积8000平方米。2012年命名。

天枫邻里生活广场
Tiānfēng Línlǐ Shēnghuó Guǎngchǎng

房屋。位于长桥街道中部。以其紧邻"天枫苑"住宅区的地理位置及其功能特点命名。东至苏蠡路西侧商用楼，南至南库路北侧规划用地，西至长丰街，北至先锋路南侧河道。占地面积1.12万平方米，建筑面积2.65万平方米。由1幢多层楼宇及绿地、广场等组成，广场面积2180平方米。集聚商业、商务办公、休闲等多功能的综合性大型建筑区域。2012年命名。

澹台湖生活艺术中心
Tántáihú Shēnghuóyìshù Zhōngxīn

房屋。位于长桥街道东部。以其临近澹台湖的地理位置特点及其"集中展示生活的艺术"的规划设计理念拟名。东至京杭大运河西侧规划用地，南至新运河北侧规划用地，西至澹台湖大桥东侧规划用地及吴中区城区河道管理所，北至太湖东路。占地面积14.32万平方米，建筑面积20.89万平方米。由2幢高层楼宇、12幢多层楼宇及绿地、水系、广场等组成。以商服功能为主的综合性大型建筑区域。2013年命名。

美成坊 Měichéng Fāng

房屋。位于长桥街道南部。以"美满的成就"的寓意及其以商业功能为主的功能特点拟名。东至长蠡路西侧绿化带及大寨河沿河绿化带，南至吴中大道北侧规划用地及大寨河沿河绿化带，西至吴蠡雅苑，北至彭泾港南侧绿化带。占地面积1.36万平方米，建筑面积5.6万平方米。由2幢多层商用楼、1幢高层商用楼及绿地等组成。以商业功能为主的综合性大型建筑区域。2016年命名。

吴中区图书馆 Wúzhōng Qū Túshūguǎn

房屋。位于长桥街道东部。以地域与服务功能命名。在宝带东路与东吴北路交叉口，西南为公共文化中心，保利大剧院对面。占地面积3400平方米。藏书16万余册。始建于1925年，抗战时期毁于战火，1959年重建于木渎，1994年5月，搬迁至今址。馆内设外借、阅览、少儿借阅、古籍查询、参考咨询和电子阅览室等服务窗口，设办公室、财会室、采编室和辅导室等。1998年7月，实行自动化管理，图书年流通10万余册次。年购新书5000余册，订阅报刊500余种，收藏地方文献4000余册，古籍9419册。设木渎、吴中城区两个分馆，以及馆外设苏苑中学、电大、职中、苏苑南区居委会、龙西、月浜、看守所等多个服务网点。

阳光天地商业广场
Yángguāngtiāndì Shāngyè Guǎngchǎng

房屋。位于郭巷街道中部。以"生意盎然的一方天地"的寓意及其主要功能特点拟名。东至尹山湖路及其西侧规划用地，南至环湖路，西至翡丽湾巷，北至环湖路北侧规划道路。占地面积1.78万平方米，建筑面积10.18万平方米。由1幢高层楼宇、1幢多层楼宇及广场、绿地等组成，广场面积2000平方米。以商业功能为主的综合性大型建筑区域。2014年命名。

苏州古玩城 Sūzhōu Gǔwán Chéng

房屋。位于郭巷街道西北部。以其作为苏州最具规模的古玩鉴赏、古玩交易、古玩文化交流的功能集聚区之规划设计理念拟名。东至临嘉路向北延伸段，南至北港路，西至姜家新村住宅区及姜家社区民宅，北至姜家新村。占地面积5.9万平方米，建筑面积12.8万平方米。由15幢1～8层楼（房）及绿地、广场等组成。以古玩鉴赏、古玩交易、古玩文化传播为主要功能，兼具中华优秀工艺文化展示、交流、传承等多功能的建筑区域。2010年命名。

梦立方商务广场
Mènglìfāng Shāngwù Guǎngchǎng

房屋。位于郭巷街道北部。以"梦想空间"的寓意及其主要功能特点拟名。东至双银国际金融城，南至东方大道北侧绿化带，西至商用楼宇及规划用地，北至通达路东侧规划用地。占地面积1.32万平方米，建筑面积6.38万平方米。由2幢高层楼宇、2幢多层楼宇及广场、绿地等组成，广场面积2000平方米。以商务功能为主的综合性大型建筑区域。2014年命名。

苏旺商务中心 Sūwàng Shāngwù Zhōngxīn

房屋。位于横泾街道北部。以其紧邻苏旺路的地理位置、以商务功能为主的特点、占地面积与建筑面积均达到"中心"命名标准等拟名。东至苏旺河（俗称），南至南官渡路，西至花榭路，北至创新河。占地面积3.69万平方米，建筑面积17.06万平方米。由8幢多层商用楼、2幢高层商用楼及广场、绿地等组成。以商务功能为主的综合性大型建筑区域。2017年命名。

旺金商务广场 Wàngjīn Shāngwù Guǎngchǎng

房屋。位于横泾街道北部。以“兴盛、富足之地”的寓意及其以商务为主的功能特点、具有3000平方米公共活动空间的形态特征等拟名。东至南官渡路，南至南官渡路，西至层阁路，北至创新河。占地面积1.94万平方米，建筑面积7.95万平方米。由2幢高层商用楼及广场、绿地等组成，广场面积3000平方米。以商务功能为主的综合性大型建筑区域。2017年命名。

栖谷坊 Qīgǔ Fāng

房屋。位于横泾街道北部。以其地处尧峰山山麓、所处区域地形形似山谷的地理特征及其以商业为主的功能特点，取“隐于山谷之商家”的寓意拟名。东、西、北至尧峰山山麓规划道路（未命名），南至吴中大道北侧规划道路（未命名）。占地面积6.4万平方米，建筑面积5.55万平方米。由89幢多层商用楼、1幢单层综合房及绿地、水系等组成。以商业功能为主的综合性大型建筑区域。2017年命名。

重楼商务广场 Chónglóu Shāngwù Guǎngchǎng

房屋。位于横泾街道北部。以其东临重楼路的地理位置及其以商务功能为主的功能特点、具有3000平方米公共活动空间的形态特征等拟名。东至重楼路，南至南官渡路，西至旺金商务广场，北至创新河。占地面积2.37万平方米，建筑面积10.38万平方米。由3幢商用楼（其中多层1幢、高层2幢）及广场、绿地等组成，广场面积3000平方米。以商务功能为主的综合性大型建筑区域。2018年命名。

南溪江路商务中心 Nánxījiānglù Shāngwù Zhōngxīn

房屋。位于越溪街道东北部。以其南依南溪江路的地理位置及其主要功能特点拟名。东至溪秀路，南至南溪江路，西至明溪路，北至溪秀路。占地面积2.34万平方米，建筑面积12.14万平方米。由1幢高层商用楼及广场、绿地等组成。以商务功能为主的综合性大型建筑区域。2015年命名。

绿憬商务广场 Lǜjǐng Shāngwù Guǎngchǎng

房屋。位于越溪街道东北部。以“绿意盎然，憧憬未来”的寓意及其以商务为主的功能特点、具有2000平方米公共活动空间的形态特征等拟名。东至塔韵路，南至苏街北侧商用建筑区域，西至越来溪，北至滨溪路。占地面积1.46万平方米，建筑面积8.12万平方米。由1幢超高层商用楼、7幢多层商用楼及广场、绿地等组成，广场面积2000平方米。以商务功能为主的综合性大型建筑区域。2016年命名。

塔韵商务广场 Tǎyùn Shāngwù Guǎngchǎng

房屋。位于越溪街道东北部。以其西傍塔韵路的地理位置、以商务为主的功能特点、具有约2000平方米公共活动空间的形态特征等拟名。东至小溪江西侧绿化带，南至吴山街，西至塔韵路，北至塔韵路东侧绿地及停车场。占地面积1.01万平方米，建筑面积4.59万平方米。由2幢高层商用楼及广场、绿地等组成，广场面积2000平方米。以商务功能为主的综合性大型建筑区域。2016年命名。

和溪坊 Héxī Fāng

房屋。位于越溪街道东部。以其地处无名河道两侧的地理特征取“和谐溪韵”的寓意，及其以商业功能为主的功能特点拟名。东至锦悦苑，南至苏街，西至苏州海关，北至南溪江路。占地面积1.04万平方米，建筑面积2.3万平方米。由2幢多层商用楼及广场、绿地等组成。以商业功能为主的综合性大型建筑区域。2018年命名。

城南印象生活广场 Chéngnányìnxiàng Shēnghuó Guǎngchǎng

房屋。位于城南街道西北部。以其地处吴中区城南街道的地理位置及其功能特点拟名。东至桂苑二村，南至澄湖路北侧无名河道，西至南沿河巷，北至桂苑村。占地面积3.11万平方米，建筑面积6.30万平方米。由1幢高层商用楼和9幢多层住宅楼（居民208户）及绿地、广场等组成，广场面积2300平方米。为集聚商业、居住、商务、娱乐等多功能的建筑区域。2010年命名。

宝怡大厦 Bǎoyí Dàshà

房屋。位于城南街道西北部。以“至宝怡人”的寓意拟名。东、南至吴中经济开发区商贸城商用楼宇，西至东吴南路，北至广建路。占地面积0.63万平方米，建筑面积3.69万平方米。地面建筑高88.95米（27层）。为集聚商业、居住等多功能的高层楼宇。2011年命名。

天誉生活广场
Tiānyù Shēnghuó Guǎngchǎng

房屋。位于城南街道北部。以“至高美誉”的寓意及其功能特点拟名。东至苏州出入境检验检疫局吴中办事处，南至石湖东路，西至石湖东路苏州丽都国际小区，北至商城河。占地面积1.03万平方米，建筑面积4.49万平方米。由2幢高层楼宇及广场、绿地等组成，广场面积2000平方米。为集聚商业、居住、休闲等多功能的综合性大型建筑区域。2014年命名。

吴中银座大厦 Wúzhōng Yínzuò Dàshà

房屋。位于城南街道北部。以地处吴中区较好的地理位置（“银座”借喻较好的地理位置）的寓意拟名。东至花园街，南至商城大街，西至东吴南路新江中心河，北至碧波街。占地面积1.5万平方米，建筑面积11.46万平方米。地面建筑高99.7米（32层）。以居住、商业、商务为主要功能的高层人工建筑物。2008年命名。

蓝调休闲广场 Lándiào Xiūxián Guǎngchǎng

房屋。位于城南街道北部。以蓝调这一音乐曲风借喻相仿的生活方式及以休闲为主要功能命名。东至枫津路，南至东锋材料有限公司，西至公交苑，北至石湖东路。占地面积1.31万平方米，建筑面积7.76万平方米。由1幢高层楼宇（主楼分别高28层和26层，主楼间以裙房相连），1幢5层楼宇，1幢4层楼宇及道路、绿地、广场等组成，广场面积2560平方米。以休闲功能为主，兼具商业、居住等功能的建筑区域。2006年命名。

宝韵生活广场
Bǎoyùn Shēnghuó Guǎngchǎng

房屋。位于城南街道北部。以“仿如珍宝般富有气韵”的寓意及其集聚居住、商业、休闲等多功能为一体的功能特点，具有2000平方米公共活动空间的形态特征等拟名。东至梧桐街，南至小石城花园北侧南小港路，西至九亩浜东侧南小港路，北至兴昂路。占地面积1.53万平方米，建筑面积11.16万平方米。由1幢高层商住楼及广场、绿地等组成，广场面积2000平方米。为集聚居住、商业、休闲等多功能为一体的综合性大型建筑区域。2017年命名。

有伴生活广场
Yǒubàn Shēnghuó Guǎngchǎng

房屋。位于城南街道东南部。以“有朋相伴”的寓意、功能特点及拥有2100平方米公共活动空间的形态特征等拟名。东至梧桐街，南至小石城花园北侧南小港路，西至九亩浜东侧南小港路，北至兴昂路南侧规划用地。占地面积1.72万平方米，建筑面积6.44万平方米。由2幢多层商用楼，4幢高层商用楼及广场、绿地等组成，广场面积2100平方米。以商服功能为主，集聚服务性公寓、商务办公、商业等多功能于一体的综合性大型建筑区域。2017年命名。

吴风生活广场
Wúfēng Shēnghuó Guǎngchǎng

房屋。位于城南街道西部。以其地处吴中区的地理特征，取“吴中气韵”的寓意，及其集聚居住、商服、休闲等多功能为一体的功能特点，具有5000平方米公共活动空间的形态特征等拟名。东至香溢花园西侧规划道路，南至东吴南路规划改道线，西至道田郎港，北至跃进河。占地面积2.6万平方米，建筑面积12.96万平方米。由1幢高层商住楼及广场、绿地等组成，广场面积5000平方米。为集聚居住、商服、休闲等多功能的综合性大型建筑区域。2018年命名。

苏悦汇商业广场
Sūyuèhuì Shāngyè Guǎngchǎng

房屋。位于城南街道东南部。以其地处苏州市辖区南部的地理特征，取“藉苏州城南一隅，营快乐汇聚之所”的寓意，及其以商业为主的功能特点，具有3000平方米公共活动空间的形态特征等拟名。东至槐香街，南至南小港路，西至梧桐街，北至兴昂路。占地面积3.2万平方米，建筑面积10.82万平方米。由7幢商用楼及广场、绿地等组成，广场面积3000平方米。以商业功能为主的综合性大型建筑区域。2018年命名。

瑞腾商务大厦 Ruìténg Shāngwù Dàshà

房屋。位于城南街道西部。以商务功能为主的高层楼宇。以“吉祥”“腾飞”等寓意及其主要功能特点拟名。东至澄湖路南侧企业，南至跃进河北侧企业，西至新江中心河，北至澄湖路。占地面积0.71万平方米，建筑面积5.2万平方米。地面建筑高99.96米（25层）。2013年命名。

锦都大厦 Jǐndū Dàshà

房屋。位于城南街道北部。以“锦绣都市”的寓意拟名。占地面积1.05万平方米，建筑面积2.66万平方米。地面建筑高47米（12层）。以商业、商务为主要功能的高层人工建筑物。2007年命名。

名宇商务广场
Míngyǔ Shāngwù Guǎngchǎng

房屋。位于城南街道北部。以商务为主要功能、兼具商业功能的建筑区域，以“声誉卓著的楼宇”的寓意及其主要功能特点拟名。东至东吴南路，南至澄湖路，西至阳光水榭花园，北至东吴南路。占地面积1.1万平方米，建筑面积4.55万平方米。由2幢高层商铺及绿地、广场等组成，广场面积2250平方米。2011年命名。

海星生活广场
Hǎixīng Shēnghuó Guǎngchǎng

房屋。位于城南街道北部。以“仿如海星般多姿多彩”的寓意及其功能特点拟名。东至商贸街，南至商城大街，西至花园街，北至碧波街南侧商住楼。占地面积1.84万平方米，建筑面积10.37万平方米。由2幢高层商住楼，1幢多层住宅楼及广场、绿地等组成，广场面积2500平方米。为集聚居住、商业、休闲等多功能的综合性大型建筑区域。2015年命名。

太湖论坛城 Tàihú Lùntánchéng

房屋。位于香山街道东部。取苏州太湖国际文化论坛为名。东至承祖路、香山路及白马寺路西侧南北向规划道路（未命名），南至环太湖大道，西至姚舍路，北至蒯祥路。包括花样年太湖天城、花样年酒店公寓、花样年别样城一期和二期。占地面积67.06万平方米，建筑面积77.76万平方米。以集文化交流、会展、居住、休闲等多功能的大型建筑区域。2007年命名。

香山慧境商务中心
Xiāngshān Huìjìng Shāngwù Zhōngxīn

房屋。位于香山街道东部。以其地处香山街道，东临香山路等地理特征，“融汇智慧之地”的寓意，以商务功能为主的特点，占地面积与建筑面积均达到“中心”命名标准等拟名。东至香山路西侧绿化带，南至北塘河北侧绿化带，西至天镜路，北至孙武路南侧绿化带。占地面积6.32万平方米，建筑面积16.11万平方米。由37幢多层商用楼、9幢高层商用楼及绿地、广场等组成。以商务功能为主的综合性大型建筑区域。2017年命名。

和韵商务中心 Héyùn Shāngwù Zhōngxīn

房屋。位于香山街道东部。以“和谐之韵味”的寓意及其以商务功能为主的功能特点，占地面积和规划建筑面积均达到以“中心”作通名的命名标准等拟名。东至姚舍路，南至新建道路及其北侧规划用地，西至丰庆路，北至孙武路。占地面积7.43万平方米，建筑面积11.88万平方米。由18幢商用楼（其中多层11幢、高层7幢）及绿地，广场等组成。以商务功能为主的综合性大型建筑区域。2018年命名。

绿聚未来商业中心
Lǜjùwèilái Shāngyè Zhōngxīn

房屋。位于太湖街道东部。以“绿色汇聚，美好未来”的寓意及其以商业为主的功能特点拟名。分两个地块，一块范围为东至苏州湾沿岸新建道路西侧绿地景观，南至天鹅荡路，西至吴郡路，北至吴郡路东侧商用楼；另一块范围为东至吴郡路，南至东抢港北侧绿化带，西至苏州湾大道东侧绿化带，北至天鹅荡路。占地面积5.23万平方米，建筑面积28.21万平方米。由2幢高层商住楼及绿地、广场等组成。以商业功能为主的综合性大型建筑区域。2016年命名。

江南风尚大厦 Jiāngnánfēngshàng Dàshà

房屋。位于甪直镇北部。以其地处江南古镇甪直的地理位置特征及“与江南民风习俗相融”的寓意拟名。东至甫澄北路规划向北延伸段，南至甪直大道，西至甪直镇淞南路东侧商用楼宇，北至甫里塘。占地面积1.06万平方米，建筑面积4.21万平方米。以商业功能为主的高层楼宇。2013年命名。

美嘉商业广场 Měijiā Shāngyè Guǎngchǎng

房屋。位于甪直镇北部。以“美好”“幸福”等寓意及其主要功能特点拟名。东至晓市路西侧无名道路及鸣市路北侧商铺，南至鸣市路及其北侧商铺，西至甫澄北路东侧商铺，北至清风路及其南侧商铺。占地面积1.4万平方米，建筑面积5.58万平方米。由1幢多层楼宇及广场、绿地等组成，广场面积约

2000平方米。以商业功能为主的综合性大型建筑区域。2014年命名。

维乐邻里生活广场
Wéilèlínlǐ Shēnghuó Guǎngchǎng

房屋。位于角直镇北部。以其紧邻维乐花园的地理位置及其功能特点拟名。东至陶浜路，南至迎宾路，西至维乐花园，北至角直大道。占地面积2.67万平方米，建筑面积14.81万平方米。由4幢高层商住楼及广场、绿地等组成，广场面积2000平方米。为集聚居住、商业、休闲等多功能的综合性大型建筑区域。2015年命名。

丽景湾生活广场
Lìjǐngwān Shēnghuó Guǎngchǎng

房屋。位于角直镇北部。以其紧邻丽景湾花园的地理位置，集聚居住、商务办公、商业等多功能为一体的功能特点，具有2000平方米公共活动空间的形态特征等拟名。东至丽景湾花园，南至迎宾路规划向西延伸段北侧无名河道，西至角直镇陶浜路，北至角直大道南侧绿化带。占地面积2.61万平方米，建筑面积16.74万平方米。由1幢高层住宅楼、2幢高层商住楼、1幢高层商用楼及广场、绿地等组成，广场面积2000平方米。为集聚居住、商务办公（酒店式公寓）、商业等多功能为一体的综合性大型建筑区域。2016年命名。

苏州工艺文化城
Sūzhōu Gōngyìwénhuà Chéng

房屋。位于光福镇北部。以其作为苏州乃至全国最具规模的保护、展示、传承、弘扬中华优秀工艺文化的功能集聚区之规划设计理念拟名。东至福东路，南至塔山路北侧大寨河，西至福安路及“光福中心小学”第二校区，北至福湖路规划向东延伸段（未命名）。占地面积23.4万平方米，建筑面积31.8万平方米。由95幢2—4层楼宇及绿地、水系、广场等组成。以工艺研发、工艺成果展示、工艺文化交流等为主要功能，兼具商业、休闲、娱乐等多功能的建筑区域。2010年命名。

汇航坊 Huìháng Fāng

房屋。位于木渎镇西部。以“菁英荟萃”“同舟共济”寓意命名。东、北至兵圣路西侧绿地，西至木渎镇接驾社区规划用地，南至穹窿山北麓规划用地。占地面积3.23万平方米，建筑面积3.76万平方米。由16幢多层商用楼及绿地等组成。以商服功能为主的综合性大型建筑区域。2015年命名。

滨江美韵生活城
Bīnjiāng Měiyùn Shēnghuó Chéng

房屋。位于木渎镇东部。以其北濒胥江的地理特征、取“临胥江之畔、赏和美水韵”的寓意及其主要功能特点拟名。东至金猫路，南至宝带西路，西至长江南路，北至七子路。占地面积19.35万平方米，建筑面积67.59万平方米。由36幢住宅楼、7幢高层商住楼、4幢高层商用楼、2幢单层商用房及绿地、广场等组成。以商务功能为主的综合性大型建筑区域。2016年命名。

红星国际生活广场
Hóngxīng Guójì Shēnghuó Guǎngchǎng

房屋。位于木渎镇东部。以“红红火火的生活”“灿若星辰的建筑”等寓意及其主要功能特点拟名。东至长江路，南至中山东路，西至长石路，北至上城公寓住宅区。占地面积10.59万平方米，建筑面积41.59万平方米。由19幢住宅楼、2幢商住楼、6幢商用楼、1幢综合楼及广场、绿地等组成，广场面积约4000平方米。集居住、商业、商务办公等多功能的综合性大型建筑区域。2014年命名。

汇润国际商务广场
Huìrùn Guójì Shāngwù Guǎngchǎng

房屋。位于木渎镇东部。以“汇聚财富、润及民生”的寓意及其作为木渎镇商务功能的标志性建筑之规划设计理念拟名。东至凯盛街，南至丹枫路南侧规划道路（未命名），西至凯马大街，北至丹枫路。占地面积1.33万平方米，建筑面积7.4万平方米。由2幢高层楼宇、1幢多层楼宇及绿地、广场等组成。以商务功能为主的标志性建筑区域。2011年命名。

睿峰商务广场
Ruìfēng Shāngwù Guǎngchǎng

房屋。位于木渎镇东部。以“仿如灵慧山峰”的寓意及其主要功能特点拟名。东至花苑东路南侧企业对松堂电子（苏州）有限公司，南至金枫高新产业园及苏州市吴中科技创业园（木渎），西至花苑东路南侧企业江苏阳江建设集团有限公司，北至花苑东路。占地面积1.86万平方米，建筑面积9.81万平方米。由2幢高层楼宇及绿地、广场等组成。以商务功能为主的高层建筑区域。2011年命名。

领峰商务广场
Lǐngfēng Shāngwù Guǎngchǎng

房屋。位于木渎镇东部。以其西邻领峰花园住宅区的地理位置特点及其主要功能特点拟名。东至金枫南路，南至领峰花园住宅区，西至领峰花园住宅区，北至竹园路。占地面积5.55万平方米，建筑面积32.7万平方米。由3幢高层楼宇、4幢多层楼宇及绿地、广场等组成。以商务功能为主的综合性大型建筑区域。2012年命名。

木渎东门町商业广场
Mùdú Dōngméndīng Shāngyè Guǎngchǎng

房屋。位于木渎镇东部。以其地处木渎镇且临近木渎镇东界的地理位置特征及其主要功能特点拟名。东至珠江路，南至苏州天裕塑胶有限公司，西至大治路，北至花苑东路。占地面积2.46万平方米，建筑面积9.09万平方米。由1幢高层楼宇、7幢多层楼宇及绿地、广场等组成。以大型商业为主要功能的综合性建筑区域。2012年命名。

大运商业广场 Dàyùn Shāngyè Guǎngchǎng

房屋。位于木渎镇东部。以“大展宏图”“鸿运高照”等寓意及其主要功能特点拟名。东至大治路，南至中山东路，西至金枫电商园，北至横一路。占地面积5.57万平方米，建筑面积25.96万平方米。由9幢1～17层楼（房）及绿地、广场等组成。以综合性商业为主要功能的大型建筑区域。2013年命名。

花样城商业广场
Huāyàngchéng Shāngyè Guǎngchǎng

房屋。位于木渎镇东部。以“仿若如花似锦一般的城堡”的寓意及其主要功能特点拟名。东至珠江路，南至中山东路，西至大治路，北至木渎经济开发区管委会。占地面积3.43万平方米，建筑面积11.49万平方米。由9幢2～17层楼宇及绿地、广场等组成。是以商业功能为主的综合性大型建筑区域。2013年命名。

新饰界家居建材广场
Xīnshìjiè Jiājūjiàncái Guǎngchǎng

房屋。位于木渎镇南部。以“新颖的家居装饰天地”的寓意及其主要功能特点拟名。占地面积10.74万平方米，建筑面积16.49万平方米。由2幢多层楼宇及广场、绿地等组成。以家居建材批发零售功能为主的综合性大型建筑区域。2014年命名。

熙金时尚娱乐广场
Xījīn Shíshàng Yúlè Guǎngchǎng

房屋。位于木渎镇北部。以“和气生财”“引领时尚”等寓意及其主要功能特点拟名。东至污水泵站和企业，南至广微路，西至寿桃湖路，北至金山南路。占地面积3.51万平方米，建筑面积8.37万平方米。由4幢多层楼宇、1幢高层楼宇及广场、绿地等组成。以娱乐功能为主的综合性大型建筑区域。2014年命名。

君和生活广场 Jūnhé Shēnghuó Guǎngchǎng

房屋。位于木渎镇东部。以其功能特点及“君子修为”“和美生活”等寓意拟名。东至凯马大街，南至丹凤路，西至凯悦街，北至丹枫路。占地面积1.6万平方米，建筑面积3.79万平方米。由2幢多层楼宇及绿地、广场等组成。为集聚居住、商业等多功能的建筑区域。2009年命名。

枫华商业广场
Fēnghuá Shāngyè Guǎngchǎng

房屋。位于木渎镇南部。以其西傍金枫南路的地理位置和“繁华”之寓意及其主要功能特点拟名。东至枫华紫园居民区，南至向阳河，西至金枫南路，北至向阳路。占地面积5万平方米。以商业为主要功能的建筑区域。2009年命名。

海德商业广场 Hǎidé Shāngyè Guǎngchǎng

房屋。位于木渎镇东部。以其主要功能特点及“海纳百川的修为”的寓意拟名。东至凯马大街西侧新建道路，南至丹枫路，西至凯丰街，北至西瑞棠路。占地面积1.67万平方米，建筑面积3.9万平方米。由5幢多层楼宇及道路、绿地、广场等组成。以商业为主要功能的建筑区域。2008年命名。

苏胥坊 Sūxū Fāng

房屋。位于木渎镇东部。以其紧邻苏胥湾花园的地理特征及以商业为主的功能特点拟名。东至中山东路，南至苏胥湾花园，西至长江南路，北至中山东路。占地面积0.8万平方米，建筑面积1.3万平方米。由2幢多层商用楼及广场、绿地等组成。以商业功能为主的综合性大型建筑区域。2018年命名。

创意商务中心 Chuàngyì Shāngwù Zhōngxīn

房屋。位于木渎镇东部。以"创造之理念"的寓意及其以商务为主的功能特点等拟名。东至珠江南路，南至珠枫路，西至禾粮路（曲尺形道路），北至禾粮路。占地面积2.4万平方米，建筑面积8.4万平方米。由7幢商用楼及绿地、广场等组成。以商务功能为主的综合性大型建筑区域。2018年命名。

胥福商业广场 Xūfú Shāngyè Guǎngchǎng

房屋。位于胥口镇北部。以其地处胥口镇的地理位置，"胥口之福"的寓意及其主要功能特点拟名。东至胥口镇人民政府，南至孙武路，西至香泾路，北至胥福里。占地面积1.54万平方米，建筑面积4.65万平方米。由3幢高层商用楼、2幢多层商用楼及广场、绿地等组成，广场面积2100平方米。以商业功能为主的综合性大型建筑区域。2015年命名。

欢乐胥江商业广场
Huānlèxūjiāng Shāngyè Guǎngchǎng

房屋。位于胥口镇北部。以其地处胥江北岸的地理位置及其主要功能特点和"欢乐生活，涌动胥江"的寓意拟名。东至油车浜，南至胥江，西至里塘河，北至新胥东路。占地面积6.4万平方米，建筑面积2.1万平方米。由10幢3层楼宇及广场、绿地组成，广场面积1.2万平方米。以商业功能为主的综合性大型建筑区域。2014年命名。

香山工坊 Xiāngshān Gōngfáng

房屋。位于胥口镇东部。以其主要作为保护、展示、传承、弘扬"香山帮传统建筑营造技艺"的功能集聚区之规划设计理念拟名。东至230省道，南至林峰木业公司，西至笠帽浜，北至胥江。占地面积25万平方米。由66幢多层楼房及绿地、水系等组成。划分为园林古建研发基地，园林古建博览区，前店后坊生产作坊区，生产交易区，滨江园艺区等五大功能区域，以集园林古建筑设计与营造、材料与制作、展示与销售、推介与游览等多功能为一体的综合性大型建筑区域。2012年命名。

胥江湾商业楼 Xūjiāngwān Shāngyèlóu

房屋。位于胥口镇中部。以其紧邻胥江湾花园的地理特征，以商务功能为主的特点，系单体多层建筑（4层）的形态特征等拟名。东、南至胥江湾花园，西至胥欢街，北至胥欣路。占地面积0.6万平方米，建筑面积1.35万平方米。系1幢地面建筑高22.4米（4层）的单体多层商用楼。2018年命名。

乐汇商业广场 Lèhuì Shāngyè Guǎngchǎng

房屋。位于胥口镇北部。以其紧邻乐汇街的地理位置及其主要功能特点拟名。东至乐汇街，南至乐汇街，西至箭泾东侧，北至230省道南侧绿化带。占地面积6.67万平方米，建筑面积8.5万平方米。由20幢2～3层楼宇及广场、绿地等组成，广场面积5000平方米。以商业功能为主的综合性大型建筑区域。2014年命名。

星城商务广场
Xīngchéng Shāngwù Guǎngchǎng

房屋。位于胥口镇中部。因地处当地繁华地段及以商务为主要功能拟名。东至东欣行政村大河头自然村民宅，南至孙武路，西至箭泾行政村下院自然村民宅，北至东欣行政村大河头自然村民宅。占地面积5.04万平方米，建筑面积6.2万平方米。由7幢4～10层楼宇和道路、绿地、广场等组成，道路、绿地、广场等面积合计2100平方米。以商务为主、兼具商业、居住、休闲等功能的建筑区域。2005年命名。

山合坊 Shānhé Fāng

房屋。位于胥口镇中部。以其北靠山合院住宅区的地理位置及其主要功能特点命名。东至箭泾河西侧规划地，南至万丰路北侧规划地，西至旱泾路，北至山合院小区。占地面积7万平方米。以商业功能为主的综合性大型建筑区域。2013年命名。

文胥坊 Wénxū Fāng

房屋。位于胥口镇北部。以其地处文胥路两侧的地理位置及其主要功能特点拟名。东至旱泾路，南至繁丰路，西至文籍路，北至230省道。占地面积2.5万平方米，建筑面积6万平方米。由7幢多层楼宇及绿地等组成。以商务功能为主的综合性大型建筑区域。2011年命名。

悦达商业广场 Yuèdá Shāngyè Guǎngchǎng

房屋。位于临湖镇东部。以"愉悦畅达"的寓意及其主要功能特点拟名。东至东山大道，南至腾飞路，西至临湖镇新市街，北至新市街东侧商铺及规划用地。占地面积1.89万平方米，建筑面积9.15万平方米。由2幢高层楼宇、1幢多层楼宇及广场、绿地等组成，广场面积2000平方米。以商业功能为主的综合性大型建筑区域。2014年命名。

临澜商业广场 Línlán Shāngyè Guǎngchǎng

房屋。位于临湖镇东部。以其紧邻临澜墅的地理位置，及其商业功能为主的功能特点，具有较大公共活动空间的形态特征等拟名。东、北至临澜墅，南至银藏路，西至临湖镇苏东河东岸绿化带。占地面积1.54万平方米，建筑面积3.79万平方米。由4幢商用楼（其中多层2幢、高层2幢）及广场、绿地等组成，广场面积2100平方米。以商业功能为主的综合性大型建筑区域。2018年命名。

东山天境商务广场
Dōngshān Tiānjìng Shāngwù Guǎngchǎng

房屋。位于东山镇北部。以商务功能为主的综合性大型建筑区域，以其地处东山镇的地理位置特点、“天然美景”的寓意及其主要功能特点拟名。东至规划道路，南至新开河，西至渡水港，北至环太湖大道。占地面积7.2万平方米，建筑面积8万平方米。由52幢1～5层楼（房）及绿地、广场等组成，广场面积3000平方米。为综合性大型建筑群（广场）。2014年命名。

太湖尚境商务中心
Tàihúshàngjìng Shāngwù Zhōngxīn

房屋。位于金庭镇东北部。以其紧邻太湖的地理特征、取“怀太湖古远之境”的寓意，及其以商务功能为主的功能特点、占地面积达到以“中心”作通名的标准等拟名。东至大庭山山麓绿地及庭山村渡渚自然村民宅，南至渡渚山山麓绿地及庭山村渡渚自然村民宅，西至渡渚山，北至后王荡（湖泊、俗称）南岸绿地。占地面积13.7万平方米，建筑面积6.2万平方米。由104幢单层商用房、13幢多层商用楼及绿地、水系等组成。以商务功能为主的综合性大型建筑区域。2018年命名。

第二节　亭碑塔

【亭】

望湖亭 Wànghú Tíng

亭。位于光福镇吾家山山顶。占地面积60平方米，亭高6米，六角形，单层。半山腰另有1923年由香山帮建筑大师姚承祖承建的单层仿古梅花亭，五出形，其瓦顶、柱栏、花砖地面均为梅花瓣状，与周围景致融为一体。

怡泉亭 Yíquán Tíng

亭。位于木渎镇。亭以人名冯怡泉而得名。明崇祯二年（1629）建。亭以花岗石砌，平面呈正方形，阔3.1米，高4.5米，歇山单檐造，披屋顶。屋顶用8块条石合成，排列为前三后四，以一块近似三角形的大条石作脊结顶。正面当中浮雕“锭胜”，两端浮雕花草，雕刻粗犷，线条浑厚，花纹简练，因而显得朴实无华。亭子中间有井一眼，圈壁厚度不一，凸凹不平，似圆非圆，有古雅拙朴之感。1998年已迁至山塘街虹饮山房大门口西。1982年公布为苏州市文物保护单位。

诸公井亭 Zhūgōngjǐng Tíng

亭。位于东山镇。明嘉靖二十四年（1545）大旱，太湖干涸，东山里中父老倡募挖井，以解水荒，此井后称“诸公井”。建于明嘉靖二十四年（1545），亭建于晚清。为木石结构建筑。井壁内径1.3米，井深7.35米。井亭面阔一间，进深三间，前间设石栏供人休息，中间是井，后间供刘猛将军神像（现存神像石座）。1982年公布为江苏省文物保护单位。井亭于2010年大修，现存状况良好。

驾浮阁 Jiàfú Gé

亭。位于金庭镇林屋山顶。是林屋洞景点的标志性建筑。始建于南宋。据李弥大《道隐国记》载："……岩观之前，大梅数十本，中为亭曰'驾浮'，可以旷望，将凌空而蹑虚也。……"。占地面积1334平方米，高达24米，呈八角形状，矗立在12根基柱之上。建阁之初在平整山顶时，发现薄土之下有大片太湖石林。为保留这片太湖石林，特意在湖石周围树起12根巨柱，将300平方米的太湖石林包在之内，再在石柱上建起驾浮阁。为登高览胜、观花赏梅的佳处。1996年重建。

后埠井亭 Hòubùjǐng Tíng

亭。位于金庭镇。是西山主要氏族来自北方的重要实物见证之一。里人徐氏凿于南宋淳熙间（1174—1189），元初大德间（1297—1307）蒋氏添建井亭，明天顺三年（1459）蒋氏重修，清同治九年（1870）里人费氏重修，1931年里人徐氏重修。现井、亭保存完整，仍为村中主要公井。双井井栏连底座是由一整块青石凿成，底座长2.22米，宽1.2米，右边井栏高25厘米，左边井栏高32厘米。左右井栏有7条深深的磨痕，是辘轳粗绳长期磨蚀的结果。四根六角形亭柱为青石制，高2.8米，其中三根顶部有裂痕，是元初遗物。亭顶砖木结构，井亭四角方形，结构平稳、朴实，风格简洁大方。1997年被列入吴县市文物保护单位，现为苏州市文物保护单位。

樟坞里方亭 Zhāngwù Lǐfāng Tíng

亭。位于金庭镇。系清代某官员夫人墓道上的亭子。亭为单檐歇山造，四坡小瓦屋面，面阔5.55米，进深6米，内三界前后轩做法。青石台基，四角设花岗石质方形角柱，檐檩与檐枋间设一斗三升牌科。亭门两侧角柱楹联为"善积于身教子著义方之训，祥开开厥后传家堂构之遗"，亭内壁嵌碑一方，驼碑石龟弃于亭外。亭前58米处有月池，亭之西南5米处有青石质龟趺一座，亭后古墓仅存残迹。2009年7月公布为苏州市文物保护单位。

【碑】

冲山之围纪念碑 Chōngshānzhīwéi Jìniànbēi

碑。位于光福镇冲山村北，小浮山湖堤东端。为当年新四军战士被围困之处。1944年秋，日军包围冲山岛，企图一举扑灭太湖地区的抗日力量。太湖游击队司令薛永辉等10人进芦苇荡隐蔽，整整坚持了20天。最终粉碎了敌人的罪恶阴谋。这就是有名的"冲山之围"。1989年9月冲山之围纪念碑落成并举行落成典礼，薛永辉等当年被围困冲山的游击队员等为纪念碑揭碑。2005年2月冲山之围纪念碑被确定为吴中区爱国主义教育基地和区级廉政教育基地。

【塔】

东吴塔 Dōngwú Tǎ

塔。位于长桥街道。1993年7月建成。塔净高168米，集广播、电视发射和游乐、观光于一体。在30米和100米处设有上下两个塔楼。下塔楼为二层，一层为娱乐厅，名"缥缈宫"，二层为广播、电视、通讯机房。上塔楼为一空中旋宫，名"凌宵宫"。登临"凌宵宫"，可鸟瞰长桥镇全景和苏州市区。东吴塔为钢架结构，造型美观。

光福寺塔 Guāngfúsì Tǎ

塔。位于光福镇。全称光福寺舍利佛塔，亦名光福方塔。塔内原收藏有《大方广佛华严经》和光福讲寺开山祖师悟彻和尚的舍利。光福寺塔呈正方形，四面七级，高25米，共88级台阶，为砖木混合楼阁式结构。底层西北面设券门，二层以上四面置壶门，各层门内壁左右置佛龛，陈列佛像49尊。塔的顶部设有方形、圆形、八角形等各不相同的藻井。各层置腰檐平座，做法简洁朴素。塔底层设迴廊，各层均按有楼板，可拾级而上。塔始建于南朝梁大同年间（535—545），唐会昌末年（846）毁于火。咸通年间（860—874）奉诏重建。唐光启二年（886）顾在镕、宋乾道五年（1169）顾清璨和沈彦荣、元延祐元年（1314）、明万历二十年（1592）董份、清乾隆二十一年（1756）徐坚等重修。清嘉庆年间（1796—1820）遭雷起火，塔身裸露。1997年修复光福塔，2018年维修。1995年4月公布为江苏省文物保护单位。

第三节 场

【广场】

开发区市民广场 Kāifāqū Shìmínguǎngchǎng

广场。位于越溪街道东北部。以所在地及休闲锻炼等功能命名。东至新建道路，南至南溪江路，西至塔韵路，北至北溪江路。呈长方形，占地面积1.2万平方米。广场周边设置花坛，栽种花卉盆景，有山茶、金叶冬青、杜鹃花、观赏果树。中间为大广场，中心有正方形喷泉，南北两面有小广场，四周为观光小溪。草坪中装有多个音箱，并栽有香樟、桂花、广玉兰、红枫、雪松、柳树等绿树花木百余棵。

光福文体中心广场
Guāngfú Wéntǐzhōngxīnguǎngchǎng

广场。位于光福镇东南部，锡湖路银桂健康主题公园东北角。因其所在位置及功能命名。东至沿溪路，南至银桂路，西至光福游客中心，北至光福文体中心主楼。占地面积1.26万平方米，建筑面积0.5万平方米。主要由剧场和众多功能馆室构成。具有承办较大型会议、展览、文艺演出等设施能力。2012年5月竣工启用。

太湖渔民文化广场
Gàihúyúmín Wénhuàguǎngchǎng

广场。位于光福镇太湖渔港村。因其所在位置及功能命名。东至太湖渔港，南至太湖，西至湖中居民点，北至渔港路。占地面积0.5万平方米。每年太湖开捕节均在太湖渔民文化广场开幕。2011年竣工并启用。

【体育场】

吴中区体育馆 Wúzhōng Qū Tǐyùguǎn

体育场。位于长桥街道北部。以地域与服务功能命名。东至月浜街，南至文体路，西至丽丰商业中心，北至宝带东路。占地面积5万平方米，建筑面积0.8万平方米。馆分三层，底层四周为多功能附设用房，可供娱乐、活动、健身、会客，还有运动员检录大厅、舞美室、录像厅、贵宾接待室、沐浴室等。底层中心为主赛场，可进行篮球、排球、乒乓球、体操、武术等比赛，还可表演杂技、马戏、大型歌舞等。二层为观众大厅，有固定桌椅2527张。三层为大众舞厅和桌球房。体育中心广场面积1.2万平方米。紧邻体育馆有50米×21米的标准游泳池和700平方米的儿童游泳池。2010年改造扩建。

第七章　单位

第一节　党政机关

苏州市吴中区人民政府
Sūzhōu Shì Wúzhōng Qū Rénmínzhèngfǔ

党政机关。位于长桥街道太湖东路288号。1949年4月成立吴县人民政府，隶属华东军政委员会苏南行署区苏州行政分区。1951年撤销太湖区归吴县。1953年属苏州专区。1959年4月震泽县并入吴县。1970年属苏州地区。1995年7月吴县改为吴县市（县级）。2001年撤销吴县市，以其南部角直、车坊、郭巷、长桥、胥口、木渎、横泾、浦庄、渡村、东山、西山、藏书、光福、东渚、镇湖15个镇置为苏州市吴中区，并成立吴中区第一届人民政府。经多次区划调整，至2018年末，吴中区政府管辖角直、光福、木渎、胥口、临湖、东山、金庭7个镇，长桥、郭巷、横泾、越溪、城南、香山、太湖7个街道，103个社区居委会,84个村委会。下设25个职能局等。

苏州市吴中区人民法院
Sūzhōu Shì Wúzhōng Qū Rénmínfǎyuàn

党政机关。位于城南街道石湖东路102号。1950年11月成立吴县人民法院，“文化大革命”期间工作停止。1973年9月恢复吴县人民法院。1995年6月撤县建市更名为吴县市人民法院。2001年3月吴县市撤市建区更名为吴中区人民法院。办公大楼和审判庭总建筑面积1.5万平方米。2018年区法院设刑庭、民一庭、民二庭、行政庭、少年庭、执行局、立案庭、审监庭、审管办、政治处、监察科、办公室、研究室等内设机构13个，1个直属机构法警大队和木渎、角直、开发区、度假区4个人民法庭。

苏州市吴中区人民检察院
Sūzhōu Shì Wúzhōng Qū Rénmínjiǎncháyuàn

党政机关。位于越溪街道滨溪路1号。1950年11月成立吴县人民检察署。1954年12月改称成立吴县人民检察院。“文化大革命”期间工作停止。1978年11月恢复吴县人民检察院。1995年6月撤县建市更名为吴县市人民检察院。2001年3月吴县市撤市建区更名为吴中区人民检察院。2018年，区检察院内设公诉局1个二级局，派驻木渎镇、开发区2个检察室和侦查监督科、民事行政检察科、控告申诉检察科、刑事执行检察科、案件监督管理科、政治处、监察室、办公室、检察信息技术科、法警大队10个科室。有检察官29人，检察辅助人员26人，司法行政人员11人。

苏州市吴中区教育局
Sūzhōu Shì Wúzhōng Qū Jiàoyùjú

党政机关。位于越溪街道苏街198号。1949年5月吴县政府设教育科。1950年改为文教科。1958年改为文教局。1989年8月文教局分为教育局、文化局。1995年6月撤县建市更名为吴县市教育局。1996年改为吴县市教育委员会。2001年3月吴县市撤市建区更名为吴中区教育委员会，同年7月改称苏州市吴中区教育局。2018年内设秘书科（党委办）、基础教育科、成教科（职教办）、人事科、计划财务科、法制科。

苏州市吴中区交通运输局
Sūzhōu Shì Wúzhōng Qū Jiāotōngyùnshūjú

党政机关。位于长桥街道吴中大道1399号。1956年吴县政府增设交通科。1956年改称交通运输科。1956年改为交通管理局。“文化大革命”期间工作停止。1970年复建吴县交通局。1995年6月撤县建市更名为吴县市交通局。2001年3月吴县市撤市建区更名为苏州市吴中区交通运输局。2018年管理主要行政单位有吴中区公路管理处、航道管理处、运输管理处等。

江苏省吴中高新技术产业开发区（筹）管委会
Jiāngsūshěng Wúzhōng Gāoxīnjìshùchǎnyèkāifāqū (chóu) Guǎnwěihuì

党政机关。位于长桥街道长兴街118号。前身为吴中区城区，由原长桥、苏苑、龙西3个街道合并成立。2015年11月12日，江苏省政府批复同意苏州市吴中区城区筹建江苏省吴中高新技术产业开发区，简称吴中高新区。2016年3月31日，吴中高新区挂牌成立，与长桥街道实行“区政合一”新体制。

苏州吴中经济技术开发区管委会
Sūzhōu Wúzhōng Jīngjìjìshùkāifāqū Guǎnwěihuì

党政机关。位于越溪街道北溪江路2号。1993年11月经江苏省人民政府批准的首批省级经济开发区。2012年12月正式升格为国家级经济开发区。2013年12月明确吴中经济技术开发区管理委员会为苏州市人民政府的派出机构，委托吴中区人民政府管理，机构规格为正处级。代管城南、越溪、郭巷、横泾、太湖5个街道。

苏州太湖国家旅游度假区管委会
Sūzhōu Tàihú Guójiālǚyóudùjiàqū Guǎnwěihuì

党政机关。位于香山街道孙武路2995号。1992年10月命名为江苏太湖国家旅游度假区苏州胥口度假中心，是经国务院批准建立的全国12个国家级旅游度假区之一，也是首批加入WTO旅游业对外开放突破的先行区。1994年6月更名为苏州太湖国家旅游度假区，并建立党工委和管委会。2002年3月升为处级建制，管辖香山街道和金庭、光福2镇。是苏州太湖国家旅游度假区的组织管理机构，主要职能是负责辖区内旅游度假建设项目的开发和管理。

第二节　事业单位

苏州市吴中人民医院
Sūzhōu Shì Wúzhōng Rénmínyīyuàn

事业单位。位于长桥街道东吴北路61号。二级甲等医院。占地面积3.1万平方米，建筑面积9.2万平方米。始建于1987年，名吴县红十字医院。1995年更名为吴县市第一人民医院，同年通过江苏省卫生厅“二级甲等医院”的评审。2001年更为今名。集医疗、教学、科研、预防保健和急救于一体的综合性医院，是苏州卫生职业技术学院附属医院，扬州大学教学医院，南京医科大学医患沟通研究基地，江苏省文明单位，全国改善医疗服务示范医院。设34个临床专科、6个救治中心和多个医技科室，有病床580张，有医务人员382人。其中高级职称29人，中级职称97人。通多路公交车，苏州轨交4号线通过设站。

苏州市吴中区苏苑高级中学
Sūzhōu Shì Wúzhōng Qū Sūyuàn Gāojízhōngxué

事业单位。位于长桥街道宝带东路331号。创办于1991年，1997年11月通过江苏省重点高中的验收，1998年5月确定为江苏省重点高中，2005年7月晋升为江苏省四星级普通高中。建筑面积2.83万平方米，绿化面积2.52万平方米。有行政楼、科技楼、实验楼和知行、知真、知新教学楼及图书馆、体育馆、语音室、实验室、多媒体电教室、计算机远程控制系统和校园局域网。有两座师生用餐食堂，4幢学生宿舍楼。设12轨36班，有教职工160余人。专任教师138人。先后评为省德育先进学校、省园林式单位、省电化教育实验学校、省实施素质教育先进学校、苏州市文明单位和苏州市教育基本现代化示范学校。通多路公交车。

苏州市吴中区城西中学
Sūzhōu Shì Wúzhōng Qū Chéngxī Zhōngxué

事业单位。位于长桥街道吴中西路248号。区教育局直属学校，首批省示范初中，首批市促进学生“三会”活动先进学校。创办于1995年9月，2010—2012年扩建改造，成为高水平现代化学校。占地面积2.1万平方米，建筑面积2.2万平方米。有展信楼、展馨楼、展英楼等办公、教学、报告厅、电脑室、实验室、劳技室、美术教室、舞蹈房；有田径场、200米环形塑胶跑道、篮球场。学校设8轨24班，有90多名专任教师。2009年被定为“全国中小学棋类教学研究实验基地”“江苏省棋类运动协会围棋训练基地”“苏州市围棋特色学校”。通多路公交车。

苏州市吴中区苏苑实验小学
Sūzhōu Shì Wúzhōng Qū Sūyuàn Shíyànxiǎoxué

事业单位。位于长桥街道宝带东路与迎春路交汇处。创办于1989年。占地面积2.3万平方米，建筑面积2.7万平方米。2001年由吴中区教育局与南京师范大学签协，冠名南京师范大学苏苑实验小学。先后被评为江苏省实验小学、江苏省模范学校、江苏省文明单位、江苏省和谐校园、江苏省平安校园、江苏省教育工作先进集体、江苏省优秀家长学校等荣誉称号。学校设8轨48班。有教职员工130余人，其中被评为“江苏省特级教师”2人，省、市、区知名教师5人；被命名为市、区学科学术带头人21人，被评聘为中学高级教师10人，授予区、市级学科学术带头人11人。通多路公交车。

苏州市吴中区宝带实验小学
Sūzhōu Shì Wúzhōng Qū Bǎodài Shíyànxiǎoxué

事业单位。位于长桥街道宝带东路179号。江苏省实验小学，吴中区教育局直属学校。创办于1994年8月时名吴县宝带中心小学。1996年9月为江苏省东吴外国语师范学校附属小学。1997年评为吴县市教育现代化示范学校。1998年评为江苏省实验小学。2002年评为江苏省模范学校。2007年3月通过苏州市教育现代化小学验收。占地面积2.7万平方米，建筑面积1.8万平方米。曾获“全国学校文化建设金奖”“江苏省文明学校”“苏州市文明单位”等荣誉称号。学校设5轨30班，有教职工100余名，专任教师86名，81人次评为区级及以上“名校长”“名教师”“十杰”“十佳”、学科(学术)带头人、骨干教师。有附属幼儿园一所，校刊《莘园》，校报《凌霄花》。通多路公交车。

苏州市吴中区实验小学
Sūzhōu Shì Wúzhōng Qū Shíyànxiǎoxué

事业单位。位于长桥街道龙西路113号。创办于1996年，是江苏省实验小学、苏州市教育现代化学校。学校现有25个班级，1000多名学生，70多名教师。占地面积2.9万平方米，建筑面积0.85万平方米。拥有图书馆、实验室、电脑房、电视台、击剑室、棋室等专用场室，现代化教育设施齐全。通多路公交车。

苏州市吴中区长桥中心小学
Sūzhōu Shì Wúzhōng Qū Chángqiáo Zhōngxīnxiǎoxué

事业单位。位于长桥街道蠡墅下塘西街50号。创办于1911年，为民众教育馆，1913年更名为蠡墅乡初等小学校，1916年9月更名为蠡墅第一国民学校，1923年8月更名为蠡墅乡镇立初级小学，1928年8月又更名为吴县县立蠡墅小学，1945年再次更名为吴县蠡墅镇中心民国学校，1951年确定为吴县蠡墅中心小学校，1966年改名为吴县长桥红九学校，1969年9月校名为吴县长桥中心小学，1996年校名为吴县市长桥中心小学，2001年校名为苏州市吴中区长桥中心小学至今。通多路公交车。

苏州市吴中区长桥中学
Sūzhōu Shì Wúzhōng Qū Chángqiáo Zhōngxué

事业单位。位于长桥街道澄湖路185号。创办于1958年，始名苏州市蠡墅初级中学，是一所规模较小的农村初中。1968年迁至蠡墅镇北大王庙旧址，更名为长桥中学。二十世纪八九十年代，长桥中学已成为吴县地区中学教育品牌学校。1996年秋经吴县市人民政府批准，开始面向全县招收高一新生，学校跻身于吴县规模办学的完中行列。2001年被苏州市教委确认为苏州市首批重点中学之一。2002年2月筹建新校区，历时4年，于2006年9月搬迁到现址。占地面积5.8万平方米，建筑面积2.23万平方米。教育教学设备先进。已建成江苏省中小学标化准实验室、江苏省中学一级图书馆和百兆校园网，所有班级实现多媒体化；专用教室齐全、设备先进，金工钳工、电子电工、刺绣等劳技教育设施完备。通多路公交车。

苏州市吴中区特殊教育学校
Sūzhōu Shì Wúzhōng Qū Tèshūjiàoyùxuéxiào

事业单位。位于郭巷街道尹山社区中部。吴中区教育局直属学校。创办于1988年，初名吴县聋哑学校，1995年更名为吴县市聋哑学校，2007年更名为苏州市吴中区特殊教育学校。占地面积1.18万平方米，建筑面积0.46万平方米。通多路公交车。

苏州大学附属尹山湖中学
Sūzhōudàxué Fùshǔ Yǐnshānhúzhōngxué

事业单位。位于郭巷街道醍湖路399号。创办于1958年，名吴县郭巷初级中学。1963年停办。1970年复办，设20轨制，占地面积6.79万平方米，建筑面积7.15万平方米。2015年学校再次迁移至尹山湖新校址。通多路公交车。

苏州市吴中区郭巷实验小学
Sūzhōu Shì Wúzhōng Qū Guōxiàng Shíyànxiǎoxué

事业单位。位于郭巷街道东街1号。1913年3月郭巷老街西首大经堂内创办郭巷乡第一初等小学，1923年8月更名为郭巷初级小学，1928年2月汤堡小学并入。1937年抗日战争全面爆发，学校停办。1940年夏复办郭巷初级小学。1943年—1946年，学校迁至老街东首地藏王庙内。1947年更名为郭巷国民小学。中华人民共和国成立后，1951年9月更名为郭巷中心小学。2018年暂定名为苏州市吴中区郭巷实验小学。占地面积0.58万平方米。全校教职员工163人，设8轨48班，学生2008人。通多路公交车。

苏州市吴中区独墅湖实验小学
Sūzhōu Shì Wúzhōng Qū Dúshùhú Shíyànxiǎoxué

事业单位。位于郭巷街道通达路1288号。创办于2014年。占地面积3.14万平方米，建筑面积2.95万平方米，操场面积0.42万平方米。设6轨36班。2017年末有30个教育班，学生1252名，教职员工120人。是一所由吴中区教育局、郭巷街道办事处双重领导的公办全日制完全小学校。

苏州市吴中区横泾中学
Sūzhōu Shì Wúzhōng Qū Héngjīng Zhōngxué

事业单位。位于横泾街道泾康路201号。创办于1957年8月，校址在横泾上塘吴家弄，时名震泽县横泾初级中学，1959年上半年改称吴县横泾初级中学，1971年上半年改称横泾“五七”中学，1972年复名吴县横泾中学。2000年移至今址为今名。占地面积5.33万平方米，建筑面积1.27万平方米。设3轨18个班，在校学生646名；教职工98人，其中专任教师90人。通多路公交车。

苏州市吴中区横泾实验小学
Sūzhōu Shì Wúzhōng Qū Héngjīng Shíyànxiǎoxué

事业单位。位于横泾街道中兴路88号。创办于清光绪三十二年（1906）。后多次易地、扩建、更名，至2017年更为今校。占地面积2.27万平方米，建筑面积0.61万平方米。学校附设幼儿园，设9轨50个班，学生2268名，教职工183人。通多路公交车。

苏州市吴中区横泾卫生院
Sūzhōu Shì Wúzhōng Qū Héngjīng Wèishēngyuàn

事业单位。位于横泾街道中兴路120号。开设内科、外科、妇产科，口腔科、中医伤骨科、五官科、超声科、检验科等。有床位120张，医务人员65人。通多路公交车。

苏州市吴中区人才服务中心
Sūzhōu Shì Wúzhōng Qū Réncáifúwùzhōngxīn

事业单位。位于越溪街道塔韵路178号。隶属苏州市吴中区人力资源和社会保障局管理。2012年7月成立。吴中区机构编制委员会《吴编委〔2012〕91号》批准为副科职建制全额事业单位，主要从事人才引进、人才服务及管理工作。通多路公交车。

苏州市吴中区便民服务中心
Sūzhōu Shì Wúzhōng Qū Biànmínfúwùzhōngxīn

事业单位。位于越溪街道苏街198号。隶属吴中区行政服务中心管理。2009年12月便民服务中心平台（12345热线电话）正式开通运行，吴中区机构编制委员会《吴编委〔2011〕1号》批准为副科职建制全额事业单位。主要从事吴中区区域内便民服务、受理申请等工作。通多路公交车。

苏州市食品检验检测中心
Sūzhōu Shì Shípǐn Jiǎnyànjiǎncè Zhōngxīn

事业单位。位于越溪街道吴中大道1336号。食品安全检验检测专业机构。于2016年3月经市编办批准成立，为苏州市食品药品监督管理局下属事业单位，挂苏州市食品安全快检中心牌子，具有先进的设备、检验检测材料和合格的科技人员。完善了食品安全检验检测体系建设，主要承担食品、食用农产品安全的监督检验检测。为各级食品监管部门开展监管执法提供技术支撑。通多路公交车。

苏州大学文正学院
Sūzhōu Dàxué Wénzhèngxuéyuàn

事业单位。位于越溪街道吴中大道1188号。东至越湖路，西至吴山，北至石湖和上方山国家森林公园。中国第一所独立学院，为纪念历史名人范仲淹、曾国藩等，并以其谥号命名。1998年12月由江苏省教委批准创办苏州大学文正学院，时为公有民办二级学院。2006年3月改办为独立学院。2007年11月苏州大学文正学院投资及收益权由苏州凯达房地产发展有限公司全部转让给苏州大学教育发展基金会。占地面积59万平方米。在校学生9500人。篮球场、田径场、网球场、健身房、活动中心等各种运动设施一应齐全；优良的基础设施，良好的学习和生活条件，被苏州市人民政府命名为“花园式单位”。是苏州大学设立的一级学院，苏大负责学院的教学和日常管理工作，苏大一切资源与文正学院共享。设有艺术设计、新闻学、汉语言文学、广告学、人力资源管理、劳动与社会保障、国际经济与贸易、会计学、金融学、工商管理、法学、应用心理学、英语、日语、信息与计算科学、电子信息科学与技术、计算机科学与技术、信息工程、通信工程、电气工程与自动化、机械工程及自动化、市场营销、微电子学、机械电子工程、光信息科学与技术、服装设计与工程、档案学、测控技术与仪器、城市管理、对外汉语、通信工程（城市轨道交通通信信号）、电气工程与自动化（城市轨道交通控制工程）、机械工程及自动化（城市轨道交通车辆工程）等33个本科专业及专业方向。通多路公交车。

苏州市职业大学石湖校区
Sūzhōu Shì Zhíyèdàxué Shíhúxiàoqū

事业单位。位于越溪街道致能大道106号。1981年5月建校，是在创办于1911年的原苏州工业专科学校的基础上，经教育部备案，由苏州市人民政府主办的一所公办全日制普通高等专科学校。是江苏省办学历史最悠久的职业大学之一。2003年11月苏州市委、市政府将苏州市职业大学、苏州教育学院、苏州市广播电视大学、苏州市职工科技大学合并，组建成全新的苏州市职业大学，建有石湖、干将路、潭山、吏舍弄4个校区。东至圣陶路，南至吴中大道，西至致能大道，北至石湖。占地面积71万平方米，建筑面积38万平方米。该校区为专科生教育基地。有63个专科专业，364班，学生16396名，教师999名。学校办学宗旨是：立足苏州、服务地方、以工科为主，多学科协调发展，以培养高素质技术应用型人才为主的市属普通专科院校。通多路公交车。

江苏省外国语学校
Jiāngsū Shěng Wàiguóyǔ Xuéxiào

事业单位。位于越溪街道圣陶路1号。1994年成立东吴外国语师范学校。2002年11月19日经江苏省教育厅批准，更名为江苏省外国语学校。东至圣陶路，南至文耀街，西至顾公路，北至石湖边。占地面积14.1万平方米，建筑面积9万平方米。学校设初中部、高中部、师范部，有77个教学班，学生总数3551人。通多路公交车。

江苏省吴中中等专业学校
Jiāngsū Shěng Wúzhōng Zhōngděngzhuānyèxuéxiào

事业单位。位于越溪街道龙翔路333号。2007年7月成立，由原江苏广播电视大学吴中学院、江苏省吴中职业高级中学、郭巷职业中学三所学校，根据吴中区委区政府的决定，实施资源整合，易地新建。2013年12月在江苏广播电视大学吴中学院基础上挂牌成立吴中开放大学，并被江苏开放大学确认为首批二级学院。占地面积20万平方米，建筑面积12.8万平方米。设有精密制造系、电气工程系、财经系、商贸系、信息传媒系、现代职教体系分段培养部6个系部，拥有普通中专、五年一贯制大专、开放专本科完整的职教办学体系。学校现有教职工346人，专任教师322人，其中省特级教师2名、省领军人才1名、省教学名师1名、省333人才1名、姑苏教育人才1名、市名教师3名、市学科带头人18名、市优秀“双师型”教师6名。现有全日制学生4353人，成人学历教育1405人，社区非学历教育培训每年18000余人次。通多路公交车。

苏州工业职业技术学院
Sūzhōu Gōngyè Zhíyè Jìshù Xuéyuàn

事业单位。位于越溪街道致能大道1号。公办，省示范性高职院校。其前身为江苏省立苏州高级工业职业学校。2003年成立。学院设有10个教学单位，35个专业，另增设了7个新专业。在智能制造类专业领域，机电一体化技术专业被评为教育部示范建设专业，数控技术专业被评为江苏省高校品牌专业。机电一体化、工业机器人、数控设备应与维护、应用电子技术、软件技术等5个专业进入江苏省高水平骨干专业建设行列。云计算技术与应用、大数据技术与应用技术专业成为苏州市高校优秀新专业。先后立项省教育科学规划重点课题、省教改重大课题26项，校企共建企业学院18个，共建“校中厂”6个，省产教融合实训平台2个、合作开发教材118部。通多路公交车。

苏州市吴中区越溪中学
Sūzhōu Shì Wúzhōng Qū Yuèxī Zhōngxué

事业单位。位于越溪街道文溪路1001号。创办于1958年，由横泾初级中学析一个班与越溪农业中学合并而成，校址在陆墓山。1962年移至谭塔庙，1969年从谭塔庙迁至市镇越溪中心小学内，1970年秋季，学校增设高中班。1974年迁至越来溪东徐舍村内。1978年又回至吴山街103号。2008年10月搬入今址。占地面积8.7万平方米，建筑面积4.27万平方米。2017年有22班，635名学生，教职工115人。通多路公交车。

苏州市吴中区越溪实验小学
Sūzhōu Shì Wúzhōng Qū Yuèxī Shíyànxiǎoxué

事业单位。位于越溪街道越城西路1号。1913年7月创建乡立第一小学（隶属吴江县）。1937年1月更名为越溪初级小学。1949年9月学校改名吴江县越溪中心小学。1950年下半年划归吴县，校名改为吴县越溪中心小学。1954年划归震泽县，校名震泽县越溪中心小学。1959年4月震泽县并入吴县，学校随之改名为吴县越溪中心小学。2004年又改为吴中区越溪实验小学。占地面积5.63万平方米，建筑面积9.52万平方米。设8轨46班，教职工187人。通多路公交车。

苏州市吴中经济技术开发区实验小学
Sūzhōu Shì Wúzhōng Jīngjì Jìshùkāifāqū Shíyànxiǎoxué

事业单位。位于越溪街道文溪路888号。2017年8月学校落成，2018年2月正式投入使用。占地面积3.61万平方米，建筑面积2.84万平方米。至2018年秋，学校共开设一、二两个年级15个班级，学生596人，教职工68人。通多路公交车。

苏州市吴中区碧波实验小学
Sūzhōu Shì Wúzhōng Qū Bìbō Shíyànxiǎoxué

事业单位。位于城南街道白云街1号。创办于1995年。2002年被评为江苏省实验小学，是苏州首家通过ISO9000质量管理体系认证的学校。占地面积3.23万平方米，建筑面积1.1万平方米。是一所焕发着青春活力的先进校、实验校、示范校、窗口校。通多路公交车。

吴中区城南街道社区卫生服务中心
Wúzhōng Qū Chéngnán Jiēdào Shèqū Wèishēng Fúwù Zhōngxīn

事业单位。位于城南街道白云街91号。成立于1998年10月。房屋由吴中经济开发区管委会调拨使用，现有业务用房面积0.26万平方米。拥有110多名职工，其中医务人员87名。中心下设5个社区卫生服务站：新江社区卫生服务站、宝带桥社区卫生服务站、红庄社区卫生服务站、东湖社区卫生服务站、南石湖社区卫生服务站。通多路公交车。

香山颐养苑 Xiāngshān Yíyǎngyuàn

事业单位。位于香山街道其昌路2号。1996年10月，由苏州太湖国家旅游度假区投资创办，名度假区敬老院。2004年更名为香山街道敬老院。2016年移建于北塘路12号，2018年4月启用，更为今名。有床位164张，入住老人108人。占地面积6728平方米，建筑面积0.83万平方米。院内有68个房间，204张床位，设有棋牌室、多功能厅、阅览室等娱乐设施，有康复室、全科医生工作室、残疾人助浴室、理发室等功能型服务场所。2018年12月74位老人入住，工作人员25人。通多路公交车。

苏州市太湖旅游中等专业学校
Sūzhōu Shì Tàihúlǚyóu Zhōngděngzhuānyèxuéxiào

事业单位。位于香山街道蒋墩路1号。1993年9月苏州太湖国家旅游度假区投资创办并命名吴县旅游职业学校，2011年更为今名。占地面积2万平方米，建筑面积2.5万平方米。设有导游、会计、电子、计算机、旅游管理、烹饪等对口单招中专和五年一贯制大专的全日制公办中等专业学校。设26班，学生800名。2000年评为江苏省重点职业高中。2008年评为江苏省三星级职业学校。通多路公交车。

苏州市太湖国家旅游度假区香山中学
Sūzhōu Shì Tàihú Guójiā lǚyóu Dùjiàqū Xiāngshān Zhōngxué

事业单位。位于香山街道梅舍路8号。取所在香山山名为校名。创办于1958年，为吴县香山初级中学。60年代改名水桥农中，70年代拆分为水桥中学和井冈山（蒋墩）中学，80年代两校合并复原名。1995年更名为苏州太湖国家旅游度假区香山中学。2012年9月移址重建于苏州太湖国家旅游度假区梅舍路8号。占地面积6万平方米，建筑面积4.43万平方米。设16轨54班，有教职员工118名，其中专任教师89名，开25班，学生1018名。曾被评为江苏省平安学校、苏州市教育现代化学校和德育先进学校等。通多路公交车。

苏州市太湖国家旅游度假区舟山实验小学
Sūzhōu Shì Tàihú Guójiā lǚyóu Dùjiàqū Zhōushān Shíyànxiǎoxué

事业单位。位于香山街道北塘路8号。原名度假区中心小学。1994年9月，苏州太湖国家旅游度假区投资创办，吴县市人民政府批准命名，时为一所4轨制具有现代化教育设施的公办小学。2009年移址北塘路8号。后更名为舟山小学。2018年又更名为舟山实验小学。占地面积2.62万平方米，建筑面积1.49万平方米。设5轨，30班，教职工62人。为园林式建筑，有一个2000多平方米的室内体育中心，一片300米塑胶跑道的田径场，3个标准室外篮球场；有多媒体教室、科学实验室、舞蹈房、劳技室等专用教室37个。校园网络全覆盖，每个教室装备了投影仪、大屏幕液晶电视等现代教育设备，实行无纸化办公。通多路公交车。

苏州市太湖国家旅游度假区香山实验小学
Sūzhōu Shì Tàihú Guójiā lǚyóu Dùjiàqū Xiāngshān Shíyànxiǎoxué

事业单位。位于香山街道伍相路6号。创办于2017年。占地面积3.9万平方米，建筑面积2.6万平方米。设6轨36班。2018年9月，学校开设一至三年级共23个班级，学生1032人，教职工70人。通多路公交车。

苏州市吴中区甪直甫里中学
Sūzhōu Shì Wúzhōng Qū Lùzhí Fǔlǐ Zhōngxué

事业单位。位于甪直镇育才路1号。取名“甫里”是因为甪直本名“甫里”，晚唐诗人陆龟蒙隐居这里的时候就自号“甫里先生”。前身是甪直中学初中部。创办于1942年9月，初名“私立甪直初级中学”，1949年后由政府接管转为公办，1958年增设高中部。2014年初高中分离，初中部独立设置为今校。占地面积5.3万平方米，建筑面积2.5万多平方米。有教学楼、行政楼、报告厅、体育馆、实验楼、图书馆和语音、美术、音乐专用教室、多媒体教室、未来教室、微机房等设施齐全。学校现有48个班级，学生2268人。拥有一支结构合理、师德高尚、业务精湛的教师队伍，有专职教师168人，其中高级教师27名，一级教师57名，研究生26名；区学科带头人18名，区级骨干教师35名。通多路公交车。

苏州叶圣陶实验小学
Sūzhōu Yèshèngtáo Shíyànxiǎoxué

事业单位。位于甪直镇德才路61号。因甪直镇是中国教育界一代宗师叶圣陶先生早年工作过的地方，被叶老称为他的“第二故乡”，故名。创办于1905年，初名“甫里小学”，校址保圣寺旁；辛亥革命后，更名为吴县县立第五高等小学；1953年更名为甪直中心小学；2002年5月，因是中国教育家叶圣陶先生早年工作过的地方，故名苏州叶圣陶实验小学。2003年9月搬迁至今址，12月通过省实验小学验收。占地面积4万平方米，建筑面积1.5万平方米。设9轨54班。有教职工480多人。拥有图书馆，计算机室，未来教室，报告厅，音乐室、科学室，美术室，劳技室，心理咨询，卫生保健，少先队队室、电视台演播等专用教室；有250米环形跑道、100米直道标准塑胶田径运动场和足球场、篮球场、排球场，乒乓桌等体育设施。通多路公交车。

苏州市吴中区甪直人民医院
Sūzhōu Shì Wúzhōng Qū Lùzhí Rénmín Yīyuàn

事业单位。位于甪直镇田肚江路30号。成立于1955年1月，初名甪直联合诊所。1961年更名为甪直中心卫生院。1990年搬迁至晓市路，更名为甪直人民医院。2009年甪直镇政府投资2亿元，按二级医院标准易地建造新院。2012年6月建成开诊。是集医疗、预防保健、社区卫生服务为一体的二级综合性医院，为苏州市二级医院。占地面积2.6万平方米，建筑面积4万平方米。设有内科、外科、骨科、妇产科5个病区，有内科、小儿科、普外科、骨科、妇产科、麻醉科、五官科、口腔科、针灸骨伤科、中医科、急诊科、皮肤科、泌尿科、手外科、肛肠科等临床科室及放射、B超、检验、内镜、病理等医技科室，其中骨科、宫颈门诊、糖尿病科是吴中区重点专科和专病单位。医疗服务人群约25万人。下设9个社区卫生服务站。通多路公交车。

苏州市吴中区甪直高级中学
Sūzhōu Shì Wúzhōng Qū Lùzhí Gāojízhōngxué

事业单位。位于甪直镇鲁望路5号。创办于1942年9月，初名私立甪直初级中学。1945年更名为私立鲁望中学。1956年8月改为公立，易名为吴县甪直初级中学。1958年9月增设高中部，更名为吴县甪直中学。2012年易地新建甪直中学高中部，2014年竣工启用，与初中部分离，并更名为甪直高级中学。占地面积8.3万平方米，建筑面积4.68万平方米。有26个行政班，在校学生1054人，在编教职工106人，具有中、高级职称的教师94人，外聘正高级教师、省特级教师1人，设区市学科带头人4人，区级以上骨干教师71人。通多路公交车。

苏州市甪直镇淞南中心学校
Sūzhōu Shì Lùzhí Zhèn Sōngnán Zhōngxīnxuéxiào

事业单位。位于甪直镇新淞路18号。是一所全日制学校。前身为光辉学校，创办于2004年。2007年春学期搬入淞南中心学校。占地面积1.33万平方米，建筑面积0.38万平方米。开设小学、初中9个年级，另外，附设艺星幼儿园一所，在校师生共1600余人。拥有两幢三层标准化教学大楼，标准教室20余间，还有数间配套用房，设施设备俱全。通多路公交。

苏州市吴中区光福中学
Sūzhōu Shì Wúzhōng Qū Guāngfú Zhōngxué

事业单位。位于光福镇宝泉路24号。创办于1953年8月，为民办光福镇初中补习班。1954年迁至下街铜观音寺内。1956年9月正式创办光福初级中学。1971年2月设高中部，更名为光福中学。1978—1992年间，先后附设第一（塘村）、第二（府巷）、第三（北沟）第四（迂里）、第五（香雪）初级中学（片中）。1991年初，在邓尉山麓宝泉路新建一幢教学楼，同年9月，初一新生在新校入学。随后分期建设，至1997年竣工并入驻新校。2007年光福中学撤销高中部。占地面积6.8万平方米，建筑面积1.06万平方米。设8轨24班，102名教职员工；有区学科（学术）带头人16名，区学科骨干教师28人；教育硕士10人。通多路公交车。

苏州市吴中区光福中心小学
Sūzhōu Shì Wúzhōng Qū Guāngfú Zhōngxīnxiǎoxué

事业单位。位于光福镇宝泉路1号。创办于1905年9月，光福西崦初等小学堂；1912年改为光福乡第一初等学堂。1916年4月为国民初等小学。1923年为光福初级小学。1927年8月为光福西崦初等小学。1928年为吴县光福第一中心初等小学。1950年为吴县光福小学。1966—1976年为光福“五•七”学校。1977年为吴县光福中心小学。2000年更名为吴中区光福中心小学。占地面积2.19万平方米，建筑面积0.74万平方米。设5轨30班，在编教职员工69人。学校附设幼儿园1个，分园2个，有幼儿教育班31个，在编教职员工35人。通多路公交车。

苏州香雪海小学
Sūzhōu Xiāngxuěhǎi Xiǎoxué

事业单位。位于光福镇塔山路1号。创办于2011年8月，由原吴中区光福中心小学第二校区和原吴中区太湖实验学校合并而成。占地面积2.53万平方米，建筑面积1.31万平方米。设5轨30班，在编教职员工61人。通多路公交车。

苏州市吴中区光福人民医院
Sūzhōu Shì Wúzhōng Qū Guāngfú Rénmín Yīyuàn

事业单位。位于光福镇塔山路16号。1954年10月成立光福联合诊所。1958年9月成立潭东联农医院。1959年8月成立塘村分院。1958年8月更名为光福公社医院。1969年1月成立光福卫生管委会，管辖兽医站、卫生院，私人口腔诊所。1970年3月成立光福卫生队。1978年7月由古镇区下街整体搬迁至下崦滩东侧。2015年11月搬迁至今址。占地面积2万平方米，第一期建筑面积1.61万平方米。现有床位100张，实际开放床位110张。设内科、外科、妇产科、五官科、口腔科、预防保健科及相关的医技科室超声科、检验科、放射科、心电图室、胃镜室等临床科室。通多路公交车。

苏州市中西医结合医院
Sūzhōu Shì Zhōngxīyī Jiéhéyīyuàn

事业单位。位于木渎镇下沙塘39号。创建于1958年。1959年为吴县木渎人民医院。1966年吴县血吸虫病防治站并入，改称吴县人民医院。1978年改名吴县木渎人民医院。1984年复称吴县人民医院。1995年更名为吴县市第二人民医院。1998年木渎吴县市中医院并入，院名为吴县市第二人民医院、吴县市中医院（两块牌子、一套班子）。2001年更名为苏州市木渎人民医院、吴中中医院。2013年10月更名为苏州市中西医结合医院。占地面积3.7万平方米，建筑面积6.46万平方米。医院有床位750张，设临床、医技科室48个。有正式职工976名，卫技人员817名，其中高级职称87名，研究生以上学历74名。是苏州卫生职业技术学院的附属医院和南京中医药大学的教学医院。通多路公交车。

苏州科技大学天平学院
Sūzhōu Kējì Dàxué Tiānpíng Xuéyuàn

事业单位。位于木渎镇长江路55号。公有民办二级学院。由苏州科技学院的前身之一——苏州城市建设环境保护学院申办，1999年9月批准成立。学院设有综合办公室、财务处、教务处、学生处、团委等行政管理机构；设有园林艺术系、环境工程系、土木工程系、电子与信息工程系、经济管理系、人文科学系等教学管理机构；设有环境设计、园林、环境工程、给排水科学与工程等29个专业，形成了以工为主，工、理、文、管、艺等多学科协调发展、特色鲜明的专业格局。通多路公交车。

江苏省木渎高级中学
Jiāngsū Shěng Mùdú Gāojízhōngxué

事业单位。位于木渎镇灵天路588号。创办于1937年，名吴西中学（私立）。1944年7月借木渎小学校舍创办私立灵岩初级中学。1947年7月学校停办；同年8月，以道堂浜城隍庙基地及汪伪省立稻作试验场旧屋，创办吴县县立初级实用职业学校。1950年9月光福私立女子蚕校并入，更名为吴县县立初级农蚕技术学校。1951年秋，开始招收普通初中。1952年春职校学生分别转出。1953年更名为吴县木渎初级中学。1958年秋，增设高中班，改称吴县木渎中学。1962年迁至镇东街原吴县师范学校。“文化大革命”期间，一度改为吴县动力机械厂五七学校。1968年迁回原址。1980年12月定为江苏省首批办好的95所重点中学之一。1996年6月经省教委批准更名为江苏省木渎高级中学。1999年4月被确认为国家级示范高中。2000年5月被确认为江苏省模范学校。2004年3月转评为江苏省四星级普通高中；同年5月，学校在天平山、灵岩山风景区内易地重建了木渎高级中学。2006年1月学校迁入新址。2016年学校通过苏州市普通高中星级评估复审。至2018年5月占地面积33万平方米，建筑面积9.1万平方米。设16轨48班，教职工300余人。有微机室、多媒体电化教室、多功能报告厅，闭路电视、背投电视和实物投影仪，教师配备笔记本电脑，有宽带校园网。通多路公交车。

苏州市吴中区木渎金山高级中学
Sūzhōu Shì Wúzhōng Qū Mùdú Jīnshān Gāojízhōngxué

事业单位。位于木渎镇木东路21号。前身是始创于1958年的金山农业中学。1972年改名金山中学。1991年更名为木渎第三中学。2006年7月木渎第二中学和木渎第三中学的高中部合并，组建并更名木渎第二高级中学。2004年11月更名为木渎金山高级中学。占地面积4.18万平方米。学校现有19个教学班，学生700余人，教职工100余名，其中高级职称教师45人，中级职称教师41人，中级职称以上教师占教师总人数的8%。通多路公交车。

苏州市吴中区木渎实验中学
Sūzhōu Shì Wúzhōng Qū Mùdú Shíyànzhōngxué

事业单位。位于木渎镇翠坊南街16号。原木渎高级中学校址。由原苏州市吴中区木渎第二中学、第三中学初中部于2006年8月合并组成，取名为苏州市吴中区木渎实验中学。占地面积6.08万平方米，建筑面积3.23万平方米。设15轨45班，有190余名教职员工。学校现有300米塑胶跑道的田径场1个，室内体育馆1座，篮球场7片，室外乒乓球台18个，理化生实验室1个，实验器材齐全，图书5万册，师生用餐楼1幢，学生用微机300余台，音乐美术专用教室8个。2007年3月学校与苏州市体育运动学校联办了苏州市手球队（市队校办）。为“江苏省教育现代化示范初中”“苏州市艺术特色学校”“苏州市语言文字规范化示范校”。通多路公交车。

苏州市吴中区木渎实验小学
Sūzhōu Shì Wúzhōng Qū Mùdú Shíyànxiǎoxué

事业单位。位于木渎镇南亭路18号。清光绪三十年(1904)秋，顾肇熙等人在木渎镇道堂浜发起办校，定名为木渎公立初等小学堂。1916年更名为第一国民学校。1924年立名为吴县县立第一学校。1947年更名为木渎镇中心国民学校。1949年后取名为木渎中心小学。1978年学校被定为江苏省重点小学。1981年被定为省首批办好的实验小学之一。学校现在分附属幼儿园和小学部。小学部占地面积1.45万平方米，建筑面积0.89万平方米。幼儿园占地面积0.32万平方米，建筑面积0.2万平方米。小学部设有自然实验室、音乐室、舞蹈房、书画室、图书阅览室等十多个专用教室。为江苏省实验小学、江苏省模范学校。通多路公交车。

苏州市吴中区木渎中心小学
Sūzhōu Shì Wúzhōng Qū Mùdú Zhōngxīnxiǎoxué

事业单位。位于木渎镇香溪东路8号。创办于1908年，前身为木渎金山公立小学堂。1989年更名为现校名。占地面积4万平方米，建筑面积1.3万平方米。分小学部和幼儿部。学校现有苏州市学科带头人2名，吴中区学科带头人16名，区骨干教师21名。大专以上学历100%，其中本科及研究生学历达90%。小学高级教师以上职称64人，其中中高职称7人。小学部共设37个班，有1870名学生；幼儿部设21个班，有742名幼儿；学校共有137名在编在职教职工。通多路公交车。

苏州市吴中区胥口中学
Sūzhōu Shì Wúzhōng Qū Xūkǒu Zhōngxué

事业单位。位于胥口镇清明路20号。创办于1965年，前身为胥江农业中学。1978年更名为吴县胥口中学。2000年更名苏州市吴中区为胥口中学。学校拥有苏州市合格实验室，有微机房、语音室、电教室、图书阅览室、美术室、娱乐活动室等现代化教育设施。通多路公交车。

苏州市吴中区胥口实验小学
Sūzhōu Shì Wúzhōng Qū Xūkǒu Shíyànxiǎoxué

事业单位。位于胥口镇顾巷路1号。原为胥口中心小学，2012年9月更为今名。占地面积4万平方米，建筑面积3.5万平方米。主体建筑框架四层。办学规模为6轨36班。设有现代化的多功能会议室、多功能教室、科学实验室、美术室、保健室、舞蹈房等专用教室，综合配套有食堂、篮球场、足球场等设施。通多路公交车。

苏州市吴中区胥口中心幼儿园
Sūzhōu Shì Wúzhōng Qū Xūkǒu Zhōngxīnyòu´éryuán

事业单位。位于胥口镇时进路601号。1958年胥口中心小学开始办幼儿班。1966年附属幼儿班撤销。1969年秋季恢复中心幼儿班。1980年公社创办胥口中心幼儿园。1990年异地新建幼儿园。1992年6月胥口中心幼儿园落成开园。占地0.37万平方米，建筑面积0.15万平方米，活动场地0.14万平方米，绿化面积0.13万平方米。现胥口中心小学幼儿园升格为一类幼儿园。通多路公交车。

苏州市吴中区临湖实验中学
Sūzhōu Shì Wúzhōng Qū Línhú Shíyànzhōngxué

事业单位。位于临湖镇重才路568号。1958年为浦庄农村中学。1962年停办。1964年恢复命名为新农业中学。1969年改名为吴县浦庄中学。1997年重命名为“吴县市浦庄中学”。2001年重新命名为“苏州市吴中区浦庄中学”。2007年因渡村镇与浦庄镇合并设立临湖镇，命名为“吴中区临湖第二中学”。2014年9月搬迁至现址，同时更名为“吴中区临湖实验中学”。占地面积4.05万平方米，建筑面积2.43万平方米。现学校现代化设施设备齐全。通多路公交车。

苏州市吴中区临湖第一中学
Sūzhōu Shì Wúzhōng Qū Línhú Dì 1 Zhōngxué

事业单位。位于临湖镇莲湖路428号。原名为渡村中学，创办于1958年。2005年易地新建。2007年9月启用，同时改为吴中区临湖第一中学。占地面积4万平方米，建筑面积1.6万平方米。学校有6幢主体建筑，24个多媒体教室，12个专用教室和2个网络教室，1个图书阅览中心，能容纳416座的多功能报告厅，300米塑胶田径运动场，可供近千人同时就餐的餐厅。通多路公交车。

苏州市吴中区临湖实验小学
Sūzhōu Shì Wúzhōng Qū Línhú Shíyànxiǎoxué

事业单位。位于临湖镇重才路558号。1906年设立浦庄初等小学堂。1951年改名为吴县浦庄中心小学。1997年重命名为吴县市浦庄中心小学。2001年更名为吴中区浦庄中心小学。2007年因渡村镇与浦庄镇合并设立吴中区临湖第二中心小学。2014年9月搬迁至今址，同时更名为吴中区临湖实验小学。占地面积4.29万平方米，建筑面积2.9万平方米。现学校共有5幢主体楼，设有8轨48个教室，3个合班教室，19个专用教室。通多路公交车。

苏州市吴中区临湖第一中心小学
Sūzhōu Shì Wúzhōng Qū Línhú Dìyī Zhōngxīn Xiǎoxué

事业单位。位于临湖镇银藏路1501号。原名渡村中心小学。创办于1906年，学校原址渡村前秧后街1号。2004年10月学校易地新建。2005年3月迁入新校舍。占地面积3.33万平方米，建筑面积1.2万平方米。学校设有网络教室、多媒体教室、科学实验室、艺术教室、图书阅览室等。2018年9月，学校正式成为江苏省帆船运动特色学校。通多路公交车。

苏州市吴中区东山中学
Sūzhōu Shì Wúzhōng Qū Dōngshān Zhōngxué

事业单位。位于东山镇莫厘北路1号。以东山为校名。始创于1937年9月。1946年为私立吴县莫厘中学校。1956年为震泽县中学。1959年4月为吴县东山中学。1995年8月为吴县市东山中学。2001年3月为苏州市吴中区东山中学。2009年2月东山中学初高中分离，校名保留，为高级中学。占地面积3.98万平方米，建筑面积为1.85万平方米。学校有9幢主体建筑，26个多媒体教室，17个专用教室和2个网络教室，1个图书阅览中心。400米塑胶田径运动场，有可供近千人就餐的餐厅。通多路公交车。

苏州市吴中区东山莫厘中学
Sūzhōu Shì Wúzhōng Qū Dōngshān Mòlí Zhōngxué

事业单位。位于东山镇人民街62号。因学校背靠东山最高峰莫厘峰，故名。2009年3月东山中学初、高中分设，初中部恢复历史校名东山莫厘中学。占地面积2.18万平方米，建筑面积86.97万平方米。学校现有8幢主体建筑，22个多媒体教室，7个专用教室和2个网络教室，1个图书阅览中心，1个140座多功能报告厅。200米塑胶田径运动场，有可供近千人就餐的餐厅。通多路公交车。

苏州市吴中区东山实验小学
Sūzhōu Shì Wúzhōng Qū Dōngshān Shíyànxiǎoxué

事业单位。位于东山镇石鹤山路16号。创办于1818年，名仰云书屋。1871年为五湖书院，1898年为养正学堂。1905年为五湖官立两等小学。1914年为东山乡立两级小学。1916年为吴县县立文昌中心小学。1938年为东山两级小学。1940年为文昌小学。1942年为文昌中心小学。1945年为前山镇中心国民学校。1946年为吴县东山镇中心国民学校。1948年为东山镇第一中心国民学校。1949年为东山第一中心小学。1952年为东山中心小学。1981年为吴县东山实验小学。2002年更名为吴中区东山实验小学。2015年9月启用新校，地址从东山镇新乐路23号迁至东山镇石鹤山路。占地面积5.79万平方米，建筑面积0.35万平方米。学校现有12幢主体建筑，36个多媒体教室，13个专用教室和3个网络教室，2个图书阅览中心，能容纳423人的报告厅和233人的多功能教室。300米塑胶田径运动场，有可供千余人就餐的餐厅。通多路公交车。

苏州市吴中区东山中心小学
Sūzhōu Shì Wúzhōng Qū Dōngshān Zhōngxīnxiǎoxué

事业单位。位于东山镇紫金路45号。目前，学校由江苏省级实验小学中心校区、苏州市示范村小幼山校区、江苏省示范性幼儿园东山中心幼儿园、苏州市合格农村幼儿园幼山分园4部分组成。占地面积4万平方米。小学部在校学生998名，27个教学班；幼儿园在园孩子507名，17个教学班。学校每个班级都配备了触摸屏一体机等现代化的教学多媒体，并建设了各类专用教室和塑胶运动场。学校师资力量强大，在115名专任教师中，苏州市级学科带头人5名（其中吴中区知名教师3名），区级学科带头人38名，区级学科骨干教师8名。先后获得了全国和谐教育名校、江苏省绿色学校、江苏省健康促进学校、江苏省平安校园、苏州市德育示范学校等荣誉。通多路公交车。

苏州市吴中区金庭镇中心卫生院
Sūzhōu Shì Wúzhōng Qū Jīntíng Zhèn Zhōngxīn Wèishēngyuàn

事业单位。位于金庭镇金庭路109号。1965年3月在东河镇创办。1966年3月改名吴县西山人民医院。1974年改为金庭地区人民医院。1987年4月与石公、堂里2乡卫生院合并今院。占地面积1万平方米。

设置内科、外科、妇产科、五官科、口腔科、预防保健科及相关的医技科室超声科、检验科、放射科、心电图室、胃镜室等科室。通多路公交车。

苏州市吴中区西山中学

Sūzhōu Shì Wúzhōng Qū Xīshān Zhōngxué

事业单位。位于金庭镇二图里53号。是一所现代化农村完中，创办于1956年。占地面积6.33万平方米，建筑面积1.5万平方米。设42个班，学生2000余名，教职员工145名。学校有综合教学楼、科技图书楼、微机房、语音室、音乐室、美术室、多媒体教室、400米标准体育场、学生公寓、师生食堂等现代化教育设施。先后获得了江苏省实施素质教育先进学校、江苏省青少年科技教育特色学校、江苏省绿色学校、苏州市德育先进学校、吴中区常规管理先进学校等荣誉称号。通多路公交车。

苏州市吴中区西山中心小学

Sūzhōu Shì Wúzhōng Qū Xīshān Zhōngxīnxiǎoxué

事业单位。位于金庭镇白塔路96号。始创于1906年。创始人罗焕章。原址在东河老街徐家祠堂内。2002年迁至今址。有30班，教职工102人，学生1160人。下设石公、堂里两所附属小学。通多路公交车。

第三节　企业

江苏吴中集团有限公司

Jiāngsū Wúzhōng Jítuán Yǒuxiàngōngsī

企业。位于长桥街道宝带东路388号。1993年成立。为一家多元化与专业化相结合、以现代服务业为主导的大型现代服务业企业集团。集团以城市建设、汽车销售服务、金融服务为主体板块，被列为江苏省重点培育发展企业，连续8年蝉联“中国民营企业500强”“中国服务业企业100强”榜单；连续7年荣获“苏州市地标型企业”称号；连续11年被评为“江苏省文明单位”。自改制以来累计上缴税收超50亿元，连续9年被评为“苏州市纳税大户”并8次名列吴中区纳税大户前茅。

辉瑞制药有限公司

Huīruì Zhìyào Yǒuxiàngōngsī

企业。位于长桥街道宝带西路4号。2006年成立。占地面积4.39万平方米。有职工720人。主要产品生物制药、疫苗、健康药物等。连续多年成为吴中区纳税大户。

科沃斯机器人(苏州)有限公司

Kēwòsī Jīqìrén (Sūzhōu) Yǒuxiàngōngsī

企业。位于长桥街道友翔路18号。1998年成立。占地面积1.2万平方米，建筑面积6500平方米。主要制造各类机器人。

苏州维信电子有限公司

Sūzhōu Wéixìndiànzǐ Yǒuxiàngōngsī

企业。位于城南街道南湖路68号。1984年成立于美国加州。主要从事柔性电路板FPC和柔性电路组件FPCA的设计、生产和销售。2004年维信电子在美国纳斯达克上市。2016年维信电子由苏州东山精密制造股份有限公司收购，成为DSBJ全资子公司，并作为独立事业部运营。其产品广泛用于电子、医疗、汽车、航空及军事工业等领域。

亚东工业苏州有限公司

Yàdōng Gōngyè Sūzhōu Yǒuxiàngōngsī

企业。位于郭巷街道尹中南路（暂名）1688号。台资企业，2005年6月成立远东集团子公司。占地面积3.06万平方米。总投资15.29亿元人民币，员工1000人。主营纺织品生产销售。

永强科技(苏州)有限公司

Yǒngqiángkējì (Sūzhōu) Yǒuxiàngōngsī

企业。位于郭巷街道尹中南路（暂名）1777号。外资企业，2004年成立。占地面积4万平方米，建筑面积2.28万平方米。总投资13.06亿元人民币，从业人员575人，有CNC加工中心，主业制造大容量光、磁盘驱动器及其部件，年生产总值1.28亿元人民币，纳税459万元。

苏州市华建商品混凝土有限公司
Sūzhōu Shì Huájiàn Shāngpǐnhùnníngtǔ Yǒuxiàngōngsī

企业。位于郭巷街道尹中南路（暂名）718号。台港合资企业，2004年1月成立。占地面积2.8万平方米，建筑面积1万平方米。从业人员110人。主产商品混凝土及混凝土预制件。年生产商品混凝土40.5万立方米，年产值1.3亿多元，年纳税650万元。

苏州马可尼制衣有限公司
Sūzhōu Mǎkění Zhìyī Yǒuxiàngōngsī

企业。位于横泾街道天鹅荡路2601号。2001年3月成立。经营范围包括生产销售服装、服饰及相关产品。

德马泰克物流系统(苏州)有限公司
Démǎtàikè Wùliúxìtǒng (Sūzhōu) Yǒuxiàngōngsī

企业。位于横泾街道吴中大道4464号。2006年1月成立。注册资金350万元人民币。主营物料输送的产品设备，仓储产品和设备。苏州市吴中区市场监督管理局批准设立。

苏州益邦电子材料有限公司
Sūzhōu Yìbāng Diànzǐcáiliào Yǒuxiàngōngsī

企业。位于横泾街道东太湖路2006号。2003年9月成立。注册资金1000万元人民币。主营生产、加工、研发、销售电子元器件、电脑配件、绝缘材料。

江苏省吴中经济技术发展集团有限公司
Jiāngsū Shěng Wúzhōng Jīngjìjìshù Fāzhǎnjítuán Yǒuxiàngōngsī

企业。位于越溪街道苏街111号。国有独资企业。1991年5月成立。经营范围：组织工业项目开发、土地开发；城市建设项目的投资、建设和管理。

苏州市吴中金融控股集团有限公司
Sūzhōu Shì Wúzhōng Jīnróngkònggǔjítuán Yǒuxiàngōngsī

企业。位于越溪街道吴中大道1368号。国有独资企业，2014年6月成立。主要对全区银行业金融企业、非银行业金融企业、金融服务企业及其他行业的投资经营和管理。

苏州万盛塑胶科技股份有限公司
Sūzhōu Wànshèng Sùjiāokējì Gǔfènyǒuxiàngōngsī

企业。位于越溪街道南官渡路9号。2011年08月成立。注册资金4330万元人民币。主要经营研发、生产、销售：注塑件、五金冲压件、钣金件、模具、家用电器及配件、净水机、水处理系统及设备、电子产品、通信设备、汽车配件及汽车节能产品、空气净化设备及产品；塑胶喷涂；销售：水暖器材、家用电器、电机、塑料粒子；道路普通货物运输；自营和代理各类商品及技术的进出口业务。一般项目：特种劳动防护用品生产；特种劳动防护用品销售；可穿戴智能设备制造；可穿戴智能设备销售（除依法须经批准的项目外，凭营业执照依法自主开展经营活动）。

苏州少士电子科技有限责任公司
Sūzhōu Shàoshì Diànzǐ Kējì Yǒuxiànzérèngōngsī

企业。位于城南街道枫津南路8号。1993年成立。是一家专业从事银行自动化设备（硬币及纸币清点类设备）的研发、生产、销售和维修服务的江苏省高新技术企业、江苏省民营科技企业。

苏州恒泰金属制品有限公司
Sūzhōu Héngtài Jīnshǔzhìpǐn Yǒuxiàngōngsī

企业。位于香山街道新兴路1号。1999年成立。占地面积2.67万平方米，建筑面积1万平方米。主要生产金属冲压电器五金配件产品，2017年产值8000万元。

苏州香山国际大酒店有限公司
Sūzhōu Xiāngshānguójìdàjiǔdiàn Yǒuxiàngōngsī

企业。位于香山街道烟波路1号。2009年10月成立。主营制售中餐（含凉菜）、西餐；零售预包装食品，住宿服务会务服务，工艺品销售，室内娱乐活动；酒店管理、物业管理、健身休闲活动。

苏州太湖国际会议中心管理有限公司
Sūzhōu Tàihú Guójì Huìyìzhōngxīn Guǎnlǐ Yǒuxiàngōngsī

企业。位于香山街道环太湖大道128号。以单位性质和功能名义命名。原名苏州太湖国际文化论坛，后改为今名。2009年10月建成开业。占地面积4.31万平方米，建筑面积6.56万平方米。主体建筑5层，高40米。主要承办国家、国际重大会议和活动，承接旅游度假区综合业务，为度假区标志性建筑之一。

苏州天山新材料技术有限公司
Sūzhōu Tiānshān Xīncáiliào Jìshù Yǒuxiàngōngsī

企业。位于太湖街道友翔路40号。2009年8月成立。注册资金8800万元人民币。主营开发、生产、销售优质环保型粘接与密封材料、塑胶设备及配套电气设备、机械零配件；提供产品的技术咨询和技术服务；自营和代理各类商品及技术的进出口业务。

苏州辉腾精密模塑有限公司
Sūzhōu Huīténg Jīngmìmúsù Yǒuxiàngōngsī

企业。位于太湖街道天鹅荡路7号。2012年6月成立。注册资金570万元人民币。主要经营设计、生产、加工、销售：（生产、加工限分支机构）机械零件配件、冲压件、模具、治具、塑料制品等。

苏州汇川科技有限公司
Sūzhōu Huìchuān Kējì Yǒuxiàngōngsī

企业。位于太湖街道天鹅荡路52号。2008年7月成立。注册资金10亿元人民币。占地面积13.2万平方米，建筑面积30万平方米。主营工业自动化控制软件、硬件及其产品和系统集成的技术开发、生产及销售。

苏州永腾电子制品有限公司
Sūzhōu Yǒngténg Diànzǐzhìpǐn Yǒuxiàngōngsī

企业。位于角直镇东方大道258-8号。2002年7月成立。注册资金1.27亿元人民币。属苏州计算机零配件制造行业。经营范围包括生产、销售新型机电元器件等。

柳道万和（苏州）热流道系统有限公司
Liǔdàowànhé (Sūzhōu) Rèliúdàoxìtǒng Yǒuxiàngōngsī

企业。位于角直镇凌港路29号。2002年成立。是国际知名的热流道系统生产厂家。注册资金8343万元人民币。经营范围包括生产销售热流道系统、发热圈、模具系统、管道、喷嘴、温度控制仪、各类型的工具模，设备及相关配套工程等；非金属制品模具设计、制造。

苏州正雄企业发展有限公司
Sūzhōu Zhèngxióngqǐyèfāzhǎn Yǒuxiàngōngsī

企业。位于角直镇吴淞南路88号。2001年2月成立。注册资金2044万元人民币。经营范围包括生产高档织物面料（包括印染及后整理加工）和各类服装、服饰品，销售公司自产产品。从事服装、服饰品、纺织面料、家用纺织品（床上用品、窗帘）、箱包、工艺品（不含文物）、花卉、化妆品、香水、文具用品、钟表、灯具、家具的进出口、批发及零售业务；道路普通货物运输。

苏州新业电子股份有限公司
Sūzhōu Xīnyèdiànzǐ Gǔfènyǒuxiàngōngsī

企业。位于角直镇海藏西路2221号。1993年2月成立，称苏州新业电子有限公司。2015年12月改制为股份公司，更名为苏州新业电子股份有限公司。2016年6月在全国股转系统（新三板）挂牌，股票代码837641。注册资金1070万人民币。经营范围：生产、加工、销售：电子产品、电器及其配件；销售非危险化工产品；产品检测、试验技术服务；自营和代理各类商品及技术的进出口业务。主要生产各类PTC陶瓷元件、器件、PTC应用类电器及空调加热器。目前，新业电子拥有厂房近2.3万平方米，员工500余人；每年生产PTC元件3亿片，PTC加热器1000万套。2018年销售额3.6亿元人民币。

苏州安洁科技股份有限公司
Sūzhōu Anjié Kējì Gǔfènyǒuxiàngōngsī

企业。位于光福镇福锦路8号。原为苏州度假区安洁绝缘材料有限公司。1999年12月成立。2010年公司迁至光福镇，改为今名。注册资金1.8亿元。于2011年11月在深圳证交所上市。入选“2012中国最佳中小板IPO上市企业”。建筑面积4万多平方米，其中十万级无尘室面积2万平方米，一万级无尘室面积2万平方米。员工1000多人，有一批专业素质的管理人员及专业技术的工程人员。专业从事各种特殊电子绝缘材料、防静电纺织品；销售：电子零配件、静电测试仪器、TESP胶带、塑胶制品；自营和代理各类商品及技术的进出口业务。

苏州不二工机有限公司
Sūzhōu Bú´èrgōngjī Yǒuxiàngōngsī

企业。位于光福镇福东路与福利路交叉路口往西南50米。2001年8月成立。占地面积4万平方米。职工1395人。经营范围包括生产新型电子元器件（敏感元器件及传感器），汽车空调用膨胀阀及各种冷藏、冷冻系统用控制机器及相关产品；销售公司自产产品；从事公司自产产品同类商品及冷冻、空调自动控制机器零部件的进出口、批发、佣金代理（拍卖除外）业务。

苏州市吴中喷丝板有限公司
Sūzhōu Shì Wúzhōng Pēnsībǎn Yǒuxiàngōngsī

企业。位于光福镇福利路18号。1997年12月成立。占地面积5.3万平方米。职工200多人。公司引进美国、瑞士、日本等先进加工设备及尖端技术，可生产各种品种规格的高精度喷丝板，广泛应用于涤纶、锦纶、丙纶、氨纶等化纤领域，以及超细棉涤、皮芯型、海岛型、无纺布用喷丝板及组件。曾承担多项国家技术攻关项目及纺织部重大科技项目等，具有强大的新产品开发能力。经营范围：制造、加工、销售喷丝板、化纤机械配件、机床刀具；销售化纤产品、化纤原辅材料；自营和代理各类商品及技术的进出口业务。

苏州市光福电讯器材厂
Sūzhōu Shì Guāngfú Diànxùn Qìcái Chǎng

企业。位于光福镇福锦路与藏福西路交叉路口东南侧。1982年成立。占地面积1.3万平方米，厂房0.85万平方米。职工200多人。主要生产经营：电阻、线绕电阻、CRHX，ERHX大功率线绕电阻，无感电阻器，RBX铝壳无感电阻，BC1瓷盘线绕电阻，ZB板型电阻器，电力型启动线绕电阻器，RX21线绕电阻器，RX27线绕电阻器，RX17精密线绕电阻器，QL桥式整流器，RX70精密线绕电阻器，RX20线绕电阻器。

苏州绿的谐波传动科技股份有限公司
Sūzhōu Lǜde Xiébōchuándòng Kējì Gǔfènyǒuxiàngōngsī

企业。位于木渎镇木胥西路19号。2011年1月成立。2018年10月苏州绿的谐波传动科技有限公司更名为苏州绿的谐波传动科技股份有限公司。注册资金9031.25万元人民币。公司主营：谐波传动设备的研发、设计及技术开发；研发、生产、加工及销售：精密谐波减速机、精密仪器、机械设备、传感器、机械配件、流体控制阀、汽车配件（接头）、自动化设备及配件、石油钻探设备配件；自营和代理各类商品及技术进出口业务等。

苏州杰锐思智能科技股份有限公司
Sūzhōu Jiéruìsī Zhìnéng Kējì Gǔfènyǒuxiàngōngsī

企业。位于木渎镇珠枫路9号。2010年7月成立。2019年10月苏州杰锐思智能科技有限公司更名为苏州杰锐思智能科技股份有限公司。注册资金9525万元人民币。公司主营：智能机器人的研发、工业机器人制造、工业机器人销售、工业机器人安装与维修、机械设备研发、机械设备销售、机械设备租赁、试验机制造、试验机销售、人工智能硬件销售业务等。

苏州天马医药集团天吉生物制药有限公司
Sūzhōu Tiānmǎ Yīyào Jítuán Tiānjí Shēngwù Zhìyào Yǒuxiàngōngsī

企业。位于木渎镇花苑东路199号。2000年6月成立。注册资金22000万元人民币。公司主营：生产原料药（胸腺肽α1、醋酸奥曲肽、卡贝缩宫素、醋酸曲普瑞林、醋酸去氨加压素、醋酸特利加压素）、小容量注射剂、粉针剂、冻干粉针剂，销售公司自产产品。

苏州新智机电工业有限公司
Sūzhōu Xīnzhìjīdiàn Gōngyè Yǒuxiàngōngsī

企业。位于木渎镇木胥西路66-66号。1994年9月成立。注册资金8000万元人民币。公司主营：设计、开发、制造和销售各类汽车零配件等相关的机电产品，实验室检测等。

苏州市双马机电有限公司
Sūzhōu Shì Shuāngmǎjīdiàn Yǒuxiàngōngsī

企业。位于木渎镇金枫南路1995号。2001年1月成立。注册资金3800万元人民币。公司主营：生产、加工、销售小型家用发电机、通用小型汽油机、柴油机（不含车用）、园林机械设备、扫雪机、高压清洗机、电动工具、太阳能设备及动力机械设备、配件、金属制品；自营和代理各类商品及技术的进出口业务；道路普通货物运输。

苏州斯莱克精密设备股份有限公司
Sūzhōu Sīláikèjīngmìshèbèi Gǔfènyǒuxiàngōngsī

企业。位于胥口镇石胥路621号。2004年1月成立苏州斯莱克精密设备有限公司。2012年更名为苏州斯莱克精密设备股份有限公司。于2014年1月在深圳证券交易所创业板成功上市。公司定位于面向全球市场的高端专用成套设备的设计制造，为金属包装行业客户提供高端装备以及整体解决方案。在国内金属包装领域，公司是可以提供全系统解决方案的企业，具备整线设计、施工、装备制造、改造升级的能力。公司拥有数十台国外进口的大型加工中心、各式磨床、数控车床，可以加工产品所需70%的精密零部件。

日立电线(苏州)有限公司
Rìlìdiànxiàn　(Sūzhōu) Yǒuxiàngōngsī

企业。位于胥口镇时进路558号。外商合资企业。2003年1月成立。2007年4月与日立电线精技(苏州)有限公司进行合并。注册资金2.68亿元人民币。是一家集电线生产及加工于一体的综合性公司。主要生产电器内部配线、传感器、电力电子器件、新型机电元件、新型机电部件、挠性回线板、光电开关和辐射电子线、高性能超细同轴电缆、电子电气元件用配线部件等新型电子元器件、新型仪表元器件和材料及相关产品;不含铅的电线、电缆以及新兴电线电缆。

苏州弗莱恩集团有限公司
Sūzhōu Fúlái'ēn Jítuán Yǒuxiàngōngsī

企业。位于胥口镇时进路88号。2006年成立苏州天元集团有限公司,后改为苏州卓元集团有限公司。2013年改为今名。是一家集铝合金材料、铝制品深加工等多领域经营的规模性集团。注册资金15500万元。旗下有:苏州莱恩精工合金股份有限公司、苏州飞华铝制工业有限公司、苏州瑞迈可现代集运装备技术有限公司、苏州大业机电技术有限公司、苏州好瑞得商贸有限公司等多家企业。公司目前主要的产品有:高性能高强度铝合金产品、攀高类产品等。是行业内规模大、品种多、标准覆盖全、设计优的铝制攀高类企业,也是目前全球排行第二的攀高梯具企业。

苏州天烨集团有限公司
Sūzhōu Tiānyè Jítuán Yǒuxiàngōngsī

企业。位于胥口镇石胥路999号。2010年公司成立。注册资金1.35亿人民币。主要经营钣金件、五金冲压件、紧固件(非标件)、精密机加件、塑胶制品,铝挤出产品等,公司设立了江苏省精冲模具设计制造工程技术研究中心,依托该中心较强的综合配套研发能力和加工能力,为客户提供OEM和ODM的产品服务,充分满足客户的各类需求。

三洋能源(苏州)有限公司
Sānyángnéngyuán (Sūzhōu)Yǒuxiàngōngsī

企业。位于胥口镇孙武路86号。中日合资企业,2000年10月成立。隶属于松下集团AIS社。注册资金累计11.78亿元人民币。现有员工2000余名。公司主要生产圆筒系Ion电池、聚合物电池、笔记本PC用Pack电池等电池产品。公司先后导入先进的IS09001、IS014001、OHSAS18001和QC08000等现代化的管理手段以提升企业管理水平。

苏州优尔集团有限公司
Sūzhōu Yōu'ěrjítuán Yǒuxiàngōngsī

企业。位于临湖镇浦庄大道2828号。是苏州优尔食品有限公司的全资子公司。2010年5月成立。注册资金4600万人民币。经营范围:生产、销售:食品、食品添加剂;农产品的开发、种植、销售;生产、加工、销售:机械设备及配件;计算机领域内的技术开发、技术转让、技术咨询、技术服务;计算机系统集成、调试、维护;企业管理咨询、法律信息咨询;自营和代理各种商品及技术的进出口业务。

苏州锦祥纺织染整有限公司
Sūzhōu Jǐnxiáng Fǎngzhīrǎnzhěng Yǒuxiàngōngsī

企业。位于临湖镇东山大道3008号。1992年成立。是一家初具规模的集团化公司,专业从事纺纱、染色、服饰的设计研发,制造加工以及提供相关的各类企划方案,产品远销欧美,日本及东南亚地区。主要生产含羊毛、晴纶、棉、丝、麻、羊驼毛、毛海毛等各种成分的精纺、粗纺、半精纺、绢纺、花式等混纺纱。

苏州万丽织造有限公司
Sūzhōu Wànlì Zhīzào Yǒuxiàngōngsī

企业。位于临湖镇东山大道2733号。1994年8月成立吴县宏达羊毛衫织造有限公司。1997年4月更名为苏州万丽织造有限公司。注册资金35520万人民币。主营服装生产加工、销售和贸易进出口。公司有标准厂房20万余平方米、全自动电脑横机、数百台套口机及配套设备。在苏州有三个工厂,另在山东设五个分厂。

苏州金螳螂幕墙有限公司
Sūzhōu Jīntánglángmùqiáng Yǒuxiàngōngsī

企业。位于临湖镇东山大道888号。2003年7月成立。注册资金30000万元。占地面积6.93万平方米。主营建筑外围护结构与装饰工程产品的研发、工程设计、加工制造、施工安装、售后服务等。有建筑面积3万多平方米的现代幕墙加工中心,配备6条进口加工、2条单元加工及附属设备，年生产能力200万平方米。

安捷包装（苏州）股份有限公司
Anjiébāozhuāng (Sūzhōu) Gǔfènyǒuxiàngōngsī

企业。位于临湖镇和安路968号。1998年成立金阊四建木材加工厂。2001年8月股份重组，更名苏州市安捷包装有限公司。2004年又更名安捷包装(苏州)有限公司。注册资金3333万人民币。占地面积2.39万平方米，建筑面积2万平方米。主营木制品包装设计，为客户提供各种制木机械设备和电子仪器等产品的包装（包括出口型和国内周转型各种大中小型设备的包装）。

苏州东山精密制造股份有限公司
Sūzhōu Dōngshān Jīngmìzhìzào Gǔfènyǒuxiàngōngsī

企业。位于东山镇凤凰山路8号。1998年10月成立。注册资金160657万人民币。2010年4月在深交所上市。主产精密钣金件、精密压铸件、LED器件及模组、触控面板及LCM模组等。2017年，总资产38.38亿元，销售收入35.23亿元，净利润4443万元，纳税6500万元。员工2060人。

苏州宝丽洁日化有限公司
Sūzhōu Bǎolìjiérìhuà Yǒuxiàngōngsī

企业。位于东山镇凤凰山路39号。2004年2月成立。注册资金1731万人民币。占地面积7万多平方米，厂房面积6万多平方米。经营范围包括生产：日用化工产品（芳香剂、沐浴液、洗发液、清洁剂、除臭剂、干燥剂、面膜）；生产、销售：无纺布制品、无尘纸、湿巾（纸）、卫生湿巾（纸）；自营和代理各类商品及技术的进出口业务。第二类医疗器械生产；用于传染病防治的消毒产品生产。

苏州市和好塑业有限公司
Sūzhōu Shì Héhǎosùyè Yǒuxiàngōngsī

企业。位于东山镇凤凰山路30号。1991年成立。注册资金12000万元人民币，总投资逾16000万元。占地面积3.8万平方米。员工600余名。有30余条塑料容器一体成型机，8台真空成型机裁断机，7条多层共挤塑料片材挤出生产线、高精度9色印刷机、干式复合机、无溶剂复合机等生产设备，公司有较强的技术开发和综合制造能力。从事以食品容器、医用包装、工业包装、薄膜印刷、食品包装袋为主的塑料包装产品。产品销往全国20多个省市自治区，并远销日本、美国、菲律宾、泰国、马来西亚、新加坡等国。近年来，公司遵循国家环保政策，致力环保产品的研发，已成功研发耐高温、抗冷冻、可降解塑料包装产品等。多项生产技术已成功申请专利保护。

江苏帝亨实业集团股份有限公司
Jiāngsū Dìhēngshíyè Jítuán Gǔfènyǒuxiàngōngsī

企业。位于金庭镇双庆路6号。2006年2月成立。注册资金13090万人民币。属纺织行业。经营范围包括高档呢绒服装面料、高档服装、针纺织品、鞋、帽、腰带、皮具、领带及领带夹、眼镜的生产、加工、销售。

苏州思凯投资发展有限公司涵园游艇度假酒店
Sūzhōu Sīkǎitóuzīfāzhǎn Yǒuxiàngōngsī Hányuányóutǐng Dùjiàjiǔdiàn

企业。位于金庭镇石公路9号。2016年8月成立。经营范围：住宿、餐饮、游泳、娱乐、美容、健身；零售：卷烟、雪茄烟；销售：体育运动器材、船舶器材及配件、游艇；自营和代理各类商品及技术的进出口业务。

第八章　国家 省 市有关地名法规文件

中华人民共和国国务院令

第753号

《地名管理条例》已经2021年9月1日国务院第147次常务会议修订通过，现予公布，自2022年5月1日起执行。

总理　李克强

2022年3月30日

地名管理条例

第一章 总 则

第一条　为了加强和规范地名管理，适应经济社会发展、人民生活和国际交往的需要，传承发展中华优秀文化，制定本条例。

第二条　中华人民共和国境内地名的命名、更名、使用、文化保护及其相关管理活动，适用本条例。

第三条　本条例所称地名包括：

（一）自然地理实体名称；

（二）行政区划名称；

（三）村民委员会、居民委员会所在地名称；

（四）城市公园、自然保护地名称；

（五）街路巷名称；

（六）具有重要地理方位意义的住宅区、楼宇名称；

（七）具有重要地理方位意义的交通运输、水利、电力、通信、气象等设施名称；

（八）具有重要地理方位意义的其他地理实体名称。

第四条　地名管理应当坚持和加强党的领导。县级以上行政区划命名、更名，以及地名的命名、更名、使用涉及国家领土主权、安全、外交、国防等重大事项的，应当按照有关规定报党中央。

地名管理应当有利于维护国家主权和民族团结，有利于弘扬社会主义核心价值观，有利于推进国家治理体系和治理能力现代化，有利于传承发展中华优秀文化。

地名应当保持相对稳定。未经批准，任何单位和个人不得擅自决定对地名进行命名、更名。

第五条　地名的命名、更名、使用、文化保护应当遵守法律、行政法规和国家有关规定，反映当地地理、历史和文化特征，尊重当地群众意愿，方便生产生活。

第六条　县级以上人民政府应当建立健全地名管理工作协调机制，指导、督促、监督地名管理工作。

第七条　国务院民政部门（以下称国务院地名行政主管部门）负责全国地名工作的统一监督管理。

国务院外交、公安、自然资源、住房和城乡建设、交通运输、水利、文化和旅游、市场监管、林业草原、语言文字工作、新闻出版等其他有关部门，在各自职责范围内负责相关的地名管理工作。

县级以上地方人民政府地名行政主管部门负责本行政区域的地名管理工作。县级以上地方人民政府其他有关部门按照本级人民政府规定的职责分工，负责本行政区域的相关地名管理工作。

第八条 县级以上地方人民政府地名行政主管部门会同有关部门编制本行政区域的地名方案，经本级人民政府批准后组织实施。

第二章 地名的命名、更名

第九条 地名由专名和通名两部分组成。地名的命名应当遵循下列规定：

（一）含义明确、健康，不违背公序良俗；

（二）符合地理实体的实际地域、规模、性质等特征；

（三）使用国家通用语言文字，避免使用生僻字；

（四）一般不以人名作地名，不以国家领导人的名字作地名；

（五）不以外国人名、地名作地名；

（六）不以企业名称或者商标名称作地名；

（七）国内著名的自然地理实体名称，全国范围内的县级以上行政区划名称，不应重名，并避免同音；

（八）同一个省级行政区域内的乡、镇名称，同一个县级行政区域内的村民委员会、居民委员会所在地名称，同一个建成区内的街路巷名称，同一个建成区内的具有重要地理方位意义的住宅区、楼宇名称，不应重名，并避免同音；

（九）不以国内著名的自然地理实体、历史文化遗产遗址、超出本行政区域范围的地理实体名称作行政区划专名；

（十）具有重要地理方位意义的交通运输、水利、电力、通信、气象等设施名称，一般应当与所在地地名统一。

法律、行政法规对地名命名规则另有规定的，从其规定。

第十条 地名依法命名后，因行政区划变更、城乡建设、自然变化等原因导致地名名实不符的，应当及时更名。地名更名应当符合本条例第九条的规定。

具有重要历史文化价值、体现中华历史文脉的地名，一般不得更名。

第十一条 机关、企业事业单位、基层群众性自治组织等申请地名命名、更名应当提交申请书。申请书应当包括下列材料：

（一）命名、更名的方案及理由；

（二）地理实体的位置、规模、性质等基本情况；

（三）国务院地名行政主管部门规定应当提交的其他材料。

行政区划的命名、更名，应当按照《行政区划管理条例》的规定，提交风险评估报告、专家论证报告、征求社会公众等意见报告。其他地名的命名、更名，应当综合考虑社会影响、专业性、技术性以及与群众生活的密切程度等因素，组织开展综合评估、专家论证、征求意见并提交相关报告。

第十二条 批准地名命名、更名应当遵循下列规定：

（一）具有重要历史文化价值、体现中华历史文脉以及有重大社会影响的国内著名自然地理实体或者涉及两个省、自治区、直辖市以上的自然地理实体的命名、更名，边境地区涉及国界线走向和海上涉及岛屿、岛礁归属界线以及载入边界条约和议定书中的自然地理实体和村民委员会、居民委员会所在地等居民点的命名、更名，由相关省、自治区、直辖市人民政府提出申请，报国务院批准；无居民海岛、海域、海底地理实体的命名、更名，由国务院自然资源主管部门会同有关部门批准；其他自然地理实体的命名、更名，按照省、自治区、直辖市人民政府的规定批准；

（二）行政区划的命名、更名，按照《行政区划管理条例》的规定批准；

（三）本条第一项规定以外的村民委员会、居民委员会所在地的命名、更名，按照省、自治区、直辖市人民政府的规定批准；

（四）城市公园、自然保护地的命名、更名，按照国家有关规定批准；

（五）街路巷的命名、更名，由直辖市、市、县人民政府批准；

（六）具有重要地理方位意义的住宅区、楼宇的命名、更名，由直辖市、市、县人民政府住房和城乡建设主管部门征求同级人民政府地名行政主管部门的意见后批准；

（七）具有重要地理方位意义的交通运输、水利、电力、通信、气象等设施的命名、更名，应当根据情况征求所在地相关县级以上地方人民政府的意见，由有关主管部门批准。

第十三条　地名命名、更名后，由批准机关自批准之日起15日内按照下列规定报送备案：

（一）国务院有关部门批准的地名报送国务院备案，备案材料径送国务院地名行政主管部门；

（二）县级以上地方人民政府批准的地名报送上一级人民政府备案，备案材料径送上一级人民政府地名行政主管部门；

（三）县级以上地方人民政府地名行政主管部门批准的地名报送上一级人民政府地名行政主管部门备案；

（四）其他有关部门批准的地名报送同级人民政府地名行政主管部门备案。

第十四条　按照本条例规定，县级以上人民政府或者由县级以上地方人民政府地名行政主管部门批准的地名，自批准之日起15日内，由同级人民政府地名行政主管部门向社会公告；县级以上人民政府其他有关部门批准的地名，自按规定报送备案之日起15日内，由同级人民政府地名行政主管部门向社会公告。

第三章　地名使用

第十五条　地名的使用应当标准、规范。

地名的罗马字母拼写以《汉语拼音方案》作为统一规范，按照国务院地名行政主管部门会同国务院有关部门制定的规则拼写。

按照本条例规定批准的地名为标准地名。

标准地名应当符合地名的用字读音审定规范和少数民族语地名、外国语地名汉字译写等规范。

第十六条　国务院地名行政主管部门统一建立国家地名信息库，公布标准地名等信息，充分发挥国家地名信息库在服务群众生活、社会治理、科学研究、国防建设等方面的积极作用，提高服务信息化、智能化、便捷化水平，方便公众使用。

第十七条　县级以上地方人民政府地名行政主管部门和其他有关部门之间应当建立健全地名信息资源共建共享机制。

第十八条　下列范围内必须使用标准地名：

（一）地名标志、交通标志、广告牌匾等标识；

（二）通过报刊、广播、电视等新闻媒体和政府网站等公共平台发布的信息；

（三）法律文书、身份证明、商品房预售许可证明、不动产权属证书等各类公文、证件；

（四）辞书等工具类以及教材教辅等学习类公开出版物；

（五）向社会公开的地图；

（六）法律、行政法规规定应当使用标准地名的其他情形。

第十九条　标准地名及相关信息应当在地名标志上予以标示。任何单位和个人不得擅自设置、拆除、移动、涂改、遮挡、损毁地名标志。

第二十条　县级以上地方人民政府应当加强地名标志的设置和管理。

第二十一条　直辖市、市、县人民政府地名行政主管部门和其他有关部门应当在各自职责范围内，依据标准地名编制标准地址并设置标志。

第二十二条 标准地名出版物由地名机构负责汇集出版。其中行政区划名称，由负责行政区划具体管理工作的部门汇集出版。

第四章 地名文化保护

第二十三条 县级以上人民政府应当从我国地名的历史和实际出发，加强地名文化公益宣传，组织研究、传承地名文化。

第二十四条 县级以上人民政府应当加强地名文化遗产保护，并将符合条件的地名文化遗产依法列入非物质文化遗产保护范围。

第二十五条 县级以上地方人民政府地名行政主管部门应当对本行政区域内具有重要历史文化价值、体现中华历史文脉的地名进行普查，做好收集、记录、统计等工作，制定保护名录。列入保护名录的地名确需更名的，所在地县级以上地方人民政府应当预先制定相应的保护措施。

第二十六条 县级以上地方人民政府应当做好地名档案管理工作。地名档案管理的具体办法，由国务院地名行政主管部门会同国家档案行政管理部门制定。

第二十七条 国家鼓励公民、企业和社会组织参与地名文化保护活动。

第五章 监督检查

第二十八条 上级人民政府地名行政主管部门应当加强对下级人民政府地名行政主管部门地名管理工作的指导、监督。上级人民政府其他有关部门应当加强对下级人民政府相应部门地名管理工作的指导、监督。

第二十九条 县级以上人民政府地名行政主管部门和其他有关部门应当依法加强对地名的命名、更名、使用、文化保护的监督检查。

县级以上人民政府应当加强地名管理能力建设。

第三十条 县级以上人民政府地名行政主管部门和其他有关部门对地名管理工作进行监督检查时，有权采取下列措施：

（一）询问有关当事人，调查与地名管理有关的情况；

（二）查阅、复制有关资料；

（三）对涉嫌存在地名违法行为的场所实施现场检查；

（四）检查与涉嫌地名违法行为有关的物品；

（五）法律、行政法规规定的其他措施。

县级以上人民政府地名行政主管部门和其他有关部门依法行使前款规定的职权时，当事人应当予以协助、配合，不得拒绝、阻挠。

第三十一条 县级以上人民政府地名行政主管部门和其他有关部门在监督检查中发现地名的命名、更名、使用、文化保护存在问题的，应当及时提出整改建议，下达整改通知书，依法向有关部门提出处理建议；对涉嫌违反本条例规定的有关责任人员，必要时可以采取约谈措施，并向社会通报。

第三十二条 县级以上人民政府地名行政主管部门和其他有关部门可以委托第三方机构对地名的命名、更名、使用、文化保护等情况进行评估。

第三十三条 任何单位和个人发现违反本条例规定行为的，可以向县级以上地方人民政府地名行政主管部门或者其他有关部门举报。接到举报的部门应当依法处理。有关部门应当对举报人的相关信息予以保密。

第六章　法律责任

第三十四条　县级以上地方人民政府地名批准机关违反本条例规定进行地名命名、更名的，由其上一级行政机关责令改正，对该批准机关负有责任的领导人员和其他直接责任人员依法给予处分。

第三十五条　县级以上地方人民政府地名批准机关不报送备案或者未按时报送备案的，由国务院地名行政主管部门或者上一级人民政府地名行政主管部门通知该批准机关，限期报送；逾期仍未报送的，对直接责任人员依法给予处分。

第三十六条　违反本条例第四条、第九条、第十条、第十二条规定，擅自进行地名命名、更名的，由有审批权的行政机关责令限期改正；逾期不改正的，予以取缔，并对违法单位通报批评。

第三十七条　违反本条例第十八条规定，未使用或者未规范使用标准地名的，由县级以上地方人民政府地名行政主管部门或者其他有关部门责令限期改正；逾期不改正的，对违法单位通报批评，并通知有关主管部门依法处理；对违法单位的法定代表人或者主要负责人、直接负责的主管人员和其他直接责任人员，处2000元以上1万元以下罚款。

第三十八条　擅自设置、拆除、移动、涂改、遮挡、损毁地名标志的，由地名标志设置、维护和管理部门责令改正并对责任人员处1000元以上5000元以下罚款。

第三十九条　第三方机构对地名的命名、更名、使用、文化保护等情况出具虚假评估报告的，由县级以上地方人民政府地名行政主管部门给予警告，有违法所得的，没收违法所得；情节严重的，5年内禁止从事地名相关评估工作。

第四十条　公职人员在地名管理工作中有滥用职权、玩忽职守、徇私舞弊行为的，依法给予处分。

第七章　附 则

第四十一条　各国管辖范围外区域的地理实体和天体地理实体命名、更名的规则和程序，由国务院地名行政主管部门会同有关部门制定。

第四十二条　纪念设施、遗址的命名、更名，按照国家有关规定办理。

第四十三条　国务院地名行政主管部门可以依据本条例的规定，制定具体实施办法。

第四十四条　本条例自2022年5月1日起施行。

国家民政部关于颁发《地名管理条例实施细则》的通知

民行发〔1996〕17号

各省、自治区、直辖市民政厅（局）、地名委员会：

为了更好地贯彻落实1986年国务院颁发的《地名管理条例》，推进我国地名标准化进程，不断提高地名管理水平，我部制定了《地名管理条例实施细则》。现印发你们，请遵照执行。

一九九六年六月十八日

地名管理条例实施细则

第一章 总 则

第一条 根据《地名管理条例》（以下简称《条例》）的规定，制定本实施细则。

第二条 凡涉及地名的命名与更名、地名的标准化处理、标准地名的使用、地名标志的设置、地名档案的管理等行为，均适用本细则。

第三条 《条例》所称自然地理实体名称，包括山、河、湖、海、岛礁、岬角、海湾、水道、地形区等名称；行政区划名称，包括各级行政区域和各级人民政府派出机构所辖区域名称；居民地名称，包括城镇、区片、开发区、自然村、片村、农林牧渔点及街、巷、居民区、楼群（含楼、门号码）、建筑物等名称；各专业部门使用的具有地名意义的台、站、港、场等，还包括名胜古迹、纪念地、游览地、企业事业单位等名称。

第四条 地名管理的任务是：依据国家关于地名管理的方针、政策和法规，通过地名管理的各项行政职能和技术手段，逐步实施国家地名标准化和国内外地名译写规范化，为社会主义建设和国际交往服务。

第五条 国家对地名实行统一管理、分级负责制。

第六条 民政部是全国地名管理的主管部门。其职责是：指导和协调全国地名管理工作；制定全国地名工作规划；审核地名的命名和更名；审定并组织编纂全国性标准地名资料和工具图书；指导、监督标准地名的推广使用；管理地名标志和地名档案；对专业部门使用的地名实行监督和协调管理。

第七条 县级以上民政管理部门（或地名委员会）主管本行政区域的地名工作。其职责是：贯彻执行国家关于地名工作的方针、政策、法律、法规；落实全国地名工作规划；审核、承办本辖区地名的命名、更名；推行地名的标准化、规范化；设置地名标志；管理地名档案；完成国家其它地名工作任务。

第二章 地名的命名和更名

第八条 地名的命名除应遵循《条例》第四条的规定外，还应遵循下列原则

（一）有利于国家统一、主权和领土完整。

（二）反映当地人文和自然地理特征。

（三）使用规范的汉字或少数民族文字。

（四）不以外国人名、地名命名我国地名。

（五）人民政府不驻在同一城镇的县级以上行政区域名称，其专名不应相同。

一个县（市、区）内的乡、镇、街道办事处名称，一个乡、镇内自然村名称，一个城镇内的街、巷、居民区名称，不应重名；

国内著名的自然地理实行名称不应重名；

一个省、自治区、直辖市行政区域内，较重要的自然地理实体名称不应重名；

上述不应重名范围内的地名避免使用同音字。

（六）不以著名的山脉、河流等自然地理实体名称作行政区域专名；自然地理实体的范围超出本行政区域的，亦不以其名称作本行政区域专名。

（七）县、市、市辖区不以本辖区内人民政府非驻地村镇专名命名。

（八）乡、镇、街道办事处一般应以乡、镇人民政府驻地居民点和街道办事处所在街巷名命名。

（九）新建和改建的城镇街巷、居民区应按照层次化、序列化、规范化的要求予以命名。

第九条　地名的更名除应遵循《条例》第五条的规定外，凡不符合本细则第八条（四）、（五）、（七）、（八）项规定的地名，原则上也应予以更名。需要更改的地名，应随着城乡发展的需要，逐步进行调整。

第十条　地名命名、更名的审批权限按照《地名管理条例》第六条（一）至（七）项规定办理。

第十一条　申报地名的命名、更名时，应将命名、更名的理由及拟废止的旧名、拟采用的新名的含义、来源等一并加以说明。

第十二条　地名的命名、更名由地名管理部门负责承办。行政区域名称的命名、更名，由行政区划和地名管理部门共同协商承办。

专业部门使用的具有地名意义的名称，其命名、更名由该专业部门负责承办，但应事先征得当地地名管理部门的同意。

第三章　地名的标准化处理

第十三条　凡符合《地名管理条例》规定，并经县级以上人民政府或专业主管部门批准的地名为标准地名。

第十四条　标准地名原则上由专名和通名两部分组成。通名用字应反映所称地理实体的地理属性（类别）。不单独使用通名词组作地名。具体技术要求，以民政部制定的技术规范为准。

第十五条　汉语地名中的方言俗字，一般用字音（或字义）相同或相近的通用字代替。对原有地名中带有一定区域性或特殊含义的通名俗字，经国家评议文字工作委员会审音定字后，可以保留。

第十六条　少数民族自治地方及民族乡名称，一般由地域专名、民族全称（包括“族”字）和相应自治区域通名组成。由多个少数民族组成的民族自治区地方名称，少数民族的称谓至多列举三个。

第十七条　少数民族语地名的译写。

（一）少数民族语地名，在各自民族语言、文字的基础上，按其标准（通用）语音，依据汉语普通话读音进行汉字译写。对约定俗成的汉字译名，一般不更改。

（二）多民族聚居区的地名，如不同民族有不同的称谓并无惯用汉字名称时，经当地地名管理部门征得有关少数民族的意见后，选择当地使用范围较广的某一语种称谓进行汉字译写。

（三）少数民族语地名的汉字译写，应尽可能采用常用字，避免作用多音、贬义和容易产生歧义的字词。

（四）有文字的少数民族语地名之间的相互译写，以本民族和他民族规范化的语言文字为依据，或者以汉语拼音字母拼写的地名为依据。

（五）少数民族语地名译写的具体技术要求，以民政部商同国务院有关部门制定的或经民政部审定的有关规范为依据。

第十八条 国外地名的汉字译写。

（一）国外地名的汉字译写，除少数惯用译名外，以该国官方语言文字和标准音为依据；有两种以上官方评议文字的国家，以该地名所属语区的语言文字为依据。国际公共领域的地理 实体名称的汉字译写，以联合国有关组织或国际有关组织颁布的标准名称为依据。

（二）国外地名的汉字译写，以汉语普通话读音为准，不用方言读音。尽量避免作用多音字、生僻字、贬义字。

（三）国外地名专名实行音译，通名一般实行意译。

（四）对国外地名原有的汉译惯用名采取"约定俗成"的原则予以保留。

（五）国外地名译写的具体技术要求，以国家地名管理部门制定的外国地名译名规范为依据。国外地名的译名以国家地名管理部门编纂或审定的地名译名手册中的地名为标准化译名。

第十九条 中国地名的罗马字母拼写。

（一）《汉语拼音文字》是使用罗马字母拼写中国地名的统一规范。它不仅适用于汉语和国 内其他少数民族语，同时也适用于英语、法语、德语、西班牙语、世界语等罗马字母书写的各种语文。

（二）汉语地名按《中国地名汉语拼音字母拼写规则（汉字地名部分）》拼写。

（三）少数民族的族称按国家技术监督局制定的《中国各民族名称的罗马字母拼写法和代码》的规定拼写。

（四）蒙、维、藏语地名以及惯用蒙、维、藏语文书写的少数民族语地名，按《少数民族语地名汉语拼音字母音译转写法》拼写。

（五）其他少数民族语地名，原则上以汉译名称按《中国地名汉语拼音字母拼写规则（汉语地名部分）》拼写。

（六）台湾省和香港、澳门地区的地名，依据国家有关规定进行拼写。

（七）地名罗马字母拼写具体规范由民政部商同国务院有关部门负责修订。

第四章 标准地名的使用

第二十条 各级地名管理部门和专业主管部门，应当将批准的标准地名及时向社会分布，推广使用。

第二十一条 各级地名管理部门和专业主管部门，负责编纂本行政区域或本系统的各种标准化地名出版物，及时向社会提供法定地名。其他部门不得编纂标准化地名工具图书。

第二十二条 机关、部队、团体、企业、事业单位的公告、文件、证件、影视、商标、广告、牌匾、地图以及出版物等方面所用的地名，均应以正式公布的标准地名（包括规范化译名）为准，不得擅自更改。

第二十三条 对尚未公布规范汉字译写的外国地名，地名使用单位应根据国家地名管理部门制定的译名规则进行汉字译写。

第五章 地名标志的设置

第二十四条 行政区域界位、城镇街巷、居民区、楼、院、自然村屯、主要道路和桥梁、纪念地、文物古迹、风景名胜、台、站、港、场和重要自然地理实体等地方应当设置地名标志。一定区域内的同类地名标志应当力求统一。

第二十五条 地名标志的主要内容包括：标准地名汉字的规范书写形式；标准地名汉语拼音字母的规范拼写形式。在习惯于用本民族文字书写地名的民族自治区域，可依据民族区域自治法有关文字书写规定，并列该民族文字规范书写形式。

第二十六条 地名标志的设置和管理，由当地地名管理部门负责。其中街、巷、楼、门牌统一由地名主管部门管理，条件尚不成熟的地方，地名主管部门应积极取得有关部门的配合，共同做好标志的管理工作，逐步实现统一管理。专业部门使用的具有地名意义的名称标志，由地名管理部门协调有关专业部门设置和管理。

第二十七条　地名标志的设置和管理所需费用，当地人民政府根据具体情况，可由财政拨款，也可采取受益单位出资或工程预算列支等方式筹措。

第六章　地名档案的管理

第二十八条　全国地名档案工作由民政部统一指导，各级地名档案管理部门分级管理。地名档案工作在业务上接受档案管理部门的指导、监督。

第二十九条　各级地名档案管理部门保管的地名档案资料，应不少于本级人民政府审批权限规定的地名数量。

第三十条　地名档案的管理规范，应执行民政部和国家档案局制定的有关规定。

第三十一条　各级地名档案管理部门，要在遵守国家保密规定原则下，积极开展地名信息咨询服务。

第七章　奖励与惩罚

第三十二条　各级地名管理部门应当加强地名工作的管理、监督和检查。对擅自命名、更名或使用不规范地名的单位和个人，应发送违章使用地名通知书，限期纠正；对逾期不改或情节严重、造成不良后果者，地名管理部门应根据有关规定，对其进行处罚。

第三十三条　地名标志为国家法定的标志物。对损坏地名标志的，地名管理部门应责令其赔偿；对偷窃、故意损毁或擅自移动地名标志的，地名管理部门报请有关部门，依据《中华人民共和国治安管理处罚条例》的规定予以处罚；情节恶劣、后果严重触犯刑律的，依法追究刑事责任。

第三十四条　当地人民政府对推广作用标准地名和保护地名标志作出贡献的单位和个人，应当给予表彰或奖励。

第八章　附 则

第三十五条　各省、自治区、直辖市人民政府可根据本细则，制定本行政区域的地名管理办法。

第三十六条　本细则由民政部负责解释。

第三十七条　本细则自发布之日起施行。

《江苏省地名管理条例》

《江苏省地名管理条例》已由江苏省第十二届人民代表大会常务委员会第九次会议于2014年3月28日通过，现予公布，自2014年7月1日起施行。

江苏省人民代表大会常务委员会
2014年3月28日

第一章　总 则

第一条　为了加强地名管理，推进地名标准化、规范化、信息化，方便人民群众生产生活，适应经济社会发展和国内外交往需要，根据国务院《地名管理条例》和有关法律、行政法规，结合本省实际，制定本条例。

第二条　本省行政区域内地名的命名、更名和销名，标准地名的使用、地名标志的设置与管理，历史地名的保护、地名公共服务等活动，适用本条例。

第三条　本条例所称地名，是指具有特定方位、一定范围的地理实体的专用名称，包括：

(一)山脉、丘陵、山峰、河流、湖泊、海湾、岛屿、礁石、沙洲、滩涂等自然地理实体名称；

(二)设区的市、县(市、区)、乡镇等行政区划名称，街道办事处、居民委员会、村民委员会名称；

(三)自然村、住宅区、区片等居民地名称；

(四)路、街、巷(里、弄、坊)等名称；

(五)高层建筑、商业中心等大型建筑物(群)名称；

(六)开发区、工业园区、保税区、农场、林场、渔场、盐场、油田、矿山等专业经济区名称；

(七)台、站、港口(码头)、机场、铁路、公路、轨道交通、桥梁、隧道、河道、水库、渠道、堤坝、水(船)闸、泵站等专业设施名称；

(八)公园、广场、风景名胜区、自然保护区、旅游度假区、历史古迹、纪念地等休闲旅游文化设施名称；

(九)门楼牌号(含门号、楼栋号、楼单元号、户室号)；

(十)具有重要方位意义的其他名称。

地名一般由专名和通名两部分组成。专名是地名中用来区分地理实体个体的专有名词，通名是地名中用来区分地理实体类别的名词。

第四条　县级以上地方人民政府应当加强对地名管理工作的组织领导，建立健全地名管理工作协调机制。地名的管理、历史地名的保护、地名公共服务等工作经费，列入本级财政预算。

第五条　全省地名工作实行统一领导、分级负责、分类管理。

县级以上地方人民政府民政部门是本行政区域的地名主管部门。地名委员会是本行政区域地名工作的协调机构，其日常工作由民政部门承担。

公安、国土资源、住房城乡建设、交通运输、水利、海洋渔业等部门按照各自职责分工，做好地名管理工作。

乡镇人民政府、街道办事处协助做好本辖区的地名管理具体事务，业务上接受县级地名主管部门的指导。

第六条　设区的市和县(市)地名主管部门应当根据城乡规划，会同有关部门编制本级行政区域的地名规划，经本级人民政府批准后组织实施。土地利用总体规划、城乡规划和水利、交通、旅游等专项规划，涉及地名命名的，应当与地名规划确定的名称相衔接。

第二章　地名的命名、更名与销名

第七条　地名的命名、更名，应当遵循下列原则：
(一)不得损害国家主权与领土完整；
(二)不得破坏民族团结与社会和谐；
(三)符合地名规划；
(四)反映当地历史、地理、文化等地方特色；
(五)尊重当地居民意愿，方便人民群众生产生活；
(六)维护地名稳定性。
第八条　地名的命名，应当符合下列要求：
(一)不以本行政区域以外或者超出本行政区域的山脉、河流、湖泊等自然地理实体名称作行政区划名称的专名；
(二)乡镇、街道办事处的专名一般应当与驻地主地名一致；
(三)新建、改建的路、街、巷(里、弄、坊)等名称，应当体现层次化、序列化；
(四)用地名命名的专业设施名称，其专名应当与当地主地名一致；
(五)禁止使用当代人名、国家领导人名、外国人名、外国地名和外文音译词命名地名；
(六)禁止使用企业名、商标名、产品名命名地名。
第九条　下列地名不得重名，并避免使用字形混淆、字音相同的词语：
(一)省内主要自然地理实体的名称；
(二)省内乡镇的名称(历史上已形成的除外)；
(三)同一设区的市内街道办事处的名称；
(四)同一县(市、区)内居民委员会、村民委员会的名称(历史上已形成的除外)；
(五)同一设区的市市区内、同一县(市)内住宅区、区片、路、街、巷(里、弄、坊)、桥梁、隧道、大型建筑物(群)，以及公共场所、休闲旅游文化设施的名称。
第十条　门楼牌号的编排，应当符合下列规定：
(一)使用阿拉伯数字编号；
(二)同一标准地名范围内的建筑物，按照坐落顺序统一编排，不得跳号、同号；
(三)道路两侧的建筑物按照规定的间距标准编排，相邻建筑间距超过规定标准的，预留备用门牌号；
(四)居民区的门号、楼栋号、楼单元号、户室号按照统一序列编排。
第十一条　地名的更名，按照下列规定办理：
(一)违反本条例第七条第一项、第二项、第八条第五项规定的地名，应当更名；
(二)违反本条例第八条第一项、第四项规定的地名，在征得有关方面同意和征求当地居民意见后，予以更名；
(三)因行政区划调整需要变更行政区划名称的，予以更名；
(四)因地名指称的地理实体属性、范围、外部环境等发生变化需要更名的，予以更名；
(五)因所有权人提出申请需要变更建筑物名称的，可以更名。
不属于前款规定范围的地名，以及当地居民多数不同意更改的地名，不予更名。
第十二条　因行政区划调整、城乡建设改造或者自然变化等原因使原指称地理实体消失的地名，地名主管部门或者专业主管部门应当及时依法注销并公布。

第三章 地名的申报与办理

第十三条 地名的命名、更名，应当按照规定的程序进行申报与办理。任何单位和个人不得擅自命名、更名。

第十四条 自然地理实体名称的命名、更名，按照下列权限办理：

(一)国内外著名的自然地理实体名称，报国务院批准；涉及邻省(直辖市)的，经与邻省(直辖市)人民政府协商一致后，报国务院批准；

(二)涉及本省两个以上设区的市的自然地理实体名称，由相关设区的市人民政府协商一致后，报省人民政府批准；

(三)涉及同一设区的市内两个以上县(市、区)的自然地理实体名称，相关县(市、区)人民政府协商一致后，由设区的市人民政府批准；

(四)设区的市市区内的自然地理实体名称，由设区的市人民政府批准；

(五)县(市)内的自然地理实体名称，由县(市)人民政府批准。

第十五条 行政区划名称、街道办事处名称的命名、更名，按照国家行政区划管理等有关规定办理。

居民委员会、村民委员会名称的命名、更名，由县(市、区)人民政府批准，报上一级地名主管部门备案。

第十六条 设区的市市区内的居民地和路、街名称的命名、更名，由设区的市人民政府批准；巷(里、弄、坊)、大型建筑物(群)名称的命名、更名，由设区的市人民政府或者其授权的地名主管部门批准。

县(市)内的居民地和路、街名称的命名、更名，由县(市)人民政府批准；巷(里、弄、坊)、大型建筑物(群)名称的命名、更名，由县(市)人民政府或者其授权的地名主管部门批准。

第十七条 门楼牌号的编排和审定，由建设单位或者建房个人提出申请，由设区的市、县(市)人民政府授权地名主管部门或者公安机关办理。

第十八条 本条例第三条第六项、第七项、第八项、第十项所列地名的命名、更名，按照隶属关系和管理权限，由有关单位向专业主管部门提出申请。专业主管部门批准前应当征求所在地地名主管部门的意见，批准后报所在地地名主管部门备案。

地名主管部门应当对前款所列地名及其拼写是否符合国家标准予以审定。

第十九条 有关单位向地名主管部门或者专业主管部门申请办理地名命名、更名时，应当提供命名、更名方案及其理由的书面材料和相关图件。

第二十条 地名未发生变化，但指称的地理实体范围发生变化的，有关单位应当按照地名命名的批准权限，报地名主管部门或者专业主管部门批准并重新公布。

第二十一条 下列地名在命名、更名前，地名主管部门或者专业主管部门应当予以公示，并组织论证或者听证：

(一)在国内、省内、设区的市内具有较大影响的；

(二)在县(市)内具有重大影响的；

(三)风景名胜区、文物保护单位；

(四)地名主管部门或者专业主管部门认为需要予以公示、组织论证或者听证的其他地名。

第二十二条 地名主管部门或者专业主管部门批准地名命名、更名的，应当向申请人出具批准文件。地名主管部门、专业主管部门批准或者认定地名的，应当自批准或者认定之日起十个工作日内向社会公布。

第四章 标准地名的使用

第二十三条 经县级以上地方人民政府或者地名主管部门、专业主管部门批准或者认定的地名，为标准地名。

第二十四条 标准地名应当符合下列规定：

(一)一个地理实体只有一个标准地名，一地多名、一名多写的，应当确定一个标准名称；
(二)使用国家规范汉字书写标准地名。汉语地名的罗马字母拼写和标注，应当遵循《汉语拼音方案》和《中国地名汉语拼音字母拼写规则》；
(三)通名用字应当名实相符，恰当反映指称地理实体的属性、规模和类别。不得单独使用通名作标准地名，同类通名不得重叠使用。通名具体规范由地名主管部门制定。
住宅区、建筑物标准地名的通名应当与建筑面积、占地面积、高度、绿地率等条件相适应。
第二十五条 下列情形涉及地名使用的，应当使用标准地名：
(一)涉外协定、文件；
(二)机关、团体、企业事业单位的公告、文件；
(三)报刊、书籍、广播、电视、地图和信息网络；
(四)合同、证件、印信；
(五)地名标志；
(六)法律、法规规定应当使用标准地名的其他情形。
第二十六条 住宅区、城镇道路或者大型建筑物(群)需要命名的，建设单位应当在申领《建设工程规划许可证》之前办理地名报批手续。

商品房预售许可证、房屋所有权证等标注的项目名称以及房地产广告中的地名应当与申请人提供的标准地名批准文件上的地名一致。

第二十七条 省内地方铁路站、长途汽车站、轨道交通站站名应当使用当地标准地名命名；与当地标准地名并用其他名称的，其他名称应当置于当地标准地名之后。

公共汽车站站名，一般应当使用当地标准地名命名；当地标准地名不足以明确指示该站地理位置信息的，可以使用风景名胜区、标志性建筑物或者与人民群众生产生活密切相关的其他名称命名。

第五章 地名标志的设置与管理

第二十八条 地名标志是标示地名以及相关信息的标志物。地名标志的制作和设置应当符合国家标准和有关规定，同类地名标志应当统一。
第二十九条 新建住宅区、城镇道路、大型建筑物(群)、专业设施以及门楼牌号等地名标志应当在交付使用前设置完毕，其他地名标志应当自地名批准之日起六十日内设置完毕。
第三十条 地名标志的设置与管理，按照下列规定执行：
(一)行政区域界线界桩，由地名主管部门按照国家行政区域界线管理的有关规定办理；
(二)行政区划、城镇的住宅区、路、街、巷(里、弄、坊)、广场、门楼牌号等的地名标志，由地名主管部门、公安机关、专业主管部门按照职责分工负责设置与管理；
(三)农村的地名标志，由乡镇人民政府、街道办事处负责设置与管理；
(四)其他地名标志，由有关专业主管部门或者专业设施建设、经营管理单位负责设置与管理。
第三十一条 地名标志的设置与管理所需经费，按照下列规定安排：
(一)自然地理实体、行政区划、城镇路、街、巷(里、弄、坊)的地名标志，以及原有的住宅区、门楼牌号的地名标志所需经费，由本级财政承担；
(二)新建、改建、扩建建设项目的地名标志所需经费，由建设单位承担，列入工程预算；
(三)农村的地名标志所需经费，由乡镇人民政府、街道办事处承担；
(四)其他地名标志所需经费，由有关专业主管部门或者专业设施建设、经营管理单位承担。
第三十二条 任何单位和个人负有保护地名标志的义务，不得有下列行为：

(一)涂改、玷污、遮挡地名标志;
(二)偷盗、损毁或者擅自移动、拆除地名标志;
(三)在地名标志上拴、挂物品;
(四)损坏地名标志、影响地名标志使用功能的其他行为。

第三十三条 建设单位因工程施工需要移动或者拆除地名标志的,应当征得地名标志的设置单位或者管理单位同意,并在施工结束前按照有关规定重新设置地名标志。

第三十四条 有下列情形之一的,地名标志设置单位或者管理单位应当及时予以更换或者维护:
(一)地名标志未使用标准地名,或者书写、拼写、式样等不符合国家有关标准和规定的;
(二)地名已经更名但地名标志未更改的;
(三)地名标志污损或者字迹模糊的;
(四)地名标志设置位置不当的。
地名主管部门、专业主管部门应当加强对地名标志设置、维护情况的监督检查。

第六章 历史地名的保护

第三十五条 地方各级人民政府应当加强本行政区域内历史地名的保护工作。地名主管部门具体实施历史地名保护监督管理工作。

本条例所称历史地名,包括:
(一)具有历史文化价值的地名;
(二)具有纪念意义的地名;
(三)历史悠久或者其他使用五十年以上的地名。

第三十六条 县级以上地方人民政府地名主管部门应当对本行政区域内的历史地名进行普查,做好资料收集、记录、统计等工作,建立历史地名档案。

设区的市人民政府地名主管部门应当建立历史地名评价体系,制定历史地名保护名录,经设区的市人民政府批准后公布。

对历史地名实行分级管理,对列入保护名录的历史地名实行分级保护。

第三十七条 列入保护名录的历史地名不予更名,禁止在历史地名前后并用其他名称。

因城乡建设、改造或者行政区划调整等原因,确需对历史地名作出是否保留使用决定的,地名主管部门应当科学论证,采取听证会、论证会等形式听取意见,并予以公示;确需对历史地名保护名录中涉及的地理实体予以拆除或者迁移的,住房城乡建设部门应当会同地名主管部门制订地名保护方案。

指称的地理实体消亡的历史地名,可以就近在现存或者新建的地理实体的命名、更名中使用。

第三十八条 地方各级人民政府应当合理利用本地区历史地名资源,形成地缘文化特质和区域品牌特征。鼓励和支持社会各界参与历史地名的保护与利用。

第七章 地名公共服务

第三十九条 地名主管部门应当建立地名档案。地名档案的管理,按照档案管理法律、法规和有关规定执行。各级地名档案管理工作业务上接受上级地名主管部门和同级档案行政管理部门的指导。

第四十条 地名主管部门应当加强地名信息化建设,建立包含具有地理坐标系的地名信息系统,及时更新地名信息,积极采用全球定位、遥感等技术,提升管理服务科技水平。地名信息化建设应当遵循有关规定和技术规范。

第四十一条 地名主管部门应当向社会提供基础性地名公共服务,并根据社会发展需要组织开发地名服务产品,引导社会力量参与地名文化建设、地名服务开发。

第四十二条 公安、国土资源、住房城乡建设、测绘等部门应当与地名主管部门及时互通信息，共同做好地名公共服务建设，实现资源共享。

第八章 法律责任

第四十三条 地名主管部门和专业主管部门及其工作人员不依法履行本条例规定的职责，有下列情形之一的，由上级机关责令改正，可以对直接负责的主管人员和其他直接责任人员依法给予处分；构成犯罪的，依法追究刑事责任：

(一)不依法办理地名命名、更名等管理事项的；

(二)未按规定在路、街、巷(里、弄、坊)交叉路口等设置地名标志的；

(三)不进行地名标志监督检查，或者在监督检查时发现问题不及时处理的；

(四)利用职权非法牟取利益的；

(五)法律、法规规定的其他违法行为。

第四十四条 违反本条例第八条第五项、第六项规定，使用当代人名、国家领导人名、外国人名、外国地名、外文音译词以及企业名、商标名、产品名作地名的，由地名主管部门责令限期改正，并可以处一万元以上五万元以下罚款。

第四十五条 违反本条例第十三条规定，擅自对地名命名、更名的，由地名主管部门或者专业主管部门责令限期改正，并可以处二千元以上一万元以下罚款；情节严重的，处一万元以上三万元以下罚款。

第四十六条 违反本条例第二十四条第一款规定，未按国家规范书写、拼写、标注标准地名的，由地名主管部门责令限期改正，并可以处二百元以上一千元以下罚款。

第四十七条 违反本条例第二十六条第二款规定，房地产建设单位、销售单位发布的房地产广告中的地名与申请人提供的标准地名批准文件上的地名不一致的，由地名主管部门责令限期改正，并可以处二万元以上十万元以下罚款。

第四十八条 违反本条例第二十七条第一款规定，省内地方铁路站、长途汽车站、轨道交通站站名未使用当地标准地名，或者与当地标准地名并用其他名称时其他名称置于当地标准地名之前的，由专业主管部门责令限期改正、没收违法所得，并可以处一万元以上五万元以下罚款。

第四十九条 违反本条例第三十二条规定，涂改、玷污、遮挡地名标志的，由地名主管部门、公安机关或者专业主管部门责令限期改正，并可以处二百元以上一千元以下罚款；损毁、擅自移动、拆除地名标志的，由地名主管部门、公安机关或者专业主管部门责令限期改正，并可以处一千元以上五千元以下罚款；造成损坏的，依法承担赔偿责任；构成违反治安管理行为的，依法给予治安管理处罚。

第五十条 违反本条例第三十三条规定，建设单位未按照有关规定重新设置地名标志的，由地名主管部门或者专业主管部门责令限期改正，并可以处一千元以上五千元以下罚款。

第九章 附 则

第五十一条 专业设施的命名、更名等，法律、法规或者国家标准、行业标准另有规定的，从其规定。

第五十二条 海岛名称的确定、发布和地名标志的设置，按照《中华人民共和国海岛保护法》及有关规定执行。

第五十三条 本条例自2014年7月1日起施行。1987年9月11日江苏省人民政府发布的《江苏省地名管理规定》同时废止。

苏州市第十四届人民代表大会常务委员会公告

第4号

《苏州市地名管理条例》已由苏州市第十四届人民代表大会常务委员会第十二次会议于 2009年8月22日制定，并经江苏省第十一届人民代表大会常务委员会第十一次会议于2009年9月23日批准，现予公布，自2009年12月1日起施行。

2009年10月9日

《苏州市地名管理条例》

第一章 总 则

第一条 为了加强地名管理，适应经济社会发展、人民生活和历史文化传承需要，实现地名标准化、规范化，根据国务院《地名管理条例》等法律、法规，结合本市实际，制定本条例。

第二条 本条例适用于本市行政区域内地名的命名、更名、使用、标志设置及相关管理活动。

第三条 地名管理应当坚持尊重当地历史和现状，保持地名相对稳定的原则。

第四条 本条例所称地名包括：

（一）自然地理实体地名，即山、河、湖、岛、泉等名称；

（二）行政区域地名，即市、县级市（区）、镇（街道）等行政区划名称，以及社区、建制村等区域名称；

（三）居民地地名，即住宅区、自然村落等名称；

（四）城镇道路地名，即路、街、巷、里、弄等名称；

（五）设施地名，即桥梁、涵洞、隧道、环岛、水库、堤坝，以及具有地名意义的台、站、港、场等名称；

（六）纪念地和旅游地地名，即文物古迹、纪念地、历史文化保护区、自然保护区、风景名胜区、园林、公园等名称；

（七）门牌号地名，即门号、楼幢号、室号等名称；

（八）高层建筑物或者综合性大型建筑群地名，即大厦、商厦、广场、城、中心等名称。

第五条 市、县级市人民政府设立地名委员会，负责统一组织和综合协调本行政区域内地名管理工作。地名委员会成员单位及其工作职责，由同级人民政府确定。市、县级市人民政府建立地名专家咨询制度。

第六条 市、县级市（区）民政部门是本行政区域内地名工作的行政主管部门（以下称地名主管部门），按照职责权限负责地名管理工作。镇人民政府、街道办事处协助地名主管部门做好地名管理工作。

第七条 本市实行吴文化地名保护名录制度。

第二章 地名命名与更名

第八条 市、县级市地名主管部门应当以城市总体规划为依据，结合当地自然地理特征、历史发展、人文背景和城乡建设现状及特点，编制和修编市、县级市地名规划，报同级人民政府批准后实施。

编制或者修编城市总体规划、镇规划、村庄规划以及各项专业规划涉及地名的，应当征求地名主管部门的意见。

第九条 地名的命名应当遵循下列规定：

（一）符合城市总体规划和地名规划，反映当地历史、地理、文化和经济特征。

（二）一地一名，名实相符。

（三）地名应当由专名和通名两部分组成。不得单独使用专名词组或者通名词组作地名。

（四）使用规范汉字，符合汉语语法，通俗易懂，含义健康，不使用生僻字。

（五）本市范围内的行政区划地名之间专名不得重名；本市市区或者同一县级市内的自然地理实体地名之间、区域地名之间、设施地名之间、纪念地和旅游地地名之间专名不得重名；本市市区或者同一县级市内的居民地、城镇道路、高层建筑物或者综合性大型建筑群地名之间，除派生关系外，专名不得重名。前述不得重名范围内的地名，应当避免使用同音字（含吴地方言）。

（六）社区、建制村等区域名称以及具有地名意义的台、站、港、场等名称，应当与所在地地名相统一。

（七）一般不得使用人名、外国地名、企业名、产品名、商标名命名地名。因特殊情况确需使用的，应当遵守国家和省有关规定。

第十条 地名命名、更名，应当按照下列审批程序办理：

（一）自然地理实体、居民地、城镇道路地名，以及高层建筑物或者综合性大型建筑群地名，由有关镇人民政府（街道办事处）或者相关单位向县级市（区）地名主管部门提出申请，经市、县级市（区）地名主管部门审核后，报市、县级市人民政府审批；

（二）行政区域地名，按照国务院和省、市人民政府规定的程序办理；

（三）设施、纪念地和旅游地地名，按照隶属关系，由交通、水利、园林等专业主管部门征得所在地地名主管部门同意后确认。城镇范围内的桥梁、隧道地名，按照第（一）项规定办理；

（四）门牌号地名，由建设单位或者自建房屋产权人向所在地公安部门申请办理。

前款规定中县级市负责审批的地名，应当自批准之日起十日内报市地名主管部门备案。

住宅区、城镇道路、高层建筑物或者综合性大型建筑群需命名的，应当在规划设计的同时办理地名报批手续。

第十一条 下列重大地名的命名、更名，在命名、更名前，市、县级市地名主管部门应当予 以公示，并组织论证或者听证：

（一）在国内、省内、市内有较大影响的；

（二）在本市市区或者同一县级市内具有重大影响的；

（三）涉及吴文化地名保护名录的；

（四）历史文化名镇、名村；

（五）风景名胜区、文物保护单位；

（六）其他重大地名。

第十二条 因行政区划调整等原因造成地名重名的，市、县级市地名主管部门应当综合考虑各重名地名的知名度、使用时间、调整成本等因素提出更名方案，报同级人民政府审批。

因行政区划调整、自然变化、城乡建设等原因而消失的地名应当注销。注销程序按照地名命名程序办理。

第十三条 门牌号由公安部门统一编制，公安部门拟定的门牌编号方案，应当征得当地地名 主管部门同意。

门牌号顺序按照道路走向，从东到西、从南 到北、左单右双的原则进行编排；只需对道路一侧门牌编号的，按照自然顺序编排。住宅区楼幢号，按照楼幢排列规则编排。

门牌号的编排不得无序跳号、同号。相邻建筑物的间距超过规定标准的，应当预留备用的门牌号。

第十四条 经依法命名、更名、注销的地 名，市、县级市地名主管部门应当自批准之日起 六十日内向社会公布。

第三章 标准地名的使用

第十五条 符合地名管理规定，并经批准的地名为标准地名。

本条例实施前经地名主管部门普查认定，仍在使用的地名，视为标准地名。

第十六条 机关、部队、团体、社会组织、企业、事业单位和媒体的公告、文件、证件、新闻用语、广告、牌匾、地图、地名出版物，以及地名标志和公共场所、公共设施的地名标识等，应当使用标准地名。

在标准地名批准前，有关行政主管部门在办理相关行政审批事项时，应当使用土地地块编号作为暂用名称。没有土地地块编号的，使用项目名称作为暂用名称。

禁止任何单位和个人公开宣传、使用未经批准的地名。

第十七条 市、县级市地名主管部门和交通、水利、园林等专业主管部门，负责编纂本行政区域或者本系统的标准地名出版物，及时向社会提供标准地名，其他部门不得编纂标准化地名工具图书。

第四章 地名标志设置与管理

第十八条 标准地名应当设置地名标志。

地名标志设置的位置应当遵循下列规定：

(一)自然地理实体地名标志，设在自然地理实体所处主要道路、航道旁以及自然地理实体的显著位置。

（二）行政区域地名标志，设在位于主要道路、航道的行政区域界线上。

（三）居民地地名标志，设在居民地的主要出入口处。

（四）城镇道路地名标志，设在道路的起止点、交叉口处。当两个交叉口间隔大于三百米时，可以适当增加地名标志的设置数量。有人行道的道路，设置立柱式道路地名标志；没有人行道的道路，设置附着式道路地名标志。

（五）设施地名标志，设在设施所处主要道路、航道旁以及设施的显著位置。

（六）纪念地和旅游地地名标志，设在纪念地和旅游地的主要出入口处。

（七）门牌号地名标志，设在建筑物面向主要通道的显著位置。

（八）高层建筑物或者综合性大型建筑群地名标志，设在高层建筑物或者综合性大型建筑群面向主要道路的显著位置。

第十九条 地名标志的材质、规格、形式应当符合国家标准。

纪念地和旅游地地名标志除符合国家标准外，其设置形式可以体现当地风貌。

第二十条 各级地名委员会负责组织、协调各有关部门按照职责分工设置各类地名标志。

地名标志按照下列分工设置和管理：

（一）行政区域界牌及其地名标志，由市、县级市（区）地名主管部门及镇人民政府、街道办事处负责；

（二）立柱式道路地名标志，由市、县级市（区）人民政府指定有关部门负责；

（三）附着式道路地名标志和门牌号地名标志，由公安部门负责；

（四）设施、纪念地和旅游地地名标志，由交通、水利、园林等专业主管部门负责；

（五）其他地名标志，由建设单位或者管理单位负责。

设置单位、管理单位应当及时维护、更新地名标志，并保持地名标志的完好和规范。

第二十一条　新建住宅区、城镇道路、设 施、高层建筑物或者综合性大型建筑群等地名标志应当在交付使用前设置完成。

其他地名标志应当自地名公布之日起六十日内设置完成。

第二十二条　任何单位和个人都有保护地名标志的义务。

禁止涂改、污损、遮挡、覆盖地名标志或者在地名标志上悬挂物品。

禁止擅自移动、拆除地名标志。确需移动或者拆除地名标志的，应当经设置单位、管理单位同意后实施，并报市、县级市地名主管部门备案。

第二十三条　地名主管部门应当会同有关部门对地名标志设置、管理情况进行监督检查，发现有下列情形之一的，应当通知设置单位、管理单位在三十日内进行维护或者更新：

（一）地名标志未使用标准地名或者材质、规格、形式不符合国家标准的；

（二）已更名的地名，地名标志未更改的；

（三）地名标志污损、字迹不清或者残缺不全的；

（四）设置位置不当或者缺漏的。

第五章　地名档案管理与公共服务

第二十四条　地名主管部门应当建立地名档案，加强对地名档案的管理。在档案业务上接受上级地名主管部门和同级档案行政管理部门的指导、监督。

第二十五条　地名主管部门应当加强地名信息化建设，建立地名数据库，并及时更新地名数 据库信息。

第二十六条　地名主管部门应当根据经济社会发展需要组织开发地名图书、地名查询系统、地名网站等地名公共服务产品，并向社会无偿提供地名信息查询服务。

第二十七条　各级地名委员会成员单位应当及时互通与地名有关的基础信息，实现资源共享，共同做好地名公共服务基础建设。

第六章　吴文化地名保护

第二十八条　市、县级市人民政府应当加强对吴文化地名保护工作的领导，鼓励和吸纳社会力量共同参与吴文化地名保护和研究，并在政策、经费等方面予以保障和支持。

第二十九条　市、县级市地名主管部门应当将吴文化地名保护列入市、县级市地名规划，并与历史文化名城、名镇、名村保护规划相衔接。

第三十条　市地名主管部门应当制定吴文化地名评定标准。

吴文化地名保护名录由市、县级市地名主管部门根据吴文化地名评定标准提出，同级地名委员会评审，经公示后由同级人民政府批准公布。

吴文化地名保护名录可以增补。

第三十一条　吴文化地名保护应当坚持使用为主、注重传承的原则。

吴文化地名保护名录中在用地名的更名应当严格控制。

吴文化地名保护名录中不在使用的地名应当按照地域就近原则优先采用。未被采用的，应当采取挂牌立碑等措施加以保护。

第三十二条　拆除或者迁移吴文化地名保护名录中地名所指称的地理实体的，有关部门应当事先会同地名主管部门制定地名保护方案。

第七章　法律责任

第三十三条　违反本条例规定，法律、法规已有处罚规定的，从其规定。

第三十四条　违反本条例第十六条第三款规定，公开宣传、使用未经批准的地名的，由地名主管部门责令停止使用、限期改正；逾期不改正的，处以二千元以上一万元以下罚款，情节严重的，处以一万元以上二万元以下罚款。

第三十五条　违反本条例第二十条第三款、第二十一条、第二十三条规定，设置单位、管理单位未按照规定设置、维护、更新地名标志的，由地名主管部门责令限期改正；逾期不改的，处以二千元以上一万元以下罚款。

第三十六条　违反本条例第二十二条第三款规定，擅自移动或者拆除地名标志的，由地名主管部门责令限期恢复原状；不能恢复原状的，责令行为人赔偿损失，并处以一千元以上五千元以下罚款。

第三十七条　地名委员会成员单位及其工作人员滥用职权、玩忽职守、徇私舞弊的，由其所在单位或者上级主管部门对直接负责的主管人员和其他直接责任人员，依法给予行政处分；构成犯罪的，依法追究刑事责任。

第八章　附则

第三十八条　本条例下列用语的含义：

（一）专名：是指地名中表示指称的地理实体专有属性的名称部分；

（二）通名：是指地名中表示指称的地理实体通用属性（类别）的名称部分；

（三）地名派生：是指在原有地名基础上仿造衍生出新地名的一种命名方式，其中老地名称原生地名，新地名称派生地名。派生地名应当与原生地名具有直接、紧密的地缘关系；

（四）地名标志，是指标示地理实体标准地名及相关信息的设施；

（五）吴文化地名，是指具有吴地区域特征和历史、人文价值的地名。

第三十九条　本条例自2009年12月1日起施行。

编后记

《苏州市吴中区标准地名志》是以吴中区第二次全国地名普查数据成果为基础，根据江苏省苏州市《第二次全国地名普查成果转化规划》要求编纂而成。经过搜集、考证和编写，终得编纂成书。该工程浩大，是全区地名工作者和热心支持地名工作的各阶层人士共同努力的成果。

本志编纂内容繁多，编纂委员会对具体工作做了详细分工，逐一落实到人，实行分工负责制，但分工不分家。在编纂期间，编写组多次召开会议，针对出现的问题进行研究会审，找出解决办法，每次都有新的收获。

本志的编纂出版，得到了苏州市吴中区人民政府、吴中区民政局、吴中区地方志办公室、各镇街道以及相关领导、专家的大力支持与悉心指导，省地名志编撰专家及市地名委员会地名专家不吝赐教，提出宝贵意见，使本志更加完善。在此，深表谢意。特别感谢鲍建国、非以云、黄建新、濮建明、秦建民、杨兴元、毛春宝、朱宏摄影老师提供照片。

《苏州市吴中区标准地名志》极具工具性和实用性，是对吴文化的继承和弘扬，对经济、社会、文化等建设具有重要意义。本志编纂出版工程浩大，信息量大，专业性强，凡涉及的重要地名均被收录书中，但某些小地名及几乎没有地名意义的地名并未收录。因本志的编辑人员均是首次编纂，疏漏不足之处，敬请广大读者批评指正。

编　者

2021年12月